Schöningh

Vernünftig glauben

Arbeitsbuch für den
katholischen
Religionsunterricht

Oberstufe

Herausgegeben von

Wolfgang Michalke-Leicht
und
Clauß Peter Sajak

Erarbeitet von

Reinhard Kratz, Bensheim
Isabel Meckel, Krefeld
Thomas Menges, Limburg
Wolfgang Michalke-Leicht, Freiburg/Brsg.
Michaela Montag, Köln
Günter Nagel, Hannover
Clauß Peter Sajak, Münster

Zugelassen als Lehrbuch für den katholischen Religionsunterricht von den Diözesanbischöfen von Aachen, Berlin, Dresden, Erfurt, Essen, Fulda, Görlitz, Hamburg, Hildesheim, Köln, Limburg, Magdeburg, Mainz, Münster, Osnabrück, Paderborn, Speyer und Trier.

© 2011 Bildungshaus Schulbuchverlage
Westermann Schroedel Diesterweg Schöningh Winklers GmbH
Braunschweig, Paderborn, Darmstadt

www.schoeningh-schulbuch.de
Schöningh Verlag, Jühenplatz 1–3, 33098 Paderborn

Das Werk und seine Teile sind urheberrechtlich geschützt.
Jede Nutzung in anderen als den gesetzlich zugelassenen Fällen bedarf der vorherigen schriftlichen Einwilligung des Verlages.
Hinweis zu § 52 a UrhG: Weder das Werk noch seine Teile dürfen ohne eine solche Einwilligung gescannt und in ein Netzwerk eingestellt werden.
Das gilt auch für Intranets von Schulen und sonstigen Bildungseinrichtungen.

Auf verschiedenen Seiten dieses Buches befinden sich Verweise (Links) auf Internet-Adressen. Haftungshinweis: Trotz sorgfältiger inhaltlicher Kontrolle wird die Haftung für die Inhalte der externen Seiten ausgeschlossen. Für den Inhalt dieser externen Seiten sind ausschließlich deren Betreiber verantwortlich. Sollten Sie dabei auf kostenpflichtige, illegale oder anstößige Inhalte treffen, so bedauern wir dies ausdrücklich und bitten Sie, uns umgehend per E-Mail davon in Kenntnis zu setzen, damit beim Nachdruck der Verweis gelöscht wird.

Druck 10 9 8 / Jahr 2017 16 15
Die letzte Zahl bezeichnet das Jahr dieses Druckes.

Redaktion: Joachim Siebert, Hannover
Umschlaggestaltung: Franz-Josef Domke, Hannover
Lay-out und Satz: Jesse Konzept & Text, Hannover
Druck und Bindung: westermann druck GmbH, Braunschweig

ISBN 978-3-14-053565-6

Inhaltsübersicht

Wirklichkeit – die eine oder unendlich viele? ... 8
1. Voraussetzungen ... 12
2. Was ist Wirklichkeit? Wie erkennen wir das, was wir Wirklichkeit nennen? ... 13
   Erkenntnis und Interesse ... 16
   Akteur oder Beobachter? Innen- und Außenperspektive ... 16
   Erklären und Verstehen ... 18
   Der Streit zweier erkenntnistheoretischer Systeme ... 20
3. Plädoyer für die Suche nach Zeichen der Transzendenz ... 26
   Vieldimensionalität von Wirklichkeit ... 26
   Transzendenz in der Alltagserfahrung ... 27
   Die Erschließungserfahrung ... 29
   Die Erschließungserfahrung als Verpflichtungserfahrung ... 31
   Die Erschließungserfahrung als religiöse Erfahrung ... 32
   Zur Weiterarbeit und Vertiefung ... 40

Mensch – auf dem Weg zu Gott ... 44
1. Was ist der Mensch? ... 46
   Leitbilder – Leidbilder ... 46
   Selbstbeobachtung und Identitätssuche ... 49
2. Homo religiosus ... 51
   Gott suchend ... 51
   Gottes fähig ... 53
   Gott innig ... 56
   Der Mensch in der Sicht des Buddhismus ... 59
3. Geschöpf Gottes ... 62
   Nach Gottes Bild geschaffen ... 62
   Mensch sein vor Gott ... 66
4. Perspektiven ... 69
   Der Mensch in der Perspektive der Philosophie ... 69
   Auseinandersetzung mit dem Naturalismus ... 70
   Damit der Mensch Mensch werde ... 73

Religion – was den Menschen unbedingt angeht ... 78
1. Unterscheidungen: Religiosität – Religion – Glaube ... 80
   Ergriffen sein und vertrauen ... 84
2. Das Phänomen Religion ... 87
   Das Dasein bewältigen ... 90
3. Ein Gott – viele Religionen: die Wahrheitsfrage ... 94
   Wahrheit und Toleranz ... 94
   Anfragen an Lessing ... 96
   Sich behaupten oder gelten lassen? ... 98
   Ist alles relativ? ... 100
4. Religion und Gewalt ... 102
   Die These von der religiösen Gewalt ... 105
   Auseinandersetzung mit der Gewaltthese ... 107
   Gott und die Vernunft ... 109

5. Konsequenzen: Religionen im Dialog 112
  Ein gemeinsames Ethos als Grundlage für den Dialog? 113
  Arbeit für Verständigung und Dialog 115

Gott – offenbarte Verborgenheit 118
1. Wie lässt sich angemessen von Gott sprechen? 120
  Künstlerische und biblische Sprechversuche 120
  Theologische Sprechversuche 123
  Poetischer Sprechversuch 124
2. Der dreieinige Gott – Entstehung und Grundbegriffe
   der kirchlichen Trinitätslehre 125
3. Das trinitarische Bekenntnis – formuliert für unsere Zeit 128
  ... in der Sprache der Theologie 128
  ... in der Sprache der bildenden Kunst 129
  ... in der Sprache der Literatur 131
4. Die Kritik des trinitarischen Gottesverständnisses in Judentum und Islam 132
5. Gottesbeweise als Verbindung von Glaube und Vernunft 133
6. Theodizee: Gott und das Leid in seiner Schöpfung 138
  Gott und die Übel 139
  Theo-dizee: theoretische Lösungsversuche 140
  Theo-dizee: Hoffnung auf die Selbstrechtfertigung Gottes 144
7. Religionskritik – Gott oder Götze? 147
  Frühe Motive der Religionskritik 147
  Religionskritik seit dem 19. Jahrhundert 150

Die Bibel – glauben und verstehen 154
1. Bevor wir lesen – Leser und Verfasser in den Blick nehmen 156
  Leser der Bibel oder Hörer des Wortes Gottes? 156
  Wort Gottes aus Menschenhand? 158
  Verfasser der Bibel und Entstehungskontext 159
2. Bevor wir verstehen – Lesarten der Bibel 164
  Die Bibel – das Fremde achten und verstehen 164
  *Was war und ist, das steht geschrieben –
  die Bibel wörtlich verstehen* 165
  *Was geschrieben steht, das ist geworden –
  die Bibel in ihrer gewachsenen Gestalt verstehen* 170
3. Wege zum Verstehen – Methoden der Bibelauslegung 172
  Historisch-kritische Exegese 172
  Existenzielle Auslegung 175

Jesus Christus – kennen und bekennen 184
1. Jesu Ursprung und Berufung 186
  Außerchristliche schriftliche Zeugnisse über Jesus 186
  Jesus – Gott wird Mensch 187
  Taufe und Versuchung Jesu 189
2. Jesus verkündet das Reich Gottes in Wort und Tat 193
  Die Wortverkündigung in Gleichnissen 193
  Die Verkündigung Jesu in Heilstaten 195

3. **Jesu Leiden, Sterben und Auferstehung** 201
   Jesu Gesetzes- und Kultkritik 201
   Die Passion Jesu – das Leiden und Sterben des Gerechten 203
   Erlösung durch Jesu Leiden und Sterben 206
   Die Auferstehung Jesu 212
4. **Bekenntnisse der frühen Kirche und des Zweiten Vaticanums** 217

Die Kirche – Einheit in Vielfalt 222
1. **Kirche und Menschen heute – wie geht das?** 224
   „Verdunstet" der Glaube? 224
   Jugendkirchen – Modeerscheinung oder Alternative? 226
   Marketing-Analysen – ein Weg zu den Menschen? 227
2. **Stiftung Jesu – Vielfalt des Geistes** 233
   Von Jesus zur Kirche 233
   Kirchesein in der Nachfolge Jesu 237
   Katholisches und evangelisches Kirchenverständnis 239
   Kirche als Eucharistiegemeinde 241
3. **Kirche als Kontrastgesellschaft** 245
   Die Kirche geht aufs Ganze 245
   „Ora et labora" – wie durchlässig sind Klostermauern? 247
   Prophetische Kritik unerwünscht? Die Abtreibungsfrage – ein Testfall 251
   Maria – Urbild des Glaubens, Urbild der Kirche 253
4. **Mission und Weltkirche** 255
   Was ist Mission? 255
   Die Begegnung mit einer selbstbewussten Kultur – China 257
   Gibt es zwei Völker Gottes? – das Verhältnis der Kirche zum Judentum 263
5. **Welche Kirche braucht die Welt?** 267
   Petrusdienst und Papstamt 268
   Frauenkirche – Männerkirche 271
   ... und vor Ort? Planen für welche Zukunft? 273
   Neue Vergemeinschaftungen – ein Zukunftsmodell von Kirche? 276

Zukunft – Zeit und Ewigkeit 278
1. **Zukunftsvisionen** 280
   Der eigene Blick in die Zukunft – individuelle Perspektiven 280
   Menschen gestalten Zukunft – gesellschaftliche Perspektiven 281
   Gott verheißt Zukunft – biblische Perspektiven 283
2. **Der Tod** 288
   Leben mit Blick auf den Tod 288
   Die Angst vor dem Tod 292
   Den Abschied gestalten – Trauer- und Begräbniskultur 294
3. **Das Leben nach dem Tod** 297
   Die Unsterblichkeit des Menschen 297
   Himmel – Hölle – Fegefeuer: Dimensionen des Jenseits 300
   Die Seele im Himmel – ein interreligiöser Vergleich 305
4. **Hoffnung für die Lebenden und die Toten** 310
   Ewiges Leben – im Hier und Jetzt 310
   Im Spannungsverhältnis leben 311

Ethik – vernünftig und frei handeln ... 314

1. Mut zur Moral? Der Mensch als sittliches Subjekt ... 316
  Wann ist der Mensch moralisch gut? ... 316
  Wovon hängt unsere moralische Gesinnung ab? ... 318

2. Wie kann ich ethisch argumentieren? ... 323
  Die deontologische Argumentation ... 323
  Die teleologische Argumentation ... 326
  Die hermeneutische Argumentation ... 328

3. Du sollst die Würde des Menschen achten! Ethische Entscheidungsfelder ... 330
  Würde des Menschen oder Würde der Person? ... 331
  Der gesunde Mensch – der wahre Mensch? ... 333
  Heilung um jeden Preis? ... 334
  Sterben müssen oder sterben dürfen? ... 337
  Du sollst nicht zum Sklaven deiner Vernetzung werden! ... 342

Religion – in Staat und Gesellschaft ... 346

1. Kirche und Gesellschaft – historische Stationen ... 348
  „Die Konstantinische Schenkung" ... 348
  Wegmarken und Stationen ... 350
  Der Streit um die EU-Verfassung – Ausdruck fortgeschrittener Säkularisierung ... 353

2. Kirche und Staat – religionspolitische Modelle ... 355
  Verfassungstexte zum Verhältnis von Religion und Staat ... 355
  Religionspolitische Modelle und ihre Anwendung ... 357

3. Kirche und Kultur – Christentum in Geschichte und Gegenwart ... 359
  Die Ordnung des Raums – die Leistung der Orden ... 360
  Die Ordnung der Zeit – der christliche Kalender ... 363
  Die Ordnung der Wirtschaft – die katholische Soziallehre ... 364
  Die Ordnung in der Gesellschaft – Liebe in der Wahrheit ... 366

Anhang ... 368

Begriffserläuterungen ... 368
Methoden für den Unterricht ... 378
Zu den Arbeitsanregungen ... 389
Text- und Bildquellenverzeichnis ... 391

Vorwort

Liebe Schülerinnen, liebe Schüler,

mit dem Eintritt in die Oberstufe des Gymnasiums haben Sie eine wichtige Etappe erreicht. Die vor Ihnen liegenden Jahre Ihrer schulischen Laufbahn ermöglichen Ihnen, ein breites Spektrum verschiedenster Fächer und Themen auf einem anspruchsvollen Niveau zu bearbeiten und Ihre Kompetenzen, Kenntnisse, Fähigkeiten und Fertigkeiten weiterzuentwickeln. Das Ziel dieser Bildungsetappe ist das Abitur, mit dem Sie die Zugangsberechtigung zu einem Studium an einer Universität oder Hochschule erhalten.

In diesem Rahmen hat auch der katholische Religionsunterricht, den Sie vermutlich seit Ihrer Grundschulzeit kennen, seinen Platz. Dem Bildungsziel der gymnasialen Oberstufe entsprechend, wird er sich jedoch deutlich vom Religionsunterricht der Unter- und Mittelstufe unterscheiden. Im Mittelpunkt steht dabei sowohl die intellektuelle als auch die persönliche Auseinandersetzung auf dem weiten Feld der Religion und im Besonderen des katholischen Glaubens.

„Vernünftig glauben", so lautet der Titel dieses Buches. Vielleicht werden Sie bei dieser Formulierung stutzig und fragen sich: Vernunft und Glaube – wie geht das zusammen? Das ist in der Tat eine berechtigte Frage, die sich Christinnen und Christen immer wieder gestellt haben, seitdem sie über ihren Glauben nachdenken. „Der Glaube kommt vom Hören, das Hören aber vom Wort Christi", so schreibt es der Apostel Paulus im Brief an die Römer (Röm 10,17). Zunächst also gründet der Glaube nicht auf der Vernunft, sondern auf der Offenbarung. Er beruht damit auf Voraussetzungen, die wir rückschauend vom Glauben her erkennen können. Zugleich müssen wir zwischen der Tatsache, dass es die christliche Botschaft gibt, und der Wahrheit dieser christlichen Botschaft unterscheiden. Die Wahrheit der christlichen Botschaft erkennt der Glaubende kraft seines Glaubens. Die so im Glauben erkannte Wahrheit vermag dann vor der Vernunft gerechtfertigt, aber eben nicht von der Vernunft her erschlossen zu werden. Glaube und Vernunft sind zwar aufeinander bezogen, sie bleiben jedoch eigenständig und unvermischt.

In der Vorrede zu seinem Werk „Proslogion" hat der bedeutende Theologe des Mittelalters Anselm von Canterbury (1033–1109) in einem vielzitierten Satz eine der Grundpositionen der scholastischen Theologie formuliert, mit der das Verhältnis von Glaube und Vernunft bestimmt wird. Es ist der Glaube, der nach Einsicht sucht (Fides quaerens intellectum). Glaubende Menschen legen ja ihre Vernunft nicht ab, wenn sie glauben. Sie geben sich nicht zufrieden mit solchen Antworten, die sich der intellektuellen Prüfung entziehen. Aber sie fragen und suchen als Glaubende, als Menschen, in deren Leben der Glaube an Gott bedeutsam ist.

Fides quaerens intellectum. Ein zentrales Ziel des katholischen Religionsunterrichts ist es also, bei der Bearbeitung der Themen und Fragestellungen immer wieder zu prüfen, inwieweit es tatsächlich vernünftig ist zu glauben. Hierbei bietet Ihnen dieses Schulbuch Hilfestellung an. Als Lernbuch ist es so konzipiert, dass Sie selbst Ihre eigenen Lernwege gehen und Lernentscheidungen treffen können. Ihre persönlichen Fragestellungen und Perspektiven in Sachen Religion stehen dabei im Mittelpunkt. In dem Maße, wie Sie diese in Ihre Lerngruppe einbringen, wird die Qualität Ihres gemeinsamen und persönlichen Lernens zunehmen. Selbstverständlich wird auch Ihre Religionslehrerin oder Ihr Religionslehrer Sie in Ihrer Arbeit mit diesem Buch unterstützen.

„Vernünftig glauben" ist so aufgebaut, dass Ihnen jeweils zu Beginn der Kapitel vorgestellt wird, was Sie im Folgenden erwartet, welche Kompetenzen und Kenntnisse Sie jeweils erwerben können. Am Ende eines jeden Unterkapitels finden Sie die Rubrik „Wenden Sie Ihr Wissen an". In den dort angebotenen Problemstellungen können Sie Ihre erworbenen Kompetenzen und Kenntnisse anwenden.

Wie jedes andere schulische Lernbuch bietet Ihnen „Vernünftig glauben" ebenfalls ein Repertoire spezifischer Methoden, die Sie im Laufe der Arbeit mit dem Buch immer wieder anwenden und einüben können. Schließlich finden Sie am Ende des Bandes die Erläuterungen zu einer Reihe zentraler Begriffe.

Liebe Schülerinnen, liebe Schüler, wir wünschen Ihnen in der Arbeit mit diesem Buch viel Erfolg, aber auch Vergnügen, damit Sie am Ende die Frage nach dem Verhältnis von Vernunft und Glauben für sich begründet beantworten können.

Autoren und Verlag

WIRKLICHKEIT –

die eine oder unendlich viele?

Salvador Dalí: Slave Market with the Disappearing Bust of Voltaire, 1940

1. Betrachten Sie das Bild zunächst nur 30 Sekunden lang und beschreiben Sie dann ohne Bildvorlage, was Sie gesehen haben.
2. Nehmen Sie sich jetzt Zeit zur Betrachtung und vergleichen Sie Ihre neuen Erkenntnisse mit der ersten auf dem flüchtigen Eindruck beruhenden Bildbeschreibung. Womit erklären Sie sich die Unterschiede?
3. Diskutieren Sie, wovon die Wirklichkeit dieses Bildes abhängig ist – oder:
Warum ist die Büste Voltaires (Dalí hatte Büsten Voltaires des französischen Bildhauers J.-A. Houdon (1741–1828) vor Augen) „disappearing"?
4. Untersuchen Sie das Bild in Bezug auf optische Täuschungen.

Überblick

Auf die Fragen „Was ist Wirklichkeit?", „Wie erkennen wir Wirklichkeit?", „Gibt es die Wirklichkeit?" haben schon viele Geistes- und Naturwissenschaftler Antworten gesucht. Ist Wirklichkeit etwas, das faktisch auch ohne unser individuelles Zutun vorhanden ist? Ist der Mensch wie ein Gefäß, der das Vorhandene passiv in sich aufnimmt? Konstruiert jeder Mensch aktiv – je nach eigenem Erkenntnisinteresse, je nach individueller kognitiver und emotionaler Befindlichkeit – eine ihm eigene Wirklichkeit? Oder ist es eine Konstante des Menschseins, wahrheitsfähig zu sein, das heißt im Zusammenspiel von Vernunft und Glauben auf Gottes Wahrheit, die sich dem Menschen in Christus offenbart hat, hin geöffnet zu sein?

Dieses Kapitel stellt verschiedene Theorien der Zugänge zur Wirklichkeit und ihre Konsequenzen vor. Bei diesen Überlegungen assoziieren wir mit dem Begriff der Wirklichkeit meist das empirisch (aus Sinneswahrnehmungen und -erfahrungen) Fassbare.

Das Kapitel möchte aber auch der Frage nachgehen, ob Wirklichkeit nicht mehr ist als das. Geht Wirklichkeit in ihrer Erscheinung für uns auf oder gibt es auch verschiedene Tiefendimensionen von Wirklichkeit, die auf eine ganz andere Fülle des Wirklichen, auf Wirkliches jenseits alles empirisch Fassbaren verweisen („Es muss doch mehr als alles geben!" – Maurice Sendak)? Grundsätzlich ist der Zugang zu dieser Wirklichkeit allen Menschen über besondere Erfahrungen möglich. Jeder Mensch weiß von prägenden Erschließungserfahrungen in seinem Leben. Die Besonderheit, die existenzielle Dichte einer solchen Erschließungserfahrung müssen wir nicht religiös interpretieren, sie ist aber für eine solche Interpretation offen. Der religiöse Mensch spricht in der Interpretation einer solchen Erfahrung von Transzendenz, von der Unendlichkeit der Wirklichkeit. Er versteht Gott als letzten Grund der Wirklichkeit und begreift diese als eine von Gott bewusst geschaffene und geliebte. Dieses Kapitel versteht sich im Besonderen als Angebot zu einer Wirklichkeitsdeutung, die die Transzendenz bejaht, und als Plädoyer für die Suche nach Zeichen dieser Transzendenz in unserer Welt, eine Suche, die über Vernunft und Glaube „Zeichen" erkennt, aber das „Geheimnis der verborgenen Weisheit Gottes" (1 Kor 2,7ff.) mit menschlichen Möglichkeiten allein nicht zu erkennen vermag.

Der Schriftsteller Günther Anders (Pseudonym für den Philosophen und Schriftsteller
Günther Stern, 1902–1992) beschäftigt sich in der folgenden Fabel mit ähnlichen Überlegungen:

1 Die Chronik

Nach reiflicher Überlegung entschloss sich der chinesische Maler Li, das Massiv zu malen, in dessen Schatten sein Dorf lag. Früh wanderte er bis zum Fuß des Gebirges, und als er seine Staffelei auf einem Vorsprung direkt dem Grat gegenüber aufgestellt hatte, glitt sein Blick in die Höhe. Schwarz und mächtig hing der Felsen über seinem Kopf, hoch über dem Gipfel schwebte die silberne Sichel des Mondes, und Berg und Mond schienen für die Ewigkeit an den gestirnten Himmel gezeichnet. „Das ist es", flüsterte Li, und voll Schrecken, Bewunderung und Entzücken prägte er sich das Bild ein. Und nachdem er die Götter um Hilfe angefleht, machte er sich daran, das Gesehene auf den Bogen zu bannen. Nach einer Stunde aber, als er seine Skizze beendet hatte und das Gemälde beginnen wollte, verglich er das Blatt noch einmal mit der Wirklichkeit. Aber die hatte sich unterdessen vollkommen verändert. Denn der Scheitel des Kammes lag nun in rötlichem Schimmer, der Himmel glänzte grün, und statt der silbernen Sichel hoch über dem Gipfel schwamm der Mond nun wie ein duftiges Wölkchen direkt über dem Grate. „Das ist es", flüsterte Li abermals, und seine Überzeugung, dass dies der Anblick war, den zu malen er sich auf den Weg gemacht hatte, war um nichts minder fest als

A. Paul Weber, 1951

WIRKLICHKEIT – *die eine oder unendlich viele?*

seine erste Überzeugung. Und prägte sich voller Schrecken, Bewunderung und Entzücken auch dieses Bild ein, und machte sich daran, es auf das Papier zu werfen.

Nach einer Stunde aber, als er seine zweite Skizze beendet hatte und das Blatt noch einmal mit der Wirklichkeit verglich, da hing die Felswand in klarstem Braun über seinem Kopf, weiße Nebelstreifen zerteilten sie in sieben Stockwerke, der Himmel war fast schwarz vor Bläue, und die Sichel des Mondes war nirgends mehr zu finden. Ob es noch immer das eigentliche Bild war, dem er, als er nun an seine dritte Skizze ging, nachjagte, das wissen wir nicht. Aber dass er seine Arbeit nicht unterbrach, dass er sich, immer von neuem entzückt, an seine vierte Skizze machte und an seine fünfte, dass er nicht das Verrinnen der Zeit spürte und nicht den Hunger, und dass er sich erst, als sein Vorrat an Blättern erschöpft war, als zu seinem größten Erstaunen die Bergwand wieder schwarz drohend über ihm hing, und sogar der Mond wieder über dem Grate schwebte – dass er sich erst dann erhob, um zweifelnd und mit zitternden Knien hinunter ins Tal zu steigen, das wissen wir.

„Und wo ist das Bild?", fragte seine Frau, als er sich auf der Bank vor seiner Hütte niedersetzte. Er schob ihr die Skizzen zu. „Es ist nicht meine Schuld", sagte er. „Wolltest du nicht den Berg festhalten?", fragte sie. „Er hat nicht festgehalten", antwortete er.

„Wolltest du ihn nicht gerade deshalb festhalten?"

„Ich hätte ihn nicht wirklich festgehalten." „Eine Chronik!", sagte sie verächtlich. „Statt des Berges!" Und schob die Blätter von sich.

Da erhob er sich. Auf der Schwelle der Hütte aber wandte er sich noch einmal um. „Und wie", fragte er, „wenn der Berg selbst nichts wäre als eine – Chronik?" *Günther Anders, 1951*

5. Wie verstehen der Maler Li und seine Frau die Wirklichkeit?
6. Interpretieren Sie den Begriff der Chronik aus der Perspektive der Frau und aus der des Malers Li.

Kommen Sie ins Gespräch:
Suchen Sie jemanden, mit dem Sie eine der *folgenden* Thesen diskutieren können.
– Protokollieren Sie knapp wesentliche Gedanken. Lassen Sie Ihren Gesprächspartner das Kurzprotokoll unterschreiben. Suchen Sie sich für jede Fragestellung einen neuen Ansprechpartner.
– Sie haben vier Minuten Zeit für jede These.

- Wirklich ist, was uns durch andere überliefert wird.
- Liebe und Treue sind Wirklichkeit.
- Wirklichkeit ist eine Frage der Perspektive.
- Wirklich ist nur das, was wir unmittelbar mit unseren Sinnen wahrnehmen können.
- Es gibt nicht die Wirklichkeit. Es gibt nur eine Konstruktion von Wirklichkeit in unserem Kopf.
- Wirklich ist das, was wir durch unsere Lebenspraxis erfahren.
- Träume sind Schäume, aber keine Wirklichkeit.
- Das Gesetz ist wirklich.
- Ob Gott wirklich ist oder nicht, hängt davon ab, ob wir ihn brauchen.
- Was Wirklichkeit ist, das hängt von unserem jeweiligen Interesse ab.
- Wirklich ist das, was wirkt.
- Die Wirklichkeit wird durch Einfühlen und Nachdenken erkannt.
- Was wir als Wirklichkeit bezeichnen, hängt von unserer inneren Beteiligung ab.
- Die Wirklichkeit können wir fotografisch abbilden.
- Die „Daily Soap" zeigt uns die Wirklichkeit.
- Die Zeit ist Wirklichkeit.

WIRKLICHKEIT – *die eine oder unendlich viele?*

1. Voraussetzungen

Was Sie erwartet

Welche Voraussetzungen ermöglichen es dem Menschen, Wirklichkeit zu erkennen? Der Mensch denkt, und im Denken lernt er, die Gegebenheiten dieser Welt zu verstehen. Wir gewöhnen uns an das Bild von Welt, das wir glauben erkannt zu haben. Es gibt uns Sicherheit, verhindert so aber die Neuerkenntnis ... Oft leben wir fraglos im eigenen Paradigma, im eigenen „Betriebssystem", unserem vorherrschenden Denkmuster gefangen. Aber der Mensch wächst erst, wenn er mit seinem Denken an Klippen stößt, wenn das Erstaunen von ihm Besitz ergreift. Schon Aristoteles hielt das Staunen für den Beginn aller Wissenschaft, das Staunen, das unsere fertigen Antworten, die uns keine Spielräume des Denkens, keine neue Aussicht auf Wirklichkeit, kein neues Paradigma mehr ermöglichen, in Frage stellt ...

1. Arbeiten Sie die unterschiedlichen Blickwinkel der folgenden beiden Texte heraus und formulieren Sie für jeden Text einen zentralen Gedanken.
2. Entwerfen Sie eine mind-map menschlicher Eigenschaften, Fähigkeiten und Mängel. Nutzen Sie dazu die Begriffe „Schilfrohr" und „Denker".

2 Das denkende Schilfrohr

Nur ein Schilfrohr ist der Mensch, das Zerbrechlichste in der Welt ist der Mensch, aber ein Schilfrohr, das denkt. [...] Aber, wenn das All ihn vernichten würde, so wäre der Mensch doch edler als das, was ihn zerstört, denn er weiß, dass er stirbt, und er kennt die Übermacht des Weltalls über ihn; das Weltall aber weiß nichts davon. Unsere ganze Würde besteht also im Denken, an ihm müssen wir uns aufrichten und nicht am Raum und an der Zeit, die wir doch nie ausschöpfen werden.

Blaise Pascal (1623–1662)

3 Die Leere

Ein Universitätsprofessor besuchte den Zen-Meister Nan-in, um ihn über Zen zu befragen. Doch statt dem Meister zuzuhören, redete der Gelehrte ununterbrochen von seinen eigenen Ideen.

Nachdem Nan-in eine Weile zugehört hatte, servierte er Tee. Er goss Tee in die Tasse seines Besuchers und hörte damit gar nicht mehr auf. Der Tee lief über die Tasse hinaus in die Untertasse, ergoss sich auf die Hose des Gelehrten und auf den Fußboden.

„Sehen Sie denn nicht, dass die Tasse voll ist?", explodierte der Professor. „Da geht nichts mehr rein!"

„Genau", antwortete Nan-in ruhig. „Wie diese Tasse sind auch Sie voll von ihren eigenen Ideen und Ansichten. Wie soll ich Ihnen Zen zeigen, bevor Sie Ihre Tasse nicht geleert haben?"

2006

2. Was ist Wirklichkeit?
Wie erkennen wir das, was wir Wirklichkeit nennen?

Was Sie erwartet

Jeder Umgang mit Wirklichkeit, jeder Versuch der Definition von Wirklichkeit geschieht durch einen individuellen Menschen. Dieser Mensch ist von seinen kognitiven, emotionalen, soziokulturellen und anderen Voraussetzungen geprägt. Wie wirken sich diese Prägungen aus? Wie nehmen wir wahr, was wir wahrnehmen können und/oder wollen?

Der Heilige Antonius (ca. 251–356) war Sohn wohlhabender ägyptischer Bauern, zog sich aber mit etwa 20 Jahren nach dem Tod seiner Eltern in die Einsamkeit zurück, in der er ein langes asketisches Leben führte. Während seiner Wüstenaufenthalte soll er immer wieder von Visionen gequält worden sein, in denen ihn der Teufel in vielerlei Gestalt von seinem gottergebenen Leben hat abbringen wollen (vgl. auch S. 190 ff. in diesem Band).
Künstler aller Zeiten haben die Wirklichkeit dieser Versuchung in Bildsprache umgesetzt.

Antwerpener Meister: Die Versuchung des Heiligen Antonius, um 1525

Salvator Rosa: Die Versuchung des Heiligen Antonius, um 1645

14   WIRKLICHKEIT – *die eine oder unendlich viele?*

Max Ernst: Die Versuchung des Heiligen Antonius, 1945

1. Stellen Sie dar, wie die drei Künstler „die Versuchung" und den Umgang des Antonius damit interpretieren.
2. Beschreiben Sie die unterschiedlichen künstlerischen Mittel, der Versuchung ein Gesicht zu verleihen. Berücksichtigen Sie dabei, wie „wirklich" die Versuchungen sind.
3. Erläutern Sie, aus welchem Grund man das Werk Max Ernsts als einen abschließenden Höhepunkt der Antonius-Gestaltung verstehen kann.
4. In diesem Kapitel finden Sie wie in den anderen viele Bilder, die thematisch ein- und bestimmten Fragestellungen zugeordnet sind. Methode 9 (s. S. 385) bietet ihnen viele Anregungen, Fragestellungen und Hinweise zum Umgang mit einem Bild, die es Ihnen ermöglichen, über den speziellen thematischen Zugriff hinaus das Bild in seiner Gesamtheit zu verstehen.

WIRKLICHKEIT – *die eine oder unendlich viele?* **15**

Erkenntnis und Interesse

Der Berg

Denk dir einen Berg. Es braucht nicht der Montblanc zu sein – irgendeinen ... den du gut kennst. Mit tausend Gesichtern ruht er in sich. Anders sieht ihn der Forstmann, der Maler, der Geograf, der Bergmann, der in ihn einfährt. Anders der Flieger, der wolkenhoch die ganze Landschaft in sich aufnimmt, anders die Bergbauern, die auf ihm wohnen ... Wer kann die „Sichten" gegeneinander ausspielen? Sie beschreiben doch alle die gleiche Wirklichkeit, die kein Einzelner erfassen kann, die alle einander ergänzen, und aus ihnen baut sich das große Bild auf: DER BERG. Aber der Berg und sein bestes, umfassendstes Bild sind immer noch zweierlei.

Ida Friederike Görres, 1970

1. Man sieht nur, was man kennt. Verifizieren Sie diese Aussage mithilfe des Textausschnitts.
2. Nehmen Sie Stellung zur Aussage in Z. 14ff. Arbeiten Sie mit den Begriffen „Erkenntnis" und „Interesse". Wie würde der Maler Li (s. S. 10f.) die Geschichte des Berges und diese Aussage kommentieren?
3. Die Wirklichkeit einer Rose. Arbeiten Sie in Kleingruppen, übernehmen Sie als Gruppe eine bestimmte Perspektive und formulieren Sie einen kurzen Text zur Frage „Was ist eine Rose?" aus Ihrer Perspektive (z. B. als Biologe oder Chemiker oder Gärtner: Artikel in Fachzeitschrift; Werbetexter: Werbeplakat; Lyriker: Gedicht; religiöser Mensch: Gebet).
4. „Sprechen wir vom selben Kind"? – Entwerfen Sie einen kurzen Dialog, der am Elternsprechtag Ihrer Schule zwischen einem Lehrer und der Mutter eines Schülers/ einer Schülerin stattfindet.
5. Einigen Sie sich auf ein Erlebnis, an dem alle Gruppenmitglieder beteiligt waren. Beschreiben Sie jeder für sich dieses Erlebnis. Vergleichen Sie in Kleingruppen ihre Notizen.

Akteur oder Beobachter? Innen- und Außenperspektive

Der folgende Text des österreichischen Schriftstellers Robert Musil (1880–1942) hat einen Verkehrsunfall zum Thema:

Der Blick auf das Opfer

Diese beiden hielten nun plötzlich ihren Schritt an, weil sie vor sich einen Auflauf bemerkten. Schon einen Augenblick vorher war etwas aus der Reihe gesprungen, eine querschlagende Bewegung; etwas hatte sich gedreht, war seitwärts gerutscht, ein schwerer, jäh gebremster Lastwagen war es, wie sich jetzt zeigte, wo er, mit einem Rad auf der Bordschwelle, gestrandet dastand. Wie die Bienen um das Flugloch hatten sich im Nu Menschen um einen kleinen Fleck angesetzt, den sie in ihrer Mitte freiließen. Von seinem Wagen herabgekommen, stand der Lenker darin, grau wie Packpapier, und erklärte mit groben Gebärden den Unglücksfall. Die Blicke der Hinzukommenden richteten sich auf ihn und sanken dann vorsichtig in die Tiefe des Lochs, wo man einen Mann, der wie tot dalag, an die Schwelle des Gehsteigs gebettet hatte. [...]
Auch die Dame und ihr Begleiter waren herangetreten und hatten, über Köpfe und gebeugte Rücken hinweg, den Daliegenden betrachtet. Dann traten sie zurück und zögerten. Die Dame fühlte etwas Unangenehmes in der Herz-Magengrube, das sie berechtigt war, für Mitleid zu halten; es war ein unentschlossenes, lähmendes Gefühl. Der Herr sagte nach einigem Schweigen zu ihr: „Diese schweren Kraftwagen, wie sie hier verwendet werden, haben einen zu langen Bremsweg." Die Dame fühlte sich dadurch erleichtert und dankte mit einem aufmerksamen

Blick. Sie hatte dieses Wort wohl schon manchmal gehört, aber sie wusste nicht, was ein Bremsweg sei, und wollte es auch nicht wissen; es genügte ihr, dass damit dieser grässliche Vorfall in eine Ordnung zu bringen war und zu einem technischen Problem wurde, das sie nicht mehr unmittelbar anging. Man hörte jetzt auch schon die Pfeife eines Rettungswagens schrillen, und die Schnelligkeit seines Eintreffens erfüllte alle Wartenden mit Genugtuung. Bewundernswert sind diese sozialen Einrichtungen. Man hob den Verunglückten auf eine Tragbahre und schob ihn mit dieser in den Wagen. Männer in einer Art Uniform waren um ihn bemüht, und das Innere des Fuhrwerks, das der Blick erhaschte, sah so sauber und regelmäßig wie ein Krankensaal aus. Man ging fast mit dem berechtigten Eindruck davon, dass sich ein gesetzliches und ordnungsmäßiges Ereignis vollzogen habe.

Robert Musil, 1930

Der Philosoph Robert Spaemann (* 1927) wendet die Innen- und Außenperspektive auch auf die christliche Religion an.

7 Religion und Glaube in Innen- und Außensicht

Die christliche Religion ist nämlich in der gleichen Lage wie alle menschlichen Dinge, eine Innen- und eine Außenseite zu haben. Ihre Innenseite ist der Glaube an die Wirklichkeit Gottes und die Hoffnung auf das ewige Leben bei Gott. Aber solange sie lebendiger Glaube an diese Wirklichkeit ist, erfüllt sie zugleich vielfältige soziale und psychische Funktionen: Sie wirkt auf den Lebensstil der Menschen und auf ihre seelische Befindlichkeit zurück. Aber sie kann von diesen Wirkungen her nicht definiert werden. [...]

Die Welt ist pluralistisch und war es immer. In einer pluralistischen Welt aber konkurrieren unvermeidlich Innen- und Außenperspektive miteinander. Wer Leute tanzen sieht, aber die Musik nicht hört, der versteht die Bewegungen nicht, die da vollführt werden. Und wer den christlichen Glauben nicht teilt, wird geneigt sein, ihn durch etwas anderes als durch die Wahrheit seines Gegenstandes zu erklären. Verstehen wird er den Gläubigen letzten Endes nicht. [...]

Wer aber unfähig ist, sich in die Außenperspektive zu versetzen, von der aus die christliche Religion eine Weltsicht unter anderen ist, der wird zum Sektierer oder Fanatiker, der sich gegen die Universalität der Vernunft verschließt. Der christliche Glaube beansprucht die gleiche Universalität wie die Vernunft. Ja, er verlangt von der Vernunft, hinter ihrem Begriff nicht zurückzubleiben, und konstatiert, dass sie dahinter zurückbleibt, wenn sie die Frage nach Gott ausspart. Aber er weiß auch, dass das Urteil des „geistlichen Menschen" als universelle, jegliche Außenperspektive integrierende Wahrheit erst am Ende aller Zeiten offenbar werden wird.

Unterdessen entspricht es der Wahrheit der Dinge, die Sprachen beider Perspektiven zu sprechen, je nach den Umständen, in denen wir uns befinden, und den Menschen, mit denen wir sprechen.

Robert Spaemann, 2007

1. Analysieren Sie die Perspektive der Betrachtung des Herrn und der Dame in Text 6.
2. Prüfen Sie die Konsequenzen der jeweiligen Perspektive.
3. Schreiben Sie einen kurzen Text (Tagebucheintrag, Brief, ...) zu diesem Verkehrsunfall, der eine andere Perspektive sichtbar werden lässt.
4. Ergänzen Sie die Thematik um eigene Beispiele, die die Unterschiedlichkeit der Innen- und Außenperspektive verdeutlichen.
5. Diskutieren Sie, ob in bestimmten Situationen die Außen- oder die Innenperspektive angemessener ist als die jeweils andere.
6. Erläutern Sie den Begriff der Innen- und Außenperspektive im Blick auf die christliche Religion.
7. Bewerten Sie Spaemanns These zur Notwendigkeit beider Perspektiven.
8. Welche Schlussfolgerungen lassen sich über den Zusammenhang zwischen dem sehenden/denkenden Menschen (Erkenntnissubjekt) und dem Gesehenen/Bedachten (Erkenntnisobjekt) ziehen?

WIRKLICHKEIT – *die eine oder unendlich viele?*

8 Träumerei?

Das weite Deckengewölbe, das die vier schmutzigen Wände des Klassenzimmers überspannte, war von großen braunen Feuchtigkeitsflecken entstellt, deren unregelmäßige Konturen für mich eine Zeitlang den einzigen Trost bildeten. Im Verlauf meiner endlosen, anstrengenden Träumereien folgten meine Augen unermüdlich den vagen Umrisslinien der schimmligen Silhouetten, und aus dem Chaos, das so formlos wie Wolken war, sah ich nach und nach greifbare Bilder aufsteigen, die allmählich eine zunehmend deutliche, detaillierte und realistische Individualität entwickelten.

Nach einer gewissen Anstrengung gelang es mir tagtäglich mehr, die Bilder wiederzufinden, die ich am Tag zuvor gesehen hatte, und dann perfektionierte ich meine Halluzinationsarbeit weiter; wenn eines der entdeckten Bilder durch Gewöhnung zu bekannt wurde, verlor es für mich bald an gefühlsmäßigem Interesse und verwandelte sich im Nu in „etwas anderes", sodass derselbe Formvorwand nacheinander durch die verschiedensten und widersprüchlichsten Figurationen interpretiert werden konnte, und zwar unbegrenzt oft.

Salvador Dalí, 1942

9. Vollziehen Sie die Erfahrung des spanischen Malers Salvador Dalí (1904–1989) mit eigenen Worten nach und überlegen Sie, in welchen Zusammenhängen Sie selbst eine solche Erfahrung gemacht haben und möglicherweise immer noch machen.
10. Stellen Sie sich gegenseitig Ihre Vermutungen über die Methode der Entstehung des oben stehenden Bildes vor und ebenso Ihre Gedanken zur Frage nach dem, was dargestellt ist. Informieren Sie sich z. B. im Internet über die „Rorschach-Methode". Für alle Recherchen können Sie Methode 1 (S. 378) heranziehen.

Erklären und Verstehen

9 Kommunikation als Erklären und Verstehen

Die Unterscheidung zwischen Erklären und Verstehen haben Ende des 19. Jahrhunderts der Historiker J. G. Droysen und der Philosoph und Pädagoge Wilhelm Dilthey geprägt; sie diente zur Abgrenzung der Natur- von den Geisteswissenschaften.

Bei einer Erklärung wird das Unbekannte und Unverstandene argumentativ auf bekannte und auch anerkannte unstrittige Sachverhalte zurückgeführt. Das Verstehen bezieht sich auf das Erfassen von Zusammenhängen zwischen Gedanken, Ideen, Sachverhalten, auf zugrunde liegende Gefühle und Motivationen. Auch die Zusammenhänge innerhalb eines Systems, z. B. einer Sprache, müssen verstanden werden. Eine historische Epoche verstehen wir, indem wir z. B. in kritischer Auseinandersetzung mit den historischen Quellen die historischen Fakten und Geschichtsabläufe auf ihre Entstehungsbedingungen hin untersuchen und uns die Bedingungszusammenhänge und Wirkungen erarbeiten. Natürlich ist auch das Verstehen wiederum abhängig von den Fragen, den Erwartungen, den Erkenntnismöglichkeiten, dem Umfeld, ... des Menschen, der verstehen will.

Das Verstehen ist aber kein dem Erklären entgegenstehender eigener Erkenntnisweg. Jedes Verstehen bedarf eines Erklärens. Erklären ist ein kommunikativer Akt, mit dem wir Aufschluss über ein unklares Phänomen, eine unklare Situation oder einen unklaren Sachverhalt geben wollen. Das Verstehen folgt jedoch nicht zwingend aus dem Erklären, nicht jedes Erklären führt zu einem Verstehen. Es ist möglich, dass ein Kommunikationspartner etwas „verstanden" hat, seine Möglichkeiten zur Erklärung aber nicht ausreichen, um bei anderen „Verstehen" herzustellen.

1. Stellen Sie an jeweils einem Beispiel eines schulischen Themas den Unterschied zwischen „Erklären" und „Verstehen" dar.

In dem Roman „Briefe in die chinesische Vergangenheit" von Herbert Rosendorfer unternimmt ein Mandarin aus dem 10. Jahrhundert eine Zeitreise ins 20. Jahrhundert nach Bayern. Über seine Erfahrungen berichtet er in Briefen.

10 Vollkommen verstanden

Ich bedaure meine Zeit-Reise nicht mehr [...]. Was ein junger Mensch im Lauf von zwanzig Jahren erlebt, nämlich das Entfalten der Welt vor ihm, eröffnet sich hier für mich in ungleich kürzerer Frist, und dazu noch bei wachem Verstand, der nichts als eine Selbstverständlichkeit hinnimmt. Ich schaue wie ein Kind und staune, aber ich weiß, dass ich staune. Es ist herrlich ..., und das, obwohl es schon seit vorgestern regnet.

Herr Shi-shmi und ich standen heute früh am Fenster und schauten hinaus. Herr Shi-Shmi ist ganz trübsinnig. Er sagte: „Shai-we-ta", was offenbar so viel wie „langandauernder Regen" bedeutet. Für unsere dumpfen Enkel [...] ist das „Shai-we-ta" kaum bedrückend. Sie spannen ihre Schirme auf und rennen im Regen herum. Die A-tao-Wagen, in die es natürlich nicht hineinregnet, weil sie ja rundum aus Eisen sind, rasen wie immer und spritzen Wasserfontänen um sich, wenn sie durch eine Pfütze fahren [...]. Heute Vormittag ging ich zum ersten Mal allein aus dem Haus. Herr Shi-schmi [...] schickte mich in ein anderes Haus, in dem eine Person einen Laden betreibt [...]. Wie immer musste mir Herr Shi-shmi helfen, meinen An-tsu anzuziehen, denn ich verwechsle doch noch die Reihenfolge der einzelnen Bestandteile. Einmal [...] zog ich [...] die schwarzen dehnbaren Fußschläuche über den verschnürbaren Lederkästchen zu [...]. Den Laden und das Haus, in dem er ist, kannte ich schon [...]. So kam ich glücklich drüben an, ging in den Laden und sagte mein Sprüchlein [...]. Auf Chinesisch bedeutete das Sprüchlein: „Einen halben sheng Öl, bitte" („Li-ti" heißt ein halber sheng). Die Formulierung ist doch außerordentlich knapp [...] und unhöflich. Du und ich hätten natürlich in dem Laden gesagt: „Würdest du, unvergleichliche Ladenbesitzerin, Sonne des Stadtviertels, die Güte haben, einen halben sheng deines honigduftenden Öls mir unwürdigem Zwerg herabzureichen, sofern du nicht eine andere, bessere Verwendung dafür hast, und das Maß deiner Güte vollmachen, indem du diese bescheidene schmutzige Münze dafür entgegennimmst, die natürlich nicht das entfernteste Äquivalent für deine unbezahlbare Ware ist, zumal ein so gänzlich unbedeutender Mann wie ich es wagt, diese kühne Bitte zu äußern." [...] Ich brachte den mir eingetrichterten Satz recht gut heraus, die Person, die den Laden betreibt, gab mir tatsächlich einen halben sheng Öl [...]. Als ich wieder heraustrat, kam die Person mit bis zur Ladentür und brüllte wieder etwas. Ich spannte meinen Schirm auf und deutete mit den Augen nach oben und sagte: „Shai-we-ta!" Es war ein glänzender Erfolg. Sie nickte und lachte. Offenbar hatte sie mich vollkommen verstanden. *Herbert Rosendorfer, 1983*

2. Erörtern Sie den offensichtlichen Zusammenhang zwischen „Erklären" und „Verstehen" am Beispiel des chinesischen Mandarins und seines Bekannten Herrn Shi-Shmi. Analysieren Sie, warum man von einem tatsächlichen „Verstehen" dennoch nicht sprechen kann und woran die „Erklärung" scheitert.

Der Streit zweier erkenntnistheoretischer Systeme

Was Sie erwartet

Die in den vorangegangenen Materialien untersuchten Abhängigkeiten im Erkenntnisprozess haben die grundsätzlichen Fragen „Gibt es die Wirklichkeit?", „Lässt sich Wirklichkeit erkennen?" noch nicht berührt. Die folgenden Materialien stellen anhand zweier erkenntnistheoretischer Modelle die Extrema in der Beantwortung dieser Fragestellung vor und zur Diskussion.

Der surrealistische belgische Maler René Magritte (1898–1967) beschäftigt sich in seinen Bild-Bildern mit Wahrnehmungsvorgängen, mit der Nicht-Identität von Abbild und Abgebildetem, die aber den täuschenden Eindruck von Identität erwecken, weil die Realitätsebenen im Medium des Bildes notwendigerweise wieder aufgehoben oder weiter in die Fiktion hinein verschoben worden sind. Magrittes Bild-Bilder kann man als reflektorische Kunstwerke bezeichnen.

René Magritte: Die schöne Gefangene, 1950

Der französische Literaturwissenschaftler Georges Steiner (* 1929) gilt als einer der besten Kenner europäischer Literatur, Philosophie und Kultur. Im folgenden Text fasst er die beiden erkenntnistheoretischen Systeme zusammen, die den Zugang zur Wirklichkeit erhellen wollen.

12 Realismus und Konstruktivismus

In jedem Augenblick unseres Lebens, ob im Wachen oder Schlafen, bewohnen wir die Welt mittels des Denkens. Die philosophisch-erkenntnistheoretischen Systeme, die dieses Bewohnen erklären und analysieren wollen, zerfallen seit jeher in zwei Kategorien. Das erste begreift unser Bewusstsein und Gewahrwerden der Welt als Wahrnehmung durch ein Fenster hindurch. Dieses Modell, das ein wenig auf einer Analogie zum Sehen beruht [...], erlaubt einen Glauben, wie komplex oder vereinfacht er auch sein mag, an eine objektive Welt, an ein „Da-Draußen", dessen ideelle und materielle Elemente uns über bewusste oder unbewusste Eingaben vermittelt und im Anschluss daran intuitiv, intellektuell oder experimentell verortet werden. Die andere Erkenntnistheorie ist jene der Spiegelung. Sie postuliert eine Gesamtheit der Erfahrung, deren einzige nachprüfbare Quelle das Denken selbst ist. Unser Geist, unsere neurophysiologische Verfassung ist es, die das projiziert, was wir für die Formen, die Substanz der „Realität" halten. An sich, so das unwiderlegbare Kantische Axiom, ist „Wirklichkeit", wie immer sie beschaffen sein mag, unzugänglich. [...] Sie mag auf eine kollektive Halluzination, einen gemeinsamen Traum hinauslaufen. [...]

In einem wesentlichen Punkt stimmen diese beiden entgegengesetzten Systeme überein: Das Glas, sei es das des Fensters oder das des Spiegels, ist niemals unbefleckt. Es sind Kratzer darauf, blinde Flecken, Ausbuchtungen. Weder Durchsicht noch Spiegelung können je vollkommen makellos sein. [...] Das ist die Crux: Zwischen uns und der Welt gibt es Zwischenglieder. Konzeptualisierungen, Beobachtungen [...] sind Denkakte. Es gibt keine unschuldige Unmittelbarkeit der Aufnahme, wie spontan oder unbedacht sie auch scheinen mag. Erkenntnistheorien [...] mühen sich heroisch, einen unvermittelten, von Vorüberlegungen freien Punkt auszumachen, an dem das Selbst voraussetzungslos mit der Welt zusammenträfe, ohne psychologische, körperliche, kulturelle oder dogmatische Annahmen. Derartige „Phänomenologien" streben danach, entweder mithilfe des Fensters oder jener des Spiegels „die Dinge zu sehen, wie sie sind", die Wahrheit über die Anwesenheit der Welt, ihr „Dasein" herauszufinden. [Doch] selbst der erfinderischste, umfassendste, geordnetste und mit Vorstellungskraft begabteste menschliche Geist [operiert] auf Umwegen, innerhalb von Grenzen, die er nicht wahrhaft definieren, geschweige denn ausmessen kann.

George Steiner, 2006

1. Skizzieren Sie die Fenster- und die Spiegeltheorie (Z. 30 ff.).
2. Beschreiben Sie, wie sich der Mensch, der an die Wirklichkeit „Gott" glaubt, zu diesen beiden Theorien über den Wirklichkeitszugang positioniert.

Die Abbildtheorie geht davon aus, dass alles unabhängig von uns in Raum und Zeit existiert. Durch Beobachtung und Erfahrung erwerben wir unser Wissen über Wirklichkeit. Wir können unsere Wahrnehmung und Erkenntnis beeinflussen, indem wir unsere Aufmerksamkeit auf einen bestimmten Punkt fokussieren, so wie auch ein Fotograf handelt, der seinen Bildausschnitt aussucht; auf das dann Erkannte haben wir aber inhaltlich keinen Einfluss. Diese Theorie wird heute sehr kritisch gesehen. Um im Bild des Fotografen zu bleiben: Ist das Foto tatsächlich ein Abbild oder nicht vielmehr ebenfalls eine Interpretation des Fotografen? Die radikalste Gegenthese vertreten die Konstruktivisten. Ein führender Vertreter war der Philosoph und Kommunikationswissenschaftler Ernst von Glasersfeld (1917–2010).

13 Entwicklung der Erkenntnistheorien

a) Etwas, das „erblickt" werden könnte, müsste da sein, bevor der Blick darauf fällt [...]. Wenn Erkenntnis und Wissen eine Beschreibung oder Abbild der Welt *an sich* sein sollen, dann brau-
5 chen wir ein Kriterium, auf Grund dessen wir beurteilen können, wann unsere Beschreibungen oder Abbilder „richtig" oder „wahr" sind. Mit diesem Szenario – demzufolge der Mensch als Entdecker in eine bereits fertiggestellte, an
10 und für sich unabhängige Welt geboren wird und nun die Aufgabe hat, diese Wirklichkeit zu erkunden und möglichst wahrheitsgetreu zu erkennen –, mit diesem Szenario ist auch der Skepsis der Weg eröffnet. [...] Sextus nahm unter
15 anderem die Wahrnehmung eines Apfels als Beispiel. Unseren Sinnen erscheint er glatt, duftend, süß und gelb – aber es ist keineswegs selbstverständlich, dass der Apfel diese Eigenschaften wirklich besitzt, und ebenso wenig
20 selbstverständlich ist es, dass er nicht auch andere Eigenschaften hat, die unseren Sinnen entgehen. Die Frage ist unbeantwortbar, denn, was immer wir machen, wir können unsere Wahrnehmung von dem Apfel nur mit anderen Wahr-
25 nehmungen vergleichen, niemals aber mit dem Apfel selbst, so wie er wäre, *bevor* wir ihn wahrnehmen. Rund zweitausend Jahre lang hat dieses Argument der Skeptiker den Philosophen das Leben sauer gemacht. Dann hat Kant ein
30 zweites, noch schwerer wiegendes hinzugefügt. Indem er Raum und Zeit als Anschauungsweisen unseres Erfahrens aus der absoluten Wirklichkeit in den Bereich des Phänomenalen rückte, hat er außer den sinnlich wahrgenommenen
35 Eigenschaften auch die Dinglichkeit des Apfels in Frage gestellt. Es ist also nicht mehr nur zweifelhaft, ob der wirkliche Apfel so glatt, duftend, süß und gelb ist, wie er erscheint, sondern auch, ob da ein wirklicher Gegenstand existiert, der
40 sich als zusammenhängendes Ganzes, so wie wir ihn als ‚Ding' erleben, von der restlichen Welt absetzt. Dieser Zweifel ist in der Tat folgenschwerer als jener an der Verlässlichkeit der Sinneswahrnehmungen: Er unterminiert jede Vorstellung von objektiver Struktur in der Welt und 45 wirft darum unweigerlich die Frage auf, warum und vor allem wie es dazu kommt, dass wir in unserer Erlebenswelt eine Struktur suchen und auch finden können, die *nicht* eine Spiegelung der Wirklichkeit ist. Anders gesagt, wenn Kant 50 Recht hat mit seinem Satz, dass die Erfahrung uns nichts über die Natur der Dinge an sich lehren kann, wie kommt es dann, dass wir doch eine in vielen Beziehungen außerordentlich stabile und verlässliche Welt erleben, in der es dau- 55 erhafte Dinge gibt, ständige Verhältnisse und Regeln von Ursache und Wirkung, die uns gute Dienste leisten.

b) Die Konstruktivisten gehen nun davon aus, dass wir die Welt, in der wir zu leben meinen, 60 uns selbst zu verdanken haben. Erkennen und Wissen sind nicht Niederschlag eines passiven Empfangens, sondern Ergebnis von aktiven Handlungen eines denkenden Subjekts. Unsere Wahrnehmung entdeckt keine objektive Reali- 65 tät, sondern organisiert die Erfahrungswelt. Konstruktivismus ist also zu verstehen „als ein mögliches Modell der Erkenntnis kognitiver Lebewesen, die imstande sind, sich auf Grund ihres eigenen Erlebens eine mehr oder weniger ver- 70 lässliche Welt zu bauen".

c) Sagen wir zum Beispiel von einer Abbildung, dass sie „stimmt", so bedeutet das, dass sie das Abgebildete *wiedergibt* und mit ihm in irgendeiner Weise *gleichförmig* ist. [...] Sagen wir anderer- 75 seits von etwas, dass es „passt", so bedeutet das nicht mehr und nicht weniger, als dass es den Dienst leistet, den wir uns von ihm erhofften. Ein Schlüssel „passt", wenn er uns das Schloss aufsperrt. Das Passen beschreibt die Fähigkeit 80 des Schlüssels, nicht aber das Schloss. Von den Berufseinbrechern wissen wir nur zu gut, dass es eine Menge Schlüssel gibt, die anders geformt sind als unsere, aber unsere Türen nichtsdestoweniger aufsperren. Das mag eine recht grobe Metapher sein, doch um den Hauptpunkt, um den es hier geht, ein wenig greifbarer zu machen, passt sie nicht schlecht. Vom Gesichtspunkt des radikalen Konstruktivismus aus stehen wir alle – Wissenschaftler, Philosophen, Laien, Schulkinder, Tiere, ja Lebewesen aller Art – unserer Umwelt gegenüber wie ein Einbrecher dem Schloss, dass er aufsperren muss, um Beute zu machen.

Ernst von Glasersfeld, 1981

3. Entwerfen Sie ein fiktives Gespräch mit Ernst von Glasersfeld. Stellen Sie ihm die Fragen, deren Antworten die Grundgedanken des Konstruktivismus verdeutlichen können.
4. Der Konstruktivismus nötigt uns zu der Unterscheidung zwischen Wirklichkeit an sich und Wirklichkeit für uns. Diskutieren Sie: Die Begegnung mit einer Wirklichkeit an sich ist vertretbar, wenn uns unsere Perspektivität bewusst ist.
5. Betrachten Sie das folgende Bild von William Hogarth (1697–1764) zunächst 30 Sekunden lang und fertigen Sie dann eine Skizze an, die die wesentlichen Elemente der einzelnen Bildebenen enthält.
6. Betrachten Sie dann das Bild detailliert. Welche Erfahrungen machen Sie?

William Hogarth: Falsche Perspektive

7. Interpretieren Sie das Zitat von Sigmund Freud (1856–1939): „Wenn wir nicht klar sehen können, wollen wir wenigstens die Unklarheiten scharf sehen: mithilfe des Bildes."

15 Konsequenzen der Konstruktion von Wirklichkeit

Menschen scheinen psychisch in einem sinn- und ordnungslosen Universum nicht überleben zu können, sie suchen nach der Möglichkeit der gemeinsamen Perspektive, der Übereinstimmung mit anderen. Wenn jeder Mensch nun aber seine eigene Wirklichkeit konstruiert, wo ist dann die endgültige, die sinngebende, die gemeinschaftsstiftende Wirklichkeit zu finden? Manche Menschen empfinden die Vielfalt der Wirklichkeitszugänge als bereichernd und herausfordernd, andere ertragen die Vielfalt der Perspektiven nicht. In diesem Fall ist es denkbar, dass ein Einzelner oder eine Gesellschaftsgruppe die je eigene Wirklichkeitskonstruktion zum Maßstab erhebt. Eine Ideologie entsteht: Die Welt wird in ihrem So-Sein erklärt, und diese Erklärung wird als allumfassend, als allgemeinverbindlich gesetzt. Der Ideologe versteht sich als im Besitz der Wahrheit.

Jeder, der eine andere Wirklichkeit als diese konstruiert und für möglich/sinnvoll erachtet, kommt in Konflikt mit dieser Ideologie, dem angeblich wahren Glauben. Er wird als Irrlehrer denunziert, als Häretiker. Interessanterweise hat der zugrunde liegende griechische Begriff die ursprüngliche Bedeutung „Wahl", „Auswahl", eine Bedeutung, die der konstruktivistischen Sicht durchaus entspricht und noch keine Wertung enthält. Der Ideologe aber wertet die getroffene Auswahl als falsche und schlechte Auswahl.

Die Überzeugung, die richtige Konstruktion der Wirklichkeit erschaffen zu haben, also im Besitz der Wahrheit zu sein, führt zu einer messianischen Haltung, die an die Belehrbarkeit des Häretikers und die Überzeugungskraft der Ideologie glaubt. Da die übrige Welt sich aber dieser Weltsicht verschließt und sie ja nur als eine von vielen möglichen erachtet, ergibt sich für den Ideologen ein Handlungsbedarf. Die verstockte Welt muss überzeugt werden, und die grausame Praxis von Gewalt, Ausmerzung, Liquidierung, ... beginnt.

Neben der Konsequenz der Ideologisierung der eigenen Wirklichkeitskonstruktion weist der Kommunikationswissenschaftler, Psychotherapeut und -analytiker, Soziologe und Philosoph Paul Watzlawick (1921–2007) auf weitere mögliche Konsequenzen einer konstruktivistischen Sicht von Wirklichkeit hin:

16 Ist die Wirklichkeit nur konstruiert?

Für manche ist der Konstruktivismus der andere Name des Nihilismus. Wer überzeugt ist, ohne einen endgültigen Sinn nicht leben zu können, wird in der Idee, dass alle Wirklichkeit letzten Endes erfunden ist, nur den Vorläufer von Zersetzung und Chaos sehen können. Die daraus scheinbar zu ziehende letzte Konsequenz ist der Selbstmord.

Was wäre das Welterleben eines Menschen, der es fertig brächte, ganz konsequenterweise seine Welt als eigene Konstruktion zu sehen? Dieser Mensch wäre [...] vor allem *tolerant*. Wer erfasst hat, dass seine Welt seine eigene Erfindung ist, muss dies den Welten seiner Mitmenschen zubilligen. [...] Die Einsicht, dass wir nichts wissen, solange wir nicht wissen, dass wir nichts endgültig wissen, ist die Voraussetzung des Respekts für die von anderen Menschen erfundenen Wirklichkeiten. [...] Dieser Mensch fühlt sich ferner in einem tief ethischen Sinne *verantwortlich*; verantwortlich nicht nur für seine Träume und Fehlleistungen, sondern für seine bewusste Welt und für seine Wirklichkeit erschaffenden selbsterfüllenden Prophezeiungen. Der für uns alle so bequeme Ausweg in die Abwälzung von Schuld an Umstände und an andere Menschen stünde ihm nicht mehr offen. Diese volle Verantwortlichkeit würde auch seine volle *Freiheit* bedeuten. Wer sich des Umstands voll bewusst wäre, der Erfinder seiner Wirklichkeit zu sein, wüsste um die immer bestehende Möglichkeit, sie anders zu gestalten.

Der Konstruktivismus erschafft oder „erklärt" keine Wirklichkeit „da draußen", sondern enthüllt, dass es kein Innen und Außen gibt, keine Welt der dem Subjekt gegenüberstehenden Objekte. Er zeigt vielmehr, dass die Subjekt-Objekt-Trennung, auf deren Annahme sich die Myriaden von „Wirklichkeiten" aufbauen, nicht besteht: dass die Spaltung der Welt in Gegensatzpaare vom erlebenden Subjekt konstruiert wird.

Paul Watzlawick, 1981

8. Lesen Sie die Texte 27ff. (s. S. 35 f.). Setzen Sie diese Texte mit dem vorstehenden in Beziehung.
9. Wer erfasst, dass seine Welt eine eigene Erfindung ist, muss tolerant sein (Z. 12 f.). Diese Toleranz ist folglich eine absolute Verpflichtung. Die Toleranz überlistet den Konstruktivismus. Nehmen Sie zu dieser These Stellung.
10. Bewerten Sie den Toleranzanspruch der konstruktivistischen Wirklichkeitssicht.
11. Erarbeiten Sie eine Präsentation der wesentlichen Inhalte des zweiten Unterkapitels. Nutzen Sie die Anregungen aus Methode 2 (S. 378).

Wenden Sie Ihr Wissen an

- Muss der Mensch sich mit einer durch seine menschlichen Voraussetzungen und Prägungen begrenzten Erkenntnisfähigkeit abfinden? Begründen Sie Ihre Entscheidung.
- Bedenken Sie, welche praktischen Schlussfolgerungen für Ihr tägliches Leben in Bezug auf ihre begrenzte Erkenntnisfähigkeit Sie ziehen. Beschreiben Sie diese.
- Diskutieren Sie in Ihrer Lerngruppe, inwiefern die konstruktivistischen Überlegungen für Sie notwendig, eine Hilfe oder auch einzuschränken bzw. abzulehnen sind?

3. Plädoyer für die Suche nach Zeichen der Transzendenz

Was Sie erwartet

Selbst wenn die unterschiedlichen Perspektiven unserer Frage nach Wirklichkeit berücksichtigt sind, wenn die unterschiedlichen menschlichen Voraussetzungen bedacht worden sind, selbst wenn wir uns des erkenntnistheoretischen Zugriffs vergewissert haben: Die Frage nach der Wirklichkeit über das Sichtbare und Denkbare hinaus ist noch unbeantwortet. Und so entstehen neue Fragen: Hat unsere Wirklichkeit einen Sinn? Können wir von der Wahrheit unserer Wirklichkeitserfahrung sprechen? Gibt es eine letzte Wirklichkeit?

Vieldimensionalität von Wirklichkeit

Der folgende Text des Schweizer Theologen Hans Küng (* 1928), der theologischer Berater beim II. Vatikanischen Konzil war und später wegen einiger theologischer Positionen in Konflikt mit dem römischen Lehramt geriet, steht für die Versöhnung von Rationalität und christlichem Glauben. In seinem Werk „Der Anfang aller Dinge" untersucht Küng die Antworten von Naturwissenschaft und Religion: Nur gemeinsam können beide eine Antwort auf die Frage geben, „was die Welt im Innersten zusammenhält". So plädiert er für die Vieldimensionalität und Vielschichtigkeit von Wirklichkeit.

Vieldimensionale und vielschichtige Wirklichkeit

Wissenschaftliche Forschung soll den Dingen auf den „Grund", soll an die „Wurzel", die „radix" der Dinge gehen. Aber echte Gründlichkeit und Radikalität ist nicht gleichzusetzen mit Ein-
5 seitigkeit und Eindimensionalität. Gegenüber einer verabsolutierten Rationalität, gegenüber der Ideologie des Rationalismus, ist von vornherein mit der Vieldimensionalität und Vielschichtigkeit der Wirklichkeit zu rechnen: *Wirk-*
10 *liches kann* unbestreitbar *in höchst verschiedener Weise begegnen,* kann einen ganz unterschiedlichen Charakter tragen. Ich erinnere mich an einen Besuch mit Freunden und Freundinnen aus meiner Luzerner Maturaklasse im Athener
15 Nationalmuseum. Mich überraschte: Die Wirklichkeit desselben Museums ist eine andere für den Chemiker, der vor allem auf Probleme des Bronzegusses und andere technische Verfahren achtet, eine andere für den Historiker, der sich
20 für die Entwicklung von der archaischen über die klassische bis zur hellenistischen Kultur interessiert, wieder eine andere für den Kunstliebhaber, den vor allem die Ästhetik der Objekte fasziniert. Dieselbe Goldmaske eines Fürsten
25 aus Mykene kann aus höchst unterschiedlichen Perspektiven beschrieben und beurteilt werden. Und wichtig: *Jede Beschreibung und Beurteilung,* die des Chemikers, des Historikers, des Kunstliebhabers, *kann wahr sein – je nach Perspektive*
30 [...].
Unter den großen Physikern war es vor allem Werner Heisenberg (bereits im Kriegsjahr 1942), der in einer „Schichtentheorie der Wirklichkeit" von einer untersten Schicht sprach, wo die kau-
35 salen Zusammenhänge der Erscheinungen und Abläufe in Raum und Zeit objektiviert werden können, und einer „obersten Schicht der Wirklichkeit ..., in der sich der Blick öffnet für die Teile der Welt, über die nur im Gleichnis gesprochen werden kann: den letzten Grund der Wirk-
40 lichkeit".
Das heißt für die Praxis von Forschung, Lehre und Leben: [...] Es empfiehlt sich nicht, einen bestimmten Aspekt von Wirklichkeit zu verab-
45 solutieren; denn dann wird man buchstäblich für andere wirklichkeitsblind [...]. Man sieht nicht mehr, wie es wirklich ist, sondern nur noch, was man sehen will [...].
Einem Missverständnis freilich muss ich sofort wehren: Bei aller Vielschichtigkeit der Wirklich-
50 keit wird man die verschiedenen Wirklichkeitsschichten nie zu schlechthin verschiedenen Wirklichkeiten erklären dürfen. Bei aller Vieldimensionalität der Wirklichkeit wird man in den

verschiedenen Dimensionen die Einheit nicht übersehen dürfen. Es geht bei all den verschiedenen Perspektiven, Dimensionen, Schichten, Aspekten und Differenzierungen doch um die eine Wirklichkeit, die vom Menschen immer nur auf Kosten des vollen Menschseins in dieser Welt aufgespalten wird.

Schon früh hat man deshalb zu Recht den Dualismus Descartes' zwischen Subjekt und Objekt, Denken und Sein, Geist und Materie, Seele und Leib, Mensch und Tier der Kritik unterzogen. Aber auch gegenüber dem Dualismus zwischen Vernunft und Glaube, Philosophie und Theologie, muss die Einheit und Wahrheit der Wirklichkeit immer wieder neu zur Sprache gebracht werden: Die Frage der griechischen Philosophie nach der Einheit und Wahrheit des Seins und die Frage der alten Hebräer nach dem Heil und Sinn des Ganzen sind also keineswegs erledigt – sie hängen zusammen.

Hans Küng, 2005

1. Erarbeiten Sie aus dem Text von Küng die Bedeutung der Perspektive für die Wahrnehmung der Wirklichkeit.
2. Erläutern Sie den Begriff der „Einheit und Wahrheit der Wirklichkeit" (Z. 68 f.).
3. Tragen Sie Informationen zur Ideologie des Rationalismus zusammen und erarbeiten Sie eine umfassende Definition.

Transzendenz in der Alltagserfahrung

Der Religionssoziologe Peter Berger (* 1929) spricht über die Zeichen von Transzendenz:

18 Zeichen der Transzendenz

Ich fordere die Theologen auf, sich in der empirisch gegebenen Situation des Menschen nach etwas umzusehen, das man *Zeichen der Transzendenz* nennen könnte. Und ich behaupte, dass es *prototypisch menschliches Verhalten* gibt, Gebaren, Gebärden, Gesten, die als solche Zeichen anzusehen sind. Zeichen der Transzendenz nenne ich Phänomene der „natürlichen" Wirklichkeit, die über diese hinauszuweisen scheinen [...]. Die Phänomene, die ich meine, [...] gehören ganz einfach in den Bereich der alltäglichen Wahrnehmung. Ein menschlicher Grundzug, der für das Verständnis der Religion als einer Leistung des Menschen von größter Bedeutung ist, ist der Hang zur Ordnung [...]. Der Glaube an Ordnung als solche [ist] ein Glaube, der dem fundamentalen Wirklichkeitsvertrauen des Menschen eng benachbart ist. Dieser Glaube wird nicht nur in der Geschichte von Gesellschaften und Kulturen evident, sondern jeder Mensch erlebt ihn unmittelbar in seinem eigenen Leben. Wir wissen aus der Kinderpsychologie, dass ohne Zutun dieses Glaubens am Anfang dieses Sozialisationsprozesses keine Reifung möglich ist. Der menschliche Drang nach Ordnung gründet sich auf das Vertrauen oder den Glauben, dass die Wirklichkeit letztlich „in Ordnung", „schon recht", „so wie es sein soll" ist [...]. Jede ordnende oder Ordnung heischende Geste [...] ist in diesem fundamentalen Sinne ein Zeichen der Transzendenz [...]. Man denke nur an die wohl fundamentalste aller Ordnung stiftenden Gesten – die der ihr ängstliches Kind beruhigenden Mutter.

Das Kind erwacht – vielleicht aus schweren Träumen – und findet sich allein, von nächtlicher Dunkelheit umgeben, namenloser Angst ausgeliefert [...]. Das Kind schreit nach der Mutter [...]. Die Mutter – und vielleicht nur sie – hat die Macht, das Chaos zu bannen und die Welt in ihrer Wohlgestalt wiederherzustellen. Genau das tut eine Mutter. Sie nimmt das Kind in den Arm und wiegt es in der zeitlosen Gebärde der *magna mater* [...]. Und der Grundtenor ist auf der ganzen Welt immer und immer derselbe: „Hab' keine Angst"; „alles ist in Ordnung"; „alles ist wieder gut". Das Kind schluchzt vielleicht noch ein paar Mal auf und gibt sich allmählich zufrieden. Sein Vertrauen zur Wirklichkeit ist zurückgewonnen, und in diesem Vertrauen kann es wieder einschlafen.

Dergleichen gehört zur Routine des Alltags und bedarf natürlich keiner artikulierten religiösen Grundlage. Aber gerade dass es so gewöhnlich ist, wirft die keineswegs gewöhnliche Frage auf – eine Frage, die unmittelbar in eine religiöse Dimension reicht: *Belügt die Mutter das Kind? Nur wenn ein religiöses Verständnis des menschlichen Daseins Wahrheit enthält, kann die Antwort aus vollem Herzen „Nein" lauten. Ist dagegen umgekehrt das „Natürliche" die einzige Wirklichkeit, so lügt die Mutter. Sie lügt zwar aus Liebe, und deshalb lügt sie auch wieder nicht. Nimmt man sie jedoch statt bei der Liebe beim Worte und analysiert es radikal, so ist, was sie sagt, eine Lüge. Warum? Weil der Trost, den sie gibt, über sie und ihr Kind, über die Zufälligkeit der Personen und der Situation hinausreicht und eine Behauptung über Wirklichkeit als solche enthält […].*

Man kann die Formel, ohne sie in irgendeiner Weise anzutasten, in eine kosmische Aussage übersetzen: „Vertraue dem Sein". [...] Im Mittelpunkt der Menschwerdung, im innersten Kern der Humanitas steckt ein Erlebnis des Vertrauens in die Wirklichkeit der Ordnung bzw. die Ordnung der Wirklichkeit. Ist dieses Erlebnis eine Täuschung? Ist die Person, die es verkörpert, ein Lügner?

Peter Berger, 1970

1. Weisen Sie mithilfe des Textes nach, welche Bedeutung für den Menschen die Ordnung der Wirklichkeit hat und woran er die Wirklichkeit dieser Ordnung erfährt.
2. Wo lassen sich andere Zeichen von Transzendenz im Alltag wahrnehmen? Beschreiben Sie sie.

Transzendenz im Alltag – am Beispiel eines Aluminiumbechers? Der brasilianische Theologe Leonardo Boff (* 1938) erläutert diesen Gedanken.

19 Der Trinkbecher

Da ist ein Aluminiumbecher, einer von den alten, guten und glänzenden. Der Stiel ist entzwei. Aber das verleiht ihm einen Hauch von Altertum. Aus ihm haben die elf Kinder getrunken, von klein auf, bis sie groß waren. Er hat die Familien bei ihren vielen Umzügen immer begleitet, von der Bauernschaft ins Dorf und vom Dorf in die Stadt und von der Stadt in die Hauptstadt des Staates. Menschen wurden geboren, und Menschen starben. Der Trinkbecher nahm an allem teil, immer kam er mit. Er ist in den verschiedenen Situationen von Leben und Sterben die Kontinuität im Geheimnis des Lebens. Er besteht fort, immer glänzend und alt. Mir scheint, als er zu uns ins Haus kam, hatte er schon sein Alter […]. Jedes Mal, wenn man den Becher zum Mund führt, trinkt man etwas anderes als Wasser. Was man aufnimmt, ist vielmehr Frische, liebevolle Behaglichkeit, wohlwollendes Zutrauen, die Geschichte der Familie und die Erinnerung an das Kind, das gierig seinen Durst stillte. Wie das Wasser auch beschaffen sein mag, in einem derartigen Becher ist es immer frisch und köstlich. Wer zuhause durstig ist, trinkt aus diesem Becher. Als ob sie einen Ritus zelebrierten, sagen dann alle: „Es ist doch gut, aus unserem Becher zu trinken! Hier gibt's doch das beste Wasser!" Und dabei handelt es sich um das Wasser, das den Zeitungen zufolge nur schlecht aufbereitet wird. Es kommt nämlich aus dem verschmutzten Fluss der Stadt und steckt voller Chlor. [...] Nach einer Reise durch die ganze Welt und einem Studium im Ausland kommt der Sohn nach Hause zurück. Er umarmt die Mutter und begrüßt die Geschwister. Nach all den Ängsten – endlich ist er wieder da. Geredet wird kaum, aber man schaut sich an, lange und eingehend. Erst nach den Augen spricht der Mund von den Oberflächlichkeiten: „Du bist aber dick geworden! Und richtig erwachsen bist du jetzt!" Von solcherlei Dingen spricht der Blick nicht, er spricht vom Unsagbaren der Liebe. [...] „Mama, ich hab' Durst! Lass mich aus dem alten Becher trinken!"

Zuvor hatte der Sohn schon an vielen Stellen Wasser getrunken, in San Pellegrino, in Deutschland, England, Frankreich und Griechenland. Wasser aus den klaren Quellen der Alpen, Tirols, der römischen Brunnen und von S. Francisco hatte er gekostet, Wasser in Ouro – Fino, Teresopolis und Petropolis, Wasser von überall. Aber keines ist wie dieses. Jetzt bringt er einen Becher, aber nicht, um den Durst des Körpers zu stillen, dazu ist ja jedes beliebige Wasser imstande, sondern den Durst nach der Familie, nach dem Elternhaus, den brüderlichen, archäologischen Durst, den Durst nach den Quellen, aus denen die Dynamik des menschlichen Lebens

28 WIRKLICHKEIT – *die eine oder unendlich viele?*

entspringt. Einen solchen Durst vermag nur der Becher zu stillen. Der Mann trinkt gierig einen ersten Becher und leert ihn mit einem langen Seufzer wie jemand, der im Wasser ein gutes Stück weit taucht und wieder an die Oberfläche kommt. Dann trinkt er einen zweiten Becher. Ganz bedächtig. Es geht ihm darum, das Geheimnis zu kosten, das der Becher beinhaltet und bedeutet.

Leonardo Boff, 1976

3. Der Philosoph Wilhelm Weischedel hat davon gesprochen, dass die Wirklichkeit, inhaltlich betrachtet, zerklüftet sei. Sie differenziere sich je nach Blickpunkt. Konkretisieren Sie diese Aussage, indem Sie die Positionen Küngs und Boffs heranziehen.
4. Stellen Sie dar, warum das Wassertrinken aus dem Aluminiumbecher weit mehr als alltägliches Wassertrinken ist.
5. Leonardo Boff spricht in diesem und anderen Beispielen von der Sakramentalität des Gegenstands (Sakrament des Wasserbechers, Sakrament des Zigarettenstummels). Setzen Sie sich mit diesem Begriff auseinander, indem Sie seine Bedeutungsmöglichkeiten beschreiben. Ziehen Sie das Glossar am Ende des Bandes heran und vergewissern Sie sich der Bedeutung des Begriffes „Sakrament" im katholischen Glauben.
6. Nähern Sie sich dem Text von Leonardo Boff, indem Sie ein Wörterbild entwickeln. Die Methodensammlung gibt Ihnen in Methode 4 (S. 381) mit dem ersten Beispiel eine Anregung.

Die Erschließungserfahrung

In seinem Drama „Die Heilige Johanna" geht es dem irischen Dichter George Bernard Shaw (1856–1950) auch um die Frage, ob Johanna von Orléans als Ketzerin den Tod auf dem Scheiterhaufen verdient habe. Ein Kaplan verlangt hartnäckig die Hinrichtung Johannas. Aber als er sie auf dem Scheiterhaufen brennen sieht, bricht er zusammen:

20 Hätte ich es gewusst ...

Ich wollte nichts Böses. Ich wusste nicht, wie es aussehen würde ... Ich wusste nicht, was ich tat ... Hätte ich es gewusst, so hätte ich sie aus euren Händen gerissen. Ihr wisst nichts. Ihr habt nichts gesehen. Es ist so leicht zu reden, wenn man nichts weiß. Ihr betäubt euch mit den Worten ... Oh Gott, nimm diesen Anblick von mir.

George Bernard Shaw, 1923

Jedem Leser ist einsichtig, dass der Kaplan eine Erfahrung gemacht hat, die ganz besonderer Art war. Der belgische Ordensmann und Theologe Edward Schillebeeckx (1914–2009) versucht diese Erfahrung des Kaplans auf den Begriff zu bringen.

21 Disclosure-Erfahrung und „tiefe Wahrheit"

Glaubenssprache oder religiöses Sprechen gründet auf einer Erfahrung besonderer Art. Darin liegt eine empirische Basis: Man erfährt Dinge, die allen zugänglich sind, aber manche erfahren darin (plötzlich oder allmählich) eine tiefere Dimension, die als solche nicht mehr objektivierbar ist und sich doch mittels dieser empirischen Erfahrungsgegebenheiten wirklich zu erkennen gibt: Es steckt in dem Phänomen mehr, als was sich offenkundig, rein empirisch und direkt beschreibend erfahren lässt. Der freundliche Blick eines Menschen kann uns plötzlich eine andere Welt aufgehen lassen. Das ist eine „disclosure" (Erschließung/Offenbarung), die nicht bloß subjektiv ist. In registrierbaren Fakten erschließt sich so eine tiefere Wirklichkeit, wodurch der, der diese disclosure-Erfahrung erlebt, zugleich zu sich selbst kommt. Daher ist eine „Erschließungserfahrung" nicht ein objektivierendes Konstatieren. Außerdem hat sie eine katalysierende Wirkung, wodurch die „Offenbarung" die ganze Person beansprucht. Was sich auf diese Weise enthüllt, lässt sich nicht in objektivierender Sprache festlegen, sondern kann nur in evokativer Weise zum Ausdruck gebracht werden; deshalb gebraucht man keine beschreibende Sprache, sondern evokative Glaubenssprache, um so den Inhalt der Erfahrung anderen einigermaßen offenkundig und verständlich zu machen, als Einladung, dasselbe miterleben zu können. – Damit ist nicht geleugnet, dass es auch falsche, illusorische disclosure-Erfahrungen geben kann!

Edward Schillebeeckx, 1975

22 Die Sicherheit aller Wahrheit

Doch leider stehen die „Tiefe" (oder Höhe) einer Wahrheit und die Sicherheit ihrer Annahme durch den Menschen in umgekehrtem Verhältnis: Je banaler die Wahrheit („Binsenwahrheit", „Platitude), um so größer die Sicherheit. Je bedeutsamer die Wahrheit (etwa im Vergleich zur arithmetischen die ästhetische, moralische, religiöse Wahrheit), umso geringer die Sicherheit. Denn: Je „tiefer" die Wahrheit für mich ist, um so mehr muss ich mich für sie erst aufschließen, innerlich bereiten, mich mit Intellekt, Wille, Gefühl auf sie einstellen, um zu jener echten „Gewissheit" zu kommen, die etwas anderes ist als abgesicherte „Sicherheit". Eine für mich äußerst unsichere, von Zweifeln bedrohte tiefe Wahrheit, die ein tiefes Engagement meinerseits voraussetzt, kann viel mehr Erkenntniswert besitzen als eine sichere oder gar „absolut" sichere banale Wahrheit.

Hans Küng, 1973

1. Arbeiten Sie die entscheidenden Charakteristika einer Erschließungserfahrung aus den Texten von Schillebeeckx und Küng heraus und formulieren Sie dann eine Definition.
2. Konkretisieren Sie die Charakteristika einer Erschließungserfahrung mithilfe der Aussage des Kaplans im Text von Shaw.
3. Lesen Sie im Lukasevangelium (Lk 22,54-62) von der Erfahrung, die Petrus nach der Verhaftung Jesu macht. Beschreiben Sie, was sich in dieser Erfahrung dem Petrus erschlossen hat.
4. Erörtern Sie, ob man bei der Erfahrung des von der Mutter getrösteten Kindes (Peter Berger, Text 18) oder beim Durstlöschen mit dem Aluminiumbecher (Boff, Text 19) auch von einer Erschließungserfahrung sprechen kann.
5. Auch im Zusammenhang mit der Religion und der Politik machen Menschen manchmal Erfahrungen, die sie für besonders lebens- und zukunftsbedeutsam halten, die eine „katalysierende" Wirkung auf sie haben, denen sie bedingungslos folgen, die sich aber als falsch, ja gefährlich entpuppen. Suchen Sie Beispiele für solche in die Irre führende Erfahrungen und bedenken Sie die Konsequenzen für den betroffenen Menschen.

Die Erschließungserfahrung als Verpflichtungserfahrung

In Erich Maria Remarques (1898–1970) Antikriegsroman „Im Westen nichts Neues" von 1928 findet sich die Szene vom Tod des französischen Soldaten Gerard Duval. Die Hauptfigur des Romans und Ich-Erzähler, der deutsche Soldat Paul Bäumer, hat sich als Mitglied eines Spähtrupps verirrt. So gerät er in einen Angriff feindlicher Soldaten, dem er sich nur dadurch entziehen kann, dass er sich in einem Schlammloch versteckt und dabei erlebt, wie die angreifenden Soldaten über ihn hinweg springen. Dabei quält er sich mit der Sorge: Was wird geschehen, wenn ein feindlicher Soldat in sein Schlammloch stürzt? Für diesen Fall hält er seinen Dolch bereit, um im Notfall sofort zustechen zu können. Der Angriff wird zurückgeschlagen, und dieselben Soldaten springen flüchtend wieder über sein Versteck hinweg, und es geschieht, was er befürchtet hat:

23 „Ich habe den Buchdrucker Gerard Duval getötet"

Gerade will ich mich etwas umdrehen, da poltert es, und schwer und klatschend fällt ein Körper zu mir in den Trichter, rutscht ab, liegt auf mir – Ich denke nichts, ich fasse keinen Entschluss –
5 ich stoße rasend zu und fühle nur, wie der Körper zuckt und dann weich wird und zusammensackt. Meine Hand ist klebrig und nass, als ich zu mir komme.
(Später muss Paul Bäumer seinem sterbenden Op-
10 *fer in die Augen schauen:)*
Die Gestalt gegenüber bewegt sich. Ich schrecke zusammen und sehe unwillkürlich hin. Jetzt bleiben meine Augen wie festgeklebt hängen. Ein Mann mit einem kleinen Schnurrbart liegt
15 da, sein Kopf ist zur Seite gefallen, ein Arm halb gebeugt, der Kopf drückt kraftlos darauf. Die andere Hand liegt auf der Brust, sie ist blutig. [...] Da schlägt er die Augen auf. Er muss mich noch gehört ha-
20 ben und sieht mich mit einem Ausdruck furchtbaren Entsetzens an. Der Körper liegt still, aber in seinen Augen ist eine so ungeheure Flucht, dass ich einen Moment glaube, sie würden die Kraft haben, den
25 Körper mit sich zu reißen. Hunderte von Kilometern weit weg, mit einem Ruck. Der Körper ist still, völlig ruhig, ohne Laut jetzt, das Röcheln ist verstummt, aber die Augen schreien, brüllen, in ihnen ist alles
30 Leben versammelt zu einer unfassbaren Anstrengung, zu entfliehen, zu einem schrecklichen Grauen vor dem Tode, vor mir.
Ich knicke in den Gelenken ein und falle
35 auf die Ellenbogen. „Nein, nein", flüstere ich. Die Augen folgen mir. Ich bin unfähig, eine Bewegung zu machen, solange sie da sind. Da fällt seine Hand langsam von der Brust, nur ein geringes Stück, sie sinkt
40 um wenige Zentimeter, doch diese Bewegung löst die Gewalt der Augen auf. Ich beuge mich vor, schüttele den Kopf und flüstere: „Nein, nein, nein." Ich hebe eine Hand, ich muss ihm zeigen, das ich ihm helfen will, und streiche über seine Stirn. [...] Ich öffne ihm den Kragen und
45 schiebe den Kopf bequemer zurecht, [...] schöpfe mit der hohlen Hand das gelbe Wasser, das hindurchquillt. [...] Aber als ich anfange, das Hemd zu zerschneiden, öffnen sich die Augen noch einmal, und wieder ist das Schreien darin und
50 der wahnsinnige Ausdruck, so dass ich sie zuhalten, zudrücken muss und flüstern: „Ich will

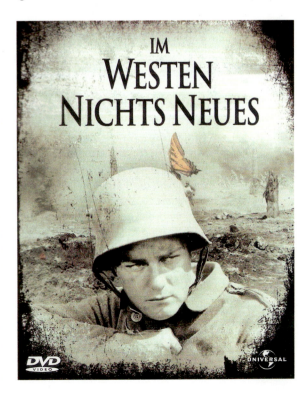

WIRKLICHKEIT – *die eine oder unendlich viele?*

dir ja helfen, Kamerad, camarade, camarade, camarade – " Eindringlich das Wort, damit er es verstehe. [...] Es ist der erste Mensch, den ich mit meinen Händen getötet habe, den ich genau sehen kann, dessen Sterben mein Werk ist. [...] Ich würde viel darum geben, wenn er am Leben bliebe. [...] Es ist sinnlos, was ich tue. [...] So lege ich den Toten noch einmal zurecht, damit er bequemer liegt, obschon er nichts mehr fühlt. [...] Ich spreche und muss sprechen. So rede ich ihn an und sage es ihm: „Kamerad, ich wollte dich nicht töten. Sprängst du noch einmal hier hinein, ich täte es nicht, wenn auch du vernünftig wärest. Aber du warst mir vorher nur ein Gedanke, eine Kombination, die in meinem Gehirn lebte und einen Entschluss hervorrief – diese Kombination habe ich erstochen. Jetzt sehe ich erst, dass du ein Mensch bist wie ich. Ich habe gedacht an deine Handgranaten, an dein Bajonett und deine Waffen – jetzt sehe ich deine Frau und dein Gesicht und das Gemeinsame. Vergib mir Kamerad! Wir sehen es immer zu spät." [...] Die Brieftasche ist leicht zu finden. Aber ich zögere, sie zu öffnen. In ihr ist das Buch mit seinem Namen. Solange ich seinen Namen nicht weiß, kann ich ihn vielleicht noch vergessen, die Zeit wird es tilgen, dieses Bild. Sein Name aber ist ein Nagel, der in mir eingeschlagen wird und nie mehr herauszubringen ist. [...] Und deshalb schlage ich das Buch auf und lese langsam: Gerard Duval, Typograf. [...] Ich habe den Buchdrucker Gerard Duval getötet.

Erich Maria Remarque, 1928

1. Analysieren Sie, auf welchen unterschiedlichen Wirklichkeitsebenen Paul Bäumer den französischen Soldaten Gerard Duval wahrnimmt.
2. Der französische Philosoph Emanuel Lévinas (1906–1995) spricht von der „Epiphanie [Erscheinung] des Antlitzes", die den Menschen, der ihr ausgesetzt ist, zum Subjekt macht (lat. sub-iectum = unterworfen). Interpretieren Sie diese Aussage auf der Basis des Textes.
3. In der Fortsetzung der Szene sagt Paul Bäumer: „Nachmittags bin ich ruhiger. [...] Der Anfall vergeht." Nehmen Sie Stellung zu dieser Aussage.

Die Erschließungserfahrung als religiöse Erfahrung

Was macht eine Erschließungserfahrung zur religiösen Erfahrung? Wovon ist eine solche Erfahrung abhängig? Welche Konsequenzen ergeben sich für das Menschsein?
Im Alten Testament hat z. B. Jakob solche Erfahrungen gemacht.

1. Lesen Sie die Geschichte Jakobs in Genesis 25,19-32,22 und charakterisieren Sie Jakob.
2. Interpretieren Sie die Jakobserfahrung (Gen 32,23-33,11), indem Sie u. a. folgende Fragen bearbeiten:
   – Welche psychische Konstellation stellt der Text vor?
   – Wie lassen sich die im Text geschilderten Ereignisse unter intrapsychischer (innerhalb der Psyche ablaufender) Perspektive verstehen? Beziehen Sie die folgenden Textelemente mit ein: Nacht, Furt, Morgenröte, Kampf, ausgerenktes Hüftgelenk, Segensforderung, Namensnennung.
   (Zum Umgang mit Bibeltexten finden Sie im Bibelkapitel Beispiele: Zu dieser Aufgabe könnten Sie sich an der tiefenpsychologischen Auslegung (Der besessene Junge, S. 181) orientieren.)

Jakob

Der Kampf am Jabbok ist die geheimnisvollste und gewagteste Jakobserzählung. Das Ringen mit Gott in der Nacht gibt Anlass zu vielfältigen Auslegungen. Offensichtlich geht es um eine Auseinandersetzung mit der *dämonischen Seite Gottes*, die sich selbst vor der Morgenröte und der Sonne, der *Lichtseite Gottes*, fürchtet. Dass Jakob seinen Gegner erst loslässt, nachdem er von ihm gesegnet wurde, zeigt, dass er dieser Kräfte bedurfte. Allerdings geht er aus der Auseinandersetzung mit einem ausgerenkten Hüftgelenk hervor. Die Geschichte erklärt drei Besonderheiten:
- den Namen *Israel* („Gott hat sich als stark erwiesen"), den man auch als „Er hat sich Gott gegenüber als stark erwiesen" deuten kann.
- den Namen *Penuel* („Gottesantlitz"), einer Ortschaft am Jabbok, unweit seiner Einmündung in den Jordan.
- die Sitte des Volkes Israel, die *Hüftmuskelsehne* der Opfertiere nicht zu essen.

3. „Ich suchte Gott und fand ihn nicht, ich suchte mich und fand mich nicht, ich suchte meinen Nächsten und fand sie alle drei." Dieser Text soll als Mauerinschrift im Warschauer Ghetto gefunden worden sein. Erörtern Sie, inwiefern Sie Parallelen zur Erfahrung Jakobs sehen.
4. Vergleichen Sie die bildnerische Gestaltung des Jakobskampfes in den folgenden drei Beispielen. Welche künstlerische Gestaltung kommt Ihrer Interpretation nahe?
5. Begründen Sie Ihre Argumentation.

Rembrandt: Jakobs Kampf mit dem Engel, um 1660.

Gustave Doré: Jakobs Kampf mit dem Engel, 1865

WIRKLICHKEIT – *die eine oder unendlich viele?* 33

Eva Hülsberg: Jakobs Kampf mit dem Engel, 1995/1996

26 Von der Wahrheit des Mythos

Die modernen Naturwissenschaften haben im Laufe der letzten fünfhundert Jahre ermöglicht, dass wir die Welt um ein ganzes Stück besser verstehen, als Menschen das früher konnten.

Neue Methoden und Erkenntnisse führten dazu, dass viele Missverständnisse und Irrtümer korrigiert werden konnten, die bisher zum festen Überzeugungsgut der Menschen gehört hatten. So wissen wir, dass dieser Planet auf ganz andere Art entstanden ist, als man dies über Jahrhunderte geglaubt hatte, als es uns die alten Mythen, auch die Texte des Alten Testaments, vermittelt zu haben scheinen. Ähnliches gilt für die Entwicklung des Menschen zum homo sapiens. Und trotzdem vertreten moderne Theologen heute die Überzeugung, dass die alten Texte mehr sind als wissenschaftlich überholte Theorien. Diese Texte besäßen eine andere Art von Wahrheit, die mit der uns bekannten naturwissenschaftlichen Art von Wahrheit nichts zu tun habe. Wie kann man sich das vorstellen? Wissenschaftlich widerlegt und auf eine andere Art und Weise doch wahr?

Die Wahrheit, die in den ältesten Geschichten, den Mythen unserer Religion steckt, ist eine existentielle Wahrheit. Es geht um Glaubenswahrheit, um Lebensweisheit, um Menschheitswissen weit jenseits von Messbarkeit und Historizität. Diese Wahrheit muss nicht für alle Menschen gelten. Der Schöpfungsmythos ist z. B. eine Überlieferung, die in bildhafter Sprache ein „Ereignis" der Urzeit vergegenwärtigt. Er ist aber nicht der geschichtliche Niederschlag des Einmaligen („Wie" entsteht die Welt?), sondern des Überzeitlich-Gültigen („Warum" entsteht die Welt, was ist der Sinn?). Eine als Lebensweisheit selbstverständlich erfahrene „Wahrheit" brachten die frühen Menschen mit den eigenen religiösen Vorstellungen zusammen und verbanden sie zu bildhaften Erzählungen. Diese Geschichten überleben über Jahrtausende hinweg, eben weil ihre Kernaussage in religiösem Sinne wahr bleibt: Gott hat die Welt gewollt, den Menschen ins Leben gerufen.

Die Einsicht, dass nicht jeder Mensch immer nur Gutes tut, gehört ebenfalls wohl zur Lebenserfahrung aller Menschen. Diese „Weisheit" ist so alt wie die Menschheit selbst, es gab sie bereits weit vor aller Wissenschaft, und die Menschen haben sie über Jahrhunderte hinweg in Bildern und Geschichten weitergegeben. Von der Zerrissenheit des Menschen zwischen Gut und Böse erzählen die Geschichten von Kain und Abel, die Josephsgeschichten und viele andere.

Ohne Religion gibt es also keine Wahrheit im Mythos, für den religiösen Menschen hingegen bleibt die Überzeugung „Die Welt kommt von Gott her" dennoch feste „Glaubenswahrheit". Und diese Glaubenswahrheit, z. B. in der Erzählung von Adam und Eva, kann gültig bleiben, auch wenn die empirische Wahrheit weiterhin und genauso gültig von der Entwicklung der Menschen als Evolutionsgeschichte sprechen kann.

2002

6. Skizzieren Sie die „Wahrheit des Mythos".
7. Konkretisieren Sie Ihre Aussagen am Beispiel Jakobs.

27 Mystische Schau/Kontemplation im Christentum

Menschen in allen Religionen orientieren sich an heiligen Schriften, an Geboten und an tradierten Ritualen. Der Mensch braucht diese Richtschnur, diese Ordnung für sein Leben. Angesprochen wird der Mensch hier vornehmlich über seinen Verstand. Schon der große Kirchenlehrer Thomas von Aquin (1225–1274) war sich aber sicher, dass es sowohl subjektive (auf den einzelnen Menschen bezogene) als auch objektive (auf den Menschen an sich bezogene) Erkenntnisgrenzen gibt. Wir können Gott nicht „wissen". Aber der religiöse Mensch hofft, dass er sich ihm in der Erfahrung anzunähern vermag. Hier handelt es sich um ganzheitlich-existentielle Erfahrungen, die man als religiöse Erfahrungen oder Gottesbegegnungen deuten kann (man denke z. B. an Mose am Sinai oder an die Emmausjünger, die dem auferstandenen Jesus begegnen). Auch darin sind sich alle Religionen einig. Dazu müssen wir aber unsere Verstandesbemühungen, unser Bücherwissen und alle tradierten Rituale überschreiten.

Alle Religionen haben Wege gesucht, eine transzendente, eine letzte Wirklichkeit zu erfahren.

WIRKLICHKEIT – *die eine oder unendlich viele?*

Im Buddhismus haben sich Zen, Vipassana und die tibetischen Wege entwickelt, im Hinduismus z. B. Yoga. Im Islam entwickelte sich der Sufismus, im Judentum kennen wir die Kabbala.
Der christliche Weg ist die Kontemplation, den uns die Schriften der Mystiker näherbringen, angefangen von den Wüstenvätern über Bonaventura, Eckehart, Johannes vom Kreuz, Teresa von Avila, usw. Sie alle kannten die spirituelle Übung des langen ruhigen Sitzens und des wiederholten Sprechens von einzelnen Lauten, Worten oder Gebeten, um Gott näherzukommen.

8. Machen Sie sich über die oben genannten Wege und Personen kundig.
Vgl. dazu auch S. 54 ff.
Fassen Sie wesentliche Informationen in einem Kurzreferat für Ihre Mitschülerinnen und Mitschüler zusammen.

Auch wenn, wie in Text 27 formuliert, alle Religionen darin übereinstimmen, dass der Mensch über die Erfahrungen, die er in der Meditation, der Kontemplation macht, sich der letzten Wirklichkeit anzunähern vermag, so sieht der christliche Glaube die menschlichen Möglichkeiten doch auch eingeschränkt (vgl. Paulus: „Jetzt schauen wir in einem Spiegel und sehen nur rätselhafte Umrisse, dann aber schauen wir von Angesicht zu Angesicht" (1 Kor 13,12)).
Der Mensch bedarf hinsichtlich seiner Gotteserkenntnis neben der Vernunft und der Erfahrung besonders des vertrauenden und erwartenden Glaubens.
In seiner Enzyklika „Fides et ratio" schrieb Johannes Paul II. über die Begriffe „Offenbarung", „Glaube" und „Vernunft":

28 Fides et ratio

a) Jede von der Kirche angestellte Reflexion erfolgt auf der Grundlage des Bewusstseins, Verwahrerin einer Botschaft zu sein, die ihren Ursprung in Gott selbst hat (vgl. 2 Kor 4,1-2). Die Erkenntnis, die sie dem Menschen anbietet, rührt nicht aus ihrem eigenen Nachdenken her, und wäre es noch so erhaben, sondern aus dem gläubigen Hören des Wortes Gottes (vgl. 1 Thess 2,13). Am Anfang unseres Gläubigseins steht eine einzigartige Begegnung, die das Offenbarwerden eines seit ewigen Zeiten verborgenen, jetzt aber enthüllten Geheimnisses (vgl. 1 Kor 2,7; Röm 16,25-26) markiert: „Gott hat in seiner Güte und Weisheit beschlossen, sich selbst zu offenbaren und das Geheimnis seines Willens kundzutun (vgl. Eph 1,9): dass die Menschen durch Christus, das fleischgewordene Wort, im Heiligen Geist Zugang zum Vater haben und teilhaftig werden der göttlichen Natur" [...] Dabei handelt es sich um eine völlig ungeschuldete Initiative, die von Gott ausgeht, um die Menschheit zu erreichen und zu retten. Gott als Quelle der Liebe will sich zu erkennen geben, und die Erkenntnis, die der Mensch von Ihm hat, bringt jede andere wahre Erkenntnis über den Sinn seiner eigenen Existenz zur Vollendung, zu der sein Verstand zu gelangen vermag.

b) Die Besonderheit, die den Bibeltext auszeichnet, besteht in der Überzeugung, dass zwischen der Vernunft- und der Glaubenserkenntnis eine tiefe, untrennbare Einheit besteht. Die Welt und was in ihr vorgeht ebenso wie die Geschichte und die wechselvollen Ereignisse des Volkes sind Wirklichkeiten, die mit den Mitteln der Vernunft betrachtet, analysiert und beurteilt werden, ohne dass aber der Glaube an diesem Prozess unbeteiligt bliebe. Er greift nicht ein, um die Autonomie der Vernunft zu beschneiden oder ihren Handlungsraum einzuschränken, sondern nur dazu, um dem Menschen begreiflich zu machen, dass der Gott Israels in diesen Geschehnissen sichtbar wird und handelt. Die Welt und die geschichtlichen Begebenheiten gründlich zu kennen, ist also unmöglich, ohne sich gleichzeitig zum Glauben an den in ihnen wirkenden Gott zu bekennen. Der Glaube schärft den inneren Blick, indem er den Verstand dafür offenmacht, im Strom der Ereignisse die tätige Gegenwart der Vorsehung zu entdecken. Ein Satz aus dem Buch der *Sprichwörter* ist in diesem Zusammenhang bezeichnend: „Des Menschen Herz plant seinen Weg, doch der Herr lenkt seinen Schritt" (Spr 16,9). Man könnte sagen, der Mensch vermag mit dem Licht der Vernunft seinen Weg zu erkennen, kann ihn aber nur dann rasch und ohne Hindernisse zu Ende gehen, wenn er mit redlichem Herzen sein Forschen in den Horizont des Glaubens einfügt. Vernunft und Glaube lassen sich daher nicht voneinander trennen, ohne dass es für den Menschen unmöglich wird, sich selbst, die Welt und Gott in entsprechender Weise zu erkennen.

Johannes Paul II., 1998

9. Arbeiten Sie aus den Texten des ersten und zweiten Unterkapitels heraus, welche Bedeutung der Offenbarung, der Vernunft und dem Glauben für die Erkenntnis Gottes zukommt.
Erläutern Sie die grundlegenden Verschiedenheiten der christlich-katholischen Sicht und der Sicht der östlichen Religionen.

Der Japaner Daisetz Taitaro Suzuki (1870–1966), ein bedeutender Kenner des Zen-Buddhismus und Professor für buddhistische Philosophie in Kyoto, war auch in Europa und den USA mit Lehraufträgen tätig. Im folgenden Text legt er die religiös-philosophischen Grundlagen der buddhistischen Meditation dar.

29 Mystische Schau/Kontemplation im Buddhismus

Die Erfahrung, welche die Grundlage der buddhistischen Philosophie bildet, wird „Erleuchtungserfahrung" genannt, denn diese Erleuchtungserfahrung wurde von Buddha nach sechs Jahren angestrengten Nachdenkens und tiefer Reflexion gemacht. [...] Worin bestand nun diese Erleuchtungserfahrung? [...] Was man überall in der Welt als buddhistisches Denken ansieht [...], das ist die Lehre vom Nicht-Ich. Ihre Argumentation beginnt mit dem Gedanken, dass erstens alle Dinge vergänglich oder flüchtig, weil zusammengesetzt sind, dass sie sich unentwegt in ihre Bestandteile auflösen, dass es nichts von Dauer gibt – und demzufolge zweitens nichts in dieser Welt, dem anzuhangen sich lohnte, existiert, wo jeder von uns dazu bestimmt ist, jede Spielart der Sorge und des Leidens zu erdulden. Wie entgehen wir dem? [...] Es war [...] dieses Gefühl der Furcht und der Unsicherheit, das Buddha veranlasste, sein Zuhause zu verlassen und sechs Jahre lang herumzuwandern auf der Suche nach einem Ausweg. [...] Schließlich entdeckte er ihn, indem er auf den Gedanken vom Nicht-Ich verfiel. [...] Der Satz lautet so: Alle zusammengesetzten Dinge [...] sind unbeständig. [...] Alle zusammengesetzten Dinge sind leidvoll. [...] Alle Dinge [...] sind ich-los. Wenn ein Mensch dies in seiner Weisheit erfasst, achtet er der leidvollen Welt nicht. Das ist der Pfad der Reinheit.
Worauf ich die besondere Aufmerksamkeit des Lesers lenken möchte, das ist das Wort „Weisheit", [...] *prajna* in Sanskrit [...]. Wir wissen, dass das „Sehen" im Buddhismus sehr oft stark betont wird, dabei dürfen wir freilich nicht versäumen, uns zu vergegenwärtigen, dass „Sehen" nicht einfach das gewöhnliche Sehen ist, das Sehen vermittels relativer Kenntnisse. Vielmehr ist mit ihm das Sehen mit Hilfe eines *prajna*-Auges gemeint, eine spezifische Art von Intuition nämlich, die uns befähigt, mitten in den Urgrund der Wirklichkeit selbst einzudringen.
Die Lehre vom Nicht-Ich verwirft nicht nur den Gedanken an eine Ich-Substanz, sondern erklärt auch den Gedanken als solchen für illusorisch. Solange wir in dieser Welt einzelner begrenzter Existenzen leben, können wir nicht umhin, den Gedanken an ein individuelles Ego zu hegen. Doch verbürgt das die Wirklichkeit und Substantialität des Ich oder Ego noch keineswegs [...]. Der Ich-Begriff ist einfach eine brauchbare Hypothese, vor deren Hintergrund wir unsere praktischen Geschäfte betreiben. [...]

Daisetz T. Suzuki, 1960

10. Stellen Sie die Erleuchtungserfahrung in ihren eigenen Worten dar. Achten Sie darauf, dass Sie die Textaspekte „weisheitliches Sehen", „leidvolles Leben", „Ich-Losigkeit" in Ihren Ausführungen berücksichtigen.

WIRKLICHKEIT – *die eine oder unendlich viele?*

11. Alles ist Leid – auch die Liebe! Nehmen Sie Stellung zu dieser These auf der Basis der Ausführungen Suzukis.
12. „Alle Dinge sind flüchtig und vergänglich, weil zusammengesetzt und sich beständig in ihre Bestandteile auflösend" (Z. 11 ff.). Denken Sie über eine mögliche Verbindung zwischen diesen buddhistischen Gedanken und Erkenntnissen z. B. aus der Physik nach. Formulieren Sie in wenigen Thesen ihre Ergebnisse.

30 Zur Lebenspraxis eines Buddhisten

Der in diesem Zusammenhang zentrale Begriff „Achtsamkeit" ist auch im Westen fast zu einem Modebegriff geworden, welcher z. B. in der Psychologie und Therapie, aber auch im Christentum immer häufiger verwendet wird. Meditation (Pali Bhavana, wörtlich: „Hervorbringen") in ihrer eigentlichen Bedeutung bedeutet systematisch eingeübte Achtsamkeit – zum Zwecke von Sammlung und Weisheit, Gemütsruhe und Klarsicht. Im Buddhismus sind Achtsamkeit und Meditation von Anfang an zentral. Sie stellen das Hauptmittel zur Befreiung aus samsara, dem beständigen Wandern, dar.
Wie können westlich geprägte Menschen sich diese Meditation als systematisch geübte Achtsamkeit vorstellen, eine Meditation, die das Ziel hat, den Menschen in seiner irdischen Existenz wenigstens zeitweise aus seiner Ich-Wirklichkeit und so seiner Anhaftung zu befreien?

13. Umschreiben Sie die Begriffe „achtsames Gehen", „achtsames Sehen", „achtsames Zuhören", (andere eigene Ideen?) möglichst vielfältig.
14. Prüfen Sie, inwieweit die Haltung der Achtsamkeit Bedeutung für Ihr eigenes Leben haben kann.

Der Zen-Mönch und Lehrer der buddhistischen Karma-Kagyü-Schule Yongey Mingyur Rinpoche (* 1975) berichtet über Meditationspraxis und -erfahrung:

31 Der verrückte Affe des Geistes

Die von Buddha gelehrten Meditationspraktiken lassen sich in die analytischen und die nichtanalytischen Methoden unterteilen. [...] Im Tibetischen heißt es (die nicht-analytische) Shiné, und im Deutschen ist diese Methode als „ruhiges Verweilen" bekannt – den Geist einfach friedlich ruhen lassen, so wie er ist. Es handelt sich um eine elementare Praxis, bei der wir den Geist ganz natürlich in einem Zustand entspannten Gewahrsams ruhen lassen, damit sich sein Wesen offenbaren kann. [...] In gewisser Weise gleicht die objektlose Shiné-Schau einem Schauen in die unermessliche Weite des Alls, statt dass wir den Blick auf die sich durchs Universum bewegenden Galaxien, Sterne und Planeten fokussieren. [...] Wie der Raum nicht von den Objekten definiert wird, die sich in ihm bewegen oder ihn durchqueren, wird auch das Gewahrsein nicht von den Gedanken, Emotionen, Wahrnehmungen und so weiter definiert oder begrenzt, die sich ihm zeigen. [...]
Haben Sie die Arbeit mit den Sinnen gelernt, dann müssen Sie es allerdings mit dem verrückten Affen selbst aufnehmen – jenem Geistesbewusstsein, das so gerne herumhüpft, Verwirrung stiftet, Zweifel sät und Unsicherheit erzeugt – und die von ihm erzeugten Gedanken und Emotionen als Stütze für das Befrieden und Beruhigen des Geistes nutzt. Der Geist ist wie ein Fluss; und wie bei einem Fluss macht es keinen Sinn, seinem Fließen Einhalt zu gebieten. [...] Das heißt aber nicht, dass Sie ein Sklave all dessen sein müssen, was Ihr Geist produziert. Wenn Sie das Wesen und den Ursprung Ihrer Gedanken nicht verstehen, werden Sie von Ihren Gedanken benutzt. [...] Anfangs gerät die auf die Gedanken gerichtete Aufmerksamkeit immer wieder ins Wanken. Das ist okay. Wenn Sie feststellen, dass sich Ihr Geist auf Wanderschaft befindet, dann seien Sie dieses Herumwanderns einfach gewahr. [...] Und wenn Sie sich plötzlich daran erinnern: Hoppla, ich sollte doch meine Gedanken beobachten, ich sollte mich doch auf eine Form konzentrieren, ich sollte doch auf

WIRKLICHKEIT – die eine oder unendlich viele?

Töne lauschen, dann lenken Sie ihre Aufmerksamkeit einfach wieder auf das zurück, worauf sie an sich gerichtet sein sollte. Das große Geheimnis dieser „Hoppla"-Momente besteht darin, dass Sie in ihnen für Bruchteile von Sekunden ihre grundlegende Natur erfahren. [...] Und nach und nach sammeln sich diese „Hopplas" an, bis eines Tages das „Hoppla" zu einem natürlichen Geisteszustand wird, zur Entlassung aus den Gewohnheitsmustern neuronalen Geschwätzes, die ihnen erlaubt, sich jeden Gedanken, jedes Gefühl und jede Situation in totaler Offenheit und Freiheit anzusehen.

Yongey Mingyur Rinpoche, 2002

15. Beschreiben Sie, wie es möglich ist, zum Sklaven seiner Gedanken zu werden. Es sind doch die eigenen Gedanken. Beziehen Sie in Ihre Überlegungen einen Gedanken aus dem Talmud mit ein, der zusammengefasst sagt: Aus Gedanken werden Worte, aus Worten Handlungen, aus Handlungen Gewohnheiten, aus Gewohnheiten ein Charakter, aus einem Charakter das Schicksal.

16. Charakterisieren Sie das, was Y. M. Rinpoche mit dem „verrückten Affen" (Z. 23 f.) und dem „neuronalen Geschwätz" (Z. 54 f.) beschreibt.

17. Informieren Sie sich im Internet (z. B. www.zenmeditation.de) über die Praxis konkreter Meditationsübungen.

18. Überlegen Sie, wo Sie die Zusammenhänge zwischen den Gedanken des „beständigen Wandels" (samsara; Text 29, Z. 12) und der Ich-Losigkeit auf der einen Seite und der konkreten Meditationspraxis auf der anderen sehen, und stellen Sie sie dar.

Wenden Sie Ihr Wissen an

- Fassen Sie die Erkenntnisse, die Sie aus diesem Unterkapitel gewonnen haben, noch einmal zusammen, indem Sie ein „Plädoyer für die Zeichen von Transzendenz in unserem Leben" formulieren.
- Begründen Sie, warum Erschließungserfahrungen so wesentlich für die menschliche Entwicklung sind. Stellen Sie dar, wo Sie Entsprechungen und Unterschiede zwischen Erschließungserfahrungen und religiösen Erfahrungen sehen.
- Wählen Sie einen altgriechischen Mythos aus und befragen Sie ihn im Blick auf seine Wahrheit.
- „Was ist Wahrheit?", fragt Pilatus im Johannesevangelium (Joh 18,38). Formulieren Sie eine Antwort aus der Perspektive des katholischen Glaubens.

WIRKLICHKEIT – *die eine oder unendlich viele?*

Zur Weiterarbeit und Vertiefung

Filmanalyse: Wenn der Himmel die Erde berührt – Zu einer Szene aus dem Film „Die Verurteilten"
(„The Shawshank Redemption": Frank Darabont, 1994)

32

„Wenn der Himmel die Erde berührt"

Von dem evangelischen Theologen Karl Barth ist die Bemerkung überliefert, er stelle sich den Himmel so vor, dass dort die Engel die Musik Mozarts zum Erklingen bringen. Wenn das so ist, dann müsste umgekehrt überall dort, wo auf Erden Mozart gespielt wird, der Himmel die Erde berühren.

Genau diese Berührung von Himmel und Erde hat der amerikanische Regisseur Frank Darabont 1994 in seinem Film „Die Verurteilten" (engl. „The Shawshank Redemption") in einer bewegenden Szene gestaltet. Der Film handelt vom Schicksal des Bank-Vizepräsidenten Andy Dufresne, der aufgrund von Indizien fälschlicherweise des Mordes an seiner Frau für schuldig befunden und zu lebenslänglicher Haft verurteilt wird. Im Gefängnis begegnet ihm freilich alles andere als der Himmel auf Erden, nämlich die pure Hölle – letztere vor allem in Gestalt eines von hochgradig neurotischen, quasi-religiösen Wahnvorstellungen besessenen Gefängnisdirektors, vor allem aber auch in einem sadistischen Aufseher, der in seinen Launen vor keiner Form von Gewalt Gefangenen gegenüber zurückschreckt.

In dieser von Gewalt und Menschenverachtung gezeichneten Welt gelingt es Andy Dufresne in jahrelangen Anstrengungen, Ansätze einer Gegenwelt zu erzeugen. Dazu gehören unzählige Eingaben an die Behörde, mit denen er die Einrichtung einer neuen Gefängnisbibliothek beantragt. Nachdem diese Bitte über Jahre hinweg stets von neuem zurückgewiesen wird, er sie aber immer wieder neu vorträgt, ist es eines Tages so weit. Er wird von einem Aufseher ins Büro geführt und soll dort eine Reihe von Kartons sichten, aus deren Inhalt er die lang ersehnte Bibliothek aufbauen darf. Da er seit geraumer Zeit als Finanzexperte das Vertrauen der Gefängnisleitung besitzt, lässt ihn sein Aufseher eine Weile allein, um sich seinerseits auf die Toilette zurückzuziehen. Für eine Weile begreift Andy noch nicht sein Glück, um dann aber langsam die Kisten zu sichten. Als erstes fällt ihm eine Schallplatte in die Hand: Mozarts „Hochzeit des Figaro". Scheinbar wahllos legt er sie auf, und es erklingt aus dem dritten Akt das Duett von Susanna und Contessa „Che soave zeffiretto". Selbst überrascht von der Schönheit der Musik, schließt er das Büro von innen ab und stellt sämtliche Lautsprecher an. Und dort, wo normalerweise die barschen Kommandos der Gefängnisleitung zu hören sind, erklingt nun die allerschönste Musik. Andy lehnt sich in seinem Stuhl zurück, schließt verträumt die Augen, und der Blick der Kamera geht über das Gefängnisgelände. Wir sehen, wie das alltägliche Leben erstarrt und blitzartig von etwas ganz anderem erhellt wird ...

Gerd Neuhaus, 2008

1. Beschreiben Sie mit eigenen Worten diese Filmszene.
2. Was bedeutet es, dass hier „der Himmel die Erde berührt" (Z. 6 f.)? Beziehen Sie den Kommentar, mit dem Andys Weggefährte Red rückblickend die Erinnerung an diesen Moment wiedergibt, in ihre Überlegungen mit ein: „Bis zum heutigen Tag weiß ich nicht, wovon die beiden italienischen Damen gesungen haben. Um die Wahrheit zu sagen: Ich will's auch gar nicht wissen. Es gibt Dinge, die müssen nicht gesagt werden. Ich will annehmen, dass sie von etwas so Schönem gesungen haben, das man nicht in Worte fassen kann, und dass es direkt ins Herz geht. Ich sage Ihnen, diese Stimmen sind höher gestiegen, als man je an einem so trostlosen Ort zu träumen gewagt hätte. Man hatte den Eindruck, als wäre ein wunderschöner Vogel in unseren freudlosen Käfig gefallen und hätte die Mauern zum Einstürzen gebracht. Und für den Bruchteil einer Sekunde hatte jeder hier in Shawhank das Gefühl, frei zu sein."
3. Nehmen Sie Stellung zu folgender Aussage: Auch wenn die von Andy inszenierte Situation für ihn selbst scheinbar nur negative Konsequenzen hat, so hat sie ihn und seine Mitinsassen doch für einen Moment über die Begrenztheiten seines Lebens hinausgehoben.

33 Eine Ganzschrift: Patrick Roth: Magdalena am Grab

Der deutsche Schriftsteller Patrick Roth (* 1953) ist mit ungewöhnlicher Direktheit immer wieder auf Themen und Gestalten der Bibel zugegangen. Vor allem in seiner „Christus-Trilogie" („Riverside", „Johnny Shines oder die Wiedererweckung der Toten" und „Corpus Christi") verarbeitet der Autor im Rahmen von Kriminalhandlungen neutestamentliche Motive in einer bemerkenswerten Kunstsprache aus archaischen und heutig-umgangssprachlichen Elementen.

In allen Werken Roths ist sein Blick vom Ende her sichtbar, ein Blick, der auch das scheinbar Unwichtigste und Nichtigste, das bloß Alltägliche in einen großen Zusammenhang stellt.

Der Autor hat nicht nur Anglistik, Germanistik und Romanistik studiert, sondern auch Filmwissenschaft und Filmproduktion, und er hat in den USA eine Schauspielerausbildung absolviert. Roths literarische Prosa ist durch seine Filmarbeit geprägt. Seine Geschichten sind oft in Szenen erzählt, und das Auge des Erzählers bewegt sich durch die Landschaft der Szene wie eine Kamera.

Auch die Erzählung „Magdalena am Grab" spielt im Milieu der Filmemacher. Auch dieses Mal geht Roth an ein neutestamentliches Thema in

> XX. An der Sabbather einem kommt Maria Magdalena frühe, da es noch finster war, zum Grabe, und siehet, daß der Stein vom Grabe hinweg war. *Da läuft sie und kommt zu Simon Petrus und zu dem andern Jünger, welchen Jesus lieb hatte, und spricht zu ihnen: Sie haben den Herrn weggenommen aus dem Grabe, und wir wissen nicht, wo sie ihn hingelegt haben. *Da ging Petrus und der andere Jünger hinaus, und kamen zum Grabe. *Es liefen aber die zween mit einander, und der andere Jünger lief zuvor, schneller denn Petrus, und kam am ersten zum Grabe, *gucket hinein und siehet die Leinen gelegt, er ging aber nicht hinein. *Da kam Simon Petrus ihm nach, und ging hinein in das Grab, und siehet die Leinen gelegt, *und das Schweißtuch, das Jesu um das Haupt gebunden war, nicht bei die Leinen gelegt, sondern beiseits eingewickelt an einem besondern Ort. *Da ging auch der andere Jünger hinein, der am ersten zum Grabe kam, und sahe und glaubete es. *Denn sie mußten die Schrift noch nicht, daß er von den Todten auferstehen mußte. *Da gingen die Jünger wieder zusammen.
> Maria aber stand vor dem Grabe und weinete draußen. Als sie nun weinete, guckte

der Überzeugung heran, dass in diesen Stoffen noch vieles zu entschlüsseln und zu entdecken sei, in der offenkundigen Wirklichkeit noch tiefere Wirklichkeit enthalten sei. Das filmische Mittel des „Dissolve" kommt dem, was für Roth als Erkenntnis so bedeutsam ist, dass sich zwei Realitäten überlagern, am weitesten entgegen. Ein zweites Mittel (suspense) ist ihm besonders wichtig, Spannung, Gegensätzliches, das nach Auflösung drängt. Auflösung bedeutet für Roth Erlösung. Er misst der suspense transzendentale Bedeutung bei. Das uns Gegebene muss vermehrt, gewagt und so gewandelt werden.

Ein junger Hollywood-Regisseur – aus seiner Perspektive wird erzählt – hat sich vorgenommen mit drei jungen Nachwuchsschauspielern die nur im Johannesevangelium vorkommende Szene „Magdalena am Grab" einzustudieren. Zur Probe erscheint nur Monica, die die Maria Magdalena spielen soll. Also konzentriert er sich ausschließlich auf die Szene der Maria Magdalena am Grab. Da die weiteren Mitspieler fehlen, übernimmt er die Rolle des Gärtners, des auferstandenen Jesus. (Roth, Patrick: Magdalena am Grab. Frankfurt/M.: Insel-Verlag 2003.)

4. Lesen Sie die Anfänge der Erzählung (S. 7–18) und stellen Sie die wesentlichen Informationen zur Hauptperson Monica, die die Maria Magdalena spielen soll, und zum Probenort zusammen.
5. Schon in diesen ersten noch eher einleitenden Textstellen wird das Problem von „Wahrnehmung von Wirklichkeit" und „Interpretation von Wirklichkeit" deutlich. Arbeiten Sie die Interpretationen des jungen Regisseurs und deren Prämissen heraus.
6. Versetzen Sie sich in die Rolle der Schauspieler und erarbeiten Sie den Text aus dem Johannesevangelium (Joh 20,11-18), indem Sie ein Bühnenbild entwerfen, Regieanweisungen formulieren und die Standorte der Schauspieler bestimmen.
7. Stellen Sie dar, welche Bedeutung die Tränen der Maria Magdalena und ihre Wiederkehr an das leere Grab haben. Analysieren Sie den Text (S. 20–23) unter besonderer Beachtung von Z. 24–26 (S. 21) und Z. 1–4 (S. 22).
8. Beleuchten Sie das Problem der verschiedenen Wirklichkeitsebenen, indem Sie die Probenszene S. 26–46 analysieren.
9. Überlegen Sie, welche Rolle der „Beobachter" für die Entwicklung der zu probenden Szene „Maria Magdalena erkennt den Auferstandenen" spielt.
10. Bedenken Sie, was die Aussage des jungen Regisseurs bedeutet: „Erst Jahre später [...] stieß ich, wie zufällig, auf die Stelle, Joh 20,11-16, die damals nie zur Aufführung gekommen war und von der ich doch – das wurde mir beim Lesen und allen weiteren Überlegungen klar – ein geradezu physisches Wissen besaß, das mit jedem Vers, den ich wiederlas, tiefer spürbar, physisch erinnert wurde: über den Körper, matter/materia; im Körper, denn ich hatte die Szene ja körperlich erlebt, sie mir eben nicht nur vorgestellt, sondern dargestellt."(S. 44)
11. Während der Probe, durch das Nach-Stellen, geht Regisseur und Schauspielerin eine neue Wirklichkeit des neutestamentlichen Textes auf:
„Es war Monicas An-mir-Vorbeigehen. Magdalenas Vorbeigehen an diesem Mann, den sie noch für den Gärtner hält. Das war die Bewegung, die entdeckt worden war, die der Text der Bibel überspringt, die er mitversteht, impliziert, aber verschweigt. Das mag an die Erzählweise mancher neorealistischer Filme erinnern, in denen Entscheidendes – etwa ein Mord oder ein tödlicher Unfall – ausgelassen, ausgespart, übersprungen wird. Wir sehen nur, was danach geschieht. Der Höhepunkt wird übersprungen und in seinen Nachwirkungen gesammelt, im Veränderten also erst das Verändernde wiederentdeckt." (S. 46)
12. Beziehen Sie sich auf Ihr erarbeitetes Drehbuch der Szene Joh 20,11-16 und skizzieren Sie noch einmal die einzelnen Szenenschritte mithilfe des Textes von Roth (S. 47–49).
13. Stellen Sie die Szene selber dar (als Pantomime oder in Standbildern). Sie können sich des Vorgehens noch einmal vergewissern, indem Sie Methode 3 (s. S. 379) zur Rate ziehen.

14. Konkretisieren Sie das, was Patrick Roth die „Magdalenensekunde" nennt.
15. Interpretieren Sie den Erzählungsschluss auf der Basis der Gesamtlektüre: „Jene Szene also, die Probe der ‚Magdalena am Grab' stellt – durch dieses ‚fehlende Teil' jetzt ergänzt – das gesamte Drama der Wandlung dar: Von einer totalen Abgewandtheit, Geschiedenheit, Getrennt- und Zerrissenheit beider, des Gottes und des Menschen, of matter and of spirit – kommt es zu einer Wendung, ja Zugewandtheit beider: Einer ist jetzt im Auge des Anderen. Der eine erkannt im Einen enthalten. Eine völlige Wandlung."

34 Wunder im alltäglichen Leben

Wenn ich zu Beginn eines Kurses zu Wundern in der Bibel frage, welche Wunder den Teilnehmenden aus ihrem Leben einfallen, dann kommen z. B. solche Antworten: Das Erwachen der Natur nach einem langen Winter, die Geburt meiner Kinder, die Genesung meines Partners nach einer Operation, einem Unfall, dass ich meinen Partner gefunden habe etc. Heike Bee-Schroedter fragt in einem Interview einen neunjährigen Jungen, wie ihm die Blindenheilung Lk 18,35-43 gefalle. Seine spontane Antwort: „Mir gefällt die eigentlich sehr gut. Weil die Geschichte auch von Gott handelt. Und mir gefällt so ziemlich alles, was von Gott handelt."

Mit diesen Sichtweisen sind wir ganz in der Nähe des biblischen oder antiken Wunder- und Wirklichkeitsverständnisses und haben einen Schlüssel zur Erschließung der biblischen Texte in der Hand: Für Menschen in biblischer Zeit – egal welcher Religion und Herkunft – durchdringen göttliche Kräfte die ganze Welt. Krankenheilungen, Naturbeeinflussungen und Totenerweckungen stehen für sie nicht im Widerspruch zur Naturgesetzlichkeit, sondern sind innerhalb ihres Weltbildes besonders intensive Erfahrungen des Göttlichen.

In dieser Weltwahrnehmung werden beispielsweise in den Psalmen die Schöpfung, die Natur und die Menschen als Gottes Wunder besungen (vgl. Ps 8 und 104). Viele neu- und alttestamentliche, aber auch außerbiblische Texte und Wundererzählungen überliefern Erfahrungen von Menschen, die die Lebensmacht göttlicher Kräfte besonders intensiv erlebt haben und beschreiben. Zur Zeit der Abfassung der Bibel gibt es im Unterschied zu heute keine Welterklärung, die sich nur auf die kritische Vernunft beruft. Die Erfahrungen der Kursteilnehmer/-innen oder die theologische Beurteilung der lukanischen Blindenheilung durch den neunjährigen Jungen zeigen, dass ähnliche Weltdeutungen heute noch erfolgen können. Und sicherlich ist unstrittig, dass Erfahrungen wie das „Wunder der Liebe" oder das Wunder, ein neugeborenes Kind in den Händen zu halten, mit naturwissenschaftlichen Erklärungen nur unzureichend beschrieben sind.

Bettina Eltrop, 2006

MENSCH –
auf dem Weg zu Gott

Hjalmar Leander Weiss: Großes Herz, 1995

Überblick

Alle Gedanken und Vorstellungen von Gott, alle Versuche, dem Geheimnis Gottes nachzuspüren und nachzudenken, haben immer mit konkreten Menschen zu tun und mit den Vorstellungen, die diese von sich selbst haben. Wer sich also auf die Suche nach Gott begibt, wer von und über Gott spricht, wird sich zugleich der Frage stellen müssen, wie vom oder über den Menschen gesprochen wird.

Im Religionsunterricht wird es daher stets auch um den Menschen gehen. Es wird darum gehen zu prüfen, welche Bilder und Konzepte vom Menschen unser Denken, Fühlen und Handeln prägen. Wer ist der Mensch? Das ist die leitende Frage dieses Kapitels zur christlichen Anthropologie*. Die verschiedenen Aspekte werden in fünf Abschnitten thematisiert, die miteinander verbunden sind.

Zunächst geht es um konkrete Erfahrungen des alltäglichen Lebens. Wie nehmen Menschen sich selbst wahr? Wie deuten und verstehen sie ihr Leben? Was ist ihnen wichtig? Erste Antworten auf diese Fragen geben die gesellschaftlichen Ideale und Vorstellungen, welche die Menschen von heute bestimmen.

Dann soll deutlich werden, dass der Mensch in seinem Innersten auf eine Erfüllung angelegt ist, die diese Welt allein nicht hergibt. Wir können und wollen uns nicht mit dem Vordergründigen zufriedengeben. Wir sehnen uns immer nach mehr. Dieses Mehr jedoch geht über alles hinaus, was wir in der Welt vorfinden.

Ein weiterer Abschnitt lässt die Bibel zu Wort kommen. Als Glaubenszeugnisse beschreiben deren Texte nicht nur solche Erfahrungen, die Menschen mit Gott gemacht haben. Darin kommt auch zum Ausdruck, wie gläubige Menschen sich selbst in ihrem Glauben verstehen. Dabei wird deutlich: Gläubige Menschen sehen sich immer in Beziehung zu Gott.

Zeitgenössisches theologisches Fragen nach Gott, nach der Welt und dem Menschen wird sich stets auch vor der Vernunft verantworten müssen. Vor allem die Auseinandersetzung mit der Philosophie ist hier gefordert. Dazu zählen auch die Herausforderungen eines naturalistischen Weltbildes. Dieses verabsolutiert die Erkenntnisse der empirischen Wissenschaften* und erliegt so der Gefahr, den Menschen auf reine Materialität zu reduzieren.

Schließlich wird deutlich werden, welche Konsequenzen aus den Einsichten der christlichen Anthropologie für ein verantwortetes Leben in der Gegenwart folgen. Was können gläubige Menschen in die Moderne einbringen? Was können Christinnen und Christen tun, damit der Mensch zum Menschen werde?

1. Lassen Sie das Bild von Hjalmar Leander Weiss auf sich wirken. Gehen Sie der Frage nach, wo Ihr „Innerstes", Ihre „Mitte" ist.
2. In diesem Kapitel geht es um den Menschen. Tragen Sie in einer Mindmap stichwortartig zusammen, was Sie über den Menschen wissen. Berücksichtigen Sie dabei alle Ihnen bekannten Wissenschaftsbereiche.
3. Benennen Sie die Leerstellen, also jene Bereiche, zu denen Sie keine Auskunft geben können.

1. Was ist der Mensch?

Was Sie erwartet

„Du sollst dir kein Bild machen!" Diese in den monotheistischen Religionen angesiedelte Forderung bringt zum Ausdruck, dass jede Vorstellung von Gott zum Fetisch* (Götzen) verkommen kann, wie die Religionsgeschichte eindrücklich zeigt. Wenn es um die Vorstellungen und Ideale vom Menschen geht, ist diese Gefahr nicht geringer. Gesellschaftliche Leitbilder können zu Leidbildern mutieren, die Menschen in ihren Möglichkeiten eher einschränken, als sie zum Leben zu befreien, vor allem wenn sie unreflektiert und unkritisch übernommen werden. Im Folgenden werden gesellschaftliche Leitbilder und deren Wirkmächtigkeit thematisiert und in Frage gestellt.

Ein zweiter Gedankengang richtet sich auf das Individuum. Wir Menschen fragen nach uns selbst, nach unserer Identität und Persönlichkeit. Wir wollen uns selbst erkennen und verstehen, wir wollen wissen, wer wir sind, warum wir so geworden sind, wie wir sind, und warum wir so handeln, wie wir es tun. Es könnte doch auch alles ganz anders sein. Dabei machen besonders wir Menschen der Gegenwart die Erfahrung der Zerrissenheit und Diskontinuität. Vieles erscheint derart bruchstückhaft, dass eine eigene Biografie oder gar ein roter Faden darin kaum lesbar wird.

Schließlich zeigt sich sehr schnell, dass es bei der Frage nach dem eigenen Ich immer auch um das Gegenüber, um das Du geht. Wir Menschen sind soziale Wesen. Es gibt kein Ich ohne ein Du. Diese grundlegende Erkenntnis trifft allerdings gegenwärtig auf eine soziale Umwelt, in der die individuelle Autonomie* einen absoluten Anspruch erhebt. Es stellt sich die Frage, wie Sozialität und Individualität zusammengehen können.

Leitbilder – Leidbilder

In seinem Roman „Ego" berichtet John von Düffel (* 1966) vom Innenleben eines modernen Zeitgenossen. Dieser ist nicht gerade feinfühlig oder intelligent, dafür aber sehr wohlproportioniert. Wir sehen einen fitnessbesessenen jungen Mann. Im Mittelpunkt seines Alltags steht die ständige Sorge um seinen Siegerkörper. Stets kreist sein Denken und Fühlen um die alles entscheidende Frage nach dem athletischen Körper. Allerdings fürchtet er nichts so sehr, wie das Erreichen seines Trainingsziels und die damit verbundene Frage, was er denn dann mit sich anfangen soll.

Ego

Noch fünf Millimeter. Ich darf gar nicht daran denken, dass es am Anfang sieben waren – oder mehr, zu einer Zeit, als ich noch nicht gemessen habe! Eigentlich könnte ich ganz zufrieden sein.
5 Aber ich bin's nicht. Ich will meinen Nabel auf Null bringen. Ich hasse es, in ein Loch zu starren, wenn ich mir meine Bauchpartie ansehe. Eine verdammte Grube. Oder ein Grübchen, mittlerweile. Es lenkt von meinen Bauchmus-
10 keln ab. Ich muss unbedingt an meiner Nabeltiefe arbeiten.
Ich mache spontan fünfzehn Crunches in Superzeitlupe und schließe drei Sätze à zwanzig Liegestütze an. Klassisch und mit versetzten Armen.
15 Man soll den Fitness-Impuls nie unterdrücken. Währenddessen schaue ich mir meine Oberarme an, und meine Laune steigt. Ich bin kein Bizeps-Fanatiker. So ein Bizeps ist im Grunde nur eine Beule. Aber mein Trizeps ist wirklich sehenswert. Ein echter Reliefmuskel. Nichts 20 modelliert einen Oberarm so eindrucksvoll wie ein gut trainierter Trizeps.
Ich stelle mich wieder vor den Spiegel. Auf den ersten Blick scheint mein Nabel wie ausradiert. Meine Laune bessert sich zusehends. Ich bin 25 ein großer Anhänger des ersten Blicks. Nichts ist mysteriöser als die Frage, wie man unmittelbar auf einen anderen Menschen wirkt. Dazu muss man alles vergessen, was man von sich weiß. Man darf sich noch nie gesehen haben. 30
Ich starre eine Weile auf das Regal mit den Pflegeserien und versuche mich zu erinnern, wann,

wo und warum ich was gekauft habe. Dann schwenke ich wie zufällig auf den Spiegel. Wieder nichts. Erst bei näherem Hinsehen entdecke ich meinen Nabel etwas unterhalb der mittleren Bauchmuskeln in meinem durchtrainierten Sixpack. Näheres Hinsehen zählt auch, aber nicht so wie der erste Blick, der Blickfang. Wenn man die Leute dazu bringt, näher hinzusehen, ist das Ziel schon so gut wie erreicht. [...]

Unter der Dusche plötzlich ein Anflug von Bedauern. Der Temperaturwechsler überzieht meine Haut mit heißkalten Nadelstichen, das Gefühl von Straffheit und kompakter Kraft. Ich könnte vor Fitness zerspringen. Der Nacken massiv, meine Brustmuskeln wie von Wasser glasiert, die Brustwarzen pfenniggroß und mehr als eine Handspanne auseinander, so wie ich es immer wollte. Mir ist nach Weinen zumute. Ich presse Daumen und Zeigefinger tief in die Augenhöhlen. Wasser prasselt auf meine Stirn und rinnt mir in den halb geöffneten Mund. Meine erste Vermutung ist, es könnte vielleicht ein verfrühter Schub von Erschöpfung sein. Dann wird mir klar, dass ich so deprimiert bin, weil mir im Moment niemand zusieht. Es ist einfach unglaublich schade.

John von Düffel, 2003

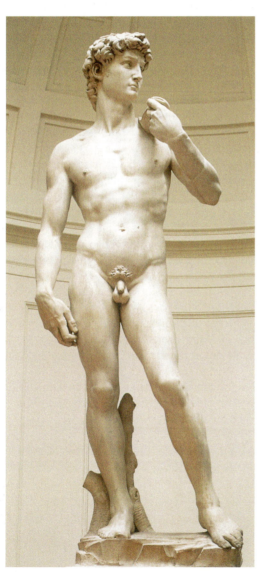

Michelangelo Buonarroti: David, 1501–1504 *Sandro Botticelli: Venus, 1482*

MENSCH – *auf dem Weg zu Gott* 47

Der Umgang mit dem eigenen Körper hat sich in den vergangenen Jahrzehnten radikal geändert. Jahrhundertelang galt der Körper des Menschen als dessen Feind. Die Wurzeln dieser Anschauung liegen in einer Philosophie begründet, die das Ideal des erhabenen und ewigen Geistigen betont hat. Der Körper war demgegenüber stets nur als vergänglich und gefährdet durch Krankheit, Alter und Tod erfahrbar. Das scheint gegenwärtig gänzlich anders zu sein. Der Soziologe Karl-Heinrich Bette (* 1952) hat untersucht, wie Menschen heutzutage mit ihrem Körper umgehen. Seine These lautet: „Der Körper wird zum Fetisch."

3 Körperspuren

Nicht nur anhand der gestiegenen Ausbreitung von Fitness- und Sonnenstudios lässt sich zeigen, dass Menschen ihre Haut verstärkt zu Markte tragen. Die zunehmende Verbreitung von Tätowierungsläden passt in den Trend der Zeit, allerdings auf eine bisweilen unzeitgemäße Art und Weise. Die an der Oberfläche ästhetisch mit bunten Bildern und Schriftzügen aufgeladene Körperlichkeit signalisiert Kommunikationsbereitschaft gegenüber einer Ingroup, richtet sich aber gegen die auf Makellosigkeit ausgerichteten Körperbilder einer konsumorientierten Kosmetikindustrie, baut über diese Körper-Graffiti also Kommunikationsbarrieren gegenüber einer Outgroup auf.

Da jedermann heutzutage ein Sonnenstudio aufsuchen kann, die über Hautfarbe vorzeigbaren Statusdifferenzen immer mehr verschwimmen und Statussymbole sich nicht mehr eindeutig zuschreiben lassen, wird der Körper wiederum zu einem wichtigen Medium für die Übermittlung von Mitteilungen. Wenn andere unanzweifelbare Hinweise auf Status, Schichtzugehörigkeit und Finanzkraft fehlen, kann der Körper in bestimmten Hinsichten wieder Sicherheit geben. Insofern wird er in der Phase eines gestiegenen Pro-Kopf-Einkommens nicht versteckt, wie beispielsweise in der viktorianischen Prüderie, sondern ganz im Gegenteil hervorgeholt, um Signalwirkungen zu erzielen. Neben der Versportlichung von Mode und Alltagskleidung, dem Bräunungskult und der allgemeinen Fitness-Bewegung stellt das Bodybuilding eine weitere, für entwickelte Industriegesellschaften typische Erscheinungsform der Körperaufwertung dar. Mit Blick auf ein Ideal körperlicher Vollkommenheit und Proportioniertheit kommt es, wie der Name schon sagt, zu einer Produktion sichtbarer Muskulatur im Rahmen zweckrationaler Trainingsmaßnahmen. Das äußere Erscheinungsbild wird zeit- und energieintensiv mithilfe der neuesten Gerätschaften und Erkenntnisse der Ernährungs- und Pharmaindustrie aufpoliert und neu dimensioniert. Der Körper wird zu einem Fetisch*, an dem wie an einer hochgezüchteten Rennmaschine herumgebastelt und experimentiert wird.

Karl-Heinrich Bette, 2005

1. Die Darstellungen des David von Michelangelo und der Venus von Botticelli gelten als Leitbilder der Renaissance. Recherchieren und kennzeichnen Sie das dahinterstehende Menschenbild. Verwenden Sie dazu aus der Methodensammlung Nr. 1 (S. 378).
2. Erarbeiten Sie eine kurze Charakterstudie des Erzählers von „Ego". Gehen Sie dabei vor allem auf sein Selbstbild ein.
3. Erarbeiten Sie aus dem Text die Begründungen für die These von Karl-Heinrich Bette.
4. Führen Sie dazu ein Streitgespräch, in dem Sie die Analyse des Soziologen prüfen und nach Konsequenzen fragen, die sich daraus ergeben.

Selbstbeobachtung und Identitätssuche

Das Enneagramm (griech. ennea „neun") bezeichnet ein neunspitziges Symbol, das als grafisches Strukturmodell neun Persönlichkeitstypen und deren Merkmale unterscheidet, ordnet und miteinander in Beziehung setzt. Geometrisch ist das Enneagramm ein Neunstern.

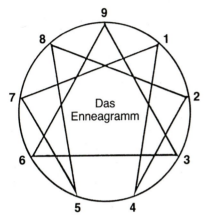

Enneagramm

Stern-/Tierkreiszeichen

4

Ich bin, ich weiß nicht wer

Ich bin, ich weiß nicht wer,
ich komme, ich weiß nicht woher,
ich gehe, ich weiß nicht wohin,
mich wundert's, dass ich fröhlich bin.

Unbek. Verfasser

Dietrich Bonhoeffer (1906–1945) war lutherischer Theologe, profilierter Vertreter der Bekennenden Kirche und Widerstandskämpfer gegen den Nationalsozialismus. Sein Gedicht „Wer bin ich?" entstand während seiner Haft in einem Gestapogefängnis in Berlin.

5

Wer bin ich?

Wer bin ich? Sie sagen mir oft,
ich träte aus meiner Zelle
gelassen und heiter und fest
wie ein Gutsherr aus seinem Schloss.
5 Wer bin ich? Sie sagen mir oft,
ich spräche mit meinen Bewachern
frei und freundlich und klar,
als hätte ich zu gebieten.
Wer bin ich? Sie sagen mir auch,
10 ich trüge die Tage des Unglücks
gleichmütig, lächelnd und stolz,
wie einer, der Siegen gewohnt ist.
Bin ich das wirklich, was andere von mir sagen?
Oder bin ich nur das, was ich selbst von mir weiß?
15 Unruhig, sehnsüchtig, krank, wie ein Vogel im Käfig,
ringend nach Lebensatem, als würgte mir einer die Kehle,
hungernd nach Farben, nach Blumen, nach Vogelstimmen,
dürstend nach guten Worten, nach menschlicher Nähe,
zitternd vor Zorn über Willkür und kleinlichste Kränkung,
20 umgetrieben vom Warten auf große Dinge,
ohnmächtig bangend um Freunde in endloser Ferne,
müde und zu leer zum Beten, zum Denken, zum Schaffen,
matt und bereit, von allem Abschied zu nehmen?
Wer bin ich? Der oder jener?
25 Bin ich denn heute dieser und morgen ein anderer?
Bin ich beides zugleich? Vor Menschen ein Heuchler
und vor mir selbst ein verächtlich wehleidiger Schwächling?
Oder gleicht, was in mir noch ist, dem geschlagenen Heer,
das in Unordnung weicht vor schon gewonnenem Sieg?
30 Wer bin ich? Einsames Fragen treibt mit mir Spott.
Wer ich auch bin, Du kennst mich, Dein bin ich, o Gott!

Dietrich Bonhoeffer, 1943

Martin Buber (1878–1965) war ein österreichisch-jüdischer Religionsphilosoph.
In seinen Werken kommt vor allem das Thema des Dialogs als anthropologisches Prinzip
des Menschen zum Ausdruck.

6 Ich und Du

Das Du begegnet mir. Aber ich trete in die unmittelbare Beziehung zu ihm. So ist die Beziehung Erwähltwerden und Erwählen, Passion und Aktion in einem. Wie denn eine Aktion des ⁵ganzen Wesens, als die Aufhebung aller Teilhandlungen und somit aller – nur in deren Grenzhaftigkeit gegründeter – Handlungsempfindungen, der Passion ähnlich werden muss.

Das Grundwort Ich-Du kann nur mit dem ganzen Wesen gesprochen werden. Die Ein-¹⁰sammlung und Verschmelzung zum ganzen Wesen kann nie durch mich, kann nie ohne mich geschehen. Ich werde am Du; Ich werdend spreche ich Du. Alles wirkliche Leben ist Begegnung.¹⁵

Martin Buber, 1923

Rose Ausländer (1901–1988) war eine aus der Bukowina in Österreich-Ungarn stammende deutschsprachige Lyrikerin aus weltoffenem, liberal-jüdischem Elternhaus.

7 Wort an Wort

Wir wohnen
Wort an Wort

Sag mir
dein liebstes
Freund
meines heißt
DU

Rose Ausländer, 1939

1. Erarbeiten Sie aus den beiden Texten 4 und 5 das jeweilige Ich-Bewusstsein. Vergleichen Sie beide miteinander.
2. Erläutern Sie die Rede vom Grundwort „Ich-Du" bei Buber. Beachten Sie dabei die Relation von Passion und Aktion.
3. „Alles wirkliche Leben ist Begegnung." (Z. 14 f.) Benennen Sie Beispiele für die These Bubers und prüfen Sie diese auf dem Hintergrund Ihrer eigenen Erfahrungen.

Wenden Sie Ihr Wissen an

- Leitbilder – Leidbilder. Gestalten Sie ein Plakat, auf dem die Spannung dieses Begriffspaares zum Ausdruck kommt. Vergleichen Sie die verschiedenen Entwürfe in Ihrer Lerngruppe. Benennen Sie Gemeinsamkeiten und Unterschiede. Arbeiten Sie mit Nr. 4 aus der Methodensammlung.
- Martin Buber hat in seiner Philosophie das dialogische Prinzip entfaltet. Das Gedicht von Rose Ausländer ist wie eine lyrische Antwort darauf. Setzen Sie sich damit kreativ auseinander, z. B. indem Sie das Verhältnis von ICH und DU grafisch oder bildnerisch darstellen.
- Auf der Suche nach der eigenen Identität bedienen sich Menschen sogenannter Charaktermodelle (z. B. astronomische Sternzeichen). Erkundigen Sie sich über das Enneagramm und stellen Sie dieses Modell dar. Prüfen Sie, inwieweit dieses Modell geeignet ist, Menschen eine Antwort auf die Frage nach ihrer Identität zu geben. Arbeiten Sie mithilfe der Methode Nr. 1 (S. 378).
- „Wer bin ich?" – Entwerfen Sie eine eigene Antwort auf diese Frage, indem Sie z. B. für sich selbst ein persönliches Wappen oder Logo gestalten, das Sie individuell kennzeichnet.

2. Homo religiosus

Was Sie erwartet

Der Mensch: Gott suchend – Gottes fähig – Gott innig. Auf den ersten Blick mögen Ihnen diese Formulierungen fremd erscheinen. Gleichwohl beschreiben sie durchaus treffend den Raum, der im folgenden Unterkapitel durchschritten werden soll. Religion ist ein Weg und kein Haus. Unruhig getrieben auf diesem Weg ist der Mensch auf der Suche nach sich selbst und nach Gott. Der Weg mag steil sein oder eben, weit oder kurz, verschlungen oder gerade. Der Mensch ist zeit seines Lebens suchend unterwegs.

Zugleich wird in diesem Abschnitt deutlich, dass Menschen auf Gott hin offen sind, dass in ihrem Leben eine mystische Dimension mitschwingt, dass sie sozusagen eine „Antenne für Gott" haben, eine „Schnittstelle" oder ein „Gottes-Gen". Das alles sind sprachliche Bilder, die deutlich machen wollen: Menschen sind capax dei, Gottes fähig, wie es die theologische Tradition formuliert. Sie können die Wirklichkeit Gottes in ihrem Leben zulassen, mit ihr in Kontakt treten und ihr Raum geben.

Diese Fähigkeit ist von einer Notwendigkeit sehr wohl zu unterscheiden: Kein Mensch muss glauben oder Gott erkennen. Zudem gibt es vielfältige Möglichkeiten und Wege, religiöse oder mystische Erfahrungen aufzuschließen und nachzuvollziehen.

Schließlich bedarf es dazu einer spezifischen Sprache, die erlernt und geübt sein will. Für die Religion, für den christlichen Glauben meint das ganz konkrete religiöse Praktiken, die man erproben kann. Beten will gelernt sein. Meditation braucht die tägliche Übung. Und dann, wenn der Mensch das in ganzer Hingabe vollzieht, kann die Wirklichkeit Gottes in seinem eigenen Leben aufscheinen, kann der Mensch Gott innig sein.

Gott suchend

8

Hjalmar Leander Weiss: *Großes Herz*, 1995

Henri Matisse: *Jazz-Icare*, 1942

Aurelius Augustinus (354–430) ist einer der bedeutendsten christlichen Kirchenlehrer und ein wichtiger Philosoph an der Zeitenwende zwischen Antike und Mittelalter. Augustinus hat viele theologische Schriften verfasst, die zu einem großen Teil erhalten sind. Seine „Bekenntnisse" („Confessiones") gehören zu den einflussreichsten autobiografischen Texten der Weltliteratur.

9 Ruhelos ist unser Herz

Groß bist du, o Herr, und deines Lobes ist kein Ende; groß ist die Fülle deiner Kraft, und deine Weisheit ist unermesslich. Und loben will dich der Mensch, ein so geringer Teil deiner Schöpfung; der Mensch, der sich unter der Last der Sterblichkeit beugt, dem Zeugnis seiner Sünde, einem Zeugnis, dass du den Hoffärtigen widerstehest; und doch will dich loben der Mensch, ein so geringer Teil deiner Schöpfung. Du schaffest, dass er mit Freuden dich preise, denn zu deinem Eigentum erschufst du uns, und ruhelos ist unser Herz, bis es ruhet in dir. Kläre mich auf, o Herr, und lass mich erkennen, ob wir dich zuerst anrufen oder dich preisen; ob wir dich eher erfassen als anrufen sollen? Doch wer ruft dich an, solange du ihm unbekannt bist? Könnte dich, der dich nicht erkennt, statt des einen ein anderes Wesen anrufen? Oder wirst du zuvor angerufen, auf dass du erkannt werdest? Wie sollen sie aber anrufen, an den sie nicht glauben? Wie sollen sie aber glauben an den, der ihnen nicht geprediget worden? Loben werden den Herrn, die ihn suchen. So ihn aber suchen, werden ihn finden, und die ihn finden, werden ihn loben. Ich will dich suchen, o Herr, im Gebet, und ich werde dich anrufen im Glauben: denn du bist uns verkündigt worden.

Augustinus, um 400

Die eigene Mitte des Menschen scheint der Ort zu sein, wo er ganz bei sich selbst ist. Der Theologe Franz Gruber (* 1960) weist jedoch darauf hin, dass diese Mitte der Existenz des Menschen über ihn selbst hinausweist. Im Innersten des Menschen zeigt sich mehr als nur sein eigener Wesenskern. Zugleich erweist sich dieses Mehr als unverfügbar und entzieht sich jedem Zugriff. Wie kann der Mensch damit umgehen?

10 Die unsichtbare Mitte der Existenz

Religiös vom Menschen zu sprechen, heißt erkennen, dass sich alle menschliche Existenz um diese geheimnisvolle Leerstelle des Lebens dreht. Die religiöse Perspektive ist der Versuch, die Achse des Menschseins aus der Bewegung personalen Lebens heraus zu erkennen. Ähnlich der Astronomie, die in der Bewegung der Sterne den in sich ruhenden Drehpunkt unserer Galaxie errechnet, sucht die Religion in der Beobachtung der inneren Bewegung des Menschen das Zentrum, aus dem aller Existenzsinn fließt. Und wie bislang alle Weltbilder falsch waren, welche die Erde zum Mittelpunkt machten, so, meint der religiöse Glaube, sind alle Bilder vom Menschen unzutreffend, die das Universum seiner Ideen und Wünsche um die Mitte seines Ichs kreisen lassen.

Aber auch noch das Bild der Mitte könnte zu einem Missverständnis Anlass geben: So wenig das Universum einen fixierbaren Mittelpunkt hat, so wenig ist die Leerstelle der menschlichen Selbsterfahrung irgendwo festzumachen. Sie ist unsichtbar und doch überall. Dies zu erkennen und aus dieser Erkenntnis sein Leben in eine andere Bewegungsrichtung zu bringen, ist der Zweck aller religiösen Übung und Deutung.

Es scheint, als würden sich hier nun auch die beiden religiösen Wege bei aller Differenz wie zwei Lichtkegel überlagern: Der eine weist den Menschen ein, von seinem unendlichen Drang, die leere Stelle im Leben zu besetzen, zu lassen; der andere ermutigt, die Lebensangst durch Vertrauen aufzuwiegen. Sind aber Loslassen und Vertrauen, existenziell betrachtet, nicht Grundhaltungen, die sich wie zwei Seiten einer Medaille verhalten? Das Leben loslassen kann nur, wer seine Existenz in einem ganz Anderen seiner selbst zurückbindet. In den letzten Urgrund des Lebens vertrauen, der wie ein Abgrund erscheint, kann nur, wer alle Sicherungen aufgibt, die er eingebaut hat.

Der biblische Glaube, der die religiöse Quelle dieser theologischen Anthropologie* und der Maßstab der christlichen Deutung des Menschseins ist, lädt zu diesem loslassenden Vertrauen aus einer einzigen inneren Existenzerfahrung ein: Sie ist ganz und gar bestimmt von der Überzeugung, dass der Mensch auf der Suche nach Heimat, ob er sie das Land, wo Milch und Honig fließt (Ex 3,8), Reich Gottes (Mk 1,15) oder Himmel nennt, dann fündig wird, wenn er erkennt, dass ihn der Urgrund des Lebens, das Grundwasser, das er sucht, längst erwartet.

Franz Gruber, 2003

1. Betrachten Sie die beiden Bilder von Hjalmar Leander Weiss und Henri Matisse. Entfalten Sie die jeweilige Bedeutung des Motivs „Herz". Zeigen Sie Unterschiede und Verbindungen zwischen den Kunstwerken; ziehen Sie dazu Methode 9 (S. 385) heran.
2. „Zwei Dinge erfüllen das Gemüt mit immer neuer und zunehmender Bewunderung und Ehrfurcht, je älter und anhaltender sich das Nachdenken damit beschäftigt: der gestirnte Himmel über mir und das moralische Gesetz in mir", so der Philosoph Immanuel Kant (1724–1804). Interpretieren Sie vor diesem Hintergrund die beiden Kunstwerke.
3. Erarbeiten Sie aus dem Text von Franz Gruber die dem Menschen angemessene religiöse Grundhaltung. Entwerfen sie dazu ein Standbild oder eine andere geeignete szenische Darstellung. Methode 3 kann Ihnen dabei helfen.
4. Augustinus spricht von der „Unruhe des Herzens" (Z. 11 f.). Erläutern Sie dieses sprachliche Bild. Führen Sie Beispiele an, die deutlich machen, dass es auch die Existenz des Menschen von heute bestimmt.

Gottes fähig

Hildegard von Bingen: Der Kosmosmensch, um 1240

Giovanni Lorenzo Bernini: Die Verzückung der Heiligen Teresa, 1642

MENSCH – *auf dem Weg zu Gott*

12 Was ist Mystik?

Einer fragte, was mystische Erfahrung sei. Ein Freund der Mystik antwortet ihm: „Es ist ein Zustand vollkommenen Glücks, da sich Zeit und Ewigkeit, Erde und Himmel berühren." „Und wie kann die Seele in diesen Zustand kommen?", fragte jener weiter. „Indem sie alles aufgibt, was sie von Gott trennt, und sich in seine geöffneten Arme fallen lässt." Da wurde jener traurig und sagte: „Das kann ich nicht tun, denn ich habe Angst, mich zu verlieren." Der Freund der Mystik antwortete: „Gerade darin liegt das Glück. Denn wer sich in Gott verliert, findet sich."

Wolfgang Böhme (* 1919)

INFO: Die drei Wege der Mystik

Wie in vielen anderen Religionen, so gibt es auch im Christentum eine breite mystische Tradition. Das Anliegen und Ziel jeder Mystik ist die Vereinigung des Menschen mit Gott. Das Geschöpf (Mensch) möchte nicht von seinem Schöpfer (Gott) getrennt bleiben. Es erfährt Gottes Ferne als größtes Unglück und Gottes Nähe als das tiefste Glück. Der Mensch stellt sich dieses mystische Streben in der Gestalt eines Weges oder Aufstiegs der Seele zu Gott vor. In der christlichen Mystik ist die Rede von den drei klassischen Stufen des mystischen Aufstiegs. Bereits die nichtchristliche Spätantike, der Neuplatonismus, unterschied in ihrer philosophischen Mystik mit Vorliebe drei Stufen im Leben der Vollkommenheit, den Weg der Reinigung, den Weg der Erleuchtung und den Weg der Vereinigung. Unmittelbar ins Christentum eingeführt hat die drei Wege der Mönch Pseudo-Dionysius Areopagita im 5. Jahrhundert.

Die gesamte christliche Mystik hat diese drei Stufen oder diese drei Wege als Grundgerüst übernommen, auch wenn sie im Laufe der Zeit immer wieder neu inhaltlich umkleidet wurden. So stellt Johannes vom Kreuz (1542–1591) die Stufen des mystischen Weges mit dem dreiteiligen Schema Anfang – Mitte – Ende oder mit dem folgenden Wegschema dar:

- *via purgativa:* der Weg der Reinigung, der asketische Weg,
- *via illuminativa:* der Weg zur Erleuchtung,
- *via unitiva:* der Weg zur Einigung, zur Anschauung Gottes (visio beata).

Angelus Silesius (lat.: schlesischer Bote), eigentlich Johannes Scheffler (1624–1677), dichtete unter dem Einfluss seines Landsmannes Jakob Böhme zahlreiche Verse voller Glaubenstiefe und mystischer Innerlichkeit. Berühmt sind seine fast 1700 geistlichen Epigramme (zusammengefasst im „Cherubinischen Wandersmann"), deren Hauptthema die unio mystica ist, die Vereinigung der Seele mit Gott. Einige dieser geistlichen Texte werden heute noch als Kirchenlieder verwendet.

13 Leben in Gott

Der Himmel ist in dir
Halt an, wo laufstu hin, der Himmel ist in dir;
Suchstu Gott anderswo, du fehlst ihn für und für.

Wie Gott im Menschen
Gott ist noch mehr in mir, als wann das ganze Meer
In einem kleinen Schwamm ganz und beisammen wär.

Der Mensch ist Ewigkeit
Ich selbst bin Ewigkeit, wann ich die Zeit verlasse
Und mich in Gott und Gott in mich zusammenfasse.

Zufall und Wesen
Mensch, werde wesentlich; denn wann die Welt vergeht,
So fällt der Zufall weg, das Wesen, das besteht.

Beschluss
Freund, es ist auch genug. Im Fall du mehr willt lesen,
So geh und werde selbst die Schrift und selbst das Wesen.

Angelus Silesius, um 1674

MENSCH – *auf dem Weg zu Gott*

Mechthild von Magdeburg (1207–1282) benutzt in ihrem sieben Teilbücher umfassenden Werk „Das fließende Licht der Gottheit" Bilder des Hohenliedes aus dem Alten Testament*, um die mystische Vermählung der Seele mit Christus zu beschreiben. Ihre Schriften, die ersten mystischen Texte überhaupt, die in (nieder-)deutscher Sprache verfasst wurden, gelten als beeindruckendste Beispiele der deutschen Frauenmystik. Sie lassen erkennen, wie sehr Frauen im Mittelalter besonders als Beginen* unabhängig und gebildet sein konnten.

14 Das fließende Licht der Gottheit

Da sprach der liebende Mund,
der meine Seele küsste wund,
in seinen erhabenen Worten,
die ich niemals würdig hörte:
5 „Du bist meiner Sehnsucht Liebesfühlen,
du bist meiner Brust ein süßes Kühlen,
du bist ein inniger Kuss meines Mundes,
du bist eine selige Freude meines Fundes,
ich bin in dir, du bist in mir,
10 wir können einander nicht näher sein,
denn wir sind beide in eins geflossen
und sind in eine Form gegossen
und bleiben so ewig unverdrossen.

O du gießender Gott in deiner Gabe!
15 O du fließender Gott in deiner Minne!
O du brennender Gott in deiner Sehnsucht!
O du verschmelzender Gott in der Einung mit deinem Lieb!
O du ruhender Gott an meinen Brüsten!
Ohne dich kann ich nicht mehr sein.

20 Er durchküsst sie mit seinem göttlichen Munde,
wohl dir, ja mehr als wohl, ob der überherrlichen Stunde!
Er liebt sie mit aller Macht auf dem Lager der Minne,
und sie kommt in die höchste Wonne und in das innigste Weh, wird sie seiner recht inne.

Mechthild von Magdeburg

1. Erklären Sie das Anliegen und die drei Wege der christlichen Mystik.
2. Betrachten und interpretieren Sie vor diesem Hintergrund die Plastik von Giovanni Lorenzo Bernini. Arbeiten Sie mithilfe von Methode 9 (s. S. 385).
3. Erarbeiten Sie aus den Sentenzen von Angelus Silesius das Verhältnis von Mensch und Gott.
4. Aktualisieren Sie in kreativer Form die Sentenzen von Angelus Silesius, indem Sie z. B. eine Fotosequenz erarbeiten oder Zitate aus zeitgenössischen Quellen zusammentragen. Verwenden Sie dazu Methode 4 (S. 381).
5. Stellen Sie das Verhältnis von Mensch und Gott im Text der Mechthild von Magdeburg dar. Vergleichen Sie dazu den biblischen Text Hld 1–8. Setzen Sie beide Texte zueinander in Beziehung (Methode 5, s. S. 381).
6. Lesen Sie Apg 17,16-28 und bringen Sie diese Bibelstelle mit dem Bild von Hildegard von Bingen ins Gespräch. Bedienen Sie sich der Methode 5.

Gott innig

Meditation

Teresa von Ávila (1515–1582) war Karmelitin und Mystikerin. Sie wird als Kirchenlehrerin und Heilige verehrt. Teresa gilt als große Mystikerin von unerreichter Tiefe des Erlebens. Mit ihrer Spiritualität hat sie bis in die Gegenwart einen nachhaltigen Eindruck auf die christliche Frömmigkeitsgeschichte ausgeübt. Das folgende Gedicht wird ihr zugeschrieben.

15 Nada te turbe

Nada te turbe,	Nichts soll dich verwirren,
nada te espante;	nichts dich erschrecken.
todo se pasa,	Alles vergeht,
Dios no se muda.	Gott ändert sich nicht.
La paciencia	Die Geduld
todo lo alcanza.	erlangt alles.
Quien a Dios tiene	Wer Gott hat,
nada le falta.	dem fehlt nichts.
Sólo Dios basta.	Gott nur genügt.

Teresa von Ávila

Beten steht in der Spannung von Sprechen und Schweigen. Der Theologe Erwin Dirscherl (* 1960) geht auf diese Grunderfahrung des Betens ein. Dabei bezieht er sich auch auf die jüdische Tradition, indem er zwei bekannte Rabbiner zu Wort kommen lässt.

16 Schweigen

Gott ist erhaben über alle Segnung und Preisung, er ist nicht nur der sprechende und ansprechbare, sondern auch der unsagbare Gott. Von daher kommt auch dem Schweigen eine
5 Bedeutsamkeit zu. In Ps 4,5 heißt es: „Haltet Zwiegespräche mit euerem Herzen ... und seid stille." Heschel verweist darauf, dass auch Schweigen ein Lobpreis für Gott sein kann, höchste Form des Gottesdienstes. Er zitiert Iben Esra und dessen Psalmenkommentar, wenn er 10 sagt, dass die Sprache des Herzens das Wichtigste sei, denn das gesprochene Wort diene nur

als Interpret zwischen dem Herzen und dem Hörer. Auch Schweigen ist Lobpreis. Und nur der kann Gott preisen, der sich seiner Unfähigkeit, ihn zu preisen, bewusst ist. Liturgie kann man von daher als höhere Form des Schweigens begreifen, wenn sie durchdrungen ist von einem ehrfürchtigen Sinn für die Größe Gottes, die jeder Beschreibung widersteht. Ein Sprechen der geheiligten Worte ist ein Hören auf das, was sie vermitteln. Heschel sagt, was auch Paulus bedenkt: Der Geist spricht, das Selbst ist stumm. Heschel spricht vom Geist Israels, Paulus meint den Geist Jesu Christi, der in uns bittet und betet. Auch im Schweigen kann eine Offenheit für Gott geschehen. Man kann übersprudeln, ohne einen Ton zu äußern.

Erwin Dirscherl, 2006

Der evangelische Theologe Jörg Zink (* 1922) hat sich sowohl durch seine politischen wie auch durch seine spirituellen Publikationen einen Namen gemacht. Ausgangspunkt jeder politischen Aktivität ist für ihn das Gebet. Dieses Gebet kann sehr unterschiedliche Formen haben. Das Schweigen ist eines davon.

17 Wie wir beten können

Schweigen möchte ich,
damit ich verstehe,
was in deiner Welt geschieht.
Schweigen möchte ich,
damit ich den Dingen nahe bin,
allen deinen Geschöpfen,
und ihre Stimmen höre.

Ich möchte schweigen,
damit ich unter den vielen Stimmen
die deine erkenne.
Ich möchte schweigen
und darüber staunen,
dass du ein Wort für mich hast.

Jörg Zink, 2002

Gerhard Tersteegen (1697–1769) war evangelischer Theologe und Seelsorger. Zugleich ist er bekannt als Schriftsteller, bedeutender Kirchenlieddichter und Mystiker des reformierten Pietismus.

18 Gott ist gegenwärtig

1. Gott ist gegenwärtig.
Lasset uns anbeten
und in Ehrfurcht vor ihn treten.
Gott ist in der Mitte.
Alles in uns schweige
und sich innigst vor ihm beuge.
Wer ihn kennt,
wer ihn nennt,
schlag die Augen nieder;
kommt, ergebt euch wieder.

5. Luft, die alles füllet,
drin wir immer schweben,
aller Dinge Grund und Leben,
Meer ohn Grund und Ende,
Wunder aller Wunder:
ich senk mich in dich hinunter.
Ich in dir,
du in mir,
lass mich ganz verschwinden,
dich nur sehn und finden.

6. Du durchdringest alles;
lass dein schönstes Lichte,
Herr, berühren mein Gesichte.
Wie die zarten Blumen
willig sich entfalten
und der Sonne stille halten,
lass mich so
still und froh
deine Strahlen fassen
und dich wirken lassen.

7. Mache mich einfältig,
innig, abgeschieden,
sanft und still in deinem Frieden;
mach mich reinen Herzens,
dass ich deine Klarheit
schauen mag in Geist und Wahrheit;
lass mein Herz
überwärts
wie ein' Adler schweben
und in dir nur leben.

Gerhard Tersteegen, um 1725

MENSCH – *auf dem Weg zu Gott*

Mit großer Selbstverständlichkeit wird in vielen Kulturkreisen mehr oder weniger öffentlich gebetet. Für westeuropäische Zeitgenossen wirkt diese Öffentlichkeit befremdlich, gilt für sie doch meist der Grundsatz, dass Religion Privatsache sei und daher im öffentlichen Raum nichts zu suchen habe. Die folgenden Eindrücke stellen die westeuropäische Sichtweise in Frage.

19 Ich bete jetzt!

Beim Generaldirektor einer Importfirma in Amman kann man nur mit einiger Akrobatik einen Termin bekommen. Und es muss wichtig sein. Für mich ging es nicht um etwas sehr Wichtiges.
5 Es konnte aber trotzdem nur vom Generaldirektor selbst geklärt werden. Der Termin wurde fixiert. Ich traf ihn im Büro. Das Gespräch begann sachlich und war der Lösung nahe, als Zuhair I. Murad mitten im Satz ruhig aber bestimmt
10 sagte: „Ich bete jetzt!" Er beugte sich von seinem Bürosessel hinunter und zog sich langsam, Schritt für Schritt, die Schuhe aus. Dann stand er auf und rollte ebenso langsam und sorgfältig seinen Gebetsteppich auf und begann mit dem
15 Ritual des muslimischen Nachmittagsgebets. Nicht laut, aber doch hörbar, rezitierte er: „Allahu akbar – Gott ist der Größte, Gott ist Einer, es gibt nur einen Gott."
Zunächst perplex, habe ich mich gefragt: „Und
20 ich, was soll ich nun tun?" Beten, sagte es spontan in mir: „Allahu akbar – Gott ist der Größte, er ist Einer und der Dreifaltige." Nach etwa zehn Minuten rollte Zuhair I. Murad, noch ganz im Geschehen versunken, seinen Gebetsteppich zusammen, zog langsam seine Schuhe an und 25 knüpfte, ganz natürlich, an das Geschäftsgespräch an. Er sagte nicht: „Verzeihung für die Unterbrechung" oder Ähnliches. Es war nicht nötig. Es hätte den heiligen Moment zerstört.
Diese Begebenheit hat mich berührt. Vor mir: 30 Ein Glaubenszeugnis, nicht aufdringlich, aber in seiner Selbstverständlichkeit und Symbolik überwältigend. Sollten wir das nur in einem muslimischen Land erfahren können, oder sollten wir nicht auch bei uns hin und wieder zu 35 bestimmten (Tages-)Zeiten „die Schuhe ausziehen und den Gebetsteppich ausrollen" – ganz öffentlich?

Sr. Ursula Hopfensitz, 2008

1. Erklären Sie die Grundhaltung des Gebets, wie Teresa von Ávila sie in ihrem Gedicht beschreibt.
2. Bringen Sie diese Haltung in ein Bild, sei es eine Grafik oder eine andere bildnerische Darstellung (vgl. Methoden 3 und 4, s. S. 379, 381).
3. Machen Sie sich über Gebetshaltungen kundig und prüfen Sie deren „Tauglichkeit".
4. Gestalten Sie ein Standbild zum Gedicht von Gerhard Tersteegen; versetzen Sie sich dazu mithilfe von Methode 3 (s. S. 379) in die Rolle des lyrischen Ichs.
5. „Reden ist Silber, Schweigen ist Gold". Erläutern Sie im Anschluss an den Text von Erwin Dirscherl die Bedeutung des „Schweigens" beim Gebet.
6 Gehen Sie ausführlich auf die Frage von Ursula Hopfensitz ein (Z. 33ff.).

Der Mensch in der Sicht des Buddhismus

Der Buddhismus hat in der westlichen Zivilisation ein positives Image. Er gilt als friedfertig, undogmatisch, menschenfreundlich und optimistisch. Dabei wird nicht selten verkannt, dass die Grundaussagen des Buddhismus über den Menschen und sein Leben sehr dunkel erscheinen: alles Dasein ist Leiden.
In der buddhistischen Lehre über den Menschen spielt der Begriff der Buddha-Natur eine zentrale Rolle. Das Ziel ist es, die eigene Identität in der Buddha-Natur aufgehen zu lassen, sich mit ihr zu vereinen. Wie das gemeint ist, beschreibt der Psychologe und Philosoph Karlfried Graf Dürckheim (1896–1988). Er gilt als einer der bedeutendsten Vermittler zwischen den Kulturen des Osten und des Westens.

Samsara, der buddhistische Kreislauf von Geburt, Leben, Tod, Wiedergeburt

20 Jeder Mensch im Wesen ein Buddha

Die Menschen sind in ihrem tiefsten Wesen Buddha,
Wie Wasser Eis ist. Und wie es kein Eis gibt
Ohne Wasser, so gibt es ohne Buddha
Nicht einen Menschen.
Weh den Menschen, die in weiter Ferne suchen
Und, was nahe liegt, nicht wissen!
Sie gleichen denen, die mitten im Wasser stehen
Und doch nach Wasser schreien.
Als Söhne des Reichsten und Vornehmsten geboren,
Wandeln sie gleichwohl in Armut und Elend
Trostlos dahin.

Gesang des Zen-Meisters Hakuin

Sitzender Buddha, 18. Jahrhundert

Auf meinen Reisen in Japan begegnete mir einmal ein christlicher Missionar, der tief im Lande seit 18 Jahren in einem kleinen Dorf tätig war. Er erzählte von den vielfältigen Schwierigkeiten seiner Arbeit, dass es aber doch dann und wann ganz echte Bekehrung gäbe. „Nur", sagte er, „wenn es ans Sterben geht, dann sterben diese Menschen am Ende doch nicht christlich, sondern japanisch." Auf meine Frage, was er darunter verstünde, gab er zur Antwort: „Es ist bei diesen Menschen so, als stellten sie, wenn sie in diese Welt kommen, nur einen Fuß herüber auf das Ufer dieses Lebens, und so, als verlören sie zeitlebens das Gefühl, im Grunde auf dem anderen Ufer zu Hause zu sein, nicht aus den Gliedern. ‚Sterben' bedeutet dann nichts anderes als den Fuß, den sie in dies Leben gestellt haben, wieder zurückzuziehen. Und dieses geschieht dann ganz selbstverständlich, heiter und so ganz ohne Angst."

Das ist altöstliches Lebensbewusstsein. Aber muss das wirklich nur östliches Lebensbewusstsein sein? Sollten wir nicht ebenso empfinden können? Oder ist das ein ganz primitiver Glaube, ein kindliches Gefühl, ein unentwickelter Geist, der so empfindet? Wer so spricht, nimmt nur ernst, was aus der Weisheit des Grundes heraus in das Wissen eines rational kontrollierenden Denkens hineingeraten ist und dabei seiner Wahrheit verlustig ging.

Und in der Tat findet bei uns die Bereitschaft, menschliche Erfahrungen und Lebensäußerungen hinsichtlich ihres Wahrheitsgehaltes ernstzunehmen, meist immer noch ihre Grenze dort, wo es kein erkennendes „Einordnen" mehr gibt. Das ist abendländische Scheu vor dem Überschreiten der Grenze objektiver, das heißt, vom menschlichen Erleben unabhängiger Tatsachen, jenseits derer aber erst die transzendentale Wirklichkeit aufgeht und „geschmeckt" werden kann. Aber auch wo sie nicht ausdrücklich in das Bewusstsein des Menschen tritt, ist die Wirklichkeit des Seins doch lebendig in seinem Wesen, in dem Wesen, das er im Grunde ist. Der Buddhist schaut in diesem Wesen die Buddha-Natur. So ist jeder im Grunde seines Wesens Buddha. Aber er weiß es nicht. Und doch ist, ohne sein Wissen, alle „Sehnsucht der Ferne" Bekundung der heimlichen Kraft aus dem Wesen, die ihn in sein Eigenes hineinzieht. „Gleicht nicht", so fragte ich einstmals Daisetzu Suzuki, „die Lage des Menschen, der sucht, der des Fisches, der das Wasser sucht?" „So ist es", antwortete der greise Lehrer des Zen. „Doch eigentlich ist es noch anders. Es ist das Wasser, das das Wasser sucht!" In diesem Satz ist alles enthalten, das Problem des Menschen und die Antwort des Zen, die auch für uns Abendländer Gültigkeit hat! Und ein anderes östliches Wort lautet: „Der Tropfen mag schon wissen, dass er im Ozean ist, aber weiß er auch, dass der Ozean auch in ihm ist?"

Wir sagen so leicht: „Der Mensch sucht sich selbst." Solange aber der, der sucht, ein anderer ist als der, den er sucht, kann er sich selbst nie finden. Findet er aber sich selbst und ist der, den er findet, nicht ein anderer als der, der findet, wer ist dann der Finder und wer der Gesuchte? Hier rühren wir an ein letztes Geheimnis. – Ein Geheimnis für wen? Vielleicht nur für den, der kein anderes Bewusstsein kennt als das, welches unterscheidet und spaltet. Nur wer dieses Bewusstsein überrundet, kann das Geheimnis leben als das seiner selbst bewusst gewordene LEBEN, das er selbst ist.

Karlfried Graf Dürckheim, 1974

Der Autor des folgenden Textes, Michael von Brück (* 1949), ist seit 1985 Zen- und Yogalehrer auf der Basis von Ausbildungen in Indien und Japan. Von Brück ist seit langen Jahren Gesprächspartner des 14. Dalai Lama. Er verfasste zahlreiche Bücher über den Buddhismus und dessen Verhältnis zum Christentum.
Aus der Sicht des Buddhismus sind die Menschen wegen des Anhaftens zwar im Kreislauf der Wiedergeburten gefangen. Es gibt jedoch einen Weg zur Befreiung. Diese Möglichkeit ist der Grund einer Hoffnung, die das Leben erträglich macht.

21 Der Weg zur Erlösung

Die Legende von den vier Ausfahrten aus der Lebensgeschichte des Siddhartha Gautama Shakyamuni ist bekannt: Auf den ersten drei Ausfahrten sieht sich der zukünftige Buddha mit Krankheit, Alter und Tod konfrontiert. Sie bilden den leiderfüllten Hintergrund für die vierte Ausfahrt, die nichts anderes ist als der Inbegriff der buddhistischen Hoffnung: Hier begegnet dem zukünftigen Buddha ein Mönch, der sich auf den Weg der Wahrheitssuche gemacht hat. Dieser Mönch verkörpert die Hoffnung auf eine andere Wirklichkeit, welche weder die Verlängerung oder Verbesserung der gewöhnlichen Erscheinungen im Leben noch den Eintritt in ein fernes Jenseits beinhaltet, sondern die Eröffnung einer anderen Dimension, eines anderen Bewusstseinszustandes oder des Innenraums der Wirklichkeit ist. Nur durch die Praxis der Bewusstseinsschulung, also durch eigene Aktivität, kann diese Hoffnung erfüllt werden. Die Menschen bringen dafür unterschiedliche Voraussetzungen mit, die in früheren Leben erworben wurden, d.h., der jetzige Zustand des Menschen ist Folge seines Handelns in der Vergangenheit. Das gegenwärtige menschliche Leben ist daher für Buddhisten Inbegriff einer zumindest ansatzweise erfüllten Hoffnung, denn als Buddhist hat man die kostbare Möglichkeit zur Praxis im genannten Sinne.

Michael von Brück, 2002

1. „Alles Dasein ist Leiden." Informieren Sie sich über die vier edlen Wahrheiten des Buddhas und prüfen Sie diese, indem Sie Ihre eigene Lebenserfahrung ins Spiel bringen (vgl. Methode 1, S. 378).
2. Erarbeiten Sie aus den beiden Texten 20 und 21 das buddhistische Menschenbild. Gehen Sie dabei vor allem auf das Verhältnis des Menschen zur Buddha-Natur ein.
3. Stellen Sie dar, welche Möglichkeiten zur Praxis im Buddhismus gegeben sind.
4. Vergleichen Sie die das buddhistische Menschenbild mit dem christlichen, indem Sie die einzelnen Aspekte in einer Tabelle gegenüberstellen; greifen Sie dabei auf Methode 1 zurück.

Wenden Sie Ihr Wissen an

- Entwerfen Sie als eine Art Praxishandbuch eine „Gebetsschule" für Jugendliche und junge Erwachsene; als Hilfe dient Ihnen Methode 2 (S. 378).
- Zwei Wege zum Heil. Erarbeiten Sie eine Werbebroschüre für die spirituellen Wege des Westens (Christentum) und des Ostens (Buddhismus). Gehen Sie dabei auf Gemeinsamkeiten und Unterschiede ein und wenden Sie Methode 2 an.
- „Der Fromme von morgen wird ein ‚Mystiker' sein, einer, der etwas erfahren hat, oder er wird nicht mehr sein." (Karl Rahner, 1904–1984) Beschäftigen Sie sich mit dem Thema „Die Bedeutung der Mystik für die Zukunft des Christentums". Schreiben Sie dazu einen Essay.
- Tragen Sie zum Thema „Die mittelalterliche spirituelle Frauenbewegung der Beginen" Informationen mithilfe von Methode 1 zusammen und stellen Sie Anliegen und die Lebensformen dieser Frauen vor.

3. Geschöpf Gottes

Was Sie erwartet

Der christliche Glaube ist biblisch begründet, denn die Heilige Schrift ist dessen Quelle und Anfangspunkt. Hier findet sich im Menschenwort das Wort Gottes. Hier findet sich in den religiösen Erfahrungen der Generationen und in deren Deutungen die Selbstmitteilung des Gottes Abrahams und Saras ebenso wie auch die des Gottes Jesu von Nazaret. Wie der Mensch – jeder und jede Einzelne – von Gott gedacht, wie die Schöpfungsordnung von Gott gewollt ist, lässt sich an vielen zentralen Stellen der Bibel lesen: Als Mann und Frau von Gott geschaffen, ihm ebenbildlich und als dialogisches Wesen; mit Vernunft begabt und fähig, Gottes Wort zu vernehmen; von Gott begnadet und durch Christus zur Freiheit* befreit; aufgerufen, das eigene Leben und die Welt verantwortlich zu gestalten und bei aller Schuldverstrickung auf den Ursprung und das Ziel seines Lebens – Gott – bezogen zu bleiben.

Vieles von dem soll hier zur Sprache kommen. Dabei kann deutlich werden, dass der Mensch mit Gott an seiner Seite eine Zukunft hat, dass Gottes Herz leidenschaftlich für die Menschen schlägt und dass schließlich vom Menschen deswegen sehr groß gedacht werden kann, weil Gott sich ganz klein gemacht hat.

Nach Gottes Bild geschaffen

Michelangelo Buonarroti: Die Erschaffung Adams, 1509–1512

1. Lesen Sie Gen 1,26-28 und 2,4b-7 und identifizieren Sie die künstlerische Umsetzung im Werk Michelangelos. Dazu dienen Ihnen die Methoden 5 und 9 (s. S. 381, 385). Entwerfen Sie einen fiktiven Dialog zwischen Mensch und Gott. Nehmen Sie dabei auf die Kurzformeln „Der Mensch ist nach Gottes Bild geschaffen" und „Der Mensch ist beseelte Erde" Bezug.

René Magritte: Die Liebenden, 1928

2. Lesen Sie Gen 2,24. Erläutern Sie das darin beschriebene Verhältnis von Frau und Mann und vergleichen Sie es mit der Darstellung von René Magritte.
   Prüfen Sie, welche der beiden Verhältnisbestimmungen den zeitgenössischen Beziehungen von Mann und Frau mehr entspricht. Begründen Sie Ihre Entscheidung.
   Auch hier können Sie die Methoden 5 und 9 (S. 381, 385) anwenden.

Die Texte der Bibel sind Glaubenszeugnisse. Sie geben Auskunft über Erfahrungen, die Menschen mit ihrem Glauben gemacht haben. Sie sind aber immer auch Selbstzeugnisse der Menschen, die sie geschrieben haben. In den folgenden kurzen Zitaten lassen sich diese beiden Dimensionen gut erkennen.

Biblische Zeugnisse

– Dann sprach Gott: Lasst uns Menschen machen als unser Abbild, uns ähnlich. *Gen 1,26*
– Was ist der Mensch? Du hast ihn nur wenig geringer gemacht als Gott, hast ihn mit Herrlichkeit und Ehre gekrönt. *Ps 8,6*
– Gott schuf also den Menschen als sein Abbild; als Abbild Gottes schuf er ihn. Als Mann und Frau schuf er sie. *Gen 1,27*
– Jetzt aber, wenn ihr auf meine Stimme hört und meinen Bund haltet, werdet ihr unter allen Völkern mein besonderes Eigentum sein. *Ex 19,5*
– Ihr aber seid ein auserwähltes Geschlecht, eine königliche Priesterschaft, ein heiliger Stamm, ein Volk, das sein besonderes Eigentum wurde. *1 Petr 2,9*

MENSCH – *auf dem Weg zu Gott* **63**

In der abendländischen Kultur stehen Körper und Geist nicht selten im Gegensatz: Der Geist erscheint entweder im Körper gefangen oder er ist lediglich eine Funktion des Körpers mit der Folge, dass das Vergehen des Körpers zwangsläufig das Vergehen des Geistes nach sich zieht.
In der biblischen Tradition – so Theodor Schneider (* 1930) – wird das Verhältnis anders gedeutet.

25 Der Mensch als „beseelte Erde"

Israels Glaubensrede vom Schöpfergott dokumentiert nicht nur ein bestimmtes Gottesverständnis, sondern auch ein ganz spezifisches Bild vom Menschen. In unübertrefflich plastischer Art kommt das in Gen 2,7 zum Ausdruck, jenem Vers (der jahwistischen Geschichte), den Gerhard von Rad einen Locus classicus der alttestamentlichen Anthropologie genannt hat. Gott formt den „adam", den Menschen, aus der „adamah", der Erde. Durch die Verwendung dieser beiden hebräischen Wörter kommt die schöpfungsmäßige grundlegende Verklammerung des Menschen mit seinem Lebensraum besonders zwingend zum Ausdruck. Denn die Erde ist sowohl der Nährboden für alle Pflanzen (Gen 2,9) als auch die vom Menschen zu bearbeitende Ackerscholle (Gen 2,15), vor allem jedoch der „Grundstoff" der Tiere (Gen 2,19) und des Menschen, der auf diese Weise in einer gewissen „Naturengemeinschaft" mit allen Geschöpfen steht, aber zugleich deutlich von ihnen abgehoben wird: Wir sind „ein Stück" Erde, das auf eine einzigartige Weise von Gott selbst zu einem Menschen mit Leib und Leben gemacht ist: Die Einhauchung göttlichen „Lebensodems" macht aus der geformten „adamah" den „adam", den „Ackerling" und „Erdling", diese personifizierte und individualisierte lebendige Einheit aus „Materie und Geist".

Theodor Schneider, 1985

26 Das biblische Verständnis der Gottebenbildlichkeit

Im biblischen Zeugnis treibt der Mensch nicht Selbstanalyse, sondern er lässt sich sagen, wer er ist – und antwortet staunend: „Was ist der Mensch, dass du seiner gedenkst?" (Ps 8,5). Nicht etwaige Unterschiede zur außermenschlichen Kreatur werden ermittelt; was den Menschen zum Menschen macht, ist vielmehr die spezifische Beziehung, die Gott zu ihm hat. [...] Wie ist die im Alten Testament angesprochene Gottebenbildlichkeit zu verstehen?

1. Eine merkwürdige Paradoxie besteht darin, dass das Alte Testament einerseits vom Menschen als dem „Bild Gottes" spricht, andererseits aber ein radikales Verbot kennt, sich von Gott ein „Bild" zu machen. Darin liegt ein erster wichtiger Hinweis für die Interpretation der „Gottebenbildlichkeit": Das Bilderverbot* bezieht sich auch auf den Menschen! Weil er Gottes Bild ist, ist sein Geheimnis nicht auszuloten. Durch die Fixierung auf ein bestimmtes Bild kann man einem Menschen nicht gerecht werden. Der einzelne Mensch ist immer mehr als sein Bild; sein Erscheinungsbild ist fotografierbar, aber schon das Foto kann über sich hinausweisen auf das Geheimnis, das einen Menschen trägt und ausmacht.

2. Der Mensch wird in der Priesterschrift* verstanden als Repräsentant der Herrschaft Gottes*. „Bild" meint im Alten Orient die Statue des Herrschers, die dessen leibhaftige Präsenz vertritt. Der Mensch ist Gottes „Mandatar" (G. von Rad). Im Alten Orient kann der König als Bild Gottes und damit als seine „Vertretung" bezeichnet werden. Im Alten Testament wird diese Bezeichnung ausschließlich für den Menschen gebraucht; er soll Gott auf Erden gleichsam sichtbar machen.

3. Der Mensch wird dabei aber nicht als Einzelner bestimmt: Am Anfang steht nicht der Einzelne, sondern die Gemeinschaft von Mann und Frau; gemeinsam machen sie das „Bild" Gottes aus. Damit kommt der Mitmensch als konstitutiv für den Menschen ins Spiel. Karl Barth hat das in die schöne Wendung gefasst: „Ich bin, indem du bist." Zugleich wird das Verhältnis des Menschen zu seinen Mitgeschöpfen ins Auge gefasst: Nach Auskunft der Priesterschrift soll er sich die Erde „untertan" machen und „herrschen". Der hier verwendete Begriff des „Niedertretens" (der Kelter) impliziert beides: die Ernte und die Ausbeute. Wenn der säkulare Mensch seine Mitwelt ausgebeutet hat, so ist dies weniger eine „gnadenlose Folge des Christentums" (C. Amery) als ein Vorgehen, das sich – nicht einmal allzu häufig – nachträglich durch den Verweis auf Gen 1,27f. religiös zu legitimie-

ren versucht hat. Der Mensch soll souverän seiner Mitwelt gegenüberstehen, allerdings in Repräsentanz und im Auftrag des Schöpfers. Dem jahwistischen Schöpfungsbericht* zufolge wurde der Mensch in den Garten Eden gesetzt, „dass er ihn bebaute und bewahrte" (Gen 2,15). Fest steht freilich für beide Schöpfungsberichte, dass der Mensch sich auch als der übrigen Schöpfung gegenüber abgehoben versteht: Dies ist die Voraussetzung für eine fruchtbare Beziehung zu ihr und ein verantwortliches Handeln an ihr.

Hans-Martin Barth, 2001

Gott schuf den Menschen als Mann und Frau. Mensch sein bedeutet daher immer auch geschlechtlich sein. Diese geschlechtliche Differenzierung des Menschen in Mann und Frau ist mehr als eine bloß biologische Gegebenheit zum Zwecke der Fortpflanzung. Sie berührt das eigentlich Menschliche des Menschen. Das hat auch Folgen für das Verhältnis der Geschlechter vor allem im Blick auf die Ehe.

27 Mann und Frau

In „Familiaris Consortio" äußert Papst Johnnes Paul II.: „Als Geist im Fleisch, das heißt als Seele, die sich im Leib ausdrückt, und als Leib, der von einem unsterblichen Geist durchlebt wird, ist der Mensch in dieser geeinten Ganzheit zur Liebe berufen. Die Liebe schließt den menschlichen Leib ein, und der Leib nimmt an der geistigen Liebe teil" (11). Geschaffen nach dem Bilde Gottes, sind die Menschen berufen zu Liebe und Gemeinschaft. Weil diese Berufung in der ehelichen Vereinigung von Mann und Frau zur Fortpflanzung auf besondere Weise verwirklicht wird, ist der Unterschied zwischen Mann und Frau ein wesentliches Element in der Konstitution des Menschen, der nach dem Bilde Gottes hervorgebracht ist.

„Gott schuf den Menschen nach seinem Bild; als Bild Gottes schuf er ihn; als Mann und Frau schuf er sie" (Gen 1,27; vgl. Gen 5,1-2). Gemäß der Schrift zeigt sich also am Anfang die *imago Dei* in der Differenz zwischen den Geschlechtern. Man könnte sagen, dass menschliche Wesen nur als männlich oder weiblich existieren, denn die reale menschliche Lage zeigt sich in der Verschiedenheit und Mehrzahl der Geschlechter. Folglich ist dieser Aspekt bei weitem nicht zufällig oder nebensächlich für die Persönlichkeit, sondern konstitutiv für personale Identität. Jeder von uns besitzt eine Weise, in der Welt zu sein, zu sehen, zu denken, zu fühlen, sich auf den gegenseitigen Austausch mit anderen Personen einzulassen, die ebenfalls durch ihre geschlechtliche Identität definiert sind. Der Katechismus der Katholischen Kirche lehrt: „Die Geschlechtlichkeit berührt alle Aspekte des Menschen in der Einheit seines Leibes und seiner Seele. Sie betrifft ganz besonders das Gefühlsleben, die Fähigkeit, zu lieben und Kinder zu zeugen und, allgemeiner, die Befähigung, Bande der Gemeinschaft mit anderen zu knüpfen" (2332). Die Rollen, die dem einen oder anderen Geschlecht zugeschrieben werden, mögen durch Zeit und Raum hindurch wechseln, doch die geschlechtliche Identität der Person ist kein kulturelles oder soziales Konstrukt. Sie gehört zu der eigentümlichen Weise, in der die imago Dei existiert.

Internationale Theologenkommission, 2004

3. Wählen Sie zwei der angeführten Bibelzitate aus Text 24 aus und benennen Sie die darin enthaltenen Aspekte der Gottebenbildlichkeit. Gestalten Sie damit ein Titelblatt für eine Zeitschrift zum Thema „Nach Gottes Bild geschaffen". Ziehen Sie dazu Methode 4 heran (s. S. 381).
4. Erläutern Sie Schneiders Aussage (Text 25), der Mensch sei „beseelte Erde".
5. Erarbeiten Sie aus dem Text von Hans-Martin Barth das biblische Verständnis der Gottebenbildlichkeit.
6. Stellen Sie dar, welche Bedeutung die Geschlechtlichkeit des Menschen hat (vgl. Methode 6, S. 382).
7. Machen Sie sich kundig über das katholische Eheverständnis (vgl. Methode 1, S. 378) und entwerfen Sie auf dessen Grundlage für ein befreundetes Brautpaar einen katholischen Traugottesdienst.

MENSCH – *auf dem Weg zu Gott*

Mensch sein vor Gott

Die Beziehung zwischen den Menschen und Gott, aber auch der Menschen untereinander und deren Beziehung zur Schöpfung ist nicht harmonisch. Schon immer hat die Menschen die Frage bewegt, warum das so ist. Es muss doch eine Ursache dafür geben, dass die Welt so unheilvoll ist. In allem – so scheint es – „steckt irgendwie der Wurm drin", so der Theologe Reinhard Körner (* 1951).

28 In dir steckt der Wurm

Die jüdischen Frauen und Männer um Jesus kannten eine alte Geschichte, die von der Versuchbarkeit des Menschen erzählt. Sogar von einem „Wurm" ist darin die Rede, von dem nämlich, der der wahre Urheber der Versuchung – jeder Versuchung – ist. Die Geschichte stand in der Tora-Rolle und steht heute auf den ersten Seiten der Bibel (Gen 3,1-24). Sie erzählt von *Adam* und *seiner Frau* und von der listigen *Schlange*, dem Wurm, der die beiden mit den Worten verführt: „Ihr werdet sein wie Gott und erkennt Gut und Böse." Richtiger, der Aussageabsicht der Erzähler entsprechender, müssen wir diese Verlockung so übersetzen: „... und ihr werdet selbst entscheiden, was gut und was böse ist."

Adam ist kein Name, schon gar nicht der Name des ersten Menschen, so wissen wir heute; „adam" heißt: „der Erdling", der aus dem „adama", dem „Erdboden" Geschaffene. Adam ist jeder Mensch, auch du und ich. Und die Schlange ist nicht, wie Juden und Christen lange glaubten, der Teufel – der tritt in der Bibel erst in den Spätschriften des Ersten Testaments auf. Als die Erzählung um das Jahr 900 v. Chr. entstand, war die Schlange das Tiersymbol für eine *Haltung des Menschen*. [...] Da die Schlange dem, der ihr begegnet, das Leben lassen oder blitzschnell den Tod bringen kann, verkörperte sie *die Haltung des Herrseins über Tod und Leben* und somit auch über *gut und böse*. Bekannt ist uns diese Symbolik bereits aus dem alten Ägypten, wo der Pharao und seine Kinder als Zeichen ihrer selbstherrlichen Macht über die Untertanen eine goldene Stirnschlange trugen. In der jüdischen Erzählung vom Sündenfall ist die Schlange dementsprechend zum Bild für das bösartige *„Herrsein"* des Menschen geworden, für die *Macht des Bösen im Menschen selbst*.

Das Böse, so erzählt diese Geschichte, entsteht im Menschen dadurch, dass er eine höhere „Mitte" – im Bild: den *„Baum des Lebens in der Mitte des Gartens"* – nicht respektiert und sich

Lucas Cranach d. Ä.: Der Sündenfall, 1537 (Ausschnitt)

selbst zum Mittelpunkt macht und zum Maß aller Dinge.

In *dir*, du Erdling Mensch, sagt also die alte Weisheit der Bibel, steckt der Wurm drin! Die Versuchung zum Bösen kommt daher, dass du die Lebens-Mitte des Gartens, in dem du zusammen mit allen Geschöpfen wohnst, ignorierst und dich selbst zum Mittelpunkt machst, um den sich alles bewegen soll.

Und die „Moral von der Geschicht'" ist zeitlos gültig. „Die Paradiesgeschichte", sagt der katholische Religionspädagoge Hubertus Halbfas, „ist eine Urgeschichte, die in jede Menschengeschichte neu hineinspielt." Sie spricht von einer „menschlichen Grundbeschaffenheit", denn „die Erzählungen der Urgeschichte sind Geschichten eines ‚mitlaufenden Anfangs', der jeder Zeit gleichzeitig bleibt".

Reinhard Körner, 2008

Menschen machen die Erfahrung, dass sie sich in Schuldzusammenhängen wiederfinden, die sie selbst allem Anschein nach nicht verursacht haben; und dennoch haben sie damit zu tun. Die christliche Theologie hat diese Erfahrung ernstgenommen. Der Theologe Helmuth Thielicke (1908–1986) bietet eine Erklärung dafür an.

29 In Schuld verstrickt

Damit stoßen wir auf ein Faktum – die Erinnerung an die Gestalt Adams war dafür ein erstes Indiz –, das in der christlichen Erbsündenlehre zum Ausdruck kommt. Der Begriff „Erb"-Sünde ist freilich insofern fatal, als er abwegige Assoziationen auslöst: Er lässt das Missverständnis aufkommen, als ob es hier um genealogisch bestimmte Vorgänge im Sinne einer vererbten Krankheit gehe. Damit aber wäre das, was der Begriff meint, gerade in seiner Pointe verfehlt. Ebenso wie eine Erbkrankheit ein Verhängnis ist, das mich von außen, von meinen Vorfahren her trifft, an dem ich also ganz unschuldig bin, würde auch die Erbsünde aus einer Schuld in Schicksal verwandelt und ins Außerpersönliche abgeschoben. Doch weil gerade das eben nicht gemeint ist, sollte man lieber die lateinische Vorlage des Begriffs, peccatum originale, Ursünde, als Bezeichnung wählen. In diesem Sinne meint das Wort einen Schuldzusammenhang, in dem ich mich immer schon vorfinde. Es meint Prozesse, in die ich mich verwickelt sehe, die ich aber gleichwohl so mitvollziehe, dass ich mich nicht von ihnen als einem personfremden andern distanzieren kann, sondern dass ich sie als Subjekt verantworten und von ihnen sagen muss: mea culpa, meine Schuld. Was sich in den Großstrukturen der Welt begibt – zum Beispiel in der Eigengesetzlichkeit des sacro egoismo der Staaten –, ist zugleich das im Mikrokosmos meines Herzens wirksame Motiv. Ich muss gleichsam zur Welt sagen „Tatwam asi", das bin „ich", das ist das makrokosmische Abbild meiner selbst.

Helmuth Thielicke, 1976

André Gide (1869–1951) war ein französischer Schriftsteller und der Nobelpreisträger von 1947. In seiner die Jesus-Erzählung (Lk 15,11-32) gegen den Strich gebürsteten Parabel führt André Gide noch einen dritten, jüngeren Sohn ein. Am Abend seiner Rückkehr geht der heimgekehrte Sohn in dessen Kammer, um im Auftrag der Mutter mit ihm zu reden. Die Mutter sorgt sich, dass der Jüngste eines Tages ebenfalls ausbricht.

30 Die Rückkehr des verlorenen Sohnes

„Mein Bruder, ich bin der, der du warst, als du weggingst. Oh, sag: War alles Trug auf deinen Wegen? Was war schuld, dass du umkehrtest?"
„Die Freiheit, die ich suchte, ging mir verloren; einmal in Gefangenschaft, musste ich dienen."
„Ich bin hier in Gefangenschaft."
„Ja, aber schlimmen Herren dienen. Hier dienst du deinen Eltern."
„Ach, dienen ist dienen; hat man nicht wenigstens die Freiheit, sich seine Knechtschaft zu wählen?"
„Das hoffte ich. Soweit meine Füße mich trugen, wanderte ich auf der Suche nach meiner Sehnsucht, wie Saul auf der Suche nach seinen Eselinnen. Aber dort, wo ein Königreich auf ihn wartete, dort habe ich das Elend gefunden ..."
„Hör zu. Weißt du, warum ich dich heute Abend erwartete? Eh die Nacht um ist, geh ich. Diese Nacht; diese Nacht, sowie sie anfängt zu verblassen ... Mein Gürtel ist geschnallt, ich habe die Sandalen anbehalten."
„Was! Du willst tun, was ich nicht konnte?"
„Du hast mir den Weg aufgetan. Der Gedanke an dich wird mir beistehen."
„Ich kann dich nur bewundern. Du dagegen musst mich vergessen. Was nimmst du mit?"
„Du weißt wohl, ich, als der Jüngere, habe keinen Anteil am Erbe. Ich gehe ohne alles."
„Besser so."
„Komm mit mir!"
„Lass mich, lass mich; ich will bleiben und unsere Mutter trösten. Ohne mich wirst du tapferer sein. Es ist Zeit jetzt. Der Himmel bleicht. Geh, ohne Lärm. Komm! Küss mich, mein junger Bruder. Du nimmst alle meine Hoffnungen mit dir. Sei stark. Vergiss uns, vergiss mich. Mögest du nicht wiederkommen ... Steig leise hinab. Ich halte die Lampe."

André Gide, 1907

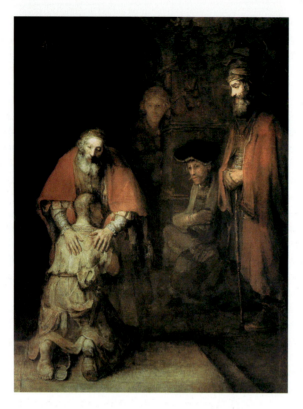

Rembrandt: Die Rückkehr des verlorenen Sohnes, 1662

1. Lesen Sie 1 Kor 15,19-22; 42-58: Stellen Sie tabellarisch die Aussagen des Paulus zu Adam und zu Christus einander gegenüber. Ziehen Sie dazu die Methoden 4 und 5 heran (s. S. 381). Interpretieren Sie Ihr Ergebnis.
2. Betrachten Sie die Darstellung von Lucas Cranach; arbeiten Sie mit Methode 9 (s. S. 385). Identifizieren Sie sich mit einem der abgebildeten Tiere. Formulieren Sie aus dessen Perspektive einen kommentierenden Monolog.
3. „In dir, Mensch, steckt der Wurm!" Erheben Sie aus dem Text von Körner die Begründungen für diese Behauptung und prüfen Sie deren Gehalt. Führen Sie Beispiele aus Ihrer eigenen Erfahrung an.
4. Erarbeiten Sie aus dem Text von Helmuth Thielicke dessen Verständnis von Erbsünde.
5. Lesen Sie Lk 15,11-32 und den Text von André Gide. Gehen Sie den Figuren nach: Wer ist Ihnen näher, wer ist Ihnen fremd? Entwickeln Sie in Ihrer Lerngruppe zu den beiden Texten jeweils ein Rollenspiel (Methoden 3 und 5, s. S. 379, 381).
6. Lesen Sie drei Abschnitte aus Gen 2-3 in dieser Reihenfolge: a) Gen 3,8-19; b) Gen 2,4b-24; c) Gen 3,1-7. Tragen Sie in einer Tabelle zusammen, was in den Abschnitten jeweils über die Beziehungen „Mensch-Mensch", „Mensch-Umwelt" und „Mensch-Gott" gesagt wird. Diskutieren Sie Ihre Ergebnisse (Methoden 4 und 5, S. 381).

Wenden Sie Ihr Wissen an

- Der Mensch – Frau und Mann. Erarbeiten Sie aus christlicher Perspektive eine Collage mit dieser Überschrift. Dazu können Ihnen die Methoden 4 und 5 dienen.
- Von Martin Luther stammt der Satz: „Wir sind Bettler, das ist wahr." Beschreiben Sie das Menschenbild, das sich in dieser Aussage spiegelt. Fertigen Sie dazu eine Fotostrecke oder eine Diashow an.
- Betrachten Sie das Bild von Rembrandt. Versetzen Sie sich in die Lage eines der beiden Brüder und schreiben Sie „Ihrem Vater" einen Brief.

4. Perspektiven

Was Sie erwartet

Bereits die Epoche der Renaissance hat auf ihre Weise den Menschen und seine Stellung in der Welt zum Thema gemacht. Als Vorbild diente das idealisierte Menschenbild der klassischen Antike. Mit der Epoche der Aufklärung ist dann eine Wendung in der Philosophie eingetreten, die man als radikale Anthropologie bezeichnen kann: Einzig und allein der Mensch steht im Mittelpunkt von allem. Diese Entwicklung prägt auch das Lebensgefühl unserer Gegenwart nachhaltig. Das folgende Unterkapitel stellt eine kleine Auswahl philosophischer Positionen vor. Es möchte Sie dazu einladen, sich mit diesen Ideen konstruktiv auseinanderzusetzen.

Dabei werden Sie sehen, dass sich neben den bis hierher thematisierten vielfältigen Aspekten der christlichen Anthropologie ein weites, nahezu unübersichtliches Feld auftut, in dem die unterschiedlichsten Vorstellungen anzutreffen sind. Sie sollten am Ende in der Lage sein, einige wenige anthropologische Positionen zu benennen und ihnen adäquat begegnen zu können.

Der letzte Abschnitt des Kapitels schließlich endet mit aktuellen Fragen: Kann die christliche Anthropologie angesichts einer oftmals gnadenlosen Gesellschaft mit ihrem alles beherrschenden Bild vom perfekten Menschen eine menschliche Perspektive bieten? Wie gehen wir mit Scheitern, Schuld und Vergebung um, Phänomenen, die im gesellschaftlichen Leben nicht vorkommen „dürfen" und ganz offensichtlich große Tabuthemen darstellen? Welchen eigenen Beitrag kann der christliche Glaube in das gegenwärtige und zukünftige Zusammenleben der Menschen bringen, damit der Mensch Mensch werde?

„Ich entschuldige mich!" Dieser heute oft gebrauchte Satz zeigt das Dilemma des modernen Menschen. Er versucht sich der Schuld, die er auf sich geladen hat, selbst zu entledigen. Doch Entschuldigung kann sich der Mensch nicht selbst zusprechen. Letztlich ist Vergebung nur im religiösen Kontext möglich. Damit ist die Grundbotschaft des Evangeliums von der Versöhnung und Vergebung gemeint. In der Tradition der Kirchen ist hier die Rede von der Gnade* Gottes und der Rechtfertigung des Sünders*.

Der Mensch in der Perspektive der Philosophie

Im Laufe der Philosophiegeschichte hat es immer Versuche gegeben, das „Wesen des Menschen" auf den Punkt zu bringen. Solche Aphorismen sind jedoch nicht einfach nur kurze Sätze. In der Regel stehen sie jeweils für eine ganze philosophische Theorie oder Weltanschauung. Das macht sie so spannend aufschlussreich.

31 Zitate – Sentenzen – Aphorismen

Protagoras: Der Mensch ist das Maß aller Dinge.
Platon: Gott ist das Maß aller Dinge.
Aristoteles: Der Mensch ist ein politisches Wesen (zoón politikón).
Stoa: Das Ziel des Menschen ist die Tugend.
Epikur: Das Ziel des Menschen ist die Lust (Glück, eudaimonia). Lebe im Verborgenen. Der Weise wird sich nicht an der Politik beteiligen.
Augustinus: Geh nicht aus dir heraus. Kehr in dich zurück. Im inneren Menschen wohnt die Wahrheit. Ich bin mir selbst zur Frage geworden. Unruhig ist unser Herz, bis es in Dir, o Gott, wohnt.
Pascal: Der Mensch ist weder Engel noch Tier, und das Unglück will es, dass, wer einen Engel aus ihm machen will, ein Tier aus ihm macht.
Hobbes: Homo homini lupus.
Feuerbach: Homo homini deus.
Bloch: Homo homini homo.

MENSCH – *auf dem Weg zu Gott* **69**

Linné: Homo sapiens
Dostojewski: Die Ameise kennt die Formel ihres Ameisenhaufens. Die Biene kennt die Formel ihres Bienenstocks. Sie kennen sie zwar nicht auf Menschenart, sondern auf ihre Art. Aber mehr brauchen sie nicht. Nur der Mensch kennt seine Formel nicht.
Materialisten im 19. Jahrhundert: Der Mensch ist, was er isst.
Marx: Was die Menschen sind, fällt zusammen mit dem, was sie produzieren, als auch mit dem, wie sie produzieren.
Nietzsche: Der Mensch ist das nicht festgestellte Tier.
Sartre: Die Hölle – das sind die anderen.
Eliot: Die Hölle – das sind wir.
Gehlen: Der Mensch – ein Mängelwesen
Landmann: Der Mensch ist Schöpfer und Geschöpf der Kultur.
Foucault: Der Mensch ist tot.

32 Definition

ein hund
der stirbt
und der weiß
dass er stirbt
wie ein hund
und der sagen kann
dass er weiß
dass er stirbt
wie ein hund
ist ein mensch

Erich Fried, 1964

1. Wählen Sie eine der aufgeführten Sentenzen, erörtern Sie das Für und Wider. Stellen Sie die von Ihrer Lerngruppe gewählten „Menschenbilder" bildnerisch dar und verwenden Sie dazu die Methoden 3 und 4 (s. S. 379, 381).
2. Beschreiben Sie das Bild vom Menschen, das Erich Fried zum Ausdruck bringt.

Auseinandersetzung mit dem Naturalismus

Kaum eine Weltanschauung hat sich vor allem in der westlichen Welt derart behauptet wie der Naturalismus*. Dessen Grundthese lautet: Die Materie ist Ausgangspunkt und Ziel von allem, was ist; darüber hinaus gibt es keine andere Wirklichkeit. Diese Sichtweise beherrscht viele Bereiche des gesellschaftlichen Lebens. Rainer Malkowski (1939–2003) zeigt, dass die konkrete Lebenserfahrung der Menschen eine andere Sprache spricht.

33 Die Frage

Alles Chemie.

Das Wachstum der Zellen,
ihr genaues, befristetes Leben:
alles Chemie.

5 Die Erfindung der Götter,
das Hohelied, das Radioteleskop:
alles Chemie.

Die Standhaftigkeit
des politisch Gefangenen,
10 das Glück und der Tastsinn,
freiwillige Armut,
die Rede des Chemikers
bei der Nobelpreisverleihung:
nichts als Chemie.

15 Nichts als Chemie
das kostbarste Erbgut:
die Frage

Rainer Malkowski, 2003

MENSCH – *auf dem Weg zu Gott*

Sigmund Freud (1856–1939) hat mit den Ergebnissen seiner psychologischen Forschungen und mit seinem Konzept der Psychoanalyse das Selbstverständnis des Menschen massiv in Frage gestellt: Die Idee der Freiheit* und Autonomie des Menschen folge einer Illusion. Freud selbst spricht in diesem Zusammenhang von drei großen Kränkungen, mit denen der moderne Mensch leben muss.

34 Drei Kränkungen

Zwei große Kränkungen ihrer naiven Eigenliebe hat die Menschheit im Laufe der Zeiten von der Wissenschaft erdulden müssen. Die erste, als sie erfuhr, dass unsere Erde nicht der Mittelpunkt des Weltalls ist, sondern ein winziges Teilchen eines in seiner Größe kaum vorstellbaren Weltsystems. Sie knüpft sich für uns an den Namen Kopernikus. [...] Die zweite dann, als die biologische Forschung das angebliche Schöpfungsvorrecht des Menschen zunichte machte, ihn auf die Abstammung aus dem Tierreich und die Unvertilgbarkeit seiner animalischen Natur verwies. Diese Umwertung hat sich in unseren Tagen unter dem Einfluss von Charles Darwin, Wallace und ihren Vorgängern nicht ohne das heftige Sträuben der Zeitgenossen vollzogen. Die dritte und empfindlichste Kränkung aber soll die menschliche Größensucht durch die heutige psychologische Forschung erfahren, welche dem Ich nachweisen will, dass es nicht einmal Herr im eigenen Hause, sondern auf kärgliche Nachrichten angewiesen bleibt von dem, was unbewusst in seinem Seelenleben vorgeht.

Sigmund Freud, 1917

Seit einigen Jahren ist die Hirnforschung mit ihren beeindruckenden Ergebnissen zu einer maßgeblichen Wissenschaft aufgestiegen, die mit ihrer materialistischen Sicht auf den Menschen mehr oder weniger entschieden in Anspruch nimmt, dessen Wesen umfassend erklären zu können. Ausgangspunkt dieser Entwicklung war das nahezu klassisch zu nennende Experiment des amerikanischen Mediziners Benjamin Libet (1916–2007).

35 Ist der freie Wille nur eine Illusion?

Die Experimente von Benjamin Libet zu bewussten Willensakten zählen schon seit längerer Zeit zu den in der Philosophie am häufigsten diskutierten empirischen Untersuchungen. Die Experimente wurden bereits in den achtziger Jahren veröffentlicht, sind aber zwischenzeitlich verschiedentlich wiederholt und verbessert worden. In seinen ursprünglichen Experimenten untersuchte Libet die zeitliche Abfolge zwischen einer einfachen Handlung, dem dazugehörigen bewussten Willensakt und der Einleitung der Handlung auf der neuronalen Ebene; im Allgemeinen werden aus seinen Experimenten aber auch Aussagen über die kausalen Zusammenhänge zwischen diesen Prozessen abgeleitet.

Die Versuchspersonen hatten die Aufgabe, mehrmals (insgesamt vierzig Mal) eine einfache Handbewegung der rechten Hand auszuführen. Den Zeitpunkt der Ausführung konnten sie jeweils weitgehend frei wählen. Gleichzeitig waren sie aufgefordert, sich genau zu merken, wann sie den bewussten „Drang" („urge") oder Wunsch verspürten, die Bewegung auszuführen. Zu diesem Zweck sollten sie sich die Position eines Punktes merken, der sich ähnlich wie ein Sekundenzeiger mit einer Geschwindigkeit von ca. 2,5 Sekunden pro Umdrehung auf einer Art Zifferblatt bewegte.

Libet maß gleichzeitig den Anstieg des symmetrischen Bereitschaftspotenzials. Das symmetrische Bereitschaftspotenzial ist ein im Elektroenzephalogramm (EEG) messbares negatives elektrisches Potenzial, das bei der Vorbereitung willentlicher Bewegungen entsteht und etwa eine Sekunde vor der Ausführung der Bewegung einsetzt. Das Potenzial ist sehr schwach; es kann daher nur durch Mittelung über eine Vielzahl von Versuchsdurchgängen (meistens etwa 40) festgestellt werden. Die zugrunde liegende neuronale Aktivität tritt auf im supplementären motorischen Areal, im primären motorischen Areal sowie in den primären und sekundären sensorischen Arealen. Um eventuelle Verzerrungen bei der Datierung des bewussten Willensaktes durch die Versuchsperson abschätzen zu können, ließ Libet seine Versuchspersonen mit derselben Uhr leichte elektrische Hautreize datieren.

MENSCH – *auf dem Weg zu Gott* 71

Das Ergebnis war für Libet selbst überraschend: Das Bereitschaftspotenzial setzte im Mittel etwa 550 Millisekunden vor der Ausführung der Bewegung ein; der Willensakt wurde jedoch, ebenfalls im Mittel, erst 200 Millisekunden vor der Ausführung der Bewegung bewusst und damit etwa 350 Millisekunden nach dem Auftreten des Bereitschaftspotenzials.

Libet zufolge zeigt dies, dass das Gehirn „‚entscheidet', eine Bewegung, oder zumindest die Vorbereitung einer Bewegung einzuleiten, bevor es irgendein subjektives Bewusstsein davon gibt, dass eine solche Entscheidung stattgefunden hat" (*Libet* 1985, S. 536). Viele Autoren haben hieraus weitreichende Schlussfolgerungen in Bezug auf die Willensfreiheit gezogen. In ihren Augen zeigen die Libet-Experimente, dass unser Handeln nicht von unseren bewussten Entscheidungen abhängt, sondern von unbewussten Hirnprozessen. Unsere bewussten Willensakte sind, so diese Autoren, bloßes Beiwerk, das auftritt, nachdem das Gehirn längst festgelegt hat, was wir tun werden. Von Willensfreiheit könne daher keine Rede sein.

Ansgar Beckermann, 2005

Der Mensch hat einen freien Willen und ist keinesfalls Sklave neurobiologischer Prozesse in seinem Gehirn, glaubt der Berliner Philosoph Peter Bieri (* 1944). Hirnfoschern, die menschliche Entscheidungen per Hirnscan erklären wollen, wirft er Denkfehler vor. Peter Bieri war Professor für Philosophie an der Freien Universität Berlin und Fachmann für Bewusstseinsfragen.

36 Unser Wille ist frei

Es kann so aussehen, als würde diese Abhängigkeit psychologischer Eigenschaften von neurobiologischen Eigenschaften jede Willensfreiheit im Keim ersticken. Was nützt uns die begriffliche Tatsache, dass die Idee der Freiheit zum autonomen Beschreibungssystem des Wollens, Überlegens und Handelns gehört, wenn alles Wollen dann doch von einem neurobiologischen Uhrwerk abhängt, das seine Vergangenheit nach ehernen Gesetzen in die Zukunft hinein fortschreibt? Wird die Rede von der Freiheit dadurch nicht zu einem schlechten Scherz?

Alles hängt davon ab, was wir mit „Freiheit" meinen. Ein Teil der Heftigkeit, mit der bei diesem Thema gestritten wird, erklärt sich aus dem falschen Eindruck, wir wüssten alle ganz gut, wofür das Wort steht. Davon kann keine Rede sein; hinter den Kulissen der rhetorischen Bühne herrscht heilloses Durcheinander. Man kann Ordnung in die Sache bringen, indem man sich die Frage vorlegt: Wie muss man sich die Freiheit gedacht haben, um von der Hirnforschung erschreckt werden zu können?

Es könnte einer erschrecken, weil er gedacht hatte, die Freiheit des Willens müsse darin bestehen, dass der Wille durch nichts bedingt sei. Dass er unter exakt denselben inneren und äußeren Bedingungen ganz unterschiedliche Wege nehmen könnte. Dass er in jedem Moment sein müsste wie ein unbewegter Beweger. Gesagt zu bekommen, dass es tausend Dinge im Gehirn gibt, von denen der Wille abhängt, ist dann ein Schock.

Doch einen in diesem Sinne freien Willen kann sich niemand wünschen, denn er wäre ein Wille, der niemandem gehörte: verknüpft weder mit dem Körper noch dem Charakter, noch dem Erleben, noch der Lebensgeschichte einer bestimmten Person. Er wäre vollkommen zufällig, unbegründet, unbelehrbar und unkontrollierbar. Einen solch launischen Willen zu haben, wäre nicht die Erfahrung der Freiheit, sondern ein Alptraum.

Es könnte einer erschrecken, weil er sich den Willen zwar nicht als unbewegten Beweger gedacht hatte, sondern durchaus als etwas, für das es Bedingungen gibt, aber nicht solche im Gehirn, sondern psychologische Bedingungen, die aus nicht-physischen Phänomenen zu bestehen hätten. Der Schock gilt jetzt nicht mehr der Bedingtheit des Willens überhaupt, sondern seiner materiellen Bedingtheit. Sie ist es, die die Freiheit zu gefährden droht.

Doch das hieße, das Mentale in einer Weise getrennt vom Physischen zu denken, die wir einfach nicht verstehen können. Wir verstehen überhaupt die ganze Kategorie des „Nicht-Physischen" nicht. Und es gibt tausend Belege dafür, dass gilt: Keine psychologische Veränderung ohne physiologische Veränderung. Wie gesagt: Aspirin.

Schließlich könnte einer erschrecken, weil die Hirnforschung über Prozesse spricht, die hinter unserem Rücken vor sich gehen. Es gehört zur Freiheitserfahrung, dass uns unser Wollen spontan vorkommt. Und dann kann es ein Schock sein zu erfahren, dass auch hinter dem spontanen Willen eine neurobiologische Uhr tickt. Bedeutet das nicht, dass die Erfahrung von Freiheit eben doch eine bloße Illusion ist? Dass wir uns nur frei fühlen, es aber nicht sind?

Nein. Nichts an unserer Erfahrung geschieht ohne physiologischen Hintergrund: nicht die Wahrnehmung, nicht das Denken, nicht das Fühlen. Doch niemand kommt auf die Idee, dass dieser physiologische Hintergrund den Gegenstand all dieser Erfahrungen zur bloßen Illusion macht. Warum also beim Willen?

Nur dann, wenn sich jemand die Freiheit des Willens auf so unplausible Weise denkt, kann er sie durch die Enthüllungen der Hirnforscher bedroht sehen. Sonst nicht. Und nur dann, wenn ein Hirnforscher insgeheim einer dieser ungereimten Vorstellungen von Freiheit anhängt, kann er glauben, dass seine Entdeckungen unser Selbstbild von willensfreien Personen zu erschüttern vermögen. Und so kommt es zu meiner unverschämten Diagnose: Was wie eine besonders klarköpfige Feststellung daherkommt, die die nüchterne Autorität des neuropsychologischen Labors hinter sich hat, setzt, was ihr Pathos angeht, ein Stück abenteuerliche Metaphysik voraus.

Peter Bieri, 2005

3. Erarbeiten Sie aus dem Text von Sigmund Freud die drei Kränkungen. Tauschen Sie sich in Kleingruppen zu den Fragen aus: Wie wirkt die Rede Freuds von den Kränkungen auf mich? Wie schätze ich diese Rede ein?
4. Durch die Hirnforschung, durch neue Erkenntnisse in der Weltraumforschung, durch Gentechnik und vieles mehr scheint sich der Katalog der von Sigmund Freud benannten „Kränkungen" erheblich erweitert zu haben. Machen Sie eine Bestandsaufnahme; nutzen Sie Methode 2 (s. S. 378).
5. Formulieren Sie Entgegnungen auf das Gedicht von Rainer Malkowski.
6. Zeigen Sie, welche konkreten Konsequenzen eine Leugnung des freien Willens für das alltägliche Leben hat.
7. Erarbeiten Sie die Position von Peter Bieri und setzen Sie sich mit ihr auseinander.

Damit der Mensch Mensch werde

Fehler – so die landläufige Meinung – dürfen nicht sein. Und Scheitern ist nicht vorgesehen in den gängigen Lebenskonzepten. Beides jedoch, Fehler und Scheitern, gehört zum Wesen des Menschen, ja, dass er nicht perfekt ist, macht den Menschen menschlich.

37 Kultur des Scheiterns

All das, was das Menschsein im Kern ausmacht und ihm seine einzigartige Würde verleiht, das gelingt dem geschichtlichen Menschen niemals in Perfektion und Vollendung, sondern immer nur im Scheitern, im „Fragment". Der Mensch ist daher bleibend auf Bedingungen angewiesen, die es ihm gestatten, seine Unvollkommenheit und sein Scheitern anzunehmen und produktiv damit umzugehen; und das heißt, der Mensch lebt ganz entscheidend von barmherzigen Sozialkontakten. Aber der Mensch braucht auch soziale Strukturen, die ihn im Scheitern halten und wieder neu auf die Beine helfen [vgl. Katholische Soziallehre, s. S. 364].

Das christliche Menschenbild verlangt deshalb neben der privaten Nächstenliebe* auch nach einer sozialstaatlichen Ordnung, wie sie unser Grundgesetz vorsieht. Heute steht daher nicht die Herausforderung an, den nationalen Sozialstaat abzubauen, sondern eine weltweite Sozialstruktur im Sinne einer nachhaltigen Entwicklung (sustainable development) für alle Menschen aufzubauen!

Im Hinblick auf Menschenbildung für eine solche nachhaltige Entwicklung könnte man auch heute immer noch von der biblischen Tradition lernen. Im deutlichen Kontrast zu den idealisierten Siegergeschichten der meisten Kulturen

fällt nämlich bei der Lektüre der biblischen
Schriften des Alten und Neuen Testaments* auf,
dass hier auch das Scheitern breit erzählt und
ehrlich reflektiert wird; denn auch die größten
„Helden" und sogar die „Heiligen" sind und
bleiben scheiternde Wesen. Mit einer bemerkenswerten Offenheit und Ehrlichkeit wird z. B.
berichtet, dass David, der große König und Psalmendichter, auch ein gemeiner Ehebrecher und
Mörder gewesen ist; oder dass selbst Petrus,
dem Jesus die Schlüssel des Himmelreiches anvertraut hatte, schmählich seinen Meister verleugnet und auch nachösterlich aus Feigheit die
Gemeinschaft mit den Heidenchristen aufs
Spiel gesetzt hat.

Aber eben gerade mit solch schwachen und
scheiternden, also ganz normalen Menschen
schreibt der barmherzige Gott seine Heilsgeschichte; denn andere Menschen gibt es – zumindest in der geschichtlichen Realität – nicht!
Der Mensch darf sich daher ehrlich vor sich selber und vor Gott dieser negativen Grunddisposition seines Menschseins stellen, wie dies so
eindrucksvoll in vielen biblischen Psalmen geschieht; und dieses aufrichtige Bekenntnis der
eigenen Schwäche ist gleichsam die Voraussetzung dafür, auch mit anderen Menschen barmherzig und solidarisch umgehen zu können.

So liegt gerade in der Akzeptanz des Scheiterns
eine wahrhaft humanisierende Kraft. Theologisch ließe sich darin die provozierende Botschaft entdecken, dass Erlösung des Menschen
nicht ohne die „Torheit" des Kreuzes (vgl. 1 Kor
1,23) zu haben ist.

Karl Bopp, 2003

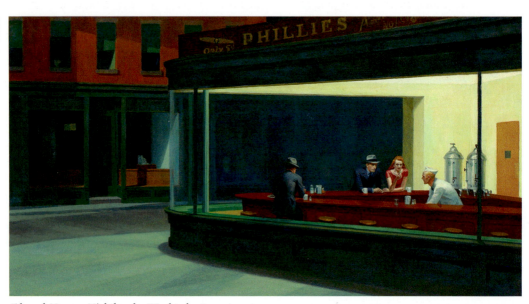

Edward Hopper: Nighthawks (Nachtschwärmer), 1942

1. Edward Hopper kennzeichnet mit seinen kühlen Bildern die Einsamkeit als die bestimmende Lebenswirklichkeit des modernen Menschen.
Betrachten Sie das Bild „Nighthawks" (Methode 9, s. S. 385) und formulieren Sie für die dargestellten Personen jeweils einen inneren Monolog.

Eines der wesentlichen Merkmale des Christentums ist die Botschaft von der Vergebung oder Versöhnung, denn „Gott hat die Welt mit sich versöhnt" (vgl. 2 Kor 5,18-20).
Manche Theologen meinen, dies sei sogar die eigentliche Mitte des christlichen Glaubens. In der Tradition wurde dafür die Rede von der Rechtfertigung eingeführt. Wie ist diese Botschaft heute zu verstehen? Was bringt sie dem modernen Menschen? Der Theologe und geistliche Berater Piet van Breemen (* 1927) hebt die Bedeutung der Vergebung für die alltägliche Lebenspraxis hervor.

39 Kultur der Vergebung

Im Verzeihen bricht etwas wirklich Neues in unsere Welt ein. Wer kreativ leben möchte, muss verzeihen. Dann bricht etwas Neues durch. Ohne Verzeihung bleiben wir gefangen im Teufelskreis der endlosen Wiederholungen oder in der Eindimensionalität, fern von Gott. Vergeben heißt: das Leben wählen, und nicht vergeben bedeutet den Tod wählen, die kleinen glück- und segenslosen Tode. Vergeben kann einen Menschen, eine Gemeinschaft und sogar ein Volk erneuern. Vergeben ist ein mutiger Akt des wachen Menschen, der die Faszination des Bösen aufbrechen und sogar den Feind aus der Sterilität und der Isolation befreien will. Damit öffnet Vergebung wieder Zukunft, für mich und für den anderen.

Nicht-Verzeihen führt zu Beziehungslosigkeit und Lebenskälte. Ich drehe mich in einem kalten Kreis aus Groll, Selbstmitleid und Verachtung. Nicht-Verzeihen führt zur Nicht-Kommunikation, zum Eingekapselt-Sein. Ich verliere den Kontakt mit den Mitmenschen und mit der Wirklichkeit. Die höchste Gerechtigkeit besteht nicht darin, den Übeltäter zu vernichten, umzubringen – mit der Todesstrafe –, sondern ihn aus seinem destruktiven Wollen zu befreien und ihm die Möglichkeit zu einer neuen Beziehung zu eröffnen. Nur das Verzeihen kann echte Zukunft eröffnen und neue Beziehungen schaffen. Gewalt kann das nie. Wer die Vernichtung des Gegners will – durch Inquisition, Kriege, Konzentrationslager, Massaker, Todesstrafe –, riegelt die Zukunft ab und macht Gottes Welt unbewohnbar.

Verzeihen ist ein Akt der Freiheit, die sich nicht die Logik des Gegners zu eigen macht. Das kann freilich sehr schwer sein. Aber nicht verzeihen ist ebenfalls schwer, vielleicht noch schwerer! Es gibt ein chinesisches Sprichwort: „Wer Rache sucht, soll zwei Gräber graben." Die Rache, das Zürnen, der Groll, der Hass vergiften das eigene Leben. Es ist eine Wohltat und eine Erlösung, vergeben zu dürfen, verzeihen zu können. Vergeben gehört zur Liebe, so wie Jesus sie versteht. „Die Liebe trägt das Böse nicht nach ... Die Liebe erträgt alles, ist voller Hoffnung, voller Glaube, hält allem stand" (1 Korinther 13,5.7).

Piet van Breemen, 1999

2. Stellen Sie dar, welche lebenspraktische Bedeutung Piet van Breemen der Versöhnung beimisst. Prüfen Sie seine Aussagen vor dem Hintergrund Ihrer eigenen Erfahrungen.
3. Karl Bopp spricht das Verhältnis von Individualität und Sozialität an.
   In diesem Zusammenhang ist die Katholische Soziallehre wichtig. Informieren Sie sich auf S. 364 und in einem Lexikon.
4. Lesen Sie Lk 10,25-37 und Mt 9,9-13 und arbeiten Sie aus diesen Texten die Bedeutung des Begriffs „Barmherzigkeit" heraus.

Der Theologe Karl Rahner (1904–1984) hat die Theologie und die Kirche im 20. Jahrhundert maßgeblich geprägt. Seine theologischen Beiträge stehen für die sog. anthropologische Wende in der Theologie, die den Menschen und seine Welt als Ausgangspunkt des Nachdenkens ernstnimmt. Auf diese Weise öffnete Rahner die Theologie und machte sie für die Moderne anschlussfähig. In diesem Sinne bereitete er auch das Zweite Vatikanische Konzil (1962–1965) mit vor, an dem er als Sachverständiger mitwirkte.

40 Der Mensch – die unbeantwortbare Frage

Was ist der Mensch? Ich will, was meine Antwort angeht, nicht lange um den Brei herumreden. Ich meine: Der Mensch ist die Frage, auf die es keine Antwort gibt. Warum? Es ist zwar
5 zunächst richtig, dass jeder im Laufe des Lebens eine Menge Erfahrungen mit sich macht und so einiges über sich weiß. Es ist richtig, dass es eine große Zahl von anthropologischen Wissenschaften gibt, deren Ergebnisse und Feststellun-
10 gen über den Menschen dauernd und immer schneller wachsen. Es ist richtig, dass es eine metaphysische und sogar eine theologische Anthropologie gibt, und ich meine gar nicht, dass darin alles Unsinn oder unsicher sei. Ganz im
15 Gegenteil. Aber: Wie ist es mit den eigenen Erfahrungen (eingerechnet deren Erweiterung durch eine Begegnung mit Dichtung und Kunst)? Man macht Erfahrungen und vergisst sie wieder. Ist es nicht so? Man macht Erfah-
20 rungen und versteht später die Voraussetzungen dafür nicht mehr und kann sie nicht mehr nachvollziehen. Erfahrungen sollen aus der Vergangenheit Belehrungen für die Zukunft sein. Aber die alten Situationen, in denen sie entstanden,
25 kommen nicht wieder. Und wer das nicht glaubt, wird von den jungen als altmodischer Reaktionär betrachtet, und meist mit Recht. Was weiß man also von sich aufgrund seiner früheren Erfahrungen? Und wenn man (anders geht es ja
30 nicht) diese Erfahrungen sortiert, wertet, ordnet und in etwa in ein (wenigstens individuelles) System zu bringen versucht, dann (die Erfahrung des skeptischen Misstrauens gegen sich – eine der wenigen vertrauenswürdigen Erfah-
35 rungen – meldet sich) muss man fürchten, dass diese ganze Auswertung der Erfahrungen „eines langen Lebens" nur zu sehr unter unreflektierten Aprioris, „Vor-urteilen" usw. steht, als dass man dadurch etwas Deutliches und Si-
40 cheres über sich wüsste. Und wenn man andere über ihre Erfahrungen reden hört (in deren Auswahl, Willkürlichkeit, Enge usw.), dann wird einem erst recht angst und bange über seine eigenen Erfahrungen. Man merkt: Jeder macht
45 seine Erfahrungen und nur die. Aber man wollte doch etwas „Objektives" über sich durch seine Erfahrungen erreichen. Und was weiß man eigentlich von sich, wenn man die Erfahrung gemacht hat, dass die eigenen Erfahrungen immer
50 begrenzt, von seiner eigenen Freiheit, der man nicht nochmals „wissend" habhaft werden kann, immer „arrangiert" sind, immer auch den Verzicht auf eine andere Erfahrung, die man auch hätte machen können, aber nicht gemacht hat,
55 bedeuten?
Omnis homo mendax [Jeder Mensch ist ein Lügner]. Wer kann mit Sicherheit sagen, dass er seine „Erfahrungen", die schon immer geheimnisvoll manipuliert sind, nicht dazu benutzt,
60 sich selbst über sich selbst anzuschwindeln? Man hat also die Erfahrung gemacht, dass man eine Frage geblieben ist, der man durch das eigene Leben (als Summe der Erfahrungen) keine Antwort geben kann. Antworten gibt die Erfah-
65 rung, aber keine Antwort, die das, wonach gefragt wird, nämlich nach dem Menschen als einem und ganzem, durchschaubar und „verständlich" und manipulierbar macht. (Es ist hier noch nicht zu fragen, ob wir bei dieser einen
70 und umfassenden Frage wirklich als Ziel eine durchschauende Manipulierbarkeit des Menschen haben oder ob diese Meinung den Grundirrtum bedeutet über das Ziel dieser Grundfrage und – da wir sie ja sind – über den Menschen).
75 Wie ist es mit den Ergebnissen der empirischen anthropologischen Wissenschaften? Vieles, was auf diese Frage geantwortet werden muss, hätte auch eben schon beim Thema „Erfahrungen" gesagt werden können. Denn schließlich sind
80 diese Wissenschaften doch nur die systematisch und kollektiv gewonnenen Ergebnisse der Erfahrungen des Menschen. Wenn also gesagt und begründet wird, dass sie auf die eigentliche Frage keine Antwort wissen, dann gilt das schon im
85 Voraus von den Erfahrungen als Zusatz zu dem, was eben über diese gesagt wurde. Lob sei zunächst, damit man uns nicht missversteht, diesen Wissenschaften gezollt. Wenn ich steril und

76 **MENSCH** – *auf dem Weg zu Gott*

mit Erfolg am Blinddarm operiert werde, wenn ein Schlafmittel zu ruhigem Schlaf verhilft, wenn ich nicht mehr leben muss wie ein Neandertaler, wenn ich mithilfe eines Satelliten dem Fußballspiel in Kalifornien zusehen kann, wenn ... und wenn man (Hand aufs Herz) auf alles das trotz der Proteste gegen die Konsumgesellschaft, die abscheuliche und verfluchte, nicht gern verzichtet, alles das also bejaht, dann lebt man natürlich von all diesen Wissenschaften (und den anderen Naturwissenschaften in ihrem Umkreis). Das Leben lobt sie, und dann soll auch der Mund sie nicht schlechtmachen. Und es soll auch nicht geleugnet werden, dass die Forschung, die in ihnen getrieben wird, auch in sich und nicht nur durch die entdeckten vitalen Nützlichkeiten eine löbliche Euphorie des Entdeckens und Wissens, ja selbst einen ästhetischen Genuss mit sich bringen kann. Aber weiß man durch sie alle eine Antwort auf die Frage oder nur eine Antwort auf Fragen? [...]

Der Mensch ist die unbeantwortbare Frage. Und seine Vollendung und Seligkeit ist die liebende und anbetende Annahme dieser seiner Unbegreiflichkeit und Unbeantwortbarkeit in der Liebe der Unbegreiflichkeit Gottes, mit der man nur so durch die Praxis der Liebe und nicht durch die Theorie des Verstehenwollens „fertig" wird. (Wie konnte nur Thomas sagen, dass das Wesen der Seligkeit im Akt des Intellekts bestehe, wo er doch wusste, dass Gott unbegreiflich ist, wo er doch betete: adoro te devote, latens Deitas [Gottheit, tief verborgen, betend nah ich dir], und wusste, dass die Unbegreiflichkeit Gottes in seiner Schau nicht untergeht, sondern so radikal und unverdingbar ans Licht der Ewigkeit kommt, dass man entweder in die Hölle fahren muss, wo man wenigstens dem Anschein nach nichts mehr mit dieser Unbegreiflichkeit zu tun hat, oder sich in der seligen Verzweiflung der Liebe in die Unbegreiflichkeit Gottes hineinfallen lassen muss). Ach, es gibt viele Menschen, die meinen, sie wüssten, woran sie sind. Mit sich, ihrer Gesellschaft, ihrem Leben, ihrer Aufgabe. Natürlich weiß man viel von all dem. Und warum sollten einem diese Einsichten nicht als Speise und Weggeleit auf dem Weg dienen, der in die Unbegreiflichkeit seiner selbst und Gottes führt? Aber immer mehr merkt man, wie alle Erkenntnis eben doch nur Weg in die (gewusste und angenommene) Unbegreiflichkeit ist, wie das eigentliche Wesen der Erkenntnis die Liebe ist, in der die Erkenntnis außer sich gerät und der Mensch sich willig loslässt in die Unbegreiflichkeit.

Karl Rahner, 1973

5. Die jüdisch-christliche Religion ist eine Religion der Freiheit. Tragen Sie mithilfe von Methode 1 (s. S. 378) zusammen, was Sie über das Exodusgeschehen wissen.

6. Stellen Sie dar, inwiefern die Zehn Gebote als „Freiheitsregeln" gelten können.

Wenden Sie Ihr Wissen an

- „Der Mensch ist die unbeantwortbare Frage." Schreiben Sie Karl Rahner einen Brief, in dem Sie ihm darlegen, wie Sie den Menschen sehen und verstehen.
- Das Christentum hat etwas zu bieten. Machen Sie Werbung für das Christentum. Suchen Sie griffige Formulierungen für dessen zentrale Botschaft an die Menschen in ihrer Umgebung. Entwickeln Sie ein Werbeplakat, einen Videoclip, einen Rap, ein podcast ... (Methoden 4 und 7, s. S. 381, 384).
- Suchen Sie im Kapitel „Wirklichkeit" nach Argumenten, die bei der Auseinandersetzung mit dem Naturalismus hilfreich sein können. Stellen Sie einen Katalog von FAQ dazu (häufig gestellten Fragen) mit den entsprechenden Antworten darauf zusammen; nutzen Sie Methode 2 (s. S. 378).
- „Das Verhältnis von Geist und Materie" – Organisieren Sie in Ihrer Kursstufe oder an Ihrer Schule ein interdisziplinäres Podiumsgespräch. Laden Sie dazu Fachleute und Gäste ein.
- Am vorläufigen Ende der Geistesgeschichte schließlich steht die völlige Destruktion „des Menschen". Heute scheint es kein tragfähiges Menschenbild mehr zu geben. Erarbeiten Sie eine Collage zum Thema „Der moderne Mensch".

RELIGION –
was den Menschen unbedingt angeht

Das Phänomen „Religion" ist weltweit verbreitet

Überblick

Religion ist eine Wirklichkeit, die ganz offensichtlich zum Menschsein dazu gehört. Durch die Geschichte hindurch bis in die Gegenwart zeigt sich, dass es zu allen Zeiten und in allen Kulturen religiöse Phänomene gegeben hat. Und es gibt sie bis heute. Unabhängig davon, ob man die aktuellen gesellschaftlichen Entwicklungen als „Rückkehr" oder „Wiederentdeckung" der Religionen deuten kann, ist festzustellen, dass Religion ein Thema ist, das sich ganz im Gegensatz zu den Prognosen des 19./20. Jahrhunderts nicht auflöst, sondern vielmehr an Einfluss gewinnt.

Freilich sind die erkennbaren religiösen Phänomene überaus vielfältig. Wer sich in den Kulturen der verschiedenen Epochen oder auch in der Gegenwart umschaut, trifft auf eine riesige Fülle religiöser Formen und Gestalten. Hier einen ersten Überblick zu geben, ist die Aufgabe dieses Kapitels, denn ein Religionsunterricht, der zu Dialog- und Urteilsfähigkeit führen will, muss das Thema Religion behandeln. Dies geschieht in fünf Schritten. Zunächst ist die Unterscheidung von Religiosität, Religion und Glaube wichtig, um auf dieser Grundlage den Blick über das weite Feld der Religion zu richten. Daran anschließend wird das Phänomen Religion aus der Perspektive der maßgeblichen Religionstheorien vorgestellt, wie sie sich in den Religionswissenschaften ausgebildet haben. Dabei wird deutlich werden, dass es gar nicht so selbstverständlich ist, was man Religion nennen kann und was nicht.

Im Laufe der Geschichte hat sich das Verhältnis der Religionen zueinander sehr gewandelt. Auch in der Gegenwart erleben wir, dass Religionen ihre Beziehungen zueinander durchaus unterschiedlich offen gestalten. Der dritte Abschnitt befasst sich daher mit der Frage des Geltungsanspruchs von Religionen. Dabei werden mit dem Exklusivismus, dem Inklusivismus und dem Pluralismus die drei gängigen Modelle angesprochen.

Nicht erst seit dem 11. September 2001 stellt sich immer wieder die Frage nach dem Verhältnis von Religion und Gewalt. Religion, so scheint es, ist hier sehr anfällig. In der Tat haben die Religionen in diesem Bereich eine besondere Verantwortung, deren Wahrnehmung hier dargestellt wird.

Schließlich stellt sich die Frage nach den praktischen Konsequenzen, die sich aus alledem ergeben. In einer globalisierten Welt, in der Menschen aller Sprachen, Rassen, Kulturen und Religionen mehr und mehr miteinander zu tun haben, ist zu prüfen, welche konkreten Antworten die Religionen auf die Herausforderungen der Gegenwart geben können. Vor allem das Verhältnis des Christentums zum Islam ist hierbei von Interesse.

1. Stellen Sie eine Liste mit den Religionsgemeinschaften zusammen, die Sie an Ihrem Ort finden. Welche sind Ihnen bekannt, welche fremd? Beschreiben Sie kurz deren Lehre und Glaubenspraxis. Vergleichen Sie die Ergebnisse in Ihrer Lerngruppe.
2. Vergleichen Sie das Phänomen Religion in den USA und in Deutschland. Informationen finden Sie bei der Bundeszentrale für Politische Bildung (www.bpb.de), bei der UB der Uni Mainz (www.ub.uni-mainz.de/157.php), beim Religionswissenschaftlichen Medien- und Informationsdienst (www.remid.de oder www.religion-online.info) sowie beim American Religion Data Archive (www.thearda.com).

1. Unterscheidungen: Religiosität – Religion – Glaube

Was Sie erwartet

Alltagssprachlich werden die Begriffe Religiosität, Religion und Glaube meist identisch verwendet. Mit diesem Abschnitt können Sie sich eine Klärung der drei Begriffe erarbeiten. Dabei werden Sie sehen, dass man Religiosität als individuelles Verhalten von Menschen in einer ganz konkreten Religion verstehen kann. Manche nennen Religiosität auch einen Lebensstil. Dieser individuellen Seite des Phänomens entspricht auf der objektiven Seite die institutionell verfasste Religion, die sich in Riten, Theologie und Hierarchie niederschlägt. Sowohl der Religiosität als auch der Religion geht es um die Rückbindung oder Hinwendung auf eine den Menschen und die Welt umfassende Wirklichkeit (das Transzendente, Numinose oder Heilige). Auch wenn diese Wirklichkeit sich dem empirischen Zugriff entzieht, so ist sie dennoch individuell erfahrbar und gemeinschaftlich kommunizierbar. Aus dieser Erfahrung erwächst für den religiösen Menschen der Glaube. Dieser Glaube ist ein personales und dialogisches Geschehen, das sich im Vertrauen auf die Wirkmacht und Verheißung Gottes zeigt. Glaube meint somit die persönliche Beziehung des Menschen zu Gott.

Mark Rothko: *Rot, Weiß und Braun*, 1957

Michael N. Ebertz (*1953) ist Professor an der Katholischen Hochschule in Freiburg. Er untersucht u. a., wie Menschen ihre Religiosität erleben.

2 Wann zeigt sich das religiöse Gesicht der Einzelperson?

Die Frage stellt sich, bei welchen Gelegenheiten die Menschen in der modernen Gesellschaft ihr religiöses Gesicht zeigen, wenn sie es im Alltagsleben [...] durch ihre jeweilige Rollenmaske verbergen müssen. Die These lautet, dass das religiöse Gesicht in den Unterbrechungen des Alltags sichtbar wird, dann, wenn alltägliche Beziehungen und Handlungsgitter brüchig werden oder überstiegen werden. Es geht dabei um Erfahrungen, die nicht selber schon Gotteserfahrungen sind, ohne die wir aber wohl kaum verstehen können, was wir als Religion bezeichnen. Mit [dem Soziologen] Hans Joas lassen sich diese Erfahrungen als „Erfahrungen der Selbsttranszendenz" bezeichnen. Es geht dabei um „Erfahrungen, in denen eine Person sich selbst übersteigt, nicht aber, zumindest zunächst nicht, im Sinne einer moralischen Überwindung ihrer selbst, sondern im Sinne eines Hinausgerissenwerdens über die Grenzen des eigenen Selbst, eines Ergriffenwerdens von etwas, das jenseits meiner selbst liegt. [...] Diese Selbsttranszendenz ist zunächst also nur bestimmt als eine Richtung weg von sich selbst [...]", eine Erfahrung, die wir alle machen. Sie ist noch nicht identisch mit dem Glauben, aber ein möglicher Weg dahin.

Alle Menschen kennen solche Erfahrungen der Selbsttranszendenz mehr oder weniger:
– bei einer Erfahrung intuitiven Verstandenwerdens, so dass man Vertrauen und den Mut entwickelt, sich zu öffnen, z. B. über prägende Ereignisse des eigenen Lebens zu sprechen
– natürlich in der Liebe im Sinne von amor
– natürlich in der Leidenschaft für eine Idee oder Sache im Sinne von eros und
– auch in der Erfahrung von Liebe im Sinne von agape und caritas, also der Erfahrung von Selbstlosigkeit und Selbstüberwindung im Zeichen der Nächstenliebe.

Auch „in einer Vielzahl moralischer Gefühle, etwa der Scham oder der Empörung, steckt gewiss", so Hans Joas, „eine intensive Erfahrung der Selbsttranszendenz".

Schließlich ist auch an kollektive Erfahrungen der Ekstase zu denken, „wenn Versammlungen von Menschen sich erhitzen, [...] wenn die Selbstkontrolle des Einzelnen so abnimmt, dass er sich Dinge zutraut, die er sonst als jenseits seiner Möglichkeiten empfunden hätte" [...]. Freilich sind nicht alle solche Erfahrungen der Selbsttranszendenz als moralisch gut zu bezeichnen. [...] Und nicht nur moralisch als zweifelhaft zu bewertende soziale Formen, in denen Selbsttranszendenz stattfindet, trüben das Bild, das vielleicht wie eine kitschig-harmonistische Lobrede auf die Wunder der Natur, der Liebe und Nächstenliebe erscheinen mag. Es gibt nicht nur enthusiasmierende Erfahrungen der Selbsttranszendenz. „Auch die Erschütterungen durch das eigene Leid können eine solche Erfahrung sein. Jeder [...] enthusiasmierten Erfahrung steht eine ‚Schreckensversion' gegenüber" (Joas), die aus der Verletzbarkeit, Endlichkeit, aus dem „Problem der Weltunvollkommenheit" (Max Weber) und der Angst i. S. der Bedrohung unseres Existenzgefühls resultiert: der Angst in Schicksalsschlägen, der Angst vor Sinnlosigkeit, der Angst in Schuldgefühlen (Paul Tillich). In solchen schrecklichen und schönen alltagsunterbrechenden Erfahrungen der Selbsttranszendenz von Einzelpersonen und Kollektiven werden alle alltäglichen Rollenmasken brüchig, bricht das religiöse Gesicht hervor.

Michael N. Ebertz, 2005

1. Betrachten Sie das Bild von Mark Rothko. Lassen Sie es eine Zeitlang auf sich wirken. Versuchen Sie dabei, in das Bild „einzusteigen", seine Tiefendimension zu berühren. Achten Sie auf Ihre Phantasien und Empfindungen. Tauschen Sie sich zu zweit über Ihre Erfahrungen aus (vgl. Methode 9, s. S. 385).
2. Erarbeiten Sie aus dem Text von Ebertz die Erfahrung von Selbsttranszendenz. Prüfen Sie, inwiefern Sie seine Hinweise bestätigen können und inwiefern nicht.

Hindus bei Waschungen im Ganges, Benares (Indien)

Der Blick über den Tellerrand ist – auch in Sachen Religion – immer wieder anregend.
Der evangelische Theologe Michael Mildenberger (* 1934) beschreibt seine persönlichen Erfahrungen beim Besuch der Ghats in der indischen Stadt Varanasi (Benares).

3 Der Mensch – unheilbar religiös

Nirgends ist mir Religion so eindrucksvoll begegnet wie auf den „Ghats" in der indischen Stadt Benares. Die Ghats sind breite Steintreppen, die die Uferfront hinunterführen zum
5 Ganges, dem „heiligen Strom Indiens". Am frühen Morgen steigen die Scharen der Pilger hinab in den Strom. Betend heben sie die Hände über die weite Fläche des Wassers der aufgehenden Sonne entgegen, voll Verlangen, als
10 wollten sie untertauchen in dem flüssigen Gold des Stroms und verschmelzen mit dem aufsteigenden Feuerball. Wasser und Licht, Urelemente des Lebens, dessen schöpferische und zerstörerische Kräfte im endlosen Atemrhythmus von
15 Werden und Vergehen pulsieren.

Religion, das ist die Sehnsucht, eins zu werden mit dem ewigen Atem des Göttlichen. Diese Sehnsucht lebt in dem bunten Treiben, das sich auf den Ghats abspielt und das zugleich ein Ab-
20 bild der indischen Gesellschaft ist. Brahmanen, kompetent in allen Fragen der Religion, hocken unter einem Sonnenschirm und bedienen ihre fromme Kundschaft. Pilgergruppen, Familien, einzelne Hindus tauchen ins Wasser, gießen im
25 festgelegten Zeremoniell das heilige Element über sich, tragen Gefäße voll davon zum Opfer in den Tempel über dem Ufer. Alte Wandermönche, mit wirren Bartsträhnen, ein Lendentuch um die dürren Glieder, kauern meditierend in einer Ecke überm Wasser. Doch auch die Garköche und Betelverkäufer, die Wahrsager und die Kühe im Ufersand gehören dazu. Und jener Platz, wo Tag und Nacht die Scheiterhaufen brennen, wo die Toten liegen, in ein Tuch gehüllt, und als Asche in den Ganges gestreut werden, um so erst recht in die Einheit des göttlichen Lebens zu versinken.

Es ist die vielfältige, vielschichtige Gestalt jahrtausendealter Religion. Eine Gestalt, die ursprünglich-primitiv ist und zugleich ins Spirituelle verfeinert, die die Erfahrungen mystischer Innerlichkeit ebenso umfasst wie die starren Regeln eines gesellschaftlichen Systems.

Religion ist die heilige Ordnung, die dem indischen Menschen seinen Platz in der Gemeinschaft zuweist. Sie ist der ewige Horizont, der sein Leben vom Morgen bis zum Abend und von der Geburt bis zum Tod umgreift und ihm Sinn verleiht. Ob eine Hindufamilie sich durch die traditionellen Riten des Tempelkults in die ewige Ordnung des Alls einfügt oder ob der Einsiedler im Schweigen der Meditation sich dem Geheimnis des göttlichen Urgrundes nähert – Religion macht die Welt und das eigene Leben durchsichtig, indem sie sie ins Licht einer höheren Wirklichkeit rückt.

Offenbar braucht der Mensch dieses Licht, sonst bleibt er sich selbst ein Rätsel. Er braucht den umgreifenden Horizont, da sein Dasein bruchstückhaft ist und deshalb über sich hinausweist. Nicht in ihm selbst liegt der Grund und die Bestimmung seines Wesens; er muss aber aus sich hinausgehen, will er begreifen, wer er ist. Religion ist das Offensein des Menschen für ein Jenseits seiner selbst, von dem her er lebt und sich versteht.

Cor nostrum inquietum donec requiescat in te: Unser Herz ist unruhig, bis es in dir Ruhe findet. So hat das mit einem gerühmten Satz der Kirchenvater Augustinus ausgedrückt. Und etwas Ähnliches meint der marxistische Philosoph Ernst Bloch, auch er ein religiöses Genie, mit den letzten Worten im „Prinzip Hoffnung"; er spricht da von „etwas, das allen in die Kindheit scheint und worin noch niemand war: Heimat". Religion in diesem Sinne scheint ein allgemeiner Wesenszug menschlichen Daseins und menschlicher Gemeinschaft zu sein. Sie findet sich in allen Epochen und Kulturen der Menschheit, nicht nur in der religiös besonders gesättigten Kulturwelt Indiens. Schon der Mensch, der allmählich aus dem Dämmer der Vorzeit heraufsteigt, ist „religiös".

Jedenfalls weisen darauf manche Funde und Beobachtungen der Prähistoriker hin. Die Bestattungsstellen der Toten sind durchsetzt mit rötlichem Ocker, mit der Farbe des Lebens, und Grabbeigaben lassen ebenfalls den Glauben an ein Weiterleben erkennen. Bilder weisen auf eine magische Identifikation zwischen Mensch und Tier, die offenbar nicht nur als Jagdzauber gedacht, sondern mit der Vorstellung des Tieres als Schutzgeist verbunden ist. Opferstätten finden sich. „Religion ist ein allgemein menschlicher Zug", fasst der Paläontologe Karl J. Narr zusammen, „und wer den strikten Nachweis frühmenschlicher Religion verlangt, stellt die Frage schief und verkennt die Problemlage: Es ist vielmehr die gegenteilige Behauptung, die einer Begründung bedarf."

Michael Mildenberger, 1978

3. Erarbeiten Sie aus Text 3 die besonderen Eindrücke von den Ghats in Benares.
4. „Religion ist ein allgemein menschlicher Zug." (Z. 94 f.) Prüfen Sie diese These. Überlegen Sie auch, welche Konsequenzen sich für das Miteinander der Menschen daraus ergeben können.

Es gibt Fragen, denen kann man auf Dauer nicht ausweichen. Die Frage nach der Wahrheit der Religion gehört sicher dazu. Der Theologe Wilhelm Schäffer (* 1949) geht dieser Frage nach.

Die Wahrheit der Religion

Nun gibt es ja eine Vielzahl von Religionen, und sie sind sehr verschieden. Manche verehren viele Götter, einige nur einen einzigen Gott. Andere kommen ganz ohne einen Gott aus, wie z. B. der ursprüngliche Buddhismus, oder wollen hauptsächlich Lebensweisheit lehren, wie der chinesische Konfuzianismus. Außerdem gibt es Weltanschauungen, die wie Ersatzreligionen anmuten, z. B. Kommunismus oder liberaler Humanismus. Alle beanspruchen, die Wahrheit zu verkünden. Was aber ist wirklich wahr? Und was ist echt? Es gibt ja auch Zerrformen von Religion.

Bevor wir uns mit der Frage nach den vielen Religionen und ihrer Wahrheit auseinandersetzen, soll es hier zunächst noch um etwas Allgemeineres und Grundlegenderes gehen: um die *religiöse Haltung* als solche. Wann ist sie echt? Wann bekommen wir es wirklich mit jenem abgründigen Geheimnis selbst zu tun? Ein sicheres Kennzeichen gibt es dafür: Dann, wenn uns etwas *unbedingt angeht*, haben wir es mit etwas echt Religiösem zu tun! Religion ist unser „unbedingtes Anliegen", wie der evangelische Theologe Paul Tillich es ausgedrückt hat, „das, was uns unbedingt betrifft", „was über Sein und Nichtsein, Sinn oder Sinnlosigkeit unseres Lebens entscheidet". Was aber geht uns „unbedingt" an? Gibt es überhaupt so etwas wie „das Unbedingte"? Ist im menschlichen Leben nicht alles

Ergriffen sein und vertrauen

Die existenzielle Herausforderung des Glaubens ist vor allem für die Gläubigen eine nahezu umwerfende Erfahrung. Der Theologe Paul Tillich (1886–1965) hat mit seiner Aussage „Glaube ist das Ergriffensein von dem, was uns unbedingt angeht" Geschichte gemacht. Der glaubende Mensch ist immer als ganze Person, gleichsam mit Haut und Haaren gefordert.

Was uns unbedingt angeht

Glaube ist das Ergriffensein von dem, was uns unbedingt angeht. Der Mensch ist wie jedes andere Lebewesen von der Sorge um viele Dinge betroffen, besonders von der Sorge um Dinge, die sein Leben bedingen, wie Nahrung und Obdach. Und der Mensch hat im Unterschied von anderen Lebewesen auch soziale und politische Anliegen. Manche von ihnen sind dringlich, einige äußerst dringlich, und jedes von ihnen kann ebenso wie die Dinge des täglichen Lebens unbedingtes Gewicht für das Leben eines einzelnen Menschen wie das einer Gemeinschaft gewinnen. Wenn das geschieht, so fordert es die vollkommene Hingabe dessen, der diesen Anspruch bejaht; und es verheißt vollkommene Erfüllung, selbst wenn alle anderen Ansprüche irgendwie „bedingt", also von den Umständen abhängig, mehr oder weniger wichtig, „relativ" in seiner Bedeutung? Was „uns unbedingt angeht", möchte ich an zwei Beispielen erläutern.

1. Die *Wahrheit* geht uns unbedingt an. Lügen und Irrtümer gibt es nämlich viele, aber in ein und derselben Sache gibt es immer nur *eine* Wahrheit. „Ja" und „Nein" können nicht zugleich gelten. Deshalb kann das Streben, die Wahrheit zu finden, im Menschen eine unerbittliche Leidenschaft auslösen. Auch im Forscherdrang der Wissenschaften steckt etwas von dieser leidenschaftlichen Suche nach der Wahrheit. Gewiss sind unsere menschlichen Fähigkeiten, Wahrheit zu erfassen, begrenzt. So kommt es, dass Menschen über eine Sache oft geteilter Meinung sind. Niemand „hat" je die Wahrheit voll und ganz wie einen endgültigen Besitz; wir nähern uns ihr stets nur mehr oder weniger an. Doch hebt dies die Leidenschaft der Wahrheitssuche keineswegs auf. Immer neu diskutieren wir, forschen wir weiter. Die Wahrheit lässt uns nicht los. Nicht wir „haben" die Wahrheit – *die Wahrheit „hat uns".* Sie enthält etwas Unbedingtes, einen unbedingten Anspruch. Die Wahrheit muss man als Mensch einfach anerkennen. Menschen haben für sie ihr Leben geopfert. Das tut man nur für etwas, was einen „unbedingt angeht", das man daher für wichtiger hält als selbst das eigene Leben.

2. Das *Gute* geht uns unbedingt an. Was im Einzelnen moralisch richtig oder falsch sei, darüber können Menschen recht verschiedener Meinung sein. Über eines aber sind sich alle Menschen einig: dass es einen *Unterschied* gibt zwischen Gut und Böse, dass nicht alles gleichgültig ist, was wir tun, und dass wir das Gute wählen sollen, so weit wir es vermögen. Manchmal begreift man es überdeutlich: Ein Kind vor einem heranbrausenden Zug von den Schienen zu ziehen – eine solche Tat ist über jeden Zweifel erhaben, das *muss* man als Mensch einfach tun, egal, welche moralische Einstellung man sonst vertritt. Auch für das Gute, insbesondere für konkrete Mitmenschen, haben Menschen ihr Leben geopfert. Im Anspruch des Guten liegt etwas Unbedingtes.

Dies ist der Grund, warum das Wahre und das Gute in jede echte Religion hineingehören. Religion hat zu tun mit der Erkenntnis der Wahrheit und mit dem rechten Handeln; sie ist kein bloßes Gefühl. Wir merken daran: Wir sind nicht nur geheimnisvoll mit unserem Dasein beschenkt – wir sind auch unbedingt gefordert und ganzheitlich, mit allen unseren Kräften in Anspruch genommen. [...]

Wer anerkennt, dass er unbedingt gefordert ist, lebt in einer religiösen Grundhaltung. Ob einer die Wahrheit zu denken und das Gute zu tun versucht, ist ein Maßstab für echte Religiosität. Und wo auch immer ein Mensch sich vom Guten und Wahren bedingungslos in Anspruch nehmen lässt, ist er im Grunde seines Herzens religiös (selbst dann, wenn er nicht ausdrücklich an einen Gott glaubt!).

Wilhelm Schäffer, 1989

ihm unterworfen oder um seinetwillen aufgegeben werden müssten. [...]

Glaube als Ergriffensein von dem, was uns unbedingt angeht, ist ein Akt der ganzen Person. Er ereignet sich im Zentrum des persönlichen Lebens und umfasst alle seine Strukturen. Glaube ist der innerste und umfassendste Akt des menschlichen Geistes. Er ist kein Vorgang in einem bestimmten Bereich der Person und keine einzelne Funktion in der Totalität menschlichen Seins. Alle Funktionen des Menschen sind im Akt des Glaubens vereinigt. Andererseits ist der Glaube auch nicht die Gesamtsumme der einzelnen Elemente und Funktionen. Vielmehr transzendiert er jede einzelne Funktion ebenso wie ihre Gesamtheit und hat doch entscheidenden Anteil an jeder von ihnen.

Paul Tillich, 1961

Gerhard Richter: Fenster im Kölner Dom, 2007

1. Wilhelm Schäffer verweist auf das Gute und auf die Wahrheit. Stellen Sie dar, welche Bedeutung diese beiden Begriffe für den Anspruch der Religion haben.
2. Geben Sie die Aussagen Paul Tillichs über das „Unbedingte" in eigenen Worten wieder.
3. Die Abbildung zeigt das Fenster im südlichen Querhaus des Kölner Doms, das der Künstler Gerhard Richter geschaffen hat. Untersuchen Sie die Bedeutung von Licht und Farbe im religiösen Kontext. Vielleicht können Sie selbst ein Bild von dem erarbeiten, was Sie „unbedingt angeht" (vgl. Methode 9, s. S. 385).

Kaum ein Bereich der menschlichen Erfahrung ist so schwer zu fassen wie der des Glaubens und der religiösen Erfahrung. Gleichwohl lassen sich solche Erfahrungen in ihren Grundzügen beschreiben. Die Theologinnen Regina Polak (* 1967) und Sabine Pemsel-Maier (* 1962) bieten die folgenden Versuche an.

Tremendum et faszinosum

Der Begriff des „Heiligen" ist in manchen Aspekten als Abstraktion des christlichen Gottesbegriffs erkennbar. Dennoch: auch [der Religionsphilosoph Rudolf] Otto beschreibt vor allem das Erleben des religiösen Menschen. Die Erfahrungen des „Heiligen", wie Otto sein Numinoses nennt, sind ambivalent: Das sogenannte „tremendum", die Erfahrung einer allgemeinen Weltangst – angesichts des Grauens und des Abgrundes, den man in der Wirklichkeit erkennen kann – charakterisiert (auch moderne) religiöse Erfahrungen. Das „tremendum" ist das schauervolle Geheimnis, das Gefühl des Unheimlichen, das man als übermächtig und gewaltvoll, als Macht und Energie erfahren kann – aber auch als Kraft, Wille, Drang oder Aktivität. Das „Heilige" kommt auch als „fascinans" in den Blick und wird als faszinierend und lustvoll erfahren: Freude, Ekstase, Lust, aber auch beseligende Sehnsucht, Liebe, Gnade und Heil sind Namen für die Erfahrung dieses Aspektes von Heiligkeit.

Regina Polak, 2002

7 glauben

In der Alltagssprache wird das Wort „glauben" zumeist verwendet im Sinne von „nicht wissen", „vermuten". Daneben begegnet es aber auch in Sätzen wie „Ich glaube dir" oder „Ich glaube fest an dich". Hier bezeichnet es ein Vertrauensgeschehen zwischen zwei Personen. Wenn die Theologie vom Glauben spricht, knüpft sie an diese Bedeutung von „vertrauen" an. Glaube meint also gerade keine defizitäre Form des Wissens, sondern bezeichnet einen zutiefst personalen Akt, nämlich das grundlegende Vertrauen gegenüber Gott, verbunden mit der Bereitschaft, sich bedingungslos auf ihn einzulassen. Der Satz „Ich glaube, dass Gott existiert", liegt damit auf einer völlig anderen Ebene als die Aussage „Ich glaube, dass es morgen regnet".

Als Vertrauensgeschehen ist der Glaube freilich keine ausschließlich religiöse Kategorie. Glaube existiert auch im vortheologischen Sinne: als Glaube an andere Menschen, an den Sinn des Lebens, als Glaube, dass es sinnvoll ist, weiterzumachen. Man nennt dies auch den „interpersonalen" oder „daseinskonstituierenden" Glauben, der durch den Erwerb des menschlichen Urvertrauens grundgelegt wird. Im religiösen Glauben wird dieses Urvertrauen auf seinen letzten Grund hin ausgelegt. Hinter dem Vertrauen in das Leben und seinen Sinn, in andere Menschen und schließlich auch hinter dem Vertrauen zu sich selbst scheint im religiösen Glauben Gott als jene größere Wirklichkeit auf, die alles andere übersteigt. [...]

Der christliche Glaube ist stets mit konkreten Inhalten verbunden, die sich der Offenbarung Gottes verdanken: Glaube an den einen Gott, der die Welt erschaffen hat, der Israel aus Ägypten herausgeführt hat, der in Jesus Christus Mensch geworden ist, der ihn vom Tod auferweckt hat. Dem Glauben sind somit immer zwei Dimensionen zu eigen: zum einen der personal-existenziell gelebte Glaubensvollzug (lat.: „fides qua"), der, insofern er sich auf Gott als Gegenüber richtet, immer ein „Du-Glaube" ist; zum anderen die Glaubensinhalte (lat.: „fides quae"), bisweilen auch als „Dass-Glaube" („ich glaube, dass Gott in Jesus Mensch geworden ist") bezeichnet. Beide Dimensionen gehören untrennbar zusammen: Ein Glaube, der sich nicht auf Glaubenswahrheiten richtete, wäre inhaltsleer und gegenstandslos; umgekehrt ließe ein Glaube, der sich nur als Zustimmung zu den Glaubensaussagen vollzieht, die Person des bzw. der Glaubenden völlig aus dem Spiel.

Sabine Pemsel-Maier, 2003

4. Erarbeiten Sie sich den Begriff des „Heiligen" nach Rudolf Otto (Text 6, Z. 5 f.) und suchen Sie nach Belegen aus ihrem persönlichen Lebenszusammenhang.
5. Stellen Sie die verschiedenen Bedeutungsebenen von „glauben" dar. Wählen Sie dazu eine angemessene Form der Visualisierung. Prüfen Sie die Tauglichkeit der Unterscheidungen.

Wenden Sie Ihr Wissen an

- Verfassen Sie einen Lexikonartikel zur Unterscheidung der Begriffe „Religiosität – Religion – Glaube".
- Schauen Sie in andere Kulturen und beschreiben Sie die dort anzutreffenden religiösen Spuren. Gehen Sie dabei arbeitsteilig vor und vergleichen Sie Ihre Ergebnisse. Ziehen Sie Methode 1 heran (s. S. 378).

2. Das Phänomen Religion

Religion ist lebendig in religiösen Handlungen und Ritualen

Was Sie erwartet

Die großen Ideologien des 20. Jahrhunderts hatten der Religion keine Zukunft gegeben. Es sei nur eine Frage der Zeit, und dann sei das Phänomen Religion als Kapitel der Weltgeschichte zu den Akten gelegt. Die Gegenwart zeigt uns, dass das ein Irrtum war. Die Welt ist sozusagen voll von Religion. Alle Welt redet von Religion. Religion ist en vogue.

Doch was genau ist Religion? Reden Menschen von derselben Sache, wenn sie Religion sagen? Religion ist nicht gleich Religion. Auch die Religionswissenschafter sind sich da nicht einig. Die folgenden Überlegungen wollen Ihnen helfen, klarer zu sehen und zu unterscheiden.

RELIGION – *was den Menschen unbedingt angeht* 87

8 Definition/Etymologie von Religion

Das Wort religio hatte im Lateinischen verschiedene Bedeutungen: „Gottesfurcht", „Frömmigkeit", „Heiligkeit", aber auch „Rücksicht", „Bedenken", „Skrupel", „Pflicht", „Gewissenhaftigkeit" oder „Aberglaube".

Die Etymologie des Begriffs lässt sich nicht mit Sicherheit bis zu seinem Ursprung zurückverfolgen. Religio ist kein Terminus altrömischer Religion. Nach Cicero (1. Jh. v. Chr.) geht religio auf relegere zurück, was wörtlich „wieder auflesen, wieder aufsammeln, wieder aufwickeln", im übertragenen Sinn „bedenken, achtgeben" bedeutet. Cicero dachte dabei an den Tempelkult, den es sorgsam zu beachten galt. Dieser religio (gewissenhafte Einhaltung überlieferter Regeln) stellte er superstitio (nach der ursprünglichen Bedeutung Ekstase) als eine übertriebene Form von Religiosität (tagelanges Beten und Opfern) gegenüber. Auch bei der Entlehnung ins Deutsche im 16. Jahrhundert wird Religion zunächst in diesem Sinne verwandt, nämlich zur Bezeichnung amtskirchlicher Bibelauslegung und Kultpraxis und ihrer Abgrenzung gegenüber sogenanntem Aberglauben.

Zu Beginn des 4. Jahrhunderts führte der christliche Schriftsteller Lactantius dagegen das Wort religio auf religare = „an-, zurückbinden" zurück, wobei er sich polemisch mit Ciceros Auffassung über den Unterschied von religio und superstitio auseinandersetzte. Er meinte, es handle sich um ein „Band der Frömmigkeit", das den Gläubigen an Gott binde.

Der Terminus religio oder religiosus wurde im Mittelalter vor allem für den Ordensstand benutzt. Diese Bedeutung hat der Begriff bis heute im römisch-katholischen Kirchenrecht. Im Mittelalter und in der frühen Neuzeit waren zur Bezeichnung der Gesamtheit des Religiösen die Ausdrücke fides (Glaube), lex (Gesetz) und secta (Richtung, Partei) gebräuchlich. „Religion" bezeichnete zunächst Lehren, die je nach Auffassung für richtig oder falsch gehalten wurden. Erst nach der Reformation, vor allem im Zeitalter der Aufklärung hat sich ein abstrakterer „Religions"-Begriff entwickelt, auf den die gegenwärtigen Definitionsansätze zurückgehen.

Von Gott zu reden, fällt schwer. Der Begriff der Transzendenz ist für viele Zeitgenossen eine passendere Vokabel, so der Philosoph und Psychotherapeut Karlfried Graf Dürckheim (1896–1988).

9 Der Begriff „Transzendenz"

Die nachdenklich werdenden Menschen unserer Zeit sind immer zurückhaltender geworden mit dem Aussprechen des Wortes „Gott". Nicht, weil sie von Gott nichts mehr wissen oder wissen wollen, sondern gerade dann, wenn sie wieder anfangen, etwas von Gott zu ahnen. Dann nämlich erscheint ihnen jedes Wort, das das Geheimnis gleichsam einfängt, zu einem Etwas oder „Jemand" macht, zu klein, ungemäß, ja widersinnig. Und so kommen andere, neutralere Worte ins Spiel, z. B. „Transzendenz".

Wenn wir [...] von Transzendenz sprechen, was meinen wir damit? Wir meinen das den Horizont unseres natürlichen Wissens und Fühlens in unbegreiflicher Weise Überschreitende, meinen das unfassbare, all unser Leben durchwirkende Wesen aller Wesen, das überweltliche, übergegensätzliche Sein. Wir meinen das Leben, das Große Leben, das jenseits ist von Leben und Tod. Wir meinen das allbeseelende Wesen, an dem wir in individueller Weise teilhaben in unserem eigenen Wesen, das Leben, aus dem und in dem wir sind, in dem und aus dem allein wir wirklich wir selbst werden können, das Leben, das uns immer von neuem heimnimmt und wieder hervorbringt und das als unser Lebensquell, Sinnzentrum und wahre Herkunft in uns und durch uns erscheinen will als die wahre Person und offenbar werden in unserem Leben, das heißt in unserem Erkennen, Gestalten und Lieben in der Welt.

Wir sprechen von diesem Transzendenten nicht aufgrund eines überlieferten Glaubens, sondern aufgrund von Erfahrungen, in denen uns unabweislich und über jeden Zweifel hinaus eine ganz andere Dimension anrührt. Das sind Erfahrungen, in denen das Sein den Menschen in seiner überweltlichen Fülle, Gesetzlichkeit und Einheit anrührt, anruft, befreit und verpflichtet. Dies Sein erfahren wir vom Ich her als ein Du.

Freilich, im rationalen Bewusstsein, in dem der Mensch sich selbst als den Erlebenden nach Kräften aus dem Erlebten herausnimmt, rührt ihn gar nichts mehr an. Im unmittelbaren Erleben aber mutet alles, was wir vom Ich her erleben, uns an als ein Du, so auch das Transzendente. Wenn wir als erlebendes Ich mit dem Erlebten verschmelzen, verliert alles seinen Charakter als Du. So wird es im rationalen Wahrnehmen zu einem „Etwas" – im Einswerden des mystischen Erlebens wird es zu Nichts. Aber hinterher spricht aus der Gewalt des Erlebten das Große Du.

Karlfried Graf Dürckheim, 1973

Paul Klee: Engel, noch tastend, 1939

Der amerikanische Soziologe Peter L. Berger (* 1929) hat in den vergangenen Jahrzehnten bedeutende Beiträge zur Erforschung der gegenwärtigen Religiosität geliefert. In seinem Buch „Auf den Spuren der Engel" spricht er von der Wiederentdeckung der Transzendenz.

10 Die Wiederentdeckung der Transzendenz

Erst seit dem Einbruch der Säkularisierung* verringerte sich die göttliche Fülle, bis ein Punkt erreicht war, an dem es schien, als sei die Sphäre der Empirie die allumfassende-allumfassend und zugleich gänzlich in sich abgeschlossen. Wir haben uns von Göttern und Engeln weit entfernt. Das Aufbrechen der innerweltlichen Wirklichkeit, das diese Mächtigen einst verkörperten, ist unserem Bewusstsein als eine ernstzunehmende Möglichkeit mehr und mehr entschwunden. Heute siechen sie müde dahin – im Märchen, im Heimweh, in verblichenen Symbolen. Vor ein paar Jahren hat einmal jemand einen Priester im Elendsquartier einer europäischen Großstadt gefragt, warum er sich gerade diese Mühsal ausgesucht habe. Die Antwort: „Damit das Gerücht von Gott nicht völlig verlorengeht." Genau das sind die Zeichen der Transzendenz heute: Gerüchte – und nicht einmal immer die schmeichelhaftesten.
Kein noch so kühner Sprung kann uns aus dieser Lage befreien. Wir können nicht mehr in ein

RELIGION – *was den Menschen unbedingt angeht* **89**

früheres Stadium der Geschichte zurück, in welchem der Mensch „unmittelbar zu Gott" mit der Wirklichkeit rang. Und wir sollten dies wohl nicht einmal wünschen. Wir müssen zwar von der Situation ausgehen, in der wir uns befinden. Aber wir brauchen uns nicht von ihr tyrannisieren zu lassen. Wenn die Zeichen der Transzendenz auch nur Spuren sind, nun denn, machen wir uns auf, ihnen nachzugehen. Vielleicht entdecken wir ihren verborgenen Anfang. [...] Offenheit für die Zeichen der Transzendenz, das neue Sehen in angemessenen Verhältnissen, hat, meiner Ansicht nach, moralische, um nicht zu sagen, politische Bedeutung. Der größte moralische Segen der Religion ist, dass man, auf sie gestützt, die Zeit, in der man lebt, aus einer Perspektive sehen kann, die den Tag und die Stunde transzendiert und ihnen die richtige Größenordnung zumisst. Das gibt Mut und ist zugleich auch ein Schutz gegen Fanatismus. Aber der Mut zu tun, was jeweils getan werden muss, ist nicht der einzige moralische Gewinn. Hinzu kommt die Einsicht, dass das Jeweilige nicht das Einundalles unseres Daseins ist. Seinen Forderungen gewachsen zu sein und dabei nicht die Fähigkeit zum Lachen, die Freude am Spiel zu verlieren, das ist wahrlich ein moralischer Gewinn. Um die humanisierende Kraft der religiösen Perspektive würdigen zu können, muss man einmal die revolutionären Ideologien unserer Zeit in ihrer grimmigen Humorlosigkeit kennengelernt haben. Andererseits ist es kaum notwendig, auf den moralischen Nachholbedarf unserer derzeitigen Zustände, speziell der amerikanischen, hinzuweisen. Ohnehin spotten sie jeder Beschreibung. Ob man sie als das Herannahen des Jüngsten Gerichts ansieht oder neue Hoffnung auf neue Aktionsprogramme setzt, hängt meistens nur davon ab, ob man gerade die Morgen- oder die Abendzeitung gelesen hat. Das Beste ist, man vergegenwärtigt sich die Einsicht, dass, um Dietrich Bonhoeffers suggestiven Ausdruck zu zitieren, alle historischen Begebenheiten „vorletzte" sind. Denn ihre letzte Bedeutung liegt in einer Wirklichkeit, die sie und alle anderen Koordinaten des menschlichen Daseins transzendiert.

Peter L. Berger, 1972

1. Erklären Sie die Etymologie des Wortes Religion.
2. Erarbeiten Sie die Bedeutungen des Begriffs der Transzendenz aus den Texten von Dürckheim und Berger.
3. Erarbeiten Sie eine Mindmap, in der Sie sämtliche Aspekte der Transzendenz zueinander in Beziehung setzen (vgl. Methode 4, S. 381).

Das Dasein bewältigen

Menschen denken, fühlen und handeln. Für die Frage, auf welche Weise Menschen einen Zugang zu ihrer Religiosität finden, gibt es in der Religionsphilosophie im Laufe der Geschichte unterschiedliche Wege und Beschreibungen. Der Philosoph und evangelische Theologe Friedrich Schleiermacher (1768–1834) betont die Gefühlsebene. Hier zeigt sich ein signifikanter Unterschied zur katholischen Theologie, die eher das Denken betont. Darauf bezieht sich auch der Titel dieses Buches „Vernünftig glauben".

11 Religion – Sinn und Geschmack fürs Unendliche

Schleiermacher will [...] das besondere Wesen der Religion von ihren Vollzugsweisen her begreifen. Eben da kommt auch ihr Gegensatz zur Metaphysik und zur Moral aufs deutlichste zum Ausdruck. „Ihr Wesen ist weder Denken noch Handeln, sondern Anschauung und Gefühl." Die beiden zuletzt genannten Begriffe nun bilden den entscheidenden Punkt in der Bestimmung der Religion durch Schleiermacher. In diesem Sinne nennt Schleiermacher das „Anschauen des Universums [...] die allgemeinste und höchste Formel der Religion". „Anschauen will sie das Universum, in seinen eigenen Darstellungen und Handlungen will sie es andächtig belauschen." Sie ist „ein staunendes Anschauen des Unendlichen"; sie will „anschauen und ahnden".

In dem Ausdruck „Ahndung" kommt das zweite Moment in der religiösen Erfassung des Universums zum Vorschein: das Gefühl. Die Religion will vom Universum sich „ergreifen und erfüllen lassen". In diesem Sinne kann Schleiermacher sagen „Religion ist Sinn und Geschmack fürs Unendliche", ist „Instinkt fürs Universum". Aber das Gefühl ist nicht von der Anschauung geschieden. „Anschauung ohne Gefühl ist nichts [...], Gefühl ohne Anschauung ist auch nichts: Beide sind [...] ursprünglich eins und ungetrennt." So bilden sie in ihrer Verbundenheit das Wesen der Religion.

Beiden ist gleichermaßen eigen, dass sie, anders als Denken und Handeln, durch eine eigentümliche Rezeptivität gekennzeichnet sind. Schleiermacher redet in diesem Zusammenhang von „kindlicher Passivität". Das wird für die Anschauung noch eigens betont. „Alles Anschauen gehet aus von einem Einfluss des Angeschauten auf den Anschauenden, von einem ursprünglichen und unabhängigen Handeln des ersteren, welches dann von dem letzteren seiner Natur gemäß aufgenommen, zusammengefasst und begriffen wird." Das gilt in besonderer Weise für das Verhältnis zum Universum. Es kommt für den Menschen darauf an, „dass er sich ohne bestimmte Tätigkeit vom Unendlichen affizieren lasse".

Von daher wird eine tiefere Kennzeichnung des Gegensatzes der Religion zu Metaphysik und Moral möglich. Die ihnen zugrunde liegenden Haltungen zeigen eine verschiedene Richtung. Beim Denken und Handeln geht die Bewegung vom Menschen aus, beim Anschauen und Fühlen geht sie auf diesen zu. Metaphysik und Moral „sehen im ganzen Universum nur den Menschen als Mittelpunkt aller Beziehungen, als Bedingung alles Seins und Ursache alles Werdens". Anders die Religion. „Sie will im Menschen nicht weniger als in allen andern Einzelnen und Endlichen das Unendliche sehen, dessen Abdruck, dessen Darstellung." Sie betrachtet also den Menschen nicht von ihm selber her, sondern von vornherein im Horizont des Universums.

Wilhelm Weischedel, 1971

Kathedrale in Noyon, Frankreich

Dorfkirche in Lindum, Oberbayern

Wie alle gesellschaftlichen Phänomene so hat auch Religion bestimmte Funktionen im alltäglichen Leben der Menschen. Der Religionssoziologe Franz-Xaver Kaufmann (* 1932) hebt die lebensdienliche Kulturleistung der Religion hervor und hat die folgenden Funktionen von Religion herausgearbeitet.

12 Funktionen von Religion
1. Identitätstiftung durch Affektbindung und Angstbewältigung,
2. Handlungsführung durch Moral, Ritus und Magie,
3. Kontingenzbewältigung,
4. Sozialintergration durch Legitimierung der und Einbindung in die Gesellschaft,
5. Kosmisierung durch Eröffnung eines Deutehorizonts, der Sinnlosigkeit und Chaos ausschließt,
6. Weltdistanzierung durch Widerstandskraft gegen ungerechte und unmoralische Verhältnisse.

Diese Funktionen bleiben jedoch nicht gleich. Der Soziologe und Theologe Karl-Wilhelm Dahm (* 1931) beschreibt, wie sich diese Funktionen geändert haben.

13 Religion im Leben eines Menschen

Zunächst verdeutlichen wir uns, welche Funktion die Religion etwa im Leben einer Bäuerin vor etwa 150 Jahren gehabt hat. In ihrem Heimatdorf stand die Kirche nicht nur äußerlich im
5 Mittelpunkt des Ortes. Auch den allgemein geltenden Vorstellungen nach fühlte man sich dort ganz selbstverständlich als evangelisch. In ihrem Elternhaus wurde abends am Kinderbett gebetet; vor den Mahlzeiten sprach der Vater ein
10 Tischgebet. Die Mutter ging alle 14 Tage zum Gottesdienst, der Vater durchschnittlich einmal im Monat. Im Religionsunterricht der Volksschule sowie im Konfirmandenunterricht musste sie eine ganze Anzahl von Gesangbuchversen,
15 die meisten Stücke des Katechismus und einen Teil der in der Lutherbibel fett gedruckten biblischen Kernsprüche auswendig lernen. Die evangelische Gedankenwelt wurde auf diese Weise ganz selbstverständlich zu ihrem eigenen
20 religiösen Vorstellungsrahmen.

Dieser Rahmen wurde immer wieder bestätigt und gefestigt durch das, was die Menschen ringsum glaubten und wie sie sich verhielten. Selbst wenn ihr die evangelische Welt- und Le-
25 bensanschauung nicht einleuchtend gewesen wäre, hätte unsere Bäuerin kaum die Möglichkeit eines anderen religiösen Rahmens gehabt; denn ihr fehlten sowohl die Kenntnisse einer anderen Weltanschauung als auch die Instru-
30 mente, mit ihnen umzugehen. Sie war, ohne selbst vorher gefragt worden zu sein, in die evangelisch-lutherische Religiosität nicht nur hineingewachsen, sondern die in ihrem Heimatgebiet herrschende Religion war ihre eigene, so-
35 zusagen ein Stück von ihr geworden. Damit können wir die Frage wieder aufnehmen, welche Funktion denn die Religion im Leben dieser Bäuerin erfüllte, nachdem sie ins Nachbardorf hinübergeheiratet hatte und selbst Mutter ge-
40 worden war. Ich unterscheide zur Verdeutlichung drei Bereiche.

Der erste Bereich betrifft das sogenannte Gefühlsleben. Sie muss mit ihren verschiedenen Ängsten fertigwerden, beispielsweise mit der
45 Angst, dass ihr lebensgefährlich erkranktes Kind sterben könnte, oder mit der Angst, dass der eigene Ehemann als Soldat im Kriege fallen könnte, oder dass das heimatliche Dorf und die eigene Familie durch eine Epidemie oder durch
50 eine Folge katastrophaler Missernten in Not und Elend geraten könnten.

Mit all diesen Ängsten fertigzuwerden, hilft ihr ihre Religion; sie betet, sie bittet Gott um Hilfe, sie sagt sich die Gesangbuchverse auf, die ihr
55 die Möglichkeit geben, ihre eigenen Empfindungen überhaupt einmal in Worte zu fassen, sie damit ein Stück weit aufzuarbeiten. Überhaupt findet sie in diesen Gesangbuchversen ihre eigenen Lebensverhältnisse wieder, nicht nur, was
60 die Angst betrifft, sondern auch, was die Erfahrungen der Freude oder des Glücks, des Vertrauens oder der Enttäuschung, des Leidens und des Sterbens angeht. Unsere Bauersfrau hat, wie gesagt, keine anderen Instrumente, mit dem un-
65 ruhigen Bereich ihrer Gefühle umzugehen, als diesen ihren religiösen Vorstellungsrahmen. Der aber hilft ihr auch tatsächlich.

Der zweite Bereich, in dem die Religion eine wichtige Bedeutung für die Frau hat, sind die
70 sogenannten Sinnfragen des Lebens. Es ist nicht

so, dass sie sich dauernd mit diesen Fragen beschäftigte, dass sie von ihnen umgetrieben würde. Aber sie weiß, sie sind grundsätzlich beantwortet. Diese Fragen, woher es beispielsweise kommt, dass man das Gute will und doch das Böse tut, woher es kommt, dass der eine, obwohl ein durch und durch anständiger Mensch, geradezu vom Pech verfolgt ist, und der andere, ein durchtriebener Schurke, auch noch Glück mit seinen finsteren Geschäften hat; warum Menschen überhaupt leiden und sterben müssen; diese Fragen haben ihre beängstigende Macht verloren. Im Katechismus hat sie gelernt, warum die Welt so ist wie sie ist. Und diese Antworten des Katechismus hat sie ebenso wenig wie ihre Altersgefährten und sonstigen Dorfgenossen je hinterfragt. Die sogenannten Sinnfragen des Lebens waren letzten Endes geregelt – auch wenn, das freilich wusste Frau Michel genau, es im persönlichen Leben oft sehr schwer war, sich in diesen Sinn zu schicken, ihn zu akzeptieren.

Der dritte Bereich, in dem die Religion für sie eine wichtige Rolle spielt, betrifft die sittliche Ordnung, die ethischen Werte und Normen, das, was man im Volksmund „gut und böse" nennt. Diese sittliche Ordnung hatte ihr Zentrum in den Zehn Geboten, ausgelegt und erklärt wiederum im lutherischen Katechismus. Gewiss erlebte die Frau ständig, dass diese 10 Gebote nicht streng eingehalten wurden, und gewiss war sie keineswegs darauf aus, mit erhobenem Zeigefinger hinter jedem herzulaufen, der ein Gebot ersichtlich übertreten hatte. Sie war keineswegs eine religiöse Fanatikerin. Trotzdem hielt sie entschieden daran fest, dass von den Zehn Geboten nicht ein Tüpfelchen abgestrichen werden dürfe; denn wenn die grundsätzliche Gültigkeit der Zehn Gebote außer Kraft gerate, dann, so meinte sie ebenso wie die allermeisten ihrer Zeitgenossen, werde das Leben aus den Fugen geraten, werde gewissermaßen alles „drunter und drüber" gehen.

In diesen drei Bereichen, in dem der Bewältigung elementarer Gefühle, in dem der Regelung der Sinnfrage und dem der Vermittlung sittlicher Wertordnungen, spielt die Religion für die Frau unserer Beispielsgeschichte eine ganz zentrale Rolle. Man kann sagen, ihr religiöser Vorstellungsrahmen sei geradezu das Steuerungssystem, mit dessen Hilfe sie ihr Lebensschiff durch ihre Alltagswelt steuert, an dem sie Orientierung gewinnt, wenn die Fahrt einmal durch gefährliche, unsichere und dunkle Gewässer geht.

Karl-Wilhelm Dahm, 1971

1. Nehmen Sie die Position von Friedrich Schleiermacher (Text 11) ein und versuchen Sie, Ihre Mitschülerinnen und Mitschüler auf den „Geschmack" von Religion zu bringen.
2. Franz-Xaver Kaufmann benennt unterschiedliche Funktionen von Religion.
Klären Sie die Begriffe. Setzen sie diese zueinander in Beziehung. Erarbeiten Sie eine Reihenfolge in Bezug auf deren Bedeutung.
3. Prüfen Sie, inwieweit Religion heute diese Funktionen erfüllt oder welche andere gesellschaftliche Instanz diese Aufgaben ggf. übernommen hat (vgl. Methode 1, S. 378).
4. Erarbeiten Sie aus dem Text von Karl-Wilhelm Dahm die drei Funktionen, welche die Religion im Leben einer Bäuerin vor 150 Jahren gehabt hat.
5. Der Religionsmonitor der Bertelsmann Stiftung (http://www.religionsmonitor.com) ist ein Instrument, das weltweit Fragen von Religiosität und Glaube untersucht. Es wurde von Religionswissenschaftlern, Soziologen, Psychologen und Theologen entwickelt und 2007 zum ersten Mal angewendet. Machen Sie sich kundig (vgl. Methode 1).

Wenden Sie Ihr Wissen an

- Führen Sie eine Feldstudie durch: Untersuchen Sie ein Medium Ihrer Wahl (Kino, TV, Musik, Kunst, Literatur, Zeitschriften usw.) nach „Spuren des Transzendenten". Dokumentieren Sie Ihre Ergebnisse unter Verwendung der Methoden 1, 7 und 8 (s. S. 378, 384 f.).
- Entwickeln Sie einen eigenen Fragebogen zum Thema Religiosität. Führen Sie eine Befragung von drei Gruppen durch (jugendliche, erwachsene und alte Menschen). Werten Sie Ihre Ergebnisse aus.
- Der mittelalterliche Theologe Anselm von Canterbury (1033–1109; s. S. 134) behauptete: „Der Glaube ist des Denkens Freund." Diskutieren Sie diese These.

3. Ein Gott – viele Religionen: die Wahrheitsfrage

Was Sie erwartet

Zum Anspruch aller Religionen gehört es, ein letztgültiges Wissen über Gott und sein Verhältnis zu Welt und Mensch zu besitzen und dieses durch die Zeit zu tradieren: Jede Religion beansprucht also Wahrheit. Aus diesem Wahrheitsanspruch resultieren rasch Widersprüche und Konflikte zwischen den Religionen: Gibt es einen Gott oder viele Götter? Ist Gott unerreichbar fern oder kann man ihn in dieser Welt finden? Hat er zu den Menschen gesprochen und was hat er als Botschaft hinterlassen ...? Im folgenden Unterkapitel sehen Sie, wie das Christentum in seiner Geschichte mit diesem Grundkonflikt umgegangen ist.

In der Geschichte der christlichen Theologie hat es über Jahrhunderte Auseinandersetzungen darüber gegeben, wie die eigene Wahrheit zu vertreten sei und welche Bedeutung man dem Wahrheitsanspruch der anderen Religionen zubilligen solle. Diese Diskussion entbrennt in der Kirche im Mittelalter auf dem Konzil von Florenz (1442) und findet auf dem II. Vatikanischen Konzil (1962–1965) seinen Höhepunkt. In der amerikanischen Schultheologie wird die Debatte gegenwärtig weitergeführt, auch die vatikanische Kongregation für die Glaubenslehre hat jüngst noch einmal die katholische Position klargestellt.

Wahrheit und Toleranz

Einer der ältesten christlich-poetischen Texte zum Stellenwert der nichtchristlichen Religionen ist die Rede der Gyburg aus dem Ritterepos „Willehalm" von Wolfram von Eschenbach (1180–1240): In der entscheidenden Schlacht bittet die christliche Königin Gyburg um Schonung der maurischen Gegner, weil auch sie als Muslime Geschöpfe Gottes seien (V. 306,11–309,13).

14 Die Toleranzrede der Gyburg

Als alle [Ritter] wieder saßen,
fuhr sie fort: „Das große Sterben,
das hier auf beiden Seiten geschehen ist
und für das mich die Christen
5 wie die Heiden hassen,
das vergelte ihnen Gott
an mir, wenn ich Schuld daran trage.
Euch, Fürsten des Römischen Reiches, mahne ich,
das Ansehen des Christentums zu mehren. [...]
10 Hört auf den Rat einer unwissenden Frau:
Verschont die Geschöpfe Gottes.
Der erste Mensch, den Gott
schuf, war ein Heide.
Glaubt mir, auch Elias und Enoch
15 sind gerettet, obwohl sie Heiden waren.
Heide war auch Noah,
der in der Arche gerettet wurde.
Hiob war gewiss doch ein Heide,
den Gott deshalb nicht verstoßen hat.
20 Denkt auch an die drei Könige,
deren einer Kaspar heißt
und die andern Melchior und Balthasar.
Wir müssen sie Heiden nennen,
die doch deshalb nicht verdammt sind;
25 Gott selbst hat
noch an der Brust der Mutter die ersten Gaben
von ihnen angenommen. Der Verdammnis
sind nicht alle Heiden zubestimmt.
Wir haben auch als wahr erkannt,
30 dass alle Mütter, die seit Eva
Kinder zur Welt brachten, zweifellos
Heiden gebaren,
mochten sie selbst auch getauft sein.
Die Christenfrau trägt immer erst ein Heidenkind,
35 wenn auch die Taufe das Kind umschließt.
Die Taufe der Juden sieht anders aus:
Sie nehmen sie durch die Beschneidung vor.
Wir alle waren anfänglich Heiden. [...]
Wenn Gott Euch dort den Sieg schenkt,
40 so seid im Kampf barmherzig.
Sein hohes Leben hat
für die Sünder
unser Vater Jahwe geopfert.
So lohnte er seinen Kindern,
45 dass sie seiner vergessen hatten.
Seine erbarmungsreiche Liebe
schließt alle Wunder ein."

Wolfram von Eschenbach, um 1210

1. Stellen Sie Intention und Argumentation der Rede dar.
2. Legen Sie eine Liste der in dieser Rede aufgeführten biblischen Gestalten an und klären Sie deren Bedeutung.
3. Informieren Sie sich in einem Lexikon über den historischen Hintergrund und die Entstehungsgeschichte des „Willehalm".
4. Ist die Schonung des besiegten Gegners nicht selbstverständlich? Diskutieren Sie, warum die Rede der Gyburg im Kontext des Mittelalters und seiner Religionskonflikte als eine spektakulär neue Perspektive zu bewerten ist.
5. Erörtern Sie, welche theologische Bedeutung Juden und Muslimen auf der einen, den Christen auf der anderen Seite zukommt.

Die Ringparabel, die der weise Jude Nathan in Gotthold Ephraim Lessings (1729–1781) Drama „Nathan der Weise" dem Sultan Saladin erzählt, ist der wohl bekannteste Text zum Streit der Religionen. Auf die Frage Saladins, welche Religion denn nun „die wahre sei", antwortet Nathan mit einer Geschichte:

Die Ringparabel

Vor grauen Jahren lebt' ein Mann in Osten,
Der einen Ring von unschätzbarem Wert
Aus lieber Hand besaß. Der Stein war ein
Opal, der hundert schöne Farben spielte,
5 Und hatte die geheime Kraft, vor Gott
Und Menschen angenehm zu machen, wer
In dieser Zuversicht ihn trug. Was Wunder,
Dass ihn der Mann in Osten darum nie
Vom Finger ließ; und die Verfügung traf,
10 Auf ewig ihn bei seinem Hause zu
Erhalten? Nämlich so. Er ließ den Ring
Von seinen Söhnen dem geliebtesten;
Und setzte fest, dass dieser wiederum
Den Ring von seinen Söhnen dem vermache,
15 Der ihm der liebste sei; und stets der liebste,
Ohn' Ansehn der Geburt, in Kraft allein
Des Rings, das Haupt, der Fürst des Hauses
    werde.-
[...]
So kam nun dieser Ring, von Sohn zu Sohn,
20 Auf einen Vater endlich von drei Söhnen;
Die alle drei ihm gleich gehorsam waren,
Die alle drei er folglich gleich zu lieben
Sich nicht entbrechen konnte. [...]
 – Was zu tun? –
25 Er sendet in geheim zu einem Künstler,
Bei dem er, nach dem Muster seines Ringes,
Zwei andere bestellt, und weder Kosten
Noch Mühe sparen heißt, sie jenem gleich,
Vollkommen gleich zu machen. Das gelingt
30 Dem Künstler. Da er ihm die Ringe bringt,

Kann selbst der Vater seinen Musterring
Nicht unterscheiden. Froh und freudig ruft
Er seine Söhne, jeden insbesondere;
Gibt jedem insbesondere seinen Segen, –
35 Und seinen Ring, – und stirbt. [...]
Kaum war der Vater tot, so kömmt ein jeder
Mit seinem Ring, und jeder will der Fürst
Des Hauses sein. Man untersucht, man zankt,
Man klagt. Umsonst; der rechte Ring war nicht
40 Erweislich; – [...]

Wie gesagt: die Söhne
Verklagten sich; und jeder schwur dem Richter,
Unmittelbar aus seines Vaters Hand
Den Ring zu haben. – Wie auch wahr! – [...]
45 Der Richter sprach: [...] Ich höre ja, der rechte
    Ring
Besitzt die Wunderkraft beliebt zu machen;
Vor Gott und Menschen angenehm. Das muss
Entscheiden! Denn die falschen Ringe werden
50 Doch das nicht können! – [...]
Und also, fuhr der Richter fort [...]. Wohlan!
Es eifre jeder seiner unbestochnen
Von Vorurteilen freien Liebe nach!
Es strebe von euch jeder um die Wette,
55 Die Kraft des Steins in seinem Ring' an Tag
Zu legen! komme dieser Kraft mit Sanftmut,
Mit herzlicher Verträglichkeit, mit Wohltun,
Mit innigster Ergebenheit in Gott
Zu Hülf'! [...]

Gotthold Ephraim Lessing, 1779

6. Fassen Sie die Handlung der Parabel in eigenen Worten zusammen.
7. Informieren Sie sich in einem Lexikon über die Gattung der Parabel.
8. Recherchieren Sie die Entstehungsgeschichte der Lessingschen Ringparabel.
9. Interpretieren Sie die literarische Parabel mit Hilfe einer grafischen Parabel: Wie lassen sich die Elemente der Ringgeschichte so übersetzen, dass Lessings religionstheologische Vorstellungen deutlich werden?
10. „Da er ihm die Ringe bringt, / Kann selbst der Vater seinen Musterring / Nicht unterscheiden" – Erläutern Sie das Verhältnis von Musterring zu den Kopien.
11. Nehmen Sie Stellung, inwiefern Lessings Idee eines „Wettbewerbs der Religionen" um „Verträglichkeit" und „Wohltun" ein praktikables Modell für die heutige politische Situation in der Welt sein kann.

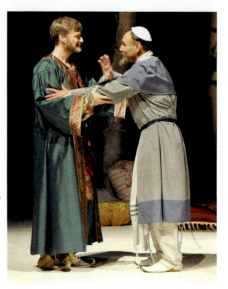

Szenenfoto Sultan Saladin (Mathias Reiter) und Nathan (Jens Peter) Foto: Hans-Jürgen Brehm-Seufert (Theater Pforzheim, 2011)

Anfragen an Lessing

Der katholische Theologe Manfred Gerwing (* 1954) weist darauf hin, dass Lessings Vorstellung eines Wettbewerbs der Religionen aus theologischer Perspektive nicht unproblematisch ist.

16 Hilft die Religion dem Menschen oder hilft der Mensch der Religion?

Die Ringparabel schließt zwar grundsätzlich die Möglichkeit, dass sich eine Religion als die wahre erweist, nicht aus [...]. Es zeigt sich aber, dass die Ringparabel die Wahrheitsfrage unter den
5 gegebenen Umständen für nicht beantwortbar hält und deswegen dazu rät, das Problem von der ontologischen* auf die ethische Ebene zu verlagern [...]. Religion ist für Lessing nicht etwas, was dem Menschen hilft, menschlich zu
10 sein. Es ist vielmehr der Mensch selbst, der seiner jeweiligen Religion, wie Lessing formuliert, „zu Hülf" kommen muss. Der Mensch selbst muss seiner Religion durch seine Taten Überzeugungskraft verleihen. Deutet sich hier nicht bereits ein Religionsverständnis an, das [der 15 evangelische Theologe] Karl Barth später im Blick auf das Christentum energisch genug ablehnen wird: Religion, ein Produkt des Menschen, etwas jedenfalls, was der Mensch sich selbst macht? Religion nichts weiter als der 20 menschliche Versuch, sich selbst das Heil zu schaffen?

Manfred Gerwing, 2004

1. Erklären Sie, warum die Ringparabel nicht ausschließt, „dass sich eine Religion als die wahre erweist" (Z. 3 f.).
2. Zeigen Sie, in welchem Sinne Menschen Ihrer Religion zur Hilfe kommen könnten.
3. Erörtern Sie, warum eine allein ethische Lösung der Wahrheitsfrage aus theologischer Sicht zu kurz greift.
4. „Religion, ein Produkt des Menschen" (Z. 18 f.) – Recherchieren Sie im Gotteskapitel dieses Arbeitsbuchs (s. S. 150 ff.), welche Formen der Religionskritik an diese Auslegung der Ringparabel anknüpfen könnten.
5. Setzen Sie den Begriff der „Projektionsthese"* in Beziehung zur Vorstellung von der „Religion als Produkt des Menschen" (Z. 18).

Moritz Daniel Oppenheim: Die Betrachtung der Ringe, 1845

6. Beschreiben Sie, was Sie auf dem Bild sehen, und interpretieren Sie dann, was Oppenheim mit diesem Figurenensemble zum Ausdruck bringen will.
7. Moritz Daniel Oppenheim nimmt mit seinem Bild offensichtlich Bezug auf Lessings „Nathan der Weise". Doch so ganz passt das Bild doch nicht, oder? Diskutieren Sie, wo die Unterschiede zwischen Lessings Fassung der Ringparabel und Oppenheims Darstellung liegen, und erklären Sie sie.
8. Gestalten Sie mit Mitteln Ihrer Wahl (z. B. Zeichnung, Collage, i-Pod) eine heutige Fassung des Gemäldes, in der die aktuelle religiöse Situation zum Ausdruck kommt.

RELIGION – *was den Menschen unbedingt angeht*

> **INFO: Religionstheologische Modelle**
>
> Religionen nehmen für sich in Anspruch, über eine verlässliche und gewiss machende Wahrheit von Gott zu verfügen und diese im Rahmen ihrer Gemeinschaft weiterzugeben. Abhängig davon, ob eine Religion diesen Wahrheitsanspruch nun exklusiv für sich reklamiert oder aber sich als Teil einer größeren Wahrheit versteht, gestaltet sich das Verhältnis zu den anderen Religionen. Ist die Perspektive die, dass der Andersgläubige auch auf dem Weg zu Gott gesehen wird, so bekommen sein Glauben und seine kultische Praxis einen anderen, nämlich bereichernden Charakter. In diesem Sinne hat sich die katholische Perspektive auf die anderen Religionen seit dem II. Vatikanische Konzil von einem ekklesiozentrischen (= kirchenbezogenen) *Exklusivismus* – Cyprian: „Außerhalb der Kirche gibt es kein Heil" – zu einem christozentrischen (= auf Christus bezogenen) *Inklusivismus* vollzogen: Auch andere Religionen enthalten „Strahlen der Wahrheit", die Menschen in diesen Religionen „erleuchten" und auf den rechten Weg führen. Die Fülle der Wahrheit liegt aber in Jesus Christus, in ihn münden heilsgeschichtlich die verschiedenen Wege der Religionen ein.
>
> In den vergangenen Jahren hat diese Position allerdings eine neue religionstheologische Strömung zunehmend in Frage gestellt. Der vor allem im angloamerikanischen Protestantismus entstandene religionstheologische *Pluralismus* sieht nun sogar die Religionen der Welt als gleichberechtigte Heilswege. Dabei reicht das Spektrum von einem theozentrischen Pluralismus, der die verschiedenen Religionen in ihrem Glauben an ein göttliches Wesen legitimiert sieht, bis hin zu einem soteriozentrischen Pluralismus, der Erlösungstechniken wie den buddhistischen Weg ebenfalls als Heilsweg anerkennt.

Sich behaupten oder gelten lassen?

Das Konzil von Florenz (1442) markiert auf dem Höhepunkt des Mittelalters noch einmal den seit der frühen Kirche formulierten Anspruch, dass es außerhalb kein Heil gebe.

18 Das Konzil von Florenz – die exklusivistische Perspektive

[Die Kirche] glaubt fest, bekennt und verkündet, dass „niemand, der sich außerhalb der katholischen Kirche befindet, nicht nur keine Heiden", sondern auch keine Juden oder Häretiker und Schismatiker, des ewigen Lebens teilhaft werden können, sondern dass sie in das ewige Feuer wandern werden, „das dem Teufel und seinen Engeln bereitet ist" [Mt 25,41], wenn sie sich nicht vor dem Lebensende ihr angeschlossen haben.

1. „Heiden, [...] Juden oder Häretiker und Schismatiker" (Z. 4 f.) – Klären Sie, welche Personengruppen mit diesen Begriffen gemeint sind.
2. Arbeiten Sie heraus, welche Voraussetzungen derjenige erfüllen muss, der nach Meinung des Konzils „des ewigen Lebens teilhaft werden" (Z. 5) kann.
3. Informieren Sie sich über den zeitgeschichtlichen Kontext des Konzils von Florenz und zeigen Sie, warum der historische Hintergrund für das Verständnis der Konzilsaussage wichtig ist.
4. Diskutieren Sie, inwieweit und wo eine solche „exklusive" Position in Sachen Religion auch heute noch vertreten wird.

Das II. Vatikanische Konzil (1962–1965) hat in seiner „Erklärung über das Verhältnis der Kirche zu den nichtchristlichen Religionen", die nach ihren lateinischen Anfangsworten „Nostra aetate" heißt, die Frage nach der Heilsbedeutung der anderen Religionen neu bewertet.

19 Das II. Vatikanische Konzil – die inklusivistische Perspektive

2. Von den ältesten Zeiten bis zu unseren Tagen findet sich bei den verschiedenen Völkern eine gewisse Wahrnehmung jener verborgenen Macht, die dem Lauf der Welt und den Ereignissen des menschlichen Lebens gegenwärtig ist [...]. Im Zusammenhang mit dem Fortschreiten der Kultur suchen die Religionen mit genaueren Begriffen und in einer mehr durchgebildeten Sprache Antwort auf die gleichen Fragen. So erforschen im Hinduismus die Menschen das göttliche Geheimnis und bringen es in einem unerschöpflichen Reichtum von Mythen und in tiefdringenden philosophischen Versuchen zum Ausdruck und suchen durch asketische Lebensformen oder tiefe Meditation oder liebend-vertrauende Zuflucht zu Gott Befreiung von der Enge und Beschränktheit unserer Lage. In den verschiedenen Formen des Buddhismus wird das radikale Ungenügen der veränderlichen Welt anerkannt und ein Weg gelehrt, auf dem die Menschen mit frommem und vertrauendem Sinn entweder den Zustand vollkommener Befreiung zu erreichen oder – sei es durch eigene Bemühung, sei es vermittels höherer Hilfe – zur höchsten Erleuchtung zu gelangen vermögen. So sind auch die übrigen in der ganzen Welt verbreiteten Religionen bemüht, der Unruhe des menschlichen Herzens auf verschiedene Weise zu begegnen [...].

Die katholische Kirche lehnt nichts von alledem ab, was in diesen Religionen wahr und heilig ist. Mit aufrichtigem Ernst betrachtet sie jene Handlungs- und Lebensweisen, jene Vorschriften und Lehren, die zwar in manchem von dem abweichen, was sie selber für wahr hält und lehrt, doch nicht selten einen Strahl jener Wahrheit erkennen lassen, die alle Menschen erleuchtet. Unablässig aber verkündet sie und muss sie verkündigen Christus, der ist „der Weg, die Wahrheit und das Leben" (Joh 14,6), in dem die Menschen die Fülle des religiösen Lebens finden, in dem Gott alles mit sich versöhnt hat. Deshalb mahnt sie ihre Söhne, dass sie mit Klugheit und Liebe, durch Gespräch und Zusammenarbeit mit den Bekennern anderer Religionen sowie durch ihr Zeugnis des christlichen Glaubens und Lebens jene geistlichen und sittlichen Güter und auch die sozial-kulturellen Werte, die sich bei ihnen finden, anerkennen, wahren und fördern.

3. Mit Hochachtung betrachtet die Kirche auch die Muslime, die den alleinigen Gott anbeten, den lebendigen und in sich seienden, barmherzigen und allmächtigen, den Schöpfer Himmels und der Erde, der zu den Menschen gesprochen hat. Sie mühen sich, auch seinen verborgenen Ratschlüssen sich mit ganzer Seele zu unterwerfen, so wie Abraham sich Gott unterworfen hat, auf den der islamische Glaube sich gerne beruft. [...]

4. Bei ihrer Besinnung auf das Geheimnis der Kirche gedenkt die Heilige Synode des Bandes, wodurch das Volk des Neuen Bundes mit dem Stamme Abrahams geistlich verbunden ist. So anerkennt die Kirche Christi, dass nach dem Heilsgeheimnis Gottes die Anfänge ihres Glaubens und ihrer Erwählung sich schon bei den Patriarchen, bei Moses und den Propheten finden. Sie bekennt, dass alle Christgläubigen als Söhne Abrahams dem Glauben nach in der Berufung dieses Patriarchen eingeschlossen sind und dass in dem Auszug des erwählten Volkes aus dem Lande der Knechtschaft das Heil der Kirche geheimnisvoll vorgebildet ist.

5. Arbeiten Sie das Verständnis von Religion im ersten Absatz (Z. 1–29) heraus.
6. Zeigen Sie, mit welcher Metapher die Konzilsväter die Wertschätzung für die anderen Religionen zum Ausdruck zu bringen, in welcher Formulierung aber auch deutlich wird, dass die Kirche ihren Wahrheitsanspruch nicht aufgeben will.
7. Legen Sie eine Tabelle an, in die Sie eintragen, welche Elemente in Judentum, Islam, Hinduismus und Buddhismus von den Konzilsvätern besonders wertgeschätzt werden.
8. Prüfen Sie, in welcher Weise die katholische Kirche auf dem II. Vatikanischen Konzil die Position des Konzils von Florenz weiterentwickelt hat.

Ist alles relativ?

Der amerikanische Theologe Paul Knitter (* 1939) ist einer der Vorreiter der sogenannten pluralistischen Religionstheologie. Hier nennt er Gründe für diese pluralistische Bewertung der Religionen und der Wahrheitsfrage.

Die pluralistische Perspektive

Viele Christen bemerken heute das Unzutreffende der traditionellen Sicht, die die anderen Religionen ausschließt, indem sie darauf beharrt, dass es keine Erlösung außerhalb der Kirche [...] gebe und dass das Christentum der einzige Bauplatz der Offenbarung und der Erlösung sei. Aber viele dieser selben Christen sind keineswegs mit der modernen, liberalen Anschauung, wie sie vor allem auf dem Zweiten Vatikanischen Konzil und im Weltkirchenrat entwickelt wurde, zufrieden. Die liberale Anschauung erkennt den Wert der anderen Religion darin, dass sie Wege der Gotteserfahrung sind. Sie besteht aber darauf, dass dieser Wert ursprünglich von Christus kommt und in ihm und seiner Kirche eingeschlossen und erfüllt werden muss. Und so empfinden immer mehr Christen und christliche Theologen die Notwendigkeit, einen pluralistischen Zugang zu anderen Glaubensweisen zu eröffnen, eine Methode, die die unabhängige Gültigkeit und – oberflächlich betrachtet – die Gleichheit der anderen religiösen Wege als möglich anerkennt. Diese Christen fühlen sich verpflichtet, die Möglichkeit zu erwägen, dass die christliche Religion eine unter vielen sein kann. [...] Auf eine Theologie der Religionen angewendet, verlangt die Anerkennung des Geheimnisses Gottes von uns auch die Anerkennung der Tatsache, dass keine Religion und keine Offenbarung das einzige, letzte, exklusive oder inklusive Wort Gottes sein kann. Solch ein letztes Wort würde Gott begrenzen und ihm sein Geheimnis nehmen. [...] Diese Anerkennung des Mysteriums Gottes, das von keiner Religion, keiner Offenbarung und keinem Erlöser festgehalten werden kann, wird umso überwältigender und beziehungsreicher, wenn man mit vielen pluralistischen Theologen bedenkt, dass das Mysterium nicht etwas Ein-, sondern etwas Vielfältiges, etwas Plurales ist! Das ist der tiefere Gehalt der christlichen Erfahrung, wie sie in der Trinitätslehre ihren Ausdruck findet: Die Gottheit ist nicht nur eine, sondern viele. Gott ist plural. [...] Gott bedarf der Vielfalt, um Gott zu sein. Pluralität ist das Wesen aller Realität – von den Atomen bis hin zu den Religionen.

Paul F. Knitter, 1994

Jan Tomaschoff: Der Jongleur

1. Stellen Sie die Argumente zusammen, die Knitter gegen exklusivistische und inklusivistische Positionen aufführt.
2. Erklären Sie, warum dem Gedanken vom „Geheimnis Gottes" (Z. 27 f.) in der Argumentation eine wichtige Rolle zukommt.
3. Erörtern Sie, ob es eine „Gleichheit" (Z. 22) aller Wege zu Gott gibt oder ob doch zu beachtende Unterschiede herrschen.
4. Diskutieren Sie, welche Konsequenzen der Verzicht auf den Wahrheitsanspruch für eine Glaubensgemeinschaft hat.
5. Welche Aspekte eines religionstheologischen Pluralismus bringt der Zeichner der nebenstehenden Karikatur zum Ausdruck?

Die Kongregation für die Glaubenslehre hat als Reaktion auf die Diskussion um den religionstheologischen Pluralismus in der Erklärung „Dominus Jesus" (2000) deutlich Stellung genommen: Allein Christus ist die Fülle der Wahrheit.

22 Die Ablehnung des Pluralismus durch die Katholische Kirche

4. Die immerwährende missionarische Verkündigung der Kirche wird heute durch relativistische Theorien gefährdet, die den religiösen Pluralismus nicht nur de facto, sondern auch de iure (oder prinzipiell) rechtfertigen wollen. In der Folge werden Wahrheiten als überholt betrachtet, wie etwa der endgültige und vollständige Charakter der Offenbarung Jesu Christi, die Natur des christlichen Glaubens im Verhältnis zu der inneren Überzeugung in den anderen Religionen, die Inspiration der Bücher der Heiligen Schrift, die personale Einheit zwischen dem ewigen Wort und Jesus von Nazaret, die Einheit der Heilsordnung des fleischgewordenen Wortes und des Heiligen Geistes, die Einzigkeit und die Heilsuniversalität Jesu Christi, die universale Heilsmittlerschaft der Kirche, die Untrennbarkeit – wenn auch Unterscheidbarkeit – zwischen dem Reich Gottes, dem Reich Christi und der Kirche, die Subsistenz der einen Kirche Christi in der katholischen Kirche.

Die Wurzeln dieser Auffassungen sind in einigen Voraussetzungen philosophischer wie auch theologischer Natur zu suchen, die dem Verständnis und der Annahme der geoffenbarten Wahrheit entgegenstehen. [...] Ausgehend von solchen Voraussetzungen, die in unterschiedlichen Nuancierungen zuweilen als Behauptungen, zuweilen als Hypothesen auftreten, werden theologische Vorschläge erarbeitet, in denen die christliche Offenbarung und das Mysterium Jesu Christi und der Kirche ihren Charakter als absolute und universale Heilswahrheit verlieren oder wenigstens mit einem Schatten des Zweifels und der Unsicherheit behaftet werden.

5. Um dieser relativistischen Mentalität, die sich immer mehr ausbreitet, Abhilfe zu schaffen, muss vor allem der endgültige und vollständige Charakter der Offenbarung Jesu Christi bekräftigt werden. Es ist nämlich fest zu glauben, dass im Mysterium Jesu Christi, des fleischgewordenen Sohnes Gottes, der „der Weg, die Wahrheit und das Leben" (Joh 14,6) ist, die Fülle der göttlichen Wahrheit geoffenbart ist: „Niemand kennt den Sohn, nur der Vater, und niemand kennt den Vater, nur der Sohn und der, dem es der Sohn offenbaren will." (Mt 11,27)

6. Stellen Sie zusammen, welche christlichen Wahrheiten aus Sicht der vatikanischen Kongregation von der pluralistischen Religionstheologie in Frage gestellt werden.
7. Zeigen Sie, welche drei christlichen Glaubenswahrheiten für die katholische Kirche unaufgebbar sind.
8. Erörtern Sie, mit welchen Argumenten die Kongregation die Gleichheit aller Religionen ablehnt.

Wenden Sie Ihr Wissen an

Kleine Denkaufgabe für Logikfreunde
- Erklären Sie das rechts abgebildete Schema.
- Ordnen Sie die Ihnen bekannten Konfessionen und Religionen dem Schema zu.
- Diskutieren Sie mit Mitschülerinnen und Mitschülern, die nicht der christlichen Religion angehören, welche Vorstellung diese vom Anspruch der verschiedenen Religionen haben.

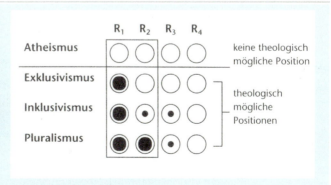

Perry Schmidt-Leukel, 1999

4. Religion und Gewalt

Was Sie erwartet

Das Thema Religion und Gewalt steht im Zentrum öffentlichen Interesses. Auf das Judentum und Christentum bezogen, lautet die Kritik, dass sich bereits in der Bibel eine Fülle von Gewalttexten finden. Exemplarisch für biblische Gewaltvorstellungen und die Erfahrung von Gewalt soll hier der „Fluchpsalm" Psalm 137 vorgestellt werden. Wie kann man mit einem solchen Text umgehen?
Eine andere Anfrage setzt noch grundsätzlicher an: Hat nicht erst die biblische Unterscheidung zwischen Gott und Götze eine neue, spezifisch religiöse Form von Gewalt hervorgebracht, die glaubt, im Namen des wahren Gottes die Anhänger falscher Gottesvorstellungen bekämpfen zu müssen? Anders formuliert: Befördert der biblische Monotheismus religiöse Gewalt?
Papst Benedikt XVI. und verschiedene islamische Theologen haben in der Debatte um die sog. Regensburger Vorlesung des Papstes von 2007 eine nicht weniger aktuelle und brisante Frage diskutiert: Lassen sich Christentum und Islam durch ihr unterschiedliches Verhältnis zur Gewalt charakterisieren?

23

Jacques Tilly, 2005

1. Suchen Sie eine andere Überschrift für die Karikatur und begründen Sie (in einem Gruppengespräch) Ihre Entscheidung.
2. Legen Sie eine Mind-Map an, auf der Sie Ereignisse sammeln, die Ihnen unter der Überschrift „Dialog der Religionen" in den Sinn kommen.

INFO: Der Psalm als biblische Gattung

„Ein Psalm ist ein religiöses Gedicht in freien Rhythmen, das eine Anrufung Gottes enthält" (Paul Konrad Kurz). Das Wort Psalm geht auf das griechische „psalmos" – zum Saiteninstrument gespieltes Lied – zurück. 150 dieser poetischen Texte sind im alttestamentlichen Buch der Psalmen (Psalter), das in der jüdischen Tradition „Buch der Lobpreisungen" heißt, gesammelt. Psalmen charakterisiert – wie im Alten Orient üblich – eine ausgeprägte Metaphorik. Die Hauptformen des Psalters sind Klage, Bitte, Lobpreis und Dank. Im Christentum haben Psalmen ihren Ort im Gottesdienst und vor allem im täglichen Stundengebet der Geistlichen.

24 **Psalm 137**

[1] An den Strömen von Babel,
da saßen wir und weinten,
wenn wir an Zion[1] dachten.
[2] Wir hängten unsere Harfen
an die Weiden in jenem Land.
[3] Dort verlangten von uns die Zwingherren Lieder,
unsere Peiniger forderten Jubel:
„Singt uns Lieder vom Zion[1]"
[4] Wie könnten wir singen die Lieder des Herrn,
fern, auf fremder Erde?
[5] Wenn ich dich je vergesse, Jerusalem,
dann soll mir die rechte Hand verdorren.
[6] Die Zunge soll mir am Gaumen kleben,
wenn ich an dich nicht mehr denke,
wenn ich Jerusalem nicht zu meiner höchsten Freude erhebe.
[7] Herr, vergiss den Söhnen Edoms[2] nicht den Tag von Jerusalem;
sie sagten: „Reißt nieder, bis auf den Grund reißt es nieder!"
[8] Tochter Babel, du Zerstörerin!
Wohl dem, der dir heimzahlt, was du uns getan hast!
[9] Wohl dem, der deine Kinder packt
und sie am Felsen zerschmettert!

*Initiale aus dem Albani-Psalter,
1. Hälfte 12. Jahrhundert*

[1] Der Bergrücken Zion bezeichnet den Tempelbezirk bzw. die ganze Stadt Jerusalem.
Er gilt in der israelitischen Kultlyrik als Gottessitz und Gottesberg, als der Mittelpunkt
der Welt und Berührungspunkt von himmlischer und irdischer Welt.
[2] Die Edomiter, ein Volk südlich des Toten Meeres, beteiligten sich an der Zerstörung
Jerusalems durch die Babylonier 587 v. Chr.

3. Halten Sie nach einer ersten Lektüre Ihre spontanen Reaktionen schriftlich fest. Tauschen Sie sich in einem zweiten Schritt in einer Kleingruppe aus.
4. Beschreiben Sie zuerst die Initiale und dann ihren Bezug auf den Text.
5. Rekonstruieren Sie die Situation der Beter.
6. Erarbeiten Sie ein Aufbauschema und geben Sie dem Psalm eine Überschrift.
7. Setzen Sie sich mit den Strafwünschen der Beter auseinander. Machen Sie sich bewusst, nach welchem Maßstab Sie urteilen.

Der Psychologe Franz Buggle (* 1933) kritisiert in seiner Streitschrift „Denn sie wissen nicht, was sie glauben oder warum man redlicherweise nicht mehr Christ sein kann" die Bibel als ein von Gewalt durchdrungenes Buch.

25 Wie die Psalmen wirklich sind

Ein Buch, eine *Normenquelle* [...], die mit dem Anspruch auftritt, aufgrund göttlicher Inspiration Leitlinien mit absolutem Geltungsanspruch zu vermitteln, deren Bedeutung also nicht nur und nicht primär darin liegt zu vermitteln, wie die Dinge sind, sondern wie sie sein *sollen*, darf nicht neben auch positiven Inhalten eine solche Fülle archaischer, zutiefst inhumaner und ethisch höchst verwerflicher Leitbilder als göttlich inspiriert und damit das ihnen entsprechende Verhalten als göttlich legitimiert und von Gott autorisiert vorstellen, explizit oder implizit durch göttliches „Modellverhalten". [...]

Bei dieser allgemeinen und kaum bestrittenen Hochachtung [der Psalmen], die sowohl religiös-ethisch als auch ästhetisch geprägt ist, scheint es besonders absurd und nur einem blind-selektiven Fanatismus zuzuschreiben, wenn ich meinen Eindruck nach neuerlicher Lektüre so wiedergeben muss: Ich habe, neben einigen eher positiv anmutenden Psalmen, selten in einem Buch ein so großes Ausmaß an latentem und offenem Verlangen nach Gewalttätigkeit, nach unversöhnlicher Rache und Bestrafung, eingebettet in die Gesinnung einer – für mich kaum noch erträglichen – Selbstgerechtigkeit angetroffen, die psychologisch völlig undifferenziert zwischen eigener Tugend und Gottgefälligkeit und abgründiger Verruchtheit des jeweils anderen, des „Frevlers" usw., unterscheidet. [...] Auch die [...] Gewalttätigkeit gegen Kinder fehlt nicht: „Tochter Babel, du Zerstörerin! Wohl dem, der dir heimzahlt, was du uns getan hast! Wohl dem, der deine Kinder packt und sie am Felsen zerschmettert!" (Ps 137,8-9) (Angesichts solcher und vieler anderer Stellen kommt mir, ich muss es gestehen, der von Theologen häufig gebrauchte Rat, man dürfe die Bibel nicht immer wörtlich nehmen, als Zynismus vor, sie mögen es mir verzeihen!)

Franz Buggle, 1992

Erich Zenger (1939–2010) war Professor für Altes Testament und ist einer der bedeutendsten Vorreiter des christlich-jüdischen Dialogs in Deutschland. Er ist besonders durch seine Kommentare zu den Psalmen bekannt geworden.

26 Ein irritierender Psalm

1. Der Psalm ist der poetisch-emotionale Ausdruck des Leidens am biblischen Gott, der sich einerseits als rettender und große Verheißungen gebender Gott erwiesen hat und andererseits diese Verheißungen scheinbar selbst in Frage stellt, wenn er nicht eingreift, um diese Verheißungen in die Tat umzusetzen. Psalm 137 besingt und beklagt die Zerstörung Jerusalems und die Deportation nach Babylon als eine solche Situation, in der letztlich die Gotteswahrheit selbst auf dem Spiele steht. Insofern ist Ps 137 ein Theodizeepsalm*, in dem insgesamt die Theozentrik dominiert.

2. Der Psalm ist in seinen ersten beiden Teilen von einer geradezu exzessiven Liebe der Beter zum Zion und zum Zionsgott bestimmt. [...] Die Gewaltbilder in V. 9 spiegeln einerseits die grausame Realität der Terrorregime von der Antike bis zur Gegenwart und sehnen sich andererseits danach, dass diese Praktiken der Terrorregime ein Ende finden – freilich durch göttliche Gewalt. Das ist in der Tat für unser heutiges Empfinden sehr problematisch, weil vernichtende Gewalt, auch wenn sie von Gott kommt, abzulehnen ist. Allerdings ist darauf hinzuweisen, das Ps 137 nach Vergeltung gemäß den Prinzipien der Talio [lat. gleiche Wiedervergeltung; moderne Bezeichnung für die Rechtsvorschrift Ex 21, 23-25] und insofern nach Wiederherstellung der gestörten Rechtsordnung schreit. [...] Es ist ein Psalm aus dem Mund von Opfern der Geschichte und nicht das Triumphlied von Siegern.

3. Der Psalm bittet nicht um die Macht, das Strafgericht an den Feinden eigenhändig vollziehen zu dürfen, sondern er überlässt dies Gott. Insofern ist der Psalm ein impliziter Gewaltverzicht, der alles in die Hand Gottes legt [...]. Wer diese Sicht akzeptiert und V. 7–9 als *poetische* Metapher versteht, kann m. E. Ps 137 auch heute [...] beten und singen.

Erich Zenger, 2008

8. Überprüfen Sie die Deutungen von Buggle und Zenger am biblischen Text. Achten Sie darauf, wie beide Autoren methodisch auf den Psalm zugehen; ziehen Sie auch Methode 5 heran (s. S. 381).
9. Auf Anordnung von Papst Paul VI. (1971) wurden einige Psalmen (58, 83 und 109) und einzelne Verse wie Ps 137,7-9 aus dem Stundengebet gestrichen.
   a) Diskutieren Sie diese Entscheidung in Ihrer Lerngruppe.
   b) Erarbeiten Sie für die gestrichenen Verse eine zeitgemäße Formulierung.

Die These von der religiösen Gewalt

Gewalt im Namen Gottes?

²⁶ Mose trat an das Lagertor und sagte: Wer für den Herrn ist, her zu mir! Da sammelten sich alle Leviten [Sie sind gemäß Dtn 18,1-8 für den Priesterdienst zuständig.] um ihn. ²⁷ Er sagte zu ihnen: So spricht der Herr, der Gott Israels: Jeder lege sein Schwert an. Zieht durch das Lager von Tor zu Tor! Jeder erschlage seinen Bruder, seinen Freund, seinen Nächsten. ²⁸ Die Leviten taten, was Mose gesagt hatte. Vom Volk fielen an jenem Tag gegen dreitausend Mann. ²⁹ Dann sagte Mose: Füllt heute eure Hände mit Gaben für den Herrn! Denn jeder von euch ist heute gegen seinen Sohn und seinen Bruder vorgegangen, und der Herr hat Segen auf euch gelegt.

Ex 32,26-29

Nicolas Poussin: Die Anbetung des Goldenen Kalbs, 1634

1. Notieren Sie Ihre Reaktionen auf Text 27.
2. Beschreiben Sie zunächst das Ölgemälde. Untersuchen Sie dann den biblischen Kontext (Ex 24,12-14; Ex 31,18-32,35), in dem das Bild steht.

Für den Ägyptologen Jan Assmann (* 1938) ist mit der Gestalt des Mose die religionsgeschichtlich bedeutsame Unterscheidung zwischen wahrem Gott und falschen Götzen verbunden, für die exemplarisch die Perikope* vom Goldenen Kalb steht. Mit der „Mosaischen Unterscheidung", so Assmann, sei eine historisch neue Form von Gewalt entstanden.

29 Monotheismus und Gewalt

Was ich [...] nicht sage, ist: mit dem Monotheismus sei die Gewalt an sich in die Welt gekommen. Ich beziehe [... mich] auf die *religiöse* Gewalt. Daneben gibt es noch [...] Formen von
5 Gewalt, die alle viel älter sind.

[Unter] religiöse[r] Gewalt [...] verstehe ich eine Gewalt, die zwischen Freund und Feind *in einem religiösen Sinne* unterscheidet, der sich letztendlich aus der Unterscheidung zwischen wahr und
10 falsch ergibt. Diese Unterscheidung aber, das ist die These, [...] hat erstmals der Monotheismus getroffen. So etwas wie den Begriff einer falschen Religion oder falscher Götter hat es in der „heidnischen" Welt nicht gegeben, ebenso wenig
15 wie den Begriff des Heidentums als Sammelbezeichnung für alle diejenigen, die nicht der wahren Religion angehören. Im Lichte dieser neuartigen Unterscheidung nun richtet sich religiöse Gewalt gegen die Heiden und Ketzer, die
20 sich entweder nicht zu der Wahrheit bekehren wollen oder von ihr abgefallen sind und daher als Feinde Gottes betrachtet werden. Die Unterscheidung zwischen wahr und falsch im religiösen Sinne spaltet die Welt in Christen und
25 Heiden, Rechtgläubige und Ketzer, Jews and Gentiles, das Haus des Islams und das Haus des Krieges, und es ist dann oft nur ein kleiner Schritt der Verschärfung, dass aus der Unterscheidung Religionskriege, Kreuzzüge, Ketzer-
30 verbrennungen, Pogrome und andere Gewalttaten entstehen. Wenn man nach den Ursprüngen der religiösen Gewalt fragt, hat man sich an die ältesten Urkunden zu halten, und die finden wir in der hebräischen Bibel. [...]

35 Ich beginne mit der Eifersucht und mit der paradox anmutenden These, dass der alttestamentliche Monotheismus die Existenz anderer Götter nicht etwa leugnet, sondern affirmiert und voraussetzt. Der alttestamentliche Monotheismus
40 ist eine Religion der Unterscheidung, der Differenz. Es geht um einen Gott, der anders ist als die anderen Götter, dessen Religion anders ist als die anderen Religionen, und dessen Volk anders ist als die anderen Völker, ein Volk, wie es
45 in Num 23,9 heißt, das „abseits wohnt und sich nicht zu den Völkern zählt". „Denn alle Völker gehen ihren Weg", so heißt es in Micha 4,5, „jedes ruft den Namen seines Gottes an; wir aber gehen unseren Weg im Namen Jahwes, unseres Gottes, für immer und ewig." [...] Die Religion, 50 um die es hier geht, beruht auf dem Prinzip, sich von den anderen Religionen abzugrenzen, sich von den anderen Völkern zu unterscheiden, seinen Gott vor jeder Verwechslung mit anderen Göttern zu bewahren und ihm absolute Treue 55 zu halten. Solange es andere Religionen und andere Völker gibt, gibt es auch andere Götter. Der biblische Monotheismus erkennt die Existenz anderer Götter und Religionen an, aber er verweigert im Interesse der allentscheidenden 60 Differenz jede Übersetzbarkeit, so wie sie unter den Polytheismen der alten Welt üblich war. Der Devise der hellenistischen Aufklärung, „Alle Götter sind Eins", stellt er sein Gebot gegenüber [...]: „Du sollst keine anderen Götter *haben* neben 65 mir." Das ist das Gebot der Treue, das erste Gebot, und Treue hat nur Sinn, wenn es andere Götter gibt, mit denen der Mensch Gott untreu werden könnte. Daher wird dieses Gebot mit der Eifersucht Gottes begründet, die auch nur Sinn 70 hat, wenn es Götter gibt, auf die Gott eifersüchtig sein könnte.

Diese anderen Götter bzw. die Götter der anderen erscheinen in der Bibel als „Götzen", das heißt in ihrer ikonischen Repräsentation. Einer 75 der entscheidendsten Aspekte der theologischen Differenz wird alttestamentlich in der Unsichtbarkeit und Bildlosigkeit Gottes ausgemacht. Daher gehören das erste und das zweite, das Bilderverbot, eng zusammen. Anderen Göttern 80 dienen heißt, Bilder machen, und umgekehrt: Bilder machen heißt: anderen Göttern dienen, und erregt daher Gottes Eifersucht. Denn ich, der Herr, dein Gott, (so heißt es als Begründung des Bilderverbots in Ex 20,5-6 und Dt 5,9-10) bin 85 ein eifersüchtiger Gott. [...]

Gott begründet das Verbot, sich andere Götter bzw. Bilder zu machen und ihnen zu dienen, mit seiner Eifersucht, und er knüpft daran auch die Unterscheidung zwischen Freund und 90 Feind. Freund ist, wer ihm, Feind, wer anderen Göttern dient. Das muss nicht unbedingt die anderen Religionen in Bausch und Bogen unter das Verdikt der Gottesfeindschaft stellen. Mit den Feinden Gottes sind in erster Linie die Israeliten selbst gemeint, die zu anderen Göttern überlaufen, sowie diejenigen Völker bzw. Religionen und Götter, die die Israeliten zu ihrem Dienst verführen wollen. Diese Personengruppen erregen Gottes Eifersucht und damit seinen Zorn, der sich in exzessiver Gewalt zu entladen pflegt. [...]

Zürnende und strafende Götter kennen die anderen Religionen auch. Pestepidemien und andere Naturkatastrophen werden typischerweise als Strafe erzürnter Gottheiten gedeutet. Das Besondere ist vielmehr, dass im Rahmen der neuen Religion die göttlichen Affekte auf menschlichen Nach- und Mitvollzug dringen. Wenn Gott zürnt, sollen seine Anhänger sich seinen Zorn zu eigen machen, wenn seine Ehre gekränkt, seine Eifersucht erregt sind, sollen sie für ihn eintreten. So weiß Mose, was er zu tun hat, nachdem er Gott davon abbringen konnte, zur Strafe für das Goldene Kalb das ganze Volk umzubringen: Er scharte die Leviten um sich und „sagte zu ihnen: So spricht der Herr, der Gott Israels: Jeder lege sein Schwert an. Zieht durch das Lager von Tor zu Tor! Jeder erschlage seinen Bruder, seinen Freund, seinen Nächsten. Die Leviten taten, was Mose gesagt hatte. Vom Volk fielen an jenem Tag gegen dreitausend Mann." [Ex 32,27f.]

Die Rücksicht auf Gottes Gefühle fordert die Zurücksetzung aller menschlichen Empfindungen, die Treue zu Gott bricht alle menschlichen Bindungen. [...] Diese Spiegelbeziehung zwischen göttlichen und menschlichen Affekten gibt es in den „heidnischen" Religionen nicht. Wenn diese Götter rasen und zürnen, dann bedürfen sie der Menschen nicht als willige Vollstrecker. Damit will ich nicht sagen, dass diese Religionen irgend besser waren und wir zu ihnen zurückkehren sollten, sondern dass die religiöse Gewalt etwas prinzipiell Neues ist. Im Monotheismus gelten andere Regeln: [...] Die Eifersucht Gottes verlangt von mir den Eifer für Gott, der Zorn Gottes fordert meine Empörung, und es ist dieses Eifern, mit dem wir heute von islamistischer Seite konfrontiert werden. [...]

Jan Assmann, 2007

3. Gliedern Sie den Text mithilfe von Überschriften.
4. „Religiöse Gewalt ist etwas prinzipiell Neues." (Z. 134f.) Erläutern Sie die These Assmanns.
5. Untersuchen Sie, welchen Stellenwert Ex 32,26-29 in Assmanns Argumentation hat und wie er den Text auslegt. Nutzen Sie Methode 5 (s. S. 381).

Auseinandersetzung mit der Gewaltthese

Die Theologen Rolf Schieder (* 1953) und Erich Zenger (s. S. 104) setzen sich kritisch mit der „Monotheismusthese" Assmanns auseinander.

30 Kritik an Jan Assmann

Die neutestamentlichen Erzählungen des Mensch gewordenen Gottessohnes rufen zur Nachahmung auf. Die Geschichten der Hebräischen Bibel dagegen rufen zum Nachdenken über das Gesetz auf. Das ist ein anderer hermeneutischer Zugang. Juden, die die Bibel lesen, lernen aus den Fehlern, die Menschen dort machen. [...]

Wenn also Jan Assmann [...] mit dem Gestus aufklärerischer Anklage gewalthaltige Texte der Hebräischen Bibel zitiert, so erklärt sich [seine] moralische Entrüstung möglicherweise aus dem Faktum, dass [er] einem hermeneutischen Trugschluss aufsitzt. [...] Eine zentrale Rolle spielt für Jan Assmann der Text [...] 2. Mose 32,26-28. [...] Das ist ein grauenhafter Text. Das haben die Leser zu allen Zeiten so empfunden. [...] Kein Jude käme auf die Idee, dass [es hier] etwas zu „befolgen" gäbe. Mose ist kein Gottessohn, dessen Verhalten man zu kopieren hätte. Er ist, wie so viele Menschen in der Hebräischen Bibel, einfach nur menschlich – und das heißt: fehlbar. [...]

Das außergewöhnliche Massaker wird in der rabbinischen Literatur kontrovers diskutiert. Man fragte sich: Hat Mose im Affekt gehandelt?

War sein Zorn so groß, dass er das politische Bewusstsein verlor? Vor allem aber: Gab es wirklich einen göttlichen Auftrag? Oder hat ihn Mose nur erfunden? Steht nämlich sonst in der Hebräischen Bibel das „So spricht der Herr" für sich allein, so findet sich in diesem Text die merkwürdige Formulierung: „Mose sprach zu ihnen: So spricht der Herr." Was er aber sagt, wird nicht mehr berichtet. Vielmehr folgen auf das „so spricht der Herr" die Handlungsanweisungen des Mose. Haben wir es also mit einem frühen Fall der Instrumentalisierung Gottes für eigene Machtinteressen zu tun? Sprechen diese Besonderheiten dafür, dass ein eigenmächtiges Handeln des Mose vorliegt, der einen göttlichen Auftrag nur erfindet? Vor allem aber kritisieren die Rabbiner, dass hier ohne jedes Gerichtsverfahren und ohne jede vorherige Festlegung eines Strafmaßes gehandelt wurde. Befremdlich ist ferner, dass in allen anderen Fällen Gott selbst sein Volk straft, hier aber die Leviten zum willkürlichen Töten aufgefordert werden, was eindeutig einen Konflikt mit 1. Mose 9,6 provoziert. Dort heißt es: „Wer das Blut eines Menschen vergießt, dessen Blut soll für den Wert des getöteten Menschen vergossen werden. Denn als Bild Gottes hat er den Menschen gemacht."

Rolf Schieder, 2009

31 Das gewaltkritische und freiheitsfördernde Potenzial des biblischen Monotheismus

Die Gewaltvirulenz von Bibel und Koran sowie die faktische Gewalttätigkeit der Religionen überhaupt sind nicht zu bestreiten. Trotzdem behaupte ich: Der biblische Monotheismus ist von seiner Mitte her gewaltkritisch und freiheitsfördernd. Die einzigartige Bedeutung dieses Monotheismus liegt darin, dass er die Freiheit nicht nur zu seinem zentralen Thema, sondern zum Kriterium der wahren Religion überhaupt gemacht hat. Die sogenannte Mosaische Unterscheidung (Jan Assmann) zwischen wahr und falsch in der Religion war ein Quantensprung in der Menschheitsgeschichte. Während es bis dahin eine geradezu unreflektierte Symbiose von Religion und Gesellschaft bzw. Staat gab, wobei die Religion die jeweils bestehenden gesellschaftlichen und politischen Strukturen legitimierte, [...] vollzog der Mosaische Monotheismus eine klare Unterscheidung zwischen dem einzig wahren Gott und den falschen Göttern. Einerseits bedeutete dies die Unterscheidung zwischen Monotheismus und Polytheismus. Andererseits aber implizierte diese Unterscheidung eine Kriteriologie des wahren Gott-Seins, die spektakulär war und ist.

Das Hauptkriterium der wahren Göttlichkeit lag nicht mehr im Bereich des Kultes, auch nicht in der Ablehnung der Götterbilder, so wichtig dies für die Religion Israels auch war, sondern im Bereich der Ethik, in Sonderheit im Verhalten der Gottheit zur Freiheit der Menschen und zur Würde aller Menschen, jenseits von Rasse und Geschlecht, als Bildern Gottes. Die singuläre Leistung der Religion Israels liegt in der Ethisierung und in der Humanisierung der Religion. Beides ist eine Folge des Mosaischen Monotheismus. [...]

Die statistisch häufigste Gottesprädikation der Hebräischen Bibel lautet: Der Gott Israels ist darin und dadurch der wahre Gott, dass er Israel aus dem Sklavenhaus Ägypten herausgeführt, d.h. befreit hat und weiterhin Israels Freiheit durchsetzen und schützen will. Ein solches Gottesverständnis war im altorientalischen Kontext geradezu revolutionär und hatte Konsequenzen für das Selbstverständnis der biblischen Religion – bis heute. Im Horizont der Mosaischen Unterscheidung genügt nicht mehr der bloß rituelle Vollzug. Gefordert ist vielmehr die freie Entscheidung für die wahre Religion. Die Religion wird nun zur Herzenssache. [...]

Das kommt klassisch im sog. Schema Dtn 6,4f., dem Hauptgebot von Judentum und Christentum, zum Ausdruck: „Höre Israel, JHWH, unser Gott, ist Einer. Darum sollst du JHWH, deinen Gott, lieben von ganzem Herzen ..." Vor allem Dtn 4 und 30 entfalten breit, dass der Gottesglaube eine freie Entscheidung des Herzens sein soll: „Siehe, ich lege vor dich das Leben und das Gute, den Tod und das Böse, wähle das Leben!" (Dtn 30,15.19)

Dass der biblische Monotheismus angesichts seiner Universalität und von seiner inhaltlichen Konzentration auf Befreiung und Gemeinschaft her auch den Weltvölkern nicht mit Gewalt aufgezwungen, sondern von diesen nur in Freiheit angenommen werden kann, wird mehrfach unmissverständlich formuliert. Ich nenne drei besonders instruktive Beispiele: [...] Das Tempelweihegebet Salomos [...] 1 Kön 8,59-61, [...] Ps 46, die [...] Friedensutopie Jes 2,1-5 bzw. Mi 4, 1-5. [...]

Im Horizont des biblischen Monotheismus ergibt sich die (freilich auch von ihm selbst nicht immer in die Praxis umgesetzte) Option: Weil Freiheit ein Grundprinzip von Religion überhaupt ist, können und müssen „religiöse" Menschen und Institutionen die Überzeugungen anderer in ihrer Andersartigkeit respektieren. Zwang und Gewalt im Bereich der Religion widersprechen dem Grundansatz des biblischen Monotheismus und vor allem seinem Bekenntnis zum befreienden Gott.

Erich Zenger, 2007

1. Wie lesen Juden die Bibel? Geben Sie Schieders Beschreibung wieder.
2. Erläutern Sie Schieders Vermutung, Assmann könnte bei seiner Kritik z. B. an Ex 32,26-29 einem hermeneutischen Trugschluss aufsitzen (Z. 13 f.).
3. Gliedern Sie den Text Zengers.
4. Arbeiten Sie die Merkmale des „Mosaischen Monotheismus" heraus. Lesen Sie die aufgeführten biblischen Belege nach.
5. Stellen Sie die Argumente Assmanns auf der einen und die Schieders und Zengers auf der anderen Seite tabellarisch gegenüber. Diskutieren Sie darüber in Ihrer Lerngruppe und formulieren Sie dann eine eigene Stellungnahme.
6. Untersuchen Sie Jesu Verhältnis zur Gewalt. Berücksichtigen Sie dabei Mt 5,39b-42 und Mt 5,44b-47. Ziehen Sie auch Mk 10,42b-45 und Mt 11,15-17 heran.

Gott und die Vernunft

Die als „Regensburger Vorlesung" bekannt gewordene Vorlesung in der Aula der Regensburger Universität am 12. September 2006 hat Papst Benedikt XVI. ausführlich dem Thema „Gewalt und Religion" gewidmet. Dabei stellte er grundsätzliche Unterschiede zwischen Christentum und Islam fest. Benedikt führte in das Thema ein, indem er den spätmittelalterlichen byzantinischen Kaiser Manuel II. Palaiologos (1350–1425) zur Rolle der Gewalt im Islam zitiert.

32 Nicht vernunftgemäß zu handeln, ist dem Wesen Gottes zuwider

Der Kaiser wusste sicher, dass in Sure 2,256 steht: Kein Zwang in Glaubenssachen – es ist eine der frühen Suren aus der Zeit, in der Mohammed selbst noch machtlos und bedroht war. Aber der Kaiser kannte natürlich auch die im Koran niedergelegten – später entstandenen – Bestimmungen über den heiligen Krieg. Ohne sich auf Einzelheiten wie die unterschiedliche Behandlung von „Schriftbesitzern" und „Ungläubigen" einzulassen, wendet er sich in erstaunlich schroffer Form ganz einfach mit der zentralen Frage nach dem Verhältnis von Religion und Gewalt überhaupt an seinen Gesprächspartner. [...] Der Kaiser begründet dann eingehend, warum Glaubensverbreitung durch Gewalt widersinnig ist. Sie steht im Widerspruch zum Wesen Gottes und zum Wesen der Seele. „Gott hat kein Gefallen am Blut, und nicht vernunftgemäß (συν λόγω; griech. „mit Vernunft") zu handeln, ist dem Wesen Gottes zuwider. Der Glaube ist Frucht der Seele, nicht des Körpers. Wer also jemanden zum Glauben führen will, braucht die Fähigkeit zur guten Rede und ein rechtes Denken, nicht aber Gewalt und Drohung ... Um eine vernünftige Seele zu überzeugen, braucht man nicht seinen Arm, nicht Schlagwerkzeuge noch sonst eines der Mittel, durch die man jemanden mit dem Tod bedrohen kann ...".

Der entscheidende Satz in dieser Argumentation gegen Bekehrung durch Gewalt lautet: Nicht vernunftgemäß handeln ist dem Wesen Gottes zuwider. Der Herausgeber, Theodore Khoury, kommentiert dazu: Für den Kaiser als einen in griechischer Philosophie aufgewachsenen Byzantiner ist dieser Satz evident. Für die moslemische Lehre hingegen ist Gott absolut transzendent. Sein Wille ist an keine unserer Kategorien gebunden und sei es die der Vernünftigkeit. [...]

Hier tut sich ein Scheideweg im Verständnis Gottes und so in der konkreten Verwirklichung von Religion auf, der uns heute ganz unmittelbar herausfordert. Ist es nur griechisch zu glauben, dass vernunftwidrig zu handeln dem Wesen Gottes zuwider ist, oder gilt das immer und in sich selbst? Ich denke, dass an dieser Stelle der tiefe Einklang zwischen dem, was im besten Sinn griechisch ist, und dem auf der Bibel gründenden Gottesglauben sichtbar wird. Den ersten Vers der Genesis abwandelnd, hat Johannes den Prolog seines Evangeliums mit dem Wort eröffnet: Im Anfang war der Logos. Dies ist genau das Wort, das der Kaiser gebraucht: Gott handelt mit Logos. Logos ist Vernunft und Wort zugleich – eine Vernunft, die schöpferisch ist und sich mitteilen kann, aber eben als Vernunft. Johannes hat uns damit das abschließende Wort des biblischen Gottesbegriffs geschenkt, in dem alle die oft mühsamen und verschlungenen Wege des biblischen Glaubens an ihr Ziel kommen und ihre Synthese finden. Im Anfang war der Logos, und der Logos ist Gott, so sagt uns der Evangelist. Das Zusammentreffen der biblischen Botschaft und des griechischen Denkens war kein Zufall.

Benedikt XVI., 2006

Nachdem es in der islamischen Welt erhebliche Irritationen über die Ausführungen des Papstes gegeben hatte, reagierten einen Monat später 38 namhafte Gelehrte aus der ganzen islamischen Welt und veröffentlichten am 12. Oktober 2006 einen offenen Brief an Papst Benedikt XVI. Zu den Unterzeichnern gehören die Großmuftis aus neun islamischen Staaten und wichtige Religionsgelehrte aus weiteren zehn Staaten, darunter auch Saudi-Arabien und Iran.

33 Offener Brief islamischer Gelehrter an Papst Benedikt XVI.

Im Namen Gottes, des Allerbarmers, des Barmherzigen.
„Und streitet mit den Angehörigen der Schriftreligionen nur in bester Weise ..."
(Koran, Sure mit der Spinne, 29:46)

Ihre Heiligkeit,
in Bezug auf Ihre Vorlesung an der Universität Regensburg am 12. September 2006 halten wir es im Geiste einer offenen Auseinandersetzung für angebracht, Ihre Bezugnahme auf einen Dialog des gelehrten byzantinischen Kaisers Manuel II. Paleologus mit einem „gebildeten Perser" zum Anlass zu nehmen für einige Betrachtungen über die Beziehung zwischen Vernunft und Glauben. Wir begrüßen zwar Ihre Bemühungen, sich der Vorherrschaft positivistischer und materialistischer Denkweisen im menschlichen Leben entgegenzustellen, müssen wir doch auf einige Fehler hinweisen, die Ihre Darstellung des Islams als Kontrapunkt einer korrekten Anwendung menschlicher Vernunft enthält, als auch auf Irrtümer in den Argumenten, mit denen Sie Ihre Behauptung stützen.
In Ihren Ausführungen heißt es, dass Kennern zufolge der Vers „Es gibt keinen Zwang im Glauben." (Sure mit der Kuh, 2:256) in die Anfangszeit des Islams einzuordnen sei, in der der Prophet noch „machtlos und bedroht" gewesen sei. Dies ist nicht richtig. Vielmehr ist man sich einig, dass dieser Vers in jene Phase koranischer Offenbarung einzuordnen ist, in der die neugeschaffene muslimische Gesellschaft politisch und militärisch zu erstarken begann. So stellte „Es gibt keinen Zwang im Glauben." keineswegs den Befehl dar an Muslime, ihrem Glauben treuzubleiben angesichts des Wunsches ihrer Unterdrücker, sie zum Abfall von ihrem Glauben zu zwingen. Er war vielmehr eine Ermahnung an die Muslime selbst, die nun an die Macht gelangt waren, dass sie die Herzen anderer nicht zum Glauben zwingen konnten. [...]
In Ihrem Vortrag sagten Sie unter anderem, für die muslimische Lehre sei Gott „absolut transzendent", eine Vereinfachung, die irreführend sein kann. Wohl heißt es im Koran „Nichts ist Ihm gleich." (Sure mit der Beratung, 42:11), doch in anderen Versen heißt es: „Gott ist das Licht der Himmel und der Erde." (Sure mit dem Licht, 24:35), „Wir sind ihm näher als seine Halsschlagader." (Sure mit Qaf, 50:16), „Er ist Der Erste und Der Letzte, Der Offenbare und Der Verborgene." (Sure mit dem Eisen, 57:3), „Er ist mit euch, wo immer ihr auch seid." (Sure mit dem Eisen, 57:4) und „Wohin ihr euch auch immer wendet, dort ist Gottes Angesicht." (Sure mit der Kuh, 2:115). [...] Zu behaupten, für Muslime sei Gottes Wille „an keine unserer Kategorien gebunden", ist ebenfalls eine Vereinfachung, die

zu einem falschen Verständnis führen mag. Gott hat im Islam viele Namen, so zum Beispiel „Der Barmherzige", „Der Gerechte", „Der All-Hörende", „Der All-Sehende", „Der All-Wissende", „Der Liebevolle" und „Der Nachsichtige". So hat die tiefe Überzeugung der Muslime von der Einheit Gottes und dass „niemand Ihm jemals gleich" ist (Sure mit der aufrichtigen Ergebung, 112: 4) nicht dazu geführt, dass Muslime verleugnet hätten, dass Gott sich selbst diese Eigenschaften zuschreibt wie auch (einigen) seiner Geschöpfe. [...] Da es hier um Gottes Willen geht, heißt die Schlussfolgerung, die Muslime glauben an einen Willkür-Gott, der uns auch Schlechtes befehlen kann, vergessen, dass Gott im Koran sagt „Gott gebietet gerecht zu sein, Gutes zu tun und dem Verwandten zu geben, und Er verbietet das Schändliche, das Verwerfliche und Gewalttätigkeit. Er ermahnt euch, damit ihr daran denken möget." (Sure mit der Biene, 16:90) [...]

Die islamische Geisteswissenschaft ist reich an Studien über das Wesen menschlicher Vernunft und deren Beziehung zu Gottes Wesen und Seinem Willen. Dazu gehört auch die Frage danach, was als selbstverständlich zu betrachten ist und was nicht. Dennoch gibt es im islamischen Denken die Trennung zwischen „Vernunft" auf der einen Seite und „Glauben" auf der anderen Seite in dieser Form nicht. Vielmehr haben die Muslime auf eigene Weise verstanden, sowohl Stärke als auch Beschränktheit menschlicher Intelligenz zu begreifen, indem sie die Existenz verschiedener Stufen des Wissens erkannt haben, wobei die Vernunft eine zentrale Rolle spielt.

2006

1. Gliedern Sie die Ansprache des Papstes und benennen Sie seine zentralen Argumente.
2. Recherchieren Sie, was der Papst mit den Begriffen „Transzendenz" (Z. 37f.) und „Kategorien" (Z. 39) meint, und erläutern Sie, welche Konsequenzen sich aus der absoluten Transzendenz Gottes ergeben müssen.
3. Zeigen Sie, warum Christen an einen Gott glauben, der eben nicht nur transzendent ist, sondern der in der Geschichte erfahrbar geworden ist.
4. „Das Zusammentreffen der biblischen Botschaft und des griechischen Denkens war kein Zufall." (Z. 64 ff.). Erklären Sie, warum Papst Benedikt zu diesem Schluss kommen kann.
5. Gliedern Sie den Brief der islamischen Gelehrten und markieren Sie, gegen welche Ausführungen des Papstes sie sich verwahren.
6. Diskutieren Sie miteinander, welche der beiden Argumentationen Sie persönlich überzeugt.
7. Analysieren Sie, ob sich in den Ausführungen von Papst und Gelehrten Argumentationsformen und -muster finden lassen, die sich als typisch christlich oder islamisch qualifizieren lassen.

Wenden Sie Ihr Wissen an

■ Zum Thema Bibel und Gewalt werden gegensätzliche Auffassungen vertreten. Beziehen Sie Stellung zu den Thesen „Gewalttexte in der Bibel sprechen für ein gewalttätiges und primitives Gottesverständnis!" und „Die Bibel klärt über Gewalt auf, weil sie die Mechanismen menschlicher Gewalt aufdeckt!". Sie können Ihre Auffassung in einem Text formulieren oder visuell gestalten.

5. Konsequenzen: Religionen im Dialog

Was Sie erwartet

Eine wichtige Konsequenz aus der Anerkennung und Wertschätzung anderer Religionen ist der konstruktive Dialog zwischen den verschiedenen Glaubensgemeinschaften. Allerdings ist nicht jede Begegnung und schon gar nicht jedes Mit- oder Nebeneinander von Menschen unterschiedlicher Religionen bereits interreligiöser Dialog. Vielmehr müssen verschiedene Kriterien erfüllt sein, wenn von einem wirklichen Dialog die Rede sein soll. Karl Kardinal Lehmann hat nach dem 11. September 2001 solche Bedingungen für einen echten Dialog aus katholischer Perspektive erörtert.

Ein solches dialogisches Bemühen war auch der Hintergrund des „Weltparlamentes der Religionen", das vom 28. August bis zum 4. September 1993 in Chicago zu seiner konstitutiven Sitzung zusammentrat und eben dort eine „Erklärung zum Weltethos" verabschiedete. Grundgedanke dieser Erklärung ist, dass die Religionen der Welt bei allen dogmatischen oder pragmatischen Differenzen in einem ethischen Grundkonsens an Werten und Normen übereinstimmen.

Das „Projekt Weltethos" wird mit großem Engagement von dem Tübinger Theologen Hans Küng vorangetrieben und weiterentwickelt. Es hat in der Öffentlichkeit große Popularität erlangt. Mit Blick auf die religionstheologischen Voraussetzungen wie auch auf seine praktisch-ethischen Zielsetzungen erscheint dieses Modell allerdings nicht unproblematisch.

Einen weniger ethisch-praktischen als vielmehr religiös-spirituellen Beitrag zum konstruktiven Miteinander der Religionen im Mühen um eine friedvolle Mitgestaltung der Welt hat Papst Johannes Paul II. durch den von ihm 1986 und 2002 einberufenen Weltgebetstag der Religionen für den Frieden in Assisi geleistet. Während seines gesamten Pontifikates (1978–2005) hat Johannes Paul II. versucht, für eine Versöhnung der Religionen und einen wirklichen interreligiösen Dialog einzutreten. Dabei war sein Anliegen weniger die systematische Verhältnisbestimmung von Kirche, Christentum und anderen Religionen, sondern vielmehr die Einladung zur Versöhnung der Religionen untereinander nach Jahrhunderten blutiger Auseinandersetzung und Verfolgung.

Sein Nachfolger Benedikt XVI. hat in den ersten Jahren seines Pontifikats eine skeptischere und stärker auf die eigene christliche Profilierung ausgerichtete Religionspolitik verfolgt. So hat seine sogenannte „Regensburger Vorlesung" (2006) aufgrund eines umstrittenen Zitats unter den Muslimen weltweit zu Aufregung und Verärgerung geführt. (s. S. 109 ff.) Unabhängig von dieser missverstandenen Passage weist Benedikt XVI. aber in diesem Vortrag auf den für die religionstheologische Verständigung absolut notwendigen Zusammenhang von Glaube und Vernunft im Sinne der christlichen Theologietradition hin. Wer einen ernsthaften Dialog mit anderen Religionen führen will, der muss zuerst nach der Vernünftigkeit des eigenen Glaubens fragen und fragen lassen. In diesem Sinne ist zu begrüßen, dass es inzwischen auch von Seiten der islamischen Theologie erste Gespräche mit dem Vatikan gegeben hat.

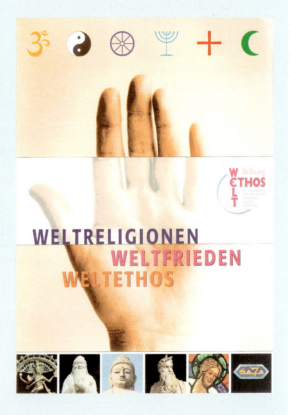

Ein gemeinsames Ethos als Grundlage für den Dialog?

Vertreter aller Religionen haben als „Weltparlament der Religionen" 1993 in Chicago getagt und dort eine „Erklärung zum Weltethos" verabschiedet.

34 Das Parlament der Weltreligionen: Erklärung zum Weltethos

Wir, Männer und Frauen aus verschiedenen Religionen und Regionen dieser Erde, wenden uns deshalb an alle Menschen, religiöse und nichtreligiöse. Wir wollen unserer gemeinsamen Überzeugung Ausdruck verleihen:
Wir alle haben eine Verantwortung für eine bessere Weltordnung.
Unser Einsatz für die Menschenrechte, für Freiheit, Gerechtigkeit, Frieden und die Bewahrung der Erde ist unbedingt geboten.
Unsere sehr verschiedenen religiösen und kulturellen Traditionen dürfen uns nicht hindern, uns gemeinsam aktiv einzusetzen gegen alle Formen der Unmenschlichkeit und für mehr Menschlichkeit. [...]
Aufgrund von persönlichen Lebenserfahrungen und der notvollen Geschichte unseres Planeten haben wir gelernt, [...] dass Recht ohne Sittlichkeit auf Dauer keinen Bestand hat und dass es deshalb keine neue Weltordnung geben wird ohne ein Weltethos.
Mit Weltethos meinen wir keine neue Weltideologie, auch keine einheitliche Weltreligion jenseits aller bestehenden Religionen, erst recht nicht die Herrschaft einer Religion über alle anderen. Mit Weltethos meinen wir einen Grundkonsens bezüglich bestehender verbindender Werte, unverrückbarer Maßstäbe und persönlicher Grundhaltungen [...]:

1. Verpflichtung auf eine Kultur der Gewaltlosigkeit und der Ehrfurcht vor allem Leben;
2. Verpflichtung auf eine Kultur der Solidarität und eine gerechte Wirtschaftsordnung;
3. Verpflichtung auf eine Kultur der Toleranz und ein Leben in Wahrhaftigkeit;
4. Verpflichtung auf eine Kultur der Gleichberechtigung und die Partnerschaft von Mann und Frau.

[...]

Zum Schluss appellieren wir an alle Bewohner dieses Planeten: Unsere Erde kann nicht zum Besseren verändert werden, ohne dass das Bewusstsein des Einzelnen geändert wird. Wir plädieren für einen individuellen und kollektiven Bewusstseinswandel, für ein Erwecken unserer spirituellen Kräfte durch Reflexion, Meditation, Gebet und positives Denken, für eine Umkehr der Herzen. Gemeinsam können wir Berge versetzen! Ohne Risiko und Opferbereitschaft gibt es keine grundlegende Veränderung unserer Situation! Deshalb verpflichten wir uns auf ein gemeinsames Weltethos: auf ein besseres gegenseitiges Verstehen sowie auf sozialverträgliche, friedensfördernde und naturfreundliche Lebensformen.

Wir laden alle Menschen, ob religiös oder nicht, ein, dasselbe zu tun!

1. Erklären Sie, was die Verfasser der Erklärung unter dem Begriff „Weltethos" verstehen.
2. Prüfen Sie, in welchem Maß sich die Werte und Maximen der christlichen Ethik mit den Verpflichtungen des Weltethos verbinden lassen.
3. Diskutieren Sie, ob das Projekt Weltethos einen wirklichen Beitrag zum friedlichen Miteinander der Religionen und Kulturen leisten kann.

Die katholische Religionsphilosophin Hannah-Barbara Gerl-Falkovitz (* 1945) setzt sich in einem 2002 erschienen Beitrag kritisch mit der Idee des Weltethos auseinander.

35 Vom Nutzen und Nachteil des Weltethos

Die Rede von Gott widersetzt sich der ethischen Nützlichkeit, beansprucht „mehr" als Vernünftigkeit und Nutzen. In keiner Religion, ob entwickelt oder „primitiv", ist Gott als Funktion des Menschen ausgelegt, ganz im Gegenteil: Er beansprucht ihn, und darauf beruht seine – gesellschaftsbildende, ethische, individualpsychologische – Wirkung. Kann es genügen, nur von den sekundären ethischen Wirkungen der Gottesrede auszugehen, das verursachende Prinzip aber nicht zur Sprache zu bringen, ja sogar mit einer gewissen Genierlichkeit darüber zu schweigen? [...] Wenn aber das Heilige, der Heilige „mehr als Funktion" umschließt, wird das Reden darüber dann möglicherweise umgekehrt eine Herausforderung des Weltethos? Dem jüdisch-christlichen Anspruch nach ist Gott anders zu berühren: Alles, was mit ihm zu tun hat (die Liturgie zuvorderst), ist zweckfrei, aber voll tiefen Sinnes. Diese Sinnfülle ist vom menschlichen Begreifen nicht zu umgreifen. Es ist sehr darauf zu achten, dass Religionen und ihre innewohnende Ethik nicht auseinanderdividiert und dadurch nicht instrumentalisiert werden. Religionen sind Träger von Sinn (= Gesamtdeutung der rätselhaften Welt) und nicht von Zwecken. Sie motivieren ihre Gläubigen zu sinnhaften und nicht vorrangig zu zwecklichen Handlungen, was besonders einsichtig wird in Zusammenhängen, wo das Tun für den Handelnden gefährlich, ja lebensbedrohend wird. Sinn ist der Funktion vorgeordnet, und davon leben Religionen zutiefst. Sie sind – genau in diesem Sinne – „unverwaltbar" und dem staatlichen Gebrauch oder staatlichen Nützlichkeitsbestrebungen entzogen. Wo Zusammenleben auf engem Raum, im „Weltdorf" gelingen soll, muss es von Sinnentwürfen, Sinngefügen getragen werden, nicht von zwecklichen Absprachen, und seien sie noch so gut gemeint. [...]

Über allgemeines gegenseitiges Wohlwollen wird man bei Überblendungen der Ethik nicht weit hinauskommen – und das ist ja an sich nicht schlecht. Doch ob dem „Weltethos" mehr Durchschlagskraft zu Eigen sein wird als den schon vorhandenen, durchaus rigiden Vorschriften der Religionen (man denke nur an die islamische Scharia), und zwar aufgrund seiner zahnlosen Vernünftigkeit, ist sehr die Frage. Die Goldene Regel gibt es schon lange auch ohne das Weltethos. [...]

Krisen werden eher zum kleineren Teil von wirklich religiösen Konflikten genährt; stattdessen werden religiöse Aussagen für andere, und seien es nur destruktive Motive, instrumentalisiert. Das eigentliche Potenzial sind ethnische, kulturelle, wirtschaftliche Pulverfässer. Selbst der islamistische Terror hat seine Wurzeln, wenn man moslemischen Führern trauen will, nicht im Koran.

Hanna-Barbara Gerl-Falkovitz, 2002

4. Nennen Sie die Kritikpunkte der Verfasserin am Projekt Weltethos.
5. Nehmen Sie Stellung, ob die Einwände von Gerl-Falkovitz das Projekt Weltethos überhaupt in Frage stellen oder ob sie zu seiner Weiterentwicklung beitragen können.
6. „Kann es genügen, nur von den sekundären ethischen Wirkungen der Gottesrede auszugehen, das verursachende Prinzip aber nicht zur Sprache zu bringen, ja sogar mit einer gewissen Genierlichkeit darüber zu schweigen?" (Z. 8 ff.) Erklären Sie, welches gesellschaftliche Phänomen die Verfasserin mit ihrem Zitat beschreiben will, und diskutieren Sie, ob Sie dieser Beobachtung zustimmen können.

Arbeit für Verständigung und Dialog

Papst Johannes Paul II. (1978–2005) hat durch die von ihm initiierten Weltgebetstage der Religionen in Assisi einen besonderen Beitrag zum Dialog der Religionen geleistet. Im Jahr 2002 hat er mit folgenden Worten zu diesem Treffen eingeladen.

36 Einladung zum Weltgebetstag der Religionen in Assisi

Das Gebet ist für den Frieden nicht ein Element, das dem Einsatz für den Frieden „nachfolgt". Im Gegenteil, es liegt dem Bemühen um die Herstellung des Friedens in Ordnung, Gerechtigkeit und Freiheit am Herzen. Beten für den Frieden heißt, das menschliche Herz dem Eindringen der erneuernden Kraft Gottes öffnen. Gott kann durch die belebende Kraft seiner Gnade selbst dort Öffnungen für den Frieden schaffen, wo es nur Hindernisse und Abriegelungen zu geben scheint; trotz einer langen Geschichte von Trennungen und Kämpfen vermag er die Solidarität der Menschheitsfamilie zu stärken und auszuweiten. Beten für den Frieden heißt beten für die Gerechtigkeit, für eine angemessene Ordnung innerhalb der Nationen und in ihren Beziehungen untereinander. Das heißt auch beten für die Freiheit, besonders für die Religionsfreiheit, die ein menschliches und ziviles Grundrecht eines jeden Individuums ist. Beten für den Frieden heißt dafür beten, die Vergebung Gottes zu erlangen und gleichzeitig im Mut zu wachsen, den jeder nötig hat, der seinerseits die erlittenen Verletzungen vergeben will.

Aus all diesen Gründen habe ich die Vertreter der Weltreligionen am kommenden 24. Januar nach Assisi eingeladen, um in der Stadt des heiligen Franziskus für den Frieden zu beten. Wir wollen damit zum Ausdruck bringen, dass das ehrliche religiöse Empfinden eine unerschöpfliche Quelle der gegenseitigen Achtung und des Verstehens unter den Völkern ist: Genau darin liegt das wichtigste Gegenmittel gegen Gewalt und Konflikte. In dieser Zeit großer Besorgnis muss sich die Menschheitsfamilie auf die sicheren Gründe unserer Hoffnung besinnen. Gerade dies beabsichtigen wir in Assisi zu verkünden, indem wir – mit den eindrucksvollen, dem heiligen Franziskus zugeschriebenen Worten – den Allmächtigen Gott bitten, uns zu einem Werkzeug seines Friedens zu machen.

Kein Friede ohne Gerechtigkeit, keine Gerechtigkeit ohne Vergebung: Das will ich in dieser Botschaft Glaubenden und Nichtglaubenden, den Männern und Frauen guten Willens verkünden, denen das Wohl der Menschheitsfamilie und ihre Zukunft am Herzen liegt.

Johannes Paul II, 2002

Papst Johannes Paul II. mit den Führern anderer Religionen beim Weltgebetstreffen in Assisi 1986

1. Zeigen Sie am Text, welche Bedeutung dem Gebet aus Sicht des Papstes für ein friedliches Miteinander der Religionen zukommt.
2. Überlegen Sie, warum der Papst gerade die Stadt Assisi als Ort für ein Gebet der Weltreligionen gewählt hat.
3. Recherchieren Sie im Internet, aus welchen Gründen Papst Johannes Paul II. für seine Weltgebetseinladungen und -teilnahmen kritisiert worden ist. Diskutieren Sie die dort genannten Argumente und nehmen Sie selber Stellung zur Initiative des Papstes.
4. In Assisi ist kein gemeinsames Gebet gepflegt worden, vielmehr hat dort jeder Teilnehmer in der großen Gemeinschaft für sich gebetet. Diese Form des Betens in der Gemeinschaft empfehlen auch die deutschen Bischöfe für Feiern, an denen Menschen verschiedener Religionen teilnehmen. Erörtern Sie, welche Argumente für gemeinsames Beten und welche für ein Beten für sich in der Gemeinschaft sprechen.

RELIGION – *was den Menschen unbedingt angeht*

Karl Kardinal Lehmann (* 1936), der langjährige Vorsitzende der Deutschen Bischofskonferenz, hat sich ein Jahr nach dem 11. September 2001 in seinem Eröffnungsreferat zur Herbstvollversammlung der Konferenz am 27. September 2002 in besonderer Weise dem interreligiösen Dialog gewidmet.

37 Kriterien für den interreligiösen Dialog

Ich habe in meinem Referat die Frage gestellt, wie der interreligiöse Dialog in Zukunft verantwortungsvoll und unter Wahrung der christlichen Identität fortgeführt werden kann. Auf
5 dieses Ziel hin gab es in den zurückliegenden Jahrzehnten zahlreiche Bemühungen von kirchlicher Seite. [...] Vor dem Hintergrund dieser inhaltsreichen Vorarbeiten habe ich in Thesenform grundsätzliche Anforderungen formuliert,
10 von denen sich der interreligiöse Dialog heute leiten lassen sollte.
Um ein offenes und auf gemeinsame Perspektiven ausgerichtetes Gespräch führen zu können, müssen die Religionen

– sich gegenseitig grundsätzlich als Ebenbürtige unter Ebenbürtigen akzeptieren; 15
– schlüssig darlegen, warum es Religionen gibt und warum Religionen dem Menschen dienlich sind;
– sich immer auch im praktischen Handeln zum Wohle der Menschen bewähren; 20
– sich selbst auf das Auseinanderfallen von Anspruch und Wirklichkeit hin kritisch überprüfen.

Karl Kardinal Lehmann, 2002

5. Diskutieren Sie, welche Religionen, Ereignisse und Traditionen der Vorsitzende der deutschen Bischofskonferenz besonders im Blick haben muss, wenn er sich zum Dialog der Religionen in Deutschland äußert.
6. Prüfen Sie mit Blick auf die in Deutschland wichtigen Religionsgemeinschaften (Katholische Kirche, Evangelischen Landeskirchen, Judentum und Islam), in welchem Maße diese den Kriterien entsprechen, die Lehmann für einen ernsthaften Dialog fordert.

Papst Benedikt XVI. hat in seiner „Regensburger Vorlesung" (s. T 31) auch das Verhältnis von Glaube und Vernunft in den Blick genommen. Der folgende Ausschnitt knüpft an T 31 an.

38 Die Religionen und die Vernunft

Hier tut sich ein Scheideweg im Verständnis Gottes und so in der konkreten Verwirklichung von Religion auf, der uns heute ganz unmittelbar herausfordert. Ist es nur griechisch zu glauben,
5 dass vernunftwidrig zu handeln dem Wesen Gottes zuwider ist, oder gilt das immer und in sich selbst? Ich denke, dass an dieser Stelle der tiefe Einklang zwischen dem, was im besten Sinn griechisch ist, und dem auf der Bibel grün-
10 denden Gottesglauben sichtbar wird. Den ersten Vers der Genesis abwandelnd, hat Johannes den Prolog seines Evangeliums mit dem Wort eröffnet: Im Anfang war der Logos. Dies ist genau das Wort, das der Kaiser [Manuel II. (1350–1425)]
15 gebraucht: Gott handelt mit Logos. Logos ist Vernunft und Wort zugleich – eine Vernunft, die schöpferisch ist und sich mitteilen kann, aber eben als Vernunft. Johannes hat uns damit das abschließende Wort des biblischen Gottesbegriffs geschenkt, in dem alle die oft mühsamen 20
und verschlungenen Wege des biblischen Glaubens an ihr Ziel kommen und ihre Synthese finden. Im Anfang war der Logos, und der Logos ist Gott, so sagt uns der Evangelist. Das Zusammentreffen der biblischen Botschaft und des 25
griechischen Denkens war kein Zufall.
Dabei war dieses Zugehen längst im Gang. Schon der geheimnisvolle Gottesname vom brennenden Dornbusch, der diesen Gott aus den Göttern mit den vielen Namen heraus- 30
nimmt und von ihm einfach das Sein aussagt, ist eine Bestreitung des Mythos, zu der der sokratische Versuch, den Mythos zu überwinden und zu übersteigen, in einer inneren Analogie steht. Der am Dornbusch begonnene Prozess 35
kommt im Innern des Alten Testaments zu einer neuen Reife während des Exils, wo nun der landlos und kultlos gewordene Gott Israels sich

als den Gott des Himmels und der Erde verkündet und sich mit einer einfachen, das Dornbusch-Wort weiterführenden Formel vorstellt: „Ich bin's." Mit diesem neuen Erkennen Gottes geht eine Art von Aufklärung Hand in Hand, die sich im Spott über die Götter drastisch ausdrückt, die nur Machwerke der Menschen sind (vgl. Ps 115). So geht der biblische Glaube in der hellenistischen Epoche bei aller Schärfe des Gegensatzes zu den hellenistischen Herrschern, die die Angleichung an die griechische Lebensweise und ihren Götterkult erzwingen wollten, dem Besten des griechischen Denkens von innen her entgegen zu einer gegenseitigen Berührung, wie sie sich dann besonders in der späten Weisheitsliteratur vollzogen hat. Heute wissen wir, dass die in Alexandrien entstandene griechische Übersetzung des Alten Testaments – die Septuaginta – mehr als eine bloße (vielleicht wenig positiv zu beurteilende) Übersetzung des hebräischen Textes, nämlich ein selbständiger Textzeuge und ein eigener wichtiger Schritt der Offenbarungsgeschichte ist, in dem sich diese Begegnung auf eine Weise realisiert hat, die für die Entstehung des Christentums und seine Verbreitung entscheidende Bedeutung gewann. Zutiefst geht es dabei um die Begegnung zwischen Glaube und Vernunft, von rechter Aufklärung und Religion. Kaiser Manuel II. hat wirklich aus dem inneren Wesen des christlichen Glaubens heraus und zugleich aus dem Wesen des Hellenistischen, das sich mit dem Glauben verschmolzen hatte, sagen können: Nicht „mit dem Logos" handeln, ist dem Wesen Gottes zuwider ...

Benedikt XVI., 2006

7. Informieren Sie sich über den Begriff des Logos und seine verschiedenen Bedeutungen und klären Sie, wie Papst Benedikt XVI. den Begriff verwendet.
8. Führen Sie aus, was Benedikt unter dem „Zusammentreffen der biblischen Botschaft und des griechischen Denkens" (Z. 24 ff.) im Johannes-Evangelium versteht.
9. Referieren Sie, wo aus Sicht des Papstes die „Begegnung zwischen Glaube und Vernunft, von rechter Aufklärung und Religion" (Z. 64 ff.) bereits in den Schriften des Alten Testaments erkennbar ist. Ziehen Sie dazu den Begriff „Biblische Aufklärung" in den Erläuterungen S. 369 heran.
10. Erörtern Sie, wo in den drei monotheistischen Religionen die Vernunft im Sinne „rechter Aufklärung" erkennbar und wo weitere Aufklärung noch notwendig ist, damit ein wirklicher Dialog der Religionen stattfinden kann.

Wenden Sie Ihr Wissen an

■ Recherchieren Sie in den gängigen Medien, wie sich das Verhältnis von Christentum und Islam durch die Jahrhunderte entwickelt hat. Legen Sie verschiedene Lernstationen an, auf denen über wichtige Ereignisse im Miteinander der beiden Religionen informiert wird. Prüfen Sie dabei jeweils das Verhältnis von Vernunft und Glaube und entscheiden Sie, wo ein wirklicher Dialog stattgefunden hat.

GOTT –
offenbarte Verborgenheit

Wahrhaftig, du bist ein verborgener Gott. Israels Gott ist der Retter (Jes 45,15).
Meine Gedanken sind nicht eure Gedanken, und eure Wege sind nicht meine
Wege – Spruch des Herrn (Jes 55,8).
Jesaja, Prophet des Alten Testaments, wirkte ca. 586–539 v. Chr.

Gott ist Licht, und keine Finsternis ist in ihm (1 Joh 1,5b).
Gott ist die Liebe (1 Joh 4,8b; 16b).
Johannes, Autor im Neuen Testament, 2. Hälfte 1. Jh. n. Chr.

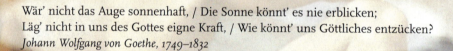

Wär' nicht das Auge sonnenhaft, / Die Sonne könnt' es nie erblicken;
Läg' nicht in uns des Gottes eigne Kraft, / Wie könnt' uns Göttliches entzücken?
Johann Wolfgang von Goethe, 1749–1832

Der Nachgeborene
Ich gestehe es: ich / Habe keine Hoffnung. / Die Blinden reden vom Ausweg. Ich / Sehe //
Wenn die Irrtümer verbraucht sind / Sitzt als letzter Gesellschafter / Uns das Nichts gegenüber.
Bertolt Brecht, 1898–1956

Nichts
„Gott hat die Welt aus *Nichts* gemacht", / so steht es im Brevier, /
nun hab' ich manchmal den Verdacht, / er macht sich *nichts* aus ihr ...
Heinz Erhardt, Komiker, 1909–1979

In der Schönheit der Natur, /
findest Du Deines Gottes Spur /
willst Du sie noch besser sehn, /
musst Du vor einem Kreuze stehen.
Holztafel unter einem Wegkreuz, Südtirol

Die Religionen sind von uns Menschen gemacht, und ob es einen Gott gibt –
ich weiß es nicht. Ich glaube aber an ein Bedürfnis nach Gott [...].
Für mich ist er ein Gefühl von Güte in mir, von Wahrheitsliebe, von Klugheit –
Gott hat alle Eigenschaften, die ich am meisten schätze.
Margarete Mitscherlich-Nielsen, Psychoanalytikerin, * 1917

Glauben, dass Gott ist, heißt, dass er nicht unsere Idee ist, sondern dass wir
seine Idee sind. Es bedeutet also „Umkehr" der Perspektive, Bekehrung. Wenn
Gott ist, dann ist das das Wichtigste, wichtiger, als dass wir sind.
Robert Spaemann, Philosoph, * 1927

1. Suchen Sie sich einen Gedanken heraus, der Ihnen besonders gut gefällt. Tauschen Sie sich darüber mit einem Partner aus.
2. Erläutern Sie, welchen Gedanken Sie ablehnen. Stellen Sie Ihre Überlegungen zur Diskussion.
3. Auf welche Fragen oder Thesen wollen Sie in diesem Kapitel eine Antwort bekommen? Notieren Sie Ihre Fragen, damit diese Sie bei der Erarbeitung des Kapitels begleiten.

Überblick

Auf die Frage, ob er an Gott glaube, antwortete ein weiser Mann mit der Gegenfrage: An welchen? Antworten auf diese Frage finden sich in den Schriften der Bibel und der auf sie gründenden kirchlichen Tradition. Im ersten Teil der Bibel, dem AT, lässt sich ein Gedankenstrang entdecken, der als „biblische Aufklärung" bezeichnet wird und eine grundsätzliche Einsicht einschärft: Bei Götterstatuen und ausgedachten Gottheiten handelt es sich keineswegs um Gott – sie sind nichts anderes als Götzen! Im dritten Kapitel des Buches Exodus, einer zentralen Stelle der ganzen Bibel, gibt Gott sich den Menschen zu erkennen – und zwar als ein da-seiender und sich entziehender Gott zugleich. Weil der verborgen da-seiende Gott nichts Dinghaftes ist, müssen wir von ihm anders als von Dingen in der Welt sprechen.

Im NT erhält die Offenbarung Gottes ihre entscheidende Zuspitzung – in dem Bekenntnis nämlich, dass Gott in der historischen Person des Jesus von Nazaret Menschengestalt angenommen hat; hinzu kommen Aussagen über den Heiligen Geist. Die theologische Durchdringung dieser Zeugnisse mündet schließlich in das Bekenntnis zum dreieinigen Gott. Dieses Gottesverständnis unterscheidet das Christentum von den beiden anderen monotheistischen Religionen Judentum und Islam.

Früh ist das Christentum ein Bündnis mit der Philosophie eingegangen. Ein Ergebnis dieser fruchtbaren Beziehung sind die sogenannten Gottesbeweise, mit denen sich gläubige Christen durch vernünftige Argumentation der Existenz Gottes zu vergewissern versuchen. Wie ist es um die Beweiskraft von Gottesbeweisen bestellt? Können sie uns noch heute überzeugen?

Ein bedrängendes Problem, welches das theologische Denken an die Grenzen der Vernunft treibt, besteht darin, wie sich schuldloses Leiden mit der Vorstellung eines gütigen und allmächtigen Gottes vereinbaren lässt. Die gegebenen Antworten werfen immer neue Fragen auf – und wecken Zweifel, ob sich jemals eine abschließende Antwort finden lässt.

Weit verbreitet ist der Verdacht, der Glaube an Gott sei nichts anderes als eine menschliche Einbildung und hindere Menschen daran, ihre Vernunft zu gebrauchen. Dieser Gedanke ist nicht neu, sondern hat Vorläufer in der biblischen Aufklärung und der vorsokratischen Philosophie. Argumente der Religionskritik stehen am Ende des Kapitels auf dem Prüfstand.

1. Wie lässt sich angemessen von Gott sprechen?

Was Sie erwartet

Menschen haben verschiedene Vorstellungen von Gott; sie unterscheiden sich zwischen den Religionen, den Gläubigen einer Religionsgemeinschaft, sie wandeln sich im Laufe eines Lebens. Selbst Atheisten haben eine Vorstellung von Gott, die sie freilich verneinen.

Wie haben Sie von Gott in Ihrer Kindheit gedacht? Wie stellen Sie sich heute Gott vor? Halten Sie Ihre Antworten schriftlich fest. Sie haben dann eine gedankliche Grundlage, auf welche Sie das biblische und theologische Ringen um ein angemessenes Gottesverständnis beziehen können.

Vom König, der Gott sehen wollte

Ein König, der Gott sehen wollte, drohte allen Weisen und Priestern schwerste Strafen an, wenn es ihnen nicht gelänge, ihm Gott zu zeigen.
Als alle schon verzweifelten, kam ein Hirte, der den König auf einen freien Platz führte, ihm die Sonne zeigte und sagte: „Sieh hin!"
Sofort senkte der König geblendet den Kopf und rief: „Willst du, dass ich erblinde?"
„Aber König", sagte der Hirte, „die Sonne ist doch nur ein Ding der Schöpfung, ein schwacher Abglanz seiner Größe. Wie willst du Ihn selbst aushalten können!"

nach Leo Tolstoj

1. Stellen Sie die Gottesvorstellung des Königs und die des Hirten gegenüber. Nehmen Sie dann zu beiden Stellung.
2. Der Hirte unterstellt, dass man Gott nicht mit den Augen wahrnehmen kann. Arbeiten Sie heraus, welche möglichen Konsequenzen sich daraus für die Erkennbarkeit Gottes ergeben.

Künstlerische und biblische Sprechversuche

In Auseinandersetzung mit den polytheistischen* Gottheiten des Mythos* bildet sich in Israel spätestens nach dem Exil in Babylon (587/586–539 v. Chr.) der Monotheismus*, der Glaube an den einen und einzigen Gott, heraus (vgl. Dtn 5,7: 1. Gebot).
Dieser Gott – der Schöpfer von allem, was existiert (Gen 1) – ist nach biblischem Verständnis ein verborgener Gott (Jes 45,15; vgl. auch Jes 55,8 und Röm 11,33). Folglich muss Gott die Initiative ergreifen und sich entbergen. Er offenbart sich als ein Gott, der in der Geschichte die Gemeinschaft mit den Menschen sucht, um sie – wie der Theologe Johannes Duns Scotus (1265–1308) formuliert – als Mitliebende (condiligentes) zu gewinnen.

Eine der bedeutendsten Offenbarungsgeschichten der gesamten Bibel liegt in Ex 3,1-15 vor. Jeder Versuch, diesen Text in das Medium eines Bildes zu übertragen, stellt dem Betrachter eine visuelle Interpretation vor Augen.

2 Zwei Bildwerke

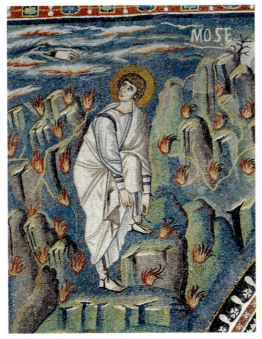

Mose löst seine Sandalen, 6. Jahrhundert

Marc Chagall: Der brennende Dornbusch, 1966

1. Beschreiben Sie zunächst das frühchristliche Mosaik, dann die Lithographie des jüdischen Künstlers Chagall. Achten Sie besonders auf die Darstellung des Mose und des brennenden Dornbuschs.
2. Setzen Sie erst das Mosaik, dann die Lithographie in Beziehung zu Ex 3,1-15.
   a) Benennen Sie die Textpassagen, die eine visuelle Gestalt gefunden haben.
   b) Beschreiben Sie, was der jeweilige Künstler frei gestaltet hat.
3. Untersuchen Sie, wie in den beiden Werken die Präsenz Gottes verbildlicht ist. Tauschen Sie sich in der Lerngruppe darüber aus.
4. Recherchieren Sie im Internet weitere Darstellungen der Dornbuschszene und untersuchen Sie, wie der jeweilige Künstler den biblischen Text umgesetzt hat.

Exodus 3 – eine theologische Schlüsselszene

Der erste Teil des Buches Exodus (Ex 1-18) handelt von der Unterdrückung Israels in und seiner Befreiung aus Ägypten. Mose wird von Gott zum Anführer des Auszugs aus Ägypten bestellt. Darum dreht sich ein langes Gespräch (Ex 3-4), dessen theologischen Kern Ex 3,1-15 bildet.

5. Der Text der Bibel ist auch im Internet verfügbar; drucken Sie sich ggf. Ex 3,1-15 aus. Gliedern Sie den Text in Sinnabschnitte und formulieren Sie Überschriften.
6. Analysieren Sie die Aussagen zu Gott. Berücksichtigen Sie dabei folgende Gesichtspunkte:
   a) Untersuchen Sie die erzählerische Figur eines brennenden Dornbuschs, der nicht verbrennt.
   b) Arbeiten Sie heraus, wie sich der Gottesname von sonst üblichen Namen unterscheidet.
   c) Erläutern Sie, welche weiteren Aussagen sich über Gott finden.
   Fassen Sie Ihre Ergebnisse in Thesen zusammen.
7. An einer späteren Stelle im Buch Exodus wünscht Mose, Gott zu sehen. Setzen Sie die Perikope* Ex 33,18-23 in Beziehung zu Ex 3,1-15. Ergänzen Sie Ihre Thesen.
8. Stellen Sie Ihre Ergebnisse in der Lerngruppe vor. Notieren Sie offene Fragen und Probleme.

GOTT – *offenbarte Verborgenheit*

3 Eine Auslegung

Ex 3 erzählt von einer göttlichen Offenbarung. Mose wird von einer Erscheinung angelockt (VV 2f.), die es in der empirischen Welt nicht geben kann; denn ein Dornbusch, der brennt, ist nach aller Erfahrung danach verbrannt. Das Paradox eines brennenden und doch nicht verbrennenden Busches steht für die *Aufhebung* der Zeit. Eine weitere „Ungewöhnlichkeit" tritt hinzu: Der Ort, an dem Mose steht und den brennenden Busch sieht, wird durch das Geschehen zu „heiligem Boden", zu einem *Ort, der von der übrigen Welt abgegrenzt ist*.

Was hier geschieht, ist ganz und gar außerordentlich: Gott offenbart sich Mose, aber er lässt sich nicht sehen. Gott ist da, aber er entzieht sich der menschlichen Anschauung; aus Furcht verhüllt Mose sein Gesicht (V 6).

Es ist dieser andersartige Gott, der die Beziehung zu den Menschen sucht: Er spricht Mose an und lässt sich von Mose ansprechen (V 4); der Gott der Bibel ist kein abstraktes Prinzip, sondern ein ansprechbares Gegenüber und insofern Person. Er gibt sich Mose als der Gott der Väter zu erkennen (VV 6, 13, 14), dessen Absicht es ist, sein Volk Israel aus dem Sklavenhaus Ägypten zu führen (VV 10, 12). D.h.: Der Gott Israels widerspricht der Unterdrückung, denn er will die Freiheit, anders formuliert: das Heil seiner Geschöpfe.

Noch in einer anderen Hinsicht lernt Mose die Andersartigkeit Gottes kennen. Üblicherweise geben wir Menschen den Dingen einen Namen, um sie für uns identifizierbar zu machen. Mose fragt Gott nach seinem Namen. Aber auch auf diese Weise lässt sich Gott nicht identifizieren. Die Antwort Gottes, aus der sich das Tetragramm JHWH ableitet, übersetzt der jüdische Denker Martin Buber so: „Ich werde dasein, als der ich dasein werde." Damit wird deutlich: JHWH ist kein eigentlicher Name, sondern vielmehr die Zusage Gottes, in seiner Schöpfung gegenwärtig, da zu sein. Um den Gottesnamen nicht leichtfertig auszusprechen, wird in der jüdischen Tradition das Tetragramm durch „Adonaj", d.h. „mein Herr", ersetzt.

In der biblischen Tradition ist Gott also kein jenseitiger, weltabgewandter Gott. Vielmehr ist er ein den Menschen naher Gott – und bleibt doch der ganz andere, sich entziehende Gott. Zugespitzt formuliert: Gott ist die offenbare Verborgenheit, die da ist als verborgene Gegenwart. Die Unbegreiflichkeit Gottes ist kein – auflösbares – Rätsel, sondern bleibt das – unauflösbare – Geheimnis des Glaubens.

---

9. Vergleichen Sie die von Ihnen erarbeiteten Thesen aus Arbeitsanregung 7 mit der Auslegung. Prüfen Sie eventuell aufgetretene Differenzen.

10. Bei JHWH handelt es sich weniger um einen Namen als um einen Namensersatz. Setzen Sie sich mit diesem Gedanken auseinander.

11. Erläutern Sie, warum der biblische Gott nicht als ein jenseitiges Prinzip, sondern als Person zu verstehen ist und welche Konsequenzen sich daraus ergeben.

12. In biblischen Texten wird das Tetragramm JHWH durch „Herr" ersetzt. Untersuchen Sie, welche möglichen Auswirkungen dies auf den Gottesnamen haben könnte.

13. Vergleichen Sie die Geschichte „Vom König, der Gott sehen wollte" (T 1) mit Ex 3,1-15.

Theologische Sprechversuche

Wie können wir über den nahen und zugleich ganz anderen Gott denken und sprechen, wenn dies lediglich im Rahmen menschlicher Möglichkeiten geschehen kann? Es geht, wenn wir uns stets bewusst bleiben, nicht anders als analog* von Gott zu reden. Diese Einsicht, hat die Kirche in einer grundlegenden lehramtlichen Formulierung – der so genannten „Analogia entis" (Analogie des Seins) – festgehalten.

Allgemeines Viertes Laterankonzil

Zwischen dem Schöpfer und dem Geschöpf kann man keine so große Ähnlichkeit feststellen, dass zwischen ihnen keine noch größere Unähnlichkeit festzustellen wäre.

1215

In einem kurz vor seinem Tod gehaltenen Vortrag kommt der katholische Theologe Karl Rahner (1904–1984) auf den Status theologischer Aussagen angesichts der Unbegreiflichkeit Gottes zu sprechen.

Alle theologischen Aussagen sind analoge Aussagen

Das vierte Laterankonzil sagt ausdrücklich, man könne über Gott von der Welt aus, also von jedwedem denkbaren Ausgangspunkt der Erkenntnis aus, nichts an Inhaltlichkeit positiver Art sagen, ohne dabei eine radikale Unangemessenheit dieser positiven Aussage mit der gemeinten Wirklichkeit selbst anzumerken. Aber im praktischen Betrieb der Theologie vergessen wir das immer wieder. Wir reden von Gott, von seiner Existenz, von seiner Persönlichkeit, von drei Personen in Gott, von seiner Freiheit, seinem uns verpflichtenden Willen usf.; wir müssen dies selbstverständlich, wir können nicht bloß von Gott schweigen, weil man dies nur kann, wirklich kann, wenn man zuerst geredet hat. Aber bei diesem Reden vergessen wir dann meistens, dass eine solche Zusage immer nur dann einigermaßen legitim von Gott ausgesagt werden kann, wenn wir sie gleichzeitig auch immer wieder zurücknehmen, die unheimliche Schwebe zwischen Ja und Nein als den wahren und einzigen festen Punkt unseres Erkennens aushalten und so unsere Aussagen immer auch hineinfallen lassen in die schweigende Unbegreiflichkeit Gottes selber.

Karl Rahner, 1984

1. Erläutern Sie die Formulierung des Vierten Laterankonzils.
2. Untersuchen Sie, wie Rahner das Verhältnis von Reden und Schweigen in Bezug auf Gott beschreibt. Tauschen Sie sich darüber mit einem Partner aus.
3. Gott werden Prädikate wie „Allmacht" und „Güte" zugeschrieben. Beschreiben Sie die Konsequenzen, die sich aufgrund der kirchlichen Analogielehre für die Verwendung dieser Prädikate ergeben. Stellen Sie Ihre Überlegungen in der Lerngruppe zur Debatte.
4. Bringen Sie das, was Sie zum biblischen und kirchlichen Gottesverständnis erarbeitet haben, in Beziehung zu Ihrer eigenen Gottesvorstellung. Wählen Sie dazu eine Form, die Sie für sich für angemessen halten.

Poetischer Sprechversuch

Auch Dichter haben sich mit dem unbegreiflichen Gott auseinandergesetzt. Ein Beispiel ist der Arzt Johann Scheffler (1624–1677), ein zum katholischen Glauben konvertierter Mystiker, der sich Angelus Silesius (Schlesischer Bote) nannte. Seine geistlichen Epigramme waren weit verbreitet. Ein Epigramm (griech. Aufschrift) ist eine poetische Form, die durch formale und gedankliche Konzentration einen Gegenstand pointiert zur Sprache bringt.

6 **Geistliche Epigramme zur Gottheit**

Fünfftes Buch, 196. GOtt hat alle Namen / und keinen
Man kan den höchsten GOtt mit allen Namen nennen:
Man kan jhm wiederumb nicht einen zuerkennen.
Erstes Buch, 111. Die GOttheit ist ein nichts.
5 Die zarte GOttheit ist ein nichts und übernichts:
Wer nichts in allem sicht / Mensch glaube / dieser sichts.
Andertes Buch, 55. GOtt ist / Er lebet nicht.
GOTT ist nur Eigendlich: Er lebt und Liebet nicht /
Wie man von mir und dir und andren Dingen spricht.
10 *Vierdtes Buch, 23. Göttliche beschauung.*
Das überlichte Licht schaut man in diesem Leben
Nicht besser / als wenn man ins dunkle sich begeben.
Erstes Buch, 178. Die Schuld ist deine.
Daß dir im Sonne sehn vergehet das Gesicht [Sehfähigkeit] /
15 Sind deine Augen schuld / und nicht das große Licht.
Erstes Buch, 240. Das stillschweigende Gebeth.
GOtt ist so überalls daß man nichts sprechen kan:
Drumb bettestu Jhn auch mit schweigen besser an.

Angelus Silesius, 1675

1. Analysieren Sie die verwendeten Stilmittel (ihre Form) und interpretieren Sie die Aussage der Epigramme (ihren Inhalt).
2. Setzen Sie die Dichtung in Beziehung zur Geschichte „Vom König, der Gott sehen wollte" (s. S. 120), zu Ex 3,1-15 und zu den Überlegungen des Theologen Rahner.
3. Verfassen Sie nach dem Vorbild von Angelus Silesius ein eigenes Epigramm.

Wenden Sie Ihr Wissen an

- Von dem evangelischen Theologen Dietrich Bonhoeffer (1906–1945) stammt der Satz: „Einen Gott, den ‚es gibt', gibt es nicht." Erläutern Sie diese Aussage unter Berücksichtigung der von Ihnen in diesem Unterkapitel erarbeiteten Materialien.
- Erläutern Sie die Überschrift dieses Kapitels „Offenbarte Verborgenheit".
- Sie haben sich in diesem Unterkapitel mit Bildern und biblischen, theologischen und poetischen Texten beschäftigt. Versuchen Sie für sich herauszufinden und auszuprobieren, angemessen über Gott zu sprechen.

2. Der dreieinige Gott – Entstehung und Grundbegriffe der kirchlichen Trinitätslehre

Was Sie erwartet

Anders als Judentum und Islam versteht das Christentum Gott als einen drei-einigen. Dieser Trinitätsglaube (lat. trinitas = Dreiheit) wirft Fragen auf: Liegt nicht ein logischer Widerspruch vor, wenn *drei* göttliche „Personen" – Vater, Sohn und Heiliger Geist – *einen einzigen* Gott bilden sollen? Bedeutet der Glaube an einen dreifaltigen Gott nicht einen Rückfall in einen längst überwundenen *Polytheismus**?

Dieses Unterkapitel stellt die biblischen Grundlagen und die wichtigsten Begriffe der kirchlichen Trinitätslehre vor.

Eine bedeutende Bildschöpfung des abendländischen Mittelalters ist der sogenannte Gnadenstuhl*. Ab Mitte des 12. Jahrhunderts wird er im Westen zur vorherrschenden Form der Darstellung der Trinität. Ein Beispiel ist das im gotischen Stil gemalte Bild des Italieners Nicoletto Semitecolo (14. Jahrhundert), der auf die sonst übliche Darstellung des Kreuzes verzichtet.

Nicoletto Semitecolo: Trinität/Gnadenstuhl, 1367

1. Beschreiben Sie das Gemälde genau. Achten Sie auf die Gestaltung der Gesichter.
2. Entfalten Sie, welche Aspekte des christlichen Gottesverständnisses dem Betrachter vor Augen geführt werden. Ziehen Sie Kol 1,15 und Joh 10,30 heran.
3. Entwickeln Sie in Auseinandersetzung mit dem Gemälde und den Bibelstellen Thesen und Fragen zum Verhältnis von Vater, Sohn und Heiligem Geist. Stellen Sie die Beziehung ggf. grafisch dar.

8 Das biblische Fundament

Mit dem Judentum teilt das Christentum den Monotheismus* (Dtn 6,4; Mk 12,29). Der Gott der Bibel ist kein einsamer Gott, sondern er schafft – ohne von ihr abhängig zu sein – die Welt als sein Gegenüber (Gen 1). Seine Schöpfung überlässt er nicht wie eine von einem Uhrmacher hergestellte Uhr ihrem Lauf. Vielmehr sucht der *Gott-über-uns* die Beziehung zu seiner Schöpfung: In ihr ist er gegenwärtig und offenbart sich seinem auserwählten Volk Israel über Menschen wie etwa Abraham und Mose oder die Propheten. Es ist ein Gott, der Menschen anspricht und sich von ihnen ansprechen lässt und deshalb ein *personaler Gott*, der gleichwohl alles menschliche Begreifen übersteigt (Ex 3,1-15).

Im Christentum – und darin besteht der ausschlaggebende Unterschied zum Judentum – erfährt die Vorstellung der Gottesoffenbarung eine ganz spezifische Zuspitzung (Hebr 1,1f): Der eine Gott macht sich nicht über „Offenbarungsmittler" wie Propheten kund, sondern gibt *sich selbst* in dem Menschen Jesus von Nazaret zu erkennen.

Das NT, in dem der Trinitätsglaube erst „embryohaft" (Leonardo Boff) vorliegt, bezeichnet Jesus als den Messias (griech. Christos) (vgl. Mk 8,29), den „Sohn Gottes" (vgl. Mk 15,39), das „Ebenbild des unsichtbaren Gottes" (Kol 1,15), das „Fleisch" (d. h. Mensch) gewordene Wort (griech. Logos) Gottes (Joh 1,1-18). Er ist der mit göttlichem Geist begabte Mensch (Mt 3,16 parr). Jesus redet Gott in metaphorischer Gebetssprache vertraulich als „Abba" (Vater) an, ihm gegenüber versteht er sich als „Sohn" (vgl. Joh 17,21). Das Leben Jesu deutet das NT als das Angebot Gottes an jeden Menschen, sich auf die Gemeinschaft mit ihm einzulassen. In Jesus erweist Gott sich als ein *Gott-mit-uns* (Mt 1,23).

Trotz des von Menschen zu verantwortenden gewaltsamen Todes Jesu hält Gott sein Heilsangebot aufrecht. Die Einsicht, dass Gott Jesus von den Toten auferweckt hat, betrachten die Jünger nicht als eigene Erkenntnisleistung, sondern als Gabe des von Gott und Jesus gesandten Heiligen Geistes (Joh 14,16; 15,26). Der empfangene Geist indes ist kein exklusiver Besitz, sondern tritt nach außen und bezieht – wie die Pfingstgeschichte (Apg 2,1-13) erzählt – weitere Menschen in die erneuerte Gottesgemeinschaft, die Kirche Jesu Christi, ein (Apg 2,41). Der Heilige Geist – das ist der *Gott-in-uns* (Joh 14,26).

---

4. Arbeiten Sie die im Text genannten Gemeinsamkeiten und Unterschiede zwischen Judentum und Christentum heraus.

5. Lesen Sie die aufgeführten Stellen nach. Ziehen Sie als weitere Belege die Segensformel in 2 Kor 13,13 und die Tauformel in Mt 28,19 heran.

6. Im letzten Satz des Evangeliums nach Matthäus (Mt 28,20) sagt Jesus: „Ich bin bei euch alle Tage bis zum Ende der Welt." Interpretieren Sie diese Zusage.

9 Zwei grundsätzliche Missverständnisse

Missionare wie Paulus trugen die frohe Botschaft über die Grenzen Israels hinaus. Damit stellte sich die Aufgabe, das jüdische Verständnis Gottes in den Horizont griechisch geprägten Denkens zu übersetzen (vgl. Apg 17,16-34). Zugleich traten ganz neue Problemstellungen auf: Wenn der eine Gott sich selbst in der Geschichte als Sohn und Geist zu erfahren gibt (heilsökonomische Trinität*), dann – so der theologische Rückschluss – muss Gott als eine in sich differenzierte Einheit gedacht werden (immanente Trinität*). In heftigen Auseinandersetzungen werden einseitige Deutungsmöglichkeiten als Fehlinterpretationen zurückgewiesen, weil sie Dreiheit nicht als Einheit und umgekehrt Einheit nicht als Dreiheit verständlich machen können.

Eine erste, nicht ausdrücklich vertretene Missdeutung führt zu einer Überbetonung der *Dreiheit* von Vater, Sohn und Geist, weil diese als drei eigenständige göttliche Wirklichkeiten begriffen werden. Die Folge ist ein Tritheismus, der im Widerspruch zum biblischen Monotheismus steht. – Der Bedeutungswandel des Begriffs Person im Sinne eines mit eigenem Willen und eigener Freiheit begabten Individuums birgt die Gefahr eines latenten Dreigottglaubens.

Erheblich bedeutsamer sind die Strömungen, die zur Wahrung eines strikten Monotheismus die *Einheit* Gottes überbetonen. Eine Denkrichtung, der sogenannte Subordinatianismus (lat. subordinatio – Unterordnung), bringt Vater, Sohn und Geist in ein hierarchisches Verhältnis: Als gott*ähnliche* – aber nicht gott*gleiche* – Geschöpfe sind der Sohn und der Geist dem Vater untergeordnet. Eine Kirchenversammlung im Jahre 1442 hält fest: „Keiner geht dem anderen an Ewigkeit voran, überragt (ihn) an Größe oder übertrifft (ihn) an Macht."

7. Erläutern Sie, warum Tritheismus und Subordinatianismus verworfen wurden.
8. Setzen Sie beide Grundmissverständnisse in Beziehung zum Bildmotiv des Gnadenstuhls und diskutieren Sie in Ihrer Lerngruppe, ob diese Darstellung möglicherweise einem tritheistischen oder subordinatianistischen Missverständnis Gottes Vorschub leistet.

10 Grundbegriffe der lehramtlichen Trinitätslehre

Zwischen der Überbetonung der Differenz in Gott einerseits und der Überbetonung der Einheit Gottes andererseits beschreitet die lehramtliche Trinitätslehre einen mittleren Weg. Ihr wichtigstes Dogma* lautet: Der drei-eine Gott ist ein *Wesen* in *drei Personen*. Es lässt sich durch zwei Fragen verdeutlichen:
– *Was* sind Vater, Sohn und Heiliger Geist? Die Drei sind dasselbe: der eine Gott. Die *Einheit* Gottes wird mit dem Begriff „*Wesen*" ausgesagt.
– *Wer* sind Vater, Sohn und Heiliger Geist? Die Drei sind dasselbe, aber nicht dieselben, sondern *drei* göttliche Wirklichkeiten. Darauf bezieht sich der Begriff „*Person*".

Die Besonderheit des innergöttlichen Lebens wird mit dem Begriff „*Perichorese*" (wechselseitige Durchdringung, ursprünglich: Umtanzen) bezeichnet: Die Eigenständigkeit jeder der göttlichen Personen *und* ihre wechselseitigen Beziehungen gehören untrennbar zusammen; in einem ewigen Prozess kommunikativer Gegenseitigkeit vollziehen Vater, Sohn und Geist die Einheit Gottes. Auf dem Hintergrund dieser Formulierungen lässt sich die kirchliche Trinitätslehre als eine Auslegung des biblischen Satzes „Gott ist Liebe" (1 Joh 4,8b;16b) interpretieren.

9. Paraphrasieren Sie die trinitarischen Begriffe „Person", „Wesen" und „Perichorese".
10. Erläutern Sie, warum trinitarische Begriffe stets analoge Begriffe sind.
11. Kann man auf die trinitarischen Begriffe verzichten? Setzen Sie sich mit dieser Frage kritisch auseinander. Entwickeln Sie in Ihrer Lerngruppe ggf. alternative Formulierungen.

Wenden Sie Ihr Wissen an

■ Erarbeiten Sie in Einzel- oder Partnerarbeit eine eigene Kurzformel des Trinitätsglaubens; das Ergebnis kann ein kurzer Text oder ein Bild oder eine Grafik sein. Besprechen Sie die Arbeitsergebnisse in Ihrer Lerngruppe.

3. Das trinitarische Bekenntnis – formuliert für unsere Zeit

Was Sie erwartet

Sprache ist lebendig, und die Bedeutung von Begriffen wandelt sich. Dies gilt auch für die Trinitätslehre und ihre Begrifflichkeit. Eine wichtige Aufgabe moderner Theologie besteht darin, den christlichen Glauben an die Dreieinigkeit Gottes in die Sprache und das Denken der Gegenwart zu „übersetzen". Das versuchen auch Künstler; mit ihren Mitteln versuchen sie das Geheimnis der Trinität zum Ausdruck zu bringen.
In diesem Unterkapitel lernen Sie Versuche kennen, den kirchlichen Trinitätsglauben für die heutige Zeit zu erschließen.

... in der Sprache der Theologie

11 **Kann man die Dreifaltigkeit Gottes verstehen?**

Der vielleicht beste Vergleich für die Dreifaltigkeit Gottes ist die Folge der Personworte „Ich – Du – Wir". Das Wort „Ich" ist anfanghaft bereits für sich allein verständlich. Aber bereits das
5 Wort „Du" ist nur verstehbar, wenn man ein „Ich" voraussetzt. Und das weitere Wort „Wir" bedeutet nicht etwa bloß die Mehrzahl von „Ich". Es setzt vielmehr das „Ich" und das „Du" voraus und ist einfach deren Miteinander. Erst im „Wir"
10 ist das „Ich" und das „Du" und ihre Beziehung aufeinander voll erkannt.
Man kann zunächst von einer ersten Person Gottes wie von einem „Ich" sprechen. Es ist anfanghaft, wenn auch nur unvollkommen verstehbar,
15 noch ehe wir um die anderen Personen wissen. Dieser ersten Person geht niemand voraus; sie ist, wie die Tradition sagt, „ohne Ursprung".
Aber von der zweiten Person, dem „Sohn", können wir nur sprechen, indem wir die erste Per-
20 son als den „Vater" voraussetzen. Der Sohn ist das dem Vater gegenüberstehende göttliche „Du". Er steht zum Vater nicht im Verhältnis eines Geschöpfes zum Schöpfer. Er ist selbst die zweite göttliche Selbstpräsenz, die aber die erste
25 göttliche Selbstpräsenz, nämlich den Vater, voraussetzt. So ist er in seinem Gottsein, wie das Glaubensbekenntnis sagt, „gezeugt, nicht ge- schaffen". Diese für uns heute sehr schwierige Formulierung will sagen, dass das Gegenüber des Sohnes zum Vater nicht das Verhältnis der 30 Welt zu Gott, sondern ein Verhältnis Gottes zu Gott ist.
Und schließlich ist der „Heilige Geist" in Gott das „Wir" in Person. Dieses „Wir" setzt das „Ich" des Vaters und den Sohn als das ihm gegenüber- 35 stehende „Du" voraus. Der Heilige Geist ist als dieses „Wir" die Liebe zwischen beiden, die selber Gott ist. Denn auch er ist eine göttliche Selbstpräsenz.
So können wir von den drei Personen in Gott 40 ohne jede logische Schwierigkeit sprechen. Es ist erkennbar, dass jede der drei Personen die Selbstpräsenz ein und desselben Gottseins ist und sie doch untereinander verschieden sind. Aber solches zu sagen hat nur Sinn, wenn man 45 erfasst, dass es dabei um unser eigenes Verhältnis zu Gott geht. Denn das ist unser christlicher Glaube: Durch Jesu Wort ist uns offenbar geworden, dass wir in die Liebe Gottes zu Gott, des Vaters zum Sohn, aufgenommen sind, die der 50 Heilige Geist ist. Glauben bedeutet ja nichts anderes als das Anteilhaben am Gottesverhältnis Jesu, das Erfülltsein von seinem Heiligen Geist.
Peter Knauer, 1986

1. Der Theologe Peter Knauer (* 1935) deutet die Dreieinigkeit Gottes mithilfe der Pronomen Ich – Du – Wir. Visualisieren Sie seine Darlegung.
2. Die Trinitätslehre ist die Auslegung des Satzes „Gott ist Liebe" (1 Joh 4,8.16).
Entfalten Sie diesen Vers mit Blick auf die Überlegungen des Textes.
3. Knauer versucht, das trinitarische Bekenntnis in der Sprache unserer Zeit zu artikulieren. Diskutieren Sie in Ihrer Lerngruppe, wie weit Ihnen dies gelungen erscheint.
Entwickeln Sie eventuell eigene Formulierungen.

... in der Sprache der bildenden Kunst

12

Roland Peter Litzenburger: Trinität, 1952

1. Beschreiben Sie die Zeichnung Litzenburgers und die Stilmittel, die der Künstler verwendet hat.
2. Interpretieren Sie das Bild. Ziehen Sie dazu Text 11 heran.

GOTT – *offenbarte Verborgenheit* **129**

Walter Zacharias: Gnadenstuhl, 1985

3. Aus Fundstücken seiner Umgebung hat Zacharias die Skulptur geschaffen. Beschreiben Sie die verwendeten Materialien und wie sie zusammengefügt sind. Untersuchen Sie auch die mögliche Bedeutung von Eisenring, Taube und Gabelkreuz.
4. Interpretieren Sie Zacharias' „Gnadenstuhl" und vergleichen Sie ihn mit Semitecolos Darstellung (S. 125). Greifen Sie auf Methode 9 (S. 385) zurück.
5. Sprechen Sie in Ihrer Lerngruppe darüber, inwiefern Sie die Bildwerke in diesem Unterkapitel für geeignet halten, den Trinitätsglauben zu veranschaulichen. Entwerfen Sie eventuell eine eigene bildliche Darstellung.

... in der Sprache der Literatur

14 **psalm**
wem danken
wenn nicht dir
herzoffener gott?
wem klagen
5 (denn andere götter
bleiben klagetaub)?
und hadern – mit wem sonst
(andere götter ertragen
widerspruch nicht)?
10   – sela –
und wer schon hört
den stillen schrei der armen
wenn nicht dein hellwacher sohn?
wer teilt mit uns
15 die letzte hilflosigkeit
wenn nicht der hilflose am kreuz?
bei wem sonst wäre
vergebung der schuld
(die andere götter
20 wenig zu kümmern scheint)?
       – sela –

und wer denn sät freude
in unsere dumpfen seelen
wenn nicht die heilige geistin?
25 wer anders als sie
weckt weisheit und mut
auch in entmutigender zeit?
       – sela –
wen also feiern
30 wenn nicht dich
dreieiniger gott?

Kurt Marti, 2004

1. Untersuchen Sie den Aufbau des Gedichts.
2. Recherchieren Sie, was unter einem Psalm zu verstehen ist, und stellen Sie Vermutungen an, warum der Schweizer Schriftsteller und Pfarrer Marti (* 1921) seinem Gedicht den Titel „psalm" gegeben hat.
3. Diskutieren Sie: Gelingt es Marti, den Trinitätsglauben verständlich und zeitgemäß auszudrücken? Tauschen Sie sich darüber in Ihrer Lerngruppe aus. Formulieren Sie eventuell ein eigenes Gedicht oder Gebet.

Wenden Sie Ihr Wissen an

- Beurteilen Sie die vorgestellten theologischen und künstlerischen Versuche, das trinitarische Bekenntnis verständlich zu machen.
- Gestalten Sie eine eigene Aktualisierung des Trinitätsglaubens durch einen Text oder eine Visualisierung.

4. Die Kritik des trinitarischen Gottesverständnisses in Judentum und Islam

Was Sie erwartet

In diesem Unterkapitel lernen Sie Gründe kennen, warum die beiden anderen monotheistischen Offenbarungsreligionen, das Judentum und der Islam, Kritik am christlichen Trinitätsglauben erheben.

Schalom Ben-Chorin (1913–1999) ist ein jüdischer Schriftsteller und Religionswissenschaftler deutscher Sprache, der sich für den jüdisch-christlichen Dialog einsetzte.

15 Trinitätskritik aus jüdischer Sicht

Israel bekannte und bekennt [...]: „Höre, Israel, der Herr unser Gott, der Herr ist einer." (vgl. Dtn 6,4-9) Wie sollte da der Sohn mit dem Vater in diese Einheit gesetzt und gar noch durch eine
5 dritte Person, den Heiligen Geist, komplettiert werden? Das ist [...] eine Vorstellung, die das hebräische Glaubensdenken nicht vollziehen kann und nicht vollziehen will, denn die wahre Einzighaftigkeit und Einheit Gottes [...] würde
10 dadurch in für uns unvorstellbarem Sakrileg* verletzt. Es besteht aber auch, theologisch gesehen, für uns keinerlei innere Notwendigkeit, einer trinitarischen Ausweitung des Einheitsbegriffes entgegenzukommen, da dies nur eine Verminderung des reinen Monotheismus bedeuten würde. [...] Für den jüdischen Glauben [ist] Jesus nicht der Sohn Gottes und nicht die zweite Person der Trinität [...], weil wir diese Würde keinem Menschen zuerkennen können. [...] Die Unerlöstheit der Welt lässt uns Jesus als
20 den gekommenen Erlöser verneinen. Der reine monotheistische Gottesbegriff lässt uns Jesus als den „Logos"* und Teil einer von uns abgelehnten Trinität nicht bekennen.

Schalom Ben-Chorin, 1961

Der Koran, das für Muslime ausschlaggebende Wort Gottes, kommt mehrfach auf den Trinitätsglauben der „Leute des Buches" – gemeint sind an dieser Stelle die Christen – zu sprechen.

16 Trinitätskritik aus islamischer Sicht

Ungläubig sind diejenigen, die sagen: „Gott ist der Dritte von dreien", wo es doch keinen Gott gibt außer einem einzigen Gott [...]. *(Sure 5, 73)* O ihr Leute des Buches, übertreibt nicht in eurer
5 Religion und sagt über Gott nur die Wahrheit. Christus Jesus, der Sohn Marias, ist doch nur der Gesandte Gottes und sein Wort, das Er zu Maria hinüberbrachte, und ein Geist von Ihm. So glaubt an Gott und seine Gesandten. Und
10 sagt nicht: Drei. Hört auf, das ist besser für euch. Gott ist doch ein einziger Gott. Preis sei Ihm, und erhaben ist Er darüber, dass Er ein Kind habe. Er hat, was in den Himmeln und was auf der Erde ist. Und Gott genügt als Sachverwalter.

Koran, Sure 4, 171

1. Beschreiben Sie das von Ben-Chorin benannte Gottesverständnis.
2. Arbeiten Sie die jüdische und islamische Kritik am Trinitätsglauben heraus.
3. Formulieren Sie zur jüdischen und zur koranischen Kritik eine Erwiderung aus christlicher Sicht.

Wenden Sie Ihr Wissen an

■ Gelegentlich wird der Vorschlag unterbreitet, die Christen sollten auf den Trinitätsglauben verzichten, um den interreligiösen Dialog voranzubringen. Nehmen Sie dazu Stellung.

5. Gottesbeweise als Verbindung von Glaube und Vernunft

Was Sie erwartet

Stellen Sie sich ein ungewöhnliches Duell vor: Es findet zwischen einem Theisten* und einem Atheisten* statt. Als „Waffen" sind nur Argumente zugelassen. Halten Sie es für möglich, dass der Theist den Atheisten „besiegt", indem er ihn von der Existenz Gottes überzeugt, und umgekehrt, dass der Atheist „gewinnt", indem er den Theisten von der Nicht-Existenz Gottes überzeugt?
In diesem Unterkapitel lernen Sie drei Versuche kennen, die Argumente für die Existenz Gottes vorbringen.

1. Fertigen Sie in Partnerarbeit eine Mindmap zum Begriff „Beweis" an. Tauschen Sie sich darüber in Kleingruppen aus.
2. Bilden Sie arbeitsteilige Gruppen, die die unterschiedliche Verwendung des Begriffs „Beweis" in der Mathematik (Logik), in den Naturwissenschaften, im Rechtswesen und in der Philosophie recherchieren. Berücksichtigen Sie auch die Verwendung des Wortes im Alltag. Fassen Sie die im Plenum vorgestellten Ergebnisse tabellarisch zusammen.
3. Entwickeln Sie auf diesem Hintergrund Hypothesen zur Problematik von Gottesbeweisen.

17 Was wollen Gottesbeweise?

Gottesbeweise haben ihren sachlogischen Ort in der Philosophie und in der Theologie. Hier bezeichnet „Gottesbeweis" einen Gedankengang, der auf der Grundlage bestimmter Prämissen
5 „in schlussfolgernder Form Gründe für das Recht und die Vernunftgemäßheit der Annahme einer Existenz Gottes" (Klaus Müller) anführt.
Gottesbeweise sind standpunktbezogene Argu-
10 mentationen, weil es ein bereits Glaubender ist, der sich der Grundlage seines Glaubens reflexiv versichert. Wer einen Gottesbeweis entwickelt, traut der menschlichen Vernunft zu, nachvollziehbare und allgemein kommunizierbare
15 Gründe für den Gottesglauben entwickeln zu können. Sie sind nicht zuletzt ein Weg, die dem Menschen eigenen, sich wechselseitig herausfordernden Vermögen von Glaube und Vernunft in ein fruchtbares Verhältnis zu bringen.
20 Das rationale Unternehmen Gottesbeweis hat eine existenzielle Verankerung: die Verwunderung darüber, dass die Welt besteht und nicht Nichts ist sowie die Erfahrung, dass in der Welt alles in allem Ordnung, nicht aber Chaos herrscht. Aus religiöser Perspektive ist es Gott, 25 ohne den nichts ist und der die Schöpfung durch sein Wort sinnvoll geordnet hat (vgl. Gen 1,1-2,4). Genau darin besteht die für Gottesbeweise fundamentale Prämisse, nämlich dass die Welt eine verstehbare, dem Denken zugängliche 30 Struktur besitzt, welche die menschliche Vernunft zu Gott führen kann.
Auf diesem Hintergrund erklärt die katholische Kirche in Übereinstimmung mit ähnlich lautenden Stellen aus AT (Weish 13,5) und NT (Röm 35 1,20), dass sich der unsichtbare Gott mit dem „natürlichen Licht der menschlichen Vernunft aus den geschaffenen Dingen gewiss" erkennen lässt (1. Vatikanisches Konzil, 1870). Ähnlich lautende Formulierungen finden sich auch im Ko- 40 ran (exemplarisch Sure 16,65-69, 78f). – Die Gottesbeweise indes argumentieren, ohne den religiösen Standpunkt je zu verlassen, auf einer abstrakteren Ebene der Vernunft.

4. Arbeiten Sie heraus, was Gottesbeweise charakterisiert. Behalten Sie dabei das Verhältnis von Glaube und Vernunft im Blick.
5. Lesen Sie die Verse aus Bibel und Koran nach. – Erörtern Sie ihre Überzeugungskraft einerseits für einen gläubigen und andererseits für einen ungläubigen Menschen.

Eine dem Gottesbeweis ähnliche Denkfigur findet sich bei dem römischen Redner, Politiker und Philosophen Marcus Tullius Cicero (106–43 v. Chr.).

18 „Historischer" oder „ethnologischer" Gottesbeweis

Es gibt kein Volk, das so wild, und niemanden unter allen, der so roh wäre, dass er in seinem Geist nicht einen Gedanken an die Götter trüge – viele meinen über die Götter Verkehrtes (das aber pflegt aus einem schlechten Lebenswandel zu rühren) –; dennoch glauben alle, dass es eine göttliche Kraft und Natur gibt; das bewirkt aber nicht eine Verabredung oder ein Konsens unter den Menschen, und auch wird die Annahme nicht durch Einrichtungen oder Gesetze in Geltung gesetzt; die Übereinstimmung aller Völker in der ganzen Sache muss [darum] für ein Naturgesetz genommen werden.

Cicero

6. Beschreiben Sie die Beobachtungen, die Cicero zugrunde legt, und den Schluss, den er daraus zieht.
7. Diskutieren Sie die Überzeugungskraft des Arguments in Ihrer Lerngruppe.

Um 1093 bestätigte der Benediktinermönch Anselm von Canterbury (1033–1109) rückblickend sein theologisches Programm: „Meine beiden kleinen Werke, das Monologion [dt. Selbstgespräch] und das Proslogion [dt. Anrede], sind vor allem dazu geschrieben, dass das, was wir im Glauben [...] festhalten, mit notwendigen Beweisgründen ohne die Autorität der Schrift bewiesen werden kann." Mithilfe der Logik, die ihm als Inbegriff der Wissenschaft galt, versuchte Anselm, den überlieferten Glauben vor der Vernunft zu verantworten. Im Proslogion entwickelt er einen Gottesbeweis, der als einer der berühmtesten Texte mittelalterlicher Philosophie gilt und noch heute kontrovers diskutiert wird. Anselm bezeichnet seinen fiktiven Kontrahenten als „Tor", weil der, so Psalm 14,1 und 53,2, „in seinen Herzen sagt: Es ist kein Gott". Trifft die Behauptung des Toren zu? Zwischen beiden unstrittig ist die Präsenz des Gottesgedankens „im Verstande", strittig ist, ob diesem Gedanken etwas in der Realität entspricht. Um den Streit auf dem Forum der Vernunft zu klären, stützt sich Anselm – anders als Cicero – auf keine empirischen Gegebenheiten; vielmehr stützt er sich allein auf die Vernunft und schlägt als Verständigungsgrundlage den Gottesbegriff *„etwas, über das hinaus nichts Größeres gedacht werden kann"* vor.

Diese Formel, um die Anselm lange gerungen hat, charakterisiert, dass es sich um
a) eine *partielle* Definition handelt, die sich der Kluft zwischen der Begrenztheit menschlichen Denkens und der Absolutheit Gottes bewusst ist; sie bezieht sich auf die *Absolutheit* Gottes.
b) Das mit der Formel Bezeichnete bestimmt Anselm mit einer *negativen* Formulierung näher („über das hinaus nichts Größeres gedacht werden kann"). Die Formel führt zu keinen konkreten Vorstellungen Gottes; aus ihr allein geht nicht hervor, ob das Gemeinte existiert.
c) Bei der Formel handelt es sich – und das ist wesentlich – um einen *operationalen Begriff*,
   d. h. sie schreibt eine Denkhandlung vor, nämlich das nachzuvollziehen, was sie zu denken vorschreibt.

Das logische Verfahren des indirekten Beweises, von dem Anselm Gebrauch macht, ist dadurch gekennzeichnet, dass er die zu beweisende Aussage nicht direkt, sondern durch die Widerlegung ihres Gegenteils herleitet.

19 Der „ontologische" Gottesbeweis

2. Kapitel: Dass Gott wahrhaft ist

[1] So denn, Herr, der Du die Glaubenseinsicht schenkst, gib mir, soweit Du es für nützlich erachtest, dass ich verstehe, dass Du bist, wie wir es glauben, und dass Du das bist, was wir glauben. [2] Und zwar glauben wir, dass Du etwas bist, über das hinaus nichts Größeres gedacht werden kann. [3] Oder ist etwa ein solches Wesen nicht, weil der Tor in seinem Herzen gesprochen hat: Es ist kein Gott? [4] Wenn aber eben derselbe Tor eben das hört, was ich sage, nämlich etwas, über das hinaus nichts Größeres gedacht werden kann, so versteht er ganz gewiss, was er hört, und was er versteht, ist in seinem Verstande, auch wenn er nicht versteht, dass dies ist. [5] Eines nämlich

ist es, wenn eine Sache im Verstande ist, etwas anderes, wenn man versteht, dass eine Sache ist. [6] Wenn nämlich ein Maler zuvor denkt, was er ausführen wird, hat er [es] zwar im Verstande, aber er versteht noch nicht, dass das, was er noch nicht geschaffen hat, sei. [7] Hat er es aber bereits gemalt, so hat er es sowohl im Verstande, als auch versteht er, dass das, was er bereits geschaffen hat, ist. [8] So wird also auch der Tor überzeugt, dass etwas, über das hinaus nichts Größeres gedacht werden kann, zumindest im Verstande ist, weil er das versteht, wenn er es hört; und was auch immer verstanden wird, ist im Verstande.

[9] Und gewiss kann das, über das hinaus Größeres nicht gedacht werden kann, nicht allein im Verstande sein. [10] Denn wenn es nur im Verstande allein ist, so kann man denken, es sei auch in der Wirklichkeit, was größer ist. [11] Wenn also das, über das hinaus Größeres nicht gedacht werden kann, im Verstande allein ist, so ist eben das, über das hinaus Größeres nicht gedacht werden kann, dasjenige, über das hinaus Größeres gedacht werden kann. [12] Das aber kann mit Sicherheit nicht der Fall sein. [13] Es existiert also ohne Zweifel etwas, über das hinaus Größeres nicht gedacht werden kann, [und zwar] sowohl im Verstande als auch in Wirklichkeit.

3. Kapitel: Dass nicht gedacht werden kann, er sei nicht

[14] Ja, das ist schlechterdings so wahrhaft, dass auch nicht einmal gedacht werden kann, es sei nicht. [15] Denn man kann denken, dass etwas sei, von dem man nicht denken kann, es sei nicht; das [jedoch] ist größer als dasjenige, von dem man denken kann, es sei nicht. [16] Wenn man deshalb von dem, über das hinaus Größeres nicht gedacht werden kann, denken kann, es sei nicht, dann ist das, über das hinaus Größeres nicht gedacht werden kann, nicht das, über das hinaus Größeres nicht gedacht werden kann; das [aber] kann nicht zusammenstimmen. [17] So also ist wahrhaft etwas, über das hinaus Größeres nicht gedacht werden kann, derart, dass man nicht einmal denken kann, es sei nicht. [18] Und das bist Du, Herr, unser Gott. [19] So wahrhaft bist Du also, Herr mein Gott, dass Du auch nicht einmal als nicht seiend gedacht werden kannst. [20] Und das mit Recht! [21] Könnte nämlich irgendein Geist etwas Besseres als Dich denken, so würde sich das Geschöpf über den Schöpfer erheben und über den Schöpfer urteilen, was sehr widersinnig ist. [22] Von allem anderen außer Dir lässt sich allerdings denken, es sei nicht. [23] Deshalb hast Du allein am wahrsten von allem und daher am meisten von allem das Sein, weil alles, was es sonst gibt, das Sein nicht derart wahrhaft und deshalb weniger hat [...]

Anselm von Canterbury, 1077/1078

8. Informieren Sie sich über Anselms Lebensweg.
9. Im Text sind die Gedankenschritte nummeriert. Geben Sie jedem Absatz eine Überschrift.
10. Erläutern Sie das Malerbeispiel (Z. 19).
11. Untersuchen Sie zuerst den Beweis im 2. Kapitel. Analysieren Sie anschließend den Beweis im 3. Kapitel. Arbeiten Sie im Anschluss daran heraus, inwiefern der letzte Beweisschritt über den ersten hinausgeht.
12. Warum rahmt Anselm seinen Beweis mit einem Gebet?
13. Geht es Anselm um einen Beweis der Existenz Gottes oder um eine Widerlegung der Aussage des Toren? Erörtern Sie beide Möglichkeiten.
14. Im 15. Kapitel des „Proslogions" setzt der Mönch seinen Gottesbegriff in Beziehung zu dem von ihm im Gebet angeredeten Gott: „Demnach, Herr, bist Du nicht nur [etwas], über das hinaus Größeres nicht gedacht werden kann, sondern etwas Größeres, als gedacht werden kann." Analysieren Sie, welches Verhältnis von Vernunft und Glaube hier vorliegt.
15. Setzen Sie Anselms Gottesbegriff in Beziehung zu dem Gottesverständnis, wie es in der Namensgebungsgeschichte Exodus 3,13-15 zum Ausdruck kommt.

GOTT – *offenbarte Verborgenheit*

Universitätsdisputation, um 1500

Eine erste Kritik an Anselms Gottesbeweis hat bereits im 11. Jahrhundert der ansonsten unbekannte Mönch Gaunilo von Marmoutiers (bei Tour) verfasst. Anselm wollte, dass sein Beweis mitsamt der Kritik Gaunilos weitergegeben wird.

20 Was man anstelle des Toren hierauf erwidern könnte

So z. B. sagen einige, irgendwo im Ozean gebe es eine Insel, die wegen der Schwierigkeit oder besser der Unmöglichkeit zu finden, was nicht ist, von verschiedenen den Beinamen „die verschwundene" bekommen hat; sie erzählen, dass sie [...] unvergleichlich reich an Gütern und Prunk sei, niemandem gehöre, von niemandem bewohnt sei und alle anderen Länder, die von Menschen bewohnt sind, durch die Überfülle an Besitztümern allenthalben übertreffe. Dass dies so sei, mag mir jemand sagen, und ich werde das Erzählte, was keine Schwierigkeit enthält, leicht verstehen. Wenn er aber dann hinzufügt – so als ergäbe sich dies – und sagt: Du kannst nun nicht mehr daran zweifeln, dass diese Insel, die vortrefflicher ist als alle Länder und von der du annimmst, dass sie auch in deinem Verstande ist, irgendwo wahrhaft in Wirklichkeit sei; und weil es vortrefflicher ist, nicht im Verstande allein, sondern auch in Wirklichkeit zu sein, so ist es notwendig, dass sie so sei; wäre sie nämlich nicht, dann wäre jedes andere Land, das wirklich ist, vortrefflicher als sie, und so wäre sie, die von dir als die vortrefflichere begriffen worden ist, nicht die vortrefflichere; wenn er, so sage ich, mir hierdurch versichern wollte, es sei nicht mehr weiter daran zu zweifeln, dass jene Insel in Wirklichkeit sei, so würde ich glauben, entweder er scherze, oder ich wüsste nicht, wen ich für dümmer ansehen sollte, mich, wenn ich ihm beipflichte, oder ihn, wenn er glaubt, mit irgendeiner Gewissheit das Wesen jener Insel erwiesen zu haben, ohne mich zuvor belehrt zu haben, dass deren Vortrefflichkeit in meinem Verstande ist wie eine wahrhaft und unzweifelhaft existierende Sache und nicht so wie etwas Falsches und Ungewisses [...].

Gaunilo von Marmoutiers

16. Erläutern Sie, mit welchem Argument Gaunilo seinen Ordensbruder kritisiert.
17. Verteidigen Sie Anselms Beweis gegen Gaunilos Kritik. Berücksichtigen Sie dabei das Malerbeispiel aus T 19, Z. 19–25.
18. Recherchieren Sie, warum Immanuel Kant (1724–1804) Anselms Beweis als „ontologischen" Gottesbeweis bezeichnet.

Der deutsche Philosoph Robert Spaemann (* 1927) ist der Überzeugung, dass Friedrich Nietzsche (1844–1900) den Gottesbeweisen den entscheidenden Schlag versetzte, weil dieser deren unausdrückliche Voraussetzung – nämlich die grundsätzliche Verstehbarkeit der Welt – in Frage stellte. Wenn die Welt absurd ist, dann sind auch alle Deutungen der Welt nichts anderes als menschliche Sinnkonstruktionen, für die ein Wahrheitsanspruch nicht mehr erhoben werden kann. Nur wenn Gott existiert, so Spaemann, kann es eine „Wahrheit jenseits unserer subjektiven Perspektiven" geben.

21 Gottesbeweis aus der Grammatik

Ich möchte das, was ich meine, dass nämlich Wahrheit Gott voraussetzt […], an einem […] Beispiel verdeutlichen, an einem Gottesbeweis […] aus der Grammatik, genauer aus dem sogenannten Futurum exactum. Das Futurum exactum, das zweite Futur ist für uns denknotwendig mit dem Präsens verbunden. Von etwas sagen, es sei jetzt, ist gleichbedeutend damit, zu sagen, es sei in Zukunft gewesen. In diesem Sinne ist jede Wahrheit ewig. Dass [wir heute] zu einem Vortrag […] versammelt waren, war nicht nur an jenem Abend wahr, das ist immer wahr. Wenn wir heute hier sind, werden wir morgen hier gewesen sein. Das Gegenwärtige bleibt als Vergangenheit des künftig Gegenwärtigen immer wirklich. Aber von welcher Art ist diese Wirklichkeit? Man könnte sagen: in den Spuren, die sie durch ihre kausale Einwirkung hinterlässt. Aber diese Spuren werden schwächer und schwächer. Und Spuren sind sie nur, solange das, was sie hinterlassen hat, als es selbst erinnert wird.

Solange Vergangenes erinnert wird, ist es nicht schwer, die Frage nach seiner Seinsart zu beantworten. Es hat seine Wirklichkeit eben im Erinnertwerden. Aber die Erinnerung hört irgendwann auf. Und irgendwann wird es keine Menschen mehr auf der Erde geben. Schließlich wird die Erde selbst verschwinden. Da zur Vergangenheit immer eine Gegenwart gehört, deren Vergangenheit sie ist, müssten wir also sagen: Mit der bewussten Gegenwart – und Gegenwart ist immer nur als bewusste Gegenwart zu verstehen – verschwindet auch die Vergangenheit, und das Futurum exactum verliert seinen Sinn. Aber genau dies können wir nicht denken. Der Satz „In ferner Zukunft wird es nicht mehr wahr sein, dass wir heute Abend hier zusammenwaren" ist Unsinn. Er lässt sich nicht denken. […] Wenn gegenwärtige Wirklichkeit einmal nicht mehr gewesen sein wird, dann ist sie gar nicht wirklich. Wer das Futurum exactum beseitigt, beseitigt das Präsens.

Aber noch einmal: Von welcher Art ist diese Wirklichkeit des Vergangenen, das ewige Wahrsein jeder Wahrheit? Die einzige Antwort kann lauten: Wir müssen ein Bewusstsein denken, in dem alles, was geschieht, aufgehoben ist, ein absolutes Bewusstsein. Kein Wort wird einmal ungesprochen sein, kein Schmerz unerlitten, keine Freude unerlebt. Geschehenes kann verziehen, es kann nicht ungeschehen gemacht werden. Wenn es Wirklichkeit gibt, dann ist das Futurum exactum unausweichlich und mit ihm das Postulat des wirklichen Gottes. „Ich fürchte", so schrieb Nietzsche, „wir werden Gott nicht los, weil wir noch an die Grammatik glauben." Aber wir können nicht umhin, an die Grammatik zu glauben. Auch Nietzsche konnte nur schreiben, was er schrieb, weil er das, was er sagen wollte, der Grammatik anvertraute.

Robert Spaemann, 2006

19. „Wer das Futurum exactum beseitigt, beseitigt das Präsens." Erklären Sie diesen Satz. Arbeiten Sie dann die einzelnen Argumentationsschritte heraus.
20. Untersuchen Sie, warum Spaemann nicht von einem Beweis, sondern einem „Postulat des wirklichen Gottes" (Z. 54 f.) spricht.
21. Nehmen Sie Stellung zu Spaemanns „Gottesbeweis" und diskutieren Sie seine Überzeugungskraft in Ihrer Lerngruppe.

Wenden Sie Ihr Wissen an

■ Welchen Sinn kann es für einen Gläubigen und einen Atheisten haben, sich selbstkritisch mit Gottesbeweisen auseinanderzusetzen? Formulieren Sie einen Text für eine Schülerzeitung, in dem Sie Gründe für jeden der beiden Kontrahenten zusammentragen.

6. Theodizee: Gott und das Leid in seiner Schöpfung

Was Sie erwartet

Die Geschichte der Menschheit ist immer auch eine Geschichte von Gewalt, Leid und Tod – ausgelöst durch die Natur oder den Menschen. Wie lässt sich diese unabweisbare Tatsache mit dem Glauben an einen einzigen Schöpfergott, der allmächtig *und* gütig ist, vereinbaren? Entsteht nicht ein unauflösbarer Widerspruch zwischen Glaube und Vernunft? Um Antwortversuche auf diese Fragen geht es in diesem Unterkapitel.

22

1. Füllen Sie die leere Sprechblase. Notieren Sie den Text in Ihrem Heft.
2. Tauschen Sie sich in Kleingruppen über Ihre unterschiedlichen Vorschläge aus. Halten Sie erste Arbeitsergebnisse und Thesen schriftlich fest.

Gott und die Übel

Leid wird durch *Übel* (lat. malum) bewirkt. Ein *physisches* Übel (lat. malum physicum) wird beispielsweise durch eine Naturkatastrophe verursacht. Im Unterschied dazu ist das *moralische* Übel (lat. malum morale), wie etwa ein Krieg, auf die menschliche Freiheit zurückzuführen. Das Problem des Zusammenhangs zwischen Gott und den Übeln, das sogenannte Theodizee-Problem*, hat bereits der griechische Philosoph und Ethiker Epikur (341–270 v. Chr.) präzise formuliert.

23 Fragment über Gott und die Übel

Entweder will Gott die Übel beseitigen und kann es nicht, oder er kann und will es nicht, oder er kann es nicht und will es nicht, oder er kann es und will es.
Wenn er nun will und nicht kann, dann ist er schwach, was auf Gott nicht zutrifft.
Wenn er kann und nicht will, dann ist er missgünstig, was ebenfalls Gott fremd ist.
Wenn er nicht will und nicht kann, dann ist er sowohl missgünstig wie auch schwach und dann auch nicht Gott.
Wenn er aber will und kann, was allein sich für Gott ziemt, woher kommen dann die Übel und warum nimmt er sie nicht weg?

Epikur

1. Geben Sie die von Epikur genannten Alternativen wieder.
2. Entwickeln Sie einen eigenen Antwortversuch auf die gestellte Frage und diskutieren Sie darüber in Ihrer Lerngruppe. Halten Sie die wichtigsten Gedanken schriftlich fest.
3. Informieren Sie sich über Epikur. Welches Gottesverständnis vertrat der Philosoph?

24 Grundlegende Informationen

1. Das (aus den griechischen Wörtern theos = Gott und dike = Recht gebildete) Kunstwort „Theodizee" hat 1710 der Universalgelehrte Gottfried Wilhelm Leibniz (1646–1716) geprägt. Es bezeichnet das *Widerspruchsproblem*, das zwischen einem Schöpfer-Gott, dem die Attribute Allmacht, Güte und grundsätzliche Verstehbarkeit zugeschrieben werden, einerseits und dem faktischen von Leid und Bösem durchfärbten Zustand seiner Schöpfung andererseits besteht. Mit diesem Widerspruchsproblem steht die gedankliche Kohärenz der christlichen Gottesvorstellung auf dem Spiel und zugleich das Verhältnis von *Vernunft und Glaube* zur Debatte.

2. Leiden provoziert nicht notwendigerweise die Theodizee-Frage. Sie stellt sich nämlich dann nicht, wenn
   – die Existenz von Gott oder Göttern bestritten wird;
   – sich Gott oder die Götter nicht für das Schicksal der Menschen interessieren;
   – das Leid der Kreatur auf den Kampf zwischen einer guten und einer negativen Gottheit zurückgeführt wird;
   – das Leiden wie im Hinduismus und im Buddhismus (oder in neueren westlichen Reinkarnationsvorstellungen) als Auswirkung (karma) von Schuld verstanden wird;
   – wie im Islam es dem Menschen nicht zusteht, Gott anzuklagen (vgl. Koran 21,23; 2,155-157).

3. Die Theodizee-Frage stellt sich in der jüdisch-christlichen Tradition in voller Schärfe, denn:
   – Das von Übeln ausgelöste Leiden wird als bedrückende Realität wahrgenommen.
   – Es gibt nur einen einzigen Gott, der als Schöpfer für seine Schöpfung Verantwortung trägt.
   – Als Schöpfer der Welt und Herr der Geschichte ist dieser Gott der vollkommen Mächtige: *der Allmächtige*.
   – Als Gott, der das Wohl seiner Geschöpfe will, ist er der vollkommen Gütige: *der Allgütige*.
   – Trotz der Differenz zwischen Schöpfer und Geschöpf muss Gott noch das Prädikat grundsätzlicher *Verstehbarkeit* zugeschrieben werden. Ein gänzlich verborgener und deshalb unverständlicher Gott könnte nicht für die Leiden der Welt verantwortlich gemacht werden.
   – Dem Menschen wird die Würde zuerkannt, sich auch in Akten des *Fragens, Streitens* und *Protestierens* Gott gegenüber ausdrücken zu dürfen.

GOTT – *offenbarte Verborgenheit*

4. Paraphrasieren Sie die Bedeutung des Begriffs Theodizee.
5. Erläutern Sie, warum sich die Theodizee-Frage nicht in allen Religionen stellt.
6. Arbeiten Sie heraus, warum das mit dem Begriff Theodizee bezeichnete theologische Problem die Frage nach dem Verhältnis von Glaube und Vernunft betrifft.

Theo-dizee: theoretische Lösungsversuche

Immer wieder wurden und werden Versuche unternommen, vor dem „Gerichtshof der Vernunft" (Immanuel Kant) den von der Vernunft wegen der Übel angeklagten Gott mit rationalen Argumenten zu verteidigen. Für theoretische *Recht*fertigungen Gottes (Theo*dizee*) ist es kennzeichnend, dass sie zumeist aus einer Außenperspektive *über* Gott reflektieren. Da die Güte Gottes in der Regel nicht in Zweifel gezogen wird, richten sich die denkerischen Bemühungen auf das Problem des Leidens, das Prädikat der Allmacht und die menschliche Freiheit.

25 Reflexionen auf das Leid – eine Übersicht in Thesen

– Gott verhängt Leid als Strafe für schuldhaftes Verhalten (vgl. Ijob 4,7f; 15,20-35; 18,5-21; 36,5-14).
– Leid ist eine Form göttlicher Erziehung und Zurechtweisung zum Wohle des Individuums und der Gemeinschaft (vgl. Ijob 5,17f.; 33,19.30; Spr 3,12f.; 13,24; 23,12-14; 2 Makk 6,16).
– Durch Leid prüft Gott den Glauben und die Rechtschaffenheit der Frommen (vgl. Ijob 1-2; 36,21).

– „Keine Natur ist an sich böse, und mit dem Wort böse bezeichnen wir nur den Mangel des Guten." (Aurelius Augustinus (354–430))
– „Gott will weder, dass das Übel geschehe, noch dass es nicht geschehe; sondern Er will zulassen, dass Übel geschehen. Und das ist etwas Gutes." (Thomas von Aquin (um 1224/25–1274))
– Wo Schönes und Gutes existiert, da muss es als Kontrast auch Hässliches und Böses geben.

1. Entfalten Sie die Thesen. Schlagen Sie die angeführten biblischen Stellen nach.
2. Setzen Sie sich mit den Antwortversuchen kritisch auseinander: Können sie das Widerspruchsproblem lösen? Welche weiterführenden Fragen werfen sie auf? Diskutieren Sie Ihre Antworten untereinander.

Der jüdische Philosoph Hans Jonas (1903–1993), der seine Mutter im Konzentrationslager Auschwitz verlor, stellt sich der Theodizee-Problematik unter den Bedingungen des 20. Jahrhunderts. Weil, so Jonas, die mit „Auschwitz" benannten Ereignisse „der jüdischen Geschichtserfahrung ein Niedagewesenes" hinzufügen, „was mit den alten theologischen Kategorien nicht zu meistern ist", will er „philosophisch" am Gottesbegriff arbeiten.

26 Der Gottesbegriff nach Auschwitz

[1] Es folgt aus dem bloßen Begriff der Macht, dass Allmacht ein in sich selbst widersprechender, selbstaufhebender, ja sinnloser Begriff ist. [...] Absolute, totale Macht bedeutet Macht, die durch nichts begrenzt ist, nicht einmal durch die Existenz von etwas anderem überhaupt, etwas außer ihr selbst und von ihr Verschiedenem. Denn die bloße Existenz eines solchen anderen würde schon eine Begrenzung darstellen, und die eine Macht müsste dies andere vernichten, um ihre Absolutheit zu bewahren [...] Kurz, „Macht" ist ein Verhältnisbegriff und erfordert ein mehrpoliges Verhältnis [... und ...] kommt zur Ausübung nur in Beziehung zu etwas, was selber Macht hat. Macht [...] besteht in der Fähigkeit, etwas zu überwinden; und Koexistenz eines anderen ist als solche genug, diese Bedingung beizustellen. Denn Dasein heißt Widerstand und somit gegenwirkende Kraft. So wie in der Physik Kraft ohne Widerstand, also Gegenkraft,

leer bleibt, so auch in der Metaphysik Macht ohne Gegenmacht, ungleich, wie sie sei. Dasjenige also, worauf die Macht wirkt, muss eine Macht von sich her haben, selbst wenn diese von jener ersten abstammt und dem Inhaber, in eins mit seinem Dasein, ursprünglich gewährt wurde durch einen Selbstverzicht der grenzenlosen Macht – eben im Akt der Schöpfung. Kurz, es kann nicht sein, dass alle Macht auf Seiten eines Wirksubjekts allein sei. Macht muss geteilt sein, damit es überhaupt Macht gibt.

[2] Doch neben diesem logischen und ontologischen gibt es einen mehr theologischen und echt religiösen Einwand gegen die Idee absoluter und unbegrenzter göttlicher Allmacht [...]. Die drei Attribute [...] – absolute Güte, absolute Macht und Verstehbarkeit – stehen in einem solchen Verhältnis, dass jede Verbindung von zweien von ihnen das dritte ausschließt. Die Frage ist dann: Welche von ihnen sind wahrhaft integral für unsern Begriff von Gott und daher unveräußerlich, und welches dritte muss als weniger kräftig dem überlegenen Anspruch der andern weichen? Gewiss nun ist Güte, d. h. das Wollen des Guten, untrennbar von unserm Gottesbegriff und kann keiner Einschränkung unterliegen. Verstehbarkeit oder Erkennbarkeit, die zweifach bedingt ist: vom Wesen Gottes und von den Grenzen des Menschen, ist in letzterer Hinsicht allerdings der Einschränkung unterworfen, aber unter keinen Umständen duldet sie totale Verneinung [...]. Unsere Lehre, die Thora, beruht darin und besteht darauf, dass wir Gott verstehen können, nicht vollständig natürlich, aber etwas von ihm – von seinem Willen, seinen Absichten und sogar von seinem Wesen, denn er hat es uns kundgetan. Es hat Offenbarung gegeben, wir besitzen seine Gebote und sein Gesetz, und manchen – seinen Propheten – hat er sich direkt mitgeteilt. [...] Ein gänzlich verborgener, unverständlicher Gott ist ein unannehmbarer Begriff nach jüdischer Norm.

Genau das aber müsste er sein, wenn ihm zusammen mit Allgüte auch Allmacht zugeschrieben würde. Nach Auschwitz können wir mit größerer Entschiedenheit als je zuvor behaupten, dass eine allmächtige Gottheit entweder nicht allgütig oder [...] total unverständlich wäre. Wenn aber Gott auf gewisse Weise und in gewissem Grade verstehbar sein soll [...], dann muss sein Gutsein vereinbar sein mit der Existenz des Übels, und das ist es nur, wenn er nicht *all*-mächtig ist. Nur dann können wir aufrechterhalten, dass er verstehbar und gut ist und es dennoch Übel in der Welt gibt. Und da wir sowieso den Begriff der Allmacht als zweifelhaft in sich selbst befanden, so ist es dieses Attribut, das weichen muss.

Hans Jonas, 1984

3. Setzen Sie sich mit der Rätselfrage „Kann Gott einen Stein schaffen, der so schwer ist, dass er ihn nicht heben kann?" und der Steigerung „Der (die) Bundeskanzler(in) ist mächtig. – Der Präsident der USA ist mächtiger. – Gott ist allmächtig." auseinander. Zeigen Sie Konsequenzen, die sich für das göttliche Prädikat „Allmacht" ergeben.

4. Benennen Sie die Argumente, die Jonas zur Aufgabe des Begriffs der Allmacht Gottes bewegen. Berücksichtigen Sie auch Ihre Vorüberlegungen zum Prädikat Allmacht. Welche Konsequenzen ergeben sich für das Gottesverständnis?

5. Diskutieren Sie in Ihrer Lerngruppe Jonas' Versuch, das mit der Theodizee verbundene Widerspruchsproblem zu lösen.

Ein anderer zeitgenössischer Versuch, die Vernünftigkeit des Gottesglaubens zu sichern, stellt die menschliche Freiheit in den Mittelpunkt der Überlegungen, wie es der englische Religionsphilosoph Richard Swinburne (* 1934) tut. Diesen Überlegungen widerspricht der deutsche Philosoph Norbert Hoerster (* 1937).

27 Das Argument der Willensfreiheit

[1] Den zentralen Kern jeder Theodizee muss meines Erachtens das Argument der Willensfreiheit bilden, [...] das behauptet, es sei ein großes Gut, dass Menschen eine bestimmte Art von Willensfreiheit besitzen, die ich als freie und verantwortliche Entscheidungsmöglichkeit bezeichne, dass es aber, wenn dies der Fall ist, notwendigerweise auch die natürliche Möglichkeit des moralischen Übels geben muss. („Natürliche Möglichkeit" besagt, dass nicht im Voraus feststeht, ob sich solche Übel ereignen werden oder nicht.) Ein Gott, der Menschen eine solche Willensfreiheit verleiht, schafft dadurch notwendigerweise jene „natürliche" Möglichkeit und verzichtet darauf, kontrollieren zu können, ob diese Übel eintreten werden oder nicht. Das Argument der Willensfreiheit besagt nun aber, dass Gott das Recht dazu hat, derartige Übel zuzulassen, und dass diese Zulassung gerechtfertigt ist, weil Menschen dadurch das Gut der Willensfreiheit besitzen können. Es ist gut, dass Menschen eine Willensfreiheit in dem engen Sinn haben, dass sie sich zwischen alternativen Handlungen entscheiden können, ohne dass ihre Entscheidung durch eine vorausliegende Ursache kausal determiniert ist. Selbstverständlich ist es umstritten, ob Menschen eine derartige Willensfreiheit besitzen. [...]

[2] Es ist gut, dass die Möglichkeit zu freien Entscheidungen auch *echte* Verantwortung für andere Menschen umfasst. Dies wiederum impliziert die Möglichkeit, anderen Gutes zu tun *oder* ihnen Schaden zuzufügen. [...] Eine Welt, in der Handlungssubjekte einander Gutes tun, aber keinen Schaden zufügen können, wäre eine Welt, in der die Verantwortung füreinander äußerst eingeschränkt bliebe. Wenn sich etwa meine Verantwortung für dich darauf beschränken würde, dir einen Camcorder zu schenken oder nicht, wenn ich dir aber kein Leid zufügen, deine Entwicklung nicht hemmen oder deine Erziehung nicht beschränken könnte, dann hätte ich keine allzu große Verantwortung für dich. Hätte Gott den Handlungssubjekten nur eine solchermaßen begrenzte Verantwortung für ihre Mitmenschen übertragen, so hätte er ihnen nicht allzu viel gewährt. Er hätte sich selbst die wichtigsten Entscheidungen darüber vorbehalten, wie die Welt beschaffen sein soll. Den Menschen hätte er hingegen nur die unbedeutenden Entscheidungen überlassen, die Details auszufüllen. Gott wäre wie ein Vater, der seinen älteren Sohn darum bittet, sich um den jüngeren Sohn zu kümmern, aber hinzufügt, dass er jeden seiner Schritte überwachen und sofort eingreifen werde, wenn der ältere Sohn etwas falsch macht. Der ältere Sohn könnte zu Recht erwidern, dass er zwar sehr glücklich darüber wäre, an dem Werk seines Vaters mitzuwirken, dass er dies aber eigentlich nur könne, wenn ihm selbst eigene wichtige Entscheidungen überlassen werden, die ansonsten in den Zuständigkeitsbereich des Vaters fallen. Wie ein guter Vater, so will auch ein guter Gott Verantwortung delegieren. Um den Geschöpfen Anteil am Schöpfungswerk zu gewähren, wird er ihnen auch die Möglichkeit eröffnen, zu verletzen und zu verstümmeln, und so seinen göttlichen Plan zu durchkreuzen. Unsere Welt ist so beschaffen, dass Geschöpfe genau eine solchermaßen große Verantwortung füreinander haben. [...] Die Möglichkeit der Menschen, große Übel hervorzubringen, ist eine logische Folge ihrer freien und verantwortlichen Entscheidungsmöglichkeit. Nicht einmal Gott könnte uns diese Entscheidungsmöglichkeit geben, ohne dass daraus möglicherweise auch Übel resultieren können.

[3] Das Ausmaß an Leid, das Gott gerechtfertigterweise um eines höheren Wertes willen für einen Menschen zulassen darf, muss allerdings eine Grenze haben. [...] Wären diese Grenzen allerdings zu eng, dann könnte Gott den Menschen keine allzu große reale Verantwortung geben; er könnte sie nur wie Kinder spielen lassen. Dennoch muss Gottes Recht, es zuzulassen, dass Menschen einander Leid zufügen, begrenzt sein. [...] Diese Grenzen bestehen vor allem aufgrund der Begrenztheit der Lebensdauer von Menschen und anderen Geschöpfen – ein Mensch kann einem anderen nicht länger als 80 Jahre lang Leid zufügen. [...]

Richard Swinburne, 1995

28 Warum lässt Gott Übel zu?

Es lässt sich einfach nicht bestreiten, dass ein allmächtiger sowie allwissender Gott, ohne dessen Willen nach christlichem Verständnis nicht einmal ein Spatz zur Erde fällt (Matthäus 10,29), zumindest in einem *gewissen* Sinn für den Holocaust die Verantwortung trägt. Selbst wenn es zutrifft, dass Gott wegen der Entscheidungsfreiheit Hitlers den Holocaust nicht als sicher voraussehen konnte, so hat er ihn jedenfalls – in Kenntnis der von ihm geschaffenen Naturgesetze – als *möglich* vorausgesehen. Stellt aber die Freiheit eines Menschen, sich für den Mord an Millionen Unschuldiger zu entscheiden, einen derartigen Wert dar, dass diese Freiheit die *vorhersehbare Möglichkeit* solcher „Kollateralschäden" mehr als aufwiegt? Gott hätte die Menschen doch ohne Weiteres so erschaffen können, dass sie einander – ebenso wie die Vertreter einiger Tierarten – gar nicht töten *können*. Hätte ein allmächtiger Gott also nicht besser daran getan, die Freiheit des Menschen zum Übeltun etwa auf die Möglichkeiten zu beschränken, seine Mitmenschen zu bespucken oder als „Parasiten" zu beschimpfen?   *Norbert Hoerster, 2005*

6. Fassen Sie Swinburnes Argumentation in Thesen zusammen.
7. Gelingt Swinburne eine befriedigende Lösung des Widerspruchsproblems? Begründen Sie Ihre Auffassung und debattieren Sie darüber in Ihrer Lerngruppe.
8. Paraphrasieren Sie Hoersters Argument.
9. Setzen Sie den Cartoon von Ivan Steiger (*1939) in Beziehung zu den Darlegungen beider Philosophen.
10. Erörtern Sie in einem Essay die Argumentation beider Philosophen.

29

Ivan Steiger, 1998

Der Theologe und Jesuit Peter Knauer (*1935) nimmt die Unbegreiflichkeit Gottes radikal ernst und wendet sich somit gegen die Theodizee, nach der Gott unter unseren Begriff von Gerechtigkeit falle: Von Gott erkennen können wir „immer nur das von ihm Verschiedene, das auf ihn verweist". Allein im Glauben erschließt sich, dass Gott durch Jesus Christus die Gemeinschaft mit uns Menschen sucht. In einem früheren Text (1) von 1986 legt er diese Überlegung dar und greift sie in einem späteren von 2010 (2) noch einmal auf.

30 Die Unmöglichkeit einer Theo-*dizee*

(1) Anstatt auf die spekulative Frage zu antworten, wie Gott das Leid zulassen kann, lehrt die christliche Botschaft [...], wie man im Leid bestehen kann. Allein diese Frage ist heilsam. Der Glaubende schaut im Glück und im Leid auf das Kreuz Jesu, in welchem er im Glauben den erhöhten Christus sieht. Der Glaubende sucht Leid zu lindern; aber wenn er zwischen Solidarität und Leidfreiheit zu wählen hat, wählt er die Solidarität. Denn weil Gott selbst für andere da sein will, hat er sich dem Leid, der Ohnmacht und dem Tod ausgesetzt. Der Glaube erkennt das, was für den Unglauben die Ohnmacht Gottes ist, als die Gegenwart seiner Allmacht.

Nicht sinnvoll dagegen ist der Versuch, Gott zu hinterfragen. Man kann nicht aus dem christlichen Gottesverständnis Aussagen darüber ableiten, was in der Welt geschehen kann und was nicht. Denn Gott fällt gar nicht „unter" unsere Begriffe, als gäbe es einen noch umfassenderen Seinshorizont, vor dem auch er sich noch verantworten müsste. Von Gott ist vielmehr nur dann wirklich die Rede, wenn alle Wirklichkeit überhaupt als seine Schöpfung verstanden wird. Sie ist das, was ohne ihn nicht sein kann.

Die spekulative Frage, warum Gott das Leid zulässt, setzt zu Unrecht voraus, dass es einen auch Gott noch übergreifenden Wertmaßstab gibt. In Wirklichkeit ist alles, was wir Menschen einen Wert nennen, nur wie ein ferner Abglanz der alles Begreifen übersteigenden Herrlichkeit Gottes. Man kann auch nicht aus unserem bloß hinweisenden Gottesbegriff irgend etwas über die Welt *herleiten*. Vielmehr kann man nur, ausgehend von der Wirklichkeit der Welt, alles auf seine Abhängigkeit von Gott *zurückführen*.

(2) [Die Theodizeeproblematik] setzt in logisch widersprüchlicher Weise voraus, dass Gott unter unsere Begriffe falle. Damit versteht sie sowohl Allmacht wie Güte Gottes völlig anders, als sie die christliche Botschaft „hinweisend" versteht. Seine Allmacht besteht nicht darin, dass er alles Beliebige könnte, was immer man sich ausdenken mag, sondern darin, dass nichts ohne ihn sein kann. Er ist nicht potentiell ‚allmächtig' (wobei man nie wüsste, ob er das, was er könnte, auch tatsächlich tun will), sondern er ist aktuell ‚mächtig in allem', was tatsächlich geschieht. Und seine Güte geschieht darin, so Gemeinschaft mit sich zu schenken, dass man nicht einmal durch den Tod aus ihr herausgerissen werden kann (Röm 8,38). Dagegen ist alles Leid der Welt und selbst der Tod kein Einwand.

Peter Knauer, 1986/2010

11. „Gott fällt nicht unter unsere Begriffe." (Z. 19 f., 38 f.) Erläutern Sie diese Aussage Knauers.
12. Auf welche Weise löst Knauer das in Text 23 beschriebene Widerspruchsproblem? Tauschen Sie sich darüber untereinander aus.
13. Ziehen Sie noch einmal Text 26 heran, in dem der Philosoph Hans Jonas über die Allmacht Gottes nachdenkt. Stellen Sie die Auffassungen von Jonas und Knauer gegenüber und entwickeln Sie auf dieser Grundlage einen eigenen Standpunkt. (Vertiefte Informationen finden Sie auf der Homepage des Theologen: http://peter-knauer.de/index.html.)

Theo-*dizee:* Hoffnung auf die Selbstrechtfertigung Gottes

Nicht wenige Theologen sind überzeugt, dass jede theoretische Theodizee scheitern muss. „Die Unbegreiflichkeit des Leidens ist", so Karl Rahner (1904–1984), „ein Stück der Unbegreiflichkeit Gottes." Hinzu kommt: Nur wenn Gott existiert, können wir Gerechtigkeit für die unschuldigen Opfer der Geschichte und einen „‚Widerruf' des vergangenen Leidens" (Papst Benedikt XVI.) erhoffen.

Für den katholischen Theologen Johann Baptist Metz (* 1928) ist „Auschwitz" ein zentraler Bezugspunkt seines Nachdenkens über Gott.

31 Theodizee-empfindliche Gottesrede

[1] Im Bewusstsein der Situation „nach Auschwitz" drängte sich mir die Gottesfrage [...] in der Gestalt der Theodizeefrage [... auf]: Gottesrede als Schrei nach der Rettung der anderen, der ungerecht Leidenden, der Opfer der Besiegten in unserer Geschichte. Wie auch könnte man, so wurde mir deutlich, „nach Auschwitz" ohne diese Frage nach der eigenen Rettung fragen! Die Gottesrede ist entweder die Rede von der Vision und der Verheißung einer großen Gerechtigkeit, die auch an diesen vergangenen Leiden rührt, oder sie ist leer und verheißungslos – auch für die gegenwärtig Lebenden. Die dieser Gottesrede immanente Frage ist zunächst und in erster Linie die Frage nach der Rettung der ungerecht Leidenden. [...]

Die Antworten der Theologie im strengen Sinn haben nicht eigentlich Problemlösungsgestalt (so wie eben Gott nicht einfach als Antwort auf unsere Fragen bestimmt werden kann). Die Antworten, die die Theologie gibt, bringen die Fragen, auf die sie antworten, nicht einfach zum Verstummen oder zum Verschwinden. [...]

[2] Wo die Gottesprädikate in zeitloser Ruhestellung betrachtet und dann wie nachträglich mit den himmelschreienden Ungerechtigkeiten in der Welt konfrontiert werden – der allmächtige Gott, wie er sich von oben die Leiden seiner Schöpfung beguckt –, gerät alles in heillose Widersprüche, führt alles leicht zum Zynismus oder zur Apathie. Unbeachtet bleibt dabei, dass alle Gottesprädikate in den biblischen Traditionen – von der Selbstdefinition Gottes in der Exodusgeschichte bis zum johanneischen Wort „Gott ist Liebe" – einen Verheißungsvermerk tragen, einen Verheißungsvermerk, der die Theologie legitimiert und nötigt, von der Schöpfung und der Schöpfungsmacht Gottes in der Gestalt negativer Theologie zu sprechen. [...]

[3] Welche Sprachgestalt hat die Gottesrede, die sich nicht gegen die Theodizeefrage isoliert, sondern immer neu und immer wieder eine Sprache für sie sucht? Die Theodizee ist „die" Krise der Theologie, der uns vertrauten Rede von Gott. Elementare Krisen verlangen elementare Vergewisserungen. Woher eigentlich stammt unsere Gottesrede, worin gründet sie? Die Rede „über" Gott stammt allemal aus der Rede „zu" Gott, die Theologie also aus der Sprache der Gebete [...]. Mit den Gebeten beginnen heißt ja nicht etwa, mit dem Glauben beginnen. Die Sprache der Gebete ist viel umfassender als die Sprache des Glaubens; in ihr kann man auch sagen, dass man nicht glaubt. Sie ist die seltsamste und doch verbreitetste Sprache der Menschenkinder, eine Sprache, die keinen Namen hätte, wenn es das Wort „Gebet" nicht gäbe.

Doch die Sprache der Gebete ist nicht nur universeller, sondern auch spannender und dramatischer, viel rebellischer und radikaler als die Sprache der zukünftigen Theologie. Sie ist viel beunruhigender, viel ungetrösteter, viel weniger harmonisch als sie. Haben wir je wahrgenommen, was sich in dieser Sprache der Gebete durch die Jahrtausende der Religionsgeschichte angehäuft hat: das Geschrei und der Jubel, die Klage und der Gesang, der Zweifel und die Trauer und das schließliche Verstummen? [...] Was ist mit Hiobs Klage „Wie lange noch?", mit Jakobs Ringen mit dem Engel, mit dem Verlassenheitsschrei des Sohnes und dem Maranatha-Schrei [Komm, Herr ... (Offb 22,20)] als letztem Wort des Neuen Testaments?

Johann Baptist Metz, 1995

---

1. Formulieren Sie griffige Zwischenüberschriften für Text 31.
2. Gottesprädikate tragen einen „Verheißungsvermerk" (Z. 35). Erläutern Sie diese Formulierung.
3. Arbeiten Sie die Bedeutung des Gebets heraus. Ziehen Sie dazu exemplarisch Psalm 88 heran.
4. Entwickeln Sie in Ihrer Lerngruppe Perspektiven, die sich aus den Überlegungen des Theologen Metz für das Theodizee-Problem ergeben.

GOTT – *offenbarte Verborgenheit*

32 Wie der Schneider mit Gott abrechnete

Einmal, am Vorabend des Jom Kippur [dem jüdischen Versöhnungstag], sagte [...] Rabbi Elimelech aus Lisansk zu seinen Schülern: „Wenn ihr wissen wollt, was man am Vorabend des Jom Kippur tun sollte, geht zu dem Schneider am Rande der Stadt."

Die Chassidim [Anhänger des Chassidismus, einer im 18. Jahrhundert entstandenen religiösen Bewegung im osteuropäischen Judentum] gingen zu dem Schneider, stellten sich ans Fenster und sahen, wie der Schneider und seine Söhne auf einfache Weise ihre Gebete verrichteten, wie es Schneider eben tun. Nach dem Gebet legten der Schneider und seine Söhne ihre Sabbatkleidung an, deckten den Tisch mit köstlichen Speisen und setzten sich voller Freude zum Essen. Der Schneider holte ein Notizbuch hervor, in dem alle Sünden, die er vom vorigen Jom Kippur bis zum heutigen Jom Kippur begangen hatte, verzeichnet waren, und sagte: „Allmächtiger Gott, jetzt müssen wir alle unsere Sünden abrechnen." Sogleich begann er, alle Sünden, die er im Laufe des Jahres begangen hatte und die im Notizbuch verzeichnet waren, aufzuzählen. Als er damit fertig war, holte er ein größeres und dickeres Notizbuch aus dem Schrank und sagte: „Allmächtiger Gott, ich habe alle meine Sünden aufgezählt, und jetzt werde ich deine Sünden aufzählen." Und er begann allen Kummer und alle Sorgen, alle Krankheiten und alle Geldverluste aufzurechnen, die ihn und seine Söhne im Laufe des Jahres befallen hatten. Als er mit der Abrechnung fertig war, sagte er: „Allmächtiger Gott, wenn man eine ehrliche Rechnung aufstellt, schuldest du mir mehr als ich dir. Aber ich will mit dir nicht kleinlich umgehen. Es ist Jom Kippur, alle müssen sich versöhnen, und ich verzeihe dir deine Sünden, die du uns angetan hast, und auch du sollst uns unsere Sünden verzeihen." Darauf schenkte der Schneider die Gläser mit Wein voll und rief aus: „Lechaim [Auf's Leben], allmächtiger Gott, wir verzeihen einander unsere Sünden."

Die Chassidim kehrten zu ihrem Rabbi zurück, berichteten ihm, was sich zugetragen hatte, und sagten, es sei eine Unverschämtheit. Da sagte der Rabbi: „Wisset, dass Gott der Allmächtige selbst mit seinem ganzen himmlischen Gefolge an diesem Tag herkommt, um die Worte des Schneiders zu hören, und dass an seinen Worten sich alle Welten freuen."

Jüdisches Märchen

5. Hat Gott Grund, sich an den Worten des Schneiders zu freuen? Begründen Sie Ihre Antwort.
6. Setzen Sie das Märchen in Beziehung zu den Überlegungen von Metz zum Gebet.

Wenden Sie Ihr Wissen an

- Überprüfen Sie den Text, den Sie in die leere Sprechblase des Cartoons von Matt Groening eingefügt haben (S. 138): Wollen Sie ihn – warum? – beibehalten oder – wenn ja wie – ändern? Ergänzen Sie ggf. den Cartoon.
- Der Bibelwissenschaftler Jürgen Ebach (* 1945) schreibt: „Jeder Versuch, die Theodizeefrage zu beantworten, bezeugt Zynismus oder Blindheit (oder beides). Noch zynischer und blinder wäre einzig, die Theodizee als Frage zu beseitigen."
  a) Setzen Sie diese Aussage in Beziehung zu den Materialien dieses Abschnitts.
  b) Entfalten Sie die Konsequenzen für das Verhältnis von Glaube und Vernunft.
  c) Entwickeln Sie Perspektiven, die sich daraus für die Rede von Gott ergeben.

7. Religionskritik – Gott oder Götze?

Was Sie erwartet

Glauben Sie, dass Gott existiert? Oder sind Sie davon überzeugt, dass es keinen Gott gibt? Kann ein „Beweis" für die Nicht-Existenz Gottes erbracht werden? Die in diesem Unterkapitel präsentierten Religionskritiker tragen Argumente vor, die auf dem Forum der Vernunft kritisch diskutiert werden können.

Denken Sie zu Beginn dieses Kapitels darüber nach, warum es sowohl für einen Theisten* als auch für einen Atheisten* durchaus sinnvoll sein kann, sich mit religionskritischen Positionen auseinanderzusetzen.

33

1. Setzen Sie sich in Kleingruppen mit diesem Plakat auseinander.
2. Entwickeln Sie in Ihrer Lerngruppe Leitfragen zur Auseinandersetzung mit religionskritischen Überzeugungen.

Frühe Motive der Religionskritik

In der Bibel lässt sich ein Traditionsstrang identifizieren, der neuerdings als biblische Aufklärung* (Eckhard Nordhofen) bezeichnet wird. Der Grundgedanke, der sich ebenso im frühen griechischen Denken, aber auch bei neuzeitlichen Autoren wiederfindet, lässt sich auf eine einfache Formel bringen: Ein selbstgemachter Gott ist kein Gott! An einen Gott zu glauben, den sich die menschliche Einbildungskraft selbst erschaffen hat, ist Selbstbetrug und widerspricht der Vernunft. Ist aber deshalb jeder Glaube an Gott schon unvernünftig?

Die biblische Aufklärung verbindet die radikale Kritik am altorientalischen Polytheismus* mit dem Bekenntnis zu dem einen Gott. Exemplarisch für diesen Traditionsstrang steht die Rede eines namentlich unbekannten Propheten an seine ins Babylonische Exil (586–539 v. Chr.) verschleppten Landsleute, die als Zeugen die Festumzüge der Götter Babels miterlebten. Der Text findet sich im zweiten Teil des – deshalb als Deuterojesaja (Kapitel 40–55) bezeichneten – Buches Jesaja.

GOTT – *offenbarte Verborgenheit*

34 Biblische Aufklärung

⁶ So spricht der Herr [...]: Ich bin der Erste, ich bin der Letzte, außer mir gibt es keinen Gott. [...]

⁹ Ein Nichts sind alle, die ein Götterbild formen; ihre geliebten Götzen nützen nichts. Wer sich zu seinen Göttern bekennt, sieht nichts, ihm fehlt es an Einsicht; darum wird er beschämt.

¹⁰ Wer sich einen Gott macht und sich ein Götterbild gießt, hat keinen Nutzen davon. [...]

¹² Der Schmied facht die Kohlenglut an, er formt (das Götterbild) mit seinem Hammer und bearbeitet es mit kräftigem Arm. Dabei wird er hungrig und hat keine Kraft mehr. Trinkt er kein Wasser, so wird er ermatten.

¹³ Der Schnitzer misst das Holz mit der Messschnur, er entwirft das Bild mit dem Stift und schnitzt es mit seinem Messer; er umreißt es mit seinem Zirkel und formt die Gestalt eines Mannes, das prächtige Bild eines Menschen; in einem Haus soll es wohnen.

¹⁴ Man fällt eine Zeder, wählt eine Eiche oder sonst einen mächtigen Baum, den man stärker werden ließ als die übrigen Bäume im Wald. Oder man pflanzt einen Lorbeerbaum, den der Regen groß werden lässt.

¹⁵ Das Holz nehmen die Menschen zum Heizen; man macht ein Feuer und wärmt sich daran. Auch schürt man das Feuer und bäckt damit Brot. Oder man schnitzt daraus einen Gott und wirft sich nieder vor ihm; man macht ein Götterbild und fällt vor ihm auf die Knie. [...]

¹⁸ Unwissend sind sie und ohne Verstand; denn ihre Augen sind verklebt, sie sehen nichts mehr, und ihr Herz wird nicht klug.

(Deutero-) Jesaja 44

1. Erläutern Sie die Grundgedanken des Textes.
2. Arbeiten Sie die Differenz zwischen „Gott" und „Götze" heraus. Ziehen Sie ergänzend Jes 46,1-7, Jer 10,3-16 sowie Ps 115,4-8 (135,15-18) heran.
3. Im Buch der Weisheit, der wahrscheinlich jüngsten Schrift des AT, wird eine differenzierte Religionskritik entwickelt. Untersuchen Sie, in welchen Aspekten Weisheit 13-15 über das bisher Erarbeitete hinausgeht.
4. In Ephesus stieß Paulus mit einer ihm zugeschriebenen Behauptung – „Die mit Händen gemachten Götter sind keine Götter" (Apg 19,26) – auf massiven Widerstand. Arbeiten Sie die Zusammenhänge heraus (Apg 19,21-40).

Xenophanes von Kolophon (ca. 570–480 v. Chr.) war fahrender Dichter und Philosoph und gründete in Elea (Unteritalien) eine Philosophenschule. Wie alle philosophischen Äußerungen vor Sokrates (ca. 470–399 v. Chr.) sind auch seine Gedanken nur in Fragmenten erhalten.

35 Griechische Aufklärung

14. Doch wähnen die Sterblichen, die Götter würden geboren und hätten Gewand und Stimme und Gestalt wie sie.

15. Doch wenn die Ochsen *und Rosse* und Löwen Hände hätten oder malen könnten mit ihren Händen und Werke bilden wie die Menschen, so würden die Rosse rossähnliche, die Ochsen ochsenähnliche Göttergestalten malen und solche Körper bilden, wie *jede Art* gerade selbst ihre Form hätte.

18. Wahrlich nicht von Anfang an haben die Götter den Sterblichen alles enthüllt, sondern allmählich finden sie suchend das Bessere.

23. Ein einziger Gott, unter Göttern und Menschen am größten, weder an Gestalt den Sterblichen ähnlich noch an Gedanken.

24. *Gott* ist ganz Auge, ganz Geist, ganz Ohr.

25. Doch sonder Mühe erschüttert er alles mit des Geistes Denkkraft.

Xenophanes

5. Entfalten Sie Xenophanes' Kritik an den überlieferten Gottesvorstellungen.
6. Setzen Sie seine Gedanken in Beziehung zur biblischen Aufklärung.
7. Arbeiten Sie Xenophanes' Gottesverständnis heraus und setzen Sie es in Beziehung zu dem Gottesverständnis, wie es in der Namensgebungsgeschichte Ex 3,13-15 zum Ausdruck kommt.

Kritias aus Athen (ca. 460–403 v. Chr.) zählt zu der nicht einheitlichen Gruppe der Sophisten (griech. sophoi = die Weisen), die im Griechenland des 5. und 4. Jahrhunderts ihre Dienste als bezahlte Lehrer anboten. Kritias trat als Machtpolitiker in Erscheinung und starb 403 im Kampf gegen die Demokraten. In einem ihm zugeschriebenen Fragment behandelt er den Glauben an Gott oder die Götter in einer für die sophistische Aufklärung charakteristischen Weise, nämlich im Kontext der menschlichen Natur und hinsichtlich ihrer psychologischen und gesellschaftlichen Bedeutung.

36 Fragment über den Ursprung der Religion

Es gab eine Zeit, da war der Menschen Leben ungeordnet und tierhaft und der Stärke untertan, da gab es keinen Preis für die Edlen noch auch ward Züchtigung den Schlechten zuteil. Und dann scheinen mir die Menschen Gesetze aufgestellt zu haben als Züchtiger, auf dass das Recht Herrscherin sei [zugleich von allen?] und die Frevelei zur Sklavin habe. Und bestraft wurde jeder, der sich nur verging. Dann als zwar die Gesetze sie hinderten, offen Gewalttaten zu begehen, sie aber im Verborgenen *solche* begingen, da, scheint mir, hat (zuerst) ein schlauer und gedankenkluger Mann die [Götter-]Furcht den Sterblichen erfunden, auf dass ein Schreckmittel da sei für die Schlechten, auch wenn sie im Verborgenen etwas täten oder sprächen oder dächten. Von dieser *Überlegung* also aus führte er das Überirdische ein: „Es ist ein Daimon, in unvergänglichem Leben prangend, mit dem Geiste hörend und sehend, denkend im Übermaß, sich selbst gehörend (?), göttlich Wesen in sich tragend, der alles unter Sterblichen Gesprochene hören, alles Getane schauen kann. Wenn du aber mit Schweigen etwas Schlechtes planst, so wird das nicht verborgen sein den Göttern; denn *dafür* ist die Vernunft [zu stark] in ihnen." Mit diesen Reden führte er die lockendste der Lehren ein, mit lügnerischem Wort die Wahrheit verhüllend. Es wohnten aber, sagte er, die Götter an einem Ort, dessen Benennung die Menschen am meisten erschrecken musste, woher, wie er erkannte, die Ängste den Sterblichen kommen und Hilfen für ihr mühselig Leben, aus dem sich drehenden Gewölbe dort oben, wo er die Blitze wahrnahm und das furchtbare Donnergetöse und den sternäugigen Himmelsbau, der Zeit, des weisen Baumeisters, schönes Buntwerk, wo die strahlende Masse des Sonnengestirns wandelt und von wo der feuchte Regen zur Erde herabkommt. Und rings um die Menschen stellt er solche Schrecken, durch die er in seiner Rede der Gottheit eine schöne Wohnung gab und an einem geziemenden Ort, und er löschte die Gesetzlosigkeit durch die Satzung (?) [...]. So denke ich, hat zuerst einer die Sterblichen dazu bestimmt, zu glauben, es gebe das Geschlecht der Götter.

Kritias

8. Beschreiben Sie die drei Stufen gesellschaftlicher Entwicklung nach Kritias.
9. Untersuchen Sie die Auswirkung des Gottesglaubens.
10. Vergleichen Sie die Auffassungen des Kritias auf der einen mit denen des Xenophanes und der biblischen Aufklärung auf der anderen Seite.
11. Entwickeln Sie ein Streitgespräch zwischen Kritias und Verfechtern der biblischen Aufklärung. Ziehen Sie auch Ex 3,1-15 heran.
12. Diskutieren Sie in Ihrer Lerngruppe, welche Argumente aus heutiger Sicht für und welche gegen Kritias' Religionstheorie sprechen?

Religionskritik seit dem 19. Jahrhundert

37

Peter von Tresckow: Cartoon, 2011

Seit etwa 200 Jahren finden im christlich geprägten Europa atheistische Standpunkte eine weite Verbreitung. So deutet der Philosoph Ludwig Feuerbach (1804–1872), der Begründer der neuzeitlichen Religionskritik, den Gottesglauben psychologisch als eine aus menschlichen Bedürfnissen und Wünschen abgeleitete Illusion oder Projektion. Seine verstehende Religionskritik will das Christentum nicht zerstören, sondern retten: Ihr Programm besteht in einer Transformation religiös-theologischer Glaubensgehalte (z. B. „Gott ist gütig") in Anthropologie (z. B. „Güte ist göttlich"): Das Subjekt des Satzes (Gott) wird negiert, das Prädikat (Güte) der Gattung Mensch zugeordnet. Nicht wenige sahen in Feuerbach deshalb einen „frommen Atheisten".

38 ### Das Wesen des Christentums

Die Religion ist der Traum des menschlichen Geistes. Aber auch im Traume befinden wir uns nicht im Nichts oder im Himmel, sondern auf der Erde – im Reiche der Wirklichkeit, nur dass wir die wirklichen Dinge nicht im Lichte der Wirklichkeit und Notwendigkeit, sondern im entzückenden Scheine der Imagination und Willkür erblicken. Ich tue daher der Religion [...] nichts weiter an, als dass ich ihr die Augen öffne, oder vielmehr nur ihre einwärts gekehrten Augen auswärts richte, d. h. ich verwandle nur den Gegenstand in der Vorstellung oder Einbildung in den Gegenstand in der Wirklichkeit. [...]
Die Religion ist das erste und zwar indirekte Selbstbewusstsein des Menschen. Die Religion geht daher überall der Philosophie voran, wie in der Geschichte der Menschheit, so auch in der Geschichte der Einzelnen. Der Mensch verlegt sein Wesen zuerst außer sich, ehe er es in sich findet. Das eigene Wesen ist ihm zuerst als ein anderes Wesen Gegenstand. Die Religion ist das kindliche Wesen der Menschheit; aber das Kind sieht sein Wesen, den Menschen außer sich – als Kind ist der Mensch sich als ein anderer Mensch Gegenstand. Der geschichtliche Fortgang in den Religionen besteht deswegen darin, dass das, was der früheren Religion für etwas Objektives galt, jetzt als etwas Subjektives, d. h. was als Gott angeschaut und angebetet wurde, jetzt als etwas Menschliches erkannt wird. Die frühere Religion ist der späteren Götzendienst: Der Mensch hat sein eigenes Wesen angebetet. Der Mensch hat sich vergegenständlicht, aber den Gegenstand nicht als sein Wesen erkannt; die spätere Religion tut diesen Schritt; jeder Fortschritt in der Religion ist daher eine tiefere Selbsterkenntnis. [...]
Unser Verhältnis zur Religion ist [...] kein nur verneinendes, sondern ein kritisches; wir scheiden nur das Wahre vom Falschen – obgleich allerdings die von der Falschheit ausgeschiedene Wahrheit immer eine neue, von der alten wesentlich unterschiedene Wahrheit ist. Die Religion ist das erste Selbstbewusstsein des Menschen. Heilig sind die Religionen, eben weil sie

die Überlieferungen des ersten Bewusstseins sind. Aber was der Religion das Erste ist, Gott, das ist [...] an sich, der Wahrheit nach das Zweite, denn er ist nur das gegenständliche Wesen des Menschen, und was ihr das Zweite ist, der Mensch, das muss daher als das Erste gesetzt und ausgesprochen werden. Die Liebe zum Menschen darf keine abgeleitete sein; sie muss zur ursprünglichen werden. Dann allein wird die Liebe eine wahre, heilige, zuverlässige Macht. Ist das Wesen des Menschen das höchste Wesen des Menschen, so muss auch praktisch das höchste und erste Gesetz die Liebe des Menschen zum Menschen sein. *Homo homini Deus est* – dies ist der oberste praktische Grundsatz – dies der Wendepunkt der Weltgeschichte. Die Verhältnisse des Kindes zu den Eltern, des Gatten zum Gatten, des Bruders zum Bruder, des Freundes zum Freunde, überhaupt des Menschen zum Menschen, kurz, die moralischen Verhältnisse sind an und für sich selbst wahrhaft religiöse Verhältnisse. Das Leben ist überhaupt in seinen wesentlichen Verhältnissen durchaus göttlicher Natur. Seine religiöse Weihe empfängt es nicht erst durch den Segen des Priesters. [...]

Es handelt sich also im Verhältnis der selbstbewussten Vernunft zur Religion nur um die Vernichtung einer Illusion – einer Illusion aber, die keineswegs gleichgültig ist, sondern vielmehr grundverderblich auf die Menschheit wirkt, den Menschen, wie um die Kraft des wirklichen Lebens, so um den Wahrheits- und Tugendsinn bringt; denn selbst die Liebe, an sich die innerste, wahrste Gesinnung, wird durch die Religiosität zu einer nur scheinbaren, illusorischen, indem die religiöse Liebe den Menschen nur um Gottes willen, also nur scheinbar den Menschen, in Wahrheit nur Gott liebt.

Ludwig Feuerbach, 1841/1843

1. Gliedern Sie den Text in Abschnitte und finden Sie jeweils Überschriften.
2. „Das Geheimnis der Theologie ist die Anthropologie." Entfalten Sie diese an anderer Stelle formulierte programmatische These Feuerbachs.
3. Erklären Sie die von Feuerbach zwar namentlich nicht genannte, von ihm aber entwickelte Projektionsthese*, wonach Gott „nichts anderes als" ein menschliches Konstrukt darstellt.
4. Interpretieren Sie den Cartoon von Peter von Tresckow (*1936) und stellen Sie Zusammenhänge zur Religionstheorie von Feuerbach her.
5. In Ex 32,1-20, einem Text der biblischen Aufklärung, wird von der Zerstörung einer goldenen Stierstatue durch Mose berichtet. Setzen Sie diese Erzählung in Beziehung zur Projektionsthese.
6. Arbeiten Sie Kontinuitäten zwischen der Religionstheorie Feuerbachs und der biblischen wie der griechischen Aufklärung heraus.
7. Der Philosoph Eduard von Hartmann (1842–1906) bemerkte: „Nun ist es ganz richtig, dass darum etwas noch nicht existiert, weil man es wünscht; aber es ist nicht richtig, dass darum etwas nicht existieren könne, weil man es wünscht." Diskutieren Sie in Ihrer Lerngruppe die Konsequenzen, die sich aus dieser Feststellung für Feuerbachs Theorie ergeben.
8. Formulieren Sie eine Erwiderung auf Feuerbach aus der Sicht eines gläubigen Menschen.

Karl Marx (1818–1883) und mit ihm Friedrich Engels (1820–1895) übernehmen die Kritik Feuerbachs und erweitern sie um die materielle Dimension menschlichen Daseins. Die Religion ist nach Marx das Produkt gesellschaftlicher Verhältnisse und Ausdruck ihrer gesellschaftlichen Widersprüche.

39 Kritik der Religion als Kritik der Politik

Für Deutschland ist die *Kritik der Religion* im Wesentlichen beendigt, und die Kritik der Religion ist die Voraussetzung aller Kritik [...].

Das Fundament der irreligiösen Kritik ist: *Der Mensch macht die Religion*, die Religion nicht den Menschen. Und zwar ist die Religion das Selbstbewusstsein und das Selbstgefühl des Menschen, der sich selbst entweder noch nicht erworben oder schon wieder verloren hat. Aber *der Mensch*, das ist kein abstraktes, außer der Welt hockendes Wesen. Der Mensch, das ist *die Welt des Menschen*, Staat, Sozietät. Dieser Staat, diese Sozietät produzieren die Religion, ein *verkehrtes Weltbewusstsein*, weil sie eine *verkehrte Welt* sind.

GOTT – *offenbarte Verborgenheit*

Die Religion ist die allgemeine Theorie dieser Welt, ihr enzyklopädisches Kompendium, ihre Logik in populärer Form, ihr spiritualistischer Point d'honneur, ihr Enthusiasmus, ihre moralische Sanktion, ihre feierliche Ergänzung, ihr allgemeiner Trost- und Rechtfertigungsgrund. Sie ist die *phantastische Verwirklichung* des menschlichen Wesens, weil *das menschliche Wesen* keine wahre Wirklichkeit besitzt. Der Kampf gegen die Religion ist also mittelbar der Kampf gegen *jene Welt*, deren geistiges *Aroma* die Religion ist.

Das *religiöse* Elend ist in einem der *Ausdruck* des wirklichen Elends und in einem die *Protestation* gegen das wirkliche Elend. Die Religion ist der Seufzer der bedrängten Kreatur, das Gemüt einer herzlosen Welt, wie sie der Geist geistloser Zustände ist. Sie ist das *Opium* des Volks.

Die Aufhebung der Religion als des *illusorischen* Glücks des Volkes ist die Forderung seines *wirklichen* Glücks. Die Forderung, die Illusionen über seinen Zustand aufzugeben, ist die *Forderung, einen Zustand aufzugeben, der der Illusion bedarf*. Die Kritik der Religion ist also im Keim die *Kritik des Jammertales*, dessen *Heiligenschein* die Religion ist.

Die Kritik hat die imaginären Blumen an der Kette zerpflückt, nicht damit der Mensch die phantasielose, trostlose Kette trage, sondern damit er die Kette abwerfe und die lebendige Blume breche. Die Kritik der Religion enttäuscht den Menschen, damit er denke, handle, seine Wirklichkeit gestalte wie ein enttäuschter, zu Verstand gekommener Mensch, damit er sich um sich selbst und damit um seine wirkliche Sonne bewege. Die Religion ist nur die illusorische Sonne, die sich um den Menschen bewegt, solange er sich nicht um sich selbst bewegt.

Es ist also die *Aufgabe der Geschichte*, nachdem das *Jenseits der Wahrheit* verschwunden ist, die *Wahrheit des Diesseits* zu etablieren. Es ist zunächst die *Aufgabe der Philosophie*, die im Dienste der Geschichte steht, nachdem die *Heiligengestalt* der menschlichen Selbstentfremdung entlarvt ist, die Selbstentfremdung in ihrer *unheiligen Gestalt* zu entlarven. Die Kritik des Himmels verwandelt sich damit in die Kritik der Erde, die *Kritik der Religion* in die *Kritik des Rechts*, die *Kritik der Theologie* in die *Kritik der Politik*. [...]

Karl Marx, 1844/45

9. Untersuchen Sie, in welchen Punkten Marx sich Feuerbachs Religionstheorie anschließt.
10. Arbeiten Sie heraus, worin Marx über Feuerbach hinausgeht.
11. Religion „ist das *Opium* des Volks" (Z. 32). Formulieren zu dieser These eine Erwiderung aus der Sicht eines engagierten Gläubigen.
12. „Die Kritik der Religion ist im Wesentlichen beendigt." (Z. 1f.) Diskutieren Sie in Ihrer Lerngruppe über diese These mit Blick auf die gegenwärtige religiöse Situation in Deutschland.

Die Religionskritik des 20. und beginnenden 21. Jahrhunderts greift nicht selten auf Denkfiguren zurück, die bereits in der biblischen und griechischen Aufklärung sowie im 19. Jahrhundert ausgearbeitet wurden. Verbreitet ist heute ein Szientismus, der von einer vollständigen (natur-)wissenschaftlichen Erklärbarkeit der Welt überzeugt ist.

40 Gleichnis vom Gärtner

Es waren einmal zwei Forscher, die stießen auf eine Lichtung im Dschungel, in der unter vielem Unkraut allerlei Blumen wuchsen. Da sagt der eine: „Ein Gärtner muss dieses Stück Land pflegen." Der andere widerspricht: „Es gibt keinen Gärtner." Sie schlagen daher ihre Zelte auf und stellen eine Wache aus. Kein Gärtner lässt sich jemals blicken. „Vielleicht ist es ein unsichtbarer Gärtner." Darauf ziehen sie einen Stacheldrahtzaun, setzen ihn unter Strom und patrouillieren mit Bluthunden. [...] Keine Schreie aber lassen je vermuten, dass ein Eindringling einen Schlag bekommen hätte. Keine Bewegung des Zauns verrät je einen unsichtbaren Kletterer. Die Bluthunde schlagen nie an. Doch der Gläubige ist immer noch nicht überzeugt: „Aber es gibt doch einen Gärtner, unsichtbar, unkörperlich und unempfindlich gegen elektrische Schläge, einen Gärtner, der nicht gewittert und nicht gehört werden kann, einen Gärtner, der heimlich kommt, um sich um seinen geliebten Garten zu kümmern." Schließlich geht dem Skeptiker die Geduld aus: „Was bleibt eigentlich von deiner ursprünglichen Behauptung noch übrig? Wie unterscheidet sich denn das, was du einen unsichtbaren, unkörperlichen, ewig unfassbaren Gärtner nennst, von einem imaginären oder von überhaupt keinem Gärtner?"

John Wisdom, 1950/51

Papan

13. Arbeiten Sie heraus, von welchem Wirklichkeitsverständnis die beiden Forscher jeweils ausgehen.
14. Kann die Aussage, dass Gott existiert, durch empirische Ereignisse widerlegt werden? Begründen Sie Ihre Antwort und ziehen Sie auch die Namensgebungsgeschichte Ex 3,13-15 heran.
15. Setzen Sie die Pointe des Cartoons von Papan (*1943) in Beziehung zu dem Vorgehen der beiden Forscher.
16. Ein gläubiger Mensch schaltet sich in das Gespräch ein. Setzen Sie den Dialog fort, indem Sie eine Sprechblase hinzufügen.

Wenden Sie Ihr Wissen an

- Der Philosoph Robert Spaemann (* 1927) schreibt: „Angesichts der überwältigenden Allgemeinheit und Dauer des Gerüchts von Gott und angesichts der Gotteserfahrung vieler Menschen trägt der die Begründungspflicht, der dieses Gerücht als irreführend und diese Erfahrung als Einbildung abtut." Welcher Religionskritiker hat seine Begründungspflicht erfüllt? Begründen Sie Ihre Auffassung.
- Werben Sie für die Einsichten der biblischen Aufklärung in der Sprache unserer Zeit: Verfassen Sie ein Flugblatt oder entwerfen Sie ein Werbeplakat.

DIE BIBEL –
glauben und verstehen

Überblick

Die Bibel – ein bedeutendes Buch, das man gelesen haben muss! Am besten vollständig – wie es der Literaturkanon jeglicher Sprachen fordert. Biblische Motive wurden immer wieder in Kunst, Musik und Literatur aufgegriffen und so sind zentrale Geschichten, Legenden und Erzählungen der Bibel den meisten Menschen unseres Kulturkreises bekannt. Die Bibel ist bedeutsam als abendländisches Kulturgut, d. h. als Bildungsbuch. Mit diesem Verständnis der Bedeutung der Bibel werden wir ihrem Wert jedoch nicht gerecht, der über das hinausgeht, was ein Bildungsbuch oder ein tiefenpsychologisches Märchenbuch liefert. Sie bezeugt das Wort Gottes in Jesus Christus; in ihm hat Gott sich offenbart: „Und das Wort ist Fleisch geworden und hat unter uns gewohnt ..." (Joh 1,14). Insofern ist die Bibel ein Bekenntnisbuch und maßgebliche Grundlage des Glaubens der Christen, geschrieben von Glaubenden an und für Glaubende.

Die Bibel (abgeleitet v. griech. biblos= das Buch) ist – wie das Wort sagt – eine Sammlung von Büchern, von Texten, die als Heilige Schriften anerkannt wurden (= Kanonisierung*). Die Bibel ist in das Alte Testament (ein Teil davon ist mit dem hebräischen Kanon identisch) und das Neue Testament eingeteilt und umfasst Texte, die über einen Zeitraum von ca. 1000 Jahren aus der Hand unterschiedlicher Verfasser entstanden sind.

Ein Buch, dessen Entstehung bis zu 3000 Jahren zurückliegt, das den Anspruch erhebt, Gottes Wort zu bezeugen, und gleichzeitig für viele Menschen nicht mehr als eine interessante Legendensammlung ist, gibt Anlass zur Auseinandersetzung. Die unterschiedlichen Sichtweisen verweisen auf die Frage der subjektiven Rezeption, d.h. auf die Frage, für wen die Bibel welche Bedeutung hat. So soll es in diesem Kapitel um das komplexe Zusammenspiel von Hörer, Verfasser und Inhalt gehen. Dabei geht es zunächst um uns selbst als Adressaten und Rezipienten des Buches und um die Einordnung der Bibel als ein Buch aus Mischtexten, das göttliche Offenbarungen enthält, die der Heiligen Schrift vorausgehen, aber von Menschenhand niedergeschrieben wurden. Historische Entschlüsselungshilfen werden an exemplarischen Bibelstellen aus dem Alten und dem Neuen Testament gegeben, so dass Hintergründe geklärt und Verstehenswege eröffnet werden können.

Darauf aufbauend werden Lesarten der biblischen Texte, d.h. unterschiedliche, parallel existierende Zugänge nicht nur vorgestellt, sondern angeleitet. Die Zugänge verstehen sich also nicht nur als exegetische Information, sondern als Angebote, persönliche Zugänge selbst zu erfahren. So sollen an konkreten Bibelstellen Methoden der Exegese entfaltet und subjektiv erlebbar werden.

„Der größte Feind des Glaubens ist nicht der Unglaube, sondern die Unaufmerksamkeit."
Josef Pieper, Philosoph, 1904–1997

Ivan Steiger, 1989

„Ohne grundlegende Einführung können die Hörer bei unseren Messfeiern nicht wissen, was sie da hören, und folglich in dem Verkündeten auch keine Botschaft für ihr Leben entdecken."
*Santiago Guijarro, spanischer Theologe, * 1957*

Thomas Plassman, 2000

1. Sammeln Sie Assoziationen zu den beiden Abbildungen.
2. Interpretieren Sie die jeweilige Darstellung in Bezug auf die Bibel. Ziehen Sie dazu Methode 10 (s. S. 386) heran.
3. Wo sehen Sie Ähnlichkeiten in Aspekten der Darstellung mit Ihrer Einstellung zur Bibel? Tauschen Sie sich in Kleingruppen zu Ihren Interpretationsansätzen und Ihren persönlichen Einstellungen aus.
4. Formulieren Sie abschließend eine oder mehrere treffende Aussagen über die Bibel.
5. Nehmen Sie eine Bibel hinzu und schreiben Sie einen Informationstext über die Bibel, der Ihre Assoziationen zu den Abbildungen und Ihr bisheriges Sachwissen (z. B. zum Aufbau und zur Entstehung der Bibel) enthält. Halten Sie dabei Fragen fest, die Sie selbst nicht beantworten können.

1. Bevor wir lesen – Leser und Verfasser in den Blick nehmen

Was Sie erwartet

„In der Bibel redet Gott selbst zu uns wie ein Mensch mit seinem Freund." (Martin Luther) Erwarten wir, dass Gott mit uns spricht und dass wir in Kommunikation mit ihm treten, wenn wir die Bibel zur Hand nehmen? Oder sehen wir in der Bibel zunächst ein schwer zu entschlüsselndes Buch, über das wir erst einmal viel wissen müssen, um es verstehen zu können?

Die Bibel ist mehr als ein Wissensbestand und Zeitzeugnis, sie ist Medium, durch das Gott mit den Menschen spricht und diese sein Wort aufnehmen.

Die Welt des Lesers, der den Text aufnimmt, ist daher genauso wichtig, wie die Welt des Verfassers, die den Text bestimmt. Beide Kontexte bedingen das Verständnis des Textes und die Begegnung mit dem Textinhalt. Fangen wir beim Leser an oder besser gesagt: beim Hörer des Wortes Gottes, denn der Leser muss hinhören und sich öffnen, um sich von Gott ansprechen zu lassen. Erst wenn wir unsere Rolle als Hörer geklärt haben, können wir uns der Intention der Verfasser nähern und eine Verhältnisbestimmung von Leser, Verfasser und Ursprung/Inhalt (Gott) wagen.

Leser der Bibel oder Hörer des Wortes Gottes?

Toni Zenz: Der Hörende, 1952

1. Setzen Sie sich arbeitsteilig mit einem der folgenden Bibelverse auseinander. Überprüfen Sie die jeweiligen Kontexte und interpretieren Sie die Verse.
   – Ps 115,6: Sie haben Ohren und hören nicht.
   – Mt 13,13: Deshalb rede ich zu ihnen in Gleichnissen, weil sie sehen und doch nicht sehen, weil sie hören und doch nicht hören und nichts verstehen.
   – Dtn 4,1: Hört und ihr werdet leben.

2. Beschreiben Sie die Haltung und den Gesichtsausdruck des Hörenden und begründen Sie, warum diese Skulptur ein aufmerksamer Hörer des Wortes ist.
3. Stellen Sie sich vor, eine Gemeinde müsste entscheiden, ob diese Skulptur in ihrer Kirche aufgestellt wird. Inszenieren Sie diese Pfarrgemeinderatssitzung; nehmen Sie Methode 3 zu Hilfe (s. S. 379).
4. Führen Sie folgende Stilleübung durch:
   Auf den eigenen Namen lauschen
   Schließen Sie oder verdecken Sie Ihre Augen. Versuchen Sie, so ruhig zu werden, dass Sie das Ticken der Wanduhr/das Summen der Neonröhren o. Ä. hören können. Einer aus der Gruppe (z. B. der Lehrer oder die Lehrerin) wird jetzt an einen von Ihnen denken und den Namen dieser Person flüstern. Wenn Sie ganz aufmerksam in die Stille horchen, werden Sie merken, dass Sie gemeint sind. Schauen Sie dann die Person an, die Sie angesprochen hat. Nacheinander – mit Pausen – werden die Namen der Einzelnen geflüstert, ggf. auch wiederholt, bis die jeweilige Person wirklich aufschaut.
   Variation: Flüsterkette: Wer seinen Namen vernommen hat, flüstert nun seinerseits den Namen eines Mitschülers, bis alle genannt sind.

2 Die erste Offenbarung an Samuel

¹ Der junge Samuel versah den Dienst des Herrn unter der Aufsicht Elis. In jenen Tagen waren Worte des Herrn selten; Visionen waren nicht häufig.
² Eines Tages geschah es: Eli schlief auf seinem Platz; seine Augen waren schwach geworden, und er konnte nicht mehr sehen.
³ Die Lampe Gottes war noch nicht erloschen und Samuel schlief im Tempel des Herrn, wo die Lade Gottes stand. ⁴ Da rief der Herr den Samuel, und Samuel antwortete: Hier bin ich.
⁵ Dann lief er zu Eli und sagte: Hier bin ich, du hast mich gerufen. Eli erwiderte: Ich habe dich nicht gerufen. Geh wieder schlafen! Da ging er und legte sich wieder schlafen. ⁶ Der Herr rief noch einmal: Samuel! Samuel stand auf und ging zu Eli und sagte: Hier bin ich, du hast mich gerufen. Eli erwiderte: Ich habe dich nicht gerufen, mein Sohn. Geh wieder schlafen!
⁷ Samuel kannte den Herrn noch nicht, und das Wort des Herrn war ihm noch nicht offenbart worden. ⁸ Da rief der Herr den Samuel wieder, zum dritten Mal. Er stand auf und ging zu Eli und sagte: Hier bin ich, du hast mich gerufen. Da merkte Eli, dass der Herr den Knaben gerufen hatte.
⁹ Eli sagte zu Samuel: Geh, leg dich schlafen! Wenn er dich (wieder) ruft, dann antworte: Rede, Herr; denn dein Diener hört. Samuel ging und legte sich an seinem Platz nieder.
¹⁰ Da kam der Herr, trat (zu ihm) heran und rief wie die vorigen Male: Samuel, Samuel! Und Samuel antwortete: Rede, denn dein Diener hört.

1 Sam 3,1-10

5. Fügen Sie zwischen V. 8 und V. 9 einen weiteren Vers ein (Gedanken, Aussagen oder Erzähltext). Erweitern Sie den Text auch an anderen Stellen durch Gedanken oder Sprechakte der Personen.
6. Lesen Sie folgende Bibelstellen und charakterisieren Sie die jeweilige Kommunikationssituation: Ex 3,1-12; Jona 1-2; 1 Kön 19,1-13.
7. Entwerfen Sie auf der Grundlage Ihrer Auseinandersetzung mit den biblischen Offenbarungssituationen eine neue Skulptur. Folgende Möglichkeiten bieten sich an:
   – Formen der Skulptur aus Materialien Ihrer Wahl;
   – Zeichnen der Skulptur;
   – Erarbeiten eines Standbildes mithilfe Ihrer Mitschüler. Sie sind der Bildhauer, zwei Schüler bilden Ihr Kunstwerk. Nutzen Sie dazu Methode 3 (s. S. 379).

DIE BIBEL – *glauben und verstehen*

Wort Gottes aus Menschenhand?

Biblische Texte sind zu einem Großteil Bekenntnisschriften. Menschen haben ihre Lebenserfahrungen im Lichte des Glaubens reflektiert und als Glaubenszeugnisse niedergeschrieben. Das Leben wird mit dem Glauben der Menschen auf fruchtbare Weise ins Gespräch gebracht. Das Ergebnis dieses Gesprächs sind erfahrungsgesättigte Glaubensbekenntnisse. Insofern lässt sich die Bibel als Ganze auch als Bekenntnisschrift bezeichnen.

Rembrandt: Der Evangelist Matthäus, 1661

INFO: Inspiration

Inspiration nennt man den Einfluss Gottes oder des Heiligen Geistes auf die Verfasser der biblischen Bücher (vgl. 2 Tim 3,16). Wegen dieses göttlichen Ursprungs sind die biblischen Texte Heilige Schrift. In ihnen zeigt sich Gottes Wort.
Bezeichnet man die Heilige Schrift als verbalinspiriert, so geht man davon aus, der Heilige Geist habe den biblischen Verfassern den Text Wort für Wort diktiert.

Das Zweite Vatikanische Konzil (1962–1965) bezeichnet die Heilige Schrift in der Dogmatischen Konstitution über die göttliche Offenbarung „Dei verbum" als einen „Spiegel, in dem die Kirche Gott, von dem sie alles empfängt, auf ihrer irdischen Pilgerschaft anschaut, bis sie hingeführt wird, ihn von Angesicht zu Angesicht zu sehen, so wie er ist" (Dei Verbum, 7).
Das Bild des Spiegels verwendet auch Paulus: „Jetzt schauen wir in einen Spiegel und sehen nur rätselhafte Umrisse, dann aber schauen wir von Angesicht. Jetzt erkenne ich unvollkommen, dann aber werde ich durch und durch erkennen, so wie ich auch durch und durch erkannt worden bin" (1 Kor 13,12).

1. Deuten Sie die Metapher des Spiegels und erläutern Sie das kirchliche Bibelverständnis. Folgende Bibelstellen können Ihnen behilflich sein:
   – Gott [...] hat uns fähig gemacht, Diener des Neuen Bundes zu sein, nicht des Buchstabens, sondern des Geistes. Denn der Buchstabe tötet, der Geist aber macht lebendig (2 Kor 3,5-6).
   – Diesen Schatz [der Heilsbotschaft] tragen wir in zerbrechlichen Gefäßen; so wird deutlich, dass das Übermaß der Kraft von Gott und nicht von uns selbst kommt (1 Kor 4,7).
2. Beziehen Sie Stellung zur kirchlichen Auffassung der Heiligen Schrift und bewerten Sie die gewählte Metaphorik.
3. Entwickeln Sie weitere, Ihnen einleuchtende Metaphern für ein angemessenes Verständnis der Bibel, die den Texten als Offenbarung Gottes und Werk des Menschen gerecht werden.

René Magritte: Der falsche Spiegel, 1929

4. Formulieren Sie Assoziationen und dann Interpretationshypothesen für Magrittes Gemälde.
5. Deuten Sie den Titel des Gemäldes von Magritte und analysieren Sie, ob dieses Bild die Metapher des Spiegels veranschaulichen kann. (s. Methode 9, S. 385)

Verfasser der Bibel und Entstehungskontext

Aufgabe des Lesers ist es, die Bibeltexte, die zugleich göttlichen und menschlichen Ursprungs sind, zu lesen und mit der eigenen Lebenswelt in Verbindung zu bringen. Um die Textwelt besser durchdringen zu können, müssen wir uns der sozio-kulturellen Entstehungssituation vergewissern. Sie liefert Hilfen zur Differenzierung zwischen dem Geist Gottes und der Realität des Menschen.

Die Textwelt des Alten Testaments

Warum beginnt jemand zu schreiben? Das ist eine Frage, die einen ganzen Komplex von Motiven zu eröffnen vermag. Für den einen spielen finanzielle Motive eine Rolle. Er versucht, sich
5 durch das Schreiben seinen Lebensunterhalt zu erwerben. Den anderen bewegt vielleicht, gegen bestimmte politische oder gesellschaftliche Entwicklungen Position zu beziehen. Für wieder einen anderen liegt der Grund dafür, warum er
10 zu schreiben beginnt, darin, dass er mit einer Erfahrung zu Rande kommen, einer vielleicht verwirrend vielschichtigen Erfahrung durch das Niederschreiben Struktur und Ordnung geben will.
15 Was mag das Motiv für die biblischen Schriftsteller gewesen sein, zu schreiben? Sicher sind die biblischen Schriftsteller nicht nur willenlose Schreiborgane eines göttlichen Willens gewesen, die aus keinem selbständigen Motiv heraus
20 zu ihrer schriftstellerischen Tätigkeit gefunden hätten. [...]

Fragt man nach der Entstehung der Bibel, so ist man zunächst auf die altorientalische Kultur und Literatur verwiesen. Sie bilden den Horizont, ohne den die Bibel als literarisches Phäno- 25 men nicht denkbar wäre. Daran wird deutlich, dass die Bibel nicht vom Himmel gefallen ist. Sie hat einen langen, von geistigen und literarischen Strömungen im orientalischen Raum des ersten Jahrtausends v. Chr. beeinflussten 30 Wachstumsprozess hinter sich, der bei der Lektüre der Bibel und bei der Bewertung einzelner Bibelstellen berücksichtigt sein will. [...]
Alttestamentliche Literatur entsteht nahezu immer als Reaktion auf eine Krisenerfahrung. Sie 35 ist vordringlich Erfahrungsbewältigung mithilfe der Literatur. Natürlich bezieht sie klar Position, schreibt gegen politische und soziale Missstände an, will Veränderungsprozesse anstoßen – aber dies alles geschieht als Reaktion auf eine 40 bestimmte Erfahrung mit der Wirklichkeit, mit der Geschichte.

Die zentrale Krisenerfahrung Israels ist das so genannte „Babylonische Exil" (587–537 v. Chr.). Die schon im 8. u. 7. Jahrhundert massive Bedrohung durch die Assyrer und später durch die Babylonier hat mit dem Sieg Babylons über Israel im Jahre 587 einen endgültig vernichtenden Erfolg. Der Tempel als Mitte und Lebensnerv Israels wird zerstört. Ein Großteil der Bevölkerung, darunter vor allem die Wohlhabenden, die Intelligenz und natürlich die Jungen und Arbeitsfähigen, wird nach Babylon deportiert. Israel ist zwar kein Niemandsland, blutet aber durch das Exil derart aus, dass es seine religiöse und damit politische Identität völlig verliert. Diese Krise des Exils ist zugleich der entscheidende Funke für die Entstehung der alttestamentlichen Literatur. Wenn es eine Unterscheidung gibt, die innerhalb der Forschung von allen Schulen und Richtungen geteilt wird, dann ist es die in eine „vorexilische" und eine „exilische" bzw. „nachexilische" Literaturphase. Natürlich entsteht auch schon vor dem Exil Literatur in Israel. Durch die Erfahrung des Exils wird diese aber entweder überarbeitet, oder zu dieser wird ein literarischer Gegenentwurf formuliert.

Am besten zeigen lässt sich dies am Beispiel des „ersten" und „zweiten Schöpfungsberichts*". [...] Schon auf den ersten Blick dürfte klar sein, dass es sich hier um zwei unterschiedliche Texte handelt, die von zwei unterschiedlichen Autoren stammen. Älter und „vorexilisch" dürfte der zweite Schöpfungsbericht sein, in dem Gott ganz menschlich und handwerklich dargestellt wird. Im Exil aber wird dann offensichtlich das Bedürfnis empfunden, einen neuen Schöpfungsbericht zu entwerfen. Der liegt in Gen 1,1-2,4a vor und wird dem in Gen 2,4bff. schon vorhandenen vorangestellt.

Ida Lamp/Thomas Meurer, 2002

1. Stellen Sie dar, welche Bedeutung die Verfasser dem Babylonischen Exil für das Verständnis biblischer Texte beimessen.
2. Lesen Sie Gen 1,1-2,4a und nähern sich zunächst dem Text, indem sie ihn laut vorlesen.
3. Analysieren Sie die Form des Textes und begründen Sie, warum man bei diesem Text der Gattung nach nicht von einem Bericht sprechen kann. Erläutern Sie, welche begrifflichen Alternativen zum „Bericht" (s. Z. 69) Ihnen sinnvoll erscheinen.
4. Analysieren Sie das Gottes- und Menschenbild, das v. a. durch die formale Struktur des Textes vermittelt wird. Erläutern Sie mithilfe der Informationen zu den Schöpfungstexten, inwiefern dieses Schöpfungsverständnis sich von der älteren Schöpfungserzählung (Gen 2,4bff.) unterscheidet.
5. Begründen Sie, warum dieser Text in der Exilssituation entstanden ist und warum man den Schöpfungstext, wenn man den Entstehungskontext kennt, nicht als einen Bericht der Entstehung der Welt, sondern als einen Bekenntnistext zum Gott Israels verstehen kann.

6 Die Textwelt des Neuen Testaments

Das NT ist eine Sammlung von 27 Schriften bzw. Schriftsammlungen. Im Einzelnen und in dieser Reihenfolge sind das in allen Bibelausgaben: vier Evangelien, die Apostelgeschichte, 21 „Briefe" sowie eine apokalyptische – auf die Zukunft gerichtete – Schrift, die sogenannte Offenbarung des Johannes.

Bei 13 Briefen wird Paulus als Verfasser genannt, doch drei davon (der Kolosserbrief, der Epheserbrief und der 2. Brief an die Gemeinde von Thessalonich), die sogenannten Deuteropaulinischen Briefe, sind – so der heutige Stand der Forschung – aufgrund von Stil und Inhalt eher Paulusschülern zuzuschreiben, drei weitere – auch aufgrund der ganz anderen Gemeindesituation – viel später zu datierende Gemeindeschreiben (1. und 2. Brief an Timotheus und Titusbrief), die so genannten Pastoralbriefe.

Der Hebräerbrief ist kein Brief, sondern eher ein Mahnschreiben (vgl. Hebr 13,22). Die sieben „Briefe", die Petrus (1. und 2. Petrusbrief), Johannes (1., 2., und 3. Iohannesbrief), Jakobus und Judas zugeschrieben werden, werden auch „katholische", d.h. allgemeine, Briefe genannt, da sie sich nicht an einen bestimmten Adressaten richten.

Die Anordnung der Texte in unseren Bibelausgaben sagt nichts über deren *zeitliche* Reihenfolge: So sind die Evangelien sicher nicht die frühesten Schriften. Der älteste neutestamentliche

160 **DIE BIBEL** – *glauben und verstehen*

Text (also der zeitlich früheste oder älteste uns vorliegende) ist der von Paulus an die – überwiegend heidenchristliche – Gemeinde von Thessalonich (heute Thessaloniki) geschriebene, seelsorgliche Brief, der etwa aus dem Jahr 50 datiert. Der jüngste neutestamentliche Text ist wohl der 2. Petrusbrief, der zu Beginn des 2. Jahrhunderts zu datieren ist.

Jesus selbst hat nichts aufgeschrieben, was uns überliefert wurde. Und auch von den Menschen, die ihm als Erste nachgefolgt sind, gibt es keine Schriften.

Dennoch haben wir ein NT, und Forscher können aus dieser schriftlichen „Vorlage" ältere Texte und sogar mündliche Traditionen rekonstruieren. Sie vermitteln uns damit Erkenntnisse über die Jünger Jesu und die ersten Gemeinden, über die Entwicklung des Christentums. Die ersten Formulierungen entstanden danach wohl als Gebete und Lieder, als Bekenntnisse und „Merksätze", als mündliche Überlieferung also. Deren Verfasser kennen wir gar nicht. Dass diese Überlieferungen dann doch aufgeschrieben wurden, hat im Falle des Paulus einen ganz alltäglichen Grund: Er will mit den Gemeinden, die er als Missionar gegründet hat, in Kontakt bleiben und schreibt Briefe. Den Gemeinden schließlich sind diese Briefe (und ihr Schreiber) so wichtig, dass sie sie nicht nur einmal lesen, sondern wohl auch darüber diskutiert haben, dass sie Abschriften anfertigten und die Briefe sogar untereinander austauschten. [...]

Alle Schriften, die uns als NT überliefert sind, wurden von Menschen geschrieben, die sich als Glaubende verstehen. Was sie schreiben, sind Glaubenszeugnisse. Biografisch kennen wir von diesen Schriftstellern nur Paulus etwas näher; die übrigen neutestamentlichen Schriftsteller bleiben uns, obwohl fast alle Texte im Nachhinein mit Autorennamen versehen sind, unbekannt.

Wir haben keinen Originaltext, keine „Urschriften", sondern nur Abschriften. Alle einzelnen Texte und das Buch, wie es uns heute vorliegt, haben einen Überlieferungsprozess durchlaufen. [...] Einander am nächsten stehen die drei Evangelien (Matthäus-, Markus- und Lukasevangelium), die auch als „Synoptiker" („Synopse" kommt aus dem Griechischen und bedeutet „Zusammenschau") bezeichnet werden. Synoptiker heißen sie deshalb, weil man, wenn man die drei Texte nebeneinanderstellt, sehr viele Gemeinsamkeiten entdecken kann.

Ida Lamp/Thomas Meurer, 2002

6. Informieren Sie sich, was sich hinter dem Begriff der Zwei-Quellen-Theorie* verbirgt, und erklären Sie anhand Ihrer Informationen die Entstehung der Evangelien.

7. Führen Sie am Beispiel Mk 4,35 (Sturmstillung) einen synoptischen Vergleich (Vergleich der Textvarianten von Matthäus, Markus, und Lukas) durch und stellen Sie auf dieser Grundlage stilistische und theologische Unterschiede der drei Evangelienfassungen heraus. Unterstützend sollten Sie Zusatzinformationen zu den Evangelisten hinzuziehen, die Sie in Schulbüchern für die Sekundarstufe I oder z. B. bei www.bibelwissenschaft.de finden. Ziehen Sie auch das Jesus-Kapitel aus diesem Buch heran.

8. Lesen und vergleichen Sie die Texte zur Speisung der Fünftausend (Mt 14,13-21; Mk 6,31-44; Lk 9,10-17).
   a) Stellen Sie die jeweiligen Angaben zum Geschehen einander gegenüber.
   b) Formulieren Sie Hypothesen, die geeignet sind, die auffälligen Gemeinsamkeiten und Unterschiede zu erklären.
   c) Suchen Sie nach (theologischen) Absichten der jeweiligen Evangelisten und diskutieren Sie sie.

Roland Peter Litzenburger:
Herr hilf, ich ertrinke, 1952

INFO: Kanon

Das griechische Wort Kanon hat ein breites Bedeutungsspektrum, z. B. Maßstab, Richtschnur, Liste, Tabelle. Wendet man es auf die Bibel an, bezeichnet es den Bestand der im Judentum, im Christentum, in der Kirche als heilige Schriften anerkannten biblischen Bücher. Die Kirche bekennt sie als Wort Gottes (Literarinspiration).

Der Kanon der jüdischen Bibel ist in mehreren Stufen in den letzten vorchristlichen Jahrhunderten entstanden. Er gliedert sich in die Bücher der Weisung (Tora), der Propheten (Nebiim) und Schriften (Ketubim). Zur griechischen Version der jüdischen Bibel, der Septuaginta, gehören auch noch die später entstandenen Bücher Baruch, Judit, Tobit, Weisheit, Jesus Sirach und die Makkabäerbücher. Während die Vulgata, die lateinische Übersetzung, diese Buchsammlung übernahm, hat sich Martin Luther am jüdischen Kanon orientiert. Der neutestamentliche Kanon findet unter allen christlichen Kirchen einheitliche Akzeptanz. 382 wurde der Kanon auf der Synode von Rom festgelegt. Das Konzil von Trient definiert 1546 endgültig die 27 Schriften des NT als kanonisch.

Texte, die im Entstehungsprozess der Bibel nicht in den Kanon aufgenommen wurden, nennt man Apokryphen (griech.: verborgen). Manche dieser Texte wurden aus inhaltlichen Gründen abgelehnt (als Häresie, d. h. Irrlehre, z. B. vollzieht sich im Petrusevangelium 8,35 ff. die Auferstehung in aller Öffentlichkeit vor den Feinden Jesu), manche waren noch nicht bekannt, andere entstanden erst nach Abschluss des Kanons.

7 Das Verhältnis von Rezeption und Verfasser – die Begründung kanonischer Exegese

Selbstverständlich kann man bei der Interpretation eines Textes nach der Intention des Autors fragen. Das ist nicht immer einfach, aber ich halte es für möglich. Allerdings sollten wir uns darüber im Klaren sein, dass zwischen der Intention des Autors und der Bedeutung eines Textes zu unterscheiden ist. Normativ sind in der christlichen Tradition allerdings die *Texte*, nicht die Intentionen historischer Autoren. Und die Texte sind nur normativ (= bindend, verbindlich) im Kontext der gesamten Heiligen Schrift. Und da kann es sein, dass die Bedeutung eines Einzeltextes im Kontext der gesamten Heiligen Schrift über das hinausgeht, was sein historischer Autor, der die Heilige Schrift noch nicht kannte, mit ihm intendierte. Wenn man von der Normativität einer Intention sprechen will, dann kann es im Grunde nur die *intentio auctoris* sein, also die Intention des Urhebers. Urheber, *auctor* der Heiligen Schrift aber ist Gott. Wir stoßen erneut auf die Lehre von der Inspiration [s. S. 158]. Bereits Augustinus hat die Differenz zwischen Autorintention und Textbedeutung klar erfasst und bedacht. [...] „Es kommt nämlich immer wieder vor, dass der Verfasser eine richtige Einsicht hatte und dann auch der Leser etwas richtig sieht, allerdings anders als der erste, bald besser, bald schlechter, trotzdem so, dass es für ihn nützlich ist ... Denn aufgrund welcher Beweise könnte ich die Gesinnung eines abwesenden oder toten Menschen so sicher bestimmen, dass ich darauf schwören könnte?" *(util. credo 11)*.

Ludger Schwienhorst-Schönberger, 2007

9. Stellen Sie die Differenz zwischen Autorintention und Textbedeutung nach Augustinus dar.
10. Überprüfen Sie diese Sichtweise anhand von Psalm 31,1-8.
   a) Formulieren Sie die zum Ausdruck gebrachte Grunderfahrung und beschreiben Sie, wie diese Verse auf Sie wirken. Welche Gefühle rufen sie wach? Probieren Sie eine Methode des Kreativen Schreibens aus (s. Methode 4, S. 381).
   b) Begründen Sie die Einbettung dieses Psalms in den Kanon der Bibel.
   Erläutern Sie, inwiefern hier Verfasser – Leser – Gott als miteinander verbundene Subjekte des Textes sind.
11. Informieren Sie sich z. B. im Internet (www.die-bibel.de) über die verschiedenen Bibelübersetzungen. Lesen Sie Ps 31,1-8 in der Einheitsübersetzung und in der Übersetzung Martin Luthers. Erläutern Sie (s. Info: Übersetzen) Unterschiede und Auffälligkeiten.

INFO: Übersetzen

Die Frage nach der Übersetzung biblischer Texte war schon immer ein bedeutendes Thema. Aufgrund der unterschiedlichen Struktur der Sprachen ist eine Wort-für-Wort-Übersetzung im Grunde unsinnig. Letztlich geht es um die Frage nach dem Verhältnis von Geist und Buchstabe. Es gibt zwei Möglichkeiten, mit diesem Problem umzugehen: Entweder passt man bei der Übersetzung („zieltextorientiert oder wirkungstreu") den Inhalt an den Leser an. Dadurch wird jedoch eine gewisse Ungenauigkeit in Kauf genommen. Der zweite Weg besteht darin, dass vom Leser erwartet wird, sich an den Inhalt anzupassen. Eine solche Übersetzungsmethode nennt man „ausgangstextorientiert oder strukturtreu". Dieses Vorgehen wendet man eher bei wissenschaftlichen Übersetzungen an. Die zieltextorientierte Übersetzungsmethode folgt der Forderung, den Urtext wirkungstreu wiederzugeben. Dabei steht die beabsichtigte Wirkung im Mittelpunkt, die der Text in der Ausgangssprache und Ausgangskultur vermutlich hatte. Dieselbe Wirkung wird mithilfe der Zielsprache in der Zielkultur angestrebt. Notwendige inhaltliche Entfernungen vom Original werden toleriert, um einen leicht verständlichen und gut lesbaren Text zu erhalten. Eine solche Übersetzungsmethode ist naturgemäß stark von der theologischen und weltanschaulichen Prägung der Übersetzer abhängig. Deren Interpretationen des Originals spielen eine große Rolle. Dies muss jedoch nicht unbedingt ein Nachteil sein, denn so können Übersetzungsvarianten zum Zuge kommen, die allgemein anerkannte Glaubenssätze klar zum Ausdruck bringen. Für wissenschaftliche Zwecke eignet sich diese Methode weniger.

Wenden Sie Ihr Wissen an

- Formulieren Sie zentrale Erkenntnisse, die Ihnen eine neue Sicht auf die Bibel eröffnet haben, indem Sie Empfehlungen für einen Leitfaden zum Verständnis biblischer Texte formulieren. Welches Material und welche Denkanstöße waren für Sie besonders interessant?

1
Ein Buch?
Mehr noch: Eine Bücherei!
66 verschiedene Bücher
von nicht nur 66 verschiedenen Autoren, [...]

2
Nicht zu vergessen
die namenlosen Scharen
späterer Bearbeiter, Ergänzer, Verknüpfer,
der fromme Fleiß
ihrer minutiösen Text-Finissage
während rund eines Jahrtausends
jüdisch-urchristlicher Geschichte.

3
Allmählich entstand so:
Ein Bücherbuch vieler Stimmen,
die nacheinander,
nebeneinander,
durcheinander,
gegeneinander,
miteinander
reden, singen, murmeln, beten.
Dissonanzen? Jede Menge.
Widersprüche? Noch und noch.
Kein ausgeklügelt Buch. Hundert-Stimmen-Strom
(selbst Schriftgelehrte ermessen ihn nicht) –
wohin will er tragen?
Über Schwellen, Klippen, Katarakte heimzu,
heilzu (hoff ich).
[...]

Kurt Marti, 1989

- Erläutern Sie zentrale Formulierungen des Gedichts mithilfe Ihres neuen Wissensstandes.
- Interpretieren Sie das Gedicht.

2. Bevor wir verstehen – Lesarten der Bibel

Was Sie erwartet

Können wir am Reichtum und an der Herausforderung der biblischen Tradition Geschmack finden, wenn wir biblische Texte lediglich analysieren und diskursiv auf das eigene Leben beziehen? Über biblische Texte können wir nicht nur sprechen, wir müssen uns von den biblischen Erzählern in Geschichten verwickeln lassen, sie zu Spiegelungsfolien und Resonanzräumen für eigene Erfahrungen werden lassen, sagt der Religionspädagoge Hans Mendl.

Das Kapitel beginnt im ersten Teil mit der grundsätzlichen Überlegung, ob überhaupt und wie ein Verstehen der fremden biblischen Wirklichkeit möglich ist. Können wir als Leser „Schlüssel" in die Hand bekommen, um die biblische Botschaft für uns aufzuschließen, oder stehen wir vor einer objektiven Erkenntnisgrenze, über die nur der Glaube hinausführt?

Die Bibel – das Fremde achten und verstehen

Der systematische Theologe Thomas Ruster (* 1955) ist der Überzeugung, dass die historisch-kritische Exegese – bei all ihren großen Verdiensten – uns auch dazu gebracht hat, die Bibel nach unserem neuzeitlichen, wissenschaftlichen Wirklichkeitsverständnis zu lesen und zu verstehen. Er möchte aber „gemäß den Schriften" die Welt verstehen. Neuzeitliches Bibelverständnis geht immer davon aus, dass Glaube und Erfahrung zusammengehören. Hier geht Ruster einen anderen Weg. Die Frage, die er stellt, lautet: Kann (muss) sich die gläubige Identität eines Christen auch auf fremder, nicht eigener Erfahrung gründen? Ist Teilhabe an fremder Erfahrung möglich?

8 Biblische Welten als fremde Welten

Am Beispiel der Wunder wird jedenfalls deutlich, „dass eine Religion nicht wirklich erschlossen werden kann, wenn sie [...] zuvor auf das reduziert wird, was mit unseren Rationalitäts-
5 kriterien vereinbar ist. Die Unterstellung, wir seien klüger als die Überlieferung, nur weil wir sie nicht verstehen, zieht der Bibel alle kritischen Zähne." Dabei geht es [...] um die Bereitschaft, sich an einer fremden Tradition zu reiben, „sich
10 mit ihr zu streiten". [...] Biblische Texte „sollten grundsätzlich als fremde Welten gelesen werden, die wir ganz neu erkunden müssen, als wären wir die Crew von Captain Kirk, Captain Picard, oder besser noch wie Captain Janeway
15 und die Besatzung vom Raumschiff Voyager oder die Neuankömmlinge auf Earth 2. Wir kennen die Gesetze der fremden Welten nicht, und wir müssen unbedingt damit rechnen, dass die Gesetze und Regeln, die in diesen fremden
20 Welten herrschen, andere sind, als die, die unsere Welt bestimmen." [...] Zur fremden Welt gehört auch ein fremder Gott. Auch er ist erst zu entdecken, auch in Bezug auf ihn ist unbedingt damit zu rechnen, dass er sich nicht an die Gesetze und Regeln hält, die in unserer (religiösen) 25
Welt und in unseren Vorstellungen vom Göttlichen herrschen.
[...]
Ich möchte neben das Bild von der Raumschiff-Crew ein anderes stellen: Das Christentum, 30
die Repräsentanz des biblischen Wirklichkeitsverständnisses unter den Völkern, kann verglichen werden mit einem italienischen Restaurant inmitten von McDonalds und BurgerKing, irgendwo in der amerikanischen gastronomi- 35
schen Wüste. Sofort ist klar, vor welchen Herausforderungen der Besitzer des Restaurants steht. Einerseits muss er seinen italienischen Ursprüngen treu bleiben, denn auf ihnen beruht die Attraktivität seiner Speisekarte. Andererseits 40
muss er auf seine Fast-Food gewohnte Klientel eingehen und ihren Wünschen entgegenkommen, um den Erfolg seines Unternehmens zu sichern – ein schwieriger Balanceakt, der sich auf die christliche Mission beziehen lässt. Nun 45
stelle man sich vor, amerikanische Lehrlinge sollen in der Küche des Restaurants angelernt werden [...]. Wie kann ihnen, die ihre Freizeit bei

McDonalds verbringen, die fremde italienische Kultur und Kochkunst vermittelt werden? Man kann die Dinge noch komplizieren (und den Vergleich sicherlich überstrapazieren) und sich denken, dass auch der Küchenchef kein geborener Italiener ist, sondern sein Handwerk nur erlernt hat. [...] Nun wäre zunächst eine Art historisch-kritischer Einführung in die italienische Gastronomie möglich. Die ursprüngliche Gestalt der Rezepte würde ‚literarkritisch‘ rekonstruiert, die Redaktionsgeschichte verfolgt und spätere Zusätze zu den Rezepturen aufgedeckt. Auch sozialgeschichtliche Informationen wären nützlich, die tief in die vergangene Welt Italiens hineinführen und auch ‚formgeschichtlich‘ den ‚Sitz im Leben‘ von Pasta, Pizza und Saltimbocca erklären. Das alles ist wichtig, aber kochen lernt man dadurch noch nicht. Ein anderer Ansatz wäre die korrelative Methode. Die Lehrlinge würden bei ihren eigenen Geschmackserlebnissen abgeholt, ihr Sinn für das gute Essen würde geschärft und erweitert. Man könnte zeigen, dass auch der Hamburger letztlich von der Sehnsucht nach dem wahren, dem wirklich guten Mahl inspiriert ist. [...] Die amerikanischen Jugendlichen könnten sich von der italienischen Küche dazu anregen lassen, bei McDonalds Vorschläge für eine bessere Speisekarte einzubringen. Der unverwechselbare Charme der italienischen Gastronomie ginge dabei aber vermutlich verloren; am Ende käme so etwas wie Pizzahamburger heraus.

Wie kann man aber jenes gewisse Etwas erlernen, das die wirklich gute Küche ausmacht? Das Wissen darum, wann dieses, wann jenes Gewürz dazukommt, und sei es nur eine Prise, welchen Wein man hinzufügt, [...] – eben das Geheimnis einer guten Küche. Da muss wohl so etwas wie eine Verbundenheit mit der italienischen Kultur dazukommen, eine Erinnerung an Mammas gute Küche und die Festmähler bei der Hochzeit auf dem Dorf. Der Koch wäre ein guter Meister, der etwas davon zu vermitteln weiß, der erzählen kann, der den Schülern das Wasser im Munde zusammenlaufen lässt, der die Rezepte nicht nur als isolierte Anleitungen behandelt, sondern etwas von der Welt, von dem ‚Wirklichkeitsverständnis‘ guten Essens zu vergegenwärtigen vermag. In unserem Vergleich (der wie alle hinkt) keine leichte Sache, wenn er selbst Italien nie gesehen hat oder jenes ja auch bereits verflossene italienische Ambiente nicht mehr erlebt hat.

Thomas Ruster, 2000

1. Stellen Sie sich vor, Sie arbeiteten in Ihrer Lerngruppe mit ihrem Religionslehrer an selbstgewählten Texten der Bibel, z. B. Joh 8,1-11. Erläutern Sie Ihre eigene Rolle, Ihre Arbeitsweise, Ihre Probleme und die Ihres Lehrers, indem Sie die Beispiele Rusters von der Raumschiff-Crew und der Koch-Crew hinzuziehen.
2. Beantworten Sie die Eingangsfrage „Ist Teilhabe an fremder Erfahrung möglich?", indem Sie zustimmende und ablehnende Argumente konfrontieren.
3. Erörtern Sie, ob der neuzeitliche Mensch ohne den wechselseitigen Bezug zwischen der Glaubensbotschaft der Bibel und der eigenen Erfahrungswelt, dem eigenen Erfahrungsschatz heute glauben kann. Ziehen Sie Bibelstellen hinzu, die Ihre Position unterstützen.

Was war und ist, das steht geschrieben – die Bibel wörtlich verstehen

Ruster (Text 8) spricht zwar von der Fremdheit der Bibel, vom biblischen Wirklichkeitsverständnis, das historische Gewachsensein der biblischen Texte stellt er dabei nicht in Frage.
Eine vornehmlich in den USA verbreitete Denkrichtung versteht die Bibel wörtlich –
und gewinnt zunehmend an Einfluss.
Lässt sich die Entstehungsgeschichte der Menschheit detailgetreu in der Bibel nachlesen?
Diese Frage beantworten die Kreationisten* (lat. creatio = Schöpfung) eindeutig mit „Ja".
Warum verstehen die Kreationisten sich als Wissenschaftler? Was ist für sie die „Wahrheit der Bibel"
und mit welchen Konsequenzen?
Der evangelikale Theologe Reinhard Junker (* 1956) führt im folgenden Text in die Grundgedanken des Kreationismus ein.

DIE BIBEL – *glauben und verstehen*

9 Was bedeutet Kreationismus?

„Kreationismus" leitet sich vom lateinischen „creatio" = Schöpfung ab. Es gibt zwar sehr verschiedene Schöpfungsvorstellungen; mit „Kreationismus" wird aber gewöhnlich nur die Sichtweise verbunden, dass Gott durch sein Allmachtswort das Weltall und insbesondere die Lebewesen und den Menschen direkt aus dem Nichts erschaffen hat und dass eine allgemeine Evolution aller Lebewesen ausgeschlossen ist.

Meist wird mit „Kreationismus" eine bibelorientierte Vorstellung von der Schöpfung verbunden, doch gibt es kreationistische Organisationen auch im Islam.

„Kreationismus" wird unterschiedlich weit gefasst. Gewöhnlich beinhaltet die kreationistische Weltsicht auch die Vorstellung von einer jungen Erde bzw. einem jungen Kosmos, außerdem werden die Schöpfungstage der Genesis als reale Tage verstanden und die biblische weltweite Sintflut wird als Realität angesehen. Kurz: Die gesamte biblische Urgeschichte wird als tatsächlich stattgefundene Geschichte betrachtet.

Der Begriff „Kreationismus" wird manchmal erheblich weiter gefasst und auch die „Intelligent Design" (ID)-Bewegung darunter subsumiert, obwohl sehr viele ID-Vertreter die o. g. Positionen nicht vertreten. Vielmehr beinhaltet der ID-Ansatz nur die Auffassung, dass neben bekannten Evolutionsmechanismen auch ein (oft nicht näher bestimmter) intelligenter Urheber angenommen werden müsse, um die Konstruktionen des Lebens verstehen zu können.

Die *Motivation* des Kreationismus im engeren Sinne ist von der christlichen Heilslehre bestimmt: Die Ursprungsfrage hängt eng mit zentralen Inhalten des Neuen Testamentes zusammen, insbesondere mit der Person und dem Wirken Jesu Christi. Für den Kreationismus zerstört die Evolutionsanschauung den biblisch-heilsgeschichtlichen Zusammenhang und impliziert darüber hinaus ein fragwürdiges Gottesbild. Dagegen wendet sich der Kreationismus, indem zum einen die biblischen Zusammenhänge deutlich gemacht werden, zum anderen überzogene Behauptungen seitens der Evolutionstheoretiker mit naturwissenschaftlichen Argumenten zurückgewiesen werden. Darüber hinaus wird an Alternativen zur Evolutionsanschauung gearbeitet, die zeigen sollen, dass die wissenschaftlichen Daten auch zur (biblischen) Schöpfungsvorstellung passen. [...]

Mit dem Kreationismus werden von kritischer Seite oft auch polemische Vorgehensweisen in der Öffentlichkeit und inadäquates methodisches Arbeiten verbunden. Dazu gehören das selektive Herausgreifen von Daten aus komplexen Zusammenhängen oder das Übergehen offener Fragen. Angesichts der Vielfalt dessen, was unter „Kreationismus" bzw. „creationism" weltweit vertreten wird, sind diese Kritikpunkte teilweise nachvollziehbar. Eine pauschale Berechtigung haben sie freilich nicht, genauso wenig wie diese Vorwürfe auf die Evolutionsbiologen *pauschal* zutreffen.

Reinhard Junker, 2008

Der Streit zwischen Kreationismus und Evolution geht zurück bis in das Jahr 1925. Damals fand in den USA einer der berühmtesten Prozesse der US-Geschichte statt: Tennessee gegen John Scopes. Scopes war Biologielehrer, der 1925 mit der Evolutionslehre gegen das Gesetz verstoßen hatte, das besagte, dass jedwede Theorie verboten sei, welche die göttliche Schöpfung verneint und den Menschen dem Tierreich entstammen lässt. Scopes wurde zu einer Geldstrafe verurteilt, gewann aber ein Jahr später. Aber beendet war die Auseinandersetzung nicht:

10 Der Kreationismus – Geschichte und Gegenwart

Sie sollte jahrelang weiter köcheln. Erst 1968 befand der Supreme Court des Bundes [...], dass Evolution gelehrt werden könne, nicht aber Kreationismus, weil der als Religion an staatlichen Schulen nichts zu suchen habe. Doch die Kreationisten ließen nicht ab. Zuletzt, 2005, musste das US-Bezirksgericht in Pennsylvania eine Schulbehörde belehren, dass „Intelligent Design" als Alternative zur angeblich „wissenschaftlich zweifelhaften Evolutionslehre" nicht angeboten werden dürfe, weil das gegen die verfassungsmäßige Trennung von Staat und Kirche verstoße.

Intelligent Design ist zugleich uralt und ganz neu. Uralt, weil schon Aristoteles einen „Entwurf" unterstellt hatte, der die Natur regiere.

Die scholastische Philosophie nutzte gern die Uhren-Metapher als Gottesbeweis: Wo eine Uhr, da auch ein Uhrmacher – also Gott. Zugleich ist Intelligent Design etwas ganz Neues, weil es nicht mehr mit der buchstäblichen Schöpfungslehre [...] operiert, sondern mit wissenschaftlichem Gestus. Evolution sei bloß eine „Theorie", die gewisse Phänomene nicht erklären könne. Besonders beliebt ist das Flagellum mancher Bakterien, eine Art „Außenbordmotor", das sie beweglich macht. Also eine richtige „Maschine"; die nie durch natürliche Selektion hätte erzeugt werden können. Folglich muss eine „Intelligenz" dahinterstehen.

Hier lauert schon die erste logische Falle. Wenn's ein „Ingenieur" war, warum nicht ein Marsmännchen oder ein überintelligenter Zeitreisender aus der Zukunft? Natürlich ist der judäochristliche Gott gemeint. [...]

In Amerika wie auch neuerdings in Europa [... so wird] räsoniert, wisse die Wissenschaft auch nicht alles und nehme Zuflucht in Konstrukten. Just hier beginnt der nächste Trugschluss: Weil der Wissenschaft die Gewissheit abgehe, müsse es doch etwas anderes geben, eben den „intelligenten Designer" alias Gott. Hier offenbart sich ein gründliches oder gewolltes Missverständnis der wissenschaftlichen Methode. Alle Wissenschaft ist erstens vorläufig. Zweitens muss sie zumindest im Prinzip empirisch überprüfbar sein – „intersubjektiv" und nachvollziehbar. Und drittens muss man ihre Erkenntnisse falsifizieren können.

Josef Joffe, 2007

1. Fassen Sie die Grundüberzeugungen der Kreationisten zusammen.
2. Stellen Sie das Konzept des Intelligent Designs dar.
3. Prüfen Sie, ob es sich beim Kreationismus um eine Wissenschaft handelt. Beziehen Sie den Text des ZEIT-Herausgebers Josef Joffe in Ihre Überlegungen mit ein.

Sidney Harris, 1975

Welche Konsequenzen es haben könnte, den Bibeltext grundsätzlich wörtlich zu verstehen, versucht die folgende Satire zu verdeutlichen:

11 Wie sollen sie sterben?

Laura Schlesinger versteht sich als evangelikale Christin und gibt per Rundfunk Ratschläge. So verdammte sie Homosexualität, weil diese nach dem dritten Buch Mose Gott ein Gräuel sei. Darauf entstand folgender Brief:
Liebe Dr. Laura, vielen Dank, dass Sie sich so aufopfernd bemühen, den Menschen die Gesetze Gottes näherzubringen. [...] ich benötige allerdings noch ein paar Ratschläge von Ihnen im Hinblick auf einige der speziellen Gesetze bei Mose und wie sie zu befolgen sind: [...]
– Das 3. Buch Mose stellt in Kapitel 25, Vers 44 fest, dass ich Sklaven besitzen darf, sowohl männliche als auch weibliche, wenn ich sie von benachbarten Nationen erwerbe. Einer meiner Freunde meint, das würde für uns Amerikaner nur auf Mexikaner zutreffen, nicht jedoch auf Kanadier. Können Sie das klären? [...]
– Die meisten meiner Freunde lassen sich ihre Haupt- und Barthaare schneiden, inklusive der Haare ihrer Schläfen, obwohl das eindeutig durch Vers 27 im 19. Kapitel des 3. Mose-Buches verboten wird. Wie sollen sie sterben? [...]

2002

4. Entwerfen Sie mithilfe von Ex 21,7 und Ex 33,2 weitere solcher Anfragen.
5. Erörtern Sie die gesellschaftlichen und politischen Konsequenzen eines derartigen Bibelverständnisses.

Der Journalist Lothar Schröder von der Zeitung „Rheinische Post" führte 2007 ein Interview mit dem Mainzer Bischof Karl Kardinal Lehmann.

12 In der Diskussion: Schöpfungsglaube und Evolutionstheorie?

RP: Gehört zur weiteren Information die Schöpfungslehre auch in den Biologieunterricht?
Kardinal Lehmann: Die Schöpfungslehre im theologischen Sinne gewiss nicht. Aber viele Schüler werden sich bei der Darlegung der Evolution des Lebens und besonders der Abstammung des Menschen nach dem letzten Ursprung fragen. Dieses Problem, um eine nicht mehr hinterfragbare Herkunft zu wissen, kann man den Menschen nicht einfach ausreden. Insofern wird wohl auch die Biologie um die Frage, welche Modelle es gibt zur Entstehung der Welt und des Lebens, nicht ganz herumkommen. Aber für die biblische Schöpfungsgeschichte ist selbstverständlich der Religionsunterricht zuständig.
[...]
RP: Müssen sich Schöpfungs- und Evolutionslehre überhaupt widersprechen? Warum kann Gottes Schöpfung nicht am Anfang gestanden und sich dann nach der Theorie Darwins entwickelt haben?
Kardinal Lehmann: Zunächst sind es einfach völlig verschiedene Fragestellungen, die man nicht miteinander vermengen darf. [...] Aber man kann dies nicht gleichsam mit einem Nacheinander beantworten: zuerst Gott allein, dann eine ganz selbständige Evolution. Dies wäre ein falsches Gottesverständnis, wie es im Deismus* der Aufklärung weit verbreitet war: Man braucht Gott nur am Anfang, dann läuft die Maschine von selbst.
RP: Bringt sich die Kirche mit ihrer bisweilen scharfen Kritik an Evolutionsforschern nicht leichtfertig in eine Verteidigungsposition, in der sie sich stark rechtfertigen bzw. erklären muss?
Kardinal Lehmann: Die Kirche hat Evolutionsforscher nur dann und so lange kritisiert, als diese selbst eine Grenzüberschreitung vorgenommen haben, nämlich den ganzen Menschen mit Geist, Seele und Leib ausschließlich durch die Herkunft aus dem Tierreich erklärt haben und eine wichtige Einsicht vor allem Darwins, dass die Best-Angepassten sich durchsetzen, auch auf andere Wissenschaften, die Kultur und vor allem die Ethik übertragen haben. [...] Als die Frage nach der Abstammung des Menschen von solchen Belastungen freier geworden

168 DIE BIBEL – *glauben und verstehen*

war und die Evolutionsbiologie sich bescheidener auf die engere wissenschaftliche Erkenntnis zurückzog, war kein Grund gegeben für scharfe Kritik. Dies ist auch die Ursache, warum Papst Pius XII. schon im Jahr 1941 und schließlich 1950 ausdrücklich die Frage nach der Herkunft des Menschen aus dem Tierreich als Hypothese für die Forschung freigab, aber unter der Voraussetzung, dass man damit nicht auch schon Geist und Seele des Menschen erklärt hat.

RP: Das Thema ist in seiner Fragestellung „Woher kommen wir?" fast unüberschaubar – und es führt ja noch ein weiteres mit sich: den vermeintlichen Gegensatz von Glaube und Vernunft. Ist das das Thema, mit dem die Kirche des 21. Jahrhunderts sich nachhaltig auseinandersetzen wird und muss?

Kardinal Lehmann: [...] Die Kirche hat 1948 auch die theologische Erforschung der Bibel ermutigt, genauer dem authentischen Sinn der biblischen Schöpfungserzählungen in den ersten beiden Kapiteln des Buches Genesis nachzugehen. Auch dies hat wesentlich zur Entspannung beigetragen. Die heutigen Auseinandersetzungen verdanken sich weitgehend dem Umstand, dass man alle diese jahrzehntelangen Forschungen ignoriert. Ein religiöser Fundamentalismus, der vor allem aus einigen Bundesstaaten der USA kommt, hat hier Verwirrung geschaffen und schwappt offensichtlich etwas zu uns herüber, wie es immer wieder mit Diskussionen in den USA geschieht.

2007

6. Analysieren Sie Kardinal Lehmanns Position zum Kreationismus.
7. Formulieren Sie eigene Fragen, die Sie Kardinal Lehmann gern stellen würden.
8. Führen Sie aus, was der Zeichner der folgenden Karikatur „wörtlich" nimmt.
9. Arbeiten Sie Ähnlichkeiten und Unterschiede zwischen den beiden Szenen „Stall" und „Josef mit dem Kind" heraus?
10. Legen Sie dar, warum dem Betrachter die Szene im Stall vertrauter ist.
11. Erörtern Sie die These, dass beide Szenen Wahrheiten enthalten, die unseren Glauben unterstützen können, diese aber vielfältig bildnerisch zu gestalten sind. Arbeiten Sie wahlweise mit der Schrittfolge in Methode 10, s. S. 386).

„Josef! Es ist Besuch da!"

Raymond Peynet, 1953

DIE BIBEL – *glauben und verstehen*

Was geschrieben steht, das ist geworden – die Bibel in ihrer gewachsenen Gestalt verstehen

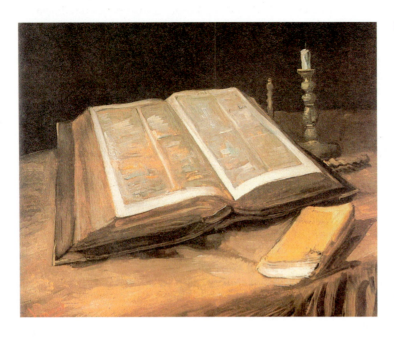

Vincent van Gogh: Stillleben mit Bibel, 1885

1. Entwickeln Sie Kriterien zum Entschlüsseln und „Begreifen" der Bibel.

14 Bibel lesen in einer nach-biblischen Zeit

Leben wir in einer nach-biblischen Zeit? Selbstverständlich ja, in dem Sinn, dass die Bibel ein antikes Buch ist und ihre Texte längst der Geschichte angehören. Dennoch haben sich Menschen über Jahrtausende hinweg bemüht, die Bibel in veränderte Situationen hinein sprechen zu lassen. Sie haben durch neue Theologien, Auslegungen und Übersetzungen versucht, die Spannung zwischen feststehendem Urtext und veränderten Verstehenssituationen kreativ zu nutzen. [...] Wir leben aber noch in einem weiteren Sinne in einer nach-biblischen Zeit: Durch die Einflüsse des pluralistischen Denkens und die verstärkte Individualisierung im westlichen Denken wurden Autoritäten demontiert, und so ist auch die Bibel nicht mehr als die Autorität akzeptiert, die sie einmal war. Aber vielleicht hat ihr das letztlich gut getan, denn andererseits ist sie bis heute Frauen, Männern und Kindern in immer neuen Kontexten Lebenshilfe und Motivation zum guten Leben und Handeln geblieben. Allerdings müssen die Voraussetzungen des Verstehens neu überprüft werden. [...] Die Bibel ist eben nicht in erster Linie das Buch der Kirchenverwaltung, sondern das Buch der Christinnen und der Christen. Wie gelingt es, die biblischen Texte auch heute noch ins Gespräch zu bringen und ihrer hilfreichen und kritischen Funktion zur Geltung zu verhelfen? Um diese Frage zu beantworten, soll zunächst noch ein kurzer Blick auf die alttestamentliche Wissenschaft geworfen werden. Auch die alttestamentliche Exegese muss sich ja den Herausforderungen der Zeit stellen, und sie ist in den letzten Jahrzehnten in Bewegung geraten. Die Neuausrichtung spielt sich auf drei Ebenen ab:

1. Es erweist sich mit zunehmender Deutlichkeit, dass die althebräische Literatur als Teil der altorientalischen Kultur- und Religionsgeschichte gelesen werden muss. Literarische Gattungen und Motive des Alten Testaments, gesellschaftliche Voraussetzungen, sogar die Gottesanschauung Alt-Israels sind nicht ohne Analogien in der Umwelt Israels.

2. Alttestamentliche Exegese hat in den Jahrzehnten seit dem Dritten Reich den Dialog mit dem Judentum gesucht. Ihr wurde dabei deutlich, dass ihr Gegenstand gleichzeitig die Heilige Schrift der Juden und der erste Teil der Bibel der Christen ist. [...] Das Alte Testament kann nicht mehr einfach als „alter Bund" wahrgenommen werden, dem der

170 DIE BIBEL – *glauben und verstehen*

„neue Bund" als Kontrast oder im Sinne einer Vollendung gegenübergestellt wird. Das Alte Testament hat ein stärkeres Eigendasein. Ohne das Alte Testament ist das Neue nicht denkbar. Der Vorschlag wurde gemacht, es das „Erste Testament" zu nennen, um das dialogische Verhältnis zwischen dem Alten und dem Neuen Testament zu betonen. [...]

3. Noch eine weitere Neuausrichtung bahnt sich in der alttestamentlichen Exegese an. Es wird in den letzten Jahren immer deutlicher herausgearbeitet, dass sich die Entstehung des Alten Testaments einem Prozess der literarischen Selbstauslegung verdankt. Dadurch gewinnt einerseits das nachexilische Judentum des Zweiten Tempels an Bedeutung. In dieser Zeit wurden die alten Schriften gesammelt und, mit aktualisierenden Rahmungen versehen, weitertradiert. Es sind aber auch hermeneutische Erkenntnisse daraus zu ziehen, dass die Heiligen Schriften zwar ab einem gewissen Zeitpunkt als festgelegte Texte überliefert wurden, dass aber immer schon und auch nach der Kanonisierung die Notwendigkeit gesehen wurde, sie zu aktualisieren. [...]

Wenn die Bibel also ein Buch von Christinnen und Christen über die Zeiten hinweg ist, dann ist es wichtig, den Dialog-Charakter der biblischen Texte und der beiden Testamente zueinander nachvollziehbar zu machen. Dann geht es darum, sich in den ständigen Fluss der Texte einzuklinken und das Eigene hinzuzufügen. Die Texte selbst regen die Bewegung des ständigen Wiederlesens und der Aktualisierung an und erweisen sich daher als offen für unser Gespräch mit ihnen. Sinn ist in ihnen nicht ein für alle Mal angelegt, sondern kann im Gespräch mit den Texten und über die Texte immer neu geschöpft werden. Wenn biblische Texte auch mit heutigen Menschen in ihrer Situation in Dialog treten, ist die Bibel in der Gegenwart weiter präsent. Zwei Anmerkungen sind zu diesem Interpretationsverständnis zu machen.

Erstens: „Verstehen" ist nicht bruchlos möglich, zumal wenn es sich um alte Texte handelt, die aus einer uns heute fremden Kultur stammen. Vieles ist uns fremd und bleibt uns fremd, auch wenn wir uns damit beschäftigen. Es führt keine ungebrochene Verstehenslinie von der Entstehung eines biblischen Textes bis heute, sondern unser Verstehen bleibt unfertig, fragmentarisch, manchmal nur für den Moment gültig. Die historische Rückfrage ist wichtig, um die Dimensionen der Texte auszuleuchten, ihre Verwendung in bestimmten Kontexten zu begreifen und um biblische Texte miteinander vergleichen zu können. Aber die Suche nach einem historischen Ursprung der Texte, und damit oft verknüpft nach ihrer „wahren Intention", die man lange Zeit am Ursprung vermutete, wird nach dem neuen Verständnis den Texten nicht gerecht. Betrachtet man sie als offene Texte, dann wird Sinn durch jedes neue Lesen aus ihnen entwickelt, ja, sie kommen zu ihrer vollen Entfaltung erst dadurch, dass sie gelesen und in eine weitere Situation hinein übersetzt werden. [...] Ihre Wahrheit ist keine, die ein für alle Mal gilt, sondern eine, die immer schon im Dialog entwickelt wurde.

Zweitens: Verstehen muss sich an das Ganze der Bibel und an den Dialog in der Auslegungsgemeinschaft rückbinden. Damit soll keiner Beliebigkeit der Bibelauslegung das Wort geredet werden. Biblische Texte enthalten Strategien, die bestimmte Verstehensweisen ermutigen oder hervorrufen. Das Gespräch derer, die biblische Texte lesen, Hintergründe erforschen und auslegen, trägt dazu bei, ihre Verstehensweisen zu relativieren oder zu ändern. Verstehen setzt immer „hören" voraus und damit auch „sich in Frage stellen lassen". In jedem guten Gespräch sind beide Partner bereit, ihre Positionen zu relativieren. Wer dagegen meint, seine Absicht durch Bibelstellen „absichern" zu müssen, der vertritt ein Bibelverständnis, das hier nicht gemeint ist.

nach Isa Breitmaier, 2002

2. Notieren Sie, was Sie zum Umgang mit dem Neuen und Alten Testament berücksichtigen sollten, wenn es um die Auslegung der Texte geht. Visualisieren Sie Ihre Ergebnisse; Hilfe finden Sie in Methode 4 (s. S. 378).

3. Geben Sie eine Antwort auf die Frage in Z. 26 ff.: „Wie gelingt es, die biblischen Texte auch heute noch ins Gespräch zu bringen und ihrer hilfreichen und kritischen Funktion zur Geltung zu verhelfen?"

3. Wege zum Verstehen – Methoden der Bibelauslegung

Was Sie erwartet

Dieses Unterkapitel beleuchtet ausführlich die Überzeugung, dass biblische Texte historisch gewachsene literarische Texte sind, die ein offenes Bedeutungspotenzial enthalten, das der Leser in unterschiedlicher Weise entschlüsseln kann. Sie erhalten hier Anregungen, Entschlüsselungsvarianten zu erproben.

Jedem helfen andere Wege und Methoden, den Zugang zum Text zu finden. Der kritisch-rationale Mensch möchte zunächst verstehen, um sich dann persönlich dem Text zu nähern. Er wird mit der historisch-kritischen Auslegung beginnen und sich so eine wissenschaftliche Basis für seine Interpretation schaffen. Eher assoziative Menschen möchten sich vielleicht zunächst auf einer nonverbalen Ebene mit dem Wort Gottes befassen und einen Zugang von der eigenen Existenz her schaffen.

Hier lernen Sie die Methoden der historischen Exegese, der Dekonstruktion, der Verfremdung und der tiefenpsychologischen Auslegung kennen.

Historisch-kritische Exegese

INFO: Historisch-kritische Exegese

Die historisch-kritische Methode der Bibelauslegung wird als historisch bezeichnet, weil sie die Bibeltexte als Dokumente der Geschichte versteht, als kritisch, weil sie die biblischen Texte kritisch (griech. krinein: scheiden, trennen, sichten, ordnen) untersucht. Die historisch-kritische Exegese (= Auslegung) bemüht sich durch Anwendung historischer und philologischer Methoden, den Sinn des jeweiligen Textes in seiner Entstehungszeit zu erschließen, eventuelle Sinnverschiebungen herauszuarbeiten und den Text auf diese Weise für die Kommunikation mit dem Leser zu öffnen.

Die Methode verdankt sich dem kritischen Denken der Aufklärer, die die Bibel als historisches, wörtlich zu verstehendes Dokument in Frage gestellt und diese Methode infolge der Aufklärung als wissenschaftliche Disziplin etabliert haben, so dass man Bibeltexte heute nicht mehr als unantastbare Wahrheiten, sondern als kritisch zu betrachtende Texte versteht.

Im Folgenden können Sie die neuere Exegeserichtung der Textlinguistik an Mk 8,22-26 exemplarisch erproben. Im Wesentlichen unterscheidet man dabei drei Analyseschritte:
1. die sprachlich-syntaktische Analyse,
2. die semantische Analyse,
3. die pragmatische Analyse.

15 „... und er sah klar und war wieder hergestellt" (Mk 8,22-26)
(Wörtliche Übersetzung: Reinhard Kratz)

22 Und sie kommen nach Betsaida.
Und sie bringen ihm einen Blinden,
und sie bitten ihn, dass er ihn berühre.
23 Und die Hand des Blinden ergreifend,
führte er ihn hinaus außerhalb des Dorfes,
und er spuckte in seine Augen,
legte ihm die Hände auf,
fragte ihn:
„Siehst du etwas?"
24 Und aufblickend sagte er:
„Ich sehe die Menschen,
denn wie Bäume sehe ich Umherwandelnde."
25 Dann legte er wiederum die Hände auf dessen Augen,
und er sah klar und war wieder hergestellt
und sah alles *weithin* deutlich.
26 Und er schickte ihn in sein Haus sagend:
„Geh aber nicht in das Dorf!"

Erläuterungen des Übersetzers: Der Name „Jesus" wird nicht genannt, er muss aus dem Kontext des Evangeliums erschlossen werden. Weiterhin ist das ein Hinweis auf den „Sitz im Leben": Ein Missionar kommt in ein Dorf und leitet ein „Ich will euch eine Geschichte über diesen Jesus erzählen ..."

1. Der Text ist in Zeilen segmentiert (= grafisch unterteilt), um ihn für die Analyse übersichtlicher zu machen. Betrachten Sie die Segmentierung genau und benennen Sie die Kriterien für diese grafische Anordnung. Vollziehen Sie dann die drei näher beschriebenen Analyseschritte.

Schritt 1: Analyse der formalen Struktur (sprachlich-syntaktische Analyse)
1. Beschreiben Sie den verwendeten Wortschatz, die Wortarten und -formen.
    a) Gibt es Wörter oder gar Wendungen, die wiederholt werden und damit Inhalte besonders betonen oder ausdifferenzieren?
    b) Taucht eine Wortart auffallend häufig auf? (Nomina, Verben des Handelns/des Sagens/des Denkens, Adjektive und Adverbien, ...)
    c) Welche Verbformen werden verwendet? Achten Sie auf die Verwendung von Aktiv und Passiv, Indikativ und Konjunktiv, Imperativ, und v. a. auf die unterschiedlichen Tempora (v. a. bei Abweichungen).
2. Beschreiben Sie die Verknüpfung der Worte zu Sätzen.
    a) Sind die einzelnen Sätze einfach strukturiert oder gibt es zahlreiche Nebensätze, evtl. mit komplexen Partizipial- oder Infinitivkonstruktionen. Gibt es Wiederholungen?
    b) Welche Konjunktionen oder Satzadverbien werden verwendet?
    c) Wie viele Ebenen der Kommunikation werden eröffnet? Wie ist das quantitative Verhältnis von wörtlicher Rede und erzählendem Text?
3. Analysieren Sie die verwendeten Stilmittel.
4. Entwickeln Sie aus Ihren Textbeschreibungen Erkenntnisse über den Aufbau und die Struktur des Textes.

Schritt 2: Analyse der gedanklichen Struktur (semantische Analyse)
1. Gruppieren Sie die bedeutungtragenden Wörter (nach gleichem Wortstamm oder gleicher Bedeutung), so dass sogenannte Sinnlinien entstehen, die evtl. auch in Opposition zueinander stehen.
2. Analysieren Sie zentrale Begriffe auf ihre Bedeutung hin und stellen Sie Vermutungen über Assoziationen und Begriffsverständnis der damaligen Adressaten an.
3. Vergewissern Sie sich über den syntaktischen Zusammenhang der Sinnlinien, um zu erkennen, welche besonders wichtig sind. Stellen Sie heraus, um welche Thematik es geht.
4. Arbeiten Sie die handlungstragenden Verben heraus. Bilden Sie Paare von Handlungszügen nach dem Prinzip von Aktion-Reaktion.
5. Beschreiben Sie die Rollenkonstellation der Erzählung (z. B. Held, falscher Held, Gegenspieler, geschädigtes (Familien-)Mitglied, Helfer, Sendender, Schenker, ...).
6. Überlegen Sie, wie der Erzähler Spannung erzeugt.
7. Werten Sie Ihre Ergebnisse im Hinblick auf Ihr Textverständnis und auf die mögliche Intention des Verfassers aus.

Schritt 3: Analyse des Textes als Kommunikationsmittel zwischen Verfasser und Leser (pragmatische Analyse)
1. Beschreiben Sie die im Text gewählte Kommunikationsart:
    a) Wird die Kommunikation im Text thematisiert?
    b) Wird die Sprechabsicht deutlich?
    c) Welche Normen sprachlichen und sozialen Verhaltens werden im Text vorausgesetzt? Ist das Ziel eine Normenbestätigung oder eine Provokation?

2. Beschreiben Sie die Beteiligung der Leser am Kommunikationsprozess.
   a) Welche Erwartungen hat der Leser? Werden sie enttäuscht oder bestätigt?
   b) Welche Identifikationsangebote macht der Text?
   c) Was sind die emotionalen und/oder kognitiven Ziele des Textes?
3. Werten Sie Ihre Ergebnisse im Hinblick auf die mögliche Wirkung des Textes auf die damaligen Adressaten und auf Sie als heutige Hörer/Leser aus.

2. Lesen Sie Text 15 S. 197 und erarbeiten Sie seine Aussagen zur Bedeutung von Heilungsgeschichten. Überprüfen oder vertiefen Sie Ihre Analyseergebnisse anhand dieser Aussagen.

16 Mehr als die historisch-kritische Methode: die kanonische Exegese

Da gilt zunächst, dass die historische Methode [...] eine unverzichtbare Dimension der exegetischen Arbeit ist und bleibt. Denn für den biblischen Glauben ist es wesentlich, dass er sich auf wirklich historisches Geschehen bezieht. Er erzählt nicht Geschichte als Symbole über geschichtliche Wahrheiten, sondern er gründet auf Geschichte, die sich auf dem Boden dieser Erde zugetragen hat. Das Factum historicum [...] konstitutiver Grund: *Et incarnatus est* – mit diesem Wort bekennen wir uns zu dem tatsächlichen Hereintreten Gottes in die reale Geschichte.

Die historisch-kritische Methode bleibt von der Struktur des christlichen Glaubens her unverzichtbar. [...] Sie ist eine der grundlegenden Dimensionen der Auslegung, aber sie schöpft den Auftrag der Auslegung für den nicht aus, der in den biblischen Schriften die eine Heilige Schrift sieht und sie als von Gott inspiriert glaubt. [...]

Zunächst ist – als Zweites – wichtig, dass die Grenzen der historisch-kritischen Methode selbst erkannt werden. Ihre erste Grenze besteht für den, der in der Bibel sich heute angeredet sieht, darin, dass sie ihrem Wesen nach das Wort in der Vergangenheit belassen muss. Als historische Methode sucht sie den damaligen Geschehenszusammenhang auf, in dem die Texte entstanden sind. Sie versucht, die Vergangenheit möglichst genau – so, wie sie in sich selber war – zu erkennen und zu verstehen, um so auch zu ermitteln, was der Autor zu jenem Zeitpunkt, Kontext seines Denkens und Geschehens, hatte sagen können und wollen. [...]

Damit hängt ein Weiteres zusammen. Als historische Methode setzt sie die Gleichmäßigkeit des Geschehenszusammenhangs der Geschichte voraus, und deshalb muss sie die ihr vorliegenden Worte als Menschenworte behandeln. Sie kann bei sorgfältigem Bedenken wohl den „Mehrwert" erahnen, der in dem Wort steckt, [...] aber ihr eigentlicher Gegenstand ist das Menschenwort als menschliches. [...]

„Kanonische *Exegese*" – Lesen der einzelnen Texte der Bibel in deren Ganzheit – ist eine wesentliche Dimension der Auslegung, die zur historisch-kritischen Methode nicht in Widerspruch steht, sondern sie organisch weiterführt und zu eigentlicher Theologie werden lässt. [...] Die einzelnen Bücher der Heiligen Schrift, wie diese als Ganze, sind nicht einfach Literatur. Die Schrift ist in und aus dem lebendigen Subjekt des wandernden Gottesvolkes gewachsen und lebt in ihm. Man könnte sagen, dass die Bücher der Schrift auf drei ineinanderwirkende Subjekte verweisen. Zunächst steht da der einzelne Autor oder die Autorengruppe, der wir eine Schrift verdanken. Aber diese Autoren sind keine autonomen Schriftsteller im modernen Sinn, sondern sie gehören dem gemeinsamen Subjekt des Gottesvolkes zu, aus dem heraus und zu dem sie sprechen, das so recht eigentlich der tiefere „Autor" der Schriften ist. Und wiederum: Dieses Volk steht nicht in sich selbst, sondern weiß sich geführt und angeredet durch Gott selber, der im Tiefsten – durch Menschen und ihre Menschlichkeit hindurch – da redet.

Josef Ratzinger (Benedikt XVI.), 2007

3. Setzen Sie die Würdigung der historisch-kritischen Exegese in Beziehung zu Ihren Erfahrungen mit der Analyse des Bibeltextes (M 15).
4. Stellen Sie heraus, inwiefern sich die kanonische Exegese von der historisch-kritischen Methode unterscheidet (vgl. dazu Info S. 172).
5. Bewerten Sie die historisch-kritische und die kanonische Exegese.

Existenzielle Auslegung

Im Folgenden erhalten Sie anhand von vier biblischen Texten die Möglichkeit, sich mit existenziellen Auslegungsmethoden unterschiedlicher Prägung auseinanderzusetzen und diese zu analysieren.
Die Erschaffung des Menschen als Ebenbild Gottes ist im Alten Testament auch der Anfang der Beziehung zwischen Gott und Mensch. Eine wechselvolle Geschichte beginnt, die bereits mit Adam und Eva, dem Sündenfall und ihrer Vertreibung aus dem Paradies (Gen 2 und 3) einen dramatischen Höhepunkt erreicht.
Im Kontext dieser Beziehung steht auch die Erzählung von Kain und Abel, die hier mithilfe von aufeinander aufbauenden Schritten ganzheitlich-interaktiv ausgelegt werden soll.

17 Kain und Abel – eine Geschichte des Menschen in seiner menschlichen Unmenschlichkeit *(ganzheitlich interaktive Auslegung)*

Schritt 1: Individuelle Annäherung: Kain und Abel
1. Lesen Sie die Geschichte der Brüder Kain und Abel (Gen 4,1-16).
2. Sprechen Sie Kain und Abel in Gedanken an, stellen Sie ihnen Fragen, kommentieren Sie ihr Verhalten und ihr Handeln, formulieren Sie ihre Gefühle.
3. Notieren Sie Ihre wesentlichen Gedanken zu Kain und Abel.

Schritt 2: Szenische Darstellung einzelner Textepisoden: die Perspektive Kains
1. Bilden Sie Kleingruppen, die zu folgenden Textstellen arbeiten:
   a) Kain und die Opferung: Lesen Sie Gen 4,3-5. Informieren Sie sich über die Bedeutung des Opfers, z. B. in www.bibelwissenschaft.de/wibilex
   b) Kain und die Tat: Lesen Sie Gen 4,3-8.
   c) Kain und die Rede mit Gott: Lesen Sie Gen 4,9-14.
   Für alle Gruppen gilt:
   – Stellen Sie die dort beschriebene Szene durch ein Standbild dar.
   – Konzentrieren Sie sich auf die Person Kains und seine möglichen Gefühle.
   – Lassen Sie durch ein Gruppenmitglied die Entwicklung des Standbildes stichwortartig protokollieren (vgl. Methode 3, S. 379):
   – Sie benötigen ein Gruppenmitglied, das außerhalb des Standbildprozesses einen inneren Monolog Kains formuliert.
2. Stellen Sie im Plenum die Standbilder vor. Halten Sie die folgenden Schritte ein
   – Vorstellen des Standbildes,
   – Kommentierung durch die Zuschauer,
   – Reaktion der Entwicklungsgruppe,
   – Hören des inneren Monologs durch Hinzutreten des Lesenden hinter Kain (im Standbild),
   – Kommentierung des Monologs und Reflexion: Fordert der innere Monolog eine Veränderung des Standbildes?
3. Ziehen Sie die Darstellung Lovis Corinths hinzu.
   – Verfassen Sie einen inneren Monolog zu dem Kain von Lovis Corinth.
   – Vergleichen Sie Ihre Standbilder und die Darstellung von Corinth.
   – Benennen und erläutern Sie den Schwerpunkt, den der Maler Ihres Erachtens in seinem Gemälde verdeutlichen will. Vgl. Methode 9, s. S. 385).

Lovis Corinth: Kain und Abel, 1917

Schritt 3: Reflexion
1. Kain als exemplarischer Mensch?
   Positionieren Sie sich zu folgenden Gedanken (beziehen Sie dabei Ihre zu Beginn der Sequenz formulierte Ansprache an Kain mit ein). Sammeln Sie im Anschluss Argumente für/gegen die einzelnen Positionen:
   – Kain ist böse und vom Teufel besessen.
   – Kain ist Mensch und Unmensch zugleich, Mensch in seinen Gefühlen, Unmensch in seiner Tat.
   – Kain ist unschuldig, weil die willkürliche Ablehnung des Opfers das eigentliche Unrecht ist.
   – Kain spiegelt Menschsein wider, weil er Strebungen repräsentiert, die in jedem Menschen liegen.
   – Kain ist ein ruchloser Mörder, der seinem Bruder nicht die Liebe und das Wohlwollen Gottes gönnen will.
   – „Kain und Abel, das ist beinahe die Essenz der ganzen Weltgeschichte." (Stanislaw Jerzy Lec, Schriftsteller)
2. Gottes Zusage an Kain – Gottes Zusage an den Menschen
   Lesen Sie Gen 4,13-16 und formulieren Sie eigene Thesen über den Menschen und seine Würde in biblischer/christlicher Sicht.

Schritt 4: Anwendung/Transfer
– Interpretieren Sie die folgende Erzählung, indem Sie das Erarbeitete mit einfließen lassen.

Ein berühmter Maler hatte sich vorgenommen, ein Bild aus den Geschichten der ersten Menschen zu malen: die Brüder Kain und Abel in ihrem Gegensatz. Nun hatte der Maler folgende Angewohnheit: Wenn er eine Gestalt aus einer Erzählung malte, schaute er sich unter seinen Mitmenschen um, bis er einen gefunden hatte, der seiner Vorstellung von dieser Gestalt entsprach.
Eines Tages sah er einen jungen Mann, der aufrichtig und liebenswürdig aussah. So offen und freundlich waren seine Gesichtszüge, dass man auf ein gutes Herz schließen musste. Bei diesem Anblick rief der Maler begeistert aus: Hier habe ich das Urbild des sanften Abel! Und sofort ging er nach Hause und malte die Gestalt des Abel so sanft und liebenswürdig, wie der junge Mann war, der ihm als Vorbild diente.
Nun wollte der Maler noch das Gegenbild finden, den bösen Kain. Das war aber viel schwieriger, als er dachte. Jahr für Jahr suchte er vergeblich. Es gab natürlich genug böse Menschen, denen er auch einen Brudermord zutraute. Darunter war auch mehr als einer, der dreist genug schien, Gott zu antworten: Soll ich denn der Hüter meines Bruders sein? – Aber er fand keinen, der jenem unglücklichen Verbrecher ähnlich sah, der aus tiefster Verzweiflung rief: Zu groß ist meine Schuld, ich kann sie nicht tragen.
Zehn Jahre, so sagt man, hat der Maler vergeblich gesucht. Dann stieß er zufällig auf einen Landstreicher, dessen Aussehen ihn fesselte. In dem verwüsteten Gesicht des Fremden stand alles zu lesen, was einmal auch in den Zügen des Kain geschrieben sein musste: Eifersucht, Hass, Mordgier und Trotz, aber auch Trauer, Schmerz und Reue. So lud er den Obdachlosen ein in sein Haus. Er wollte ihn malen und damit sein Gemälde vollenden. Als aber der Landstreicher vor der Leinwand stand und das Bild des sanften Abel sah, brach er in Tränen aus. Der Maler stutzte, schaute sich den Weinenden genauer an und erschrak.
In diesem Augenblick wandte sich der Fremde ihm schon zu und sagte: Der Mann, der jetzt vor dir steht, hat schon einmal – vor zehn Jahren – hier gestanden. Damals hast du mich als den unschuldigen Abel gemalt; inzwischen bin ich zum Kain geworden.

Emmanuel bin Gorion/Franz W. Niehl, 1992

Schritt 5: Methodenreflexion
– Sammeln Sie Argumente für und wider eine Bearbeitung des Bibeltextes in der erfolgten Weise und begründen Sie ihre Auffassung

18 Ruth – eine Geschichte des Menschen in der Fremde zwischen Verzweiflung und Hoffnung *(dekonstruktivistische Auslegung)*

Schritt 1: Auf den Text zugehen: eigene Annäherung
- Lesen Sie den Text des Buches Ruth in Einzelarbeit und machen Sie sich Notizen zu eigenen Gedanken.
- Vergleichen Sie Ihre Gedanken in der Gruppe, kommen Sie ins Gespräch über diese Gedanken.
- Formulieren Sie – wieder in Einzelarbeit – eigene Fragen an den Text.
- Fühlen Sie sich von Ruth und ihrer Geschichte angesprochen? Positionieren Sie sich im Raum auf einer +/- Skala.
- Clustern Sie die Fragen der Lerngruppe und erarbeiten Sie eine Struktur für die Weiterarbeit (Frage-Blöcke).

Schritt 2: Vom Text ausgehen: die Erfahrungswelt des Textes
- Informieren Sie sich (z. B. im Internet unter www.bibelwissenschaft.de) über die Entstehungszeit des Buches und über den historischen Kontext, das System des Lösers, der Leviratsehe und sprechende Namen, etc.
- Wählen Sie einen Textabschnitt aus und schreiben Sie den inneren Monolog einer Person in diesem Abschnitt.
- Entwickeln Sie die aus der Präsentation der Monologe entstandenen Gedanken und Fragen.
- Versetzen Sie sich in die Ruth Marc Chagalls und vergleichen Sie seine Darstellung mit dem biblischen Text. Erörtern Sie, ob die Darstellung Chagalls Ihren Vorstellungen von Ruths Lebenseinstellung und Lebenssituation gerecht wird.

Marc Chagall: Ruths Treffen mit Boas, 1960

Marc Chagall: Die Ährenleserin Ruth, 1960

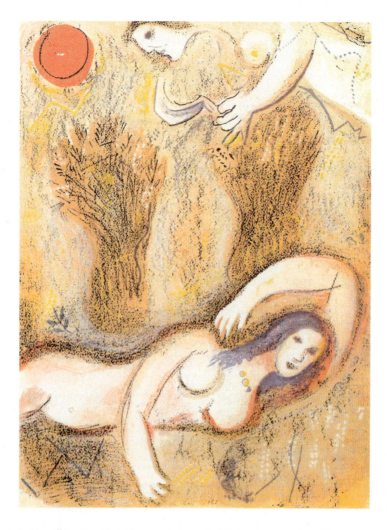

*Marc Chagall:
Boas erwacht
und erblickt Ruth
zu seinen Füßen, 1960*

Schritt 3: Über den Text hinausgehen: mein Thema im Text darstellen
– Welche Themen werden im Buch Ruth bedacht?
– Arbeiten Sie die Themen heraus, die auch in Ihrem Leben eine Rolle spielen. Wählen Sie ein Thema aus und machen Sie sich Gedanken dazu, wie dieses Thema in Ihrem Leben vorkommt und welchen Raum es im Buch Ruth einnimmt.
– Gestalten Sie Ihr eigenes Thema als Bild, Collage, Lied oder eigenen Text oder führen Sie mit einem Protagonisten des Buches Ruth ein Gespräch über dieses Thema.
– Stellen Sie sich Ihre Themen in der Kleingruppe vor.

Schritt 4: Zum Text zurückgehen
– Erläutern Sie die Wahrheit(en) der Geschichte.
– Erörtern Sie die eine oder die vielen Antworten des Buches Ruth.

Schritt 5: Zwischen Text und Leser hin- und hergehen
– Ruths Geschichte – meine Geschichte, Ruths Lebensphilosophie – meine Lebensphilosophie: bedenken Sie diese Aspekte in einer Schreibmeditation;
– Das Buch Ruth reflektiert und tradiert existenziell-verdichtete menschliche Erfahrung. Erarbeiten Sie die für Sie bleibende Wahrheit des Buches Ruth.
– Blicken Sie auf Ihren anfänglichen „Standort" zur Geschichte zurück und vergleichen Sie diesen mit dem „Standort" nach der Erarbeitung.

Schritt 6: Methodenreflexion
Formulieren Sie eigene Stellungnahmen zu folgenden Aussagen:
- Die Schülerinnen und Schüler sind durch die postmoderne Wirklichkeit geprägt. Biblische Texte sind ihnen daher fremd.
- Ein literarisches Werk ist keine abgeschlossene Schöpfung eines Autors. Bedeutung existiert nicht „an sich", sondern entsteht als „Beziehungsbedeutung", d. h. die Bedeutung ist kontextabhängig. Je nachdem, in welchen Kontexten man einen Text liest, schillert seine Bedeutung in neuen Farben. Dies gilt auch für den Bibeltext.
- Der angewandten Methode der dekonstruktivistischen Bibelauslegung geht es um eine wechselseitige Erschließung von Subjekt und Tradition. In der Konstruktion geht es um Aneignung. Der Leser wird mit dem Text und seinem Inhalt vertraut. Dabei entdeckt er Sinn, Zusammenhänge werden deutlich, Fragen beantwortet. In der Dekonstruktion geht es um Differenz zum Text. Der Leser entdeckt das Fremde und Irritierende im Text. Leerstellen und Ambivalenzen spürt er im Text auf, und er stellt beharrlich Fragen an den Text.
- Die dekonstruktivistische Bibelauslegung kann eine Verbindung zwischen Bibeltext und Lernenden herstellen, einen Dialog ermöglichen und einen persönlichen Zugang eröffnen.

Idee zur Weiterarbeit

Ruth und Esther Murawayo-Keiner: Zwei Frauen und ihre Geschichte von Leid, Fremdheit und Hoffnung
Die Geschichte Ruths hat sich als exemplarische Geschichte erwiesen, die existenzielle Lebenserfahrungen in verdichteter Form erzählend tradiert. In Ansätzen ist dem Menschen heute ein Nachempfinden, eine Identifikation möglich. Lassen wir uns dennoch nur wenig ansprechen, weil die Lebensumstände, die Erfahrungen Ruths uns so fremd sind, so außergewöhnlich?
Im Folgenden schlägt Esther Murawayo-Keiner eine Brücke von Ruth zur Gegenwart. Auch wenn der Leser kaum in der Lage sein wird, die Erfahrungen von Frau Murawayo-Keiner in Gänze zu verstehen und nachzuempfinden, so kann doch deutlich werden, dass Ruths Erfahrungen gerade in ihrer außergewöhnlichen Lebenssituation durchaus Entsprechungen in der Gegenwart finden – und so bestürzend es ist – auch in Zukunft finden werden.
Esther Murawayo-Keiner ist 1958 in Ruanda geboren. 1994 überlebte sie in Kigali den Völkermord an den Tutsi. Sie verlor in diesem Genozid ihren Mann, ihre Eltern, ihre Schwester, fast 300 Mitglieder ihrer direkten Familie. Sie heiratete in zweiter Ehe den evangelischen Pfarrer Helmut Keiner und lebt seit 1999 mit ihren drei Töchtern am Niederrhein. Seit 2001 arbeitet sie als Traumatherapeutin im Psychosozialen Zentrum für Flüchtlinge in Düsseldorf. Auf Veranstaltungen hält sie immer wieder Vorträge und Lesungen.

- Recherchieren Sie den Genozid in Ruanda und die Biografie von Frau Murawayo-Keiner im Internet.
- Lesen Sie die Aufzeichnungen Esther Murawayo-Keiners: Ein Leben Mehr. Wuppertal: Peter Hammer Verlag 2005.
- Notieren Sie beim Lesen relevante Textstellen, die die Lebenswirklichkeit nach dem Genozid und nach dem Verlassen Ruandas kennzeichnen (z. B. Gefahren, Ungewissheit, Mittel- und Heimatlosigkeit, Hilfe und Unterstützung durch andere).
- Notieren Sie ebenso Textabschnitte, in denen Frau Murawayo-Keiner über ihre Gefühle spricht (z. B. Angst, Misstrauen, Verachtung, Zweifel, Einsamkeit, Vertrauen, Hoffnung, Liebe).
- Erörtern Sie die Frage nach den Quellen ihrer Kraft.
- Versuchen Sie aus der Sicht Esther Murawayo-Keiners die Beweggründe für ihr lebensbejahendes Handeln und Verhalten zu formulieren.
- Ruth und Esther: was ist ihnen gemeinsam, worin unterscheiden sie sich?
- Fassen Sie Ihre Ergebnisse noch einmal zusammen unter der Überschrift: Ruth und Esther – zwei Geschichten des Leids und des Lebens in Fremdheit zwischen Verzweiflung und Hoffnung.

19 Die Arbeiter im Weinberg – eine Geschichte vom menschlichen Streit zwischen Gerechtigkeit und Güte *(Auslegung durch Verfremdung)*

Hans Traxler: Chancengleichheit, 1975

Im folgenden Bibeltext geht es um das Thema Gerechtigkeit. Kommen Sie mithilfe des Bildes von Hans Traxler ins Gespräch zum Thema Gerechtigkeit: Übernehmen Sie die Rolle des Prüfers und die einzelner Tiere und argumentieren Sie zum pro oder contra der Gerechtigkeit des Verfahrens. Wenden Sie sich nun dem Bibeltext (Mt 20,1-15) zu:

Schritt 1: Annäherung an die Textsituation durch Identifikation
– Versetzen Sie sich in folgende Situation zur Zeit Jesu: Sie sind ein besitzloser Mietarbeiter (es gab damals viele davon), der sich morgens auf dem Marktplatz einfindet, um dort stunden- und tageweise angeworben zu werden. Ihr Arbeitgeber bietet Ihnen als Tageslohn einen Denar. Ein Denar war ein üblicher Tageslohn, gerade das, was man benötigte, um eine Familie einen Tag lang zu ernähren. Am Ende des Tages – nach getaner Arbeit – zahlt Ihr Arbeitgeber Ihnen diesen Denar aus.
– Formulieren Sie als Tagelöhner ihr Urteil und ihre Gefühle hinsichtlich Arbeit und Lohn dieses Tages.
– Lesen Sie Mt 20,1-15.
– Kommentieren Sie das Verhalten des Weinbergbesitzers spontan.
– Versetzen Sie sich in die jeweilige Situation der Tagelöhner, die erst zur 3., 6., 9. oder 11. Stunde mit ihrer Arbeit begonnen haben. Formulieren Sie als Tagelöhner ihre Gefühle und ihr Urteil hinsichtlich geleisteter Arbeit und erhaltener Entlohnung.
– Vergleichen Sie Kommentar und Urteile der Tagelöhner.

Schritt 2: Thesengeleitete Interpretation
– Nehmen Sie Stellung zu folgenden Thesen:
  a) Niemand fühlt sich bei Betrachtung seiner persönlichen Situation am Ende des Tages ungerecht behandelt; alle fühlen sich ungerecht behandelt, sobald sie vergleichen.
  b) Das Verhalten des Weinbergbesitzers ist nicht von dieser Welt.
  c) Menschliche und göttliche Gerechtigkeit haben nichts gemein.
  d) Man braucht mehr als eine Krämerseele, um mit dem lebendigen Gott zurechtzukommen.

1. Beschreiben Sie das Bild aus dem „Echternacher Codex Aureus" (um 1030) genau und interpretieren Sie es mithilfe der Arbeitsschritte aus Methode 9 (s. S. 385).

Schritt 3: Kreativer Schreibauftrag – eine neue Verfremdung
- Erarbeiten Sie in Kleingruppen eine Verfremdung des Bibeltextes entweder als Veränderung des Textes oder als visuelle Verfremdung (Bild, Collage) oder als szenisches Spiel (Standbild mit innerem Monolog, Rollenspiel). Bedenken Sie, dass die Verfremdung entweder das Paradox des Gleichnisses, die Aussageabsicht aufgreift (in eine andere Zeit und Situation überträgt) oder aber diese verändert, neu gestaltet. Der Textgehalt und die Aussageabsicht müssen auch in der Verfremdung deutlich werden.
- Erarbeiten Sie die jeweiligen Grundaussagen der Verfremdungen und beziehen Sie sie auf den Bibeltext.

Schritt 4: Methodenreflexion
- Erörtern Sie folgende Thesen:
  a) Viele Bibeltexte sprechen heute nicht mehr an. Durch vielfältige Wiederholung haben wir uns an diese Texte gewöhnt und gehen nach einem festgelegten Wahrnehmungsschema an sie heran.
  b) Bibeltexte können in der Auslegung durch Verfremdung in neuer Weise aufscheinen, wieder „frag-würdig" werden.
  c) Verfremdungen wirken häufig stark provokativ, da sie verhärtete Perspektiven aufbrechen.
  d) Jesus selbst hat mit in seinen Gleichnissen mit dem Mittel der Verfremdung gearbeitet.
  e) Das Gleichnis vom Weinbergbesitzer ist in sich selbst bereits eine Verfremdung

20 Der besessene Junge – eine Geschichte von menschlicher Befreiung und Heilung
(tiefenpsychologische Auslegung)
Schritt 1: Annäherung an Aussagen zur tiefenpsychologischen Exegese
- Erarbeiten Sie in Einzelarbeit die drei Thesen zur tiefenpsychologischen Bibelauslegung, indem Sie sich jeweils Anmerkungen, Einfälle und Fragen notieren:
  a) Die meisten Texte des Alten und Neuen Testaments enthalten eine Tiefenschicht menschlicher Grunderfahrungen.
  b) Die tiefenpsychologische Auslegung unterscheidet zwischen einer Oberflächen- und Tiefenstruktur des Textes. Die Aussagen (z. B. über Gott oder Jesus), die die Autoren bewusst vermittelt haben, bilden die Oberflächenstruktur. Diese Seite des Textes ist wichtig, jedoch darf die Interpretation hier nicht stehenbleiben. Die tiefenpsychologische Auslegung richtet die Auf-

merksamkeit auf die Tiefenstruktur von biblischen Texten, die mit den Wurzeln eines Baumes vergleichbar ist. Das heißt, dass sie sich auf die Grunderfahrungen menschlichen Lebens (z. B. Angst, Hoffnung, Leid) konzentriert, die in den Texten oft unbewusst formuliert wurden.

c) Die tiefenpsychologische Bibelauslegung will die Erfahrungen des (Bibel-)Lesers mit einbeziehen. Wer einen biblischen Text tiefenpsychologisch auslegen will, darf sich ihm nicht nur mit dem Verstand nähern, sondern muss auch sein Einfühlungsvermögen und seine Kreativität einbringen.
(nach *Berg, H. K.*: Ein Wort wie Feuer. Wege lebendiger Bibelauslegung. München 1991. S. 139 ff.)

Schritt 2: Textbefragung und Assoziationen
– Nehmen Sie Mk 9,14-27 zur Hand und lesen Sie den Text mithilfe der Västeras-Methode (Bedenken Sie den Text, indem Sie ihn mit folgenden Symbolen versehen: Fragezeichen (an fragwürdige und unklare Textstellen), Ausrufezeichen (an Textstellen, die Ihnen eine wichtige Einsicht vermitteln) und Pfeile (an Textstellen, bei denen Sie sich persönlich angesprochen fühlen).
– Setzen Sie sich in Kleingruppen zusammen und tauschen Sie ihre Gedanken aus. Ergänzen Sie Assoziationen und Ideen, die sich im Gruppengespräch zusätzlich ergeben haben.

Schritt 3: Interpretation aus psychologischer Perspektive
– Erarbeiten Sie ein Schaubild, das die unterschiedlichen Personenkonstellationen darstellt, und visualisieren Sie erkennbare Konflikte, z. B. mit Pfeilen.
– Wie lassen sich die im Text geschilderten Ereignisse aus innerpsychischer Perspektive verstehen? Erläutern Sie mögliche Entwicklungen. Wo sehen Sie Deutungsmöglichkeiten als Prozesse in einem Menschenleben?
– Welches ist die zentrale Figur des Textes (ICH-Figur), welche anderen Charakteristika dieser Figur sind durch die übrigen Personen bestimmt?
– Welche Impulse zur Erkenntnis oder Veränderung der eigenen Lebensverhältnisse gehen vom Text aus?

Schritt 4: Methodenreflexion
– Gehen Sie zurück zu Schritt 1 und vergewissern Sie sich Ihrer Anmerkungen, Einfälle und Fragen. Vergleichen Sie diese mit den Ergebnissen Ihrer Textarbeit in den Schritten 2 und 3.
– Lesen Sie die folgenden Thesen zu den Chancen und Grenzen der tiefenpsychologischen Auslegung, und nehmen Sie Stellung zu diesen Thesen, indem Sie Ihre Argumente aus den Arbeitsergebnissen und dem durchlaufenen Arbeitsprozess zu Mk 9,14-27 beziehen:
a) Chancen
– Die tiefenpsychologische Auslegung hebt die Distanz zwischen Text und Gegenwart auf und stellt einen Gegenwartsbezug her.
– Die tiefenpsychologische Auslegung macht ein Angebot zur Identifikation und Selbstreflexion. Wie vielleicht keine andere Methode erhebt sie den Anspruch, den heutigen Leser/Hörer in die überlieferte Geschichte zu verwickeln.
– Die tiefenpsychologische Auslegung regt den Prozess der Selbstfindung und Selbstwerdung im Horizont der Gotteserfahrung an. Dieser Ansatz geht in seinem Anspruch und Angebot weit über eine Verstehensmethode hinaus. Er verspricht dem, der sich ihr öffnet, (neuen) Zugang zu den (verschütteten) Quellen der seelischen Kräfte, die das kollektive Unbewusste in sich trägt.
b) Grenzen
– Die tiefenpsychologische Auslegung psychologisiert Bibel und Glauben.
– Die tiefenpsychologische Auslegung reflektiert nicht hinreichend ihre begrenzte Reichweite. Es besteht die Gefahr der Selbstüberschätzung und Grenzüberschreitung.
(nach: *Berg, H. K.*: A. a. O. S. 165–168)

INFO: Weitere exegetische Methoden:

Eine Vielzahl von exegetischen Methoden ergänzen die historisch-kritische Methode und die existenziellen Methoden, die Sie an Beispieltexten vorgestellt finden. Jede Methode hat ihre eigene Perspektive, ihren speziellen Zugang. So versucht z. B. die ursprungsgeschichtliche Methode die geschichtlichen Verhältnisse zu klären, unter denen ein Bibeltext entstanden ist; befreiungstheologische Methoden gehen von gesellschaftlichen Unterdrückungssituationen aus, die die Textproduktion beeinflusst haben; die feministische Auslegung versteht den Bibeltext als einen Text, der in einer von Männern dominierten Gesellschaft entstanden ist; nach der lateinamerikanischen Relectura spricht der Bibeltext von Unterdrückung, aber auch von Befreiung und inspiriert zu neuem Leben. (H. K. Berg hat im ersten Band seines Handbuchs des biblischen Unterrichts (Ein Wort wie Feuer. Wege lebendiger Bibelauslegung. München 1991) eine Fülle an Methoden vorgestellt und zusammenfassende „Steckbriefe" erarbeitet.)

Die neuere kanonische Exegese versucht, den Graben zwischen wissenschaftlicher Exegese und geistlicher Bibellesung zu überwinden. Kanonisch lesen bedeutet, Einheit und Ganzheit der Bibel als nicht beliebige Größe in die Exegese einzubringen. Der Kanon als Kontext verändert den Bibeltext, so wie jeder Kontext Einfluss auf den Text hat. Der Bibelkanon ist aber als besonderer Kontext zu verstehen („Heilige Schrift" einer Glaubensgemeinschaft). Die kanonische Exegese überschreitet die Frage nach dem historischen Quellenwert hin auf die überzeitlich-grundsätzliche Wahrheit der Bibel. Jeder einzelne Bibeltext wird als Teil des größeren Ganzen untersucht, der einzelne Text nach seinem Ort und seiner Funktion im Ganzen der Bibel analysiert (synchroner Zugang, intertextuelle Bezüge, z. B. Untersuchung bestimmter Motive, Bilder, Begriffe in verschiedenen Bibeltexten). Durch Papst Benedikt XVI. und sein Buch „Jesus von Nazareth" wurde diese Methode einer breiteren Öffentlichkeit bekannt.

Wenden Sie Ihr Wissen an

- Tauschen Sie sich in Kleingruppen über Ihre Erfahrungen mit den Auslegungsmethoden aus. Begründen Sie, welche Methoden für Sie bereichernd und welche wenig gewinnbringend waren.
- Nehmen Sie Stellung zu folgenden Aussagen:
  - „Ihr Christen habt in eurer Obhut ein Dokument mit genug Dynamit in sich, die gesamte Zivilisation in Stücke zu blasen, die Welt auf den Kopf zu stellen; dieser kriegzerrissenen Welt Frieden zu bringen. Aber ihr geht damit so um, als ob es bloß ein Stück guter Literatur sei, sonst weiter nichts." Mahatma Gandhi (1869–1948).
  - „Nicht die Bibel ist es, die uns interessiert, sondern das Leben, auf das sich in der Bibel vielleicht Antworten finden. Die Bibel ist ja nur das zweite Wort Gottes, das erste ist das Leben." Thomas Staubli (* 1962)
  - „Es gibt nur zwei Weisen mit der Schrift umzugehen, entweder man nimmt sie wörtlich oder man nimmt sie ernst." Pinchas Lapide (* 1922)
- Führen Sie (im Wissen um Ihre eigenen Erfahrungen mit den unterschiedlichen Auslegungsmethoden) ein Streitgespräch mit einem überzeugten Muslim über die Vor- und Nachteile der gegensätzlichen Auffassungen der Heiligen Schrift. Nutzen Sie den folgenden Text:
„Wie immer man sich die Entstehungsgeschichte des Korans vorzustellen hat, so ist er doch selbst für westliche Kritiker der tradierten Überlieferungsgeschichte im Vergleich zur Bibel in einem recht eng umrissenen zeitlichen und geografischen Raum entstanden und keine Sammlung kollektiver Erfahrungen, die durch viele Jahrhunderte angereichert, mündlich von Generation zu Generation weitergetragen, aber eben auch variiert, durch viele Phasen hindurch redaktionell bearbeitet worden sind. Vor allem ist der Koran weder Rede von Gott noch zu Gott. Er ist dem eigenen Anspruch nach direkte Rede Gottes. Beklagen können sich die Menschen im Koran schon deshalb nicht über Gott, weil es dem Textkonzept nach Gott selber ist, der im Koran in erster Person spricht (in der Bibel spricht er, strenggenommen, nur im Zitat), und zwar spricht Gott zu einer einzigen Person in einem teilweise bis auf den Tag benannten Moment der Geschichte." Navid Kermani, 2005

JESUS CHRISTUS –

kennen und bekennen

Ein Jesusbild?

„Das Lamm Gottes mit Kreuzstab und Kreuznimbus, geschaut als Zentrum der Welt und Lebensquell, dem die vier Paradiesströme entspringen – und zugleich Bild der Fruchtbarkeit göttlichen Gnadenwirkens (vgl. die vier Kardinaltugenden in den Ecken) wie des Zusammenklingens von Schöpfung und Erlösung (die vom Kreuz ausgehenden Wasser scheinen in die Quellkrater der Flussgenien zurückzufließen)." *Miniatur um 1250 aus einem Codex mit Texten zur Schriftlesung und Gebeten zum Offizium aus dem Kloster Zwiefalten, heute in der Württembergischen Landesbibliothek in Stuttgart.*

Kommen Sie ins Gespräch

Das Eingangsbild zeigt keine porträtartige, sondern eine vielschichtig symbolische Darstellung. Lassen Sie Ihrer Phantasie freien Lauf. Betrachten Sie die einzelnen Symbole und stellen Sie Vermutungen über ihre (theologische) Bedeutung an. Überlegen Sie, ob es sich hierbei überhaupt um ein Jesus- oder Christusbild handelt. Geben Sie Gründe an.
Beschreiben Sie die formale Gestaltung des Bildes und überlegen Sie, wie diese die meditative Wirkung steigert. Vergleichen Sie die Darstellung mit der Seite aus dem „Book of Kells" S. 188.
Zeigen Sie Parallelen und Unterschiede.

Überblick

Jesus von Nazaret war und ist eine Person, die polarisiert; an ihm scheiden sich die Geister. Schon zu seinen Lebzeiten lassen sich die einen von ihm begeistern, folgen ihm nach, halten an ihm fest – noch über den Tod hinaus. Die anderen bringen ihn erst in diese prekäre Situation, stellen ihm nach, liefern ihn ans Kreuz. Diese Polarisierung hält sich durch die ganze Christentumsgeschichte durch. Da Jesus als Religionsstifter und Vorbild nach wie vor Relevanz besitzt, müssen Menschen auch heute noch Stellung beziehen.

Wenn heutige Christinnen und Christen die Christusaussagen des Glaubensbekenntnisses nicht unverstanden daherreden oder gar ganz aufgeben wollen, müssen sie sich um ein tieferes Verständnis bemühen. Einerseits kann für junge Menschen die Beschäftigung mit dem historischen Jesus interessant und wissenschaftlich spannend sein, den Historiker und Forscher in ihnen wachrufen. Wichtiger allerdings ist der religiöse Zugang, den mancher persönlich erfahren haben mag oder erfährt. Darüber hinaus ist die richtungsweisende und lebensbestimmende Funktion der auf Jesus zurückgehenden christlichen Religion, die immerhin fast 2000 Jahre abendländischer – später sogar globaler – Kultur geprägt hat, bedeutsam. Im günstigsten Fall erfolgt im verantworteten Umgang mit der Person Jesus und deren Wirkungsgeschichte eine spirituelle Bereicherung.

Das folgende Kapitel will Ihnen einerseits einen Zugang von der historischen Basis aus schaffen. Dabei sind Fragen leitend wie: Hat Jesus überhaupt gelebt? Was hat er tatsächlich getan und gesagt? Was ist an ihm Besonderes? Was hat er Bleibendes hinterlassen? Andererseits zeigt das Kapitel, dass das Bekenntnis zu Jesus als dem Christus des Glaubens im historischen Jesus verankert ist. Nur wenn Menschen den *fleischgewordenen Logos* im *Menschen Jesus von Nazaret* erkennen, gewinnt Jesus Christus die entscheidende religions- und lebensstiftende Bedeutung.

1. Bevor Sie sich mit den folgenden Texten und Bildern auseinandersetzen, bringen Sie Ihre Kenntnisse über Jesus, Ihre Einstellung zu seiner Person und seiner Wirkung zu Papier. Vergleichen Sie dies mit den Ergebnissen der Mitglieder Ihrer Lerngruppe und diskutieren Sie darüber. Kommen Sie im Verlauf der Unterrichtseinheit gegebenenfalls auf diese anfängliche Einschätzung zurück.

1. Jesu Ursprung und Berufung

Was Sie erwartet

Immer wieder wurde und wird die Existenz der geschichtlichen Person Jesus von Nazaret in Frage gestellt oder bestritten. Die Quellenlage sei zu dürftig; die Figur Jesus Christus sei ein gedankliches Konstrukt irgendwelcher Weltverbesserer, Jesus sei ein „Mythos". Diese Argumente begegnen uns im wissenschaftlichen Diskurs, aber auch in Alltagsgesprächen. Im Folgenden haben Sie Gelegenheit, verschiedene Quellen kennenzulernen und sich selbst ein Urteil zu bilden.

Sicherste Beweise im Sinne historischer Wissenschaft sind archäologische Zeugnisse, die aber auch kaum unumstritten sind und die man selten klar zuordnen kann. Eine in Cäsarea am Mittelmeer gefundene Pilatusinschrift belegt zumindest, dass Pontius Pilatus in der fraglichen Zeit Statthalter in Judäa war. Kombiniert mit weiteren schriftlichen Zeugnissen spricht dies für die Annahme einer römischen Beteiligung bei der Verurteilung und Hinrichtung Jesu; dies deckt sich auch mit der Einschätzung der historisch-politischen Machtverhältnisse im Palästina zur Zeit Jesu. Jüngste Versuche, die Ossuare (Gebeinurnen) oder gar das Grab der Familie Jesu in Jerusalem nachzuweisen, dürfen ebenfalls als gescheitert gelten. Schriftliche außerchristliche Zeugnisse über Jesus (den Christus) sind zwar spärlich, aber zum Teil sehr aussagekräftig.

Außerchristliche schriftliche Zeugnisse über Jesus

Der antike Schriftsteller Josephus (ca. 40–ca. 100 n. Chr.) ist als Sohn einer Priesterfamilie aufgewachsen. Er gehörte zunächst der Gruppe der Pharisäer an und wurde zu einem der Führer der Freiheitskämpfer im jüdisch-römischen Krieg. Nach eigenartigen Umständen trat er zu den Römern über und wurde sogar Hofgeschichtsschreiber der Flavier-Dynastie.

Der römische Historiker Tacitus lebte von ca. 55–120 n. Chr.

1 Inschriften und Texte

1.

Die Inschrift wurde in Caesarea am Mittelmeer gefunden. Sie ist der erste außerbiblische Nachweis der Statthalterschaft von Pontius Pilatus, der in den Jahren von 26–36 n. Chr. Präfekt (Statthalter) des römischen Kaisers Tiberius in der Provinz Judäa war.

186 JESUS CHRISTUS *– kennen und bekennen*

2. [Der Hohepriester] Ananos berief eine Versammlung der Richter und ließ vorführen den Bruder Jesu, der Christus genannt wird, Jakobus mit Namen, und einige andere, erhob gegen sie als Gesetzesübertreter eine Anklage und überantwortete sie der Steinigung.

3. Um diese Zeit lebte Jesus, ein weiser Mensch, wenn man ihn überhaupt einen Menschen nennen darf. Er war nämlich der Vollbringer ganz unglaublicher Taten und der Lehrer aller Menschen, die mit Freuden die Wahrheit aufnahmen. So zog er viele Juden und auch viele Heiden an sich. Dieser war der Christus. Und obgleich ihn Pilatus auf Betreiben der Vornehmsten unseres Volkes zum Kreuzestod verurteilte, haben doch die, die ihn vorher liebten, nicht von ihm gelassen. Denn er erschien ihnen am dritten Tag wieder lebend, wie gottgesandte Propheten dies und tausend andere Wunderdinge von ihm vorherverkündigt hatten. Und noch bis auf den heutigen Tag besteht das Volk der Christianer, die sich nach ihm nennen, fort.

Flavius Josephus, 93 n. Chr.

4. Also schob Nero, um diesem Gerede ein Ende zu machen, die Schuld auf andere und bestrafte sie mit den ausgesuchtesten Martern. Es waren jene Leute, die das Volk wegen ihrer Schandtaten hasste und mit dem Namen „Christen" belegte. Dieser Name stammt von Christus, der unter Tiberius [14–37] vom Prokurator Pontius Pilatus hingerichtet worden war. Dieser verderbliche Aberglaube war für den Augenblick unterdrückt worden, trat aber später wieder hervor und verbreitete sich nicht nur in Judäa, wo er aufgekommen war, sondern auch in Rom, wo alle Gräuel und Abscheulichkeiten der ganzen Welt zusammenströmen und geübt werden. Man fasste also zuerst diejenigen, die sich öffentlich als Christen bekannten, dann auf deren Anzeige hin eine gewaltige Menge Menschen.

Tacitus, 116/117

5. Es ist überliefert: Am Rüsttag des Passah hat man Jesus gehängt, und ein Ausrufer ging 40 Tage vor ihm her und rief: Er soll gesteinigt werden, weil er Zauberei getrieben und Israel verführt und verleitet hat. Jeder, der eine Rechtfertigung für ihn weiß, komme und mache sie für ihn geltend! Aber man fand keine Rechtfertigung für ihn, und so hängte man ihn am Rüsttag des Passah.

Babylonischer Talmud, wahrscheinl. 2. Jahrhundert n. Chr.

1. Machen Sie sich ein Bild von der Quellenlage. Erarbeiten Sie dazu eine Tabelle, in der Sie die Ihnen zugänglichen Angaben unterscheiden (Autor, Entstehungszeit, berichtete Fakten). Bewerten Sie die Quellenlage. Diskutieren Sie Ihre Einschätzung in Ihrer Lerngruppe.

Jesus – Gott wird Mensch

Kindheitserzählungen – theologische Deutung statt historischer Fakten

Über die Biographie Jesu von Nazaret wissen wir so gut wie nichts. Die sogenannten Kindheitserzählungen am Anfang des Matthäus- und Lukasevangeliums (Mt 1-2; Lk 1-2) oder in den apokryphen* Evangelien werfen für eine historische Fragestellung wenig ab. Von ihrer Sprache und ihrer Intention her sind sie hoch komprimierte christologische Stilisierungen. Sie dienen gleichsam als theologische Prologe der Evangelien und nicht als geschichtliche Protokolle. Vielmehr wollen sie die Frage nach der Herkunft Jesu theologisch beantworten: Jesus ist göttlichen Ursprungs. Dazu arbeiten sie mit Typisierungen, überhöhenden Vergleichen, alttestamentlichen Erfüllungszitaten. Diese Kindheitserzählungen sind der kanonischen Jesusüberlieferung vermutlich als letzte vorangestellt worden.

Die Evangelisten, allen voran Matthäus, spannen einen Bogen von den Anfängen Jesu zu seinem Ende. Dazu wenden sie deutlich erkennbare Mittel an: Schon bei der Geburt des „neugeborenen Königs der Juden" deutet sich die Passion, Verfolgung, Tötung des „endzeitlichen Königs" an. Sein eigenes Volk lehnt ihn ab, ignoriert ihn und seine Bedeutung – so die Schriftgelehrten von Jerusalem (Mt 2,4-6). Der amtierende König trachtet ihm gar als Rivalen und Nebenbuhler nach dem Leben (Mt 2,3.13.16-18). Dafür kommen die Heiden von den Enden der

JESUS CHRISTUS – *kennen und bekennen* **187**

Erde, um ihm zu „huldigen". Genauso wird der heidnische Hauptmann unter dem Kreuz angesichts der Begleiterscheinungen des Todes Jesu sich zum Sohn Gottes bekennen (Mt 27,55), während das dort anwesende Volk die Blutschuld auf sich nimmt (27,25) und die Hohenpriester sich in Betrug und Lüge verstricken (28,11-15). Doch der von Anfang an verkündete „Immanuel", der *Gott-mit-uns* (Mt 1,23), wird als Auferstandener und Erhöhter bei uns sein „alle Tage bis zum Ende der Welt" (28,20). Diese Hinweise lassen deutlich die theologische Absicht der Erzählungen erkennen. Die Kindheitsgeschichten genießen hohes Ansehen und weite Verbreitung in Weihnachtsliturgie und -brauchtum, werden aber meist unkritisch rezipiert, mit volkstümlichem Überlieferungsgut durchmischt oder emotionalisiert und kommerzialisiert. Sie sollten daher in ihrer theologischen Aussagefülle und Dichte gewürdigt werden.

Book Of Kells: Beginn des Johannesevangeliums, 9. Jahrhundert

188 JESUS CHRISTUS *– kennen und bekennen*

1. Stellen Sie die Kindheitserzählungen nach Matthäus (Mt 1-2) und Lukas (Lk 1-2) einander gegenüber. Benennen Sie Gemeinsamkeiten und Unterschiede.
2. Vergleichen Sie die Geburtserzählungen von Johannes dem Täufer und Jesus im Lukasevangelium. Interpretieren Sie die theologische Absicht des Evangelisten.
3. Entwerfen Sie auf der Grundlage des Textes eine prägnante Definition der Gattung „Kindheitserzählung". Arbeiten Sie dabei den Unterschied zwischen historischem Bericht und theologischer Deutung heraus.
4. Schauen Sie sich eine Weihnachtskrippe in der Realität oder auf Bildern an. Sie finden hier ein Beispiel für eine Evangelienharmonie. Informieren Sie sich, welche Figuren oder Szenen aus welcher Kindheitsgeschichte, aus welchem apokryphen* Evangelium oder gar aus der Volksfrömmigkeit kommen.
5. Betrachten Sie die Darstellung aus dem Book Of Kells. Geben Sie Ihren Eindrücken Raum, indem Sie möglichst viele passende Adjektive dafür suchen. Verschaffen Sie sich individuell einen Einblick in den Aufbau des Bildes. Untersuchen Sie, wie Schriftelemente, ornamentale, keltische und christliche Symbole, stilisierte tiersymbolische Elemente und konkret-menschliche Darstellungen ineinander verwoben sind. Vergleichen Sie dann Ihre Erkenntnisse in Ihrer Lerngruppe.
6. Lesen Sie den Prolog des Johannesevangeliums Joh 1,1-17. Identifizieren Sie theologische Textaussagen in der Bildgestaltung.
7. Stellen Sie die Aussagen über das „Wort" (logos) zusammen.
8. Ziehen Sie zum Vergleich Gen 1 heran und prüfen Sie, welchen Stellenwert das „Wort" dort hat.

Taufe und Versuchung Jesu

Die Taufe

Die Darstellung von Taufe und Versuchung Jesu markiert im ältesten, dem Evangelium nach Markus den Beginn des öffentlichen Wirkens Jesu. Möglicherweise basiert die literarische Fassung des Markustextes auf historischen Grundlagen, sie ist freilich im Stil einer Epiphanieerzählung* gestaltet und damit als Offenbarungsgeschehen qualifiziert. Vor allem zeigen auch die weiterentwickelten Texte sowie die Rezeption der bildlichen Darstellung der Taufe eine deutliche Theologisierung. Damit sind christologisch bedeutsame Fragen verbunden. Einerseits spielt das Verständnis der Gottessohnschaft Jesu eine wichtige Rolle, andererseits geht es um die Frage der Sündelosigkeit Jesu, also letztlich um seine Göttlichkeit.

Der Taufe Jesu ist eine Art Prolog mit der Einführung Johannes' des Täufers und seiner Verkündigung vorangestellt (Mk 1,1-8). Mit Schriftzitaten aus Mal 3,1 und Jes 40,3 wird Johannes als Wegbereiter und Vorläufer des kommenden Messias vorgestellt. Johannes war ein endzeitlicher Bußprediger, der angesichts des nahen Endes die Menschen zur Umkehr aufrief; sollten sie dies nicht tun, drohe ihnen das Gericht (Mt 3,11f./Lk 3,17f.). Als äußeres Zeichen der Buße taufte er sie im Wasser des Jordan. Die Johannestaufe war also mehr als eine rituelle Reinigung, sie war ein einmaliger endzeitlich orientierter Symbolakt mit sakramentalem Charakter.

Dass Jesus sich von Johannes taufen ließ, zeigt wohl seine Sympathie für die Täuferbewegung, wenn man ihn nicht gar als Jünger des Täufers bezeichnen kann. Jesus teilte wohl die Naherwartung des Täufers.

Die Taufe dürfte einer der bestgesicherten historischen Fixpunkte im Leben Jesu sein. Kein Anhänger und Nachfolger Jesu hätte ein heilsgeschichtlich so belastendes Ereignis erfunden; die Schwierigkeiten, die das frühe Christentum mit dem Taufereignis und der Beziehung zwischen Jesus und Johannes hatte, zeigt sich in der gesamten Textüberlieferung (vgl. Mk 2,18; Joh 1; Apg 18,25; 19,1-7; Lukas und Johannes unterdrücken eine Taufe Jesu *durch* Johannes).

JESUS CHRISTUS – *kennen und bekennen* **189**

1. Deuten Sie den Text der Taufe Jesu, indem Sie die folgenden Schritte unternehmen:
   a) Strukturieren Sie den Text Mk 1,9-13 in passende Sinnabschnitte.
   b) Erklären Sie folgende Bilder (mithilfe von wibilex.de oder einschlägiger Lexika):
   Spaltung der Himmel / Taube / Himmelsstimme / „Wüste" / vierzig Tage / Satan / Zusammensein mit den (wilden) Tieren / Bedienung durch Engel.
2. Lesen Sie Ps 2 und deuten Sie die Beziehung zwischen beiden Texten.

5 Die Versuchung

In den synoptischen Fassungen bei Matthäus und Lukas begegnet uns die Versuchungserzählung in der Langform nach der Logienquelle (Zweiquellentheorie*); sie ist in Form eines schriftgelehrten Disputs zwischen dem Versucher und Jesus gestaltet. Wahrscheinlich bietet Matthäus die ursprüngliche Reihenfolge, während Lukas aus Steigerungsgründen und wegen der Bedeutung des Tempels von Jerusalem umstellt.

3. Stellen Sie tabellarisch in einem synoptischem Vergleich die Versuchungserzählungen (Mt 4,1-11; Mk 1,12-13; Lk 4,1-13) gegenüber.
4. Vergleichen Sie den Charakter und die Schwerpunktsetzung der Versuchungserzählung bei Matthäus und Lukas.
5. Arbeiten Sie in einer weiteren Tabelle das „Gottessohnverständnis" bei Markus, Matthäus, Lukas, Johannes und Paulus heraus. Sie können diese Tabelle im Laufe Ihrer Arbeit mit dem Jesuskapitel auch ergänzen oder verändern.

Ikone der Taufe Jesu, Ende 14. Jahrhundert

190 JESUS CHRISTUS – *kennen und bekennen*

6. Beschreiben Sie die Ikone von der Taufe Jesu in ihrer Gesamtkonzeption und in ihren Details. – In der Praxis der Ostkirchen hat die Bilderverehrung einen hohen Stellenwert. Ikonen sind weniger Kunstobjekte als vielmehr Ausdruck der Spiritualität. Der Maler ist an Muster gebunden, individuelle künstlerische Freiheit ist begrenzt.
7. Suchen und lesen Sie die biblischen Stellen, die bildlich dargestellt sind.
8. Deuten Sie die Symbolaussagen des Taufbildes.

Immer wieder gibt es in den Evangelien Vorgriffe auf die Passion oder ins Leben Jesu hineingetragene Anspielungen auf Leiden und Tod Jesu. Nur im Lukasevangelium findet sich im Rahmen der Passionstradition eine Begegnung zwischen Jesus und Herodes Antipas (Lk 23,6-12), ohne dass es dafür eine historische Basis gäbe. Der danach gestaltete Musicalsong enthält Anspielungen an die Langform der Versuchungserzählung Lk 4,1-13.
Das inzwischen äußerst erfolgreiche Autorenduo Andrew Lloyd Webber und Tim Rice hat das Musical seit 1965 reformiert und einem breiteren, auch jüngeren Publikum zugänglich gemacht. Gerade anfangs hatten sich die Autoren biblischen Stoffen zugewandt: „Joseph and the Amazing Technicolor Dreamcoat" (1968); „Jesus Christ Superstar" (1970). In der Rockoper „Jesus Christ Superstar" werden vorwiegend die psychologischen Beweggründe der Protagonisten Jesus und Judas beleuchtet, die zur Passion führen. Der folgende Song des Königs Herodes führt in den Zusammenhang der Versuchungsthematik.

King Herod's Song
Herod:
Jesus I am overjoyed to meet you face to face
You've been getting quite a name all around the place
Healing cripples, raising from the dead
5 Now I understand you're God – at least that's what you've said

So you are the Christ, you're the great Jesus Christ
Prove to me that you're divine – change my water into wine
That's all you need to do, then I'll know it's all true
C'mon King of the Jews

10 Jesus you just won't believe the hit you've made around here
You are all we talk about, you are the wonder of the year
Oh what a pity if it's all a lie
Still I'm sure that you can rock the cynics if you try
So if you are the Christ, yes the great Jesus Christ
15 Prove to me that you're no fool – walk across my swimming pool
If you do that for me, then I'll let you go free
C'mon King of the Jews

I only ask what I'd ask any superstar
What is it that you have got that puts you where you are?
20 Oh-oh-oh I am waiting, yes I'm a captive fan
I'm dying to be shown that you are not just any man
So if you are the Christ, yes the great Jesus Christ
Feed my household with this bread – you can do it on your head
Or has something gone wrong? Jesus, why do you take so long?
Aw c'mon King of the Jews

Hey! Aren't you scared of me Christ? Mr. wonderful Christ!
25 You're a joke, you're not the Lord – you are nothing but a fraud
Take him away – he's got nothing to say!
Get out you King of the Jews!

Übersetzungshilfen:
Cripples: Krüppel / *to rock the cynics:* die Zyniker, Spötter beschämen / *captive:* Gefangener, hier: Begeisterter ... / *I'm dying:* ich sterbe (vor Sehnsucht) / *to be scared of:* Angst haben vor / *fraud:* Betrüger.

9. Hören Sie sich den Song an oder lassen Sie sich den entsprechenden Ausschnitt aus der Verfilmung zeigen und achten Sie darauf, welche Akzente die Musik setzt, wie Musik und Text (und evtl. bildliche Darstellung) aufeinander bezogen sind.
10. Die Ironie ist ein wichtiges Stilmittel der Rockoper. Verfolgen Sie, an welchen Stellen der Songschreiber Tim Rice ironisch auf das Wunderwirken Jesu anspielt, und bewerten Sie seine „Wunderauswahl".
11. Beschreiben Sie die Rolle, in der Herodes im Musical auftritt. Legen Sie den Zusammenhang mit der Versuchungsthematik dar.
12. Prüfen Sie, inwiefern der Popsong die innere Qualität der Versuchungen Jesu erfasst. Begründen Sie Ihre Einsichten.

Wenden Sie Ihr Wissen an

- Verfassen Sie eine Kurzbiografie Jesu, in der Sie vor allem auf seinen Ursprung und seine Berufung eingehen.
- Die biblischen Erzählungen von der Taufe und Versuchung Jesu kann man auch als psychologische Deutung der Entwicklung Jesu ansehen. Machen Sie sich über die tiefenpsychologische Bedeutung von Untertauchen, Reinigung, Umkehr, Wüstenaufenthalt kundig.
- Vergleichen Sie die neutestamentlichen Versuchungserzählungen mit der Buddha-Überlieferung und mit Koranaussagen. Zeigen Sie Parallelen und diskutieren Sie die „Notwendigkeit" des Versuchungsthemas in „Religionsgründer-Biografien".

2. Jesus verkündet das Reich Gottes in Wort und Tat

Was Sie erwartet

Bevor Sie das Thema angehen, fragen Sie sich selbst, diskutieren Sie in Ihrer Lerngruppe oder unterhalten Sie sich mit Bekannten, was Sie oder Ihre Gesprächspartner unter „Reich Gottes" verstehen. Häufig werden Ihnen zeitgenössische und auch geschichtliche Fehleinschätzungen der Vorstellung vom „Reich Gottes" begegnen. Der folgende Abschnitt bietet Ihnen neutestamentlich begründete Zugänge zu einem angemessenen Verständnis an. Immerhin ist dieser Begriff „Reich Gottes" die Verdichtung der Verkündigung Jesu selbst und wird zum Zentralgedanken kirchengeschichtlicher Entwicklung bis in die Gegenwart. Auch die Frage, wie das Reich Gottes heute verwirklicht werden kann, wird immer wieder auftauchen.

8 Die Botschaft von Gottes Reich

Der erste öffentliche Auftritt Jesu wird im ältesten Evangelium mit der Gefangensetzung des Täufers in Zusammenhang gebracht (noch deutlicher Lk 3,20): Dies ist zum Teil theologisches
5 Programm (der Vorläufer und Wegbereiter muss dem Bedeutenderen Platz machen), spiegelt aber auch die Differenziertheit und Neuheit des Jesusprogramms wider: „Er verkündete das Evangelium Gottes und sprach: Die Zeit ist er-
10 füllt, das Reich Gottes ist nahe: Kehrt um, und glaubt an das Evangelium!" (Mk 1,14f.)
Im Zentrum der Verkündigung Jesu steht die Ansage, dass Gottes Reich mit *ihm* beginne, das heißt an das Heilshandeln Jesu geknüpft sei.
15 Darin gründet das einmalige Selbstverständnis Jesu. Seine Botschaft ist nicht primär „Drohbotschaft", sondern „Frohbotschaft": Umkehr und Gericht sind nicht bedeutungslos, sie verlieren aber ihre Bedrohlichkeit angesichts des uneingeschränkten Liebesangebotes Gottes und der 20 Abkehr vom Lohn-Leistungs-Denken.
Einerseits verkündet Jesus *lehrhaft* seine Heilsbotschaft in Gleichnissen, andererseits demonstriert er *praktisch* den Anbruch einer neuen Heilszeit durch seine Heilungen von kranken 25 und gebrochenen Menschen, durch Exorzismen an Besessenen (im weitesten Sinn) und durch seine Zuwendung an die Ausgegrenzten, Außenseiter und Verlorenen. Gottesherrschaft im Sinne Jesu schafft Entgrenzung, hebt Schran- 30 ken auf, lässt Gewalt leerlaufen, verwandelt sogar Hass in Liebe. Das Heil und die Liebe, die Jesus vermittelt, sind aber gebunden an den Glauben an die Wirkmächtigkeit Gottes, die sich in Jesus, dem Heilsmittler, manifestiert. 35

1. Stellen Sie unterschiedliche Vorstellungen vom Reich Gottes einander gegenüber.
2. Erarbeiten Sie aus dem Text die biblische Bedeutung vom Reich Gottes.

Die Wortverkündigung in Gleichnissen

Wenn Jesus vom Reich Gottes redet und dessen Qualität beschreibt, so tut er dies selbstverständlich in bildhafter Redeweise. Ein Reden über Gott und seinen Heilsplan ist nur in analoger, metaphorischer Sprache möglich. Daher greift Jesus denn auch Vorstellungen und Bilder aus der Alltagswelt seiner Zeit auf, um die Beschaffenheit des Reiches Gottes zu umschreiben. Dies geschieht meist in der Form des „reinen Gleichnisses". Dem Hörer werden Hoffnung, Trost und Erfolgsaussicht der Verkündigung anschaulich vor Augen gestellt (etwa in den Wachstumsgleichnissen Mk 4,26-29.30-32; Mt 13,33 parr. Lk 13,20). In Parabeln, die ein unerwartetes, dramatisches Geschehen erzählen und Rollenidentifikationen anbieten, kommt das Selbst- und Gottesverständnis Jesu zum Ausdruck (z. B. Mt 20,1-16; Lk 15,11-32; Mk 12,1-12 parr.).

9 Die Parabel vom Vater und den beiden Söhnen (Lk 15,11-32)

Jesu Vorstellung von Gott als allzeit liebender „Vater" in der Parabel vom Vater und den beiden Söhnen hat programmatischen Charakter. So ist die Geschichte der beiden Söhne Entwicklungen unterworfen, die Haltung des Vaters bleibt unverändert: In seiner liebenden Zuwendung begegnet er dem jüngeren wie dem älteren Sohn. Identifikationsmöglichkeiten bieten sich auf verschiedenen Ebenen an, zunächst auf der Stufe des historischen Jesus. Wenn es sich um ein authentisches Jesusgleichnis handelt – dies wird hier vorausgesetzt –, dann sind die Adressaten gewiss die Gegner (Lk 15,1f.), die sich in der Position der Selbstgerechten sehen, Gerechtigkeit über Güte stellen und kein Abweichen von der Norm ertragen. Im jüngeren Sohn sind sicherlich die Sünder und Ausgegrenzten abgebildet, denen Trost in Form der gnädigen Zuwendung (des) Gottes (Jesu) zugesprochen wird, sofern sie sich dem Angebot bereits angebrochener Gottesherrschaft öffnen. Die Bildhälfte wehrt sich gegen eine vorschnelle Gleichsetzung von Vater und Gott: „Vater, ich habe mich gegen den Himmel *und* gegen dich versündigt" (V. 18). Identifikation lässt sich auch auf der Ebene der christlichen Gemeinde (des Lukas) herstellen. Wer sind die Verlorenen und Wiedergefundenen (vgl. den Zusammenhang der drei Gleichnisse vom Verlorenen Lk 15,1-32)? Wer die Treuen und wer die Sünder?

Auch heutige Hörerinnen und Hörer der Parabel müssen sich mit einer der Rollen der dramatischen Erzählung identifizieren. Die Rollen beider Söhne haben jeweils unsympathische und sympathische Facetten; wir können uns daher womöglich in beiden wiederfinden. Die Rolle des Vaters hingegen entzieht sich einer direkten Identifikation: So handelt in der Regel kein normaler, höchstens ein außergewöhnlicher Vater – so handelt der göttliche Vater. Die Figur des Vaters entspricht dem Gottesbild Jesu, seiner Vorstellung vom liebenden und gütigen Vater, der immer den ersten Schritt auf den schuldigen, gefallenen oder in sich selbst schuldhaft gefangenen Menschen zugeht.

1. Gliedern Sie den Text (Lk 15,11-32) in Sinnabschnitte. Achten Sie dabei auf die beiden Hälften der Parabel. Begründen Sie die Abfolge und unterschiedliche Länge der beiden Hälften. Erläutern Sie den Schluss Lk 15,32 formal und inhaltlich.
2. Vergleichen Sie den Tenor der Parabel Lk 15,11ff. mit der überraschenden Wende in der Parabel Mt 20,1-16 (Arbeiter im Weinberg). Zeigen Sie die Gemeinsamkeiten.
3. Stellen Sie die Verhaltensweisen der beiden Söhne zusammen, die Ihnen lobenswert oder die kritikwürdig erscheinen. Identifizieren Sie sich mit einem der beiden und formulieren Sie einen Dialog mit seinem Bruder.
4. Bewerten Sie die Antwort des Vaters in V. 31 und überlegen Sie, wie der ältere Sohn damit umgehen könnte.
5. Listen Sie mögliche Reaktionen oder Antworten des Vaters bei der Rückkehr des jüngeren Sohnes auf.

Edward Schillebeeckx (1914–2009) war belgischer Dominikanerpriester und Professor für Theologie. Er gilt als Vordenker der avantgardistischen holländischen Theologie Mitte des 20. Jahrhunderts. Zur Auslegung der Beispielerzählung vom Pharisäer und Zöllner (Lk 18,9-14) schreibt er:

10 Das Gleichnis vom Pharisäer und vom Zöllner

Auch Jesus geht über die menschlichen Klassifizierungen von „Gutsein" und „Schlechtsein" hinweg und bringt eine dritte, ganz andere Perspektive, nämlich vom Kern seiner Botschaft aus, die Paulus später so formulieren wird: *„Er, Gott, liebte uns, als wir noch Sünder waren"* (Röm 5,8). Das Reich Gottes wird in dem eigentlichen Lebensweg Jesu unter uns sichtbar. Und dieses Reich Gottes ist ein auf Kommunikation unter Menschen bedachter Gott, der also niemand aus der Gemeinschaft ausschließt, niemand „exkommuniziert", sondern für alle, Gute und Böse, Kommunikation erschließen will. Weil alle von Gott zur Kommunikation berufen sind, sucht

Jesus mit Vorliebe die aus Israels Gemeinschaft Ausgestoßenen auf: Zöllner und Sünder. [...]
Die Wiederherstellung der Kommunikation für den, der von den Menschen ausgestoßen wird, ist der Kern der Botschaft Jesu, aller seiner Gleichnisse und Wunderzeichen, schließlich auch seines eigenen Todes als Hinrichtung; Jesus wurde, wegen seiner Botschaft der Kommunikation, selbst von Mitmenschen aus der Menschengemeinschaft ausgestoßen. Ausstoßung wird hier für den Ausgestoßenen sogar ein Weg zum Heil.

Wenn wir bürgerlichen Christen aus dem 20. Jahrhundert mit diesen Augen dieses Gleichnis, das Jesus selbst ist, hören, wird nicht der jüdische Pharisäer von damals davon tödlich getroffen, sondern wir selbst. In unserer spontanen Identifizierung mit dem Zöllner spielen wir eigentlich „den Pharisäer". Denn durch unsere fortschrittliche oder konservative Spiritualität stoßen wir oft die anderen aus. Das sollte bei allen Betrachtungen über Spiritualität vornean stehen.

Edward Schillebeeckx, 1983

6. Lesen Sie das Gleichnis Lk 18,9-14 auf dem Hintergrund der Ausführungen von Schillebeeckx. Machen Sie deutlich, inwiefern hier die „Wiederherstellung der Kommunikation" (Z. 17) erfolgt.
7. Vergleichen Sie diese Gleichnisauslegung mit der Wundererzählung Mk 2,1-12. Identifizieren Sie den Fokus der Erzählung.

Die Verkündigung Jesu in Heilstaten

11 Jesu heilendes Wirken

Wer krank ist, sucht Heilung. Der moderne Mensch wird zunächst medizinische Hilfe suchen; wer keinen Erfolg sieht, probiert es beim Heilpraktiker und Homöopathen, beim Psychotherapeuten oder in der Selbstheilung; der letzte Ausweg ist oft der Gang zum Geistheiler, Esoteriker, Astropsychologen. Die Grenzen sind fließend. Wo ist hier Jesus einzuordnen, der in einer ganz anderen Zeit und Kultur mit einem anderen Weltbild gewirkt hat? Ist sein Wunderwirken überhaupt eine aktuelle Frage oder ein Historiker- und Expertenproblem?
Jesu Heilwirken ist im Zusammenhang seiner Reichgottesverkündigung zu sehen. Er kündigt nicht nur eine Heils- und Liebesherrschaft Gottes an, sondern erfüllt dies praktisch durch seine Zuwendung zu allen Menschen, die der Fürsorge und Hilfe bedürfen: Arme und Reiche, Außenseiter und Etablierte, Kranke und Gesunde. Die Ankündigung und Verwirklichung der Gottesherrschaft ist eng an sein heilendes Wirken geknüpft: „Wenn ich aber die Dämonen durch den Finger Gottes austreibe, dann ist doch das Reich Gottes zu euch gekommen." (Lk 11,20) In diesem Jesuswort kommt einerseits zum Ausdruck, dass Jesus nicht in eigener Kraft und Verantwortung Heilstaten vollbringt, andererseits aber, dass das Gottesreich mit *seiner* Person angebrochen ist. Jesu Wunderwirken spiegelt seine tatsächlichen charismatischen Fähigkeiten wider, die er auf Gott zurückführt und in den Dienst der Sache Gottes stellt. So wird sein wirkmächtiges Handeln auch von seinen Gegnern nicht bestritten, es geht lediglich um die Vollmacht seines Tuns – steht er mit Gott oder Satan im Bunde? Auch der Talmudvorwurf, dass Jesus „Zauberei getrieben" habe, bezieht sich wohl auf das Wunderwirken, spricht Jesus diese Fähigkeit also keineswegs ab. Mit diesem Anspruch ließe sich dann auch eine Anklage Jesu als „Gotteslästerer" rechtfertigen (vgl. Mk 15,64).
Mittels überlieferungskritischer Prüfung von Jesuswundererzählungen kann man einerseits zeigen, dass sein charismatisches Heilshandeln an Hilfsbedürftigen durchaus historisch situiert werden kann, andererseits dass dies ein Heilswirken am ganzen Menschen im Rahmen der Heilszusage Jesu ist. Eine derartige ganzheitlich-spirituelle Deutung des Wirkens Jesu öffnet die Möglichkeiten heilenden Wirkens in die persönliche Praxis der Nachfolge Jesu hinein. Glaube ist notwendig, um ein außergewöhnliches Ereignis als „Wunder" zu begreifen, aber Glaube ist nicht wider die Vernunft, steht nicht außerhalb der Naturgesetze.

JESUS CHRISTUS – *kennen und bekennen*

12 Wunder im biblischen Sinn

Dass Menschen – im Auftrag höherer, auch „böser" Mächte – Wunder vollbringen können, wird man in der Antike kaum ernsthaft in Frage gestellt haben. Insofern ist eine moderne Fragestellung oder Definition von Wundertaten als Durchbrechung der Naturgesetze kaum fruchtbar. Im Altertum rechneten die Menschen uneingeschränkt mit dem Eingreifen übernatürlicher Mächte. Gottheiten konnten jederzeit zum Schutz und Heil, aber auch zum Unheil und Verderben von Menschen und Welt in Natur- und Lebenszusammenhänge eingreifen oder dafür verantwortlich gemacht werden.

Die biblischen Begriffe für „Wundertaten" sind denn auch vielschichtig: Wunderbare Dinge, Zeichen (mit eschatologischem Verweischarakter), Macht- und Großtaten weisen relativ undifferenziert auf die positive Grundeinstellung gegenüber göttlichem Wirken hin und umfassen neben dem Alten auch im Neuen Testament die ganze Bandbreite göttlichen Heilswirkens. Dass Jesus im Neuen Testament und im frühen Christentum als Prophet, Messias, Davidssohn oder Gottessohn in diesen Zusammenhang eingestellt wird, versteht sich von selbst.

Wundergeschichten sind literarischer Niederschlag von Grenzerfahrungen oder Ausdruck von Hoffnungen. Sie werden zwar durch historische Bedingungen provoziert, sie bilden diese aber nicht einfach ab, sondern spiegeln deren stilisierte, gesteigerte Gestalt wider. Die gesteigerte Gestalt der historischen Wirklichkeit hat nichts mit deren Verfälschung zu tun (auch dort nicht, wo frei Wundergeschichten überboten oder symbolische Erzählungen aus theologischen Absichten konstruiert werden), sondern ist Entsprechung zum Sinn der erzählten und symbolisch verdichteten Wirklichkeit selbst: der Provokation des Glaubens, der es um gesteigerte Existenz geht.

Die Erzähler von Wundergeschichten (besonders über Jesus) wollen zugleich deutlich machen, dass hier menschliche Erfahrungen und Erwartungen durch eine Hoffnung weit überschritten werden, die nicht nur auf ein Jenseits, sondern eine veränderte Bewältigung der Wirklichkeit ausgerichtet ist. Somit stehen sie eindeutig im Kontext des jesuanischen Verständnisses von Gottesherrschaft.

13 Beispiel einer Jesus-Wundererzählung (Mk 2,1-12)

> 1 Und er ging wiederum hinein nach Kafarnaum;
> einige Tage darauf hörte man, dass er im Hause sei.
> 2 Und es versammelten sich viele,
> so dass kein Platz mehr war, nicht einmal vor der Tür.
> Und er redete zu ihnen das Wort.
> 3 Und sie kommen und bringen zu ihm einen Gelähmten,
> getragen von vieren.
> 4 Und da sie ihn nicht zu ihm hinbringen konnten wegen der Schar,
> deckten sie das Dach ab, wo er war,
> und gruben auf
> und senkten die Matratze, worauf der Gelähmte lag, hinab.
> 5 Und da Jesus ihren Glauben sieht, sagt er dem Gelähmten:
> „Kind, nachgelassen sind deine Sünden!"

6-10 (Streitgespräch mit Schriftgelehrten)

> 11 „Dir sage ich: Richte dich auf,
> trage deine Matratze und geh hinein in dein Haus!"
> 12 Und er richtete sich auf, trug gleich die Matratze
> und ging vor aller Augen hinaus,
> so dass alle außer sich waren und Gott priesen:
> „So etwas haben wir noch nie gesehen!"

14 Zur Bedeutung von Krankheit

Jesu Heilwirken im Sinne der Deutung der Gelähmtenheilungserzählung kann als charismatisch-ganzheitlich angesehen werden. Nach antikem und besonders jüdischem Verständnis ist der sündige und kranke Mensch in seiner Kommunikation mit Gott, mit sich selbst und seiner Umwelt gestört: Sünde und Krankheit bedeuten Fernsein von Gott. Schuldgefühle können psychische Störungen hervorrufen, die sich wiederum häufig auf das körperliche Befinden auswirken. Der Kranke, der Sünder ist nicht kult- und nicht gesellschaftsfähig, oft gemieden und isoliert, was wiederum Auswirkungen auf das seelische Gleichgewicht und das gesamtpersönliche Wohlbefinden hat. Erst wenn der Betroffene in dieser dreifachen Dimension „ins Reine", „zu sich selbst" gekommen ist, kann er seelisch, geistig, körperlich *heil* werden. Tiefenpsychologie und moderne Medizin haben heute längst (wieder) erkannt, dass zahlreiche Krankheiten psychosomatischer Natur sind; es gilt also weniger die Symptome als vielmehr die Ursachen zu erkennen, zu analysieren, zu therapieren.

Gesundheit und Krankheit als Beziehungsgeschehen		
Gesundheit		Krankheit
Mit Gott im Einklang	Beziehung zu Gott	Sünde
Mit sich im Reinen	Beziehung des Menschen zu sich selbst	Gewissensbisse, psychische Störungen
Gelingende Kommunikation, geordnetes Umfeld	Beziehung zum Mitmenschen	Isolation

1. Zeigen Sie den Stellenwert der Wunder Jesu im Rahmen seiner Verkündigung vom Reich Gottes. Gehen Sie dabei auf Lk 7,18-23 und Jes 35,1-10 ein.
2. Erläutern Sie den biblischen Wunderbegriff.
3. Stellen Sie die Bedeutung von Krankheit in der Antike dar.
4. Erarbeiten Sie aus dem Text Mk 2,1-12 den Wandel von der Isolation zur Kommunikation.
5. Diskutieren Sie in Ihrer Lerngruppe die Bedeutung von Krankheit heutzutage.

Karl Löning (* 1939) war früher Professor für neutestamentliche Exegese; er liefert einen Interpretationsansatz für die Bedeutung von Wundergeschichten.

15 Zur Einordnung von Heilungsgeschichten

[Wundergeschichten] haben zu tun mit Erfahrungen, die durch die Begegnung mit Jesus von Nazaret ermöglicht sind und Kräfte des Aufbruchs und Neubeginns freigesetzt haben, die sich ursprünglich in der Form charismatischer Nachfolge Jesu geäußert haben. Wenn das in der Nachfolge erfahrene Neue unter dem Aspekt des Wunders (hier: als Heilung) erzählerisch entfaltet wird, wird zunächst ein elementarer anthropologischer Sachverhalt vorausgesetzt, nämlich dass Menschsein keine Naturgegebenheit ist, sondern als Menschwerdung gelingen oder scheitern kann. Dieses Offensein menschlichen Daseins erscheint in den neutestamentlichen Therapiegeschichten bereits pointiert unter dem Aspekt des scheinbar definitiven Verurteiltseins zum Scheitern. Das unheilbar Kranksein der Kranken in diesen Geschichten ist die erzählerische Form der pessimistischen Prognose, dass Menschsein unter den damals herrschenden Bedingungen und Verhältnissen nicht gelingen kann, sondern bereits gescheitert ist. Auf dieser Folie erst wird dann aussagbar, was als „Nachfolge" erfahren wird: die zuvor unvorstellbare Befähigung zum Exodus aus der immer scheiternden Sisyphusarbeit der Selbstwerdung unter den Bedingungen einer (dämonisch) verkehrten Welt.

Die Heilungsgeschichten der Evangelien erzählen vom Wunder der Erfüllung des Traums von Freiheit und Menschenwürde bei Menschen, für die dieser Traum ohne Realitätsbezug zu sein scheint, für Blinde, Lahme, Taubstumme, Aussätzige, d. h. für Menschen mit den klassischen Gebrechen der Lebensminderung und der Einschränkung ihrer Bewegungs- und Kommunikationsmöglichkeiten. Erzählerisch handelt es sich immer um extreme Einzelfälle; der Sache nach aber ist jedes Krankheitsbild in diesen Texten eine anthropologisch allgemeingültige Studie. In diesen Kranken wird das um seine Erfüllung gebrachte menschliche Dasein diagnostiziert. Medizinisch sind solche Diagnosen so gut oder schlecht zu gebrauchen wie die archaischen Heilungsmethoden des Wundertäters. Worauf es in den Expositionen der Therapiegeschichten ankommt, ist die absolute Zwanghaftigkeit und Auswegslosigkeit der heillosen Ausgangslage der Kranken.

Das Menschenbild, das damit entworfen wird, ist aber alles andere als fatalistisch. Das Wunder der Befreiung aus der hoffnungslos scheinenden Ausgangslage ist jetzt möglich und wird als Geschichte dieser Kranken erzählt. Auch hier muss der Vorgang der Heilung in seiner anthropologischen Aussagekraft aufgefasst werden. Es wäre verfehlt, in den Therapien der neutestamentlichen Jesustradition primär christologische Machtdemonstrationen oder in extremen Notfällen gewährte besondere Gnadenerweise zu sehen. Es geht um eine in prophetischen Zeichenhandlungen offengelegte Möglichkeit der Erfüllung von „Gottesherrschaft" als Befreiung für das „Israel", das durch diese Befreiung endzeitlich neukonstituiert wird als Gottesvolk. In der Geschichte von der wunderbaren Heilung einzelner Kranker wird die große Utopie des sinnerfüllten Lebens aller Menschen transformiert in das kleine Wunder der Befreiung und des Aufstiegs aufdringlicher Bettler in das Königsgefolge der Nachfolge Jesu.

Karl Löning, 1987

16 Gott im Mitmenschen begegnen

„Jeder Mensch ist Christus für mich. Und so wie es nur einen Jesus gibt, ist jeder, um den ich mich kümmere, in diesem Moment der einzige Mensch auf der Welt für mich."

„Seid freundlich. Besser, unseren Schwestern geschehen bei der Arbeit Fehler aus Güte als Wunder durch Strenge."

„Die Armen und die Kranken sind das Geschenk Gottes; sie verkörpern unsere Liebe. Christus wird nicht fragen, wie viel wir geleistet haben, sondern mit wie viel Liebe wir unsere Taten vollbracht haben."

„Jesus ist für mich auch die Prostituierte, die aus ihrem Schicksal befreit werden möchte."

„Heute ist die ärgste Krankheit nicht die Lepra oder die Tuberkulose, sondern das Gefühl, unerwünscht, nicht geliebt und von allen verlassen zu sein."

„Das echte innere Leben bewirkt, dass das aktive Leben hell brennt und alles verzehrt. Es hilft uns, Jesus in den finstersten Löchern der Barackenviertel zu finden, im jammervollsten Elend der Armen, den nackten Gott-Menschen am Kreuz."

Mutter Teresa, 1995

6. Formulieren Sie Lönings Thesen zur Bedeutung von Heilungsgeschichten.
7. Verifizieren Sie diese anhand Ihrer Analyseergebnisse von Mk 8,22-26.
8. Lesen Sie den Text Mk 10,46-52 und versuchen Sie eine Interpretation.
9. Beschreiben Sie die Farbgebung, die Hell-Dunkel-Wirkung, die Verteilung der Flächen auf dem Bild von Thomas Zacharias. Schauen Sie besonderes auf die Augen und halten Sie Ihre Eindrücke schriftlich fest.
10. Arbeiten Sie die Interpretation des Künstlers bezüglich der „Heilung des Blinden" heraus und setzen Sie sie in Beziehung zu ihrer eigenen.
11. Setzen Sie die Worte Mutter Teresas in Beziehung zu den Ausführungen über die Wunder Jesu. Stellen Sie heraus, welche Bedeutung für Mutter Teresa die Beziehung zu den Menschen hat.

17

Thomas Zacharias: Blindenheilung, 1967

Die spezifische Ausrichtung der Reichgottesverkündigung Jesu – in Abgrenzung zu jüdischen (politisch-messianischen, rabbinischen und apokalyptischen) Vorstellungen – fasst der systematische Theologe Franz-Josef Nocke (*1932) zusammen.

18 Die eschatologische Dimension der Reichgottesverkündigung

1. Zwar ist für Jesus der Einbruch der Gottesherrschaft mit seiner Person und seinem Handeln verbunden (vgl. etwa Lk 11,20); aber er will *nicht politischer Messias* in dem erwarteten Sinne sein. Um diese Verwechslung auszuschließen, scheint er es zu vermeiden, überhaupt den Messiastitel für sich in Anspruch zu nehmen.

2. Anders als die primär auf das ethische Handeln des Menschen konzentrierte rabbinische Erwartung betont Jesus, dass das Reich Gottes vor allem ein *Geschenk* sei. „Die Zeit ist erfüllt, das Reich Gottes ist nahe. Kehrt um, und glaubt an das Evangelium!" (Mk 1,15). Das erste ist der Indikativ, erst dann kommt der Imperativ. Dieselbe Struktur der Verkündigung bringen auch die Gleichnisse vom Schatz und von der Perle (Mt 13,44-46) zum Ausdruck. Es fängt an mit einem Schatz, den einer findet; erst aus der Freude über den Fund erwächst das neue Verhalten des Finders. So ist es mit dem Himmelreich: Am Anfang steht nicht die ethische Kraftanstrengung, sondern ein beglückendes Geschenk.

3. Gegenüber der apokalyptischen Vorstellung schließlich, dass das Reich Gottes erst komme, nachdem der alte Äon [Weltzeit] total weggeräumt ist, verkündet Jesus, dass die Gottesherrschaft *schon angebrochen* sei, mitten in dieser Weltzeit. „Das Reich Gottes ist schon mitten unter euch" (Lk 17,20f.). Der neue Äon kommt nicht erst nach dem Ende des alten; er hat vielmehr schon begonnen, während der alte noch weiterexistiert. Deshalb ist das jetzt angemessene Verhalten nicht, dass man auf die Gottesherrschaft wartet, sondern dass man sie ergreift und sich von ihr ergreifen lässt.

Worin aber besteht die von Jesus verkündigte Gottesherrschaft? Nirgends findet sich in den *Jesusworten* eine nähere inhaltliche Beschreibung oder gar eine Definition. Das entscheidend Neue ist für seine Jünger, dass *mit ihm*, Jesus von Nazaret, die Gottesherrschaft *angebrochen* ist. Deshalb muss man über ihn, seine Taten und Worte reden, wenn man etwas Inhaltliches über das Reich Gottes aussagen will. Versucht man es ein wenig zu systematisieren, so lässt sich sagen: Reich (Herrschaft) Gottes im Sinne Jesu meint

1. die Nähe Gottes selbst, und zwar eine den Menschen annehmende, versöhnende und aufrichtende Nähe;
2. die Heilung und Befreiung des Menschen von dem, was ihn quält und hindert, Mensch zu sein: von Krankheiten, von verunmenschlichenden Mächten, von Mutlosigkeit, von der Unfähigkeit zur Kommunikation (Taubheit, Stummheit, Blindheit) und von der quälenden Sorge um das Morgen;
3. ein neues Verhalten der Menschen zueinander: Ende des ungerechten Umgangs mit anderen, Geschwisterlichkeit statt Herrschaft, Zusammenführung bislang Verfeindeter, Friede, der aus Versöhnung erwächst, kurz: Liebe als der Weg, auf dem die Verwandlung der Welt geschieht;
4. Fülle des Lebens: Brot und Wein im Überfluss für alle;
5. Befreiung von der Herrschaft des Todes.

Ein klassisches Symbol für das Reich Gottes, von Jesus oft praktiziert und in seinen Gleichnissen als Bild für das Reich Gottes verwendet, ist das Festmahl, ein für seine Zeitgenossen leicht verständliches Bild: Reich Gottes bedeutet Freude, Gemeinschaft, Teilen, Sattwerden in der Verbundenheit mit Gott.

Im Glauben an das Reich Gottes sammeln sich die alten Verheißungen und Hoffnungen Israels, vor allem die Hoffnung auf die Leibhaftigkeit und Welthaltigkeit des Heils; zum Teil werden die alten Verheißungen auch weitergeführt, überboten und verwandelt. Auch wesentliche Elemente der Apokalyptik werden aufgenommen, vor allem die Hoffnung auf die Auferstehung der Toten und die Tendenz zum Universalismus. Anders aber als in der Apokalyptik wird das Verhältnis der zwei Äonen zueinander gesehen. Das Reich Gottes kommt nicht erst (als alles verändernder Umschwung) nach dieser Weltzeit, sondern beginnt schon in ihr: als Keim des Neuen in der alten Welt.

Diesbezüglich ist allerdings eine gewisse Spannung innerhalb der neutestamentlichen Aussagen zu beobachten. Auf der einen Seite scheint das Reich Gottes eine schon gegenwärtige Größe zu sein [...]; auf der anderen Seite scheint es eine noch ausstehende, zukünftige Größe zu sein [...] *Das Reich Gottes ist also beides: schon da und doch noch nicht da, schon wirksam und doch noch ausständig, schon erfahrbar und doch noch Gegenstand der Hoffnung.*

Franz-Josef Nocke, 1992

12. Recherchieren sie Herkunft und Hintergrund der bildlichen Vorstellung von *der Herrschaft* = dem Reich Gottes (Jes 11,1-9; Jes 65,17-25; Jes 35,1-10; Mt 11,1-6; Lk 7,18-28).
13. Jesus *definiert* seine Vorstellungen nicht, sondern „verpackt" sie *narrativ* in Geschichten. Suchen Sie Beispiele dafür.
14. Erarbeiten Sie aus dem Text die Bedeutung der Formulierung „Das Reich Gottes ist schon da und doch noch nicht da."

Wenden Sie Ihr Wissen an

- Die Bergpredigt (Mt 5-7) gilt als „Grundsatzprogramm" der Reich Gottes-Verkündigung Jesu. Zeigen Sie anhand der Seligpreisungen (Mt 5,1ff.) den Zusammenhang.
- Machen Sie sich kundig über die ökumenische Initiative „Gerechtigkeit, Frieden und Bewahrung der Schöpfung"(http://www.oikoumene.net/home/). Stellen Sie deren Anliegen vor.
- Die Aktion Sühnezeichen (http://www.asf-ev.de/) oder die katholische Friedensbewegung Pax Christi nehmen den Versöhnungsgedanken der Botschaft Jesu auf. Stellen Sie die Initiative und deren Anliegen vor.

3. Jesu Leiden, Sterben und Auferstehung

Was Sie erwartet

Immer wieder haben sich Christinnen und Christen gefragt, warum Jesus von Nazaret einen derart gewaltsamen Tod sterben musste. Jesus verkörperte in seinem Reden und Handeln die universale Liebe Gottes zu allen Menschen. Er lehnte es ab, diese Liebe einzugrenzen – und sei es gegenüber seinen Gegnern, die ihn töten (vgl. Lk 23,34 u. ö.). Sein gewaltsamer Tod ist daher kein Unfall, sondern in gewisser Weise die letzte Konsequenz seines Lebens. Im letzten (Pascha-)Mahl mit seinen Jüngern deutet Jesus seinen bevorstehenden Tod – mit Bezug auf Jes 53 – als Hingabe, die auch jene Menschen in die Liebe Gottes einbezieht, die sich dieser Liebe verweigern, und den Gewaltmechanismus durchbricht. Im Zeugnis von der Auferstehung Jesu (1 Kor 15,3 ff.) bekennen seine Jünger, dass Gott Jesus nicht im Tod gelassen und seine Verkündigung und sein Leben bestätigt hat. Im Lichte der Ostererfahrung wird das Kreuz zum Symbol der grenzenlosen und endgültigen Liebe Gottes, die selbst den Tod überwindet. Die Evangelienüberlieferung deutet Jesu Tod und Auferstehung als Anbruch der Endzeit (Mk 15,33 f.,38; Mt 27,51-54; Mk 16,1-8 parr.).

Jesu Gesetzes- und Kultkritik

19 Grundlegungen

Das Markusevangelium nennt man mitunter eine Passionsgeschichte mit ausführlicher Einleitung. Von Anfang an wird darin deutlich, dass Jesus mit seiner Botschaft und mit seinen Taten die Menschen nicht nur begeistert, sondern bei bestimmten Gruppen der Bevölkerung Ablehnung und Widerstand provoziert.

Der erste gravierende Konflikt begegnet uns im Markusevangelium nach der Heilung des Mannes mit der verkrüppelten Hand am Sabbat. Die Pharisäer tun sich mit den Anhängern des Herodes zusammen und fassen den Beschluss, Jesus umzubringen (Mk 3,6). Selbst die Angehörigen Jesu suchen ihn „mit Gewalt" (Mk 3,21) zurückzuholen, damit er nicht die Familie blamiert. Dazu passt die folgende Verteidigungsrede und die Rede von den wahren Verwandten Jesu (Mk 3,22-30.31-35). Erneut stößt Jesus auf Ablehnung in seiner Heimat, was ihn zu dem Seufzer verleitet: „Nirgends hat ein Prophet so wenig Ansehen wie in seiner Heimat, bei seinen Verwandten und in seiner Familie" (Mk 6,4). Je größer die Ähnlichkeit und Wesensverwandtschaft, desto schärfer die Distanzierung und Konkurrenz.

In engem Zusammenhang mit der Verschärfung der Auseinandersetzung zwischen Jesus und seinen Gegnern steht die Frage der Anerkennung seitens seiner Jünger: Gerade sie müssen Position beziehen. Die Perikope Mk 8,27-30 scheint eine Entscheidungsfindung an einem kritischen Punkt im Leben Jesu zu markieren. In dieser Grenzsituation fragt er offenbar nach der Einschätzung seiner Person durch die Menschen allgemein (anders schon Mt 16,13!). Die Jünger referieren drei geläufige (?) Volksmeinungen: 1. Jesus sei der (wiedererweckte) Täufer Johannes, 2. er sei der (wiedergekommene) Elija, 3. Jesus sei einer der Propheten. Letztere Einschätzung ist die neutralste und unverfänglichste.

Nach diesem allgemeinen Referat der Volksmeinungen ruft Jesus die Jünger in die Entscheidung: „Ihr aber, wer, sagt ihr, dass ich sei?" – Stellvertretend bekennt Petrus Jesus als Messias! Das folgende Schweigegebot – sonst eher in Wundergeschichten zu Hause – könnte besagen, dass Jesus das Jüngerbekenntnis zwar akzeptiert, aber vor (politischer) Missdeutung geheimhalten will. Das Messiasbekenntnis durch den Sprecher der Jünger Petrus und die Annahme durch Jesus steht vor der entscheidenden Krise Jesu, vor dem Weg ins Leiden nach Jerusalem. Seine Jünger haben im entscheidenden Moment zumindest eine Vorstellung von der Bestimmung ihres Meisters gehabt. Im Zuge der Passionsgeschichte (und des Markusevangeliums) folgt die erste Leidensankündigung mit

JESUS CHRISTUS – *kennen und bekennen* **201**

dem Einspruch des Petrus und der Schelte als Petrus-Satan – selbst der engste Vertraute Jesu wird zum „Verführer".

Die Kontroverse zwischen Jesus und seinen Gegnern eskaliert bei seinem letzten Aufenthalt in Jerusalem. Zwar ist der „Weg" von Galiläa, der Heimat Jesu, bis hinauf nach Jerusalem, der Stadt seines Leidens und Sterbens, eine Stilisierung, dennoch dürfte es historisch zutreffend sein, dass dort die entscheidenden Fäden zusammenlaufen. Die (vormarkinische) Passionsgeschichte teilt die Ereignisse in der Hauptstadt genau auf einzelne Wochentage auf. Historisch zutreffend dürfte sein, dass sich die Auseinandersetzungen in Jerusalem und am Tempel wesentlich auf die Hohenpiester, die der Saduzzäerpartei angehören, konzentrieren: Mk 11,18.27 (und Älteste); 12,18 (Sadduzäer); 14,1.10; Hohepriester, Schriftgelehrte, Älteste: 14,43.53; 15,1; Hohepriester: 15,10f; Hohepriester und Schriftgelehrte: 15,31. Aber auch die Pharisäer und Herodianer bleiben als Gegner präsent: Mk 12,13.

Der entscheidende kritische Punkt im Rahmen der Jerusalemer Auseinandersetzungen scheint mit der zielgerichteten Parabel von den bösen Winzern erreicht zu sein (Mk 12,1-12): Die eskalierte Feindschaft schlägt in offenen Hass und Vernichtungsabsicht um.

20 Das Gleichnis von den bösen Winzern

RAHMEN	1a	Und er fing an zu ihnen in Gleichnissen zu reden:
PARABEL	1b.c	EINEN WEINBERG PFLANZTE ein Mensch. UND ER SETZTE EINEN ZAUN HERUM UND GRUB EINE KELTER UND BAUTE EINEN TURM (Jes 5,2) und verpachtete ihn Bauern und ging außer Landes.
	2	Und er sandte zu den Bauern zur Frist einen Knecht, damit er von den Bauern nähme von den Früchten des Weinbergs.
	3	Und sie nahmen (ihn), schlugen ihn und sandten ihn leer (zurück).
	4	Und wiederum sandte er zu ihnen einen anderen Knecht. Und jenen hieben sie an den Kopf und entehrten ihn.
	5	Und einen anderen sandte er. Und jenen töteten sie, - Und viele andere, die (einen) schlugen, die (anderen) töteten sie.
	6	Noch einen hatte er, einen geliebten Sohn. Er sandte ihn als letzten zu ihnen, sagte: Scheuen werden sie sich vor meinem Sohn!
	7	Jene aber, die Bauern, sprachen zueinander: Dieser ist der Erbe! AUF, TÖTEN WIR IHN (Gen 37,20), und unser wird das Erbe sein!
	8	Und sie nahmen (ihn), töteten ihn und warfen ihn hinaus, außerhalb des Weinbergs.
	9	Was wird nun tun der Herr des Weinbergs? (vgl. Jes 5,5) Er wird kommen und die Bauern vernichten Und geben den Weinberg anderen!
TRANSFER	10	Und habt ihr diese Schriftstelle nicht gelesen: DER STEIN, DEN DIE BAULEUTE VERWARFEN, DIESER IST ZUM SCHLUSSSTEIN GEWORDEN.
	11	VOM HERRN HER GESCHAH DIES, UND ERSTAUNLICH IST'S IN UNSEREN AUGEN? (Ps 118,22f.)
RAHMEN	12	Und sie suchten ihn zu ergreifen; Doch sie fürchteten die Schar. Denn sie hatten gemerkt, dass er auf sie hin das Gleichnis sprach. Und sie ließen ihn (stehen), gingen fort.

1. Verfolgen Sie den Weg Jesu von Galiläa nach Jerusalem. Tragen Sie auf einem „Zeitstrahl" die zunehmende Verschärfung der Auseinandersetzungen Jesu mit seinen Gegnern ein.
2. Weisen Sie den Figuren des Weinbergsbesitzers, der Pächter, der ausgesandten Knechte, des Sohnes und Erben einen Stellenwert im Leben Jesu und in seiner Verkündigung zu.
3. Fassen Sie die Gründe zusammen, warum sich die Gegner Jesu (nach Mk 11,27 die Hohenpriester, die Schriftgelehrten und die Ältesten) von dem Gleichnis Jesu getroffen fühlen.

Die Passion Jesu – das Leiden und Sterben des Gerechten

In der exegetischen Forschung ist umstritten, ob das letzte Mahl Jesu mit seinen Jüngern ein Paschamahl war oder ein bloßes Abschiedsmahl. Folgte man der johanneischen Passionschronologie, läge das Mahl vor dem Paschafest (Joh 18,28), Jesus würde demnach vor dem Fest hingerichtet. Zudem gehen die Meinungen auseinander, ob Jesus die Deuteworte beim Mahl selbst gesprochen hat oder sie ihm nachträglich in den Mund gelegt worden sind. Wenn die Mahlworte authentische Jesusworte sind, bedeutet dies, dass auch die Einsetzung der Eucharistie auf Jesus selbst zurückgeht. Die Worte, die an das letzte Mahl Jesu mit seinen Jüngern geknüpft sind, erweisen sich als Herzstück der Christologie. Der frühere Professor für Neues Testament Rudolf Pesch (1936–2011) hebt den Zusammenhang der Deuteworte mit dem Paschamahl hervor.

21 Wie Jesus das Abendmahl hielt

In der Regel sind die Deutungen aus dem Zusammenhang verständlich, so die Mazzadeutung beim Paschamahl im Zusammenhang der Erinnerung an die Befreiung Israels aus Ägypten. Wie kann aber Jesu Deutewort „Dies ist mein Leib" verstanden werden? Die verbreitete Vorstellung, „Leib" (griechisch: *soma*) bilde mit „Blut" im Deutewort zum Becher ein Begriffspaar und deute auf die Bestandteile des Körpers (Fleisch und Blut), insbesondere des Opfertieres, Jesus habe also Ausdrücke der Opfersprache auf sich bezogen, ist in der jüngeren Forschung als unhaltbar zurückgewiesen worden. „Mein Leib" (griechisch: *soma mou*, aramäisch: *bisri* oder *guphi*) bezeichnet vielmehr mich selbst, meine Person. Jesus deutet also bei der Austeilung das Brot („dies") als „seinen Leib" – sich selbst, seine Person: Dies bin ich!
Wenn wir nicht auf [Vermutungen] angewiesen bleiben wollen, [...] so müssen wir überlegen, ob und wie Jesu Deutewort von den Zwölfen verstanden werden konnte. Auf die richtige Spur werden wir geführt, wenn wir beachten, dass Jesus mit dem ausgeteilten Brot Segensgemeinschaft vermittelt; gemeinsames Essen konstituiert Gemeinschaft. Gibt Jesus nun den Jüngern Brot zu essen, das er als sich selbst deutet, so vermittelt er Gemeinschaft mit sich selbst. Er interpretiert sich als Quelle von Segen und Heil, als Heilsmittler. Er *setzt* die besondere Bedeutung seiner Person *voraus*, wenn er sagt: „Dies ist mein Leib." Die Jünger konnten verstehen: Dies bin ich, *der Messias*, der Christus. Das Deutewort zum Brot macht das Mahl zum messianischen Mahl. Das Deutewort zum Becher setzt die Brotdeutung voraus: Jesus spricht vom Sühnetod des Messias.
Unser Verständnis der Brotdeutung Jesu („Dies ist mein Leib" – Dies bin ich, der Christus) beruht auf der Voraussetzung, dass die Zwölf Jesus bereits als Messias erkannten und anerkannten. [...] Folglich ist auch der Schluss einsichtig, dass sie Jesu Deutewort zum Brot beim Paschamahl verstehen konnten. [...] Wenn je in seinem Zusammensein mit seinen Jüngern, hatte Jesus beim Paschamahl Anlass, sein messianisches Selbstbewusstsein zu offenbaren. [...]
Die Qualität der Gemeinschaft, die Jesus stiftet, kommt mit der Todesdeutung des Becherwortes erst ganz zum Vorschein: Es ist die Gemeinschaft, die Gott aufgrund des Sühnetodes des Messias anbietet. [...]
Mit der Wendung „Blut des Bundes" ist typologisch auf Ex 24,8 Bezug genommen. Mose nahm das Blut der Opfertiere, sprengte eine Hälfte an den Altar, verlas die Bundesurkunde des Sinaibundes und besprengte mit der anderen Hälfte in einem Verpflichtungsritus das Volk und sprach: „Das ist das Blut des Bundes, den der Herr aufgrund all dieser Worte mit euch ge-

JESUS CHRISTUS – *kennen und bekennen*

schlossen hat." Zur Zeit Jesu wurde in der Auslegung von Ex 24,8 diesem Blut sühnende Wirkung zugeschrieben: Es tilgte die Sünden des Volkes, Gott machte das Volk durch dieses Blut gemeinschaftsfähig für seinen Bund. Mit der Wendung „mein Blut" gibt Jesus zu verstehen, dass jetzt Gott durch seinen Tod, den Tod des Messias, Sühne schaffen wird.

Die Wendung „Blut ausgießen" meint, „jemanden gewaltsam zu Tode bringen, töten". Mit „mein Blut, das ausgegossen wird", spricht Jesus von seinem Tod, von sich selbst (vgl. die Deutung des Brotes!), der gewaltsam zu Tode gebracht wird. Sein Tod, so interpretiert er schließlich, ist Sühnetod, den er stellvertretend für diejenigen, die sich durch seinen Tod mit Schuld beladen, ja stellvertretend „für viele" – „für alle" erleiden wird. „Viele" hat im Semitischen (Hebräischen, Aramäischen) inkludierenden, einschließenden Sinn; mit dem Ausdruck wird eine „Gesamtheit" bezeichnet, in der Regel die „Gesamtheit" Israels. Das ist hier der Fall, denn mit der Wendung „für viele" – vielleicht auch mit „ausgegossen" – spielt Jesus auf die Prophetie vom leidenden Gottesknecht an, der nach Jes 53,12 „die Sünden von vielen trug und für die Schuldigen eintrat" [...]. Der Gottesknecht stirbt für „die vielen", die Gesamtheit der Sünder, deren Schuld er auf sich nimmt. So nimmt Jesus die Schuld Israels, dessen Repräsentanten ihn zu Tode bringen lassen, auf sich. Den Spitzengedanken jüdischer Theologie vom stellvertretenden Sühnetod mit universaler Wirkung, der im Judentum nach der Prophetie von Jes 53 nicht mehr aufgegriffen wurde – auch dort nicht, wo man dem „Menschensohn" Züge des Gottesknechtes verlieh – bezieht Jesus auf sich, den Messias und Menschensohn. Er stirbt für alle, für ganz Israel, dem Gott durch seinen Tod alle Schuld verzeiht und einen neuen Bund anbietet ...

Jesus gibt den Jüngern mit dem (roten) Wein, der Blut symbolisieren kann, die Gemeinschaft mit sich selbst, Anteil an der durch seinen Tod beschafften Sühne, neue Gemeinschaft mit Gott im „neuen Bund". Auch mit dem Wein interpretiert er sich als Heilsmittler: als Mittler des neuen Bundes, den Gott durch seinen stellvertretenden Tod stiftet. Die Zwölf bzw. ohne Judas die Elf stellen das neue, durch Jesu Tod entsühnte Gottesvolk dar und werden die Boten des „Neuen Bundes", zu dem sie nach Ostern ganz Israel einladen – und später alle Völker.

An das Deutewort zum Becher fügt Jesus noch eine Todesprophetie an, die situationsbezogen formuliert ist; sie zeigt, dass die Abendmahlshandlungen zunächst auch im Horizont seiner Todesdeutung zu verstehen sind: Er ist der eschatologische Heilsmittler auch und gerade in seinem Tode. Aus seiner Todesprophetie spricht das prophetische Bewusstsein um seinen bevorstehenden Tod – und die gewisse Hoffnung seiner Auferweckung: „Amen, ich sage euch: Niemals mehr werde ich trinken aus diesem Gewächs des Weinstocks, bis zu jenem Tage, wann ich es neu trinken werde in der Königsherrschaft Gottes" (Mk 14,25).

Rudolf Pesch, 1977

4. Die Abendmahlsüberlieferung liegt in vier Fassungen vor, neben den drei synoptischen Versionen in einer vorpaulinischen Version 1 Kor 11,23-26 (vgl. 11,23a: *„ich habe nämlich übernommen vom Herrn, was ich euch überliefert habe"*).

a) Vergleichen Sie die Matthäusfassung (Mt 26,20-29) mit der Markusvorlage (Mk 14,17-25) und prüfen Sie anhand sprachlicher Beobachtungen, inwieweit die beiden Versionen voneinander abhängig sind.

b) Die vorpaulinische Fassung 1 Kor 11,23-26 ist ein liturgischer Gebrauchstext. Untersuchen Sie den Text auf entsprechende Wendungen, die diesen „Sitz im Leben" erkennen lassen.

c) Lesen Sie die alttestamentlichen Texte Ex 24 und Jes 53 und suchen Sie nach Anspielungen in der (vor-)markinischen Passionsgeschichte.

Leonardo da Vinci: Abendmahl, 1495/1496

Ben Willikens: Abendmahl, 1979

5. Der 1939 in Leipzig geborene Künstler Ben Willikens reduziert die Vorlage von Leonardo da Vincis Abendmahl – nicht zuletzt als Folge unliebsamer Kindheitserfahrungen – auf „klinische" Formen und Farben.
  a) Beschreiben und deuten Sie die reduzierten Elemente des Bildes.
  b) Verdeutlichen Sie, warum dieses Bild trotz aller Tristesse auch Hoffnung vermitteln kann.
  c) Vergleichen Sie das Bild von Willikens mit dem von Leonardo. Wägen Sie die „Verluste" dieser Darstellungsweise gegen die Chancen ab, die in dieser Interpretation liegen.

Erlösung durch Jesu Leiden und Sterben

In der christlichen Theologie hat die Lehre von der Erlösung des Menschen durch Jesu Leiden und Sterben einen zentralen Stellenwert. Im Folgenden erörtert Franz-Josef Nocke (s. S. 199), was die biblische Rede von der Erlösung meint.

23 Wir sind erlöst

1. Erlösung durch den Kreuzestod Jesu
Dieser Akzent findet sich vor allem, wenn auch nicht ausschließlich, bei Paulus: Wir sind erlöst *von* den knechtenden Mächten Gesetz, Sünde, Tod *zur* Freiheit der Kinder Gottes *durch* Kreuz und Auferstehung Jesu. In diesem Zusammenhang begegnet uns auch die Hingabe-Formel, wie z. B. Gal 1,3f.: „Jesus Christus, der sich für unsere Sünden hingegeben hat, um uns aus der gegenwärtigen bösen Welt zu befreien." Diese Redeweise gibt schon einen Hinweis darauf, dass Paulus nicht etwa an einen mechanisch wirkenden Opfer-Ritus denkt, sondern einen personalen Akt oder richtiger: eine Gesamt-Willens-Richtung Jesu als das erlösende Geschehen vor Augen hat.

2. Erlösung durch die Menschwerdung des Sohnes (des Logos)
Dieser Gedanke ist besonders, aber auch nicht ausschließlich, im Johannes-Evangelium ausgeprägt: Der Sohn (bzw. der Logos) kommt aus dem Licht des Vaters in die Finsternis der Welt, bringt auf diese Weise Erleuchtung, Erkenntnis Gottes und schafft so Gemeinschaft mit ihm. Begrifflich zugespitzt: Erlösung geschieht demnach *von* dem Dunkel der Unwissenheit, Todesverfallenheit und Gottesferne *zu* Licht, Leben, Gemeinschaft mit Gott *durch* die Menschwerdung des göttlichen Logos.

3. Erlösung durch den Lebensweg Jesu
Wie die kurze Zusammenfassung eines ganzen Evangeliums wirkt die Petrus-Predigt in Apg 10,37-43. In diesem Text wird das lukanische Weg-Motiv deutlich: Heilsbedeutsam ist nicht die einfache Existenz Jesu, sondern der Weg, den er gegangen ist, „angefangen in Galiläa", wie er „Gutes tuend und heilend umherzog", bis er schließlich „an den Pfahl gehängt", von Gott aber auferweckt wurde. Der Tod Jesu ist auf diesem Weg nicht ein positives, sondern ein negatives Datum. Das unterstreicht die Kontrastformel „Gott aber ...": Die Jesus töteten, schienen seinen Lebensweg zu zerstören: Gott aber durchkreuzte ihr Handeln. Er blieb der Gott „mit ihm". Durch diesen Weg (d. h. mit dieser Lebenspraxis und weil Gott mit ihm war) ist Jesus zum Wegführer, zum Richter aller Menschen geworden. Nochmals pointiert zusammengefasst: Wir sind erlöst *von* der Macht des Bösen (was für Lukas konkret bedeutet: von Krankheit und dämonischen Besessenheiten, von Isolation, Rollenfixierung und Sünde) *zur* Weggemeinschaft mit Christus *durch* die Eröffnung dieses Weges.

Franz-Josef Nocke, 1990

1. Die Vorstellung, dass Jesus die Menschen durch seinen Kreuzestod erlöst hat, hängt wesentlich von der Bedeutung ab, die man dem Heilsplan Gottes zuschreibt, von der Deutung seiner Heilsmittlerschaft durch Jesus selbst und der Deutung, die seine Nachfolger der Sendung Jesu geben. Machen Sie sich den inneren Zusammenhang von Leben und Tod Jesu deutlich, indem Sie die drei oben ausgeführten Aspekte der Erlösung skizzieren und aufeinander beziehen.

2. Lesen Sie folgende Texte im Zusammenhang und entwickeln Sie daraus eine mögliche Anklageschrift gegen Jesus.

Mk 11,15-17: Jesus legt sich mit den Händlern im Tempelbezirk an
   (V. 18: *Die Hohenpriester und die Schriftgelehrten hörten davon und suchten nach einer Möglichkeit, ihn umzubringen.*)

Mk 13,2: *Und da er hinauszieht aus dem Tempel, sagt ihm einer seiner Jünger: „Lehrer, sieh, was für Steine und Bauten!" Und Jesus sprach zu ihm: „Du siehst diese großen Bauten! Hier wird nicht Stein auf Stein gelassen werden, keiner, der nicht abgerissen wird."*

Mk 14,58: *„Wir haben ihn sagen hören: Ich werde diesen von Menschen erbauten Tempel niederreißen und in drei Tagen einen anderen errichten, der nicht von Menschenhand gemacht ist."*

Mk 15,29: *Die Leute, die vorbeikamen, verhöhnten ihn, schüttelten den Kopf und riefen: „Ach, du willst den Tempel niederreißen und in drei Tagen wieder aufbauen? Hilf dir doch selbst, und steig herab vom Kreuz!"*

24 Spielfilm „Jesus von Montreal"

Der junge Schauspieler Daniel Coulombe bekommt von dem katholischen Pater Leclerc das Angebot, das alljährliche Passionsspiel etwas aufzupeppen, damit es mehr Zulauf erhalte. Daniel sucht sich vier Kollegen und recherchiert gemeinsam mit ihnen intensiv Stoff und Rollen. Der Regisseur und Hauptdarsteller identifiziert sich immer mehr mit der Hauptfigur Jesus, so dass auf verschiedenen Handlungsebenen teilweise die aktuelle Situation in dem Spiel verarbeitet wird, andererseits Daniel in der realen Rahmenhandlung Szenen aus dem Leben Jesu nacherlebt, bis hin zum wirklichen Tod.

Die Zuschauer sind fasziniert vom Passionsspiel, werden ergriffen in das Spiel hineingezogen oder wollen es vermarkten oder gar esoterisch vereinnahmen. Nachdem Daniel auch mit dem staatlichen Gesetz in Konflikt gekommen ist, verbietet die kirchliche Obrigkeit schließlich das Passionsspiel, hat aber nicht mit dem Engagement der Zuschauer gerechnet. Im allgemeinen Tumult fällt das Kreuz, und der Jesusdarsteller wird tödlich verletzt. Nach seinem Tod wird die Leiche von seinen Freunden freigegeben zur Organspende.

„Jesus von Montreal" ist ein Film mit komplexer und vielfach verschränkter Handlung. Die Ebenen von Regisseur (Autorintention), Filmhandlung (Umstände und Inszenierung eines Passionsspiels), psychologische Entwicklung der Schauspieler auf fiktional-filmischer Ebene, Verwebungen von Inhalt (Darstellung der Leidensgeschichte) einerseits und Zuschauerreaktion im Film und über den Film hinaus andererseits und schließlich die Perspektive des aktuellen Zuschauers selbst müssen die Betrachter wahrnehmen und in einem anspruchsvollen Verarbeitungsprozess entschlüsseln.

Die Recherchen von Denys Arcand und der Schauspielergruppe im Film gehen schließlich – trotzt gewollt intensiver Bemühungen – von einer sachlich falschen Voraussetzung aus, nämlich der jüdischen Penthera-Legende, nach der Jesus der uneheliche Sohn der Maria und eines römischen Soldaten ist. Das Legendenhafte erscheint als historisch gesichert, das wenige historisch Belegte wird heruntergespielt, das Zeugnis der Anhänger (Evangelien) als Beschönigung hingestellt. Dadurch ergeben sich Verschiebungen des Passionsstoffes und der daraus resultierenden Aussageabsicht. Auch in dieser Hinsicht gilt es, Sachlichkeit, Irrtum, Verfremdung, Verfälschung, Korrektur voneinander abzuheben.

Szenen aus dem Spielfilm „Jesus von Montreal"

Pilatus / Jesus

Pilatus: „Wessen seid Ihr angeklagt?"
Jesus: „Ihr seid es, der es weiß."
Pilatus: „Aber Ihr gehört einer Sekte an und wollt ein neuer Prophet sein."
Jesus: „Habt Ihr das von Euch selbst, oder haben es Euch andere gesagt?"
Pilatus: „Ihr sprecht von einem Königreich, das Ihr errichten wollt."
Jesus: „Mein Reich ist nicht von dieser Welt."
Pilatus: „Ihr meint also eine Art Elysium, nach dem Tod? Habt Ihr nicht gegen Cäsar gepredigt für einen Umsturz der römischen Ordnung?"
Jesus: „Nein!"
Pilatus: „Nun, was habt Ihr Euren Schülern dann gepredigt?"
Jesus: „Es ist keiner, der mehr Liebe hat als jener, der sein Leben hingibt für seine Freunde."
Pilatus: „Ihr vertretet eine ziemlich optimistische Überzeugung. In Rom würdet Ihr keine Woche überleben."

Pilatus / Hoherpriester

Pilatus: „Dieser Mann ist unschuldig."
Hoherpriester: „Dieser Mann gefährdet die bestehende Ordnung."
Pilatus: „Ich kann nicht sämtliche Schwärmer des Mittleren Ostens hinrichten lassen, da würde die Hälfte der Bevölkerung draufgehen."
Hoherpriester: „Aber dieser Mann hat es auch gewagt, die Priesterschaft anzugreifen."
Pilatus: „Ich persönlich war schon immer der Meinung, Priester sind entweder Idioten oder profitgierig, also!"
Hoherpriester: „Aber die Priester stehen auf Seiten Roms. Es wäre besser für Euch, Eure Zunge zu zügeln, sonst werdet Ihr Augustus' Argwohn wecken. Ich würde Euch gern von diesem Problem befreien, aber Ihr müsst – ein Exempel statuieren! Dieser Mann zieht die Massen an, er hat zu viele Anhänger."
Pilatus: „Sie tragen keine Waffen."
Hoherpriester: „Er vollbringt Wunder, er hat sogar Unruhe im Tempel gestiftet. Kreuzigt ihn! – Von Zeit zu Zeit muss man Opfer bringen – das lohnt! Mhm."

Pilatus / Jesus

Pilatus: „Es fällt mir schwer, zu verstehen, weshalb Eure Feinde so hartnäckig sind und warum Eure Familie Euren Namen nicht mehr kennt. Auch in Nazaret will man Euch offenbar nicht mehr haben, und hier in Jerusalem ist die gesamte Priesterschaft gegen Euch. Warum erfahrt Ihr so viel Ablehnung? Nennt mir die Gründe!"
Jesus: „Es gibt nur einen einzigen Grund: Sie hassen mich, weil ich die Wahrheit gesagt habe."
Pilatus: „Was ist Wahrheit?"

(Regie: Denys Arcand, Kanada 1989)

3. Vergleichen Sie die Drehbuchfassung mit den Evangelienvorbildern Lk 23,2-5 und bes. Joh 8,29-38. Arbeiten Sie die entscheidenden Neuakzentuierungen des Filmtextes heraus.
4. Versuchen Sie die verschränkten Ebenen, auf die Text 24 hinweist, zu differenzieren und machen Sie sich zu jeder Ebene einige zusammenhängende Notizen. Diskutieren Sie darüber in der Lerngruppe.

25 Die Passion Jesu

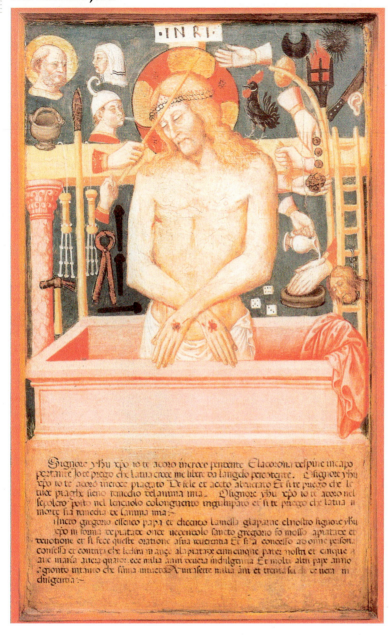

Passionsbild aus Umbrien, letztes Viertel des 15. Jahrhunderts

5. Beschreiben Sie das Bild in seiner Gesamtkomposition und in seinen Details.
6. Um den Gekreuzigten herum sind Szenen aus der Passionsgeschichte und „Arma Christi" (Leidenswerkzeuge)* dargestellt. Identifizieren Sie in den Passionsgeschichten jene Szenen, auf die die Miniaturen anspielen.
7. Arbeiten Sie die christologischen Aussagen und das Jesusbild, die hinter der Darstellung stehen, heraus.
8. Stellen Sie Vermutungen über den „Sitz im Leben" dieses Andachtsbildes an.
9. Die italienische Bildunterschrift weist das Gemälde als Darstellung einer Vision des Papstes Gregor V. aus. Weiter heißt es, die Gläubigen könnten nicht weniger als 77 000 Jahre und 36 Tage Sündenablass erhalten, wenn sie vor dem Bild fünf Vaterunser und fünf Ave-Maria beteten. Erörtern Sie den zeit- und theologiegeschichtlichen Hintergrund.

JESUS CHRISTUS – *kennen und bekennen*

Das sinnlos erscheinende, Ohnmacht und Aporie offenlegende Leiden und Sterben Jesu lässt sich aus drei Perspektiven betrachten: erstens aus der Sicht der Gegner Jesu und der äußeren Umstände: Entspringt das bittere Schicksal Jesu einer Laune des Zufalls, ist es eine Verkettung unglücklicher Umstände oder greift hier der allzu menschliche Mechanismus eskalierender Gewalt? Zweitens aus der Perspektive des Betroffenen, Jesus, selbst: Ist Jesus blauäugig in die Gewaltkonstellation wie in eine Falle hineingelaufen, hat er sie bewusst in Kauf genommen oder gar provozierend beschleunigt? Drittens aus dem Blickwinkel Gottes, der Theologie: Zeigt sich am „einzigen" Sohn Gottes Ohnmacht, ist das Leiden Jesu Teil des göttlichen Heilsplans oder offenbart sich hier das genuin christliche Bild von Gott? Hans Kessler (* 1938) war Professor für Systematische Theologie. Er denkt diese drei Perspektiven theologisch zusammen.

26 Das Leiden Jesu und das Mit-Leiden Gottes

War es nicht ein Jude, der Galiläer Jesus von Nazareth, der sich von der Gegenwart des grenzenlos barmherzigen Gottes erfüllt wusste und deshalb die mitleidende, unbedingt allen geltende Güte Gottes geradezu verkörperte, in einer einzigen großen Einladung an alle Bedrückten und Beladenen, die alle Ausgrenzungsmechanismen überwand? Und war er nicht genau deswegen beseitigt worden, weil Menschen, die von Ausgrenzung und Unterdrückung anderer leben (und dieses falsche Leben nicht ändern wollen), solche niemanden ausgrenzende Güte nicht ertragen? Hatte nicht seine alle Trennwände durchbrechende Liebe sterbend sogar noch seine Peiniger umfangen (vgl. Lk 23,34) und so gerade nicht wieder neue Grenzen errichtet? Ihm selbst freilich war dabei am Kreuz der allmächtige Nothelfergott verlorengegangen, er konnte nur noch in das Dunkel der nicht mehr begreifbaren Güte Gottes seine Not hineinschreien, in ihn hineinsterben (Mk 15,34). Es erfolgte kein supranaturaler Eingriff von oben, um der Tortur ein Ende zu setzen: Was von Gott her geschah, vollzog sich – wie freilich erst nach Tagen den Osterzeugen klar wurde – *im* Sterben, *im* Tod Jesu selbst, aber jenseits der sichtbaren Szene, als Bergung (Auferweckung) Jesu in die allpräsente Ewigkeitsdimension und unzerstörbare Lebensfülle Gottes hinein. Und aufgrund dieser Erfahrungen spricht das Neue Testament davon, dass in Jesus Gott selbst unter uns wohnte (Joh 1,14), sich in dessen Passion und Sterben hineinziehen ließ und gerade darin die Kraft seiner Liebe erwies, die stärker ist als Leid und Tod.

Für den christlichen Glauben ist – von der Erfahrung der Jünger mit dem irdischen Jesus und von ihrer Ostererfahrung her – an der Passion Jesu offenbar geworden, dass Gott grenzenlose Liebe ist, dass er sich von den Leiden seiner geliebten Geschöpfe betreffen lässt, dass er in den Leidenden selber ist und mit-leidet. Ein Gott, der liebt, macht sich auch verletzlich und leidensfähig. Leiden aus Liebe, freies Aufsichnehmen des Leids aus Liebe, nannte Franz von Baader (1765–1841) das eigentliche Geheimnis des Christentums.

Hans Kessler, 2000

10. Stellen Sie den Gedankengang Hans Kesslers dar.
11. Überlegen Sie, warum diese Ausführungen im Zusammenhang der Theodizeeproblematik* vorkommen. Vergleichen Sie dazu S. 138 ff. im Unterkapitel „Gott und das Leid in seiner Schöpfung".

Lovis Corinth: Der rote Christus, 1922

12. Beschreiben Sie die Komposition der Kreuzigungsdarstellung von Lovis Corinth. Verwenden Sie dazu Methode 9 (s. S. 385).
13. Charakterisieren Sie die Farbwirkung, besonders der Farben weiß und rot.
14. Identifizieren Sie die traditionellen Motive, die sich auf die Passionsgeschichte beziehen.
15. Versuchen Sie das Haupt des Gekreuzigten als „Vexierbild" zu sehen: ein dunkles Gesicht mit tiefliegenden Augen blickt nach unten, ein weiß überhöhtes mit starker Nasenpartie blickt nach oben. Deuten Sie diese zweifache Perspektive im Kontext der Leidens- und Auferstehungstheologie.
16. Vergleichen Sie das Bild von Lovis Corinth mit der Kreuzigungsdarstellung auf dem Isenheimer Altar von Mattias Grünewald.
17. Erläutern Sie die Aussage eines Kommentators: „Der Künstler [Lovis Corinth] hat es verstanden, ein ‚schreiendes' Bild zu schaffen, auf dem das Leiden jedes Maß übersteigt."

Die Auferstehung Jesu

Gott hat Jesus von den Toten auferweckt. Dieses Bekenntnis ist der Dreh- und Angelpunkt des christlichen Glaubens. Im Judentum gibt es die – freilich nicht generelle – Hoffnung, dass Gott am Ende der Zeit alle Menschen aus Gerechtigkeitsgründen auferwecke. Die frühen Christen wenden diese Endzeiterwartung der Auferweckung *aller* Toten vorzeitig auf den *einen* Menschen Jesus von Nazaret an. Es geht auch bei der Auferstehungsfrage weniger um Fakten und Beweise, ob das möglich und wahrscheinlich ist, sondern – wie alle beteiligten Gattungen (Bekenntnis, Epiphaniegeschichte, Erscheinungserzählung) nahelegen – um eine Glaubensaussage. Die ersten Christen und Nachfolger Jesu wollen damit Folgendes aussagen:

1. Gott hat gerade *diesen Jesus* in seinem angeblichen Scheitern, seinem deprimierenden Tod und über den Tod hinaus bestätigt.
2. Mit dem Tod und der Auferweckung Jesu ist die Endzeit angebrochen, d.h. durch seine Erwählung (Menschwerdung, Taufoffenbarung, Heilstod, *Auferweckung*, Erhöhung) wird dieser Jesus zum Heilsmittler schlechthin, zum Dreh- und Angelpunkt der Heilsgeschichte.
3. Der Glaube an den Auferweckten wird damit zum zentralen Bekenntnis derer, die sich auf den Namen Jesu taufen lassen, im Namen des Vaters und des Sohnes und des Heiligen Geistes (Mt 28,19), und muss somit als existenzielle Mitte auch unser heutiges Bekenntnis zum *christlichen* Glauben prägen.

Auf dreierlei Weise zeugen die neutestamentlichen Schriften von der Auferstehung Jesu: in der Erzählung von der Auferstehungsbotschaft im leeren Grab (Mk 16,1-8 parr.); in formelhaften Bekenntnissen (Apg und Paulus); in Erscheinungserzählungen (Mt; Lk; Joh; sekundär: Mk 16,9-20).

28 | 1. Zeugnis: Das leere Grab (Mk 16,1-8)

> 1 Und da der Sabbat vorüber war,
> kauften Maria, die von Magdala, und Maria, die des Jakobus, und Salome Kräuteröle,
> um zu gehen, ihn zu salben.
> 2 Und sehr früh am ersten Wochentag kommen sie zur Grabstätte,
> als die Sonne aufging.
> 3 Und sie sagten zueinander:
> „Wer wird uns den Stein aus der Tür der Grabstätte wegwälzen?"
> 4 Und aufblickend schauen sie, dass der Stein umgewälzt ist.
> Er war nämlich sehr groß.

> 5 Und hineingegangen in die Grabstätte,
> sahen sie einen Jüngling zur Rechten sitzen, umgeworfen einen weißen Talar;
> und sie erschauderten.
> 6 Er aber sagt ihnen:
> „Erschaudert nicht!
> Jesus sucht ihr, den Nazarener, den Gekreuzigten.
> Er ward auferweckt, er ist nicht hier!
> Sieh der Ort, wo sie ihn hingelegt hatten.
> 7 Doch geht hin, sprecht zu seinen Jüngern und dem Petrus:
> ‚Er zieht euch voran nach Galiläa!
> Dort werdet ihr ihn sehen, wie er zu euch sprach.'"

> 8 Und hinausgegangen, flohen sie von der Grabstätte;
> denn Zittern und Entsetzen hielt sie (gebannt).
> Und niemandem sagten sie etwas;
> sie fürchteten sich nämlich.

1. Vergewissern Sie sich über die Anteile der drei in diesem Zeugnis herangezogenen Gattungen („Erscheinungserzählung", „Türöffnungs- oder Befreiungswundergeschichte", „Suche und Nichtauffindbarkeit von entrückten oder auferweckten Personen"). Beschreiben Sie, wo jeweils ihr Gipfelpunkt liegt.
2. Der Erzählung von der Auffindung des leeren Grabes durch die Frauen am Ostermorgen hat man verschiedene Aussageabsichten zugeschrieben:
   a) Das leere Grab ist ein Beweis für die Auferweckung Jesu (rationalistische Erklärung).
   b) Es handelt sich um eine Grabverehrungslegende (ätiologische Erklärung).
   c) Die Erzählung ist die narrative Form des Bekenntnisses zum auferweckten Jesus und somit Abschluss und Höhepunkt der Passionsgeschichte (literarisch-theologische Erklärung).
   Suchen Sie mit Argumenten die verschiedenen Hypothesen zu verifizieren oder zu falsifizieren.

Die alte, Paulus im 1. Korintherbrief vorliegende Formel (1 Kor 15,3-5) gilt als eines der ältesten Zeugnisse der Auferstehung Jesu. Hier liegt, im Vergleich zur narrativen Darstellung von Mk 16, 6-7, eine Bekenntnisform vor. In der folgenden Übersetzung sind die Textstellen markiert, die nach exegetischer Erkenntnis als *paulinische Zusätze* gelten oder für Paulus untypisch sind.

29 ## 2. Zeugnis: Eine alte Bekenntnisformel (1 Kor 15,3-8)

3 *Ich habe euch nämlich überliefert an erster Stelle,*
  was ich übernommen habe:
  dass Christus starb für unsere Sünden gemäß den Schriften,
4 und dass er begraben wurde,
  und dass er auferweckt worden ist am dritten Tag gemäß den Schriften,
5 und dass er erschien dem Kephas, dann den Zwölfen.
6 Darauf erschien er über fünfhundert Brüdern auf einmal,
  von denen die meisten leben bis jetzt, einige aber entschlafen sind.
7 Darauf erschien er dem Jakobus, dann allen Aposteln.
8 *Zuletzt von allen gleichsam der Fehlgeburt, erschien er auch mir.*

3. Vergleichen Sie 1 Kor 15,3c-5 mit Mk 16,6f. inhaltlich und gattungsmäßig. Überlegen Sie, in welchem Zusammenhang die beiden Texte entstanden sein könnten. Paulus kennt übrigens keine Überlieferung vom Leeren Grab.
4. Überlegen Sie, wozu die Liste der Erscheinungsempfänger gedient haben könnte („Sitz im Leben") und warum Paulus sich in die Abfolge der Erscheinungsempfänger einreiht.

30 ## 3. Zeugnis: Erscheinungserzählungen

Ausgeführte *Erscheinungserzählungen*, die im Wesentlichen an der Gattung Epiphanieerzählung orientiert sind, finden sich in den Schlusspassagen des Matthäus-, des Lukas- und des Johannesevangeliums. Die Erscheinungserzählungen sprechen die Frage der Auferstehungswirklichkeit (Joh 20,13-17.19) und der Leiblichkeit des Auferstandenen an (Lk 24,39-43; Joh 20,20.24-29; 21,9-13). Sie haben missionstheolgischen Charakter (Mt 28,16-20; Lk 24,45-49; Joh 20,21f.) oder legitimieren kirchliche Einrichtungen und Sakramente mit der Autorität des Auferstandenen (Mt 28,18-20; Lk 20,22f.; 21,15-23).

31 a)  b)

c)  d)

e)  f)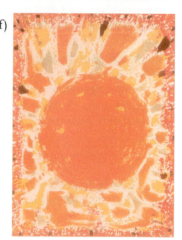

5. Beschreiben Sie die einzelnen Bilder von ihrer Komposition und ihrem jeweiligen Entstehungskontext her.
6. Verschiedene Epochen verfolgen verschiedene Darstellungs- und Aussageabsichten. Skizzieren Sie den Bogen der Entwicklung der unterschiedlichen Darstellungsweise.
7. Zeigen Sie, wie sich die Darstellungen zwischen realistisch und symbolisch bewegen.
8. Lesen Sie die angeführten Erscheinungserzählungen und stellen Sie dar, inwiefern sich die Bilder an den biblischen Texten orientieren oder darüber hinausgehen.

JESUS CHRISTUS – *kennen und bekennen*

Nicht selten vermitteln poetische Darstellungen neben systematischen Abhandlungen einen besseren Zugang zu Glaubenswahrheiten. Als Beispiel mag das Gedicht „Auferstehung" von Marie-Luise Kaschnitz (1901–1974) dienen:

32 Auferstehung

Manchmal stehen wir auf
Stehen wir zur Auferstehung auf
Mitten am Tage
Mit unserem lebendigen Haar
5 Mit unserer atmenden Haut.

Nur das Gewohnte ist um uns.
Keine Fata Morgana von Palmen
Mit weidenden Löwen
Und sanften Wölfen.

10 Die Weckuhren hören nicht auf zu ticken
Ihre Leuchtzeiger löschen nicht aus.

Und dennoch leicht
Und dennoch unverwundbar
Geordnet in geheimnisvolle Ordnung
15 Vorweggenommen in ein Haus aus Licht.

Marie-Luise Kaschnitz, 1965

33 Auferstehung als Vorwegnahme

Auferstehung ist in diesem Gedicht ein Ereignis, das sich nicht nach dem Tod, sondern mitten im Alltag ereignet. Es trifft uns „mit Haut und Haar" ganz real, aber nicht so, dass sich die Welt deshalb sofort radikal verändern würde – davon sprechen die ersten drei Strophen des Gedichtes. Keine Flucht in ein vermeintliches „Paradies" („Fata Morgana von Palmen"), keine biblisch inspirierte Vision von zahm gewordenen Raubtieren – Auferstehung betrifft „nur das Gewohnte". Kein Fallen aus der Zeit, sondern ein Bleiben in diesem Körper, in dieser raum-zeitlichen Wirklichkeit. Die Schluss-Strophe versucht schließlich nicht nur Absagen an „falsche" Auferstehungsbilder zu zeichnen, sondern eigene positive Setzungen auszuprobieren: „Leicht" fühlen und wissen sich Menschen, die solche Erfahrungen machen, „unverwundbar" und „geordnet" nach nicht von Menschen bestimmter Ordnung. Diese Leichtigkeit, Unverwundbarkeit und Ordnung ist gegründet in dem Gefühl, aufgenommen zu sein in ein „Haus aus Licht", nicht im Sinne einer Entrückung, sondern im Gefühl einer „Vorwegnahme". Mit diesem Begriff deutet die Lyrikerin auf eine andere Dimension. Zwar beschreibt ihre Auferstehung ganz und gar ein diesseitiges Ereignis im Alltag, in unserem Körper und unserem Umfeld, aber was dort erfahren wird, ist „Vorwegnahme" einer anderen Realität. Auferstehung im Leben ist so Vorerfahrung eines anderen Seins, das selbst nicht näher beschrieben wird.

Ist die beschriebene „Auferstehung" im Blick auf das christliche Credo eine Zurücknahme, eine Enttäuschung, ein „Zuwenig"? In dem thematisch ganz eng mit diesem Text verwandten Gedicht aus dem Band „Kein Zauberspruch" von 1972 mit dem Titel „Ein Leben nach dem Tode" weist Kaschnitz solche Anfragen zurück. Dort schildert sie in eigenen Bildern ihre Hoffnung auf ein „Jenseits". Die Schlussverse des Gedichtes passen auch gut auf unseren Text: „Mehr also fragen die Frager / Erwarten Sie nicht nach dem Tode? / Und ich antworte / Weniger nicht."

Georg Langenhorst, 2001

9. Untersuchen Sie das Gedicht sprachlich und stilistisch.
10. Beschreiben Sie die Form des Gedichts im Blick auf seine Aussageabsicht.
11. Interpretieren Sie das Gedicht. Beziehen Sie den Text von Langenhorst mit ein. Erläutern Sie den Begriff der Vorwegnahme. (Hilfe: Die Bilder in Z. 8 und 9 sind eschatologisch und stammen aus Jes 11,6.)

Glaubensaussagen sind immer Bekenntnisaussagen. Sie wollen und können keine Beschreibungen historischer Tatsachen sein. Dennoch müssen sie nicht unvernünftig sein. Die Auferstehung Jesu *als solche* kann zwar nicht als historisches Faktum begründet werden. Der *Glaube* an die Auferstehung lässt sich jedoch in seiner Entstehung als Glaubenszeugnis der Jünger historisch plausibel machen. Umso wichtiger ist es, die existenzielle Bedeutung dieses Glaubens für die Religion als Ganzes und besonders für ihre Anhänger in der Glaubensnachfolge herauszustellen. Dies versucht der Religionspädagoge Klaus König zu leisten:

34 Existentielle Bedeutung

„Die Auferstehung liefert keine Garantie dafür, dass das Scheitern des Menschen und auch Gottes ausbleiben werden, wohl aber drückt sie die Hoffnung und die Sehnsucht aus, dass dem Scheitern und einem Engagement, das im Scheitern endet, nicht das letzte Wort zuerkannt wird." (George Reilly) Dies gilt wohl gleichermaßen für die kleinen Auferstehungen wie für ihre große eschatologische Schwester, für die allerdings die Zusage uneingeschränkt gilt. Aus dem Versprechen lässt sich die Wechselbeziehung zwischen beiden formulieren: Einerseits bildet die Hoffnung auf die große Auferstehung die Basis und den Impuls für die Proteste im Kleinen – sie sind also keine zusätzliche Leistung –, andererseits geben die Aufstände gegen die Todmitten im Leben einen Hinweis auf die Fülle des Lebens, die das Diesseits und das Jenseits eines jeden Todes sowie mögliches Scheitern umfasst.

Klaus König, 1997

12. Erarbeiten Sie aus Text 34 die Bedeutung des Bildes von den kleinen Auferstehungen und der großen Auferstehung (von den kleinen Toden und dem großen Tod). Vgl. Text 19 auf S. 291 f.
13. Vergleichen Sie Ihre Ergebnisse mit dem Auferstehungsgedicht von M.-L. Kaschnitz und zeigen Sie Berührungspunkte.

Wenden Sie Ihr Wissen an

- Suchen Sie eine katholische Kirche auf und schreiten Sie den dortigen Kreuzweg ab. Betrachten und meditieren Sie die Darstellungen der jeweiligen Stationen. Verfassen Sie einen „Erfahrungsbericht". Sie können sich dazu auch mit einer der beteiligten Personen identifizieren.
- Für die Wirklichkeit der Auferstehung Jesu werden oft zwei Argumente angeführt: Das Grab Jesu war am Ostermorgen leer. Der auferstandene Jesus ist seinen Anhängern erschienen. Erörtern Sie, welchen Stellenwert diese beiden Argumente jeweils in der theologischen Wissenschaft, im Volksglauben und in Ihrem schulischen Kontext (Religionsunterricht) haben.
- Sprechen Sie darüber, welche Konsequenzen es für den Auferstehungsglauben hätte, wenn die Gebeine Jesu gefunden würden und eindeutig identifiziert werden könnten.
- Halten Sie ein Plädoyer für oder gegen die Aussage: „Der Glaube an die Auferstehung Jesu ist das zentrale Bekenntnis des christlichen Glaubens."
- Verfassen Sie ein Gedicht „Auferstehung" (Elfchen oder freiere Form).

4. Bekenntnisse der frühen Kirche und des Zweiten Vaticanums

Was Sie erwartet

Im Mittelpunkt des Christentums steht nicht eine Lehre, sondern eine Person: Jesus von Nazaret. Von ihm bekennt die Kirche: Er ist der Christus (Messias), der Gesalbte Gottes. Immer wieder haben Christen sich die Frage gestellt: Wer ist Jesus von Nazaret für mich, welche Bedeutung messe ich ihm bei? Entsprechend wurde das christliche Glaubensbekenntnis im Laufe der frühen Kirchengeschichte auf unterschiedliche Weise entfaltet. Das geschah nicht selten mit heftigen und leidenschaftlichen Auseinandersetzungen. Auch heute muss die Antwort auf diese Frage stets neu buchstabiert werden. Am Ende dieses Kapitels – wie bereits an dessen Anfang – können auch Sie sich der Frage stellen, wer ist Jesus von Nazaret für mich?

Die Bekenntnisse zum Glauben an die Auferweckung Jesu wurden in der nachösterlichen Zeit in den christlichen Gemeinden ausgefaltet, möglicherweise waren sie gebunden an Tauf- oder Aufnahmeriten. Naheliegend ist dies für den vorpaulinischen Hymnus Phil 2,6-11, den Paulus in seinen Brief an die Gemeinde in Philippi aufgenommen hat:

35 Der Philipperhymnus

6 Er war Gott gleich,
 hielt aber nicht daran fest, wie Gott zu sein,
7 sondern er entäußerte sich
 und wurde wie ein Sklave
 und den Menschen gleich.
 Sein Leben war das eines Menschen;
8 er erniedrigte sich
 und war gehorsam bis zum Tod,
 bis zum Tod am Kreuz.

9 Darum hat ihn Gott über alle erhöht
 und ihm den Namen verliehen,
 der größer ist als alle Namen,
10 damit alle im Himmel, auf der Erde und
 unter der Erde
 ihre Knie beugen vor dem Namen Jesu
11 und jeder Mund bekennt:
 „Jesus Christus ist der Herr" –
 zur Ehre Gottes, des Vaters.

Eine ähnliche Christologie liegt in Röm 1,3f. vor. Bezeichnend ist, dass Paulus mit dieser Bekenntnistradition sein Apostelamt legitimiert. In diesem Zusammenhang beruft er sich immer auf das Sehen, auf die Offenbarung des Auferstandenen (1 Kor 9,1; 15,8ff.; Gal 1,1).

1. Lesen Sie die Christus-Hymnen (Joh 1,1-18; Phil 2,6-11; 1 Tim 3,16; Kol 1,15-20; Eph 1,3-14; Heb 1,3).
2. Vergleichen Sie die Hymnen miteinander und benennen Sie wiederkehrende oder strukturierende Elemente.
3. In Phil 2,9 ist von einer Namenverleihung die Rede. Recherchieren Sie, welche Namen und Titel Jesus im Neuen Testament gegeben werden.
4. Beschreiben und deuten Sie das Szenario, das in V. 10–11 geboten wird. Berücksichtigen Sie dabei die Vorgaben des altorientalischen Weltbildes.

Die Ausfaltungen des Auferstehungsglaubens münden direkt in die Aussagen des Apostolischen Glaubensbekenntnisses: *„... am dritten Tage auferstanden von den Toten, aufgefahren in den Himmel; er sitzt zur Rechten Gottes, des allmächtigen Vaters; von dort wird er kommen, zu richten die Lebenden und die Toten."* Die existenzielle Bedeutung der biblischen Bekenntnisse und Ansätze zeigt sich in der Geschichte des frühen Christentums, sie führt zu teilweise heftigen Auseinandersetzungen und ruft nach Kompromissen und Dogmatisierungen.

Dabei kristallisiert sich mehr und mehr das christologische Grundproblem heraus: Wie können Menschen die geoffenbarte und im Glauben empfangene Wahrheit, dass Jesus, der Christus, wahrer Mensch und zugleich wahrer Gott ist, denken und in Worte fassen? Dies war auch deswegen nicht einfach, da die hebräisch-biblischen Vorstellungen in die griechisch-philosophische Sprache umgegossen werden mussten. Ein weiteres Problem war die theologische Beschreibung des trinitarischen Gottesverständnisses: Wie lässt sich von Gott Vater, dem Sohn Jesus Christus und dem Heiligen Geist denken und sprechen, ohne dass der Glaube an den einen Gott Schaden nimmt? Die frühen Konzilien und die dahinführenden theologischen Strömungen versuchen sich dieser Herausforderung zu stellen. Ihre Bekenntnisse bringen die zentrale christologische Glaubenswahrheit zum Ausdruck. Jesus Christus ist das inkarnierte, das Fleisch gewordene Wort Gottes, dessen Wahrheit wir aber allererst kraft des Glaubens, des Erfülltwerdens vom Heiligen Geist, wahrnehmen können. Das von Kaiser Konstantin einberufene Konzil von Nizäa (325) ringt um ein gemeinsames Glaubensverständnis, nimmt aber gleichzeitig in Kauf, dass die unterlegene Seite ausgeschlossen und verketzert wird. In der Formel des Konzils von Chalcedon (451) sollen die Meinungsverschiedenheiten ausgeräumt, die „Irrlehren" beseitigt werden.

36 Die dogmatische Entfaltung

Das Bekenntnis von Nizäa

Wir glauben [...] an den einen Herrn
   Jesus Christus,
den Sohn Gottes,
als Einziggeborener gezeugt vom Vater,
5 das heißt aus der Wesenheit des Vaters,
Gott von Gott, Licht vom Lichte,
wahrer Gott vom wahren Gott,
gezeugt, nicht geschaffen,
wesensgleich mit dem Vater,
10 durch den alles geworden ist, was im Himmel
   und auf Erden ist,
der um uns Menschen und um unseres
   Heiles willen
herabgestiegen
15 und Fleisch und Mensch geworden ist [...].

Die Interpretation von Chalcedon

Wir folgen also den heiligen Vätern und lehren alle übereinstimmend:
Unser Herr Jesus Christus ist als ein und derselbe Sohn zu bekennen, vollkommen derselbe in der Gottheit, vollkommen derselbe in der Menschheit, wahrhaft Gott und wahrhaft Mensch [...],
ein und derselbe Christus, Sohn, Herr, Einziggeborener in zwei Naturen unvermischt, unverändert, ungeteilt und ungetrennt zu erkennen, in keiner Weise unter Aufhebung des Unterschieds der Naturen aufgrund der Einigung, sondern vielmehr unter Wahrung der Eigentümlichkeit jeder der beiden Naturen und im Zusammenkommen zu *einer* Person und *einer* Hypostase, nicht durch Teilung oder Trennung in zwei Personen, sondern ein und derselbe einziggeborene Sohn, Gott, Logos, Herr, Jesus Christus, wie die Propheten von Anfang an lehrten und er selbst, Jesus Christus, uns gelehrt hat, und wie es uns im Symbol der Väter überliefert ist.

Wenn Jesus, der Sohn, wesensgleich dem Vater, also wahrer Gott ist (Nizäa), erhebt sich die Frage, wo die menschliche Seite Jesu bleibt. Sie darf nicht einseitig überbetont, aber auch nicht aufgegeben werden, ebensowenig ist Jesus ein mythologisches Mischwesen.
Das Konzil von Chalcedon bietet eine Lösung in der „Zwei-Naturen-Lehre" bzw. der Glaubensformel von der „hypostatischen Union": Gott ist *ein* göttliches Wesen, Jesus, der Sohn, ist eine der *drei* göttlichen Personen, in *zwei* Naturen, der göttlichen und menschlichen Natur.
Aus den Formulierungen ist die Abgrenzung von Fehleinschätzungen herauszuhören:
Jesus ist wahrhaft Gott und wahrhaft Mensch, die beiden Naturen werden nicht vermischt oder verwandelt, sind unauflöslich, untrennbar, wobei der Unterschied der Naturen dennoch bestehen bleibt und keineswegs um der Einheit willen aufgehoben wird.

Die Konzilien haben die christologischen Aussagen definiert, eingegrenzt. Der systematische Theologe Dietrich Wiederkehr (* 1933) plädiert für eine offene Christologie.

37 Plädoyer für eine offene Christologie

Für die Absolutheit des Christentums wird, mit Recht und gegebenen Gründen, auf die starken christozentrischen Aussagen des NT verwiesen: Nur in Jesus kommt Gott sich selbst offenbarend auf uns zu, nur in Jesus Christus ist auch der Zugang zu Gott eröffnet. Es ist diese stark dominierende Christozentrik, die „Dominus Jesus"[1] seine bibeltheologische Legitimation gibt. Daneben, nur etwas überstimmt und übertönt, gab und gibt es noch eine andere, eine „offene Christologie". Es gibt eine Christologie, in der Jesus gerade nicht eine solche ausschließliche, verfügende und bestimmende Stelle einnimmt, sondern wo er sich selbst einreiht in die Bewegung und Richtung mit anderen, wo er gerade nicht Zentrum sein will, sondern sein eigenes Zentrum außerhalb und oberhalb seiner und ihm voraus in Gott sieht. Nicht zufällig finden wir die Spuren einer solchen *Christo-de-zentrierung* in jenen Aussagen des NT, die noch auf einem mit dem Judentum gemeinsamen Boden gewachsen sind, wie er in der frühen Kirche von den Judenchristen bewohnt und kultiviert wurde. Einige Spuren haben sich noch erhalten, nicht bloß als frühe, noch unvollkommene Christologien, sondern als *alternative* Christologien. So stellt sich Jesus wie alle Juden unter das Hauptgebot und zitiert das Bekenntnis der Juden, das „Höre Israel ..." (Mk 12,28-34). Auf die Frage des reichen Jünglings an den „guten Meister" verweist er über sich hinaus: „Was nennst du mich gut, niemand ist gut außer Gott allein." Und er belässt die Zukunft des Reiches Gottes und seiner Ankunft in der Verfügung Gottes und reiht sich – auch als Sohn – in die Reihe aller Wartenden und Harrenden ein: „Jenen Tag weiß niemand, nicht die Engel im Himmel, nicht einmal der Sohn, nur der Vater" (Mk 13,32).

Dietrich Wiederkehr, 2006

[1] In der Erklärung der römischen Kongregation für die Glaubenslehre „Dominus Jesus" von 2000 geht es um den Ursprung der Kirche in Jesus Christus, ihre Einzigartigkeit und ihre Beziehung zu den Kirchen und Konfessionen.

Der Text „Lumen Gentium" des Zweiten Vatikanischen Konzils über die Kirche fasst den christologischen Knotenpunkt göttlicher Heilsgeschichte zusammen.

38 Christus – das Licht der Völker

Denn der Herr Jesus machte den Anfang seiner Kirche, indem er die frohe Botschaft verkündete, die Ankunft nämlich des Reiches Gottes, das von alters her in den Schriften verheißen war: „Erfüllt ist die Zeit, und genaht hat sich das Reich Gottes" (Mk 1,15; vgl. Mt 4,17). Dieses Reich aber leuchtet im Wort, im Werk und in der Gegenwart Christi den Menschen auf. Denn das Wort des Herrn ist gleich einem Samen, der auf dem Acker gesät wird (Mk 4,14) [...] Auch die Wunder Jesu erweisen, dass das Reich schon auf Erden angekommen ist [...] (Lk 11,20; vgl. Mt 12,28). Vor allem aber wird dieses Reich offenbar in der Person Christi selbst, des Sohnes Gottes und des Menschensohnes, der gekommen ist, „um zu dienen und sein Leben hinzugeben als Lösegeld für die vielen" (Mk 10,45).

Als aber Jesus nach seinem für die Menschen erlittenen Kreuzestod auferstanden war, ist er als der Herr, der Gesalbte, und als der zum Priester auf immerdar Bestellte erschienen (vgl. Apg 2,36; Hebr 5,6; 7,17-21) und hat den vom Vater verheißenen Geist auf die Jünger ausgegossen (vgl. Apg 2,33). Von daher empfängt die Kirche, die mit den Gaben ihres Stifters ausgestattet ist und seine Gebote der Liebe, der Demut und der Selbstverleugnung treulich hält, die Sendung, das Reich Christi und Gottes anzukündigen und in allen Völkern zu begründen. So stellt sie Keim und Anfang dieses Reiches auf Erden dar. Während sie allmählich wächst, streckt sie sich verlangend aus nach dem vollendeten Reich; mit allen Kräften hofft und sehnt sie sich danach, mit ihrem König in Herrlichkeit vereint zu werden.

5. Informieren Sie sich über den zeitgeschichtlichen Hintergrund der frühen christologischen Konzilien. Beschreiben Sie die verschieden theologischen Positionen und stellen Sie sie einander gegenüber.
6. Stellen Sie grafisch dar, wie in den Konzilstexten von Nicäa und Chalcedon das christologische Problem des Verhältnisses Jesu zu Gott „gelöst" wird.
7. Schreiben Sie eine für Sie persönlich unaufgebbare Glaubensaussage über Jesus Christus auf ein Kärtchen. Diskutieren Sie im Plenum, für welches Bekenntnis Sie „auf die Straße gehen", sich engagieren, notfalls Ihr Leben aufs Spiel setzen würden. Bedenken sie auch den Fall, dass sich kein solches Bekenntnis findet.
8. Formulieren Sie in Ihrer Sprache ein zeitgemäßes Glaubensbekenntnis zu Jesus Christus.
9. Lesen Sie den Text von Dietrich Wiederkehr und unterscheiden Sie Christologie als *Christozentrik* oder als *Christo-de-zentrierung*. Begründen Sie Ihre Darstellung.
10. Fassen Sie die heilsgeschichtlichen Aussagen des Textes aus Lumen Gentium mit eigenen Worten (in heutiger Sprache) zusammen. Vergleichen Sie diese mit dem Apostolischen Glaubensbekenntnis.
11. Das abschließende Bild des Kapitels von Georg Baselitz (Verspottung Christi) verzichtet im Gegensatz zum Anfangsbild (S. 184) auf jegliche theologische Symbolik. Sehen Sie dies als Verlust oder Gewinn?
12. Der Künstler Georg Baselitz (* 1938) hat die Bildgegenstände, die dargestellten Personen – Christus zwischen zwei Wächtern – bewusst auf den Kopf gestellt: Erkennen Sie darin einen Bezug zu sich selbst, einen Appell?
13. Neigen Sie dazu, Buch und Bild umzudrehen? Was ändert sich dadurch?
14. Machen Sie sich Gedanken über die Bildkomposition, Größenverhältnisse, Farben, Bildinhalt. Lassen Sie das Bild auf sich wirken und geben Sie Ihre Eindrücke wieder (einem Partner, in der Gruppe, im Plenum).

Wenden Sie Ihr Wissen an

- Folgen Sie noch einmal dem (vor)markinischen Spannungsbogen: „Messiasbekenntnis" (8,27-30) – „Parabel von den bösen Winzern" (12,1-12) – „Abendmahl" (14,22-25) – „Verurteilung und Kreuzigung" – „Tod und Auferstehung" (14,43-16,8). Verfassen Sie in Ihrer Sprache ein Evangelium Jesu Christi für die Menschen von heute.
- Überlegen Sie und diskutieren Sie in Ihrer Gruppe, inwieweit Kenntnisse über Jesus von Nazaret sich in Ihrem religiösen Leben in irgendeiner Form niederschlagen. Prüfen Sie, ob und inwieweit eine Wissensvermehrung auch den Glauben fördert.
- Spielt Jesus Christus als Vorbild in Ihrer Lebensführung eine Rolle? Wenn dies der Fall ist, gehen Sie im Partner- oder Gruppengespräch darauf ein.
- Claudia Hofrichter empfiehlt Jugendlichen, Fragen an das Credo direkt zu stellen, etwa: „Warum erzählst du so wenig vom Leben Jesu? – Wieso meinst du: Jesus ist Sohn Gottes? – Wie kommt Pontius Pilatus ins Credo? – Das glaubst du doch selbst nicht, das mit der Jungfrauengeburt? Oder wie verstehst du das? – Auferstanden und aufgefahren in den Himmel: Wie soll ich mir das vorstellen?" Stellen Sie sich diesen oder ähnlichen Fragen in Partnerarbeit und beantworten Sie sie wechselseitig.
- Kehren Sie noch einmal zum Eingangsbild dieses Kapitels zurück und betrachten Sie erneut die symbolischen Ausdrucksformen. Welche Fortschritte haben Sie in Ihrem Symbolverständnis gemacht?

Georg Baselitz: Verspottung Christi, 1983

KIRCHE –

Einheit in Vielfalt

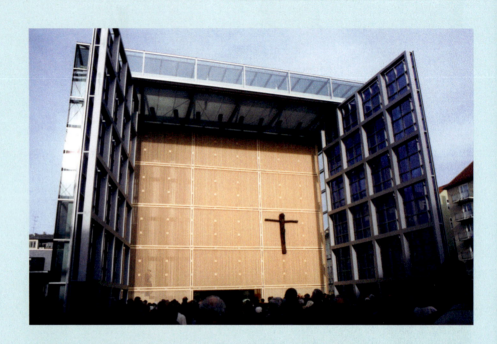

1
*Herz-Jesu-Kirche
München, 2000*

2
*Adolph von Menzel:
Fronleichnamprozession
in Hofgastein, 1880*

222

Überblick

1 So kann doch keine Kirche aussehen – schon gar keine katholische! Menschen haben zumeist fest umrissene Vorstellungen von den Dingen und lassen sich nicht leicht irritieren. Die Herz-Jesu-Kirche im Münchener Stadtteil Neuhausen widerspricht so ziemlich allen Wahrnehmungsgewohnheiten selbst neugieriger Zeitgenossen. Wie passt eine solch moderne Architektur zu einer zwei Jahrtausende alten Institution, die doch als unbeweglich und traditionsverhaftet gilt, selten jedoch als zukunftsorientiert und noch weniger als „stylish"? Kirche mit offenen Toren als Einladung an die Menschen einer Großstadt? Wie passt das mit der landläufigen Meinung zusammen, das organisierte Christentum sei im Rückzug begriffen, überaltert und schon gar nicht attraktiv, um eine neue, mobile Generation an sich zu binden?

Gemessen an den Maßstäben der Vergangenheit erlebt die katholische Kirche in Europa einen Prozess der „Schrumpfung" ihrer Organisation, eine nachlassende Breitenwirkung, auch eine Phase der Unsicherheit bezüglich ihrer Stellung im Gefüge der Gesellschaft. Allerdings sind die „Maßstäbe der Vergangenheit" nicht einfach verbindlich; sie bedürfen selbst einer Prüfung durch die Maßstäbe von Schrift und Tradition. Diese gilt es in diesem Kapitel freizulegen und zur Diskussion zu stellen.

In demokratischen Gesellschaften müssen junge Erwachsene nichts unbefragt annehmen. Institutionen müssen nachweisen, dass sie den Menschen dienen – auch und gerade dann, wenn sie ihre Botschaft und ihre Gestalt von Gott herleiten. Aber jede Institution in einem demokratischen Gemeinwesen hat auch den Anspruch, dass sie unvoreingenommen geprüft wird – auch und gerade dann, wenn sie beansprucht, über die wichtigste Angelegenheit des Menschen Entscheidendes sagen zu können: den Sinn seiner Existenz. Das Kapitel möchte Sie zu einer solchen Prüfung einladen.

2 Ein Fronleichnamszug kehrt zurück zur Kirche. Unter dem Baldachin geht der Priester mit der Monstranz, die eine geweihte Hostie – nach katholischem Verständnis Jesus Christus selbst – ausstellt. Andächtig folgen die Bürger und Bauern dem Allerheiligsten; Kinder, Versehrte und andere Teilnehmer der Prozession verbeugen sich oder fallen auf die Knie. Eine kleine Gruppe von Menschen im Bildvordergrund – u. U. Kurgäste des österreichischen Städtchens – scheint unschlüssig oder ratlos dem Schauspiel zu folgen. Ein dandyhafter Intellektueller ist lässig auf die Kirchenmauer gelehnt und blickt den Betrachter an, als wollte er sagen: „Und? ... – Was hältst du von diesem folkloristischen Schauspiel?"

Könnten Sie sich in diesem Bild wiederfinden? Oder ist der Blick des Malers auf die Szenerie auch Ihr Blick – mit Sympathie betrachtend und realistisch wiedergebend, was vor sich geht –, nicht den Spöttern und Skeptikern, aber auch nicht den frommen Gläubigen zugehörend?

Wenn Menschen heute von „Kirche" sprechen, haben sie selten Szenen wie diese vor Augen. Kult und Ritus spielen nur gelegentlich eine Rolle. Taufe, Hochzeit, Beerdigung werden „nachgefragt", aber die Einladung, auf Dauer den Lebensweg innerhalb der Kirche mitzugehen, nehmen Menschen nur noch selten an.

Die Unterkapitel können kein umfassendes Leitbild der Kirche vorstellen – sie wollen vielmehr dazu verhelfen, dass Sie ein Bild von einer Glaubensgemeinschaft entwerfen, die sich selbst mit den unterschiedlichsten Sprachbildern beschreibt. Sie werden Ursprung und Sendung der Kirche kennenlernen, neue und vielleicht ungewohnte Ansätze und Perspektiven wahrnehmen, aber auch strittige Aspekte kirchlicher Verkündigung, kirchlichen Handelns und kirchlichen Selbstverständnisses diskutieren.

---

1. Stellen Sie in Ihrem Kurs ein Foto, eine Collage, ein Gemälde etc. vor, das Ihnen besonders geeignet erscheint, Kirche in der Gegenwart darzustellen. Begründen Sie in einer Rede Ihre Entscheidung.
2. Prüfen Sie am Ende des Kapitels, ob Ihre Wahl noch immer angemessen ist. Wählen Sie ggf. ein neues Motiv. Begründen Sie Ihre Entscheidung erneut in einem Redebeitrag.

1. Kirche und Menschen heute – wie geht das?

Was Sie erwartet

Sind Sie ein Mensch, der der Kirche grundsätzlich positiv gegenübersteht? Oder verhalten Sie sich abwartend oder reserviert, wenn Ihnen Verlautbarungen des Papstes in den Medien begegnen oder wenn Sie vom Pfarrer in das Gemeindezentrum eingeladen werden? Sind Sie für die Produkte der Kirche oder das Produkt Kirche überhaupt erreichbar?

Die katholische Kirche in Deutschland hat ein bedeutendes Marktforschungsinstitut beauftragt, das Denken, Fühlen und Verhalten der Menschen in diesem Land zu analysieren, um die Wirkung ihrer Institution auf die potenziellen Abnehmer zu erkunden. Einige Ergebnisse werden in diesem Unterkapitel vorgestellt. Sie haben die Möglichkeit, sich selbst und die Lebensstile in ihrem Umfeld besser verstehen zu lernen und die damit korrespondierenden Kirchenbilder präziser zu fassen. Gleichzeitig sollen Sie zu einer ersten inhaltlichen Auseinandersetzung mit dem Erscheinungsbild der Kirche geführt werden und dabei subjektive Positionen und objektive Daten verbinden lernen.

„Verdunstet" der Glaube?

1 Daten zum kirchlichen Leben in Deutschland

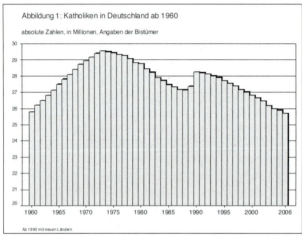

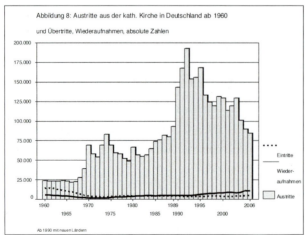

Hinweis: 1991 wurde der „Solidaritätszuschlag für den Aufbau Ost" eingeführt.

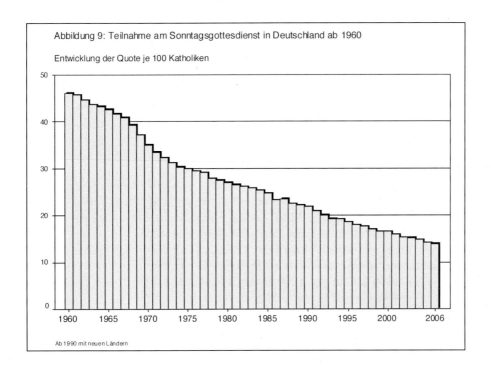

Abbildung 9: Teilnahme am Sonntagsgottesdienst in Deutschland ab 1960
Entwicklung der Quote je 100 Katholiken
Ab 1990 mit neuen Ländern

Manuela Eicher ist die Tochter des katholischen Paderborner Theologen Peter Eicher und als Krankenpflegerin in der Schweiz tätig. Sie setzt sich in einem Briefwechsel mit ihrem Vater, dem Glauben und der katholischen Kirche insgesamt auseinander.

2 „Wie kannst du noch katholisch sein?"

Lieber Papa,
müde schleichen die Nebel um das öde graue Schwesternhaus. Ruhig ist es hier auf dem Land am Bodensee, fast totenstill. ...
5 Da liegt ein Brief von Dir, vorne auf dem Bett. Erstaunt bin ich über so viel Seiten, bestürmt durch so viele Fragen, auf die ich keine Antwort weiß, Du ungestümer Vater. Wo soll ich anfangen? ...
10 Ich hätte die Auseinandersetzung mit dem Katholizismus und allem, was das Wort umfasst, schon hinter mir. Hab ich das?
Dieser ganze Kirchenkram hat mich in letzter Zeit kaum mehr berührt, und wenn, dann habe
15 ich die Herren Kleriker verachtet. Nicht mal mehr bemitleidet habe ich sie für ihre verklemmte Weltsicht, ihre ungeheuerliche Rechtsprechung, ihre Heucheleien, und nicht zuletzt ihr Frauenbild. Wie überall gibt es in der Kirche
20 nur wenige aktive Täter und eine Menge passiver Dulder. In all Deiner öffentlichen Auflehnung greifst Du zwar die katholische Kirche als Institution an, bleibst aber selber deren Vertreter. Schon oft hast Du versucht, mir Deinen
Glauben schmackhafter zu machen, aber der 25
Rahmen, in dem man sich zu bewegen hat, ist nun mal in der Schublade „r. k." zu eng. Genauso lehne ich jede andere fanatisch betriebene Religion ab. Sie führt nur zur Gruppenzugehörigkeit und damit zu Rassismus. 30
Es tut mir eigentlich leid, dass Du so katholisch sein musst. ... Was müssen da für Kräfte spielen? Lange schon frage ich mich, woher diese Macht kommt, mit der die hohen Herren über ihre Schäfchen regieren. Ist es das Hoffen auf 35
Geborgenheit in der Gemeinde, die Angst vor dem Tod, die durch das Versprechen ewigen Lebens gemildert wird, oder ist es das ungreifbar Mystische an der Kirche, was die Gläubigen so wehrlos macht? 40
Inzwischen ist es Abend geworden. Ich leiste Frondienst im Krankenhaus. Alle sind brav gebettet, und der Herr möge es ihnen im Schlaf geben. Wie ist das? Der Krankenhauspfarrer hat seine Runden gezogen, von Bett zu Bett, und hat 45
Plauderstündchen gehalten. Einerseits bin ich ihm dankbar, und mir fehlt oft die Zeit für ein tröstendes Gespräch, ein paar ruhige Minuten

KIRCHE – *Einheit in Vielfalt*   **225**

am Krankenbett. Andererseits verfluche ich dieses ganze kirchliche Pack. Wusstest Du, dass Selbstmörder oft nicht auf dem Friedhof beerdigt werden? Dass Totgeburten unter 30 cm – was für eine Definition! – keinen Anspruch auf ein Begräbnis haben und dass Atheisten nach ihrem Ableben ein großes Beseitigungsproblem darstellen? Ist da Gottes große Liebe schon erschöpft?

Ach Papi, Dein Verein ist doch wirklich zu stur, zu verbissen, zu veraltet, zu autoritär ... Na, was sagst Du jetzt?

Auf Deine Antwort wartet
Manuela

1. Werten Sie die Statistiken aus: Stellen Sie Trends und Auffälligkeiten in den Diagrammen dar; formulieren Sie einige Thesen hinsichtlich der Ursachen für den Befund. Recherchieren Sie zusätzliche, Ihnen wichtig erscheinende Daten, um genauere Aussagen treffen zu können (dbk.de/zahlen_fakten und ekd.de/statistik).
2. Listen Sie Manuela Eichers Kritik an der Kirche auf und bearbeiten Sie die Liste, indem sie diese verlängern, die Einzelpunkte durch Beispiele erläutern oder indem Sie Aspekte ausstreichen oder widerlegen. Diskutieren Sie Zusammenhänge zwischen den Ergebnissen Ihrer Statistikanalyse und Manuela Eichers Vorwürfen.
3. Überprüfen Sie Ihre Befunde durch Gespräche und Interviews mit Ihren Eltern, Großeltern, Verwandten oder anderen Personen. Wie haben diese Kirche erlebt (Gottesdienste, Jugendgruppen, Pfarreileben, Religionsunterricht, etc.)?
4. Formulieren Sie ein vorläufiges Fazit Ihrer Untersuchungen.

Jugendkirchen – Modeerscheinung oder Alternative?

Jugendkirche

3 Jugendkirche in Saarlouis

Unsere Vision von Kirche

Wir haben eine Vision von Kirche, die die Not, Suche und Sehnsucht der Jugendlichen ernst nimmt und sie in ihrem Sosein aufnimmt:

5 Ein OFFENES HAUS, in dem der Heilige Geist „Durchzug" hält und Bewegung, Ideen, Experimente, Erfahrungen, Begegnungen möglich macht.

Ein OFFENES HAUS, in dem Jugendliche mit
10 ihren Charismen willkommen sind.

Ein OFFENES HAUS, in dem jeder willkommen ist, so wie er ist.

Ein OFFENES HAUS, das einladende, jugendästhetische Atmosphäre verbreitet.

15 Ein OFFENES HAUS, zu dem inhaltliche Auseinandersetzung und Spiritualität ganz selbstverständlich dazugehören.

Ein OFFENES HAUS, das immer Fragment und Baustelle ist, in dem es kein „fix und
20 fertig" gibt, weil es sich ständig weiterentwickelt.

Ein OFFENES HAUS, in dem jeder am Reich Gottes mitbauen kann.

Leitsätze für die Jugendkirche Saarlouis

- Die Jugendkirche eröffnet neue Zugänge zum christlichen Glauben und zur Kirche, indem sie jugendgerechte Experimentier- und Erfahrungsräume für Glaube, Spiritualität und Begegnung bietet.
- Der Kirchenraum wird sowohl für gottesdienstliche Feiern, als auch für andere Veranstaltungen in aller Vielfalt und liturgischer Offenheit genutzt.
- Die Angebote der Jugendkirche orientieren sich an den unterschiedlichen und vielfältigen Bedürfnissen Jugendlicher, ihrer Milieus und Szenen.
- Die Jugendkirche arbeitet nach dem Grundsatz der Partizipation. Gemeinsam mit Jugendlichen und jungen Erwachsenen wird das Programm gestaltet.
- Das Programm der Jugendkirche ergänzt die Angebote kirchlicher Jugendarbeit in den Pfarreien und Pfarreiengemeinschaften des Dekanates Saarlouis.
- Weitere Angebote (z. B. Taizé-Fahrten, Orientierungstage, Schulungsangebote) ergänzen das Programm der Jugendkirche.

1. Informieren Sie sich über die Idee und das Konzept (religiöse Grundlagen, Kirchengestaltung, Aktivitäten, etc.) der „Jugendkirchen" (www.jugendkirchen.org), besuchen Sie je nach Möglichkeit eine solche und präsentieren Sie Ihre Ergebnisse im Kurs.

2. Simulieren Sie ein Streitgespräch zwischen Manuela Eicher und einem Jugendkirchen-Aktivisten zum Thema „Jugendkirchen: Modegag, Alternative zur Kirche oder Alternative in der Kirche?".

Marketing-Analysen – ein Weg zu den Menschen?

Gibt es Zusammenhänge zwischen der Wohnungseinrichtung, dem Urlaubsverhalten, der betriebenen Sportart, dem Traumauto und dem religiösen Verhalten bzw. der Kirchenbindung von Menschen? Dieser Frage ist ein Heidelberger Marktforschungsinstitut im Auftrag der katholischen Kirche in Deutschland auf den Grund gegangen und ist dabei auf interessante Ergebnisse gestoßen, die im Folgenden ausschnittweise präsentiert werden.

Sinus-Sociovision: Die Sinus-Milieus

Die Sinus-Milieus sind das Ergebnis von mehr als zwei Jahrzehnten sozialwissenschaftlicher Forschung. Die Zielgruppenbestimmung von Sinus Sociovision orientiert sich an der Lebensweltanalyse unserer Gesellschaft. Die Sinus-Milieus gruppieren Menschen, die sich in ihrer Lebensauffassung und Lebensweise ähneln. Grundlegende Wertorientierungen gehen dabei ebenso in die Analyse ein wie Alltagseinstellungen – zur Arbeit, zur Familie, zur Freizeit, zu Geld und Konsum. Die Sinus-Milieus rücken den Menschen und seine Lebenswelt ganzheitlich ins Blickfeld. Und sie bieten deshalb dem Marketing mehr Informationen und bessere Entscheidungshilfen als herkömmliche Zielgruppenansätze.

Die Sinus-Milieus werden seit Beginn der 80er Jahre von führenden Markenartikel-Herstellern und Dienstleistungsunternehmen für das strategische Marketing, für Produktentwicklung und Kommunikation erfolgreich genutzt. Große Medienunternehmen arbeiten damit seit Jahren genauso wie Werbe- und Mediaagenturen.

Die Sinus-Milieus* in Deutschland 2006

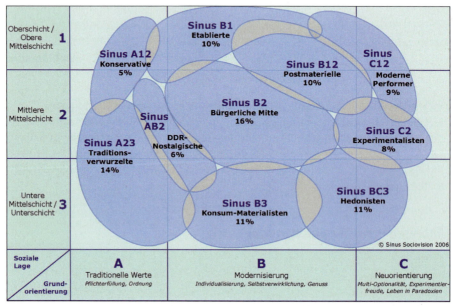

1. Stellen Sie in Gruppenarbeit die von Sinus-Sociovision präsentierten Milieus mit ihren jeweiligen Kirchenbildern vor. Holen Sie sich zur Illustration der Lebensstile und Wertauffassungen Hilfe auf der Homepage (downloads).
2. Entwickeln Sie ein „Milieuprofil" Ihres Kurses/Ihrer Pfarrgemeinde und überprüfen Sie die von Sinus-Sociovision hergestellten Bezüge zum Kirchenbild.
3. Marketing für Mercedes = Marketing für die Kirche oder das Evangelium? Kirche als Dienstleistungsbetrieb? Entwerfen Sie eine Werbeseite für die Kirche, die diesem Trend folgt (z. B. mit Blick auf Taufe, Hochzeit, Beerdigung etc.).
4. Der Bischof Ihres Bistums fragt die Pfarrgemeinderäte in einem offenen Brief: „Zu welchen Milieus lohnt der Aufbruch?" (Vgl. Text 5) Spielen Sie eine Versammlung zu dieser Problemstellung durch.

228 KIRCHE – *Einheit in Vielfalt*

Die Sinus-Milieus: Charakteristik und Einstellungen zur Kirche

Traditionsverwurzelte Sinus A23: 14 % Kriegsgeneration: 65+ Klein- bürgertum, traditionelle Arbeiterkultur	Ä Rustikalität M lokale Presse; Bunte; Goldene Blatt, Frau im Spiegel, Neue Post; *Konpress* O Verein, Kleingarten	*Kirche als heimatliche Volkskirche.* Wertschätzung der lokalen Pfarrei. Volksfrömmigkeit. *Religion* ist Kirche.
Konservative Sinus A12: 5 % Altes Bildungsbürgertum: 60+ Humanistisch geprägte Pflichtauffassung	Ä Klassik M FAZ, Welt; Reader's D.; Das Neue Blatt, Bella, Vital; Mein schöner Garten; *Konpress* O Oper, Museen	*Kirche als Kraft des Bewahrens und Beharrens.* Wertschätzung liturgischer Formen. *Religion* gibt Halt.
Bürgerliche Mitte Sinus B2: 16 % Familienorientierte Mittelschicht mit breitem Altersspektrum	Ä Landhausstil M lokale Presse, Bild; Neue Revue; Frau mit Herz, Lisa; Eltern; *Konpress* O Vereine	*Kirche als familienbezogene Religions- gemeinschaft vor Ort.* Wertschätzung von Familien- gottesdiensten. Familie als *Transzendenz* im Diesseits.
Postmaterielle Sinus B12: 10 % Aufgeklärte Nach-68er: 35-40 Ökologisch orientiertes Bewegungsmilieu	Ä Authentizität M ZEIT, FAZ; SZ; Brigitte, Freundin; Schöner Wohnen O Bürgerinitiativen, Programm- kino	*Kirche als Projekt und Kontrast- bewegung.* Wertschätzung von ethischer Politik und Mystik. *Religion* ist ein ganzheitliches Geschehen.
Etablierte Sinus B1: 10 % Erfolgsorientiertes neoliberales Milieu im mittleren Alter: 35-64	Ä Unikate M Welt, Handelsblatt, FAZ, SZ, ZEIT, Focus; Bella, Tina; Das Haus; *Konpress* O Verbände, Clubs	*Kirche für andere.* Wertschätzung kunst- und bildungs- getriebener Angebote. *Religion* zeigt sich in Natur.
Moderne Performer Sinus C12: 9 % Junge, unkonventionelle Leistungselite: 19-34	Ä Anglizismen M SZ, Focus; Amica, Joy, Cosmopolitan, Vogue; Prinz, Fit for fun, Cinema O Internet, Kleinkunst	*Kirche als virtuelle Dienstleisterin.* Wertschätzung von Events und moder- ner Kunst. *Religion* als Lebensabschnittsprojekt.
Experimentalisten Sinus C2: 8 % Extrem individualistische neue Bohème: unter 39	Ä Spontaneität M SZ, Spiegel, ZEIT; Cosmopoli- tan; Bravo; FHM, Men's Health, Playboy, Cinema O Szenen	*Kirche als spirituelle Option.* Wertschätzung von stilistischen und rituellen Experimenten. *Religion* als sinnliches Sinngeheimnis.
Hedonisten Sinus BC3: 11 % Spaßorientierte, unkonventionelle junge Unterschicht: bis 38	Ä Piercing, Tattoes M lokale Presse; Bravo, Men's Health, Praline O Szenekneipen, Subkulturen	*Kirche als Spielverderberin.* Wertschätzung von amerik. Gottes- diensten. Glaube an Schutzengel. *Religion* ist Glaube an unsichtbare Kraftfelder.
Konsummaterialisten Sinus B3: 11 % Stark materialistisch orientierte sozial Benachteiligte: 30-60	Ä Unterhaltung M lokale Presse, BILD; Neue Revue; Frau im Leben, Glücks- Revue; Praline O Volksfestszene	*Kirche ist diakonische Helferin.* Wertschätzung von religiösen Faustregeln und Solidarität. Glaube an Schutzengel. *Religion* ist wichtig, um das Schicksal zu beeinflussen.
DDR-Nostalgische Sinus AB2: 6 % Resignierte altsozialistische Wendeverlierer: 45+	Ä prolet. Notwendigkeits- geschmack M lokale Presse; Super Illu, Mach mal Pause, Viel Spass; Guter Rat O Schicksalsgenossen	*Kirche als anwaltliche Sozialanstalt und Weltanschauungsgegnerin.* Wertschät- zung der Kirche der Wendezeit. *Religion* ist Anachronismus und Massenverdummung.

Erläuterungen:
*Ä = Ästhetik/bevorzugter Geschmack; M = bevorzugte Medien; O = Organisationsformen/bevorzugte Gesellig-
keitsszene*

Der Soziologe und Theologe Michael Ebertz (* 1953) ist Mitglied im Zentralkomitee der deutschen Katholiken, setzt sich im Auftrag des ZdK dafür ein, die Ergebnisse der Milieustudie in der katholischen Kirche bekannt zu machen und aus ihr Konsequenzen für die praktische Arbeit abzuleiten.

5 Hinein in die Milieus oder heraus aus ihnen?

Einige der Milieuporträts werden vielleicht die Frage aufwerfen, zu welchen Milieus sich ein Aufbruch lohnt. Ist diese Frage überhaupt einem Christen und einer Christin erlaubt, einer missionarischen Kirche, die nicht ruhen kann, allen die frohe Botschaft zu verkündigen? Ein Marketing für Mercedes hat es im Vergleich zur Kirche leicht, muss und will doch dieses Wirtschaftsunternehmen – wie auch viele andere – nicht in allen soziokulturellen Milieus präsent sein. Was aber ist mit dem „Unternehmen", das den „leuchtenden Morgenstern" für alle Milieus zu verkündigen hat? Ist die Universalität der frohen Botschaft in Uniformität zu kommunizieren oder gerade differentiell-milieuspezifisch? [...]

Soll die Kirche dem darin zum Ausdruck kommenden Trend zum Dienstleistungsbetrieb folgen oder kontrafaktisch auf Gemeinschaft pochen?

Michael Ebertz, 2008

Steffen Butz, 2008

Der evangelische Theologe Fulbert Steffensky (* 1933) setzt sich in einem Buch kritisch mit der Tendenz auseinander, biblische Geschichten, kirchliche Riten und das christliche Glaubensleben insgesamt dem modernen Geschmack anzupassen.

6 „Das Haus, das die Träume verwaltet"

Eine der politisch-spirituellen Grundaufgaben der Kirche ist die Überlieferung der Geschichten und Bilder von der Würde des Menschen. Dass das Leben kostbar ist, dass Gott es liebt, dass niemandem die Zukunft versperrt werden soll, dass wir zur Freiheit berufen sind, dass die Armen die ersten Adressaten des Evangeliums sind – das sagt, singt und spielt uns die christlich-jüdische Tradition in vielen Geschichten und Bildern vor. Das Evangelium bildet uns, es baut an unseren inneren Bildern, an unseren Visionen vom Leben. Wer einmal mit Jesaja 35 gelernt hat, dass ein Land versprochen ist, in dem auch der Lahme springt, in dem die Blinden sehen, in dem auch die Stummen sprechen, der wird nicht völlig zu Hause sein in einer Gegenwart, in der die Sprachlosigkeit so vieler als gegeben hingenommen wird und die für die meisten Menschen nicht mehr als eine Wüste ist. Das Evangelium baut unsere Träume von der Gerechtigkeit, es baut unser Gewissen. Der Mensch ist nicht nur verantwortlich *vor* seinem Gewissen. Verantwortlich ist er auch *für* sein Gewissen. Es gibt zwei Arten von Schuld. Die eine ist, gegen sein Gewissen zu handeln. Die andere, gefährlichere ist, kein Gewissen zu haben.

Die Idee der Gerechtigkeit und das Gewissen sind nicht selbstverständlich, sie gehören nicht einfach zu unserer Natur, sondern wir müssen sie lernen. Es ist nicht selbstverständlich, dass die Schwarzen nicht Beute der Weißen werden sollen; das lehrt uns die Geschichte des Rassismus. Es ist nicht selbstverständlich, dass die Indianer nicht Sklaven der Christen werden sollen; das lehrt uns ein Blick auf die theologische Argumentation der spanischen Eroberer des neuen Kontinents. Deren Satz „Es kann nicht nur Störche, es muss auch Frösche geben" ist viel selbstverständlicher, geläufiger und einleuchtender. Das Evangelium bildet uns, es lehrt uns Gerechtigkeit und Gewissen. Somit wird Verkündigung und Einführung in die Bilder des Lebens zur zentralen Aufgabe der Kirche. Erinnerung an die Träume und Erinnerung an die Opfer – das schuldet die Kirche sich selber und einer traumlosen Gesellschaft. [...]

Der neue Feind der Erinnerung könnte die ungestörte Heutigkeit der Subjekte werden, der traditionsfreie Mensch, der sich selber Horizont und Norm ist. Wenn die normativen Horizonte eingestürzt und die Bilder vom ganzen Leben verschwunden sind, braucht man sich nicht einmal mehr die Mühe des Kaschierens und Verdrängens zu machen. Man kann die Erinnerung kostenlos begraben. Es gibt auch die Würdelosigkeit, in sich selber zu ruhen; des vergrabenen Gewissens und der ausgelöschten Träume. Und so wird die Aufgabe der Kirche dringlich: Gedächtnis des Leidens und der Träume vom Gelingen.

Fulbert Steffensky, 2000

Gerhard Mester, 1996

Kürzlich untersuchte die Unternehmensberatung McKinsey das Verhältnis von Kirche und Gläubigen. McKinsey bescheinigte der Kirche ein empfindliches Defizit bei der Erfüllung der Mitgliedererwartungen.

5. Tragen Sie Steffensky Plädoyer pro Kirche in freier Rede vor. Schmücken Sie das Plädoyer mit eingängigen Beispielen aus.
6. Formulieren Sie sowohl aus Steffenskys wie aus Ihrer eigenen Sicht ein Statement zum Thema „Muss die Kirche Mitgliedererwartungen gerecht werden?". Berücksichtigen Sie darin auch die Botschaft der Karikaturen in diesem Unterkapitel.
7. Erwidern Sie Steffenskys Plädoyer pro Kirche aus der Sicht eines kirchenkritischen Zeitgenossen.

Wenden Sie Ihr Wissen an

- Erörtern Sie, ob Sie die „Konsumentensprache" in „Was sie erwartet" (S. 224) für angemessen halten. Schreiben Sie ggf. den Text neu.
- Stellen Sie das Seelsorge- und Beratungsangebot der katholischen Kirche in Deutschland vor und setzen Sie sich mit Anliegen und Praxis des diakonischen Dienstes der Kirche auseinander. (vgl. katholisch.de)
- Präsentieren Sie ein Tätigkeitsfeld möglichst anschaulich. Benennen Sie in ihrem Vortrag auch die theologischen Grundlagen des kirchlichen Engagements. Diese lassen sich erschließen aus einzelnen Kapiteln dieses Buchs oder aus den Grundsatzschriften der Kirche zu den Seelsorgebereichen.
- Füllt die Kirche eine gesellschaftliche Leerstelle aus oder tut sie, was auch andere Initiativen tun (Arbeiterwohlfahrt, Greenpeace, Arbeitsloseninitiativen, staatliche Beratungseinrichtungen)? Gibt es Unterschiede in Theorie und Praxis im Vergleich mit den anderen Initiativen? Erarbeiten Sie eine Übersicht.
- Die Gefangenenseelsorge/Gefängnisseelsorge ist ein gesellschaftlich strittiges Feld: Ist sie notwendig oder ein nachträglicher Tritt gegen die Opfer der Inhaftierten? Ist sie bei knappen Ressourcen noch „verantwortbar"? Setzen Sie sich mit diesen Fragen auseinander. Laden Sie einen Gefängnisseelsorger ein oder führen Sie ein Interview mit ihm durch. Befragen Sie Gläubige. Lesetipp: *Die deutschen Bischöfe, Nr. 84, über den Auftrag der Kirche im Gefängnis* und http://www.kath-gefaengnisseelsorge.de
- Entwerfen Sie (in Einzel-, Partner- oder Kleingruppenarbeit) einen (Kirchen-)Zeitungsartikel zu einem der folgenden Themen:
„Kirche und Menschen heute – geht das noch zusammen?"
Die Kirche – das Haus, das die Träume verwaltet.
- Gestalten Sie die Zeitungsseiten optisch ansprechend mit eigenen oder recherchierten oder gefundenen Materialien (Fotos, Karikaturen, Bilder etc.).
Wählen Sie das beste Produkt der Lerngruppe aus und fragen Sie bei der Kirchenzeitung Ihres Bistums nach, ob die Chance eines Abdrucks besteht.

2. Stiftung Jesu – Vielfalt des Geistes

Was Sie erwartet

Pluralität und Freiheitswillen zeichnen die Gegenwart aus, Vielfalt und Auswahl machen das Leben bunt. Menschen sind gegenüber Forderungen nach „Einheit" und „Gemeinschaft" skeptisch geworden; zu nachhaltig sind diese Begriffe durch die Uniformierungs- und Unterwerfungsbestrebungen totalitärer Regime im zwanzigsten Jahrhundert belastet. Muss nicht auch die katholische Kirche von ihrer Vision einer Unitatis redintegratio Abstand nehmen, einer „Wiedereingliederung" der „abgespaltenen" kirchlichen Gemeinschaften in die eine vom Papst geleitete Kirche? Ist nicht gerade die Pluralität von Christentümern im Neuen Testament ein Beleg dafür, dass die Vorstellung von Kirche als monolithischer Großorganisation in eine religiöse Sackgasse führt? Oder schließen sich Verschiedenheit und Einheit nicht aus, sondern stellen eine vom Geist Gottes von Anfang an initiierte Doppelpoligkeit innerhalb der einen Kirche dar?
Im Mittelpunkt dieses Unterkapitels steht die Entwicklung der Urkirche aus dem Judentum heraus zu einem Verbund von Gemeinschaften, die ihre „Katholizität" in religiösen und sozialen Auseinandersetzungen erst suchen und zwischen der Begeisterung der ersten Christen und den Erfordernissen nach Ordnung und Organisation eine Balance finden mussten. Dass ein Rückbezug auf die Zeugnisse des Neuen Testaments die Differenzen zwischen den Konfessionen nicht ausräumen kann, wird Ihnen am Beispiel des kirchlichen Amtes und dem Zentrum des katholischen Kirchenverständnisses deutlich – der Eucharistiefeier.

Von Jesus zur Kirche

Seit mehr als einem Jahrhundert wird der Satz des französischen Theologen und Historikers Alfred Loisy kolportiert: „Jesus verkündete das Reich Gottes – gekommen ist die Kirche." Die zumeist kirchenkritisch verstandene Sentenz ist seitdem in vielen Arbeiten zur christlichen Frühgeschichte Gegenstand von Untersuchungen gewesen. Die katholischen Theologen Otto Hermann Pesch (*1931) und Gerhard Lohfink (*1934) fassen in den nachfolgenden Textausschnitten den weitgehenden Konsens der neueren Forschung zusammen.

Sammlung Israels und Öffnung für die Heiden

Zunächst ist klar: Jesus hat keine „Kirche gegründet" in dem Sinne, dass er eine eigene religiöse Gemeinschaft grundgelegt hätte, die nach seinem im Laufe seines Wirkens immer wahr-
5 scheinlicheren Tode sein Werk, seine Botschaft, seine Sache weiterführen sollte. Alle dazu herangezogenen Worte Jesu in den Evangelien weisen zunächst einmal in die Zukunft und nicht in die Gegenwart, auch und gerade das be-
10 rühmte Wort Mt 16,18. [...] Zum anderen sind alle diese Worte nicht auf eine zukünftige, seine Botschaft weiterführende neue Religionsgemeinschaft zu beziehen, sondern bezeichnen das endzeitliche vollendete Israel, das der voll-
15 endeten Herrschaft Gottes entspricht. Hier ist besonders auf die strenge Entsprechung von Reich beziehungsweise Herrschaft Gottes und Volk Gottes zu achten: Es gibt in der Verkündigung Jesu keine Reich-Gottes Predigt, ohne dass dem zugleich ein Volk entspricht, das diese 20 Herrschaft Gottes annimmt und unter ihr lebt. Alle Rekonstruktion lässt mit der dem Historiker überhaupt möglichen Eindeutigkeit erkennen, dass Jesus seine Sendung so verstanden hat, Israel, das *bestehende* Volk Gottes, für die 25 hereinbrechende Herrschaft Gottes zu sammeln. Zu dieser Absicht hat sich Jesus zwar womöglich später pessimistischer geäußert, ob das wohl gelingen wird. Aber es gibt keinerlei Abrücken von dieser Absicht. [...] 30
Unter diesem Gesichtspunkt muss man darüber, dass Jesus, von kurzen Abstechern abgesehen, sich nicht direkt an die Heiden gewandt hat, genauso urteilen wie die Evangelisten es auch tun: Jesus musste sich nicht an die Heiden 35 wenden, weil die Sammlung Israels eine Samm-

KIRCHE – *Einheit in Vielfalt* **233**

lung zugunsten der Völker unter der einen Herrschaft Gottes sein sollte. Steht es so, dann kann eine Kirche als *Alternative* und in diesem Sinne als „neues" Israel überhaupt nicht in der Absicht Jesu gelegen sein. Ebenso selbstverständlich ist es dann aber auch, wenn die ersten Christen nach kurzem Nachdenken überhaupt keine theologischen Probleme haben, die Mission auf die Heiden auszudehnen. Denn aufgrund ihres Glaubens an den zu Gott auferweckten Jesus sind sie ja gewiss, dass die Herrschaft Gottes in Jesus, dem Christus, endgültig begonnen hat. Das einzige zu lösende Problem bleibt nur dies, wie viel den für den Glauben an Christus gewonnenen Heiden vom Gesetz des Volkes Israel aufzuerlegen sei, das im Sinne des „repräsentativen Universalismus" das Heil für alle vermitteln sollte.

Otto Hermann Pesch, 2010

8 Kirche als endzeitliches Israel

Was Jesus tut, richtet sich also nicht unmittelbar auf Kirche, sondern auf das endzeitliche Israel. Von „Kirche" kann erst in dem Augenblick die Rede sein, als sich nach Ostern zeigt, dass der größere Teil Israels nicht zum Glauben kommt. Insofern aber die nachösterliche Ekklesia – wenn auch unvollständig wegen des Fehlens der Synagoge – endzeitliches Israel ist, kann und muss man sagen, dass Jesus in seinem gesamten Handeln den Grund für die Kirche gelegt hat. Nicht die Kirche wurde von Jesus gestiftet, als er die Zwölf schuf, sondern das endzeitliche Gottesvolk. Aber in diesem Stiftungsgeschehen ist der Boden für die Kirche bereitet worden. Die Kirche geht auf das Handeln Jesu selbst zurück.

Gerhard Lohfink, 1998

Michel Clevenot (1932–1993), Autor einer zwölfbändigen Geschichte des Christentums in erzählender Form, nimmt die Leserinnen und Leser im nachfolgenden Textausschnitt mit in das Jahr 35 n. Chr.

9 Die Urgemeinde in Jerusalem – eine unvollendete Erzählung

Es sind ungefähr zehn Jahre her, seit sie vom See Genesareth weggingen, wobei der eine ein Fischerboot, der andere einen kleinen Laden zurückließ. Aber in den engen Gassen von Jerusalem und auf dem Vorplatz des Tempels verrieten ihr schwerfälliger Gang, ihr unbeholfenes Verhalten und vor allem ihr rauer Akzent, wenn sie einmal den Mund auftaten, unweigerlich, dass es sich hier um „Bauern" aus Galiläa handelte. In Jerusalem ist „Galiläer" beinahe schon gleichbedeutend mit „Zelot" [Widerstandskämpfer]. Jedoch macht die hier gemeinte Gruppe einen ganz angenehmen Eindruck: Sicherlich sind es arme Leute, die für ein Hemd vier bis fünf Tage arbeiten müssen, aber sie sind sauber und ordentlich und können erhobenen Hauptes den Vorhof des Tempels für die Israeliten betreten. [...]

Und schließlich sind es sehr fromme Leute. Bei Sonnenaufgang nehmen sie regelmäßig an dem vorgeschriebenen Gebet teil: „Höre Israel! JHWH unser Gott, ist der einzige. Du sollst JHWH, deinen Gott, lieben aus deinem ganzen Herzen, aus deiner ganzen Seele und mit all deiner Kraft." Sie kehren um die 9. Stunde (15 Uhr) zurück in den Tempel und kommen regelmäßig den Opferungen und rituellen Reinigungen nach. Sie fasten zweimal in der Woche und halten peinlich genau den Sabbat. [...]

Unbestreitbar praktiziert diese Gemeinschaft/Gemeinde von „Anhängern des Weges" (Apg 9,2) wie auch die Gemeinde von Qumran die Gütergemeinschaft, eine Art Aufnahmetaufe, ein Danksagungsmahl mit Brot und Wein; sie liest die Heilige Schrift im Lichte aktueller Ereignisse und kennt eine sorgfältig beachtete Hierarchie: Wir stoßen auf eine besondere Zwölfergruppe, in der wiederum drei mit Vollmachten ausgestattet sind. [...]

Zweifelsohne verwirrten diese „Wandercharismatiker" aber die Machthabenden. Sie haben mit ihren Familien gebrochen, Hab und Gut verlassen, sind ohne festen Wohnsitz und ziehen ohne Geld, ohne Sandalen und ohne Wanderstab von Ort zu Ort, bleiben nirgendwo länger als zwei Tage und nehmen zwar Essen, aber kein Geld an. An die Juden richten sie sich mit der Botschaft: „Das Reich Gottes ist nahe herbeigekommen." [...] Auf ihre Werbung hin haben sich hie und da Gruppen von Anhängern gebildet, so wie diejenigen in Jerusalem.

Michel Clevenot, 1987

234 KIRCHE – *Einheit in Vielfalt*

Der Kunsthistoriker Herbert Fendrich arbeitet als bischöflicher Beauftragter für Kirche und Kunst im Bistum Essen. In der Vorstellung von Tizians Pfingstbild (um 1546, Santa Maria della Salute, Venedig) verbindet Fendrich Analyse und theologische Deutung des Bildes mit gegenwartsbezogenen Fragestellungen.

10 Tizians Pfingstbild (Apg 2)

Tizians Pfingstbild ist nun eine der wenigen Darstellungen zu diesem Thema, die Frauen – Mehrzahl – in der Pfingstgemeinde zeigt, obendrein pointiert in der Mitte und durch eine besondere Gruppenkomposition – die drei Köpfe bilden ein regelmäßiges Dreieck – nochmals hervorgehoben.

Die besondere Aufmerksamkeit, mit der Tizian schon durch die Komposition den Blick auf die Frauengruppe lenkt, wird noch verstärkt: einmal durch Petrus – ausgerechnet Petrus –, der im Vordergrund rechts niedergesunken ist und dessen der Geisttaube entgegengestreckte Linke auf die drei Frauen weist; und auch durch den alten Apostel rechts von der Sitzenden. Der schaut nicht etwa zum Himmel oder diskutiert erregt. Staunend – vielleicht fassungslos, vielleicht fasziniert – blickt er auf das Gesicht seiner Nachbarin. Man muss denken: Er sieht in diesem Gesicht „etwas von Pfingsten"; nicht spektakuläre Ereignisse bezeugen für ihn das Wirken des Geistes, sondern die Erfahrung eines „geisterfüllten" Menschen, einer Frau. Dabei ist auch der Gegensatz spannend: alter Mann – junge Frau. Der Alte scheint zu entdecken, dass jetzt etwas ganz neu anfängt. Das junge Gesicht steht für eine Kirche aus Gottes Geist, die Zukunft hat, deren Zukunft jetzt beginnt.

Tizians Bild nimmt also das Joel-Zitat aus der Pfingstpredigt des Petrus ernst: Der Geist erfüllt eine Kirche aus Männern und Frauen, Alten und Jungen. Diese Menschen geraten durch Gottes Geist auf unterschiedlichste Weise in Bewegung, die sich in heftigen Gebärden, aber auch in stiller Versenkung ausdrückt, im wilden Gestikulieren wie in andächtiger Gebetshaltung. Tizian zeigt Individuen, lauter Charakterköpfe, unterschiedlichste Gewandungen, nirgendwo Uniformität. Allerdings sehen wir auch kein wildes Durcheinander; die bewegte Komposition hat einheitsstiftende Elemente, wie etwa die Isokephalie – so nennen Kunsthistoriker Köpfe, die auf einer geraden Linie angeordnet sind. [...]

Die bewegte Ordnung der Komposition kommt ohne eindeutig über- oder vorgeordnete, also hierarchische Positionen aus. Dies wird vielleicht am deutlichsten in der Gestalt des Petrus. Der füllt den rechten Vordergrund und befindet sich im klaren Gegenüber zur Pfingstgemeinde, zugleich macht er sich klein, indem er kniet, obendrein eine Stufe tiefer. Viel besser kann man einen Primat, der Dienst als „servus servorum dei" ist, nicht veranschaulichen. Es lohnt sich auch, den Raum einmal näher zu betrachten, in dem Tizian das Pfingstereignis stattfinden lässt. Das ist ja kein Obergeschoss in Jerusalem. Wir sehen die Seitenkapelle einer Kirche im Stil der Renaissance mit einem wunderschönen kassettierten Tonnengewölbe. Es sind natürlich „sieben mal sieben" Kassetten, in Anspielung auf die Gaben des Heiligen Geistes. Man könnte auch angesichts der neunundvierzig Kassetten denken: Das ist der Raum, wo man auf den „fünfzigsten Tag", auf Pfingsten, wartet.

Wichtig ist, dass das Gemälde so in den realen Raum der Kirche Santa Maria della Salute eingepasst ist, dass man den „Raum" des Bildes als Fortsetzung des Kirchenraumes empfinden

KIRCHE – Einheit in Vielfalt   **235**

kann. Das bedeutet dann: Pfingsten ist nicht ein einmaliges, längst vergangenes Ereignis, sondern die Gabe des Geistes ist der Kirche immer und überall versprochen; Gottes Geist bleibt nicht in Jerusalem, er kommt auch nach Venedig. Und er kommt auch nach Rom! Das wäre eine weitere wichtige Beobachtung. Tizian hat den Winter 1545/46 in Rom verbracht und dort natürlich auch die Bauarbeiten an der neuen Peterskirche besichtigt. [...] Diese Architektur von St. Peter übernimmt Tizian für sein Pfingstbild [...]
Gottes Geist für die „römisch-katholische Kirche" ... Gottes Geist in Jerusalem, Venedig und Rom, an allen Orten, zu allen Zeiten.

Herbert Fendrich, 1998

INFO: Die Trennung der Christen vom Judentum

Jesus und seine Jünger waren Zeit ihres Lebens Juden. Sie besuchten regelmäßig die Synagogen wie auch das Jerusalemer Zentralheiligtum, den Tempel. Sie lebten in der Welt der großen biblischen (alttestamentlichen) Erzählungen und Verheißungen und der darauf aufbauenden Glaubenslehren und Riten. Auch nach Jesu Tod und Auferstehung blieb die „Jerusalemer Urgemeinde" trotz ihres Christusbekenntnisses im Raum der jüdischen Glaubensgemeinschaft. Das war nicht zuletzt deshalb problemlos möglich, weil es ein uniformiertes Judentum nicht gab, sondern eine Vielzahl voneinander durch mannigfaltige Sondertraditionen getrennte jüdische Gruppen und Organisationen.

Schon in den dreißiger Jahren bildete sich allerdings im syrisch-griechischen Antiochia eine vom Synagogenverband getrennte Gemeinschaft von „Christen" (Apg 11,19–26), die wichtige jüdische Rituale (Beschneidung, Einhaltung von Speisegesetzen und des Sabbatgebotes) nicht mehr praktizierte. Vor allem Paulus hielt es für inakzeptabel, dass Menschen ihr Bekenntnis zu Jesus Christus mit einer „Konversion" zum Judentum und zum Mosaischen Gesetz verbinden sollten. Der sich daraus ergebende Konflikt drohte nicht nur die Anhängerschaft Jesu zu zerreißen (vgl. Apg 15), sondern er verschärfte in allen Teilen des Römischen Reiches auch die Gegnerschaft zwischen den jüdischen und nichtjüdischen „Christen" einerseits und den übrigen, das Mosaische Gesetz einhaltenden Juden andererseits.

Zum Bruch zwischen diesen Gruppen kam es, als auf dem Höhepunkt des jüdisch-römischen Krieges der Jerusalemer Tempel – das Haus Gottes seit Salomos Zeiten – zerstört (70 n. Chr.) und die Juden in den nachfolgenden Jahrzehnten aus Palästina vertrieben wurden. Während viele Jesusanhänger darin ein Gottesurteil über Israel sahen und sich im Gefolge dieses einschneidenden Ereignisses als „wahres Israel" definierten, führten die Schriftgelehrten und Pharisäer abseits von Jerusalem das Synagogen-Judentum weiter – mit starker Abgrenzung zu den Jesusanhängern, die nun „exkommuniziert" wurden.

Die in dieser Zeit der Trennung ausgearbeiteten Evangelien zeigen nicht nur deutliche Spuren dieser gegenseitigen Entfremdung, sondern vertiefen diese dadurch, dass sie eine eigene christliche Grunderzählung anbieten, welche die jüdische Geschichte zur Vorgeschichte Jesu „degradiert".

---

1 a) Gestalten Sie die Erzählung von Michel Clevenot aus. Sie haben die Möglichkeit, diese zu verändern, weiterzuführen oder durch eine eigene Version der Historie der ersten Christen zu ersetzen (z. B. Tagebuch oder Memoiren des Petrus; Erzählung aus der Sicht der Ehefrau eines Jüngers, etc.). Verwenden Sie für Ihre Arbeit Erkenntnisse aus dem Jesuskapitel, Aspekte aus den Darstellungen Peschs, Lohfinks und Fendrichs, der Infobox und Bibelstellen. Die nachfolgend abgedruckte Auswahl kann eine Hilfe sein.
– Mt 4,18-21; 5,1-15; 12,46-50; Mt 18,15-22 (Jünger und christliche Gemeinde)
– Mt 16,13-19; 26,30-35.69-75 (Petrus)
– Mk 16,1-8 par.; 1 Kor 15, 1-8 („Ostern")
– Apg 5,1-11; 6,1-7; 15 („Urgemeinde").

b) Legen Sie Rechenschaft über Ihre Gestaltungsprinzipien ab, z. B.: Warum haben Sie die Darstellung Clevenots verworfen/übernommen? In welcher Weise haben Sie die Bibeltexte integriert (wörtliches oder symbolisches Verständnis)? Etc.

236 KIRCHE – *Einheit in Vielfalt*

c) Diskutieren Sie im Kurs: Sind literarische Darstellungen besser oder schlechter als Sachtexte/theologische Positionen geeignet, biblische und religiöse Kenntnisse zu vermitteln? Begründen Sie Ihre Meinung an einem Beispiel.

2. Skizzieren Sie die inhaltlichen und formalen Aspekte von Fendrichs Tizian-Besprechung.
3. Vergleichen Sie Tizians Pfingstdarstellung mit dem Text von Apg 2. Formieren Sie in Ihrem Kurs mehrere Standbilder, die andere Textpassagen als die von Tizian gemalte ausdrucksstark darstellen.
4. In der Buchreihe „Christentum für Nichtchristen" sollen Sie auf einer DIN A4-Seite Ursprung und Sinn des Pfingstfestes erklären. Dabei können Sie die Adressatengruppe variieren und präzisieren (Muslim, Hindu, Buddhist, Atheist). Legen Sie dar, inwiefern der Artikel je nach Adressat inhaltliche Änderungen notwendig macht.
5. Setzen Sie sich mit der innerkirchlichen und der interreligiösen Bedeutung der Problematik des Übergangs „von Jesus zur Kirche" auseinander.

Kirchesein in der Nachfolge Jesu

Der Franziskaner Hans-Josef Klauck (* 1946) hat seinen Forschungsschwerpunkt auf dem Gebiet der Theologie und Geschichte des Urchristentums. Wegweisend waren seine Arbeiten zu den sogenannten „Hausgemeinden" der ersten Christen.

Wie funktionieren urchristliche Gemeinden?

Das Haus als der Ort, wo religiöses Leben sich abspielt und konkret wird, hat in der Antike eine lange Tradition. Dem Christentum boten sich Anknüpfungspunkte genug, wobei direkte Entlehnung eher die Ausnahme als die Regel war. Praktische Erfordernisse und theologische Anliegen prägen hier wie dort das Erscheinungsbild. [...] Als konkurrenzfähig erwiesen sie sich vor allem durch die Botschaft vom Bruder- und Schwestersein aller Glaubenden, die nicht blasse Theorie blieb. In Hausgemeinden wurde der kühne Satz verwirklicht: „Da gibt es nicht mehr Jude noch Grieche, Sklave oder Freier, Mann oder Frau, ihr alle seid eins in Christus" (Gal 3,28; vgl. 1 Kor 12,13; Kol 3,11).

Auch die schroffen Gegensätze von Arm und Reich werden gemildert. Die wenigen Begüterten stellen ihr Haus zur Verfügung. Daraus erhellt sich exemplarisch, wie man seinen Besitz sinnvoll für die christliche Gemeinschaft einsetzt. Grundsätzlich hielten sich Hausgemeinden für Neubekehrte aus allen sozialen Schichten offen. Ihre Grenzen werden nicht vom Wunsch nach Abschließung bestimmt, sondern allein von Sachzwängen, nämlich (a) von der begrenzten räumlichen Kapazität eines Wohnhauses und (b) von der zahlenmäßigen Beschränkung einer funktionsfähigen Gruppe. Die Gruppentheorie setzt die Höchstzahl für eine Kleingruppe zwischen 10 und 30 Personen an. Danach entstehen Großgruppen, in unserem Fall Ortsgemeinden. An Merkmalen für Kleingruppen werden genannt: große Interaktionshäufigkeit, persönlicher Kontakt, affektive Beziehungen, gemeinsame Zielvorstellungen und Normen, differenzierte Rollen und Solidarität gegenüber der Umwelt. Das lässt sich alles auf die Hausgemeinde übertragen. Um nur die letzten beiden Punkte aufzugreifen: Die Rollenverteilung in der Hausgemeinde stellt einen wesentlichen Faktor für die Herausbildung von Ämtern in der Kirche dar. Die Solidarität gegenüber einer oft feindlichen Umwelt stützt das Selbstbewusstsein und die Gewinnung der eigenen, christlichen Identität.

Was das mehrfach angesprochene Verhältnis von Hausgemeinde und Familie angeht, ist resümierend zu sagen: Die Gemeinde entsteht nicht einfach durch Übernahme familiärer Strukturen, wohl aber wird das Potential der Familie für die Gemeinde nutzbar gemacht. Die Versammlung im nichtkultischen Wohnraum gewährleistet eine besondere Lebensnähe aller Glaubensäußerungen. Hervorzuheben ist auch die Selbständigkeit, die Paulus den Hausgemeinden einräumt. Sie standen mit ihm in Kontakt, aber nicht unter seiner ständigen Aufsicht. Die Hausgemeinde war, so dürfen wir zusammenfassend sagen, Gründungszentrum und Baustein der Ortsgemeinde, Stützpunkt der Mission, Versammlungsstätte für das Herrenmahl, Raum des Gebetes, Ort der katechetischen Unterweisung, Ernstfall der christlichen Brüderlichkeit.

Die Gemeinde von Korinth

Das Korinth des Paulus, ca. 46 v. Chr. neugegründet als römische Kolonie, war nach antiken Verhältnissen eine Großstadt (man rechnet mit ca. 100 000 Einwohnern), zwar kein Zentrum von Kunst und Wissenschaft, aber als Stadt mit zwei Häfen eine Handelsmetropole ersten Ranges und ein Umschlagplatz von Weltanschauungen, wo sich griechische und römische Staatskulte, orientalisch beeinflusste Mysterienreligionen und popularphilosophische Lebensentwürfe in kaum noch zu entwirrender Weise durchdrangen. Es wäre befremdlich, wenn dieses Umfeld im Gemeindeleben überhaupt keine Spuren hinterlassen hätte. Wir greifen zwei Punkte heraus: die ethnisch-religiöse Zusammensetzung der Gemeinde und ihre soziale Schichtung.

Für den *religiösen* Background ist von 1 Kor 12,2 auszugehen: „Als ihr noch Heiden wart, zog es euch mit unwiderstehlicher Gewalt zu den stummen Götzen." Die Mehrzahl der jungen Christen kam aus dem Heidentum. Viele von den Problemen, die auftauchen, ergeben sich aus bleibenden Kontaktstellen zur heidnischen Gesellschaft. Wie weit das ins persönliche Leben hineinreicht, sieht man am Beispiel der religionsverschiedenen Ehen (1 Kor 7,12-16). Daneben gibt es eine sehr rege Gruppe von Judenchristen, die entweder schon als solche zugezogen waren wie Priska und Aquila (Apg 18,2) oder die vor ihrer Konversion zur zahlenmäßig starken Judenschaft Korinths gehörten wie der Synagogenvorsteher Krispus (Apg 18,8). Hinzu kommen Neubekehrte aus der Reihe der Gottesfürchtigen, die sich schon vor der Hinwendung zum Christentum vom Heidentum distanziert und dem Judentum als Sympathisanten angeschlossen hatten (vgl. Titius Justus in Apg 18,7).

Über die *soziale Zusammensetzung* gibt bei genauer Lektüre 1 Kor 1,26-30 hinreichenden Aufschluss. Die Gemeinde bietet einen Querschnitt durch die antike Stadtgesellschaft: einige wenige Vertreter der gebildeten und begüterten Oberschicht, zu denen der Stadtkämmerer Erastus zählt (Röm 16,23), einige Handwerker wie Aquila und Priska mit ihrem Familienbetrieb, demgegenüber das Gros von unbemittelten, unterprivilegierten Lohnarbeitern und Sklaven. Man kann sich unschwer ausmalen, wo die intellektuellen Wortführer der Gemeinde zu suchen sind, wer z. B. für den Fragebrief der Korinther an Paulus (vgl. 1 Kor 7,1) verantwortlich zeichnet. Es ist kein Zufall, dass die teils anonymen mündlichen Informationen (1,11; 5,1; 11,18) von Skandalen und Missständen wissen, die der Fragebrief vornehm verschweigt. Hier meldet sich auch die Stimme jener zu Wort, die sich bei der Diskussion und Abstimmung in der Gemeindeversammlung überfahren fühlen.

Hans-Josef Klauck, 1989

1. Fassen Sie die Forschungen Klaucks zu den Hausgemeinden und zur Struktur der Gemeinde in Korinth zusammen.
2. Helfen Studien zur Geschichte des Urchristentums, biblische Texte zu verstehen? Machen Sie die Probe: Erklären Sie die Probleme hinter den Texten 1 Kor 1,10-17 und 11,17-34. Legen Sie die Perikopen* Ihren Mitschülerinnen und Mitschülern aus.
3. Stellen Sie auf einer Folie die „Gemeindeordnungen" von 1 Kor 12 und 1 Tim 3,1-13 (einige Jahrzehnte später) einander modellhaft gegenüber. Benennen Sie wesentliche Unterschiede.
4. Spielen Sie eine Gemeindeversammlung in Korinth, in der entschieden werden soll, welches der beiden Modelle (1 Kor oder 1 Tim) für die Kirche in der griechischen Hafenstadt gelten soll.
   – Richten Sie Sprechrollen für einzelne Repräsentantinnen und Repräsentanten ein.
   – Sammeln Sie theologische, politische, soziologische Argumente, die für die einzelnen Akteure hilfreich sein könnten.
   – Lassen Sie eine alte Augenzeugin von Jesu Wirken auftreten.
   – Werten Sie die Ergebnisse des Spieles an der Tafel aus. Kennzeichnen Sie überraschende Einfälle und gelungene Passagen der Darstellung.

5. Gemeindeerneuerung aus dem Geist des Neuen Testaments? 1 Kor 12 gilt als Verpflichtung dafür, dass Gemeinden die Begabungen aller Christinnen und Christen würdigen sollen oder „abrufen" müssen. Recherchieren Sie in einer Ihnen bekannten Pfarrei, welche „Charismen" und Dienste „wahrgenommen" werden. Entwickeln Sie der Übersichtlichkeit halber dazu ein Organigramm. Unterbreiten Sie Vorschläge, welche Talente noch stärker eingebunden werden könnten.

Katholisches und evangelisches Kirchenverständnis

Der im Jahre 1985 von der katholischen deutschen Bischofskonferenz herausgegebene Erwachsenenkatechismus ist mit dem Anliegen erarbeitet worden, Christen die einzelnen Artikel des Glaubensbekenntnisses in verständlicher Form zu erläutern.

12 Das Amt in der Kirche – Jesu Stiftung

Nach dem Zeugnis des Neuen Testaments verkündete Jesus zwar dem ganzen Volk, aber er berief die Zwölf in seine engere Nachfolge und ließ sie in besonderer Weise teilhaben an seiner
5 Sendung (vgl. Mk 3,13-19; 6,6b-13). Der Auferstandene erschien „nicht dem ganzen Volk, wohl aber den von Gott vorherbestimmten Zeugen" (Apg 10,41) und sandte sie aus in alle Welt (vgl. Mt 28,18-20). So gibt
10 es nach dem Willen Jesu Christi neben der gemeinsamen Berufung und dem gemeinsamen Dienst aller die besondere apostolische
15 Berufung und den besonderen apostolischen Dienst in der Kirche. [...]
Das II. Vatikanische Konzil (1962–1965) fasst die
20 Auslegung der Stiftung Jesu durch die Heilige Schrift und die Tradition zusammen: „So wird das aus göttlicher Einsetzung
25 kommende kirchliche Dienstamt in verschiedenen Ordnungen ausgeübt, von jenen, die schon seit alters Bischöfe, Pries-
30 ter, Diakone heißen" (LG 28). Die Fülle des Amtes kommt den *Bischöfen* zu, die aufgrund göttlicher Einsetzung an die Stelle der Apostel als Hirten
35 der Kirche getreten sind" (LG 20). Die Priester nehmen am Amt des Bischofs Anteil (vgl. LG

28). Dies geschieht durch die Verkündigung, die Spendung der Sakramente, besonders die Feier der Eucharistie, und durch den Hirtendienst (vgl. PO 4-6). Die *Diakone* üben innerhalb des 40 Amtes die Diakonie im Wort, in der Liturgie und in der Liebestätigkeit aus (vgl. LG 29).
Alle kirchlichen Ämter müssen in der Nachfolge und nach dem Auftrag Jesu Christi als *Dienst* verstanden werden. [...] 45
Der Dienst des kirchlichen Amtes setzt freilich *Sendung* und *Vollmacht* voraus. So wie Jesus Christus seine *Sendung* vom Vater 50 empfangen hat, so hat er sie seinen Jüngern gegeben (vgl. Joh 20,21; 17,18). Niemand, kein Einzelner und keine Gemeinde, 55 kann sich ja das Evangelium selber verkünden; erst recht kann sich niemand die Gnade selber geben. Das Evangelium muss zu- 60 gesprochen, die Gnade muss gegeben und geschenkt werden. Das setzt bevollmächtigte Boten voraus, deren Botschaft im 65 Wort Christi gründet (vgl. Röm 10,14-17). Die Vollmacht des kirchlichen Amtes gründet also nicht in der Beauftragung durch die Kirche oder Ge- 70 meinde, sondern in der Sendung durch Jesus Christus. [...]

Damit ist nicht gemeint, der Amtsträger sei ein besserer bzw. höherer Christ als der „gewöhnliche" Laie. Im Gegenteil, bezüglich des Christseins sind beide grundsätzlich gleichgestellt; es gibt sogar viele Laien, welche durch ihr heiligmäßiges Leben die Amtsträger tief beschämen. Der Unterschied zwischen dem gemeinsamen Priestertum der Gläubigen und dem Priestertum des Dienstes liegt nicht auf der Ebene der persönlichen Heiligkeit, sondern auf der Ebene des Dienstes und der Sendung. In diesem Sinn sind beide nicht graduell, sondern wesentlich unterschieden.

Deutsche Bischofskonferenz, 1985

Der evangelische Theologe Jörg Haustein (1957–2004) war Professor für Kirchengeschichte.

13 Das Amt in evangelischer Perspektive

Der Hintergrund für die Entwicklung eines evangelischen Amtsverständnisses ist, wie sollte es anders sein, die Reaktion der Reformatoren (besonders Luther, Melanchthon und Calvin) auf das Amtsverständnis und die Amtsführung der spätmittelalterlichen Kirche. Diese Reaktion bestand im Wesentlichen darin, dass sehr eindrücklich und mit einschneidenden praktischen Konsequenzen die Frage nach der Funktion des Amtes in der Christenheit gestellt wurde.

Es wurde also nicht danach gefragt, was ein Priester, ein Pfarrer, ein Prediger ist, sondern was er tut. Aufgabe statt Eigenschaft, so könnte man diesen Wandel hin zu einem Funktionsverständnis des Priestertums verstehen. … Gott hat das Predigtamt eingesetzt, und zwar als Mittel zur Verkündigung der Rechtfertigungsbotschaft.

Wichtig ist in diesem Zusammenhang, dass dieses „Predigtamt" auf einer vergleichbaren Stufe steht mit einer Ehe, die von Gott eingesetzt wurde, um den Fortbestand der Menschheit zu gewährleisten, oder etwa der Obrigkeit, die von Gott eingesetzt wurde, um die Welt in Ordnung zu halten. Ferner, dass ausdrücklich von einem „Predigtamt" und nicht von einem Priestertum die Rede ist.

Das evangelische Amt ist weiterhin ein Amt, das stets auf die Gemeinde bezogen ist, ja das von der Gemeinde erst seinen Sinn und seine Berechtigung erfährt. Ein höheres Amt als das Pfarramt hat die Gemeinde, und das heißt die Kirche, nicht zu vergeben. Natürlich haben auch Pfarrer und Pfarrerinnen Dienstvorgesetzte. Aber Superintendenten, Prälaten, Pröpste, Bischöfe sind immer nur Disziplinarvorgesetzte, ihnen ist keinerlei theologische Qualität zu eigen, die der Pfarrer und die Pfarrerin nicht hätten. … Es ist ein Grundsatz evangelischen Amtsverständnisses, dass in einer evangelischen Gemeinde niemand als Pfarrer oder Pfarrerin tätig sein kann, den die Gemeinde nicht gewollt hat.

Jörg Haustein, 2006

Gerhard Mester, 1998

1. Veranschaulichen Sie beide Texte zum Verständnis von Kirche an der Tafel und heben Sie dabei die unterschiedlichen theologischen Begründungen für das „kirchliche Amt" hervor. Gehen Sie bei Ihrer Visualisierung auch auf die Fotos von der Priesterweihe und die Karikatur ein. Setzen Sie sich unter Rückgriff auf das NT mit der Stichhaltigkeit der „Argumentationsansätze" auseinander.
2. Recherchieren Sie, inwieweit sich katholisches und protestantisches Kirchen- und Amtsverständnis in den jeweiligen Glaubensgemeinschaften nachweisen lassen (Habitus und Rollenverständnis, Kleidung, Gottesdienstordnung, kirchenbauliche Eigenheiten). Beziehen Sie u. U. auch Auslandserfahrungen oder Internetseiten (z. B. amerikanischer Kirchen) in Ihre Untersuchung mit ein.

3. Nehmen Sie eine Bestandsaufnahme zum Rollenbild von kirchlichen Amtsträgern in Presse und Film vor. Führen Sie mithilfe von Filmsequenzen oder einer Fotodokumentation „typische" Szenen vor.
4. In der Karikatur legt der evangelische Pfarrer die Vorteile einer Kirchenfusion dar. Antworten Sie aus der Sicht des katholischen Pfarrers.

Kirche als Eucharistiegemeinde

14

Messfeier im vorkonziliaren Ritus: Vor allem konservative Gläubige wünschen sich mehr Frömmigkeit und Heiligkeit im Gottesdienst und weniger Individualität und „Kreativität". Papst Benedikt XVI. hat 2007 dem Anliegen stattgegeben und die lateinische Messe in dieser Form wieder als „forma extraordinaria" zugelassen

Judas Thaddäus-Kirche in Karlsruhe-Neureut – Beispiel einer konsequenten architektonischen Umsetzung der Liturgiereform. Diese hat die letztmals 1962 fixierte und auf das Jahr 1570 zurückgehende Gottesdienstform einschneidend verändert.

Peter Trummer (* 1941) war Professor für Neues Testament.

15 **Erinnerungen**

Es ist nicht selbstverständlich, dass wir von *Eucharistie* reden können. In meiner Kindheit und Jugend hieß es nur *Heilige Messe*. Im Alltag war es meist die *stille* Messe, vom Priester vorne am Altar gelesen und von uns als Ministranten bedient, während die Gläubigen hinten in den Kirchenbänken sich ihren Rosenkränzen widmeten und nur beim Glockenzeichen zur Wandlung innehielten. Sollte eine Messe feierlicher sein, fand sie vor *ausgesetztem Allerheiligsten* statt. Dann hantierte der Priester unter der Monstranz mit den goldenen Strahlen, und es war erheblich schwieriger, mit der sichtbar verdoppelten Gegenwart Jesu umzugehen. Jedenfalls waren die zu erbringenden Kniebeugen um einiges komplizierter als gewöhnlich. Die nächste Steigerungsstufe war das Amt oder Hochamt, und selbstverständlich war eine Messe am Hochaltar vornehmer als eine solche an einem Seitenaltar. Vom Amt aufwärts gab es einiges an Musik. Und die prägte sich nachhaltig ein zu einer Zeit, in der Dauerbeschallung noch nicht üblich war. [...]
Das Volk selbst konnte zu diesen Feierlichkeiten eher wenig beitragen, außer möglichst zahlreich anwesend zu sein. Es wurde zu Beginn mit Weihwasser besprengt *(Asperges)* und bekam einiges zu sehen, zu hören und zu riechen: prächtigste Gewänder, gut geprobte Handlungsabläufe, altertümliche Kantilenen, viel Weihrauch. Zur Kommunion wagten sich nur wenige vor (und diese waren zur Vorsicht meist vorher bei der Beichte gewesen). [...]
Der Gottesdienst meiner Kindheit war lateinisch. Zumindest im Alltag und an Hochfesten, wo höchstens das Evangelium nach der feierlichen lateinischen Rezitation auf Deutsch verlesen wurde. [...] Die Messe und ihre eigentliche

Mitte blieben allein dem Priester vorbehalten. So fest sogar, dass jeder Priester möglichst täglich seine eigene Messe las, unabhängig vom Bedarf der Gemeinde. Das bedeutete in meiner Heimat, dass jeden Morgen fünf Messen zu ministrieren waren, die erste schon um sechs (womit wir reichlich Gelegenheit hatten, Sonnenaufgänge zu bewundern). [...]

Dabei waren die vielen Messen meist eine wirtschaftliche Notwendigkeit. Für sie nämlich wurde von den Gläubigen, zwar nicht übertrieben viel, doch immerhin eigens bezahlt und damit der Aufwand an Kerzen und Hilfspersonal abgegolten.

Die Stifter/-innen bekamen dafür ein besonderes priesterliches Gedenken nach der Wandlung, womit ihnen besondere Gnaden zugeleitet wurden. Auch der zelebrierende Priester kam abgesehen vom Mess-*Stipendium*, wie der finanzielle Beitrag für ihn hieß, noch zu seiner *speziellen Gnadenfrucht*, die er als Mitfeiernder so nicht hätte haben können. Hie und da meldete sich verhaltene Kritik an solchen Gnadenrechnungen. Doch dem Großteil der Gläubigen schien es recht. Und für den brachte das Zweite Vatikanische Konzil (1962–65) mit einem Mal die große Wende. Der Altar wurde zum Volk gewandt, hieß in Form schlichter bis geschmackloser Tische plötzlich *Volksaltar* und ließ die alten, oft imposanten Altaraufbauten auf ziemlich verlorenem Posten zurück. Priester und Gemeinde mussten den gegenseitigen Blick ertragen lernen, die banale Muttersprache löste das oft unverständliche, aber weltumspannende mystische Latein ab. Die geweihten Priesterhände waren nicht mehr die einzig befugten, *konsekrierte* (also „verwandelte") Hostien zu berühren und sie den Gläubigen in den Mund zu legen. Alle durften jetzt selbst zugreifen, was freilich nicht überall gerne gesehen wurde. Am Gründonnerstag wurde sogar, allen Infektionsängsten und sonstigen Bedenken zum Trotz, der Kelch angeboten. Die Feier der Osternacht verdrängte die hochbeliebte Auferstehungsprozession. Das traf empfindliche Stellen, nicht nur bei Gläubigen, sondern auch bei Priestern.

Peter Trummer, 2001

1. Vergleichen Sie die beiden Fotos S. 241 miteinander. Markieren Sie wesentliche Unterschiede und setzen Sie diese in Bezug zu den Erinnerungen von Peter Trummer. Befragen Sie ältere Bekannte aus Ihrem Umfeld hinsichtlich der (auch emotionalen) Unterschiede zwischen vor- und nachkonziliaren Gottesdiensten. Werten Sie die Ergebnisse in Ihrem Kurs aus.

2. Dokumentieren Sie die Innenräume von Kirchen (Altarraum, Gottesdienstraum, Bilder und Aufbauten, religiöse Programmatik, Gesamtanmutung etc.) fotografisch und stellen Sie in Ihrem Kurs anhand der Fotos Überlegungen hinsichtlich der Zusammenhänge von Kirchengestaltung und Anteilnahme während der Heiligen Messe an.

3. Verfassen Sie eigene Erinnerungen oder Gedanken an Ihre gottesdienstlichen Erlebnisse. Klären Sie in diesem Zuge bislang unverstandene „Bauelemente" der Eucharistiefeier.

Die katholischen Theologen Theodor Schneider (* 1930) und Franz-Josef Nocke (* 1932) stellen in den folgenden Texten 16 und 18 Aspekte des katholischen Verständnisses von „Gottesdienst" dar.

16 Zum Verständnis der kirchlichen Eucharistiefeier

Sein Opfer ist nicht Sachgabe, sondern Selbstgabe. Diese Hingabe Jesu wird im vergegenwärtigenden „Gedächtnis" der Eucharistiefeier in den deutenden Worten über Brot und Wein eindringlich ausgesprochen und uns zugesprochen und in der Darreichung zur Speise auch zeichenhaft dargestellt und auf uns hin Wirklichkeit: Er gibt sich uns ganz! So ist die Eucharistiefeier das sakramentale Gedächtnis des Kreuzesopfers. Sie ist kein Opfer „in sich", neben dem oder zusätzlich zum Kreuz, sondern sie hat Opfercharakter als Eröffnung des einen, sühnenden Opfers Jesu Christi auf die konkrete Gemeinde hin. In diesen wahren Gottesdienst, den Kult der Selbsthingabe, treten auch wir Christen ein mit unserer ganzen Existenz. Die Hingabe Jesu Christi wird beantwortet durch unsere Hingabe, seine Liebe durch unsere Lie-

KIRCHE – *Einheit in Vielfalt*

be. Wir sind in seinen Tod hinein getauft (vgl. Röm 6,5), „seinem Sterben gleichgestaltet" (Phil 3,10), um fortan mit ihm zu leben. In dem Maße, wie wir uns in Christi Bewegung seiner Hingabe einbeziehen lassen, werden auch wir als sein Leib zur „Opfergabe": „Stärke uns durch den Leib und das Blut deines Sohnes und erfülle uns mit seinem Heiligen Geist, damit wir ein Leib und ein Geist werden in Christus. Er mache uns auf immer zu einer Gabe, die dir wohlgefällt" (drittes Hochgebet). Auch für uns kann es jetzt nicht mehr heißen: Sachabgabe, sondern Selbsthingabe, Einsatz unserer ganzen Existenz in der Liebe Christi. „Gott will nicht deine Gabe, sondern dich", hat Augustinus diesen Sachverhalt formuliert.

Das eucharistische Opfer ist also nicht die Darbringung oder Anbetung einer uns gegenüberstehenden heiligen Gabe auf dem Altar, sondern das Mahl des Gedenkens und Dankens, in welchem die Darbringung des ganzen Christus aus Haupt und Gliedern geschieht, das Eingehen der Kirche in die Hingabe Jesu Christi, also die Darbringung unser selbst, der „Gemeinschaft der Heiligen", mit Jesus Christus als lebendiger Hostie im Alltag der Welt. Das neutestamentliche Opfer, die Selbsthingabe des ganzen Christus', trägt also in seiner personalen Struktur in sich zwei Bewegungen, die in ihrem Aufeinanderhin und Ineinander Gott und Menschen in dem neuen Bund verbinden: Die von unbedingtem Vertrauen getragene Hingabe Jesu am Kreuz in die Unbegreiflichkeit des Vaters ist vorbehaltlose Anerkennung Gottes – deshalb ist der Eintritt der Christen in diese Bewegung zum Vater, die vertrauensvolle Hingabe an die verborgene, oft rätselvolle Führung Gottes, der eigentliche Akt der Gottesverehrung der Kirche. Unsere Liebe zum Vater aber ist immer schon eine Antwort auf das fleischgewordene Wort seiner Liebe zu uns. Seine Liebe zeigt sich darin, dass er seinen Sohn für unsere Rettung in den Tod gibt, und sie soll für die Welt greifbar werden durch uns, durch den Einsatz auch unseres Lebens für die Brüder und Schwestern, durch unser Eingehen in Gottes Zuneigung zu den Menschen.

Theodor Schneider, 1985

Harald Duwe: Abendmahl, 1978

Die Grundlagen der Eucharistie

Essen und Trinken, selbstverständliche Tätigkeiten des Menschen, erhalten und stärken das Leben und sind gleichzeitig der ursprünglichste Kontakt zur Welt. In der lebensnotwendigen Nahrungsaufnahme realisiert der Mensch, dass die Quelle des Lebens nicht in ihm selbst liegt und dass das Empfangen eine Grundbedingung des Daseins ist. Über die bloße Ernährungsfunktion von Essen und Trinken hinaus haben die meisten Völker eine Kultur des Mahlhaltens entwickelt: Durch gemeinsames Essen und Trinken wird Gemeinschaft dargestellt und hergestellt. Von der Grundstruktur des Empfangens her legt sich ein weiterer Inhalt des Mahlhaltens

KIRCHE – *Einheit in Vielfalt* **243**

nahe: Dank an den Schöpfer als den Grund des Lebens und der Mahlgemeinschaft. So wird das Mahl auch zum Zeichen der Gemeinschaft mit Gott. [...]

In der Tat ist die Mahlgemeinschaft die in den Evangelien am meisten berichtete Zeichenhandlung Jesu. Sie wird von Freunden und Gegnern verstanden. Auf die einen wirkt sie einladend, bei den anderen erregt sie Anstoß und Feindschaft wegen der Mahlgenossen, auf die Jesus sich einlässt. „Er gibt sich mit Sündern ab und isst sogar mit ihnen", lautet der pauschale Vorwurf (Lk 15,2). [...] An dem Widerstand, den Jesu Tischgemeinschaft mit den Sündern hervorruft, und an ihrer unnachgiebigen Verteidigung durch Jesus wird deutlich, dass dieses Zeichen nicht nur Solidarisierung und Versöhnung besagt, sondern auch Kampf und Risikobereitschaft. [...]

Vor dem Hintergrund [...] ist auch sein letztes Abendmahl zu verstehen: als *Zusammenfassung und Aufgipfelung seines Lebens*. Seine Sendung war, mit seiner Existenz und seinem Wort die bedingungslose Zuwendung Gottes zu bezeugen und so die Gottesherrschaft anfanghaft Wirklichkeit werden zu lassen. [...] Mit der ganzen Mahlhandlung gibt sich Jesus den Jüngern in die Hand, und zwar in dem doppelten Sinne von *Sich-Schenken und Sich-Ausliefern*. Das Brot, das Jesus, wie jeder jüdische Hausvater, zu Beginn des Mahles austeilt, und der Becher, den er reicht, sind, sozusagen die Zeichen im Zeichen, konzentrierte Realsymbole der Selbstgabe und Selbstauslieferung: „Nehmt, das ist mein Leib [...]; das ist mein Blut" (Mk 14,22.24 par.). „Leib" und „Blut" meinen ja nicht Bestandteile, sondern den ganzen lebendigen Menschen, wobei „Leib" vor allem an das konkrete Ich und „Blut" vor allem an das Leben denken lässt, das „vergossene" Blut aber an die Lebenshingabe.

Franz-Josef Nocke, 1997

4. Zeichnen Sie Nockes Hinführung zum Verständnis der Eucharistie nach.
5. Stellen Sie die Unterschiede zwischen den Mahlgemeinschaften und Mahlgleichnissen Jesu und dem „letzten Abendmahl" in einer Tabelle dar (z. B. Mt 9,9-13; Mt 22,1-14; Mt 26,20-29) und interpretieren Sie diese.
6. Fassen Sie Schneiders Deutung der kirchlichen Eucharistiefeier zusammen. Entwickeln Sie jeweils kurze Wortklärungen zu den Begriffen „Eucharistie" und „Opfer".
7. Der „kritische Realist" Harald Duwe malte 1978 eine moderne Version des Abendmahls. Das Bild hängt heute in der Evangelischen Akademie Tutzing (Bayern). Beschreiben Sie das Gemälde und geben Sie ihm einen Titel.
„Kann in einem von der Kirche getragenen Haus kein ordentliches Abendmahlsbild hängen?" Setzten Sie sich mit dieser Meinung eines Besuchers der Akademie auseinander.
8. In der evangelischen Kirche werden Gläubige anderer Konfessionen zum Abendmahl eingeladen. Katholiken ist es verboten, am Abendmahl in lutherischen und reformierten Kirchen teilzunehmen. Zur Kommunion in der katholischen Kirche werden nur Katholiken zugelassen.
a) Stellen Sie mithilfe Ihrer Ergebnisse aus Arbeitsanregung 5 Überlegungen zum Hintergrund dieser unterschiedlichen Praxen dar. Recherchieren Sie unter dem Stichwort „Interkommunion".
b) In Ihrer Gemeinde wird die Erste Heilige Kommunion gefeiert. Der Priester macht sich Gedanken, in welcher Form er den zahlreichen nichtkatholischen Gästen der Kommunionkinder vor dem Kommunionempfang „begegnen" kann. Helfen Sie ihm durch die Gestaltung einer kurzen freundlichen Ansprache oder eines Ritus, der die katholischen Grundsätze wahrt.

Wenden Sie Ihr Wissen an

■ Legen Sie einen Ordner an, in dem Sie Materialien (Zeitungsartikel, Karikaturen etc.) sammeln, die die Gegenwartsrelevanz der im Unterkapitel behandelten Aspekte unterstreichen. Geben Sie im Laufe der Abiturvorbereitung einigen Ihren Mitschülerinnen und Mitschülern einen Überblick.

3. Kirche als Kontrastgesellschaft

Was Sie erwartet

„Wo alle Christen sind, ist keiner Christ!" – Die Kritik des dänischen Religionsphilosophen Sören Kierkegaard (1813–1855) am Staatskirchentum des 19. Jahrhunderts mag zwar kaum mehr die gesellschaftliche Situation von Kirche und Christentum in der Gegenwart treffen; der Vorwurf jedoch, dass der Glaube profil- und hinsichtlich der sichtbaren Praxis folgenlos sei, begleitet das „Volk Gottes" von Beginn an. Ob Diktatur oder Demokratie – Kirche und Christentum scheinen mitzuspielen; immer bedacht darauf, die eigene Organisation zu schützen vor Zersetzungsversuchen von außen.

Aber ist ein solches Urteil zutreffend oder resultiert es aus einer wenig sensiblen Wahrnehmung der Wirklichkeit? Ist die Kirche bei genauer Betrachtung nicht weitaus kritischer gegenüber den Zeitläuften als gemeinhin angenommen? Im folgenden Unterkapitel werden Ihnen Überlegungen begegnen, welche die Kirche als „Kontrastgesellschaft" konzipieren. Entscheiden Sie, wie viel Radikalismus in der Nachfolge Jesu eigentlich notwendig oder wünschenswert ist.

Die Kirche geht aufs Ganze

19

Thomas Plassmann, 2006

1. Spielen Sie die Situation der Karikatur in Ihrem Kurs mehrmals durch und listen Sie originelle Beiträge an der Tafel auf.
2. Sammeln Sie Stimmen zur Frage der Karikatur in Ihrer Schule und auf der Straße und werten Sie die Antworten systematisch aus.
3. Vergleichen Sie Ihre Ergebnisse mit dem folgenden Text von Gerhard Lohfink.

Gerhard Lohfink (*1934) war bis 1986 Professor für Neues Testament und lebt und arbeitet seitdem in der „Integrierten Gemeinde", einem Zusammenschluss von Priestern und Laien in München.

20 Die Kirche geht aufs Ganze

„Jesus hatte sich (im Tempel) gegenüber der Schatzkammer hingesetzt und sah zu, wie die Leute Geld in die Schatzkammer brachten. Viele Reiche brachten viel. Und es kam eine arme Witwe und brachte zwei Lepta, das ist ein Quadrans. Da rief Jesus seine Jünger herbei und sprach zu ihnen: „Wahrhaftig, ich sage euch: Diese arme Witwe da hat mehr gegeben als alle anderen, die Geld in die Schatzkammer gebracht haben. Denn alle haben sie nur aus ihrem Überfluss gegeben. Diese Frau aber hat aus ihrem Mangel gegeben: alles, was sie besaß, ihren ganzen Lebensunterhalt." (Mk 12,41-44) ...

Für Markus ist das Opfer der Witwe eine Veranschaulichung des Hauptgebotes. [...] Die Witwe, sagt die Erzählung in bestürzender Deutlichkeit, gab nicht nach der Art, wie man Spenden oder Almosen gibt. [...] Sie gab alles. ...

Nimmt man Mk 12,41-44 in dieser Weise ernst, kann die Frage allerdings nicht ausbleiben, was die Witwe am nächsten Tag essen soll, wenn sie heute alles, was sie besitzt, für den Tempel gibt. Hat sie das Hauptgebot wirklich „mit ihrem gesamten Verstand" befolgt? [...]

Der Ausleger muss sich dieser Frage stellen, denn sie führt erst überhaupt dorthin, wo die Erzählung das sagen kann, was sie sagen will. Alle Jesuserzählungen und Jesusworte erzwingen unaufhörlich die Frage nach dem Ort, wo sie ihren Sinn enthüllen, wo sie realisierbar sind und wortgetreu – das heißt nicht nur vergeistigt, sondern leibhaftig – gelebt werden können. Wenn diejenigen, die versuchen, die Geschichte der armen Witwe zu leben, an ihr scheitern müssten, wäre diese Geschichte unsinnig, mehr noch, sie wäre verantwortungslos und dürfte nicht in der Bibel stehen.

Die Geschichte setzt, wie alle anderen biblischen Texte, den Boden des Volkes Gottes voraus. Markus muss, wenn er diese Geschichte erzählt, das konkrete Miteinander in den christlichen Gemeinden vor Augen gehabt haben, wo jeder sich und sein Leben ganz zur Verfügung stellen konnte, wo aber auch jeder von den anderen mitgetragen wurde. Dort, wo viele andere ihr Leben in solcher Weise verknüpfen, ist die Witwe nicht mehr allein. Dort gibt es immer Schwestern und Brüder, die ihr Schutz geben und mit ihr das Mahl teilen. Dort wird sie dann aber auch gebraucht. Nicht nur ihr wird geholfen, sondern sie selbst kann anderen helfen. Wir wissen aus der jüdischen und frühchristlichen Literatur, dass die Sorge für die Witwen etwas den Gemeinden Wichtiges, ja Wesentliches war. Wir wissen darüber hinaus, welch entscheidende Rolle die Witwen und Ehelosen in der frühen Kirche für den Aufbau der Gemeinden spielten. Sie halfen nicht nur mit dem, was sie hatten, sie waren auch Realsymbol für das „Ganz". [...]

Das Wunder der Brotvermehrung setzt sich fort in Gemeinden, in denen jeder alles gibt, was er hat: sein Vermögen, seine Zeit, seine Arbeitskraft – aber auch sein Unvermögen, seine Schwächen und seine anscheinend leeren Händen, in denen nur die Lächerlichkeit von zwei Kupfermünzen ist. Wo das geschieht, hat jeder, was er braucht, und es wird Phantasie für das Zusammenwirken geweckt, so dass – obgleich die Gemeinde immer arm ist – jener Überfluss zusammenkommt, der für die Gründung neuer Gemeinden eingesetzt werden kann. Die Lösung Gottes für die Not der Welt ist die vernünftige und sachgerechteste Lösung, die es gibt. [...]

Aber ist eine solche Auslegung nicht vielleicht doch eine maßlose Überinterpretation biblischer Texte? Darf Gott wirklich verlangen, dass der Mensch *alles* hergibt? Wäre der Mensch damit nicht überfordert? Verlangt denn die Kirche, dass die Gläubigen alles geben? Wagt es irgendein kirchlicher Amtsträger, seine Christen mit etwas zu konfrontieren, das auch nur entfernt in diese Richtung ginge?

Wenn wir ehrlich sind: Die biblischen Texte werden heute eher im Sinn allgemeiner Humanität ausgelegt. Ihre Radikalität wird dabei verharmlost oder verschwiegen. Früher wurde in der katholischen Kirche in den Predigten und Volksmissionen wenigstens von Zeit zu Zeit über das radikale „Ganz" des Ordenslebens gesprochen. Doch auch das ist inzwischen eher selten geworden. Und das Ergebnis? Mit dieser abgemilderten und angepassten Botschaft, die nur noch zu sagen wagt, was der Gemeinschaft sowieso plausibel ist, wird niemand für das Evangelium gewonnen. Im Gegenteil! Die Kirchen leeren sich.

Gerhard Lohfink, 1998

4. Fassen Sie die Überlegungen Lohfinks thesenartig zusammen.
5. Ziehen Sie Erkundigungen über die Integrierte Gemeinde München (www.kig-online.de) ein und stellen sie deren Form des Kircheseins vor.
6. „Die Kirchen leeren sich". Führen Sie ein Streitgespräch: Ist Lohfinks Kirchenvision hilfreich, Menschen für den christlichen Glauben zu gewinnen?

„Ora et labora" – wie durchlässig sind Klostermauern?

Klöster gehörten über Jahrhunderte zu den prägendsten religiösen und kulturellen Einrichtungen Europas. In der Gegenwart genießen Ordensangehörige eher einen Exotenstatus innerhalb der Gesellschaft. Wie zeitgemäß ist eine Existenzform, die sich auf ein Leben in einer gleichgeschlechtlichen Gemeinschaft nach den Idealen der Armut, des Gehorsams und der Ehelosigkeit verpflichtet sieht?
Die autobiografische Erzählung von Veronika Peters (* 1966), die zwischen 1987 und 1999 als Nonne in einer benediktinischen Ordensgemeinschaft lebte, bevor sie heiratete und eine Familie gründete, bietet einen Einblick in ein Leben, das der Autorin bis zum Ende „fremd" blieb.

21 Was in zwei Koffer passt

In meinem Zimmer steht noch immer der unausgepackte Koffer. Obenauf liegt der kleine Walkman, den Lina mir zum Abschied geschenkt hat. Sie hat eine Kassette hineingesteckt, die einzige, die ich jetzt noch habe.

Als ich die beiden Fensterflügel weit aufstoße, galoppiert hinter der Klostermauer eine Gruppe brauner und schwarzer Pferde den Hügel hinauf. Ich schwinge mich auf die erfreulich breite Fensterbank, sehne mich nach einer Abendzigarette, schaue zu, wie die schnaubenden Tiere hinter einer Baumreihe zum Stehen kommen. Das ist ein guter Platz.

Aus meinem Kopfhörer klingt Peter Gabriel, „Red Rain". Was mache ich hier?

Ursprünglich wollte ich nur ein paar Fragen stellen, als ich die eigenartig gekleidete Frau ansprach, von der mir andere Kursteilnehmer sagten, sie sei Nonne und Benediktinerin und lebe nicht weit von unserem Tagungsort in einem sehr malerisch gelegenen Kloster. Sie leitete den „Arbeitskreis Gregorianischer Choral", den ich für den Rest der „Musiktage" belegte, nur weil mir die hochgewachsene Schwester mit ihren lebhaft gestikulierenden Händen so gut gefiel.

Was das für ein Leben sei, wollte ich von ihr wissen, und ob es zufrieden machen könne, ein Glaubensleben in Gemeinschaft zu führen.

„Zufriedenheit?", sagte sie, „streben Sie das an?"

Ich hatte bis dahin einiges unternommen, um irgendeinen Sinn jenseits von Geldverdienen und Sachenanhäufen zu finden, hatte mich in Zen-Meditation vertieft, an Gebetskreisen teilgenommen, linksalternative Wohngruppen besucht, mit missionseifrigen Freichristen diskutiert, gegen Atomkraft und Startbahn-West demonstriert, Hirschbergs gesamte „Geschichte der Philosophie" gelesen. Jetzt stand eine attraktive Nonne um die vierzig vor mir, die mit zahlreichen anderen Frauen ein religiöses Leben ohne Privatbesitz führte und dabei eine Klarheit und Entschiedenheit ausstrahlte, die ich ebenso verwirrend wie faszinierend fand.

KIRCHE – *Einheit in Vielfalt* **247**

Sie wirkte nicht wunschlos glücklich, strahlte nicht die unerträglich erlöste Selbstzufriedenheit frommer Leute aus. Sie war einfach anders. Ich wollte mehr darüber wissen.

„Besuchen Sie mich im Kloster, wenn Sie möchten; dann können wir uns weiter unterhalten, und Sie schauen sich das selbst an. Aber erwarten Sie keine fromme Romantik, die gibt es bei uns nicht."

Wahrscheinlich ist die Frage, warum man in ein Kloster eintritt, genauso schwer oder unmöglich zu beantworten, wie die Frage, warum man sich in einen bestimmten Menschen verliebt und nicht in einen anderen, der vielleicht klüger, hübscher, reicher oder sonst wie besser ist. Vielleicht ist es die Faszination des „alternativen Lebens", die Rückzugsmöglichkeit, der Wunsch, etwas zu entdecken, das man nicht einfach so wegwischen kann, die Suche nach dem Grund des Daseins, nach etwas, das bleibt, der Kampf gegen die Auslöschung der eigenen Existenz.

Germana hat in einem unserer ersten Gespräche zu mir gesagt: „Im Kloster kommt man sehr bald an die eigenen Grenzen."

Um so besser. Da will ich hin, an die Grenze, und nach Möglichkeit darüber hinaus. Ist das spätpubertärer Quatsch, religiöser Fanatismus, einfach Wahnsinn?

Und dann die Sache mit dem Zölibat. Ist der Preis zu hoch? Es ist ein Versuch, eine Art Expedition mit ungewissem Ausgang. Wir werden sehen.

„Hast du mit deiner Familiengeschichte nicht schon genug durchgemacht?", fragte Lina, als ich ihr erzählte, ich ginge ins Kloster. „Kannst du nicht versuchen, ein ganz normales Leben zu führen?"

„Was soll ich mit einem ganz normalen Leben?", habe ich geantwortet, und Lina war den Rest des Abends verstimmt. Sie weigerte sich strikt, auch nur ansatzweise gutzuheißen, was sie meinen „religiösen Aussteigertick" nannte.

Wie wird das weitergehen? ... Ich hasse es, jemandem gehorchen zu müssen! Keine gute Voraussetzung für ein Leben im Kloster, wenn man den Texten der alten geistlichen Meister glauben will. Welche von den Frauen, die ich heute erlebt habe, könnte man fragen, wie sie mit ihrer Sexualität zurechtkommt? Maria? Luise? Margarita? Wie gehen sie im Alltag damit um, Gelübde der „Beständigkeit", des „klösterlichen Lebenswandels", des „Gehorsams" abgelegt zu haben? Die meisten der Nonnen sehen nicht so aus, als hätten sie sich selbst aufgegeben. Im Gegenteil.

Ich spule die Kassette zurück. In der Ferne bellt ein Hund, jemand schlägt ein Fenster zu, es riecht nach frisch gemähtem Gras.

Trotz allem ein guter Anfang.

Veronika Peters, 2007

Kloster Marienrode bei Hildesheim

Franz Kamphaus, der frühere Bischof von Limburg (1982–2007), versucht im nachfolgenden Text die sogenannten „Ratschläge des Evangeliums" Armut, Ehelosigkeit und Gehorsam in ihrer spirituellen Grundbedeutung zu zeigen.

22 Leidenschaft für Gott. Armut, Ehelosigkeit, Gehorsam

Vieles im Leben können und müssen wir kaufen. Darum haben wir unsere Kaufkraft stark entwickelt. Wir kaufen, was zu kaufen ist. Aber: Nicht alles ist käuflich. Und: Das Käufliche ist nicht alles.

Manches ist unbezahlbar: Liebe ist unbezahlbar. Der Mensch ist unbezahlbar. Gott ist unbezahlbar. Man kann sie nicht kaufen, für kein Geld in der Welt.

Während unsere Kaufkraft in den vergangenen Jahren ständig gestiegen ist, sind wir in dem, was unbezahlbar ist, immer ärmer geworden. Es ist doch eigenartig: Wir können uns alles Mögliche kaufen, und trotzdem werden viele unter uns das Gefühl nicht los, leer auszugehen, um das Wichtigste im Leben betrogen zu sein. So dicht liegt das nebeneinander: Fülle und Leere, Sattsein und Unzufriedenheit, Reichtum und Angst, Erfolg und Resignation.

Wenn Lebens-mittel zum Lebens-zweck, zum Lebens-sinn werden, dann ist auf einmal der Teufel los. Dann sitzen wir in der Sonne des Wohlstandes und gehen ein vor Kälte. Das ist doch kein Leben …

„Der Mensch lebt nicht vom Brot allein …" Im Gegenteil, er stirbt am „Brot allein". Wenn er nur noch aufs Brot aus ist, aufs käufliche Brot, dann geht er schließlich bei lebendigem Leibe zugrunde. So kann er nicht Mensch bleiben. Das ist kein Leben …

Es gibt Alternativen, Möglichkeiten, anders zu leben. Wie denn? So, dass das Unbezahlbare in unserem Leben stärker zum Zuge kommt als das Käufliche. Dazu möchte uns der Glaube ermutigen. Er eröffnet uns Wege, das zu verwirklichen.

Ein Weg sind die evangelischen Räte, Ratschläge, die das Evangelium gibt: Gehorsam, Ehelosigkeit, Armut. Darin liegt eine Möglichkeit des Evangeliums. Für manche ist es *die* Möglichkeit ihres Lebens, die Möglichkeit, anders zu leben: christlicher, menschlicher.

Man kann von diesen drei evangelischen Räten nicht reden, ohne von Gott zu reden. Sie stehen und fallen mit dem Glauben an Gott. Von ihm her erhalten sie ihren Sinn und ihren Wert. Sie sind unbezahlbar – wie Gott. Wer nur vom Kaufen her denkt und lebt, wird den Kopf schütteln und sagen: „Wie kann man nur:…" – Wer einen Sinn hat für das Unbezahlbare, wird nachdenklich. Er wird bedenken, was diese Möglichkeit christlichen Lebens für ihn bedeuten kann und ob sie vielleicht seine Möglichkeit werden könnte.

Wie gesagt: Das steht und fällt mit dem Glauben. Wenn jemand sich ganz auf Gott einlässt und ihm sein Leben überlässt, dann kann er getrost viele Dinge lassen. Er wird frei wie kaum jemand sonst. Er muss keine Angst mehr um sich selbst haben, er hat den Rücken frei. Für ihn wird wichtig, was andere als unwichtig ansehen; und es wird unwichtig, was anderen ihr „ein und alles" ist, von dem sie meinen: „Ohne das geht's nicht, ohne das kann ich nicht leben!"

Besitz! – Besitz ist gut, wir gebrauchen ihn zum Leben. Viele denken: „Man kann doch nicht leben, ohne etwas persönlich zu besitzen. Das gibt's doch gar nicht!" – Doch, das gibt's: Menschen, die für sich nichts besitzen. Die sagen: „Nichts gegen den Besitz. Aber – das soll alles sein? Das kann doch nicht alles sein. In allem ist etwas zu wenig. Gott ist mein ein und alles. Und nun lass' ich den Besitz um Gottes willen. Ich bin so frei. Gott schenkt mir diese Freiheit."

Macht! – Macht hat ihren Wert. Sie gibt uns die Möglichkeit, etwas zu machen. Viele denken: „Man kann doch nicht leben ohne Einfluss, ohne Position, ohne Macht." – Doch, das geht! Ich brauche nicht erst etwas aus mir zu machen, um etwas zu sein. Gott bin ich schon so wertvoll genug. Und, wo die Herrschaft Gottes ganz ernst genommen wird, da fällt die Herrschaft von Menschen über Menschen. Da finden sich Menschen, die sagen: „Für mich gibt's nur eins: das gemeinsame Hören auf den einen Herrn. Das ist *der* Gehorsam. Und nun lass' ich Macht und Position um Gottes Willen. Ich bin so frei. Gott schenkt mir diese Freiheit."

Ehe! – Die Ehe ist gut! Wir alle verdanken uns unseren Eltern. Ohne sie wären wir nicht. Die Ehe ist gut; alles ist sie nicht. Und es ist gefährlich, wenn jemand zum anderen sagt: „Du bist mein ein und alles!" Da wird er ihn bitter enttäuschen, das kann er nicht halten. Alles ist er nicht. Die Ehe ist nicht alles. – Da gibt's Menschen, die sagen: „Nichts gegen die Ehe! Aber alles ist sie nicht. Und nun lass' ich die Ehe um Gottes willen. Gott ist mein ein und alles. – Ich bin so frei. Gott schenkt mir diese Freiheit."

Ich bin so frei! – Freiheit? Eine ungewohnte Freiheit, die allein Gott schenken kann. Wenn er hinter mir steht, dann habe ich Rücken und Nacken, Hände und Herz frei. Dann kann ich mich ganz den anderen zuwenden. Dann kann ich wirklich anders leben.

Dann geschieht auf einmal etwas völlig Unerwartetes. Die meisten Leute denken: evangelische Räte – Menschen hinter Klostergittern. Arme Menschen, die sich nicht entfalten können. Sie sind eingezwängt und verklemmt. Man muss sie befreien, damit sie etwas haben vom Leben ... Gott denkt anders. Die Räte des Evangeliums sind sein Ruf in die Freiheit, anders zu leben. Wer sich darauf einlässt, kann zum Zeichen der Freiheit werden für die vielen, die so in ihren Besitz vernarrt sind, dass sie nicht mehr besitzen, sondern besessen sind (nicht Besitzende, sondern Besessene), für die vielen, die nur noch eins sehen: Einfluss, Macht, Position, denen jedes Mittel recht ist, an den Drücker zu kommen, die schon gar nicht mehr merken, wie sie Gefangene ihrer selbst sind, – für die vielen, deren einziges Glück das Ausleben ihrer Sexualität ist, die unter Sexualzwängen stehen.

Gott will freie Menschen, Menschen, die sich auf die Freiheit einlassen, die er allein schenken kann. Man kann sie nicht kaufen, sie ist unbezahlbar. Und auch die Menschen, die sie unter uns zu leben versuchen und uns daran erinnern, sind unbezahlbar.

Franz Kamphaus, 1981

INFO: Mönchtum/Klöster/Orden

Seit dem vierten Jahrhundert entwickelte sich, ausgehend von Ägypten, eine christliche Lebensform, welche gemeinschaftliches Leben mit der Trennung von der „Welt" zu vereinbaren suchte. Dabei entsprachen die wenigsten Ausgestaltungen dieser Form der Jesusnachfolge der heute landläufigen Vorstellung vom Klosterleben. Einsiedler und Säulensteher gehören ebenso wie keltische Missionare aus Schottland und Irland zu den Vorläufern des klassischen europäischen Mönchtums (monasterium). Im Verlaufe des Frühmittelalters setzte dann ein Vereinheitlichungsprozess des klösterlichen Lebens ein, das man unter Bezugnahme auf den in Italien wirkenden Benedikt von Nursia (ca. 480–547) und den im Karolingerreich einflussreichen Benedikt von Aniane († 821) als *benediktinisches Mönchtum* bezeichnet. Bis ins hohe Mittelalter hinein waren die unter dem Leitspruch „ora et labora" firmierenden Benediktinerklöster Zentren kulturellen, technischen und zivilisatorischen Fortschritts. Seit dem dreizehnten Jahrhundert wurden zunehmend andere Formen des Ordenslebens (ordo = Stand) „erfunden", die den Bedürfnissen der nun dominierenden Stadtkultur (Bettelorden der Franziskaner und Dominikaner) oder der Kreuzzugsidee (Ritterorden) entsprechen sollten.

Im Zeitalter der Entdeckungen und der Gegenreformation wird mit dem Jesuitenorden ein gänzlich neuer Typus von „Gesellschaft Jesu" wirksam, der von vornherein hohe Bildung mit mystischer Spiritualität und dem „Dienst an der römisch-katholischen Kirche" zu verbinden suchte. In der Neuzeit ist hingegen der Wille zum Dienst an den Mitmenschen zum Ausgangspunkt von Neugründungen geworden (z. B. Vinzentiner und Vinzentinerinnen).

Konfessionstheologisch ist vor allem das Mönchtum eine umstrittene Einrichtung: Ist diese Sonderform christlichen Lebens die Art radikaler Nachfolge, die mit den Forderungen des Evangeliums Ernst macht, oder ist das Kloster als Ort ein Beleg dafür, dass das Evangelium nur in einem Schonraum funktioniert? Ist die Zugehörigkeit zu einem Orden eine die bürgerliche Existenz mit ihren unchristlichen Kompromissen verneinende Daseinsweise oder ist sie unbiblisches, auf die eigene Leistung vor Gott schielendes „Superchristentum"? Die Kirchen der Reformation lehnen einen gesonderten kirchlichen Stand neben den „normalen Gläubigen" ab; allerdings kennt die lutherische Kirche Formen des gemeinschaftlichen Lebens – freilich ohne Ordensgelübde.

1. Erarbeiten Sie eine Übersicht über die katholischen Orden und nennen Sie darin das spezifische Profil dieser Orden.
2. Recherchieren Sie Informationen zur ökumenischen „Communauté von Taizé" und erklären Sie Ihren Mitschülern die Attraktivität dieser burgundischen Gemeinschaft besonders für jüngere Menschen (vgl. S. 277).
3. „Was soll ich mit einem ganz normalen Leben?" Fassen Sie unter dieser Überschrift die Texte von Peters und Kamphaus zusammen. Spielen Sie eine Szene, in welcher Kamphaus und Peters einander ihre jeweilige Motivation verdeutlichen.
4. Besuchen Sie ein in Ihrer Nähe liegendes Kloster. Entwickeln Sie eine Dokumentation mit Fotos, Interviews, Berichten über den Tagesablauf und das „christliche Programm" der Gemeinschaft. Diskutieren Sie, ob die Bildauswahl der Seiten 247 ff. ergänzt werden müsste.
5. Welche Voraussetzungen muss jemand mitbringen, der sich auf ein Leben im Kloster verpflichten möchte? Gehen Sie von den im Unterricht behandelten Materialien aus und entwerfen Sie einige „Essentials" in einem Flyer.

Prophetische Kritik unerwünscht? Die Abtreibungsfrage – ein Testfall

Seit den ausgehenden sechziger Jahren spaltet der Streit um den § 218 StGB, den „Abtreibungsparagraphen", die Bevölkerung der Bundesrepublik Deutschland. Vor allem die Frauenbewegung und die christlichen Kirchen stehen in ihren Positionen einander unversöhnlich gegenüber. Die Politik hat in den vergangenen Jahrzehnten mehrere Versuche unternommen, das Abtreibungsrecht neu zu regeln. Das gewandelte gesellschaftliche Bewusstsein gegenüber der Abtreibung sollte dabei ebenso berücksichtigt werden wie die Entscheidungen des Bundesverfassungsgerichts und – nach 1990 – die Praxis in der ehemaligen DDR. Mittlerweile ist in vielen europäischen Staaten das Abtreibungsrecht „liberalisiert" worden.

Die Enzyklika „Evangelium Vitae" setzt sich mit zentralen moraltheologischen Problemstellungen der Gegenwart auseinander. Besonders die westliche Welt ist nach Meinung von Papst Johannes Paul II. (1978–2005) von einer „Kultur des Todes" geprägt.

23 Das Verbrechen der Abtreibung

Unter allen Verbrechen, die der Mensch gegen das Leben begehen kann, weist die Vornahme der Abtreibung Merkmale auf, die sie besonders schwerwiegend und verwerflich machen. Das II. Vatikanische Konzil bezeichnet sie und die Tötung des Kindes als „verabscheuungswürdiges Verbrechen".

Doch heute hat sich im Gewissen vieler die Wahrnehmung der Schwere des Vergehens nach und nach verdunkelt. Die Billigung der Abtreibung in Gesinnung, Gewohnheit und selbst im Gesetz ist ein beredtes Zeichen für eine sehr gefährliche Krise des sittlichen Bewusstseins, das immer weniger imstande ist, zwischen Gut und Böse zu unterscheiden, selbst dann, wenn das Grundrecht auf Leben auf dem Spiel steht. Angesichts einer so ernsten Situation bedarf es mehr denn je des Mutes, der Wahrheit ins Gesicht zu schauen und die Dinge beim Namen zu nennen, ohne bequemen Kompromissen oder der Versuchung zur Selbsttäuschung nachzugeben. In diesem Zusammenhang klingt der Tadel des Propheten kategorisch: „Weh denen, die das Böse gut und das Gute böse nennen, die die Finsternis zum Licht und das Licht zur Finsternis machen" (Jes 5,20). Gerade in Bezug auf die Abtreibung ist die Verbreitung eines zweideutigen Sprachgebrauchs festzustellen, wie die Formulierung „Unterbrechung der Schwangerschaft", die darauf abzielt, deren wirkliche Natur zu verbergen und ihre Schwere in der öffentlichen Meinung abzuschwächen. Vielleicht ist dieses sprachliche Phänomen selber Symptom für ein Unbehagen des Gewissens. Doch kein Wort vermag die Realität der Dinge zu ändern: Die vorsätzliche Abtreibung ist, wie auch immer sie vorgenommen werden mag, die beabsichtigte und direkte Tötung eines menschlichen Geschöpfes in dem zwischen Empfängnis und Geburt liegenden Anfangsstadium seiner Existenz.

Die sittliche Schwere der vorsätzlichen Abtreibung wird in ihrer ganzen Wahrheit deutlich, wenn man erkennt, dass es sich um einen Mord handelt, und insbesondere, wenn man die spezifischen Umstände bedenkt, die ihn kennzeichnen. Getötet wird hier ein menschliches Geschöpf, das gerade erst dem Leben entgegengeht, das heißt das absolut unschuldigste Wesen, das man sich vorstellen kann: Es könnte niemals als Angreifer und schon gar nicht als ungerechter Angreifer angesehen werden! Es ist schwach, wehrlos, so dass es selbst ohne jenes Minimum an Verteidigung ist, wie sie die flehende Kraft der Schreie und des Weinens des Neugeborenen darstellt. Es ist voll und ganz dem Schutz und der Sorge derjenigen anvertraut, die es im Schoß trägt. ...

„Wer eine Abtreibung vornimmt, zieht sich mit erfolgter Ausführung die Tatstrafe der Exkommunikation latae sententiae zu", das heißt die Strafe tritt von selbst durch Begehen der Straftat ein. Die Exkommunikation trifft alle, die diese Straftat in Kenntnis der Strafe begehen, somit auch jene Mittäter, ohne deren Handeln sie nicht begangen worden wäre. Mit dieser erneut bestätigten Sanktion stellt die Kirche diese Straftat als eines der schwersten und gefährlichsten Verbrechen hin und spornt so den, der sie begeht, an, rasch auf den Weg der Umkehr zurückzufinden. [...]

Diese Lehre ist auf dem Naturrecht und auf dem geschriebenen Wort Gottes begründet, von der Tradition der Kirche überliefert und vom ordentlichen und allgemeinen Lehramt der Kirche gelehrt.

Kein Umstand, kein Zweck, kein Gesetz wird jemals eine Handlung für die Welt statthaft machen können, die in sich unerlaubt ist, weil sie dem Gesetz Gottes widerspricht, das jedem Menschen ins Herz geschrieben, mithilfe der Vernunft selbst erkennbar und von der Kirche verkündet worden ist.

Johannes Paul II., 1995

Emil Nolde: Heilige Nacht, 1912

24 Stell dir vor, du treibst ab – und keiner fragt warum

1971 bekannten 374 Frauen öffentlich, abgetrieben zu haben. Die Kampagne für ein liberaleres Abtreibungsrecht war ein großer Erfolg. Heute ist an die Stelle des politischen Bekenntnisses das Schweigen einer ganzen Gesellschaft getreten. Viele Frauen treiben ohne erkennbare Not ab. Und niemand fragt warum.

Miriam Hollstein, 2008

1. Informieren Sie sich über den Wortlaut (www.dejure.org) und die Geschichte des § 218.
2. Geben Sie die Position der katholischen Kirche wieder (Text 23) und setzen Sie sich mit Anliegen und Begründung des Abtreibungsverbots auseinander.
3. Suchen Sie eine Schwangerenkonfliktberatungsstelle auf und informieren Sie sich über die Gründe für Abtreibungen.
4. „Stell dir vor, du treibst ab – und keiner fragt warum". Diskutieren Sie: Blendet eine Konsum- und Wegwerfgesellschaft eine Massentötung mitten in Friedenszeiten aus? Inszenieren Sie ein Streitgespräch im Kurs. Führen Sie eine Befragung von älteren Schülerinnen und Schülern durch.
5. Im Jahr 1991 wurde erstmals die „Woche für das Leben" veranstaltet. Informieren Sie sich über Anliegen und Themen der jährlich stattfindenden Initiative. Gestalten Sie einen eigenen Flyer mit einem griffigen Motto.
6. Beschreiben und deuten Sie das Bild „Heilige Nacht" von Emil Nolde. Erörtern Sie: Eignet es sich, das Anliegen des Lebensschutzes zu versinnbildlichen?

Maria – Urbild des Glaubens, Urbild der Kirche

Die Stellung Marias, der Mutter Jesu, im Gefüge des Glaubens und der Frömmigkeit gehört zu den markantesten Unterschieden zwischen dem katholischen Christentum und den anderen christlichen Konfessionen. Zwar besteht Einigkeit hinsichtlich der biblischen und frühchristlich-dogmatischen Titulierungen Mariens (vgl. Lk/Mt 1-2: „Jungfrau"; Konzil von Ephesus: „Gottesgebärerin"), eine spezifische, sich in Gebetspraxis, Wundergläubigkeit und Wallfahrtswesen niederschlagende Marienverehrung, die Ausbildung eines eigenen theologischen Zweiges („Mariologie") und die verbindliche Formulierung marianischer Glaubenssätze in der neueren Zeit (1854: „Unbefleckte Empfängnis"; 1950: „Leibliche Aufnahme in den Himmel") sind eine Besonderheit des römisch-katholischen Glaubens. Im Anschluss an das Zweite Vatikanische Konzil versucht die katholische Theologie in ökumenischer Absicht Maria in ihrer Rolle als Glaubende neu ins Gedächtnis zu rufen.

Otto Hermann Pesch (* 1931) lehrte bis zu seiner Emeritierung katholische Theologie an der evangelisch-theologischen Fakultät Hamburg

25 Urbild des Glaubens – Urbild der Kirche

Der Mutter Jesu ist keine Erprobung, ja Zumutung des Glaubens an ihren so unerwartete Wege gehenden Sohn erspart geblieben. So wenig wir direkt Historisches über sie wissen, so sehr lässt sich dies „hochrechnen". In Schriften des Neuen Testaments, die Jahrzehnte nach dem mutmaßlichen Zeitpunkt ihres Todes geschrieben wurden, wird Maria in „feierlichem" Zusammenhang erwähnt (Apg 1,14; Joh 19,25-27) – ein untrügliches Zeichen, dass man sie in ehrendem Gedenken bewahrt hat. [...] Die Tatsache, dass Maria als seine leibliche Mutter unter den Glaubenden war, sich also vom Werk, der Sendung und dem Lebens- und Todesweg ihres Sohnes hat überzeugen lassen, gibt ihrem Glauben ein besonderes Gewicht [...]. Darum ist es keineswegs eine Übertreibung der Frömmigkeit, Maria als *Urbild des Glaubens* zu verehren. Im Gegenteil, das ist allemal die beste Marienverehrung.

Wenn aber Urbild des Glaubens, dann auch *Urbild der Kirche*. Denn was ist die Kirche anders als *Gemeinschaft der Glaubenden!* [...] Ob „Volk Gottes", ob „Leib Christi", ob „Sakrament" der Gemeinschaft mit Gott und unter den Menschen: All dies ist die Kirche nur durch die angenommene Einladung in den Glauben. Und deshalb darf Maria „Urbild der Kirche" genannt werden – und damit Maßstab der Kirche als der Gemeinschaft des durch Gottes Gnade *angenommenen* Glaubens. Maßstab aber auch noch in einem sehr speziellen Sinne: nämlich für den Umgang mit dem *angefochtenen* Glauben. Maria hat jedenfalls sehr konkret einen Glauben aufbringen müssen, der durch die Anfechtung des zunächst so unverstehbaren und darum auch so katastrophal endenden Lebensweges ihres Sohnes hindurch musste. Eine Kirche, die an Maria Maß nimmt, kann darum nicht „triumphalistisch" mit den im Glauben Angefochtenen umgehen und ihnen nach alter (Un-) Sitte entweder Dummheit oder Böswilligkeit unterstellen. Sie muss die Fragen – die moderne Form der Anfechtung – zulassen, auch dann, wenn sie zeitweilig keine alles erklärende Antwort weiß und sich mit dem Wort Jesu begnügen muss: „Wer nicht gegen uns ist, ist für uns." (Mk 9,40)

Otto Hermann Pesch, 2010

1. Geben Sie Peschs Mariendeutung wieder und setzen Sie diese in Beziehung zum Marienbild in Liedgut (z. B. „Gotteslob"), Malerei und Plastik (z. B. Pietà).
2. Schreiben Sie eine kurze Meditation zu Lk 1,26-38 unter dem Titel „Maria – Urbild des Glaubens, Urbild der Kirche". Suchen Sie im Internet nach einem passenden Bild zu Ihrer Betrachtung. Begründen Sie Ihre gegenüber Pesch evtl. veränderte Akzentsetzung.
3. Recherchieren Sie: Marienerscheinungen, Marienwallfahrten und andere mit Maria in Zusammenhang stehende Phänomene (z. B. weinende Madonnen). Entwerfen Sie eine Übersicht und bewerten Sie die Sachverhalte nach transparenten Kriterien (z. B. Vernunft, biblische Fundierung, psychische Grenzerfahrung, etc.).

Wenden Sie Ihr Wissen an

- Schneiden Sie eine TV-Sendung oder einen Film mit, die/der sich mit der Rolle der Kirchen in der Öffentlichkeit beschäftigt.
- Stellen Sie den Inhalt und die tragenden Elemente der Sendung vor (evtl. durch Ausschnitte gestützt).
- Nehmen Sie aus der Sicht einer Vertreterin/eines Vertreters der Kirchen theologisch begründet Stellung zur Sendung.
Weitere Medien, die sich für die Aufgabenstellung eignen: Tageszeitungen und Magazine (Spiegel, Fokus, Stern etc.), Romane, Radiosendungen, Musikproduktionen.

4. Mission und Weltkirche

Was Sie erwartet

Während alle Welt das Branding, die Bindung des Kunden an Marken, als legitimes Werbemittel akzeptiert, sollen die Religionen Ruhe geben und keine Konflikte provozieren; Dialog statt Mission, Verständigung statt „Clash of Civilizations" – so ließe sich der Wunsch einer globalisierten Welt gegenüber den „theologischen Troublemakern" beschreiben. In Europa trägt zu dieser Forderung nach missionarischer Zurückhaltung auch das Wissen um die „Tod-oder-Taufe"-Rufe des Mittelalters gegenüber Juden, die Religionskriege der frühen Neuzeit und die brutale Unterwerfung der amerikanischen und afrikanischen Kulturen zwischen dem 16. und 19. Jahrhundert bei. Europa heute – ein Kontinent ohne Selbstbewusstsein? Europäisches Christentum heute – eine sprachlose Folkloretruppe? Das Zentrum des Handelns Jesu und der Urkirche (Mt 28,16-20; Apg 2,14-42) – die Verkündigung des Evangeliums und der Botschaft von der Rettung der Menschen durch Jesus Christus – scheint an den Rand gerückt, der „Kontinent ohne Gott" selber schon Missionsland geworden zu sein.

Auf der anderen Seite wird aber auch zunehmend deutlich: Ohne eine Verständigung über die je eigenen Lebenskonzepte, ohne gemeinsames Ringen um das, was wichtig und „wahr" ist, können Kulturen und Menschen weniger denn je auf dem eng gewordenen Planeten Erde, dem Garten Gottes (Gen 2), miteinander auskommen.

Rückblick und Ausblick aus der Perspektive der Weltkirche also auf Fragestellungen, die Ihnen auch in anderen Unterrichtsfächern begegnen, die Ihnen aber auch als Reisende und Berufstätige nahe rücken können und die für Katholikinnen und Katholiken in besonderer Weise bedeutsam sind.

Was ist Mission?

Der Ursprung aller christlichen Mission findet sich im sogenannten „Missionsbefehl" bei Matthäus (28,18-20).

26 **Der Auftrag des Auferstandenen**

¹⁸ Da trat Jesus auf sie zu und sagte zu ihnen: Mir ist alle Macht gegeben im Himmel und auf der Erde. ¹⁹ Darum geht zu allen Völkern, und macht alle Menschen zu meinen Jüngern; tauft sie auf den Namen des Vaters und des Sohnes und des Heiligen Geistes, ²⁰ und lehrt sie, alles zu befolgen, was ich euch geboten habe.

Der katholische Theologe Hans Zirker (* 1935) war Professor an der Universität Essen.

27 **Mission – eine begriffliche Klärung**

Der Ausdruck „Mission" bezeichnet erst seit dem 16. Jahrhundert in der heutigen Bedeutung das kirchliche Bemühen um die Ungetauften. Vorher gab es wohl die Praxis, aber keinen eigenen Begriff. Dies ist aufschlussreich: Solange die Erde noch nicht in ihrem ganzen Ausmaß und mit der Fülle ihrer Völker und Kulturen in den Blick getreten war, wurde das Wirken der Kirche nach innen und nach außen noch stärker als eine Einheit begriffen. Das Leben der Gemeinden war ein Zeichen für die Welt; die Verkündigung an die Welt geschah in der geschichtlichen und kulturellen Umgebung der Gemeinden. Beides stand in einem einleuchtenden Wechselbezug. Mit dem Zeitalter der Entdeckungen veränderten sich demgegenüber nicht nur die räumlichen Dimensionen, sondern auch die Erfahrungs- und Handlungsvoraussetzungen. Die Wege führten jetzt deutlicher in andere und ferne „Welten". [...]

Symptomatisch dafür ist es, dass der Name der kirchlichen Behörde, die 1622 in Rom für die

KIRCHE – Einheit in Vielfalt **255**

Mission eingerichtet wurde – nämlich der Kongregation „de propaganda fide" (= „für den zu verbreitenden Glauben") – im 19. Jahrhundert unser anrüchiges Wort „Propaganda" abgab. Das missionarische Wirken der Kirche geriet in den Geruch der unlauteren Beeinflussung und der überheblichen Werbung. Eine wichtige Rolle spielt dabei auch ihre Verquickung mit dem *Kolonialismus*. [...]

Im verbreiteten kirchlichen Bewusstsein ist die Mission jedenfalls immer in der Gefahr, dass sie nur als ein exotisches Unternehmen wahrgenommen wird. So ist es bezeichnend, dass Katholiken auf die zwei Fragen, ob Mission „für die Kirche eine besonders wichtige Aufgabe" sei und ob sie „mehr Entwicklungshilfe leisten" solle, jeweils recht unterschiedlich reagieren und (im statistischen Durchschnitt) der Entwicklungshilfe deutlich gegenüber der Mission den Vorzug geben. [...]

Die Mission findet ihren Sinn nicht darin, dass es ihr gelingt, die Religionsstatistik der Welt zu verändern, sondern dass die Kirche „als Zeichen erscheint, aufgerichtet unter den Völkern" (Ad gentes, 36). Der eigentliche *Träger des missionarischen Wirkens* ist demnach nicht der Missionar, der als Fremder kommt, um das Evangelium zu verkünden, sondern die Gemeinde, die ihre nicht-christliche Umgebung erkennen lässt, wie christliches Leben sein kann. Die Kirche entspricht auf diese Weise ihrem *sakramentalen Charakter*, der sie dazu verpflichtet, allen Menschen ein *soziales Symbol* zu sein. [...]

Bei einem solchen Verständnis von Mission kann sich die Kirche nie einfach nur als die Überlegene und Gebende ansehen; immer ist sie auch diejenige, die lernt und an Erfahrungen reicher wird. Denn sie kann nur ansprechen, wenn sie selbst auch hinhört; sie kann nur verstehen, wenn sie sich dazu öffnet. Damit aber bedeutet Mission im Leben der Kirche immer auch *Kommunikation*. Dies gilt in einem eigenen Sinn für die Gemeinden, die sich selbst nicht unmittelbar in missionarischer Lage befinden: Sie sind nicht nur zur Unterstützung der Kirche in anderen Regionen unserer Welt aufgefordert, sondern vor allem zur *Teilnahme* an ihren Bedürfnissen und Aufgaben. So kann sich die Kirche durch ihre Mission besonders intensiv als *Austauschgemeinschaft* erfahren und bewähren.

Hans Zirker, 1984

F.K. Waechter, 1988

1. Clustern Sie Ihre Einfälle zum Thema Mission und bilden Sie im Kurs ein „Vorurteil" aus. Vergleichen Sie dieses mit Zirkers Missionsverständnis.
2. Lateinamerika und Afrika gelten als „klassische Missionskontinente". Erarbeiten Sie sich einige wichtige Aspekte der Theorie und Praxis der Verbreitung des christlichen Glaubens. Hilfen finden Sie in Geschichtsbüchern zum 16. und 19. Jahrhundert, den „Informationen zur politischen Bildung" oder auch auf den Netzseiten der Franziskaner, der Dominikaner und der Jesuiten.
3. Stellen Sie die Aktivitäten in den Gemeinden Ihrer Umgebung bezüglich der missionarischen Präsenz in einer Liste zusammen und erstatten Sie im Kurs Bericht darüber.
4. Arbeiten Sie die Pointe der Karikatur S. 256 heraus.
   Spielen Sie die Szene selber mit anderen Sprachspielen und Argumenten durch.
   Kommentieren Sie die „Haustürmission" aus Zirkers Sicht.
5. Gestalten Sie einen Flyer, mit welchem Sie für die katholische Kirche oder christliche Gemeinden vor Ort in einer Fußgängerzone werben würden.

Die Begegnung mit einer selbstbewussten Kultur – China

In Asien konnte das Christentum nie den Status einer Minderheitenreligion überwinden. Die indischen, chinesischen und japanischen Religionen, Kulturen und Staaten sind nicht nur älter als die europäisch-christliche Zivilisation, sie präsentierten sich auch politisch widerstandsfähiger als die südamerikanischen und afrikanischen Gesellschaften. Die Mission hatte deshalb andere Wege der Vermittlung des christlichen Glaubens zu beschreiten als die auf Waffengewalt oder finanzielle Mittel gestützte Transferierung der europäischen Kirche in ein unterlegenes Gebiet.

Das nebenstehende Bild zeigt die „Halle des Ernteopfers" in Peking; seit 1442 vollzog der Kaiser an diesem Ort persönlich und barfuß den Kotau vor seinen Vorfahren, den Ahnen und dem Himmel. In einer Religion ohne festumrissenes Gottesbild spielte die Zeremonie zur Herstellung der Harmonie zwischen Himmel, Mensch und Natur eine bedeutende Rolle für das Wohlergehen von Staatsführung, Gemeinwesen und Volk. Obwohl er seit dem Wiederaufbau 1889 nur noch von touristischem Interesse ist, symbolisiert der in strengster Symmetrie errichtete Rundbau das Bedürfnis der chinesischen Kultur nach intakten Sozialbeziehungen – Grund für das lange Zeit schwache Echo auf die Botschaft vom „gekreuzigten Gott"? Viele Missionare erwähnten in ihrer Verkündigung Jesu Schicksal nur beiläufig – Abbildungen der Mutter Gottes mit Kind erfreuten sich größerer Beliebtheit als das Kruzifix.

So bemühten sich besonders die Jesuiten durch die Aufnahme einheimischer Traditionen und Denkgewohnheiten, Riten und Verhaltensmaßstäbe um die Entwicklung eines „chinesischen Katholizismus". Als eindrucksvolles Beispiel einer solchen „Inkulturation" gilt Leben und Werk des aus Köln stammenden Gelehrten Johann Adam Schall von Bell.

KIRCHE – *Einheit in Vielfalt*

28 Johann Adam Schall von Bell – ein Missionar als Mittler zwischen den Kulturen

Der bedeutendste deutsche Chinamissionar (1592–1666) und Astronom ging nach seiner Schulzeit am Kölner Dreikronengymnasium 1608 nach Rom und trat 1611 in die Gesellschaft
5 Jesu ein. Der Jesuitengeneral erfüllte seine Bitten und sandte ihn wegen seiner naturwissenschaftlichen Kenntnisse als Missionar nach China. Ab 1627 als Missionar in der Provinz Sian tätig, wurde er 1630 zusammen mit dem Mai-
10 länder Jesuiten Giacomo Rho (1592–1638) nach Peking berufen, um in der Nachfolge von Johann Schreck (1576–1630) den Kalender zu reformieren. Die Stimmigkeit des Kalenders war unverzichtbar als (himmlischer) Legitimati-
15 onsbeweis für das herrschende Kaiserhaus. Innerhalb von sieben Jahren gaben Schall und Rho zusammen mit chinesischen Astronomen eine Sammlung mathematischer Forschungen in 150 Bändchen heraus; daneben konstruierte Schall
20 astronomische, optische und hydraulische Instrumente.

1644 wurde Schall als erster Europäer zum Leiter des Astronomischen Amtes ernannt, das bis 1776 in den Händen der Jesuiten blieb und da-
25 mit dem Christentum auch in schweren Zeiten eine gewisse Sicherheit gab. Schalls Ernennung zum Mandarin I. Klasse (1658) verpflichtete ihn, den Sohn eines Dieners zu adoptieren, weil diese Ernennung mit erblichem Adel verbunden
30 war. Als Vertrauten des jungen Kaisers Shun-chi sah man in Schall von 1651–1661 einen Regenten Chinas. Nach dessen Tod machte man Schall auf Betreiben muslimischer Gegner seiner Kalenderreform den Staatsprozess. Schall starb kurz nach seiner Befreiung. Kaiser K'ang-hsi ließ ihn 35 auf Betreiben Ferdinand Verbiests bald darauf rehabilitieren.

Hubertus Halbfas, 2004

Im November 1637 setzt sich Johann Adam Schall in einem Brief an einen Ordensbruder mit den Missionsmethoden der konkurrierenden Franziskaner und Dominikaner auseinander.

29 Ein Brief über die Missionsmethoden in China

Ich möchte Euer Hochwürden einen Teil der Geschichte erzählen, die sich hier vor etwas mehr als zwei Monaten abgespielt hat. Da kamen in diese Hauptstadt zwei Patres des heili-
5 gen Franziskus, die entschlossen waren, entweder Märtyrer zu werden oder den Kaiser von China und sämtliche Chinesen zu bekehren. Keiner von ihnen konnte Chinesisch sprechen. [...] Beide trugen ihre Kutten [...]. Jeder hielt ein
10 Kruzifix in der Hand und wollte anfangen zu predigen. Sie kamen per Sänfte und wurden von drei chinesischen Burschen begleitet. [...] Unser Pater Provinzial war hier, aber da er nicht mit ihnen verhandeln wollte (wahrscheinlich weil er dachte, die Spanier würden auf ihn, einen Por- 15 tugiesen, wohl weniger hören), bürdete er die Angelegenheit mir auf, denn ich bin ein Deutscher.

Ich ging ihnen entgegen, um sie noch außerhalb des Stadttores zu empfangen, und erklärte 20 ihnen ruhig, aber ernst, weshalb sie klug und friedlich vorgehen sollten. Ich hatte aber nicht viel Erfolg. Sie redeten aufgebracht und ärgerlich auf mich ein, insbesondere der Provinzialbevollmächtigte, Fray Gaspar de Alenda, der 25 kurz zuvor von Manila gekommen war. Sein Begleiter Fray Francisco de la Madre de Dios, der seit zwei oder drei Jahren in Fukien war, sprach

---

258 KIRCHE – *Einheit in Vielfalt*

gemäßigter. (Einer der Vorteile eines längeren China-Aufenthalts besteht darin, dass er unseren natürlichen Stolz mildert.)

Ich nahm sie dann mit zur Begräbnisstätte unseres Paters Matteo Ricci [...] und versagte ihnen nichts, was die Brüderlichkeit gebietet, gab ihnen Zimmer und (die Mittel zum Zelebrieren) der Messe etc.

Hier gibt es Tausende, die ihren Lebensunterhalt durch das Zutragen von Nachrichten verdienen. Und so wurde ihre Anwesenheit durch solche Spione den Behörden mitgeteilt, die nach ihnen schickten, um sie festnehmen zu lassen [...]. (Die Gendarmen) machten mich zum Prügelknaben. Ich wurde beschuldigt, mit barschen Worten angefahren, gepufft und herumgestoßen und die ganze Nacht vom Schlaf abgehalten. (Was die Patres betrifft), so kam ihnen damals kein Gedanke ans Martyrium. Sie übergaben ihre Kruzifixe unter wenig oder keinen Protestkundgebungen, und mit gefalteten Händen sprachen sie öfter als nötig *laoyes*, was *Senor, Senor* bedeutet, und schlossen mit einem *dimite nos in pace* ...

Ich verwandte die ganze Diplomatie, die ich in Italien erlernt hatte, auf den Versuch, sie zu befreien. Mit Hilfe einiger Bestechungsgelder überredete ich Beamte, sie nicht vor die höheren Gerichte oder den Kaiser zu schleppen. Sie begnügten sich damit, die beiden nach Fukien zu schicken, von wo aus sie nach Manila zu segeln versprachen. Diese unternahmen keinen Versuch, ihre drei chinesischen Burschen mitzunehmen, deren Festnahme und Fesselung sie tatenlos hatten geschehen lassen – wobei sie wohl wussten, dass diese die Todesstrafe erwartete, weil sie ohne Genehmigung Ausländer in die Hauptstadt gebracht hatten. Es gelang mir aber, ihre Freilassung zu erwirken. Die Burschen bereuten zur Genüge die *Fiesta*, an der sie teilgenommen hatten.

Dies ist in Kürze die Begebenheit und die Geschichte des Dienstes, den ich dem seraphischen Vater St. Franziskus erwies: nämlich seine Söhne vom Tode errettet zu haben, der sie erwartet hätte, wenn den Chinesen bekannt gewesen wäre, was unseren Dienern bekannt war, nämlich, wie häufig sie von der Eroberung Chinas sprachen. Gewiss hätte man sie in Stücke gehackt, und ebenso wenig wären wir heil und ganz davon gekommen. Macao wäre kaum sicher gewesen. Es ist besser, im Bett zu sterben, als auf diese Weise Märtyrer zu werden.

Wir nahmen sie in unserem Hause auf, unser Personal bediente sie, und trotzdem sprachen sie mit (unseren Dienern) höchst ungünstig über unsere Angelegenheiten, als ob allein sie den apostolischen Geist besäßen. Das verzeihen wir ihnen als unseren älteren Brüdern. Das Schlimmste ist, dass uns die ganze Komödie — außer vielen Unannehmlichkeiten während der fünfzehn Tage ihres Hierseins — siebzig Tael kostete.

Adam Schall, 1637

1. Fassen Sie Schalls Ausführungen zusammen und charakterisieren Sie deren Form.
2. Angenommen, die beiden Franziskaner hätten den Inhalt des Briefes zu Gesicht bekommen: Schreiben Sie einen Antwortbrief an Schall. Gehen Sie darin auf die unterschiedlichen Missionsansätze ein.
3. Ziehen Sie Erkundigungen hinsichtlich des sog. Akkomodationsstreits und der Ahnenverehrung in China ein. Nehmen Sie in einer Rede zur Entscheidung Benedikts XIV. Stellung, letztere zu verbieten (1742/44).

INFO: Kirche in China

Seit dem 16. Jahrhundert legten Europäer in Indien und China Handelsstützpunkte an, von denen aus auch missionarische Initiativen ausgingen. Allerdings behielt sich der mächtige, bevölkerungsreiche und gut organisierte chinesische Beamtenstaat eine Prüfung der ausländischen Handels- und Religionsaktivitäten vor; nicht vom Pekinger Kaiserhof genehmigte Missionsversuche wurden drastisch bestraft. Neben machtpolitischen Überlegungen war dabei auch die Vorstellung leitend, dass der Kaiser als „Mandatar" des Himmels für die Harmonie in seinem Reich und – in konzentrischen Kreisen abgestuft – in der Welt zuständig sei. Dieses sinozentrische Weltbild verlangte die kulturelle Unterwerfung fremder Länder unter die Oberhoheit des „Himmelssohnes" und die Beachtung der konfuzianischen Ordnung.

Viele Missionare des Jesuitenordens, u.a. Matteo Ricci, Michele Ruggieri, Adam Schall und Ferdinand Verbiest, praktizierten deshalb eine vollständige Integration ihrer Person in die chinesische Zivilisation. Sie übernahmen Sprache, Aussehen, Kleidung und Sitten und passten die kirchliche Glaubenslehre den chinesischen Denkvorstellungen an. Diese „Inkulturation" führte schließlich zur förmlichen Anerkennung der Kirche neben den schon bestehenden Garantien für buddhistische, muslimische und jüdische Gebetsstätten (sog. Toleranzedikt von 1692).

Sowohl antichristliche Reaktionen in China als auch das 1742 erfolgte päpstliche Verbot von Ahnenverehrung und Gebrauch der chinesischen Sprache im Gottesdienst entzogen der Existenz der Kirche in China für lange Zeit den Boden. Erst im Zeitalter des Imperialismus (1839–1945) kam es zu einer Neuaufnahme missionarischer Aktivitäten, die aufgrund der instabilen politischen Lage keine dauerhaften Erfolge zeitigen konnten, wohl aber zu gewaltigen Volksaufständen (Taiping 1850–1864) und fremdenfeindlichen Reaktionen (Boxerkrieg 1900) beitrugen.

Die Machtübernahme der chinesischen Kommunisten 1949 („Religion ist Opium des Volkes") ließ den verbliebenen Christen wie auch den Anhängern anderer Kulte nur noch die Organisation im Untergrund als Option offen. Im Zuge der Liberalisierung und Öffnung Chinas nach 1978 wurden religiöse Aktivitäten wieder toleriert. Die katholische Kirche ist allerdings gespalten in eine offizielle, vom Staat überwachte „patriotische" und eine dem Papst als Oberhaupt verpflichtete Untergrundkirche. Die Furcht vor politischer Illoyalität, die aufgrund der fehlenden politischen Artikulationsmöglichkeiten des Volkes in China mit „Sekten" in Verbindung gebracht wird, vereint seit jeher die Herrscher der „Reichs der Mitte" – ob Kaiser oder KP.

Der Journalist Johnny Erling ist für verschiedene europäische Zeitungen in China akkreditiert. Sein Buch gibt einen Einblick in den Alltag der Menschen im Zeitalter der kapitalistischen Öffnung der kommunistischen Diktatur.

30 Kirche und KP – ein schwieriges Verhältnis

Ausgerechnet am 1. Oktober 2000, dem Gründungstag der Volksrepublik China, ließ Johannes Paul II. 120 chinesische Märtyrer und Missionare heiligsprechen. Die meisten waren
5 im Boxerkrieg von fanatischen chinesischen Nationalisten ermordet worden. Der Vatikan machte sich doppelt angreifbar, weil unter den 120 Heiligen auch historisch zweifelhafte Personen waren, die unter dem Vorwand der Mission Ende des 19. Jahrhunderts Untaten begingen. 10
Ende 2001 unternahm Papst Johannes Paul II. einen neuen Anlauf. Er würdigte zum ersten Mal die 300 Jahre zurückliegende, historische (und auch von Peking anerkannte) jesuitische Mission in China als positive Kraft und rehabili- 15
tierte sie. Zugleich entschuldigte er sich für historische Irrtümer und Verfehlungen des Vatikans im Umgang mit China und besonders

260 KIRCHE – *Einheit in Vielfalt*

während der Missionierung im 19. Jahrhundert. Indirekt baute der Papst damit eine Brücke zur Aussöhnung.

Die offizielle katholische Kirche weiß, dass ihre auf Druck der Kommunistischen Partei erzwungene Selbsternennung von Bischöfen ohne päpstlichen Segen von den Gläubigen nicht anerkannt wird. Ihr höchster Bischof und Repräsentant Michael Fu Tieshan bekam diesen Widerstand zu spüren, als er im Auftrag der Partei im Jahr 2000 an Rom vorbei neue Bischöfe weihen ließ. Er musste erleben, dass selbst die Pekinger Seminaristen und viele Gläubige der unheiligen Aktion fernblieben. Der katholische Würdenträger Fu ist bei vielen Katholiken umstritten. Zwar hat auch er früher unter Verfolgung gelitten. Der nach dem Ende der Kulturrevolution 1979 zum Bischof gewählte Fu war 1958 für seinen Glauben zu vier Jahren Landarbeit verurteilt und während der Kulturrevolution noch einmal für sieben Jahre aufs Land verbannt worden. Er gilt aber vielen chinesischen Christen, besonders in der Untergrundkirche, wegen seiner kritiklosen Loyalität gegenüber der Partei und seiner Polemik gegen die römische Kurie als politischer Opportunist. Sie übersehen, dass Bischof Fu auch mit dem Vatikan und den Kardinälen in Rom in ständigem Kontakt steht. Ähnlich wie einst in den früheren sozialistischen Ländern Osteuropas und der DDR sind auch Chinas offizielle Religionsführer zu politischen Überlebenskünstlern geworden. Ein Urteil darüber, wie weit sie sich dabei korrumpieren ließen, wird die spätere Geschichte fällen.

Johnny Erling, 2006

Papst Benedikt XVI. schrieb 2007 einen Brief.

31 Brief an die chinesischen Katholiken

Ich bin mir bewusst, dass eine Normalisierung der Beziehungen mit der Volksrepublik China Zeit erfordert und guten Willen auf beiden Seiten voraussetzt. Der Heilige Stuhl bleibt seinerseits stets für Verhandlungen offen, die notwendig sind, um die gegenwärtige schwierige Zeit zu überwinden. [...]

Daher hat auch die katholische Kirche in China die Sendung, nicht die Struktur oder die Verwaltung des Staates zu ändern, sondern den Menschen Christus, den Retter der Welt, zu verkünden. Dabei stützt sie sich – in der Erfüllung ihres eigenen Apostolats – auf die Kraft Gottes. Wie ich in meiner Enzyklika „Deus caritas est" in Erinnerung gerufen habe, „kann nicht und darf nicht [die Kirche] den politischen Kampf an sich reißen, um die möglichst gerechte Gesellschaft zu verwirklichen. Sie kann und darf nicht sich an die Stelle des Staates setzen. Aber sie kann und darf im Ringen um Gerechtigkeit auch nicht abseits bleiben. Sie muss auf dem Weg der Argumentation in das Ringen der Vernunft eintreten, und sie muss die seelischen Kräfte wecken, ohne die Gerechtigkeit, die immer auch Verzichte verlangt, sich nicht durchsetzen und nicht gedeihen kann. Die gerechte Gesellschaft kann nicht das Werk der Kirche sein, sondern muss von der Politik geschaffen werden. Aber das Mühen um die Gerechtigkeit durch eine Öffnung von Erkenntnis und Willen für die Erfordernisse des Guten geht sie zutiefst an."

Im Lichte dieser unverzichtbaren Grundsätze kann die Lösung der bestehenden Probleme nicht durch einen andauernden Konflikt mit den legitimen zivilen Autoritäten angestrebt werden; zugleich ist aber eine Fügsamkeit gegenüber denselben nicht annehmbar, wenn diese sich unrechtmäßig in Angelegenheiten einmischen, die den Glauben und die Disziplin der Kirche betreffen. Die zivilen Autoritäten sind sich wohl bewusst, dass die Kirche in ihrer Lehre die Gläubigen dazu auffordert, gute Bürger, respektvolle und aktive Mitarbeiter des Gemeinwohls in ihrem Land zu sein. Aber es ist ebenso klar, dass sie vom Staat verlangt, diesen katho-

lischen Bürgern die volle Ausübung ihres Glaubens unter der Achtung einer echten Religionsfreiheit zu gewährleisten.

Wenn wir den „ursprünglichen Plan Jesu" betrachten, stellt sich klar heraus, dass der Anspruch einiger vom Staat gewollter und der Struktur der Kirche fremder Organe und Einrichtungen, der darin besteht, sich über die Bischöfe selbst zu stellen und das Leben der kirchlichen Gemeinde zu lenken, nicht der katholischen Lehre entspricht, nach der die Kirche „apostolisch" ist, wie es auch das Zweite Vatikanische Konzil bekräftigt hat. [...]

In Anbetracht dieser schwierigen Situation fragen sich nicht wenige Glieder der katholischen Gemeinschaft, ob nicht die Anerkennung seitens der zivilen Autoritäten – die für das öffentliche Wirken erforderlich ist – irgendwie die Gemeinschaft mit der Universalkirche kompromittiert. Ich weiß gut, dass diese Problematik die Herzen der Hirten und der Gläubigen schmerzlich beunruhigt. Diesbezüglich bin ich zunächst der Ansicht, dass die notwendige und entschiedene Bewahrung des Glaubensgutes und der sakramentalen und hierarchischen Gemeinschaft an und für sich dem Dialog mit den Autoritäten über jene Aspekte des kirchlichen Lebens, die in den zivilen Bereich fallen, nicht entgegensteht. Daher bestehen dann keine besonderen Schwierigkeiten für die Annahme der von den zivilen Autoritäten erlassenen Anerkennung, wenn die Bedingung erfüllt ist, dass eine solche staatliche Anerkennung nicht die Leugnung unverzichtbarer Prinzipien des Glaubens und der kirchlichen Gemeinschaft mit sich bringt. In nicht wenigen konkreten Fällen jedoch, wenn nicht sogar fast immer, greifen im Anerkennungsverfahren Organe und Einrichtungen ein, die die beteiligten Personen dazu verpflichten, Haltungen anzunehmen, Handlungen zu setzen und Aufgaben zu übernehmen, die dem, was das Gewissen eines Katholiken gebietet, entgegengesetzt sind. Ich verstehe daher, wie schwer es fällt, unter solch verschiedenen Bedingungen und Umständen die richtige Entscheidung zu treffen. Aus diesem Grund überlässt der Heilige Stuhl – nachdem er erneut die Prinzipien dargelegt hat – die Entscheidung dem einzelnen Bischof, der, nach Anhörung seines Presbyteriums, besser imstande ist, die örtliche Situation zu kennen, die konkreten Wahlmöglichkeiten abzuwägen und die eventuellen Folgen innerhalb der diözesanen Gemeinschaft einzuschätzen. Es könnte sein, dass am Ende seine Entscheidung nicht die Zustimmung aller Priester und Gläubigen findet. Ich wünsche mir jedoch, dass sie Annahme findet, auch wenn dies unter Leid geschieht, und dass die Einheit der diözesanen Gemeinschaft mit dem eigenen Hirten aufrechterhalten wird.

Benedikt XVI., 2007

32 Zensur und Verhaftung als Antwort

Pater Bernardo Cervellara, Sinologe und Direktor der Nachrichtenagentur „Asia News" der Päpstlichen Missionswerke erklärte, dass es bisher nicht leicht gewesen sei, den Brief des Papstes in der Volksrepublik China zu verteilen. Die chinesische patriotische und vom Staat kontrollierte Kirche habe dessen Verbreitung verboten. Die Internetsites, auf denen er einzusehen war, hätten den Brief löschen müssen. Der Brief sei in China auch auf der neuen Website des Vatikans in chinesischer Sprache nicht aufrufbar. [...]

Der Großteil der Untergrundbischöfe stehe weiterhin unter Hausarrest oder sei inhaftiert. Drei Bischöfe seien in der Hand der Polizei verschwunden: Bischof Giacomo Su Zhimin (Diözese Baoding, Hebei), 75 Jahre, verhaftet und verschwunden seit 1996; Bischof Cosma Shi Enxiang (Diözese Yixian, Hebei), 86 Jahre, verhaftet und verschwunden seit dem 13. April 2001; und Bischof Jia Zhiguo, verschwunden seit dem 30. März 2009.

Internet

4. Stellen Sie Fakten zum modernen China und zur Lage der Christinnen und Christen in diesem Land zusammen (siehe z. B. Informationen zur politischen Bildung oder kirche-in-not.de).
5. Ordnen Sie Inhalt und Anliegen des Papstbriefes in den skizzierten Gesamtkontext ein. Arbeiten Sie das Kirchenbild Benedikts XVI. heraus und erläutern Sie dessen „Katholizität".

6. Formulieren Sie ein knappes Kommuniqué aus Sicht der chinesischen Regierung, das gegenüber den Journalisten westlicher Staaten die von Bernardo Cervellara geschilderten Ereignisse rechtfertigt.

Gibt es zwei Völker Gottes? – das Verhältnis der Kirche zum Judentum

33 Die Substitutionstheorie

Wegführung der Juden aus Jerusalem im Jahre 70 n. Chr.: Der Titusbogen in Rom verherrlicht die Zerstörung des Tempels und die Erbeutung der sakralen Geräte – im Bild die Menorah – als Sieg des römischen Imperiums über ein durch religiösen Fanatismus angestacheltes widerständiges Volk.

Zur gleichen Zeit deuten frühchristliche Autoren dasselbe Ereignis als Strafe Gottes für die Ablehnung der Botschaft Jesu und des Glaubens an seine Auferweckung (vgl. Mk 12,1-12; Mt 27,25). Demnach werden die biblischen Verheißungen Gottes auf den „neuen Bund" und das „neue Volk" übertragen. Juden können nur durch die Taufe Anteil am Heil gewinnen. An die Stelle dieser Substitutiontheorie (lat. substituere = ersetzen) treten seit dem 20. Jahrhundert neue Denkmodelle, die von der „Tatsache" des „ungekündigten Alten Bundes" (Johannes Paul II.) ausgehen.

34 Ein credibility gap als Ursache des Hasses?

... die Juden kannten ja Mose und die Propheten; sie waren eingeweiht in die Schriften, die man ja nach Ansicht der Christen nur richtig auslegen musste, um das Geheimnis von Tod und Auferstehung zu erfassen. ... Warum sollten die Juden das nicht annehmen? Ihre Verweigerung musste für den Christen das sein, was man heute credibility gap nennt, ein Riss in der Glaubwürdigkeit. Nur das erklärt die Intensität und Brutalität, mit der die Christen durch die Jahrhunderte hindurch die Judenbekehrung forciert haben. *Elisabeth Endres, 1989*

Allegorische Darstellung der „Synagoge" mit gebrochener Lanze, verbundenen Augen, gesenkter Tora-Schrift. Straßburg, Münster

Kirchliche Selbstdeutung mit Krone, Kreuz und Kelch. Freiburg/Brsg., Münster

Während Deutschland die NS-Vergangenheit seit den sechziger Jahren systematisch aufgearbeitet hat und sie in einer differenzierten Kultur des Lehrens, Lernens und Erinnerns darstellt, stehen andere Nationen erst am Anfang eines selbstkritischen und selbstreflexiven Umgangs mit eigener Schuld im Zusammenhang mit der Judenverfolgung. Vor allem die osteuropäischen Völker lernen nach der doppelten Unterdrückung durch den deutschen und den sowjetischen Totalitarismus erst mühsam, eine eigene Verantwortung für Rassismus, Fremdenfeindlichkeit und Antijudaismus zu übernehmen. In diesen Kontext gehört auch das Schreiben der polnischen Bischöfe, das im Januar 1991 in allen polnischen Kirchen verlesen worden ist.

35 Hirtenbrief der polnischen Bischöfe aus Anlass des 25. Jahrestags der Konzilserklärung „Nostra Aetate"

Die Kirche ist im jüdischen Volk und im Glauben der Juden vor allem durch die Tatsache verwurzelt, dass Jesus Christus dem Fleisch nach diesem Volk entstammt. Dieses zentrale heils-
5 geschichtliche Ereignis war von Anfang an von Gott in seinem ewigen Erlösungsplan beabsichtigt. Diesem Volk offenbarte Gott auch seinen Namen, und mit ihm schloss er seinen Bund. Die Erwählung war nicht nur ein außerordent-
10 liches Privileg, sondern auch eine große Verpflichtung zum Glauben und zur Treue dem einen Gott gegenüber bis hin zum Zeugnis des Leidens und nicht selten des Todes. Diesem Volk vertraute Gott die besondere Mission an,
15 alle im wahren Glauben an den einen Gott und in der Erwartung des Messias, des Erlösers, zu vereinen. Als die Fülle der Zeit gekommen war, nahm das ewige Wort Gottes, der eingeborene Sohn des Vaters, Fleisch an aus der Jungfrau
20 Maria, Tochter des jüdischen Volkes. Verkündet durch die Propheten und erwartet von seinem Volk, wurde Jesus Christus in Betlehem als „Sohn Davids, Sohn Abrahams" (Mt 1,1) geboren. Aus dem jüdischen Volk stammen auch die
25 „Apostel, die Grundfesten und Säulen der Kirche, sowie die meisten jener ersten Jünger, die das Evangelium Christi der Welt verkündet haben" (Nostra aetate, 4).
Die Kirche als Volk Gottes der Neuen Erwählung
30 und des Neuen Bundes hat das Volk Gottes der ersten Erwählung und des ersten Bundes nicht von seinen Gaben enterbt, die es von Gott erhalten hat. Wie nämlich der heilige Paulus lehrt: „Die Israeliten sind um der Väter willen geliebt"
35 (Röm 11,28), und deshalb sind „Gnade und Berufung, die Gott gewährt, unwiderruflich" (Röm 11,29). Ihnen gehören auch „die Sohnschaft und die Herrlichkeit, die Bundesordnungen, ihnen ist das Gesetz gegeben, der Gottesdienst und die
40 Verheißungen" (Röm 9,4). Gott hat dem jüdischen Volk also nicht seine Erwählung entzogen, sondern schenkt ihm weiterhin seine Liebe. Und nur er allein, der höchste und barmherzige Gott, kennt den Tag, „an dem alle Völker mit einer Stimme den Herrn anrufen und ihm 45 ‚Schulter an Schulter' dienen" (Nostra aetate, 4). [...]
Mit dem jüdischen Volk verbinden uns Polen besondere Bande, und das schon seit den ersten Jahrhunderten unserer Geschichte. Polen wur- 50 de für viele Juden zum zweiten Vaterland. Die Mehrheit der Juden, die gegenwärtig in der Welt leben, stammt aus den Gebieten der ehemaligen und der jetzigen Republik. Leider wurde gerade diese Erde in unserem Jahrhundert zum Grab 55 für einige Millionen Juden. Nicht aus unserem Willen und nicht von unserer Hand. [...]
Viele Polen haben während des letzten Krieges Juden gerettet. Hunderte, wenn nicht Tausende, bezahlten diese Hilfe mit dem eigenen Leben 60 und dem Leben ihrer Nächsten. Hinter jedem geretteten Juden stand eine ganze Kette von Herzen von Menschen guten Willens und hilfreicher Hände. Ein beredtes Zeugnis dieser Hilfe für die Juden in den grausamen Jahren der Hitler- 65

Johannes Paul II. an der Jerusalemer „Klagemauer" im Jahre 2000. In den Mauerritzen der Überreste des von den Römern 70 n. Chr. zerstörten sog. Zweiten Tempels hinterlassen Besucher häufig Gebetszettel.

schen Okkupation sind die zahlreichen jungen Bäume an der Nationalgedenkstätte „Jad Wa-Schem" in Jerusalem, die Polen gewidmet sind, sowie der vielen Polen zuerkannte Ehrentitel „Gerechter unter den Völkern".

Trotz so zahlreicher heroischer Beispiele der Hilfe seitens christlicher Polen gab es auch solche Polen, die dieser unfassbaren Tragödie gegenüber gleichgültig blieben. Besonders beklagen wir diejenigen unter den Katholiken, die auf irgendeine Weise zum Tod von Juden beigetragen haben. Sie bilden für immer einen Vorwurf des Gewissens auch in gesellschaftlicher Dimension. Wenn auch nur ein Christ hätte helfen können, aber einem Juden zur Zeit der Gefährdung keine helfende Hand gereicht hat oder gar zu seinem Tod beigetragen hat, so heißt uns das, unsere jüdischen Schwestern und Brüder um Verzeihung zu bitten.

Die Erklärung von ca. 170 jüdischen Frauen und Männer aus Rabbinat und Universität versteht sich als Antwort auf die Dialogangebote der christlichen Kirchen. Das Dokument „Dabru emet", das aus dieser privaten Initiative hervorging, wurde im September 2000 in großen amerikanischen Tageszeitungen veröffentlicht.

36 DABRU EMET („Redet Wahrheit")

Als eine Gruppe jüdischer Gelehrter unterschiedlicher Strömungen – die nur für sich selbst spricht – ist es unsere Überzeugung, dass es für Juden an der Zeit ist, die christlichen Bemühungen um eine Würdigung des Judentums zur Kenntnis zu nehmen. Wir meinen, es ist für Juden an der Zeit, über das nachzudenken, was das Judentum heute zum Christentum zu sagen hat. [...]

Juden und Christen beten den gleichen Gott an. Vor dem Aufstieg des Christentums waren es allein die Juden, die den Gott Israels anbeteten. Aber auch Christen beten den Gott Abrahams, Isaaks und Jakobs, den Schöpfer von Himmel und Erde an. Wenngleich der christliche Gottesdienst für Juden keine annehmbare religiöse Alternative darstellt, freuen wir uns als jüdische Theologen darüber, dass Abermillionen von Menschen durch das Christentum in eine Beziehung zum Gott Israels getreten sind.

Juden und Christen stützen sich auf die Autorität ein und desselben Buches – die Bibel (das die Juden „Tenach" und die Christen das „Alte Testament" nennen). In ihm suchen wir nach religiöser Orientierung, spiritueller Bereicherung und Gemeinschaftsbildung und ziehen aus ihm ähnliche Lehren: Gott schuf und erhält das Universum; Gott ging mit dem Volk Israel einen Bund ein, und es ist Gottes Wort, das Israel zu einem Leben in Gerechtigkeit leitet; schließlich wird Gott Israel und die gesamte Welt erlösen. Gleichwohl interpretieren Juden und Christen die Bibel in vielen Punkten unterschiedlich. Diese Unterschiede müssen immer respektiert werden.

Christen können den Anspruch des jüdischen Volkes auf das Land Israel respektieren. Für Juden stellt die Wiedererrichtung eines jüdischen Staates im gelobten Land das bedeutendste Ereignis seit dem Holocaust dar. Als Angehörige einer biblisch begründeten Religion wissen Christen zu würdigen, dass Israel den Juden als physisches Zentrum des Bundes zwischen ihnen und Gott versprochen – und gegeben wurde. Viele Christen unterstützen den Staat Israel aus weit tiefer liegenden Gründen als nur solchen politischer Natur. Als Juden begrüßen wir diese Unterstützung. Darüber hinaus wissen wir, dass die jüdische Tradition gegenüber allen Nicht-Juden, die in einem jüdischen Staat leben, Gerechtigkeit gebietet. [...]

Der nach menschlichem Ermessen unüberwindbare Unterschied zwischen Juden und Christen wird nicht eher ausgeräumt werden, bis Gott die gesamte Welt erlösen wird, wie es die Schrift prophezeit. Christen kennen und dienen Gott durch Jesus Christus und die christliche Tradition. Juden kennen und dienen Gott durch die Tora und die jüdische Tradition. Dieser Unterschied wird weder dadurch aufgelöst, dass eine der Gemeinschaften darauf besteht, die Schrift zutreffender auszulegen als die andere, noch dadurch, dass eine Gemeinschaft politische Macht über die andere ausübt. So wie Juden die Treue der Christen gegenüber ihrer Offenbarung anerkennen, so erwarten auch wir von Christen, dass sie unsere Treue unserer Offenbarung gegenüber respektieren. Weder Jude noch Christ sollten dazu genötigt werden, die

Lehre der jeweils anderen Gemeinschaft anzunehmen.

Ein neues Verhältnis zwischen Juden und Christen wird die jüdische Praxis nicht schwächen. Ein verbessertes Verhältnis wird die von Juden zu Recht befürchtete kulturelle und religiöse Assimilation nicht beschleunigen. Es wird weder die traditionellen jüdischen Formen der Anbetung verändern, noch wird es die Anzahl interreligiöser Ehen zwischen Juden und Nicht-Juden zunehmen lassen, noch wird es mehr Juden dazu bewegen, zum Christentum überzutreten, und auch nicht zu einer unangebrachten Vermischung von Judentum und Christentum führen. Wir respektieren das Christentum als einen Glauben, der innerhalb des Judentums entstand und nach wie vor wesentliche Kontakte zu ihm hat. Wir betrachten es nicht als eine Erweiterung des Judentums. Nur wenn wir unsere eigenen Traditionen pflegen, können wir in Aufrichtigkeit dieses Verhältnis weiterführen.

National Jewish Scholars Project, 2000

1. Halten Sie als Kirchen- oder Stadtführer(in) einen kurzen Vortrag auf der Grundlage der abgebildeten Kirchenportalfiguren (S. 263). Nutzen Sie dazu u. a. die Hinweise der Materialien 33 und 34 sowie der Infobox auf S. 236.
2. In Röm 9-11 „quält" sich der Apostel Paulus mit der Frage, wie sich die Verheißung an Israel zur Heilsbotschaft in Christus verhält. Lesen Sie die Bibelstelle und geben Sie die Grundzüge des Gedankengangs und „das Ergebnis" wieder.
3. Fassen Sie Inhalt und Anliegen des Hirtenbriefs der polnischen Bischöfe zusammen.
4. Recherchieren Sie im Internet die zum Stichwort „Jedwabne" aufgeführten geschichtlichen Fakten. Setzen Sie diese in einen Bezug zum Hirtenbrief. Schreiben Sie den Hirtenbrief oder Passagen desselben entsprechend neu.
5. In den christlichen Kirchen ist die Frage umstritten, ob Mission (vgl. auch S. 255 f.) gegenüber Juden „erlaubt" sei. Geben Sie ein (theologisches) Statement ab (vgl. auch www.judentum.org/judenmission).
6. „Dabru Emet" – ein innerjüdischer Debattenbeitrag oder ein Dialogangebot an Christen? Markieren Sie inhaltliche Signale im Text zur Beantwortung der Frage.
7. Verfassen Sie aus katholischer Sicht einen Kommentar zu „Dabru Emet".
8. Unter www.jcrelations.net finden Sie alle bedeutsamen Dokumente des jüdisch-christlichen Dialogs. Stellen Sie eines exemplarisch vor.

Wenden Sie Ihr Wissen an

Das evangelische Online-Magazin „chrismon.de" setzt sich in seiner Reihe „Religion für Einsteiger" regelmäßig mit „Laienfragen" zum Glauben auseinander.

- Untersuchen Sie den Charakter der Fragen sowie den Aufbau und die inhaltlich-sprachliche Gestaltung der Antworten.
- Stellen Sie ein besonders gelungenes Beispiel im Kurs vor.
- Entwickeln Sie eigene Fassungen, die sich auf die Themen des Unterkapitels beziehen und die sich hinsichtlich Umfang und Machart an das Original anlehnen.

5. Welche Kirche braucht die Welt?

Was Sie erwartet

Öffentliche Wahrnehmung und mediale Inszenierung hängen im Zeitalter von Fernsehen und Internet unmittelbar zusammen. Personen verkörpern Programme: Wer etwas zu sagen haben will, muss sich darstellen können, nicht zuletzt, um in eine Position zu gelangen, die Macht und Einfluss verleiht. Für Demokratien wie Diktaturen scheint zu gelten: Über Bilder gewinnt man die Zustimmung der Menschen. Entscheidet die Art und Weise der Präsenz auf dem Bildschirm und in der Presse auch über die Zukunft des Christentums? Und wäre nicht gerade die katholische Kirche im medialen Zeitalter gut „aufgestellt" – der Papst als „Präsident", der vom „weißen Haus" des Vatikans eine Milliarde Menschen steuert, dessen Auftritte zu Events eines Popstars werden? Und warum versammeln sich nicht alle Christen hinter dem Bischof von Rom?

Wirklichkeit „funktioniert" offensichtlich anders. Neben produzierten Bedürfnissen gibt es lebensdringliche Anliegen der Menschen, neben dem passiven Konsum künstlicher Welten die aktive Gestaltung des eigenen Lebensumfeldes, neben Plänen für eine Idealkirche die geschichtlich gewachsenen Konfessionen, neben dem Globalen das Lokale. Die Zukunft der Kirche entscheidet sich nicht am Reißbrett kluger Architekten, sondern in der Welt mit ihren konkreten Herausforderungen. Das folgende Unterkapitel möchte Ihnen eine eigene Einschätzung der Zukunftsfähigkeit der Kirche ermöglichen – gleichzeitig eine Chance für Sie, ein Fazit des Kapitels Kirche zu ziehen und Verknüpfungen mit anderen Teilen des Buches vorzunehmen.

37 Architektur als Sinnbild der Moderne

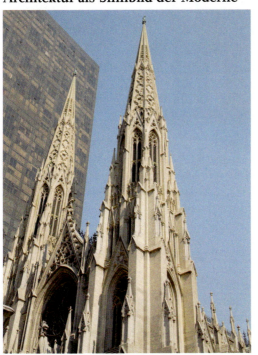

Wenn ehedem die Kirchen das Gesicht der Städte prägten und ihre hochragenden Türme über den Alltag hinaus aufs Ewige verwiesen, so hat in den modernen Hochbauten der Mensch die Monumente seiner eigenen Größe errichtet, die längst die Türme der Gotteshäuser überragen und den Blick zum Himmel verdecken, oder vielmehr: auch den Himmel als den Raum des Menschen, als Welt, deklarieren, die der Mensch zu erforschen und in Dienst zu nehmen sich anschickt. Die neugotische Kathedrale inmitten der stählernen Giganten, in denen sich die moderne Baugesinnung ausdrückt, scheint überdies ein bedrückendes Zeichen der Gestrigkeit des Christlichen zu sein, das sich in der modernen Welt nicht mehr auszusagen vermag und so der modernen Welt auch nichts zu sagen hat.

Joseph Ratzinger, 1972

St. Patrick's Cathedral in New York: Der gleichwohl riesige katholische Kirchenbau fasst 2500 Gläubige.

1. Kirchen im Weichbild der Städte und Ortschaften: Lassen sich Ratzingers Gedanken in Ihrem Umfeld verifizieren? Tragen Sie aussagekräftige Bilder in einer Dokumentation zusammen und prüfen Sie anhand einzelner Beispiele.

Petrusdienst und Papstamt

Das Amt des Papstes gilt in der öffentlichen Wahrnehmung als das augenfälligste Kennzeichen der römisch-katholischen Kirche. Zum einen bietet es den Katholikinnen und Katholiken die Möglichkeit, in religiösen und ethischen, aber auch in politischen Fragen mit einer Stimme zu sprechen. Zum anderen stellt es für nicht wenige Menschen einen Stein des Anstoßes dar. Für die Ökumene ist das Papstamt nach den Worten Pauls VI. (1963–1978) das Haupthindernis auf dem Weg zur Einheit der Christen. Trotzdem wird seit den sechziger Jahren intensiv über Möglichkeiten der Verständigung nachgedacht.

INFO: Papsttum

Gemäß katholischer Lehre gründet das Papstamt in dem Willen Jesu, Petrus und seinen Nachfolgern die Leitung der Kirche und damit die „Schlüssel des Himmels" zu übergeben (vgl. Mt 16,13–19). Historisch wurzelt es in der Tradition der Verehrung der Gräber der Märtyrerapostel Petrus und Paulus in Rom. Schon in der frühen Kirchengeschichte lassen sich Tendenzen der römischen Kirche feststellen, eine besondere Autorität in Fragen der Rechtgläubigkeit und der kirchlichen Ordnung zu beanspruchen. Die Entwicklung eines „Primates" (Vorrang) des römischen Bischofs über die anderen Teilkirchen ist allerdings erst ab dem fünften Jahrhundert erkennbar, ist im ersten Jahrtausend nicht unumstritten und kann auch im westlichen Abendland erst seit dem 11. Jahrhundert praktisch durchgesetzt werden (Gregorianische Reform). Im Spätmittelalter wird die Stellung des Papstes als Oberhaupt der Kirche durch die Bewegung des „Konziliarismus" innerkatholisch in Frage gestellt (Großes Abendländisches Schisma 1378–1417), spätestens mit der Reformation im sechzehnten Jahrhundert gilt eine Ablehnung des „Supremats" (Obergewalt) des Papstes als ketzerisch.
Im Jahre 1870 erfährt das Papstamt durch die Definition der Unfehlbarkeit und des Jurisdiktionsprimates seine vorerst letzte theologische und rechtliche Aufwertung.
Die Kirchen der Reformation lehnen aufgrund theologischer Einwände das Papsttum prinzipiell ab, die Ostkirchen unter Berufung auf die Tradition der altchristlichen „Patriarchate" nur den Vorrang des „lateinischen Patriarchen".

38 Erstes Vatikanisches Konzil: Jurisdiktionsprimat und Unfehlbarkeit des Papstes

Wir lehren demnach und erklären, dass auf Anordnung des Herrn die römische Kirche über alle andern Kirchen den Vorrang der ordentlichen Gewalt besitzt und dass diese wahrhaft
5 bischöfliche Regierungsgewalt des römischen Papstes [die Untertanen] unmittelbar erfasst. Ihr gegenüber sind daher die Gläubigen und die Hirten jeglichen Ritus' und Ranges, und zwar sowohl einzeln wie in ihrer Gesamtheit, zu hier-
10 archischer Unterordnung und zu wahrem Gehorsam verpflichtet. Und das nicht nur in Fragen des Glaubens und des sittlichen Lebens, sondern auch in allem, was zur Disziplin und zur Regierung der Kirche auf dem ganzen Erdenrund gehört. Wenn diese Einigkeit mit dem 15 römischen Papst in den rechtlichen Gemeinschaftsbeziehungen wie im Bekenntnis des gleichen Glaubens treu bewahrt ist, so wird die Kirche Christi wirklich zu Einer Herde unter Einem obersten Hirten. (15) Das ist die katholische wah- 20

268 KIRCHE – Einheit in Vielfalt

re Lehre: Von ihr kann niemand abgehen, ohne an seinem Glauben und an seinem Heil Schiffbruch zu leiden. [...]

Im Apostolischen Primat aber, den der römische Papst als Nachfolger des Apostelfürsten Petrus über die ganze Kirche innehat, ist auch die oberste Lehrgewalt eingeschlossen. [...]

Denn Petri Nachfolgern ward der Heilige Geist nicht dazu verheißen, dass sie aus seiner Eingebung heraus neue Lehren verkündeten. Ihre Aufgabe ist vielmehr, die von den Aposteln überlieferte Offenbarung oder das anvertraute Glaubensgut unter dem Beistand des Heiligen Geistes gewissenhaft zu hüten und getreu auszulegen. [...]

Wenn der römische Papst „ex Cathedra" spricht – das heißt, wenn er in Ausübung seines Amtes als Hirte und Lehrer aller Christen mit seiner höchsten Apostolischen Autorität erklärt, dass eine Lehre, die den Glauben oder das sittliche Leben betrifft, von der ganzen Kirche gläubig festzuhalten ist –, dann besitzt er kraft des göttlichen Beistandes, der ihm im heiligen Petrus verheißen wurde, eben jene Unfehlbarkeit, mit der der göttliche Erlöser seine Kirche bei Entscheidungen in der Glaubens- und Sittenlehre ausgerüstet wissen wollte. Deshalb lassen solche Lehrentscheidungen des römischen Papstes keine Abänderung mehr zu, und zwar schon von sich aus, nicht erst infolge der Zustimmung der Kirche. Wer sich aber vermessen sollte, was Gott verhüte, dieser Unserer Glaubensentscheidung zu widersprechen: der sei im Bann.

Catechismus Romanus, 1938

Vom Spätmittelalter bis in die Gegenwart ein beliebtes Motiv der Kritik – die Gegenüberstellung des Geschicks Jesu mit dem Anspruch des Papsttums.
Lucas Cranach d. Ä., 1521

Jürgen Werbick (* 1946) lehrt katholische Theologie in Münster.

39 Verständigung aus katholischer Perspektive

Die ökumenische Diskussion der letzten Jahrzehnte hat den Blick dafür geöffnet, dass der Petrusdienst auf die größere Communio der verschiedenen Konfessionskirchen in der Nachfolge Jesu Christi hingeordnet sein kann, hingeordnet sein muss, wenn er mit sachlichem Recht auf die Petrusfunktion in der Kirche der ersten Generation zurückgehen soll. In den nichtkatholischen Kirchen dieser größeren Communio löst aber nach wie vor der vom Ersten Vaticanum verbindlich definierte uneingeschränkte Jurisdiktionsanspruch des Papstes große Bedenken aus, der ihn als die „letzte Instanz" mit „Kompetenzkompetenz" doch für Kritik und Widerspruch unerreichbar zu machen und faktisch in eine zentralistische Machtposition zu erheben scheint, von der her die Eigenständigkeit der Einzelkirchen der Christenheit immer wieder in Frage gestellt werden könnte. Im ökumenischen Dialog wurde ein Konzept entwickelt, das eine gestufte (jurisdiktionelle) Zuständigkeit des Papstes auch unter historischen Gesichtspunkten geboten erscheinen ließe. Katholische Teilnehmer des Dialogs aus den USA fordern ihre Kirche auf zu prüfen, „welche Einschränkungen vereinbar sind mit dem Wesen der petrinischen Funktion, die vom Papst ausgeübt werden soll – das heißt mit seinem besonderen

Dienst der Einigung und der Ordnung im Blick auf die Kirche in ihrer Gesamtheit". Gedacht wird vor allem daran, dass der Papst jene Jurisdiktionsansprüche, die ihm eigentlich nur als „Patriarch der westlich-abendländischen katholischen Kirche" zukommen, gegenüber anderen Kirchen nicht erheben müsste. Es wäre – so etwa auch der frühere Bischof von Münster, Heinrich Tenhumberg – durchaus möglich, dass „bestimmte Formen der konkreten Ausübung des unbeschränkten Jurisdiktionsprimats auf den Bereich der römisch-katholischen Kirche beschränkt bleiben".

Im Hintergrund solcher Überlegungen steht die [...] in den letzten Jahren deutlicher reflektierte Tatsache, dass nicht alle Funktionen und Vollmachtsansprüche, die in der katholischen Kirche dem Papsttum faktisch zugeschrieben werden, wirklich unauflöslich mit dem Petrusdienst des Bischofs von Rom verbunden sind. In der konkreten, geschichtlichen Realität des römischen Bischofsamtes durchdringen sich das universalkirchliche Leitungsamt, die administrativ-jurisdiktionellen Rechte des Patriarchen über das Abendland und die Rechte des Bischofs von Rom über seine Diözese. Die gestufte Verantwortlichkeit des römischen Bischofs für sein Bistum, sein Patriarchat und die Einheit der Weltkirche wurde – zumindest seit dem Schisma von 1054 – kaum noch differenziert, so dass der Eindruck eines Universalepiskopats über den gesamten Erdkreis entstehen konnte. Für die Ökumene wäre es wohl von entscheidender Bedeutung, wenn es gelänge, die verschiedenen „Rechtsräume" der päpstlichen Eingriffsmöglichkeiten zu unterscheiden und so die Bedeutung der nichtrömischen und nicht konfessionell-katholischen Orts- bzw. Partikularkirchen neu zur Geltung zu bringen. Der Papst könnte in seiner einheitsstiftenden Funktion von den getrennten Kirchen vielleicht eher akzeptiert werden, wenn er ihnen gegenüber auf seine Patriarchats- und Bischofsrechte verzichten würde. Dieser Verzicht wäre gewiss geeignet, einer am altkirchlichen Communio-Gedanken orientierten Kircheneinheit den Weg zu bereiten.

Jürgen Werbick, 1994

Manfred Kock, ehemaliger Präses der Evangelischen Kirche im Rheinland, leitete zwischen 1997 und 2003 den Rat der Evangelischen Kirche in Deutschland.

40 Das Papstamt aus evangelischer Perspektive

Weder die unübertreffliche mediale Präsenz des Papstes noch die von ihm verantwortete Positionierung in der Frage der Frauenordination, des Zölibats, der Schwangerschaftsberatung und anderer strittiger Fragen können als Verlockung zu einem „evangelischen" Papstamt dienen; es geht um das rechte Verständnis dessen, was Kirche ist, und welche Kennzeichen mindestens als zu ihrem Wesen gehörig zu gelten haben. [...]

Die innere Begründung ist das biblische Verständnis der Wahrheit und der Freiheit des Evangeliums. Es ist das Verständnis von Einheit, das Christus als das Haupt der Kirche konstituiert, für das es keine irgendwie geartete Form der Stellvertretung gibt. Die Zusprüche an Petrus in Matth. 16,17-19 und Joh 21,15ff. gelten der ganzen Kirche und sind in allen ihren Ämtern wirksam. Eine Hierarchie der Ämter, wie auch ein historischer Nachfolgeautomatismus findet sich in der Überlieferung der Heiligen Schrift nicht. Kriterium für die Christusnachfolge ist das Bekenntnis, wie es Petrus gesprochen hat, nicht aber Petrus selber als Bekenner. [...]

Die grundsätzliche Frage, ob der Papst iure divino das Oberhaupt der Kirche sei, ist wohl für beide Seiten der entscheidende Punkt. Gerade diese Frage kann nicht offengelassen werden, weil daran die Lehrvollmacht und der Jurisdiktionsprimat des Papstes über die gesamte Kirche hängen. Mit dem Zugeständnis schonender Behandlung in Lehr- und Rechtsfragen ist uns evangelischen Kirchen nicht gedient.

Am entscheidenden Punkt bleibt es auch nach diesem Denkmodell bei strikt hierarchischen Macht- und Entscheidungsstrukturen. Eine grundsätzlich verpflichtende Einbindung der päpstlichen Vollmacht in kollegiale und synodale Strukturen ist nicht in Sicht, wenn dem Papst diese Vollmacht iure divino zukommt, und zwar ihm allein – aus sich, nicht aber auf Grund der Zustimmung der Kirche.

Manfred Kock, 2001

1. Sammeln Sie Stimmen zum Papsttum in Ihrem Umfeld und werten Sie diese aus (Bildung von thematischen Überschriften, Zustimmung/Ablehnung, konfessionelle und religionsspezifische Einstellungen).
2. Stellen Sie die Überlegungen Werbicks und Kocks einander gegenüber. Erörtern Sie
   a) die Anliegen der Autoren und die Chance einer Verständigung,
   b) die Bedeutung der diskutierten Frage für Christen und Nichtchristen.
3. Recherchieren Sie markante Papstgestalten (z. B. Gregor der Große, Leo der Große, Gregor VII., Bonifaz VIII., Pius IX., Johannes XXIII., Johannes Paul II.).
   a) Ordnen Sie die Papstprofile hinsichtlich persönlicher Eigenschaften, Programmatik, Leistungen.
   b) Prüfen Sie, in welcher Form die untersuchten Papstgestalten den „Primat" ausgeübt haben. Beziehen Sie sich dabei auch auf die Texte von Werbick und Kock.
4. Erläutern Sie die Unterscheidung zwischen „Petrusdienst" (S. 237 ff.) und Papstamt und seine kirchengeschichtliche und theologische Bedeutung.
5. „Der Papst ist unfehlbar!" Nichtchristen, Kirchenkritiker und auch viele Katholiken verstehen diesen Satz zumeist nicht sachgerecht. Informieren Sie in einer kleinen Broschüre über die korrekte katholische Auffassung von der „Unfehlbarkeit". Gehen Sie unter Rückgriff auf den Wortlaut der Konstitution „Pastor aeternus" anhand anschaulicher Beispiele auf typische Missverständnisse ein.
6. Setzen Sie sich in einer die Kontroverse betonenden Form (Streitgespräch, Podiumsdiskussion etc.) mit dem Papstamt auseinander. Berücksichtigen Sie dabei auch Aspekte aus den Unterkapiteln 3 und 4.

Frauenkirche – Männerkirche

In den westlichen Gesellschaften hat die Emanzipation der Frauen in den vergangenen Jahrzehnten enorme Fortschritte erzielt. Immer breiter wird damit die Kluft zwischen denjenigen Zivilisationen, welche die Gleichberechtigung von Mann und Frau anerkennen, und jenen Kulturen, die einen solchen Weg entweder ausdrücklich oder in der Praxis ablehnen. In welchem Maße Religionen in der Geschichte an der Ausbildung der Ungleichheit der Geschlechter mitgewirkt haben, ist strittig; gegenwärtig sehen sich neben dem Islam vor allem die katholische und die orthodoxe Kirche dem Verdacht ausgesetzt, überholte Rollenbilder zu propagieren und der Befreiung der Frau aus der Vormundschaft des Mannes Widerstand entgegenzusetzen. Die Vorstellung von in der Schöpfungsordnung angelegten komplementären Wesensunterschieden zwischen Mann und Frau steht quer zum zeitgenössischen Gender-Mainstream. Nach diesem konstituiert sich das Geschlecht nicht ausschließlich über die biologische Konstitution („sex"), sondern primär über psychosoziale Zuschreibungen: „Man kommt nicht als Frau zur Welt, man wird es" (Simone de Beauvoir).
Vor diesem Hintergrund stellt besonders die feministische Theologie kritische Anfragen an Religion und Kirche.

Die evangelische Theologin und Dichterin Dorothee Sölle (1929–2003) wurde u. a. durch ihre provozierende Art, Theologie zu treiben („Atheistisch an Gott glauben"), und durch ihr feministisch-theologisches Engagement bekannt.

Gottes starke Töchter

Einer meiner Lieblingssätze aus der Bibel heißt, etwas frei übersetzt: „Da hat es nichts mehr zu sagen, ob einer Jude ist oder Grieche, Sklave oder frei, Mann oder Frau. In der messianischen Gemeinschaft von Jesus seid ihr alle gleich und eins" (Gal 3,28). Die *egalité* ist nicht erst in der Französischen Revolution erfunden worden. Die ethnischen und rassischen Unterscheidungen, die Trennung der ökonomischen Klassen je nach Vermögen und Besitz und – vielleicht am wichtigsten – die Geschlechterdifferenz sind nicht das Entscheidende im Leben. Es ist bekanntlich nur ein Chromosom, das Männer von Frauen trennt.

Der biblische Ur-satz vom Bild Gottes, das sich in beiden Geschlechtern spiegelt (Gen 1,27), ist mir wichtiger als die „Rippenstory" aus dem zweiten Kapitel (Gen 2,21), die viel zum dummen Sexismus des herrschenden Geschlechts beigetragen hat. Wir sind unterschieden, aber dass der Mann zuerst genannt wird und die Frau erst danach, bedeutet nicht eine Rangordnung, ein „Erst – dann". Es bedeutet Unterschiedenheit und Gleichheit, beides ist wahr. Warum sollte das nicht zusammengehören können? Lässt sich das nicht, auch gegen herrschende und verinnerlichte Vorurteile, lernen?

Die neue Entdeckung der Frauen innerhalb der Bibel gehört ins Zentrum einer feministischen Befreiungstheologie, die sich in den siebziger Jahren des vorigen Jahrhunderts entwickelt hat. Wenn ich darüber nachdenke, frage ich mich, warum das, was so offensichtlich ist, ja geradezu auf der Hand liegt, nämlich die Bedeutung der Frauen innerhalb der Religion, erst so spät entdeckt und geschätzt wurde. Warum ist das so lange verdrängt, verschwiegen, ignoriert worden, was doch in den vielen Geschichten selbständig handelnder und leidender Frauen zutage tritt? [...]

Gemessen an anderen, nicht-jüdischen und nicht-christlichen Strukturen ist die Herrschaft des Patriarchats in der Bibel längst nicht so ausgeprägt und total. Die Erinnerung an das Im-Bilde-Gottes-Geschaffensein ließ sich nie ganz verdrängen. [...] Die Stärke, die Ausdruckskraft, die Leidenschaft – im wunderbaren Doppelsinn dieses Wortes im Sinne von Passion – der Frauen ist vielleicht größer, jedenfalls nicht geringer, als die der Männer. Das frühe Christentum ist entscheidend von der Rolle der Frauen geprägt. Die Gottesdienste, die gemeinsamen Mahlfeiern, wurden meist in den Häusern von Frauen gefeiert. Frauen beteten und lehrten. Das, was man gut protestantisch „das allgemeine Priestertum aller Gläubigen" nennt, wurde im Teilen des Essens und der Worte, der Ängste und der Freuden gelebt. Die Unterschiede zwischen Sklavinnen und Freien waren unwichtig geworden. Wir alle sind Geschwister, war das Grundgefühl.

Und so wird es auch im neuen Jahrtausend sein.

Dorothee Sölle, 2003

Die katholische Theologin Ida Raming (* 1932) ließ sich 2002 zur „katholischen Priesterin" weihen und wurde kurze Zeit später exkommuniziert.

42 Priestertum der Frauen

Die lange als fraglos geltende, seit den 1960er Jahren aber zunehmend kritisierte Tradition der röm.-kath. Kirche, das Priesteramt nur getauften Männern vorzubehalten, wurde von amtskirchlicher Seite mehrfach ausdrücklich bestätigt [...]. Jesus habe keine Frau unter die Zwölf berufen; die apostolische Gemeinde sei dem Verhalten Jesu in der Folgezeit treu geblieben; der Priester repräsentiere in seinen spezifischen Funktionen Christus, den Mann – er müsse daher männlichen Geschlechts sein; Frauen und Männer hätten verschiedene Dienste in der Kirche. [...]

Gegenüber dem von der Amtskirche aufgestellten Konstrukt einer konstanten Tradition der Ausübung des Priesteramtes nur durch Männer lassen sich bemerkenswerte Beispiele einer Gegentradition anführen. [...] Wie durch eingehende Erforschung neutestamentlicher Quellen aufgewiesen wurde, waren Frauen in der urchristlichen Missionsbewegung bei der Gründung von Ortskirchen beteiligt sowie als Leiterinnen von Hauskirchen, in Gemeindediensten (vgl. Kol 4,15; 1 Kor 16,19; Röm 16,1.3 u. a.) und als Apostelinnen (Röm 16,7) tätig. [...] Im Zuge der Konsolidierung des (dreigliedrigen) Amtes (Episkopat, Presbyterat, Diakonat) wurden Frauen jedoch schon sehr bald aus bedeutenderen Gemeindediensten verdrängt (vgl. 1 Tim 2,11-15). Verbote einer Amtsausübung von Frauen, bereits im NT wie auch in späteren Quellen, [...] sind freilich ebenfalls implizite Zeugnisse für das Wirken weiblicher Amtsträger.

Ida Raming, 2002

Zu Fragen der Priesterweihe äußerte sich Johannes Paul II. in dem Apostolischen Schreiben „Ordinatio Sacerdotalis":

43 Frauenpriestertum ist theologisch nicht möglich

Sie [die Kirche] hält daran fest, dass es aus prinzipiellen Gründen nicht zulässig ist, Frauen zur Priesterweihe zuzulassen. Zu diesen Gründen gehören: das in der Heiligen Schrift bezeugte Vorbild Christi, der nur Männer zu Aposteln wählte, die konstante Praxis der Kirche, die in der ausschließlichen Wahl von Männern Christus nachahmte, und ihr lebendiges Lehramt, das beharrlich daran festhält, dass der Ausschluss von Frauen vom Priesteramt in Übereinstimmung steht mit Gottes Plan für seine Kirche. [...] Damit also jeder Zweifel bezüglich der bedeutenden Angelegenheit, die die göttliche Verfassung der Kirche selbst betrifft, beseitigt wird, erkläre ich kraft meines Amtes, die Brüder zu stärken (vgl. Lk 22,32), dass die Kirche keinerlei Vollmacht hat, Frauen die Priesterweihe zu spenden, und dass sich alle Gläubigen der Kirche endgültig an diese Entscheidung zu halten haben.

Johannes Paul II., 1994

Fensterbild in der Marburger Elisabethkirche: Caritas ja – in tragender Verantwortung nein?

1. Fassen Sie die Beiträge von Dorothee Sölle und Ida Raming zusammen und setzen Sie diese in einen Bezug zum Text von Johannes Paul II.
2. Legen Sie exemplarisch einen biblischen Text im Sinne der „feministischen Theologie" aus (z. B. Lk 10,38-42).
3. Überprüfen Sie die an Ihrer Schule eingeführten Religionsbücher auf geschlechtsspezifische Merkmale (Sprache, Personen, Bilddarstellungen, Identifikationsmöglichkeiten für Mädchen und Jungen etc.). „Veröffentlichen" Sie Ihre Untersuchungsergebnisse im Kurs.
4. Recherchieren Sie „vor Ort": Ist die katholische Kirche eine Männer- oder eine Männer- und Frauenkirche? Stellen Sie Indikatoren (z. B. Gottesdienstbesuch, ehrenamtliches Engagement, Gebetspraxis, Kirchengestaltung) und Ergebnisse u. a. mithilfe einer Collage zusammen.
5. Frauen im Priesteramt? Erarbeiten Sie einen Vortrag zum Thema, der einer kritischen Öffentlichkeit die katholische Position vermittelt. Berücksichtigen Sie die Entscheidung des Papstes (T 43) und Argumente aus anderen Ihnen geeignet erscheinenden Materialien dieses Kapitels oder des ganzen Buches.

... und vor Ort? Planen für welche Zukunft?

44 Katholische Subkultur

Die katholische Kirche in Deutschland hatte unter den Revolutionskriegen im Gefolge der Französischen Revolution besonders zu leiden. Die Beschlagnahme der Güter („Säkularisation") erzwang vielerorts einen Neuanfang im materiellen und kulturellen Leben. Der Bewegung des „Katholizismus" gelang es, durch Vereine, politische Parteien und intensivierte Glaubensschulung einen hohen Grad der Identifizierung der Gläubigen mit ihrer Kirche zu erreichen. Die Auseinandersetzungen mit dem Liberalismus und dem dominanten preußisch-protestantischen Staat ließen eine spezifisch katholische Subkultur entstehen, die Neuerungen skeptisch gegenüberstand, aber auch Widerstandpotenzial – z. B. gegen den Nationalsozialismus – enthielt. Erst mit der Gründung der Bundesrepublik 1949 gelang den Katholiken eine vollständige Aussöhnung mit „Deutschland". Die damit einhergehende Auflösung der Bindungen der Gläubigen an die Kirche wurde allerdings erst spät wahrgenommen. Bis in die siebziger Jahre wurde noch ausgebaut, wo eigentlich schon „Rückbau" erforderlich gewesen wäre.

Beispiel eines Kirchenumbaus aus dem Bistum Hildesheim: Die im 17. Jahrhundert errichtete Dorfkirche St. Martin wurde 1973 durch ein neues großes Hauptschiff erweitert.
Das Bistum Hildesheim hat angekündigt, die Zuschüsse für den Unterhalt des Gebäudes in naher Zukunft zu streichen und damit die Gemeinde vor die Entscheidung gestellt: verkaufen oder selbst finanzieren – evtl. durch einen Förderverein.
In derselben Ortschaft befindet sich ein weiteres Gotteshaus: Die St. Vitus-Kirche ist zwar mit Blick auf die Bausubstanz anfälliger, besitzt allerdings einen barocken Hochaltar sowie ein großes Gelände mit Pfarrheim und Pfarrhaus.

45 Neubau-Ökumene auf der grünen Wiese – das Beispiel Freiburg-Rieselfeld

Zwei Pfarrer, zwei Gemeinden, zwei Konfessionen – und doch haben sie nur eine gemeinsame Kirche. Das ökumenische Zentrum Maria Magdalena im Freiburger Rieselfeld fällt schon von weitem auf: ein markanter, aber schmuckloser Betonbau mit Ecken und Kanten. Der Film porträtiert die konfessionsübergreifende Zusammenarbeit und begleitet Familien, Gruppen und Gemeindemitglieder im Alltag und bei ihren Aktivitäten.

Zentimeter um Zentimeter bewegt sich die tonnenschwere Betonwand. Evangelische und katholische Christen im Freiburger Rieselfeld packen gemeinsam an: Vor großen Festen – wie an Erntedank – bringen sie Beton in Bewegung. Aus zwei Räumen wird dann ein großer Saal für den gemeinsamen Gottesdienst.

Seit 2004 steht die Modellkirche im Rieselfeld. Die normalen Gottesdienste am Sonntag feiern die beiden Gemeinden getrennt, aber gleichzeitig. Vorher und nachher trifft man sich bei Kaffee oder Tee. Erntedank, Silvester und das Maria-Magdalena-Fest feiern Katholiken und Protestanten prinzipiell gemeinsam in ihren zusammengelegten Gottesdiensträumen. Das Bild ist mehr als nur symbolisch. Auch sonst machen Katholiken und Protestanten hier vieles gemeinsam, was anderswo noch nicht einmal ausprobiert wird: Kirchenchor, Kinderchor, Seniorenarbeit. Das ökumenische Zusammenleben läuft natürlich auch im Rieselfeld nicht immer wie geschmiert. Damit am Ende doch alle an einem Strang ziehen, koordinieren die beiden Pfarrer [...] die gemeinsamen Aktivitäten zusammen mit den Vorsitzenden von Ältestenkreis und Pfarrgemeinderat.

Es sind vor allem junge Familien, die den ökumenischen Kirchenbau mit Leben füllen, denn das Rieselfeld ist ein junger Stadtteil. Oft geht dabei die Trennung der Konfessionen mitten durch die Familien. Gerade sie aber haben im Rieselfeld eine ganz besondere Heimat gefunden.

http://www.phoenix.de/wenn_der_glaube_beton_versetzt/300960.htm

St. Maria Magdalena, Freiburg-Rieselfeld

1. Erkundigen Sie sich nach den „Strukturplanungen" in Ihrem Bistum.
   a) Listen Sie Kirchen auf, die von Schließung bedroht sind, notieren Sie die Begründungen?
   b) Unterscheiden Sie die Gebäude hinsichtlich Eigentumsrecht, Größe, Bausubstanz, Häufigkeit der Nutzung.
   c) Befragen Sie Gegner der Aufgabe von Kirchengebäuden und stellen Sie deren Argumente und Planungen den Bistumsplänen gegenüber.
2. Entwerfen Sie in Ihrer Lerngruppe Kriterien für die „Nachnutzung" einer Kirche. Prüfen Sie eine „angemessene" Zweckbestimmung (Moschee, Discothek, Restaurant, Seniorenheim, Kindergarten).
3. Erarbeiten Sie eine eigene Konzeption für eine ökumenische Zusammenarbeit der Gemeinden in Ihrem Umfeld (Kindergarten, Seniorentreff, andere Aktionen der Gemeinden). Bieten Sie an einer Stellwand Skizzen und Fotomaterial zur Erörterung an.
4. Recherchieren Sie weitere Informationen zum Modell Freiburg-Rieselfeld. Nehmen Sie diese in einen Vortrag zum Thema „Kirche der Zukunft – Zukunft der Kirche in Deutschland" auf.

Neue Vergemeinschaftungen – ein Zukunftsmodell von Kirche?

In vielen Großstädten sind sie bereits anzutreffen – die sogenannten „Citykirchen". Sie bieten „niederschwellige" Angebote für religiös Suchende, Beratung für Menschen in prekärer Lage, Konzerte, Ausstellungen und Diskussionen für Kunst- und Kulturinteressierte. Kirchenkontakt ohne Totalidentifikation – der Wunsch vieler Menschen nach punktuellen Begegnungen mit Kirche entspringt nicht immer der vielbeschworenen Bindungsangst und Glaubenslosigkeit, sondern zumeist gewählten oder aufgezwungenen Lebensstilen, die sich nicht bruchlos oder gar nicht mehr in die Struktur herkömmlicher Pfarreien einfügen lassen. Zugleich finden temporäre Vergemeinschaftungen und Ritualisierungen neuen oder erneut Anklang („Kloster auf Zeit", Wallfahrten). Zu unterscheiden davon sind organisatorische Zusammenschlüsse von Christen, die unter der Bezeichnung „geistliche Gemeinschaften" firmieren. In ihnen wird Nachfolge Jesu institutionell auf Dauer gestellt und nicht selten mit einem besonderen Anliegen verbunden.

46 Kleine geistliche Gemeinschaften – „spirituelle Selbsthilfegruppen"?

Die Weiterentwicklung bestehender Gemeinschaften und Gruppen oder die Neugründung christlicher Gemeinschaftsformen in Pfarrgemeinden und an anderen Orten wird durch die
5 vorliegenden weltkirchlichen Erfahrungen befruchtet. Zwei Kriterien sind dabei zu beachten: Überschaubare Gruppengröße und Leben aus dem Glauben. In diesem Sinne sind Kleine Christliche Gemeinschaften Orte, wo Christin-
10 nen und Christen danach suchen, wie sie verbindliche Gemeinschaft, biblisch fundierte Spiritualität und diakonisches Engagement leben können. Darüber hinaus sind diese Kleinen Christlichen Gemeinschaften gekennzeichnet
15 durch eine wachsende Auskunftsfähigkeit im Glauben, einen partnerschaftlichen Leitungsstil und die Suche nach einem Einklang von Glaube und Leben. Mit dieser Suchbewegung sind sie Teil eines weltkirchlichen Lernprozesses, in dem
20 sich Christinnen und Christen in unterschiedlicher Weise auf den Weg machen, um am Reich Gottes mitzuwirken. [...]

BibelTeilen eröffnet den Weg zu einer Spiritualität des Wortes Gottes, bei der jede und jeder im Hören auf Sein Wort in eine Begegnung mit 25 Christus kommen kann, wo durch das Hören auf das Wort Kirche wächst und diese Gemeinschaft sich zugleich in ihrer Sendung erfährt. Das Bibelteilen ist also nicht eine Methode der Bibelarbeit, sondern ein Weg die Realpräsenz 30 Christi im Wort zu erfahren, ein Weg zur Christusbegegnung, der uns in das Geheimnis des dreifaltigen Gottes führt und uns so eine lebendige Gotteserfahrung ermöglicht. BibelTeilen ist eine Form der Liturgie und zugleich eine Ge- 35 betsschule, durch die die KCG entdecken kann, dass sie durch das Wort Leib Christi wird, der sich durch eine konkrete Sendung in das Umfeld hinein inkulturiert.

Nationalteam Kleine Christliche Gemeinschaften in Deutschland, 2008

Gemeinsam ein Feuer entfachen
Ein weltkirchlicher Impuls für eine Gemeinde der Zukunft

47 **Ostern in Taizé**

Die überkonfessionelle Gemeinschaft im französischen Burgund hat sich zu einem Magneten vor allem für Jugendliche entwickelt, die eine „authentische Form" von Kirchesein erfahren möchten. Der Gründer der Communauté, Roger Schutz (1915–2005), inspirierte seit 1949 unter dem Leitspruch „Lieben und es mit seinem Leben sagen" unzählige Menschen zu einem Christentum, das geistliches Leben und tätige Nächstenliebe verbindet.

1. Auf den Internetseiten kcg-net.de und taize.fr/de finden Sie Eigenporträts der auf dieser Seite genannten Gemeinschaften. Stellen Sie die Grundzüge des jeweiligen Programms in anschaulicher Form vor und gehen Sie dabei besonders auf die Rolle der Spiritualität ein.
2. BibelTeilen ist als Form der persönlichen Erschließung des Wortes Gottes auch in traditionellen Pfarreien verbreitet. Setzen Sie sich mit dem diesem Konzept auseinander, ordnen und vergleichen Sie es mit anderen „Methoden" (vgl. Kap. Die Bibel – glauben und verstehen).
3. Entwerfen Sie einen „alternativen Reiseführer Kirche". Sie können dazu z. B. unter dem Stichwort „Citykirchen" oder „Geistliche Gemeinschaften" recherchieren, Interviews mit Taizé-Reisenden führen oder ihren Pfarrer oder den Pfarrgemeinderat um Tipps bitten.

ZUKUNFT –
Zeit und Ewigkeit

Der deutsche Künstler Klaus Rinke (*1939) beschäftigt sich mit der „Visualisierung elementarer Erfahrungen" (Rinke) vor allem von Raum und Zeit. 1986 hat er in Düsseldorf eine aus 23 Bahnhofsuhren bestehende Rauminstallation mit dem Titel „Zeitfeld" geschaffen. Dort heißt es auf einem Stein: „Alles hat seine Zeit ach du Liebezeit".

1. Betrachten Sie das Bild und notieren Sie, welche Gefühle der Anblick der Uhren in Ihnen weckt.
2. Überlegen Sie, was den Künstler zu diesem Werk motiviert haben könnte.

In einem Kriminalroman der Autorin Juli Zeh (* 1974) geht es neben dem zu lösenden Fall um das physikalische Phänomen der Zeit. In diesem Ausschnitt legt der exzentrische Physiker Sebastian seinen Studenten seine Sicht der menschlichen Existenz dar.

Warten

In seinen Vorlesungen präsentiert Sebastian gern eine selbsterfundene Typologie des Wartens. Das Warten (so beginnt er) ist ein intimes Zwiegespräch mit der Zeit. Langes Warten ist mehr als das: ein
5 Zweikampf der Zeit mit ihrem Erforscher. Wenn Sie, meine Damen und Herren, das nächste Mal im Studentensekretariat um eine Auskunft anstehen, nehmen Sie kein Buch mit. (Gelächter.) Überlassen Sie sich der Zeit, unterwerfen Sie sich, liefern Sie sich aus. Diskutieren Sie mit sich selbst die Länge einer 10 Minute. Finden Sie heraus, was zum Teufel das Gerät an Ihrem Handgelenk mit Ihnen selbst zu tun hat.

Fragen Sie sich, was dieses Warten sein soll: ein Verrat an der Gegenwart zugunsten eines Geschehens in der Zukunft? (Schweigen.) Aber was ist Gegenwart? (Anhaltendes Schweigen.) Beim Warten werden Sie feststellen, dass ein gegenwärtiger Augenblick nicht existiert. Dass er immer schon vorbei ist oder noch nicht ganz da, wenn Ihr Verstand nach ihm zu greifen versucht. Vergangenheit und Zukunft, so Ihre Erkenntnis, sind direkt aneinandergenäht. Aber wo, meine Damen und Herren, befindet sich dann der Mensch? Gibt es uns in Wahrheit vielleicht gar nicht? (Verhaltenes, schnell abebbendes Gelächter.) Sind wir gar nicht wirklich da, weil das Zeitkostüm keine Löcher für Kopf und Arme besitzt? Und bedenken Sie: der Mensch wartet nicht nur auf das Verstreichen der ewigen Mittagspause unserer Verwaltungsdamen. (Ein vereinzeltes Auflachen mit anschließendem Räuspern.) Sie zum Beispiel warten gerade auf das Ende meiner Vorlesung. Im Anschluss daran warten Sie in der Mensa auf Ihr Essen, während des Essens auf den Beginn der nächsten Lehrveranstaltung und während dieser auf den Feierabend. Natürlich warten Sie die ganze Zeit aufs Wochenende und darüber hinaus auf die Semesterferien. Das Warten, meine Damen und Herren, besteht aus unzähligen Schichten. Insgesamt warten Sie darauf, Ihr Vordiplom zu erwerben, Ihr Studium abzuschließen, einen Job zu finden. Sie warten auf besseres Wetter, glückliche Zeiten und die große Liebe. Wir alle warten, ob wir wollen oder nicht, auf den Tod. Die Wartezeit sämtlicher Etappen vertreiben wir uns mit allerhand Beschäftigungen. Merken Sie etwas? (Eine lange, kunstvoll gedehnte Pause.) Das Leben besteht aus Warten, das Warten nennt man Leben. Warten ist Gegenwart. Das generelle Verhältnis des Menschen zur Zeit. Warten zeichnet Gottes Umrisse an die Wand. Warten (pflegt Sebastian zum Abschluss zu rufen) ist jenes Durchgangsstadium, das wir als unsere Existenz bezeichnen!

Seine Vorträge kommen gut an. Sie erwecken bei den Studenten den Eindruck, er habe das Phänomen durchdrungen und würde sie über ihre Alltagsvorstellungen hinaus einem neuen Verständnis der Zeit zuführen.

Juli Zeh, 2007

3. Können Sie die Sichtweise Sebastians auf Ihr Leben übertragen? Notieren Sie konkrete Anknüpfungspunkte oder Widersprüche in Bezug auf Ihren Alltag.
4. Diskutieren Sie in einer Kleingruppe die Sichtweise Sebastians und halten Sie die Gründe für Ihre Zustimmung oder Ablehnung seiner Auffassung auf einem Plakat fest, so dass sie Ihnen bei der Auseinandersetzung mit diesem Kapitel zur Verfügung stehen.

Überblick

Wie verstehen wir unsere Zeit, unsere Geschichte, unsere Zukunft? Welche Perspektive hat der Mensch als Individuum und die Menschheit als Kollektiv? Wo endet des Menschen Zukunft? Das Christentum verweist auf eine Zukunft, die weder mit dem Tod endet noch mit dem Ende der Zeit. Dem Menschen ist eine Zukunft versprochen, daher beschäftigt sich die Theologie mit der Eschatologie, der „Lehre von den Letzten Dingen". Es geht dabei um das, was noch aussteht und Zuversicht verleiht.

Dieses Kapitel versucht das komplexe Zusammenspiel von individueller und kollektiver, und von diesseitiger und jenseitiger Zukunft zu entschlüsseln. Zunächst wird die innerweltliche *Zukunft des Menschen* in den Blick genommen. Sie können die Grundlagen der biblischen Hoffnung und das spezifisch christliche Zeitverständnis erarbeiten. Der Gesamtzusammenhang des christlichen Zeit- und Geschichtsverständnisses erschließt sich dann mit Blick auf den *Tod* und das *Leben nach dem Tod*, d. h. die absolute Zukunft des Individuums. So wird erst mit dem christlichen Auferstehungsglauben das Zusammenspiel von Kollektiv und Individuum sowie die Verbindung von Diesseits („schon jetzt") und Jenseits („noch nicht") verständlich. Das letzte Unterkapitel entfaltet, dass es sich bei diesen Perspektiven nicht um Widersprüche handelt, sondern um ein Spannungsverhältnis, welches der Wesenskern *christlicher Hoffnung* ist.

1. Zukunftsvisionen

Was Sie erwartet

Erleben wir Menschen unser Leben als eine Art Schauspiel, bei dem wir passive Zuschauer sind, oder haben wir unser Leben in der Hand? Wie blicken Sie selbst in die Zukunft?

Dieses Unterkapitel wird Ihnen Gelegenheit geben, Ihren Standpunkt im Spannungsverhältnis von individuellen Wünschen und realistischen Gestaltungsspielräumen zu finden. Welche Funktion übernehmen dabei persönliche Träume? Sind Träume „Schäume" oder der Funke Utopie, mit dem Sie Ihre eigene Zukunft und die Ihrer Mitmenschen gestalten? Gesellschaftliche Zwänge und persönliche Grenzen trüben vielleicht Ihren Optimismus, doch der jüdisch-christliche Glaube gibt allen Grund, optimistisch zu sein und verweist den Menschen auf die Fülle seiner Möglichkeiten trotz aller Bedingtheit.

Die Auseinandersetzung mit biblischen Zukunftsvisionen wird zeigen, wie Gott das Unheil, in das der Mensch sich immer wieder verstrickt, beseitigen will und dem Menschen Hoffnung auf Vollendung und nicht Verendung verheißt. Die landläufige Annahme, dass der sündigen Menschheit der Weltuntergang drohe, werden Sie (positiv) korrigieren können, wenn Sie sich mit dem historischen Kontext und theologischen Gehalt apokalyptischen Denkens vertraut gemacht haben.

Der eigene Blick in die Zukunft – individuelle Perspektiven

ZUKUNFT

1. Lassen Sie den Begriff eine Weile auf sich wirken. Notieren Sie erste Gedanken zu diesem Begriff.
2. Interpretieren Sie die Zeichnung von Ivan Steiger (*1939) im Hinblick auf die Sicht des Lebens. Ziehen Sie dafür die Methode 10 (s. S. 386) heran. Tauschen Sie sich in Kleingruppen über Anknüpfungspunkte zu Ihren Zukunftsgedanken aus.

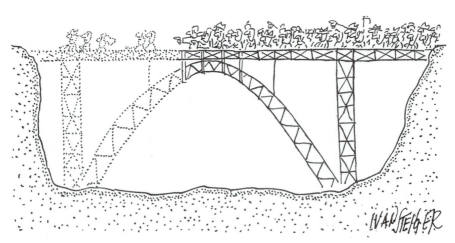

Ivan Steiger, 1982

Nehmen Sie sich Zeit für diesen Tagtraum. Lehnen Sie sich zurück, lassen Sie diese Gedanken auf sich wirken und Bilder entstehen.

3 Geschenkte Zeit – eine Phantasiereise

Sie sind zehn Jahre älter. Sie haben Ihre Ausbildung abgeschlossen, Sie stehen mit beiden Beinen im Leben, Sie haben alle Möglichkeiten der Welt, Ihr Leben zu gestalten, Sie sind gesund, frei und ungebunden. Nun kommt eine gute Fee auf Sie zu und macht Ihnen ein Geschenk, sie schenkt Ihnen fünf zusätzliche Jahre, die Sie nach Ihren Träumen, Wünschen und Idealen gestalten können. Diese Zeit ist zusätzliche Lebenszeit, die nicht in Ihrem Lebenslauf erscheinen wird, über die Sie keine Rechenschaft ablegen müssen. Sie allein bestimmen, wie Sie diese Zeit für sich nutzen. Für diese Zeit bekommen Sie alles, was Sie brauchen: Sie bekommen Geld, wenn Sie wünschen, einen bekannten oder unbekannten Weggefährten. Begeben Sie sich auf die Reise in diese fünf Jahre ...

3. Machen Sie sich Notizen zu Bildern oder wichtigen Gedanken, die Ihnen gekommen sind.
4. Tauschen Sie sich dazu mit einem vertrauten Partner aus:
   a) Wie hat dieses Gedankenexperiment auf mich gewirkt? Beglückend, bedrängend, einschüchternd, inspirierend, befreiend ...
   b) Welche Träume, Wünsche und Ideale sind mir bewusst geworden? Wie kann ich ihnen Ausdruck verleihen?
   c) Wie oder unter welchen Bedingungen kann ich diese Träume und Ideale in meinem jetzigen Leben realisieren?
   d) Was hält mich derzeit davon ab, diese Träume und Ideale zu realisieren?
5. Reflektieren und bewerten Sie die Gründe, die Sie von der Verwirklichung Ihrer Träume abhalten, im Plenum.

Menschen gestalten Zukunft – gesellschaftliche Perspektiven

Der Philosoph, Theologe und Pädagoge Georg Picht (1913–1982) erklärt die Bedeutung von Utopien.

4 Zukunft durch Utopien

[...] Von der Prognose unterscheide ich die Utopie, definiere aber den Begriff anders, als er im Allgemeinen verstanden wird. Ich bezeichne nämlich als Utopie nicht das Traumbild einer unwirklichen Welt; Utopie soll vielmehr als der Entwurf von Bildern jener Zustände verstanden werden, die durch zielbewusstes Handeln herbeigeführt werden können. Ich nenne also Utopien jene Antizipationen der Zukunft, die jedem auf ein Ziel gerichteten Handeln vorausgehen. [...] Mein Begriff der Utopie unterscheidet sich von jenen Gebilden, die wir sonst „Utopien" zu nennen pflegen, dadurch, dass er auf das zielbewusste Handeln des Menschen bezogen und damit auf den Bereich der realen Möglichkeiten eingeschränkt ist. Die Utopie steht also nicht im Widerspruch zu der Prognose, sondern sie wählt aus dem prognostisch zu ermittelnden Spielraum der Möglichkeiten jene Kombination aus, die von dem jeweiligen Standort her als das Optimum erscheint. Die Utopie ist also nur solange tauglich, wie sie von einer kritischen Reflexion auf die realen Möglichkeiten des Handelns begleitet wird. Meist ist das Handeln der Individuen und erst recht das Handeln der Kollektive von utopischen Bildern geleitet, die der kritischen Reflexion ermangeln. [...]
Aus der Verbindung von Utopie und Prognose geht dann die dritte Form hervor, in der sich unser Denken auf die Zukunft bezieht, nämlich die Planung. Ist die Utopie eine Antizipation des durch das Handeln zu verwirklichenden Zustandes, so ist die Planung der ausgearbeitete Entwurf der rationalen Direktiven dieses Handelns. Die Planung geht über die Prognose hinaus, denn sie setzt voraus, dass aus dem Spielraum

der prognostisch erkannten Möglichkeiten eine bestimmte, die wir als Utopie bezeichnen, gewählt worden ist.

40 Die Prognose ist in ihrer reinen Form eine Leistung des Denkens, die Utopie ist der Bereich unserer Hoffnungen, unserer Wünsche und unserer Sorgen; die Planung ist, als der Entwurf der Direktiven des Handelns, ein Vollzug des Willens. Damit wären die drei Formen der denkerischen Antizipation der Zukunft auf jene Einteilung der Seelenvermögen zurückgeführt. [...]

Georg Picht, 1967

1. Definieren Sie Utopie in Abgrenzung von Prognose und Planung.
2. Beschreiben Sie die besondere Qualität der Utopie im Verhältnis zum Traum oder Tagtraum.

5 Utopie als Unvernunft

Die utopistische Haltung ist [...] der vernünftigen entgegengesetzt. [...] Das Bestechende des Utopismus, glaube ich, entstammt der mangelnden Einsicht, dass wir keinen Himmel auf
5 Erden schaffen können. Was wir stattdessen tun können, das ist, [...] das Leben etwas weniger furchtbar zu machen und etwas weniger ungerecht in jeder Generation.

Karl R. Popper, 1947

3. Erklären Sie die Kritik des österreichisch-britischen Philosophen Karl Raimund Popper (1902–1994) an Utopien und vergleichen Sie die Haltungen von Picht und Popper. Beziehen Sie Stellung.

Ivan Steiger, 1989

4. Interpretieren Sie die Karikatur. Nutzen Sie dazu Methode 10 (S. 386).
5. Fügen Sie Sprechblasen ein und geben Sie der Karikatur einen Titel.
6. Versuchen Sie, anhand von konkreten Beispielen aus Ihrem Lebensalltag die Kritik der Karikatur zu belegen.

Gott verheißt Zukunft – biblische Perspektiven

7 **Gottes Verheißung an den Menschen**

Lesser Ury: Moses sieht das Gelobte Land vor seinem Tode, 1928

1. Lesen Sie folgende Bibelstellen und analysieren Sie Charakteristika göttlicher Zukunftsrede: Gen 12,1-9, Gen 13,14-18 und Ex 3,1-17.
2. Vergleichen Sie Ihre Erkenntnisse mit dem Bild des deutschen Malers Lesser Ury (1861–1931). Welche Charakteristika hebt Ury besonders hervor? Ziehen Sie Methode 9 heran (S. 385).

8 **Die Propheten Ezechiel und Daniel**

Ezechiel wurde 597 v. Chr. in die Verbannung nach Babylonien geführt und dort von Gott zum Propheten berufen. Aus der Situation der Unterdrückung hat er tröstende Zukunftsvisionen für die exilierten Israeliten formuliert. In Ez 37 geht es vor allem um die Wiederherstellung der vermissten Gerechtigkeit und das Erbarmen Gottes. Das Buch Daniel eröffnet eine andere Zukunftsperspektive.

3. Lesen Sie Ez 37,1-14 und beschreiben Sie die Vision von der Auferweckung Israels.
4. Wählen Sie den Vers aus, der Ihnen als der zentrale Vers dieser Perikope* erscheint, und begründen Sie Ihre Wahl.
5. Analysieren Sie die sprachlichen Bilder, die hier verwendet werden, und erklären Sie die besondere Bedeutung der Auferweckung der Toten (V. 10).
6. Lesen Sie Dan 7,1-28 und beschreiben Sie das zugrunde liegende Geschichtsbild. Vergleichen Sie Ihre Ergebnisse anschließend mit den folgenden Erläuterungen des Theologen Franz-Josef Nocke (*1932).

ZUKUNFT – *Zeit und Ewigkeit* **283**

9 Zum Verständnis apokalyptischer Texte

Die Apokalyptik* gehört einer Zeit an (etwa 200 v. Chr. bis 100 n. Chr.), die für das Judentum – politisch und religiös – zu äußerstem Pessimismus Anlass gab. Unter der Fremdherrschaft von Griechen und Römern scheinen alle Chancen zur Wiederherstellung des eigenen Staates zu schwinden, viele Juden laufen zu den Mächtigen über. Besonders erwähnenswert ist (weil sie den Hintergrund des Buches Daniel bildet) die für die Treuen in Israel schreckliche Herrschaft des Seleukidenkönigs Antiochus IV. Epiphanes (175–164 v. Chr.). Unter ihm werden die Mauern von Jerusalem geschleift, die Stadt erhält eine seleukidische Besatzung; der Tempel wird zum Zeus-Heiligtum umfunktioniert; die Ausübung der jüdischen Religion (insbesondere die Beschneidung) wird verboten; viele bis dahin noch Gesetzestreue fallen ab, viele fliehen in die Wüste. „Jerusalem war eine hellenistische Stadt mit schwach jüdischem Einschlag geworden." In den Makkabäer-Kriegen wird zwar die Religionsfreiheit noch einmal wiedergewonnen; den Hasmonäer-Königen gelingt sogar eine beachtliche Ausbreitung des (wieder relativ souveränen) jüdischen Staates; aber die politischen Machthaber passen sich so sehr dem Hellenismus* an, dass viele Fromme in Israel sich nicht mehr mit ihnen identifizieren können. Für sie scheint die alte Hoffnungsperspektive – Gott kommt seinem Volk in geschichtlichen Ereignissen rettend nahe – verloren zu sein.

Da bekommt in einigen Kreisen treuer Juden die Hoffnung eine ganz andere Gestalt. Man setzt darauf, dass auch die offenbar nur noch negativ verlaufende Geschichte von Gott gelenkt wird: Gott lässt sie in den Untergang treiben, um dann die neue, bessere Weltzeit heraufzuführen. Gottes Plan ist den Menschen verborgen; einigen wenigen aber hat Gott Einblick gewährt. So erzählt man von „Sehern", denen Gott den Lauf der Geschichte „geoffenbart" hat und die dann der verfolgten Gemeinde mitteilen, was sie geschaut haben. Daher nennt man diese Bewegung „Apokalyptik" (von griechisch „apokalypsis" = Offenbarung).

Die apokalyptische Literatur arbeitet mit einer Fiktion. Sie datiert ihre Schriften zurück und lässt eine große Gestalt der Vergangenheit (zum Beispiel Henoch, Mose, Daniel) sprechen. Diese sagt die Zukunft voraus: die Abfolge der Reiche [= Weltzeit bzw. Zeiträume] und die großen politischen Ereignisse bis hinein in die Gegenwart, in welcher das Buch gelesen wird. Danach zeigt der Seher, wie jetzt bald die Geschichte enden wird in einer großen Wende: Die alte Weltzeit (der alte Äon) geht zu Ende, eine ganz andere, neue Weltzeit (der neue Äon) wird beginnen. Der alte Äon, dessen letzte Tage der Leser erlebt, ist gekennzeichnet durch Mühsal, Schmerz, Tod, Ungerechtigkeit, Gottlosigkeit. Von Tag zu Tag wird es schlimmer; die Geschichte rast bergab in die Katastrophe hinein. Aber dann wird der neue Äon beginnen: Die Herrschaft der Gottlosen, überhaupt alle Sünde, wird zu Ende sein; es wird nichts Bedrohliches mehr geben; die Toten werden auferstehen zu neuem Leben; der Tod wird abgeschafft sein; das Paradies wird wiederkehren; Gott wird nahe sein – mitten unter den Seligen. Nicht nur inhaltlich stehen die beiden Äonen in totalem Gegensatz zueinander, sondern auch zeitlich: Der neue Äon bricht erst nach der Vernichtung des alten an; alle Geschichte scheint dann beendet zu sein. Den Termin für das Ende kann man erschließen aus den Schrecknissen der Gegenwart und aus dem geschichtlichen Ablauf der prophezeiten Ereignisse. [Der damalige Hörer] konnte die Gegenwart als Teil eines Geschichtsverlaufs begreifen, der allem gegenteiligen Anschein zum Trotz nicht Gott aus den Händen geraten ist, sondern von ihm vorangetrieben wird, damit der neue Äon jetzt bald beginnen kann: Alles muss so kommen. Insofern ist auch diese Schau ein Ausdruck des Glaubens an einen Gott, welcher der Geschichte überlegen, aber ihr doch nicht fern ist.

Franz-Josef Nocke, 2005

7. Fassen Sie zusammen, in welcher Situation sich das Judentum zur Zeit Jesu und unmittelbar davor befand, und benennen Sie zentrale Konflikte.
8. Formulieren Sie die Ermutigung apokalyptischer Schriften im Hinblick auf den geschichtlichen Kontext.

10 Jesu Verheißung: das Reiches Gottes

Die Zeit ist erfüllt, das Reich Gottes ist nahe. Kehrt um, und glaubt an das Evangelium! (Mk 1,15)

Aber weil du meinen Worten nicht geglaubt hast, die in Erfüllung gehen, wenn die Zeit dafür da ist, sollst du stumm sein und nicht mehr reden können bis zu dem Tag, an dem all das eintrifft. (Lk 1,20)

Meine Zeit ist noch nicht gekommen, für euch aber ist immer die rechte Zeit. (Joh 7,6)

9. Erklären Sie jeweils die Bedeutung der Zeit in den Bibelstellen.
10. Lesen Sie das Gleichnis von den zehn Jungfrauen (Mt 25,1-13) und deuten Sie es im Hinblick auf das Zeitverständnis.
11. Erklären Sie mithilfe der Begriffe „kairos" und „chronos" die gegenwärtige und zukünftige Dimension des Reiches Gottes. Beziehen Sie die Begriffe auf ein weiteres Gleichnis Ihrer Wahl.
12. Interpretieren Sie das von Ihnen gewählte Gleichnis und stellen Sie Ihre Interpretation kreativ dar, z. B. in einer Karikatur, einem Werbeplakat, einem Werbebeitrag, ...

INFO: kairos/chronos

1. „kairos"

„Kairos" bezeichnet einen bestimmten Zeitpunkt. Es ist in der Regel der günstige Augenblick, den wir als positiv erfahren, z. B. für wichtige Entscheidungen. Der Begriff zeugt von der Erkenntnis, dass Zeit nicht gleich Zeit ist, sondern dass es komprimierte, besonders qualifizierte Zeit gibt, in der sich das Leben mit seinem Glück oder Unglück besonders zu verdichten scheint. Diese ursprünglich hellenistische „kairos-Vorstellung" war für die Verfasser des NT die Grundlage, um die schicksalhafte Begegnung des Menschen mit dem historischen Jesus als dem Sohn Gottes zu umschreiben. So erscheint der Begriff „kairos" in den Evangelien zumeist im Sinne von „Heilszeit" und „erfüllter Zeit" (Mk 1,15; Mt 26,18; Lk 1,20; Joh 7,6). Dabei legen die Verfasser Wert darauf, dass der „kairos" als die „erfüllte Zeit" weder in der Verfügung der hellenistischen Götter noch in der des Menschen steht. Gott allein verfügt über diesen schicksalhaften, entscheidenden Zeitpunkt und legt ihn fest. Er allein bestimmt die Zeit.

2. „chronos"

„Chronos" bezeichnet dagegen die fließende, sich stets wiederholende, in großen Zeiträumen gedachte, oft leere Zeit. So wie das deutsche Adjektiv „chronisch" auf einen langen, als negativ erfahrenen Zeitraum verweist, steht „chronos" für die lange Zeit, in der nicht wirkungsvoll gehandelt werden kann. Im AT meint der Begriff das geduldige Warten des Volkes Israels auf den Messias und im NT das Warten der Urgemeinde auf den wiederkommenden Herrn. Die Gefahr des langen Wartens auf den entscheidenden Zeitpunkt („kairos") zeigt sich z. B. in den Gleichnissen von den „zehn Jungfrauen" oder den „anvertrauten Talenten" (Mt 25,1-30).

11 Das Reich Gottes erfahren

[...] Nirgends findet sich im Neuen Testament eine Definition dessen, was mit „Reich Gottes" gemeint sei. Jesus lädt Menschen ein, mit ihm zu gehen und auf dem Weg mit ihm Erfahrungen zu machen. Sie erfahren, wie kranke Menschen geheilt, wie Gedrückte aufgerichtet, wie Geängstigte ermutigt werden, wie Menschen, die unfähig zur Kommunikation sind (Taube, Stumme, Blinde) oder die durch ihre Krankheit oder ihre gesellschaftliche Rolle ausgeschlossen sind (Aussätzige, Zöllner, Prostituierte), in die Gemeinschaft zurückgeholt werden. Sie erleben, wenigstens anfanghaft, einen neuen Umgang miteinander, Versöhnung und Zusammenführung bislang Verfeindeter, Geschwisterlichkeit statt Herrschaftsansprüche. Sie erleben sogar die Entmachtung des Todes. Sie erfahren verwundert, dass Jesus diese erstaunlichen Veränderungen nicht nur selbst bewirken kann, sondern dass er sie auch ihnen

ZUKUNFT – Zeit und Ewigkeit

zutraut, als er sie in die Dörfer und Städte Israels schickt, und sie merken, dass sie wirklich dazu fähig werden. So fängt für sie das Reich Gottes an. So spüren sie die das Leben und die Welt verändernde Nähe Gottes.

Als sie nach der Ermordung Jesu die neue Lebendigkeit des Auferstandenen erfahren, da wächst ihnen die Gewissheit, dass dieses Reich Gottes Zukunft hat. Sie können ihren Glauben an Jesus mit den alten Hoffnungsbildern Israels verbinden: mit dem Bild vom Brot und Wein in Überfluss, vom friedlichen Nebeneinander der wilden Tiere, vom festlichen Friedensfest der Völker ... Ihnen wird klar, dass alles bisher Erlebte erst ein Anfang war. Sie haben eine Zukunft vor Augen, in der die kleinen Saatkörner groß aufgehen werden. Sie können von dieser Zukunft eigentlich nur sprechen, indem sie von den kleinen Körnern reden. Sie können nicht anders als in Bildern sprechen. Aber diese Bilder sind keine geheimen Rätselworte, sondern sie erzählen von Erfahrungen: von Heilungen, Tischgemeinschaften, Auferstehungen. So ist es mit der Sprache der Hoffnung. Es geht ja primär nicht um Informationen, sondern um Lebensperspektiven. [...] *Franz-Josef Nocke, 2007*

13. Erklären Sie die Bedeutung der Auferstehung Jesu für den Glauben der Jünger.
14. Sie haben sich in diesem Unterkapitel mit biblischer Zukunftsrede seit ca. 1500–1000 v. Chr. befasst. Zeichnen Sie die Entwicklungslinien nach.

Der katholische Fundamentaltheologe Johann Baptist Metz (* 1928) betrachtet die Naherwartung* als zentrale Glaubensvorstellung, die Zukunft ermöglicht: Wir können nur unter der Prämisse des eschatologischen Vorbehalts* existieren und handeln, d. h. mit der Hoffnung, dass Gott die Schöpfung letztlich zum Guten führt.

12 Zukunft unter Zeitdruck? – christliches Zeitverständnis

Sieht man in der jüdisch-christlichen Apokalyptik, die doch zurecht als „Mutter der christlichen Theologie" (E. Käsemann) gelten darf, nicht primär die mythische Bannung der Zeit in ein starres Weltschema, sondern – im Gegenteil – die radikale Verzeitlichung der Welt, dann ist das Katastrophenbewusstsein, und zwar nicht etwa ein Bewusstsein vom Zeitpunkt der Katastrophe, sondern vom katastrophischen Wesen der Zeit selbst, vom Charakter der Diskontinuität, des Abbruchs und des Endes der Zeit. Dieses katastrophische Wesen der Zeit macht Zukunft fraglich. Gerade dadurch aber wird sie zur „echten Zukunft", gewinnt sie selbst Zeitstruktur und verliert ihren Charakter als jene zeitlose Unendlichkeit, in die hinein sich Gegenwart beliebig projiziert und extrapoliert. [...]
Der christliche Gedanke der Nachfolge und der apokalyptische der Naherwartung gehören unbedingt zusammen. Die leidenschaftliche Erwartung des „Tages des Herrn" führt weder in eine pseudoapokalyptische Traumtänzerei, in der alle praktischen Zumutungen der Nachfolge verdampft und vergessen wären, noch treibt sie in jenen besinnungslosen Radikalismus [...]. Naherwartung erlaubt keine Vertagung der Nachfolge. [...] Sie bringt Zeit- und Handlungsdruck in das christliche Leben, d. h. sie paralysiert nicht Verantwortung, sondern begründet sie. Das apokalyptische Bewusstsein steht nicht primär unter dem Aspekt der Bedrohung und der lähmenden Katastrophenangst, sondern unter dem der Herausforderung zur praktischen Solidarität mit den „geringsten Brüdern", wie es in der kleinen Apokalypse des Matthäus-Evangeliums heißt.

Johann Baptist Metz, 1977

15. Skizzieren Sie Metz' Verständnis von Zeit und machen Sie die gesellschaftspolitische Relevanz seines Ansatzes deutlich.
16. Erläutern Sie, warum Metz eine unendliche Kontinuität der Geschichte ablehnt.
17. Nehmen Sie Stellung zu diesem Geschichtsverständnis.

13

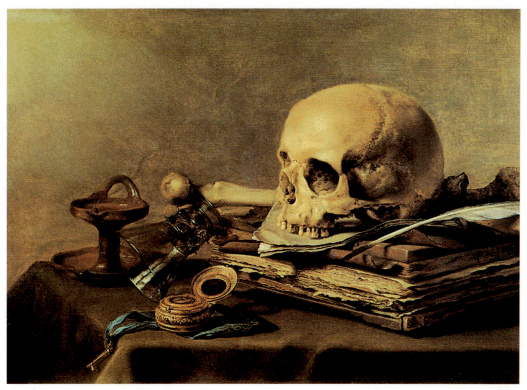

Pieter Claesz: Vanitas-Stillleben, 1630

18. Beschreiben Sie das Stillleben von Pieter Claesz und deuten Sie die Gegenstände in ihrer Anordnung. Stellen Sie Bezüge zu den Kategorien Zeit und Ewigkeit her.
19. Zeichnen Sie selbst ein Stillleben mit Gegenständen unserer Zeit, die die Kategorien Zeit und Ewigkeit symbolisieren.

Wenden Sie Ihr Wissen an

■ Zeichnen Sie noch einmal den Gedankengang Ihrer Auseinandersetzung mit dem christlichen Verständnis von Zukunft nach. Welcher Gedanke war Ihnen wichtig und welches Material war für Sie besonders hilfreich? Begründen Sie Ihre Auswahl.

■ Erinnern Sie sich an das Zeitverständnis des fiktiven Physikprofessors aus Juli Zehs Roman (S. 278). Betrachten Sie Ihre eingangs formulierten Einwände und ergänzen oder modifizieren Sie sie. Stellen Sie sich vor, Sie seien Theologiedozent und träten nach Sebastian an das Rednerpult. Verfassen Sie eine Ansprache zum Warten in theologischer Fachterminologie.
Folgende Schwerpunkte sind denkbar:
• Zeit als Leihgabe – Zeit als Aufgabe,
• Warten in alttestamentlicher Tradition,
• Warten auf das Reich Gottes.

2. Der Tod

Was Sie erwartet

Wie unsere Geschichte durch das erwartete Ende Verbindlichkeit bekommt, so verleiht der Tod dem Leben Gewicht und Fülle. Anhand verschiedener philosophischer Sichtweisen von Leben und Tod wird das Spezifische der christlichen Perspektive, die den Tod als Teil des Lebens ernst nimmt, deutlich. Der Tod versteht sich als Kontrapunkt zum Leben und gleichsam als dessen Ziel, indem erst der Tod unser Lebenswerk als ein einmaliges, endgültiges auszeichnet.

Die gesellschaftliche Verdrängung des Todes führt zur Frage, wie man mit dem Tod leben kann. Kann das Vertrauen in Gott dem Tod – also der Angst, aus dem Leben gerissen zu werden – etwas entgegensetzen? Können wir eine Haltung der Gelassenheit entwickeln, ohne uns damit zu Komplizen des Todes zu machen?

Die Auseinandersetzung mit dem christlichen Sterben und Totengedenken verweist auf die Unterscheidung vom Wissen und Wollen des Todes und motiviert zu einem bewussten, offenen und dennoch nicht leichtfertigen Umgang mit dem Tod.

Leben mit Blick auf den Tod

14

1.
Das schauerlichste Übel also, der Tod, geht uns nichts an; denn solange wir existieren, ist der Tod nicht da, und wenn der Tod da ist, existieren wir nicht mehr. Er geht also weder die Lebenden an noch die Toten; denn die einen berührt er nicht, und die anderen existieren nicht mehr. Die Menge freilich flieht bald den Tod als das ärgste der Übel, bald sucht sie ihn als Erholung von den Übeln im
5 Leben. Der Weise dagegen lehnt weder das Leben ab, noch fürchtet er das Nichtleben. Denn weder belästigt ihn das Leben, noch meint er, das Nichtleben sei ein Übel. Wie er bei der Speise nicht einfach die größere Masse vorzieht, sondern das Wohlschmeckendste, so wird er auch nicht eine möglichst lange, sondern eine möglichst angenehme Zeit zu genießen trachten.

Epikur, griech. Philosoph, 341–270 v. Chr.

2.
Man stelle sich eine Anzahl Menschen vor, in Ketten gelegt und alle zum Tode verurteilt, von denen immer einige Tag für Tag vor den Augen der anderen erdrosselt werden; so dass die, die zurückbleiben, ihre eigene Lage in der ihresgleichen sehen und voller Schmerz und ohne Hoffnung aufeinander schauen und warten, dass die Reihe an sie komme. Das ist ein Bild der Lage des Menschen

Blaise Pascal, franz. Mathematiker und Religionsphilosoph, 1623–1662

3.
Das Tier lebt ohne eigentliche Kenntnis des Todes: Daher genießt das tierische Individuum unmittelbar die ganze Unvergänglichkeit der Gattung, indem es sich seiner nur als endlos bewusst ist. Beim Menschen fand sich, mit der Vernunft, notwendig die erschreckende Gewissheit des Todes ein. Wie aber durchgängig in der Natur jedem Übel ein Heilmittel, oder wenigstens ein Ersatz beigege-
5 ben ist; so verhilft dieselbe Reflexion, welche die Erkenntnis des Todes herbeiführte, auch zu metaphysischen Ansichten, die darüber trösten, und deren das Tier weder bedürftig noch fähig ist. Hauptsächlich auf diesen Zweck sind alle Religionen und philosophischen Systeme gerichtet, sind also zunächst das von der reflektierenden Vernunft aus eigenen Mitteln hervorgebrachte Gegengift der Gewissheit des Todes.

Arthur Schopenhauer, Philosoph, 1788–1860

4.
Du lebst nur solange, als Du etwas mitzuteilen hast; hast Du alles mitgeteilt, ist nichts mehr übrig als die letzte trockene Hülle Deiner Persönlichkeit, so gibst Du Dich selbst hin. Diese Hingabe ist der Tod. [...] So erkennt der Denkende, der tiefer Schauende, dass im natürlichen Tod nicht erst der Tod beginnt, sondern sich schließt und endet; dass er nichts ist als eine Exhalation, Ausatmung des inneren und verborgenen Todes.

Ludwig Feuerbach, Philosoph, 1804–1872

5.
Der Tod als Ende des Daseins ist die eigenste, unbezügliche, gewisse und als solche unbestimmte, unüberholbare Möglichkeit des Daseins. [...] Als geworfenes In-der-Welt-sein ist das Dasein je schon seinem Tode überantwortet.

Martin Heidegger, Philosoph, 1889–1976

6.
Die Zukunft von allem ist der Tod, aus diesem Bezug zur Zukunft wird die zeitlose Beziehung des lebenden Individuums zu seinem Wesen: Da er ja sterben muss, ist er grundlegend tot. Bereits seit aller Ewigkeit tot.

Jean-Paul Sartre, franz. Schriftsteller und Philosoph, 1905–1980

1. Formulieren Sie für jeden philosophischen Ansatz eine prägnante, möglichst kurze Überschrift zum Verhältnis von Tod und Leben.
2. Stellen Sie Verbindungen zwischen den philosophischen Sichtweisen her und ordnen Sie diese in einem Schaubild (z. B. Koordinatensystem) an, das eine klare Struktur in Bezug auf die jeweilige positive/negative Haltung (+/–) zu Leben und Tod hat.
3. Diskutieren Sie die konkreten Folgen des jeweiligen Denkens für Ihr Leben und für das Zusammenleben der Menschen.
4. Bewerten Sie die Ansätze und wählen Sie den aus, der Ihnen am meisten entspricht, oder formulieren Sie Ihre eigene Sicht von Leben und Tod.

15 Der Tod aus christlicher Perspektive

Der Tod hat seinen Sitz im Leben, er ist in verschiedener Hinsicht Teil des Lebens:
1. Tod ist anwesend als die Nichtigkeit einer leeren Existenz, die auf ein Scheinleben hinausläuft.

2. Tod ist anwesend als der physische Prozess der Auflösung, der das Leben durchzieht, in der Krankheit spürbar wird und im physischen Sterben zum Abschluss kommt.

3. Tod begegnet im Wagnis der Liebe, die sich selbst zurücklässt und an den anderen weggibt; er begegnet in der Preisgabe des eigenen Vorteils zugunsten von Wahrheit und Gerechtigkeit.

Josef Ratzinger, 1990

5. Erläutern und konkretisieren Sie diese Aussagen.
6. Beziehen Sie Stellung zu der Aussage, dass der Tod das Leben intensiviere, indem er die „Abstumpfung des Geistes aufsprengen und den Menschen zur Selbstfindung führen" (J. Ratzinger) könne.
7. Analysieren Sie die in der folgenden Karikatur dargestellte Haltung oder Lebensweise und formulieren Sie die Aussage der Karikatur. Nutzen Sie dazu Methode 10 (S. 386).
8. Stellen Sie Verbindungen zwischen der Karikatur und den philosophischen Ansätzen (Text 14) her.
9. Entwerfen Sie ein Logo für eine „todesbewusste" Lebenseinstellung.

16

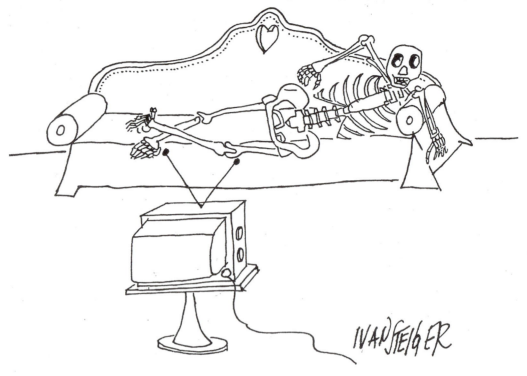

Ivan Steiger, 1998

Der französische Philosoph Michel de Montaigne (1533–1592) vertritt noch eine andere Haltung:

17 Familiarisierung oder Verdrängung des Todes?

Dass wir, mit einem einzigen und sehr tiefsinnigen Worte, sterblich sind: das war Montaignes innerste Lebensregel. Darum ist auch Montaignes Tod bei all seiner Gewöhnlichkeit dennoch
5 des Bemerkens und Gedenkens wert, weil es derjenige Tod ist, mit dem er sich, nach seiner eigenen, oft wiederholten Aussage, sein ganzes Leben hindurch vertraut gemacht, „familiarisiert" hatte. Nicht etwa, dass er ihn gesucht oder
10 auch nur ersehnt hätte – im Gegenteil: er verspottete diejenigen, die sich mit einer „indiskreten Begierde" dem Tod in die Arme werfen, nicht weniger als jene anderen und mehreren, welche ihn fliehen, fürchten oder trügerisch
15 übersehen. Zwischen beidem, der Flucht vor dem Tode und der Sucht nach dem Tode, lehrte er, die Mitte zu finden, die maßvolle oder auch gleichgültige Mitte, ein vollkommen gewöhnliches Verhalten, ohne Klage und ohne Freude, ohne Angst und ohne Trost, mit Anstand wehr- 20
los, ohne Seufzer, aber auch ohne die heroische Attitüde der Selbstüberwindung, ein gefühlloses Gefühl gleichsam [...]. [Seine Werke sind] durchzogen von diesem Gedanken an den Tod, von dieser Lehre der Angstlosigkeit oder, wie er sel- 25
ber sie definiert, der eigentlichen und einzigen „Freiheit", die der Mensch erringen könne und die für ihn nichts Finsteres oder Melancholisches in sich hat, sondern gerade im Gegenteil die wahre Heiterkeit und Bequemlichkeit des 30
Lebens ermöglicht. [...]
Philosophieren heißt sterben lernen. Und darin gibt er das Wort, [...] einer höheren und stärkeren Stimme, von deren Laut er eine andere Wirkung erhofft: der Natur selbst. „Geht aus dieser 35
Welt so, wie ihr in sie eingetreten seid", – so spricht sie zu den Menschen – „... ohne Leidenschaft und ohne Schrecken, ... er ist ein Teil von

euch, der Tod, ... ihr flieht euch selbst, wenn ihr ihn flieht..."

Ob im leichten oder schweren Ton, aus menschlichem oder übermenschlichem Munde – immer also wird es mit dem gleichen Gleichmut gesagt. Oh dieser Gleichmut! Nicht das Leben fliehen und nicht den Tod fliehen: Das ist freilich ein guter Rat der Mutter Natur, aber was ist das für ein Leben, aus dem wir jeden Augenblick und ohne Klage sollen abtreten können, wie muss es denn beschaffen sein! Montaigne empfiehlt überall die Tugend, aber nicht aus Eifer, sondern aus Bequemlichkeit, und weil sie Bequemlichkeit verschaffe. Die Tugend sei eine höhere Art von Wollust, sagt er einmal, und die gewöhnlich so benannte Wollust verdiene diesen Namen kaum, da sie doch so viel Aufregungen und Verwirrungen im Gefolge habe. Ein ganz gewöhnliches Leben sollen wir führen wie alle andern auch und wie er, Montaigne, selber – er war kein Einsiedler, er hat gegessen und getrunken, ist gereist, hat Ämter gehabt, geheiratet, Kinder gezeugt, Freunde besessen, Bücher geschrieben, ja er hat sogar in seiner Sterbestunde die Messe lesen lassen. Nur dies alles ohne Leidenschaft. Immer so, dass man's jederzeit auch aufgeben kann.

Dolf Sternberger, 1977

10. Stellen Sie dar, welche Strategie Montaigne entwickelt hat, um den Tod zu entmachten.
11. Vergleichen Sie Montaignes mit Epikurs Haltung (Text 14.1) und stellen Sie Gemeinsamkeiten und Unterschiede heraus.
12. Wenden Sie Montaignes Aussagen konkret auf Ihr Leben an. Beurteilen Sie, ob Montaignes Haltung erstrebenswert ist.
13. Kritiker betrachten die Familiarisierung des Todes als Feigheit. Erklären Sie diesen Vorwurf und beziehen Sie Stellung.

18 Protestleute gegen den Tod

dem herrn unserem gott
hat es ganz und gar nicht gefallen
dass gustav e. lips
durch einen verkehrsunfall starb

erstens war er zu jung
zweitens seiner frau ein zärtlicher mann
drittens zwei kindern ein lustiger vater
viertens den freunden ein guter freund
fünftens erfüllt von vielen ideen

was soll jetzt ohne ihn werden?
was ist seine frau ohne ihn?
wer spielt mit den kindern?
wer ersetzt einen freund?
wer hat die neuen ideen?

dem herrn unserem gott
hat es ganz und gar nicht gefallen
dass einige von euch dachten
es habe ihm solches gefallen

im namen dessen der tote erweckte
im namen des toten der auferstand:
wir protestieren gegen den tod von gustav e. lips

Kurt Marti, 1969

14. Formulieren Sie den zentralen Gedanken des Gedichts. Erläutern Sie, in welchem Verhältnis Gott zum Tod steht.

19 Die Paradoxie des Todes

Wer mit dem Tod nicht koalieren will, ihm nicht willfährig werden will, muss beides miteinander verbinden: dass er den Tod weiß und dass er den Tod nicht will. Angesichts des Todes müssen also Wissen und Wollen getrennt werden. Das Wissen des Todes darf sich nicht mit dem Wollen verbinden, sondern muss sich mit dem Nicht-Wollen verbünden, mit dem andauernden Protest gegen den Tod.

Klaus König, 1997

15. Stellen Sie die Paradoxie des Todes dar und konkretisieren Sie, die Unterscheidung zwischen Wissen und Wollen.

Die Angst vor dem Tod

20

1.

Die Mutter war's
was braucht's der Worte mehr!

Plötzlich und unerwartet und für uns alle unfassbar müssen wir Abschied nehmen von unserer lieben Mutter, Schwiegermutter, Oma, Schwester, Schwägerin, Tante und Patin.

Monika Reinhardt
geb. Althaus
* 31. 3. 1918   † 15. 6. 2000

In stiller Trauer:
Marina Beil und Familie
Gotthard Buchner und Familie
sowie alle Angehörigen

64320 Magstadt, Rheinstraße 3, 19. 6. 2000
Die Trauerfeier ist am Mittwoch, dem 21. Juni 2000, um 10.00 Uhr auf dem Friedhof in Magstadt.

2.
Christus, der ist mein Leben,
Sterben ist mein Gewinn.
Ihm will ich mich ergeben,
mit Fried fahr ich dahin.
Mit Freud fahr ich von dannen
zu Christ, dem Bruder mein,
auf dass ich zu ihm komme
und ewig bei ihm sei.

Melchior Vulpius, 1609

1. Lesen Sie die Todesanzeige aufmerksam. Was fällt Ihnen auf? Vergleichen Sie die Formulierungen mit dem Liedtext aus dem 17. Jahrhundert.
2. Recherchieren Sie die Begriffe „Transhumanismus" und „Kryonik" (Methode 1, S. 378) und diskutieren Sie diese Ansätze.
3. Philosophen der Moderne haben lange die Verdrängung des Todes kritisiert. Heute sorgen vor allem die Massenmedien für die Sichtbarmachung und Allgegenwärtigkeit des Todes. Handelt es sich um eine neue Auseinandersetzung mit dem Phänomen Tod oder um seine Banalisierung? Diskutieren Sie.
4. Verfassen Sie eine Kolumne über die Haltung der Menschen im 21. Jahrhundert zu Leben und Tod. Dabei sollten Sie sich auf einen konkreten Trend beziehen.

21

*Edvard Munch:
Das Mädchen und der Tod,
1894*

Projektidee: Gehen Sie der Frage nach, wie der Tod in Filmen behandelt wird. Wählen Sie konkrete Filme aus und stellen Sie zentrale Szenen im Unterricht vor. Diskutieren und problematisieren Sie den jeweiligen Umgang mit dem Tod.

5. Nähern Sie sich dem Bild von Edvard Munch mithilfe von Methode 9 (S. 385). Analysieren Sie vor allem die Stimmung und die existenzielle Grundhaltung, die in dem Bild zum Ausdruck kommt.
6. Vergleichen Sie das Bild mit F. J. Nockes christlicher Sicht auf den Tod (Text 23). Begründen Sie Parallelen und Unterschiede.
7. Vergleichen Sie Ihre Überlegungen mit dem Bild von Hieronymus Bosch.

Hieronymus Bosch: Aufstieg in das himmlische Paradies, 1500 (Ausschnitt)

23 Gegen die Angst

[Den Tod kann man] als die Möglichkeit letzter Auslieferung an Gott und letzter Vollendung der im Leben verwirklichten Liebe verstehen: Im Tod übergibt sich der Glaubende ganz in die Hände Gottes, dem er sich in einem liebend engagierten Leben schon Stück für Stück ausgeliefert hat. Allerdings muss man unterscheiden, nicht jede Selbstauslieferung, jedes Sich-Verlieren ist wirkliche Hinwendung zu einem Du. Ebenso wenig ist jeder Tod Hingabe. Sterben kann einfach Niederlage, sinnwidrigen Abbruch, Verlust bedeuten. Es kann das bloße Wegwerfen des Lebens bedeuten. Sterben kann aber auch – und das ist hier gemeint – Konsequenz eines Lebenseinsatzes sein, Auslieferung an ein Du, letzte Radikalisierung einer im Leben praktizierten Hingabe. Das ist der sinnvolle, der eigentlich gesollte Tod.

Franz-Josef Nocke, 1982

Den Abschied gestalten – Trauer- und Begräbniskultur

24

Timm Ulrichs: Denken Sie immer daran, mich zu vergessen, 1969

1. Beschreiben Sie Ihre erste Reaktion auf die Grabinschrift auf dem Bild von Timm Ulrichs.
2. Erklären Sie, wie Sie diese Aufforderung verstehen, und stellen Sie Vermutungen zur Motivation des Künstlers an.
3. Vergleichen Sie diesen Aufruf mit folgendem Spruch aus einer Todesanzeige: „Wir lassen den Sessel für dich frei, als seiest Du nur eben aus dem Zimmer gegangen."
4. Erklären Sie den Sinn des Trauerns und beziehen Sie Stellung zu den unterschiedlichen Strategien, mit Trauer und Leid umzugehen.
5. Lesen Sie den folgenden Bericht und notieren Sie sich, was Ihnen befremdlich und was gut nachvollziehbar erscheint.

Geburtstagsfeier mit einem Toten

Am Tag, als sein siebzigjähriger Vater an Krebs starb, lag für Johannes Falder klar auf der Hand, was er brauchte: einen intensiven Abschied. Der Sohn hatte den Sterbenden begleitet, er hatte auch andere, die dem Vater nahestanden, ans Bett geholt. Falder hielt nichts von der Einstellung: „Wir wollen ihn im Gedächtnis behalten, wie er aussah, als er noch nicht vom Tod gezeichnet war..." Und er vertrat seinen Standpunkt laut und fordernd: „Wenn ihr ihn liebt, dürfte euch sein Anblick nicht stören. Wollt ihr ihn allein lassen, nur weil er so aussieht?"

Johannes Falder hatte seinen Freunden mitgeteilt, er werde seinen Geburtstag in Anwesenheit des toten Vaters feiern, im Bestattungshaus. Die Einladung war an einen vertrauten Kreis gerichtet, der jedes Jahr zusammenkam, um Johannes hochleben zu lassen. Er wollte nicht einfach nur Menschen um sich scharen, sondern er wollte Spaß mit ihnen haben. Deshalb mussten seine Gäste singen. Im Laufe der Jahre, immer am Geburtstag, brachte er ihnen italienische, spanische und griechische Lieder bei. So entstand ein beachtliches Repertoire. Vor allem der Vater hatte so gern mitgesungen. Immer hatten Johannes' Eltern mittendrin gesessen und waren in der Gesellschaft der Jüngeren wieder jung geworden.

Und nun also die Einladung zum Geburtstag mit dem toten Vater. Dass auch die Gutwilligsten die Sache sonderbar fanden, lässt sich denken. „Die hatten sich furchtbare Szenarien vorgestellt", erzählt Falder lächelnd. Aber auch ihn selbst hatte das Geburtstagsdatum in die Klemme gebracht: „Das ist mir rauf und runter gegangen in der Gefühlswelt. Drei Tage vor meinem Geburtstag ist mein Vater gestorben. Und da stand ich und wusste nicht, was ich machen sollte. Auf meinen Geburtstag zu verzichten, schien mir genauso falsch, wie das Gegenteil zu tun. Dann habe ich mir überlegt, dass es schön wäre, dem Vater noch mal ein Ständchen zu bringen. Es ging mir darum, zum letzten Mal diese Atmosphäre zu schaffen, die ihm immer so viel Freude bereitet hat." Und so geschah es. Ein Dutzend Freunde kam zum Geburtstag. Sie saßen zusammen und sangen noch einmal die vertrauten Lieder. In der Mitte stand der Sarg mit dem Vater. Er trug einen weißen Smoking. Aber noch etwas anderes geschah an jenem Tag, und davon wurde Johannes Falder restlos überrascht: Plötzlich hörte er sich, seine Frau und seine Freunde den Rosenkranz beten. „Es war der erste Rosenkranz meines Lebens", sagt er. „Ein Freund hat es vorgeschlagen, und ich wollte erst überhaupt nicht mitmachen. Aber ich konnte auch nicht, wie einige andere Freunde, den Raum verlassen. Und dann hat es mich doch hineingezogen. Und während ich da stand und betete, bin ich durch meine ganze Lebensgeschichte mit der Religion gegangen. Nach der Hälfte der Zeit habe ich gemerkt: Es geht. Es ist sogar gut so. Es war eine Befreiung von dem ganzen Clinch, den ich mit der Kirche hatte. Eine uralte Wunde ist wieder geschlossen worden. Kein wunder Punkt mehr, bei dem man gleich rot sieht. Es ist wirklich so: Ich habe meinen Frieden mit der Kirche gemacht."

Er habe die Kraft eines uralten Rituals entdeckt, fügt Falder hinzu, immer noch staunend, obwohl das Ereignis schon ein halbes Jahr zurückliegt. Während er den Rosenkranz betete, verrät er weiter, habe er die „Gemeinschaft der Lebenden und der Toten" empfunden: „Plötzlich spürte ich die vielen Generationen hinter mir, die Menschen, die alle vor mir da waren, vor meinem Vater, meinem Großvater und Urgroßvater. Und sie alle haben mir den Rücken gestärkt!"

Bevor der Körper des Vaters eingeäschert wurde, verbrachte der Sohn noch zwei Tage ganz allein mit dem Toten. Er hörte Requien und sprach viel mit ihm, über ihre gemeinsamen Jahre, aber auch über Dinge, die er dem Vater zu Lebzeiten nicht hatte sagen können. Einmal hatte Johannes Falder den Impuls, Räucherstäbchen aufzustellen, weil es nach Verwesung roch. „Aber", erzählt er, „da hat Bestatter Roth gemeint: ‚Es ist an sich so gedacht, dass Sie das mitkriegen.' Und ich fand: ‚Gut, dass er's mir gesagt hat.' Denn danach war es wirklich gut. Der Leichengeruch hat mich auf einmal nicht mehr gestört. „Herr Falder wurde weder von einem Pfarrer noch von einem Mitarbeiter einer Beerdigungsfirma von der Trauerhalle zum Grab getragen, sondern der Sohn machte den Anfang, indem er das Gefäß nach der Trauerfeier an sich nahm und dann an Freunde seines Vaters weiterreichte. Es war vorher abgesprochen worden, dass jeder, der mochte, die Urne ein Stück tragen sollte." [...] Schließlich legten Mutter und Sohn die Urne mit eigenen Händen in die Erde.

Sabine Bode/Fritz Roth, 1998

6. Bilden Sie Kleingruppen, in denen Sie sich mithilfe Ihrer Notizen über diesen Bericht austauschen.
7. Diskutieren Sie den Sinn einer derartig inszenierten Abschiednahme.
8. Informieren Sie sich über das Bestattungsgesetz Ihres Bundeslandes (z. B. www.aeternitas.de). Nutzen Sie dazu Methode 1 (s. S. 378):
   – Notieren Sie die unterschiedlichen Bestattungsmöglichkeiten, die es gibt.
   – Überlegen Sie, welche Motivation und Begründung dem Bestattungsrecht in Ihrem Bundesland zugrunde liegt.
   – Nehmen Sie Stellung zu diesem Bestattungsrecht.
9. Lesen Sie das im Internet veröffentlichte Hirtenschreiben der Deutschen Bischöfe Nr. 81 „Tote begraben und Trauernde trösten" (2005) (www.dbk.de/aktuell/meldungen/3177/index.html). Skizzieren Sie, was die Deutsche Bischofskonferenz am Wandel der Bestattungskultur als positiv und was als negativ bewertet. Analysieren Sie, wie sie ihre Kritik an Formen neuer, unkonventioneller Bestattung begründet und unter welchen Bedingungen sie individuelle Formen akzeptiert.
10. Inszenieren Sie folgendes Streitgespräch: Johannes Falder diskutiert mit einem älteren, konservativen Freund seines Vaters über das geplante Abschiedsritual. Arbeiten Sie mit einem Partner und bereiten Sie jeweils kritische Anfragen des Freundes und J. Falders überzeugende Begründungen für sein Vorhaben vor. Ziehen Sie dazu Methode 3 heran (s. S. 379).
11. Notieren Sie Aspekte, die Ihnen im Hinblick auf Ihren eigenen Abschied wichtig sind (z. B. Begegnungen mit nahestehenden Menschen, Wahl des Sterbeortes, einer Bestattungsform, …). Tauschen Sie sich in einer Kleingruppe über Ihre Überlegungen aus. Wägen Sie ab, inwieweit Sie selbst in der Lage sind, Ihren eigenen Tod oder den eines nahestehenden Menschen zu besprechen.

Projektidee: Setzen Sie sich mit einem Seniorenheim in Ihrer Nähe in Verbindung und informieren Sie sich über das praktizierte Konzept der Sterbebegleitung und Trauerkultur. Vereinbaren Sie Gesprächstermine mit der Leitung und/oder mit Senioren, die bereit sind, über ihre persönlichen Erfahrungen mit Tod und Abschied zu sprechen. Nutzen Sie Ihre Ergebnisse für eine Ausstellung in der Schule.

Wenden Sie Ihr Wissen an

- Formulieren Sie wichtige Erkenntnisse, die Sie in der Auseinandersetzung mit dem Tod gewonnen haben. Welcher Gedanke war Ihnen wichtig und welches Material war für Sie besonders hilfreich? Begründen Sie Ihre Auswahl.
- Viele Ärzte empfinden den Tod ihres Patienten als persönliches Versagen. Diskutieren Sie diese Haltung: Ist sie folgerichtig oder fatal? Ist das Handeln der Ärzte Teil des christlichen Protests gegen den Tod? Bereiten Sie anschließend einen Vortrag vor der Ärztekammer vor.
- In München wurde vor einigen Jahren dem Stadtrat folgender Antrag zur Abstimmung vorgelegt:
  Tagsüber sollen keine Leichenwagen auf den Straßen zu sehen sein; sie sollen nur noch nachts verkehren dürfen.
  Simulieren Sie eine Sitzung des Stadtrates Ihrer eigenen Stadt, in der dieser Antrag diskutiert wird. Gehen Sie nach der Methode des Planspiels vor und verwenden Sie dazu Methode 3 (s. S. 379).

3. Das Leben nach dem Tod

Was Sie erwartet

Obwohl der Mensch zeit seines Lebens immer wieder mit seiner Endlichkeit konfrontiert wird, treibt ihn die Sehnsucht nach Unsterblichkeit. Seit Menschengedenken fragt der Mensch nach dem, was nach dem Tod kommt. Theologen wie Philosophen, von alttestamentlichen Propheten bis hin zu Atheisten des 20. Jahrhunderts, begründen die Unsterblichkeit des Menschen, durch die der Mensch die ersehnte Gerechtigkeit erfährt.

Wenn der Tod nicht einfach das Aus des Menschen ist, stellt sich die Frage, wie man sich dieses Leben nach dem Tod vorzustellen hat. Mokscha, Nirvana, das Paradies oder der Himmel – Bilder, die es zu entschlüsseln gilt, wenn man die unterschiedlichen Heilsvorstellungen der Religionen verstehen und differenzieren will.

Die meisten assoziieren mit „Hölle" und „Fegefeuer" Orte der Verbannung, an denen der Mensch Gott schlichtweg ausgeliefert ist. Doch die mittelalterliche, schematische Einteilung der Menschen in Bewohner des Himmels oder der Hölle gilt es als Reduktion des christlichen Hoffnungsgedankens zu entlarven. So werden in diesem Unterkapitel die Begriffe Himmel und Hölle neu definiert, um die Paradoxie von Gnade und Gerechtigkeit und das Unüberbietbare des christlichen Glaubens – das Ernstnehmen des Individuums in seinen sozialen Lebensbezügen – zugänglich zu machen.

Die Unsterblichkeit des Menschen

1. Führen Sie eine Umfrage in Ihrem Kurs durch und stellen Sie fest, wie viele von Ihnen an eine Art Leben nach dem Tod glauben und welche Begründung sie geben. Versuchen Sie, mit möglichst vielen Ihrer Kursmitglieder ins Gespräch zu kommen.
2. Überlegen Sie, ob das Ergebnis in Bezug auf Jugendliche in Deutschland repräsentativ ist. Nach einer Erhebung der TNS-Forschung für den SPIEGEL von 2008 glauben 48 % der befragten Frauen und 32 % der befragten Männer an ein Leben nach dem Tod.

Der griechische Philosoph Platon (428/27–348/47 v. Chr.) befasst sich mit der Frage nach dem echten, unzweifelhaften Wissen und begründete mit seiner Ideenlehre die Vorstellung von der Unsterblichkeit des Menschen.

26 Die metaphysische Begründung

Platon unterteilt die Welt in eine geistige, die Welt der Ideen, und in eine materielle, sinnlich wahrnehmbare, die ästhetische Welt. Der Mensch existiert in beiden Welten. Zunächst nehmen wir nur die sinnlich wahrnehmbare (d. h. die empirische) Wirklichkeit wahr und erkennen die Welt der Ideen nur fragmentarisch, doch existieren wir durch unsere Seele auch in der Ideenwelt. An dieser hat unsere Seele bereits vor unserer Existenz, unserer Geburt, teil, und genau so wird die Seele, die ihrem Wesen nach mit den Ideen verwandt ist, auch nach unserem Tod in der Ideenwelt weiter existieren. Nach Platon gibt es sowohl die Prä- als auch die Postexistenz unserer Seele, und dabei handelt es sich um ein und denselben Zustand, da die Präexistenz in die Postexistenz übergeht und diese wiederum in die Präexistenz. Die Präexistenz der Seele ist nach Platon die Voraussetzung dafür, dass der Mensch eine Vorstellung von Gerechtigkeit und moralischem Handeln hat. Die Seele muss das Gute, d. h. die Gerechtigkeit in vollendeter Form geschaut haben, damit der Mensch eine Vorstellung davon hat und so in seiner Begrenztheit in der ästhetischen Welt versuchen kann, Gerechtigkeit zu verwirklichen.

Durch diese Schau, d.h. ihre Kenntnis der Gerechtigkeit, ist die Seele Teil der wirklichen, göttlichen Welt, welche wir Menschen nur fragmentarisch als ein „Schatten- und Abbild" wahrnehmen und nur durch unsere Seele ersehnen können. Durch die Seele ist die Sehnsucht des Menschen nach dem Göttlichen, nach dem Unendlichen, nach der wahren Gerechtigkeit erst möglich. So lebt der Mensch in einer Scheinwelt, und nur die Seele hat nach dem Tod an der wirklichen Welt teil.

nach Platon

3. Stellen Sie dar, wie Platon die Unsterblichkeit des Menschen oder der Seele begründet.
4. Erläutern Sie das Verhältnis von Körper und Seele und erklären Sie den Leib-Seele-Dualismus.
5. Benennen Sie anthropologische Konsequenzen dieses Menschenbilds.
6. Theologische Begründungen der Unsterblichkeit finden sich im Alten wie im Neuen Testament. Lesen Sie Ps 73 und stellen Sie dar, welche menschliche Grunderfahrung der Psalmbeter hier als Klage vor Gott bringt. Welchen Trost bietet der Klagende selbst (V. 19-28)?

Die moralische Begründung der Unsterblichkeit des Menschen begegnet uns auch bei Immanuel Kant (1724–1804), der das platonische und frühjüdische Denken aufgegriffen und vor neuzeitlichem Hintergrund weiterentwickelt hat.

27 Die moralische Begründung

Unter einer moralischen Weltordnung versteht Kant eine Welt, in der Menschen so miteinander umgehen, dass sie einander immer auch als Zweck achten und niemals nur als Mittel benutzen. Die Herstellung dieser Weltordnung ist eine Aufgabe praktischer Vernunft, weil unsere Vernunft uns darauf verweist, dass der Mensch nicht Wert, sondern Würde hat. Würde zu haben heißt, kein abhängiges Glied naturbedingter Wirkungsprozesse, d. h. Zweck für etwas anderes zu sein, sondern über diese Kausalprozesse erhaben und in diesem Sinn selbst Zweck zu sein. Dieses Verständnis des Menschen erfordert die Herstellung einer Weltordnung, die den Menschen in seiner Würde ernst nimmt, was genauso eine praktische Aufgabe ist.

Bei der Herstellung der moralischen Weltordnung stößt die praktische Vernunft jedoch auf ein strukturelles Problem. Denn die moralische Tat will zwar die Grenzen der empirischen Welt überwinden, doch muss sie sich dazu zwangsläufig der Mittel bedienen, welche die empirische Welt ihr gegenwärtig bereitstellt. Die empirische Welt setzt dem moralischen Subjekt Grenzen, so dass die moralische Tat immer hinter ihrem Anspruch zurückbleibt. Zudem gehen in die moralische Tat auch die Altlasten jener Welt ein, die doch gerade überwunden werden soll.

Was das konkret bedeutet, zeigt sich beispielsweise an militärischen Einsätzen in Krisengebieten, die aus humanitären Gründen erfolgen. Wer Völkermord verhindern will, kann nicht einfach nichts tun und sein moralisches „Handeln" auf die Empörung darüber reduzieren, wie schrecklich es in der Welt zugeht. Denn durch diese Passivität würde er mitschuldig an der Gewalt, der er doch Einhalt gebieten könnte. Wenn er jedoch gegen diese Gewalt etwas unternimmt, kommt er nicht an militärischen Einsätzen vorbei, die sich zwar gegen den Völkermord richten, aber immer auch menschliche Opfer kosten. Für die Herstellung einer Welt, in der Menschen einander achten, werden also Menschen militärisch regelrecht als Mittel verbraucht. So steht der Mensch nicht vor der Wahl, unschuldig zu bleiben oder schuldig zu werden, sondern vor der Frage, welche Art von Schuld er wählen will.

Auf diese Weise führt jeder Versuch, eine moralische Weltordnung herzustellen, immer nur zu einer Welt, in der die besagten Altlasten der überwundenen Weltordnung weiter fortwirken. Eine kritische Vernunft, welche diesen Widerspruch von Wollen und Bewirken nicht verdrängt, muss darum aus moralischen Gründen hoffen, dass es einen Gott gibt, der das vollendet, was der Mensch in seinen besten Absichten immer nur fragmentarisch hervorbringt. Denn nur eine von Gott geschenkte Vollendung kann den Menschen jene Weltordnung zuteil werden lassen, die sie in dieser Welt bestenfalls bruchstückhaft herstellen können. So postuliert Kant zunächst einen Gott, der vollendet, was der Mensch nur auf den Weg bringt; zugleich postuliert er eine Fortdauer der menschlichen Seele, damit der Mensch an dieser Weltordnung auch Anteil gewinnt. Durch seine Unsterblichkeit kann der Mensch an dem Guten und der Gerechtigkeit teilhaben, die er selbst nie ganz realisieren kann und doch aufgrund seiner Würde verdient.

nach Immanuel Kant, 1788

7. Formulieren Sie das Postulat Kants und seine Begründung mit eigenen Worten.

Der katholische systematische Theologe Ottmar Fuchs (* 1945) geht in seiner Begründung der vergeltenden Gerechtigkeit Gottes weiter, indem er deutlich macht, wie Menschen mit diesem Bewusstsein Leid tragen können.

28 Unendliches Leid fordert göttliche Gerechtigkeit

[...] Die Gerechtigkeitssehnsucht kann in schlimmen Erfahrungen in Rache und Hass umschlagen, mit dem Wunsch nach heftigster und schmerzhaftester Bestrafung für die Verursacher. Dieser vitale Wunsch findet sich auch in biblisch bezeugten Reaktionen von Opfern, wobei sich hier in der Beziehung zu Gott etwas Eigenartiges ereignet. So wird in Klagegebeten Gott selbst dazu aufgerufen, die Gerechtigkeit und auch die Rache an den Tätern zu vollziehen. Es sind die Ohnmächtigen, die Gott derart beanspruchen, und manchmal sind es auch diejenigen, die selbst die Rache ausführen könnten, sie aber an Gott abgeben. Hier ist aber schon das Wichtigste angelegt, nämlich der Verzicht darauf, die Gerechtigkeit mit zerstörender Gewalt herzustellen. Gott allein hat das entsprechende Gewaltmonopol. Da Gott aber oft innergeschichtlich nicht eingreift, um Gerechtigkeit und Vergeltung herzustellen, drängt auch dieser Ruf nach Gerechtigkeit über die Todesgrenze hinaus. Paulus sieht diesen Zusammenhang in Röm 12,17-21:

„*Vergeltet niemand Böses mit Bösem! Seid allen Menschen gegenüber auf Gutes bedacht! Rächt euch nicht selber, liebe Brüder (und Schwestern), sondern lasst Raum für den Zorn (Gottes); denn in der Schrift steht: Mein ist die Rache, ich werde vergelten, spricht der Herr. Viel mehr: Wenn dein Feind Hunger hat, gib ihm zu essen, wenn er Durst hat, gib ihm zu trinken; tust du das, dann sammelst du glühende Kohlen auf sein Haupt. Lass dich nicht vom Bösen besiegen, sondern besiege das Böse durch das Gute.*"

Die Aussicht auf die Rache Gottes verhindert nicht nur die Gewalt, sondern ermöglicht in ihrem Rücken die Feindesliebe, genauer Taten der Feindesliebe, die aber letztlich, endzeitlich gesehen, Taten des Hasses auf die Feinde sind, insofern man damit glühende Kohlen auf ihr Haupt sammelt. Wir finden hier sicher nicht die Höchstform von gewaltabrüstender Spiritualität, aber immerhin eine biblische Möglichkeit, mit der Gewaltsucht der Menschen so umzugehen, dass jedenfalls „menschliche" Gewalt die Menschen nicht mehr erreicht. Und dann ist es immer noch einmal eine Frage, wie die Überantwortung an die Rache Gottes in der Gnade Gottes selber aussieht. [...]

Ottmar Fuchs, 2007

8. Erklären Sie die theologisch-ethische Fortsetzung der Hoffnung auf die vergeltende Gerechtigkeit Gottes, die Ottmar Fuchs deutlich macht.
9. Diskutieren Sie seinen Ansatz und nehmen Sie Stellung.

Himmel – Hölle – Fegefeuer: Dimensionen des Jenseits

29

Vladimir Rencin, 1992

1. Interpretieren Sie die Karikatur (s. Methode 10, S. 386), geben Sie ihr einen Titel und formulieren Sie daraus hervorgehende Prämissen für die Rede über das Leben nach dem Tod.
2. Diskutieren Sie, wie Theologen mit der „Armut ihres Wissens" (J. B. Metz) in Hinblick auf das Jenseits umgehen sollten.
3. Führen Sie in Kleingruppen ein Schreibgespräch zu jeweils einem der Begriffe Himmel, Hölle, Fegefeuer durch. Tauschen Sie sich über die Ergebnisse zu den unterschiedlichen Begriffen aus. Vergleichen Sie Ihre Gedanken mit den theologischen Ansätzen dieses Kapitels.

INFO: Alttestamentliche Vorstellung von Tod und Auferstehung, Himmel und Hölle

Nach alttestamentlicher Vorstellung ändert der Mensch mit dem Tod seine Existenzform und geht in diesem neuen Seinszustand in die Unterwelt (Ez 26,20), genannt Scheol, ein. Diese Welt der Toten befand sich unter der Erde und war dem Herrschaftsbereich Jahwes, der ein Gott der Lebenden war, entzogen. So existierten die Toten unterschiedslos als der Scheol ausgelieferte, kraftlose Wesen (Jes 14,10; Ps 88,5) in äußerster Gottesferne (Jes 30,10f.; Ps 6,6). Diese Einschränkung des Wirkungs- und Machtbereichs Jahwes wird in einigen alttestamentlichen Textstellen durchbrochen, so z. B. in Ez 37 (vgl. S. 283), wenn Jahwe dem Menschen durch die Metapher der Auferweckung der Toten verspricht, ihn auch aus äußerster Not zu erretten. Hier wird die nach-exilische Erweiterung des Machtbereichs Jahwes deutlich, der zwar nicht in der Unterwelt herrscht, dennoch in gewisser Weise auf diese Einfluss nehmen kann.

Den Gedanken des Gerichts und der letzten Herstellung der im Leben ersehnten Gerechtigkeit bringt erstmalig das Buch Daniel (Dan 12,1-3, ca. 2. Jh. v. Chr.) zum Ausdruck. Menschen, die im Leben Ungerechtigkeiten ausgeliefert waren, erhoffen von Gott eine Art Endabrechnung nach dem Tod, durch die den Gottesfürchtigen und Tora-Treuen nun endlich das ihnen versprochene Heil zuteil wird, während die Ungerechten und Frevler ihre verdiente Strafe ertragen müssen. Diese Vorstellung der Auferstehung der Gerechten begegnet uns auch in der jüdischen Märtyrerlegende in Makk 7, in der die Märtyrer ihr Schicksal im Leben geduldig ertragen und auch ihren frühen, gewaltsamen Tod hinnehmen – alles im Bewusstsein der Hoffnung darauf, dass das irdische Leben nicht das letzte Wort Gottes ist.

Die Auferstehungshoffnung verweist auf den engen Zusammenhang von Tun und Ergehen und der Sehnsucht des Menschen, dass irgendwann Gerechtigkeit herrscht, d. h. die gestörte Ordnung der Welt wieder hergestellt wird.

Der Himmel wird im Alten Testament, wie in vielen Religionen, als Wohnort Gottes bezeichnet. Dieser Bereich, der sich oberhalb der Erde befindet, versteht sich als „Gegenwelt" zur Unterwelt. Den Begriff des Himmels verstanden die Menschen von alters her als räumlichen Ort; erst in der Moderne erfuhr er eine theologische Neubestimmung als Metapher für einen Zustand. So stellten Theologen auch die Metaphorik der wörtlich verstandenen, emotional überfrachteten Begriffe „Hölle" und „Fegefeuer" heraus.

30 Gericht

die augen
werden uns
aufgehen

himmelsweit

5 brennen werden die wunden
brennen wird unsere liebe

schatten erhellen
die erinnerung

wir wagen
10 unser wahres gesicht

in bergende hände
werden wir
fallen

erdtief

15 ins offene erbarmen

Werner Kallen, 1997

Ivan Steiger, 1998

Der katholische Theologe und Dogmatiker Gisbert Greshake (* 1933) verdeutlicht die logische Notwendigkeit der Hölle.

31 Das Gewicht der Freiheit

Theologische Grundlegung der Freiheit

Beim Nachdenken über die Hölle ist das absolut erste Wort, von dem man auszugehen hat, dieses: Gott will ohne jede Einschränkung, ohne Wenn und Aber das Heil des Menschen: seine selige Vollendung, die Erfüllung seines Lebens, die Realisierung aller Sehnsüchte und allen Glücksverlangens, das er ja selbst in unser Herz gelegt hat. Das ist das erste Wort. Zugleich muss ein zweites Wort gesagt werden: Nur in der Beziehung zu Gott findet der Mensch tatsächlich die Fülle seines Lebens, sein nichts auslassendes, bleibendes Glück. [...] Der Mensch hat sein Sein in Relation zu Gott, als Partner des Bundes mit Gott, und nur bei Gott kann er ganz Mensch sein.

Nur da, wo Menschen sich in Freiheit bejahen, gutheißen, anerkennen, kann von personalen Beziehungen die Rede sein. Wo der eine den anderen manipuliert und erdrückt oder wo der eine nur der Reflex des anderen ist, wo einer gleichsam aufgesogen wird von der erdrückenden Macht des anderen, da geschieht Perversion von Liebe, Partnerschaft, Dialog. Die Kategorien personaler Beziehungen sind nicht Zwang, naturhafte Notwendigkeit, manipulative Erpressung, sondern Werben und Locken um Einvernehmen, Zuneigung und Antwort der Liebe. Für das Verhältnis von Gott und Mensch bedeutet dies: Der Mensch, der sein Heil nur in Gott finden kann, da er mit allen Fasern seines Herzens auf ihn hin angelegt ist, vollzieht diese Beziehung zu Gott nicht mit naturhafter Notwendigkeit, sondern in Freiheit. [...]

Nur wenn wir diese fundamentalen theologischen Sachverhalte gegenwärtig haben, können wir sachgemäß über die Hölle (und dann auch über den Himmel) sprechen. Deshalb kann man gegen die Hölle nicht argumentieren: Gottes Liebe ist so groß, dass er auch das Ungerade gerade sein lässt und über die Schuld des Menschen hinwegsieht. Ein solches Argument wäre nur stichhaltig, wenn Gottes Heil den Menschen überrennen würde, wenn sein Heil gleichsam eine Gabe „monologischer" Allmacht wäre, die sich über die menschliche Freiheit hinwegsetzen oder sich gegen sie durchsetzen würde. Ein solcher Gott ist aber nicht der Gott der Heiligen Schrift, der Gott des Bundes, des Dialogs, der personalen Liebe. [...]

Verfehlen in Freiheit

Nun scheint aber eine der unterschwelligen Schwierigkeiten gegen die Höllenbotschaft darin zu bestehen, dass viele, vor allem auch junge Menschen sich einfach nicht vorstellen können, dass demnach wir selbst in Freiheit über unser endgültiges Geschick, über Heil oder Unheil entscheiden können und dafür verantwortlich sind. Ist es aber nicht geradezu paradox, dass in einer Zeit, in der mit ungeheurem Pathos von Freiheit, Selbstverantwortung und Selbstverwirklichung gesprochen wird, man dennoch nicht akzeptieren kann oder will, dass es an der eigenen Freiheit – genauer: an der frei bejahten und realisierten Beziehung zu Gott – hängt, ob man sein Heil findet oder nicht? Wenn in diesem Zusammenhang die Rede auf Freiheit kommt, ist man sehr schnell damit bei der Hand, von den unendlich vielen Einschränkungen der eigenen Freiheit zu sprechen. Plötzlich erklärt man sich trotz allen Geredes von Freiheit und Selbstverwirklichung nicht mehr für verantwortlich. Man redet statt dessen oberflächlich und undifferenziert vom „Gott der Liebe", der es schon „machen" wird, und singt, nicht ganz ernsthaft, aber auch nicht ohne jede Form von Identifikation das Lied: „Wir kommen alle, alle, alle in den Himmel, weil wir so brav sind": Man muss sich diesen Widerspruch einmal vor Augen stellen und ihn beim Namen nennen: Man kann nicht beides haben, Freiheit und – wenn es darauf ankommt – praktische Leugnung der Freiheit. So gesehen ist die Botschaft von der Hölle auch ein Plädoyer für das wahre Humanum, nämlich für wirkliche Verantwortung und Freiheit. Gerade an der Wirklichkeit Hölle, die unübersehbar deutlich macht, dass wir uns in Freiheit verfehlen können, sehen wir, welches Gewicht unser jetziges Leben hat. Es ist kein gleichgültiges Spiel, das nach seinem Ablauf in den Papierkorb der Weltgeschichte gelegt und vergessen wird.

Die Hölle als Konsequenz der Freiheit

[... Die] reale Möglichkeit eines endgültigen Scheiterns des Lebens scheint mir mit anderen Theologen der Gegenwart der unaufgebbare Kern und die eigentliche Sinnspitze der verbindlichen kirchlichen Lehre von der Hölle zu sein. Der Mensch kann sich endgültig verfehlen, er kann sich selbst im wahrsten Sinne des Wortes zum Monstrum, zum Ungeheuer machen. Diese Möglichkeit können wir im Ansatz bereits wahrnehmen. Denn jetzt schon ist erfahrbar, dass wir uns selbst zerstören, wenn wir uns egoistisch so auf uns selbst beziehen, dass unser Leben alle Menschlichkeit verliert, immer leerer wird und sich schließlich ganz festfährt. Die Erfahrung, dass jetzt schon „die Hölle los" sein kann und es vielfach auch ist, gibt eine Ahnung davon, was, zur letzten Konsequenz gekommen, – die wirkliche Hölle ist.

Deshalb gibt es eine Ahnung von der Hölle in unserer gegenwärtigen Erfahrung, und zwar dort, wo ein Mensch seine humane Freiheit gegen Gott und gegen die Liebe zerstört und sein Leben pervertiert. Und wenn man nüchtern auf die Möglichkeiten menschlicher Freiheit schaut – in den letzten Jahrzehnten etwa von Auschwitz bis zum Archipel Gulag [= stalinistische Zwangsarbeitslager], dann muss man nüchtern die reale Möglichkeit anerkennen, dass der Mensch sich in seiner Freiheit endgültig in einer „höllischen Monsterhaftigkeit" bestätigen und festfahren kann.

Gisbert Greshake, 2004

32

6. Entfalten Sie den fundamentalen Gedanken menschlicher Freiheit und leiten Sie daraus eine Definition der Hölle ab.
7. Begründen Sie, warum es ein Missverständnis ist, von der Hölle als Strafe Gottes zu sprechen. Erläutern Sie dabei die genannten Beispiele menschlicher Verstrickung in Schuld.
8. Nehmen Sie Stellung dazu, dass die reale Möglichkeit des menschlichen Verfehlens wichtig ist, damit Gnade nicht im Voraus berechnet zur „billigen Gnade" (Dietrich Bonhoeffer) wird.
9. Charakterisieren Sie die in der Karikatur dargestellte Rede von der Hölle und decken Sie logische Probleme einer solchen Herangehensweise auf.

In der Enzyklika „Spe Salvi" erklärt Papst Benedikt XVI. die Gerechtigkeit und Barmherzigkeit des Gerichts.

33 | Das Gericht – ein Bild der Verantwortung

Es kann Menschen geben, die in sich den Willen zur Wahrheit und die Bereitschaft zur Liebe völlig zerstört haben. Menschen, in denen alles Lüge geworden ist; Menschen, die den Hass gelebt und die Liebe in sich zertreten haben. Dies ist ein furchtbarer Gedanke, aber manche Gestalten gerade unserer Geschichte lassen in erschreckender Weise solche Profile erkennen. Nichts mehr wäre zu heilen an solchen Menschen, die Zerstörung des Guten unwiderruflich: Das ist es, was mit dem Wort *Hölle* bezeichnet wird. Auf der anderen Seite kann es ganz reine Menschen geben, die sich ganz von Gott haben durchdringen lassen und daher ganz für den Nächsten offen sind – Menschen, in denen die Gottesgemeinschaft jetzt schon all ihr Sein bestimmt und das Gehen zu Gott nur vollendet, was sie schon sind.

Aber weder das eine noch das andere ist nach unseren Erfahrungen der Normalfall menschlicher Existenz. Bei den allermeisten – so dürfen wir annehmen – bleibt ein letztes und innerstes Offenstehen für die Wahrheit, für die Liebe, für Gott im Tiefsten ihres Wesens gegenwärtig. Aber es ist in den konkreten Lebensentscheidungen überdeckt von immer neuen Kompromissen mit dem Bösen [...]. Was geschieht mit solchen Menschen, wenn sie vor den Richter hintreten? Ist all das Unsaubere, das sie in ihrem Leben angehäuft haben, plötzlich gleichgültig? [...]

Das Bild des Letzten Gerichts ist zuallererst nicht ein Schreckbild, sondern Bild der Hoffnung, für uns vielleicht sogar das entscheidende Hoffnungsbild. Aber ist es nicht doch auch ein Bild der Furcht? Ich würde sagen: ein Bild der Verantwortung. [...] Gott ist Gerechtigkeit und schafft Gerechtigkeit. Aber in seiner Gerechtigkeit ist zugleich Gnade. Das wissen wir durch den Blick auf den gekreuzigten und auferstandenen Christus. Beides – Gerechtigkeit und Gnade – muss in seiner rechten inneren Verbindung gesehen werden. Die Gnade löscht die Gerechtigkeit nicht aus. Sie macht das Unrecht nicht zu Recht. Sie ist nicht ein Schwamm, der alles wegwischt, so dass am Ende dann eben doch alles gleich gültig wird, was einer auf Erden getan hat. Gegen eine solche Art von Himmel und von Gnade hat zum Beispiel Dostojewski in seinen Brüdern Karamasow mit Recht Protest eingelegt. Die Missetäter sitzen am Ende nicht neben den Opfern in gleicher Weise an der Tafel des ewigen Hochzeitsmahls, als ob nichts gewesen wäre. [...]

Benedikt XVI., 2007

Der katholische systematische Theologe Wolfgang Beinert (* 1933) definiert Gerechtigkeit und Barmherzigkeit anders.

34 | Das Gericht – ein Bild für die Liebe

Die menschliche Sünde konstituiert immer Täter (den Sünder) und Opfer des Täters (wodurch sie erst ganz zur Sünde wird). Es ist nicht besonders belangvoll, ob das Opfer des Täters die Mitwelt, die Umwelt, der Täter selbst ist. Immer ist jene Ungleichgewichtigkeit zustande gekommen, die die unguten Strukturen der Welt aus sich entlässt. Sie werden durch bloße Versöhnungsgesten nicht beseitigt: Wie kann man dem Mörder seiner Kinder wirklich verzeihen? Doch wohl nur, wenn man selber sehr heilig ist. Und auch dann bleibt das Kind tot.

So muss zum Gelingen der Versöhnung für alle Menschen die Ungleichgewichtigkeit beseitigt werden. Das ist nur denkbar, wenn dem Täter in der Gegenwart der heiligen Wirklichkeit Gottes und des ungestillten Schmerzes der Opfer die eigene Heillosigkeit, Unreinheit und Bosheit, die Verklemmtheit und Verkrampftheit der eigenen Existenz und ihrer Lebensäußerungen restlos bewusst wird. Es hat einen tiefen Sinn, wenn die Künstler die Bewohner der dunklen Jenseitsorte nackt dargestellt haben. Vor dem Antlitz Gottes wird alles Verhüllende und Verbergende sozusagen weggebrannt. Schon Paulus kommt das Wort vom Feuer auf die Lippen. Der Mensch erscheint so, wie er ist.

Damit eröffnet sich nur mehr eine einzige Alternative: Der Täter widersteht und bleibt weiter Täter und sonst nichts. Dann kann ihn die Vergebung Gottes nicht erreichen. Er hätte sich selbst für immer verdammt. Oder der Täter nimmt seine Bosheit als Fehl an. Er bleibt auch dann noch Täter, aber er wird gleichzeitig und auch bleibend zum Opfer seiner Tat. Das nämlich ist ein ungeheuer schmerzhafter und belastender Akt, der nur gelingen kann in der Gnadenzuwendung Gottes, dessen Gerechtigkeit in diesem Vorgang mutiert zur Liebe. Nochmals: Wir dürfen hoffen (mehr nicht), dass Gott siegreich und die Alternative Hypothese bleibt. In diesem Akt der unverhüllten und in Reue angenommenen Erkenntnis steht der Täter jetzt in der gleichen Position wie jene, denen er durch seine Sünde Leid und Leiden zugefügt hat. Er leidet mit und kann in diesem Leiden Objekt des Mit-Leids aller anderen Opfer, auch derer, die er dazu gemacht hat, werden. Gottes Gerechtigkeit setzt die Liebe aller Menschen, der einstigen Täter wie der bleibenden Opfer, frei. Sie können jetzt, da sie auf Augenhöhe zueinander stehen, einander verzeihen und sich versöhnen. Sie eint das Wissen um das gleiche Leiden, den gleichen Schmerz und – das vor allem anderen – um die Barmherzigkeit Gottes, die sie gleichermaßen alle und alle gleichermaßen brauchen [...].

Wolfgang Beinert, 2008

10. Lesen Sie die beiden Texte und erarbeiten Sie die jeweilige Theologie. Stellen Sie sich gegenseitig die Ergebnisse zu den Texten vor und vergleichen Sie die beiden Ansätze.
11. Nehmen Sie noch einmal Bezug auf Psalm 73. Verfassen Sie auf der Grundlage der theologischen Auseinandersetzungen eine Antwort Gottes auf diesen Psalm.

35 Der Himmel als Fest der Versöhnung

Was verstehen wir im christlichen Glauben unter „Himmel"? Sicher nicht einen überirdischen Raum oder einen jenseitigen Glückszustand, in dem all unsere Träume und Sehnsüchte nach Art eines Schlaraffenlandes erfüllt werden. Nein, wenn wir im biblisch-christlichen Sinn vom Himmel sprechen, meinen wir das uns von Gott zugedachte Ziel der persönlichen und universalen Geschichte; also das endgültige, rundum beseligende „Aufgehobensein" in der Gemeinschaft mit Gott und dem ganzen Leib Christi, ja der ganzen Schöpfung. „Himmel" ist im Grunde ein anderes Wort für „Vollendung" [...].

Quelle und Mitte dieser Seligkeit der Vollendung ist Gottes versöhnende Liebe, die uns in Christus bereits innergeschichtlich erschienen ist und nun in ihrer ungehinderten Wirksamkeit offenbar wird. Versöhnende Liebe: Weil wir von Gott umfassend angenommen sind und wir uns auch endlich völlig ungehindert und unverkrampft von ihm annehmen lassen können, darum wird uns das Geschenk der Versöhnung auf allen Ebenen unseres Menschseins zuteil: Versöhnung mit Gott und seinem oft so unverständlichen, uns in Zweifel und Dunkelheit stürzenden Wirken in der Geschichte; Versöhnung mit uns selbst, unserer eigenen Lebensgeschichte, den vielen Verletzungen und den versäumten Lebenschancen, so dass wir die Wahrheit des Bonhoeffer-Wortes voll begreifen können: „Es gibt erfülltes Leben trotz vieler unerfüllter Wünsche"; Versöhnung auch mit den anderen Menschen, denen wir oder die uns das Leben oft schwer machten, so dass wir jetzt wirklich mit allen in der von Jesus ausgehenden Freundschaft des Leibes Christi verbunden sein können. [...] Versöhnung aber auch unter den Völkern, Rassen, Kulturen und Religionen, deren Fremdheit (nicht ihr Anders-Sein!) durch die unmittelbare, von allen erfahrbare Präsenz der Liebe Gottes endlich aufgehoben wird; Versöhnung schließlich in und mit der ganzen Schöpfung.

Medard Kehl, 2005

12. Lesen Sie den Text von M. Kehl und fassen Sie seine Theologie des Himmels zusammen.
13. Vergleichen Sie seine Jenseitsvorstellung mit denen von Benedikt XVI. und W. Beinert. Analysieren Sie Anknüpfungspunkte und/oder Widersprüche.

Die Seele im Himmel – ein interreligiöser Vergleich

36

Duane Michals: The Spirit leaves the Body, 1968

1. Beschreiben Sie, wie der Fotograf Duane Michals (*1932) eine andere Dimension menschlichen Seins deutlich macht.
2. Erklären Sie seine Auffassung vom Wesen des Menschen. Welche Eigenschaften bringt er zum Ausdruck?
3. Notieren Sie Ihre eigene Definition des Begriffs „Seele". Vergleichen Sie Ihre Definitionen mit diesen Fotografien. Begründen Sie, ob die Fotos zur Veranschaulichung Ihrer Definition dienen könnten.

Auch wenn im Christentum von der Unsterblichkeit der Seele die Rede ist, gibt es fundamentale Unterschiede zwischen hinduistischer, buddhistischer und christlicher Lehre. So verwirft bereits im Jahre 553 das 5. ökumenische Konzil von Konstantinopel die Präexistenz der Seele (= Lehre von der Existenz der Seele vor dem Leben des jeweiligen Menschen), ohne die Unsterblichkeit des Menschen zu bestreiten. Was macht die Seele im christlichen Verständnis aus? Im folgenden Text erklärt der Jesuit und Fundamentaltheologe Medard Kehl (* 1942) den christlichen Seelenbegriff.

37 **Die Seele – Inbegriff des ganzen Menschen vor Gott**

Unsere Seele ist (theologisch gesehen) nichts anderes als das „Ansprech- und Antwortorgan" des Menschen für Gott; also die uns von Gott geschenkte Fähigkeit, mit „ganzem Herzen und ganzer Seele, mit all meinen Kräften" (vgl. Mk 12,30) Gottes Liebe zu empfangen und zu erwidern.

Diese Gabe Gottes an uns ist unsere „Seele". Sie ist deswegen unsterblich, weil Gott uns, indem er uns ins Dasein ruft, mit unbedingt treuer Liebe bejaht [...]. Nicht aber, weil unser innerster „Personkern" von Natur aus schon immer etwas Göttliches wäre und sich nur aus den Schlacken des Diesseits befreien müsste, um endlich wieder ganz rein und vollkommen zu werden. Das Ja zur Endlichkeit und Geschöpflichkeit des Menschen durch und durch, auch seines Geistes, seiner Seele und seines sittlichen Vermögens, das macht den ersten und wohl auch den grundlegenden Unterschied zwischen dem Gottes- und Menschenbild des christlichen Glaubens und dem der Wiedergeburtslehre aus.

Wenn heute theologisch von der Seele des Menschen gesprochen wird, geht es immer um den ganzen Menschen – allerdings unter einer bestimmten Rücksicht: nämlich dass er von Gott

ZUKUNFT – Zeit und Ewigkeit 305

dazu befähigt ist, sein „Dialogpartner" zu sein, also mit Gott in eine hörende, antwortende und liebende Beziehung treten zu können. Diese Fähigkeit umschließt aber alle Dimensionen des Menschen: seinen Leib, sein personales Selbst, seinen Verstand, sein Herz und seine Gemütskräfte, seine gesellschaftliche Verfasstheit, seine kulturschaffende Kreativität usw. Denn Gottes Liebe und Gemeinschaftswille gilt dem ganzen Menschen, so wie er als sein geliebtes Geschöpf hier auf der Erde lebt.

Medard Kehl, 2005

4. Skizzieren Sie das christliche Verständnis der Seele.
5. Begründen Sie, warum ein Leib-Seele-Dualismus nicht dem christlichen Menschenbild entspricht.

38 Die Seele im Verständnis östlicher Religionen

Im Hinduismus wird die Seele des Menschen als Atman (das „Selbst") bezeichnet. Der Atman ist der wesenhafte Kern des Menschen, durch den er mit dem Göttlichen (Brahman) verbunden ist. Der Urgrund des Seins und der Weltengrund sind identisch. Der Atman, der Kern des Menschen, ist unberührt von allem weltlichen Geschehen und auch von der Individualität. Das Karma, das der Mensch sich durch seine Taten im Leben aufgeladen hat, bezeichnet die Individualität des Menschen, von der der Atman losgelöst existiert. Die Seele (Atman) ist frei von Tod und Sterben, da sie nach dem Tod fortbesteht und je nach der Wertigkeit des individuellen Karmas in einer angenehmen oder unangenehmen Existenzform wiedergeboren wird.

Hindus glauben an den Kreislauf der Wiedergeburten (sansara), durch den der Tod nicht das Ende des Lebens darstellt, sondern das Ende des einen und gleichsam der Anfang eines anderen Lebens. Der Tod ist somit nur eine Art Durchgangsstadium. Da der ewige Kreislauf an Wiedergeburten für Hindus ein Gefängnis ist, erstreben sie die Erlösung aus diesem „als leidvoll erfahrenen Tun- und Ergehens-Zusammenhang der Welt" (M. Kehl). Diese Erlösung vom „Ich" zum „Selbst", von der Individualität zur Einheit mit dem Ganzen, kann auf drei Weisen erwirkt werden: auf dem Wege der Taten, der Erkenntnis und der liebende Hingabe.

Während Buddhisten auch an das Karma und seine Auswirkung auf die Wiedergeburt glauben, basieren die meisten buddhistischen Lehren auf einem anderen Menschenbild. So bestreitet der Theravada-Buddhismus die Existenz des Atman und spricht vom an-atta oder shunyata, d. h. „Nicht-Selbst" oder „Leere". Das Seinsmerkmal des Menschen ist die Selbstlosigkeit. Das Ichbewusstsein, das der Mensch im Laufe seines Lebens aufbaut, ist das Verhaftetsein im Karma, d. h. das, was ihn an den Kreislauf der Wiedergeburten kettet. Wie im Hinduismus führt das Karma zur Wiedergeburt, wobei Buddhisten, die die Vorstellung der „Seelenwanderung" nicht teilen, von Sansara als einem nicht näher definierten Daseinsstrom sprechen.

Die Erlösung aus dem Kreislauf, das Nirvana, besteht im Auslöschen des Ichbewusstseins zugunsten des wahren Wesenskerns (der Leere). Das Nirvana erreicht man über den Weg der „Vier edlen Wahrheiten", die den Menschen dazu anleiten, sich von Gier, Hass und Verblendung zu befreien. Individualität und Personhaftigkeit sind im Buddhismus der Grund für die Verstrickung des Menschen in der Welt. Sie bezeichnen das Übel, von dem sich der Mensch erlösen will. Ist die Individualität abgestreift, bleibt jedoch nicht die Seele, sondern das Verlöschen des Menschen – ein Aufgehen in der allumfassenden Einheit. Das Nirvana kann bereits im Leben erreicht werden, doch erst mit dem Tod geht der bereits Erlöste (der noch in seinem Körper gefangen war) endgültig ins jenseitige Nirvana ein.

39 Die Auferweckung der Toten

35 Nun könnte einer fragen: Wie werden die Toten auferweckt, was für einen Leib werden sie haben? 36 Was für eine törichte Frage! Auch das, was du säst, wird nicht lebendig, wenn es nicht stirbt. 37 Und was du säst, hat noch nicht die Gestalt, die entstehen wird; es ist nur ein nacktes Samenkorn, zum Beispiel ein Weizenkorn oder ein anderes. 38 Gott gibt ihm die Gestalt, die er vorgesehen hat, jedem Samen eine andere. 39 Auch die Lebewesen haben nicht alle die gleiche Gestalt. Die Gestalt der Menschen ist anders als die der Haustiere, die Gestalt der Vögel anders als die der Fische. 40 Auch gibt es Himmelskörper und irdische Körper. Die Schönheit der Himmelskörper ist anders als die der irdischen Körper. 41 Der Glanz der Sonne ist anders als der Glanz des Mondes, anders als der Glanz der Sterne; denn auch die Gestirne unterscheiden sich durch ihren Glanz.

42 So ist es auch mit der Auferstehung der Toten. Was gesät wird, ist verweslich, was auferweckt wird, unverweslich. 43 Was gesät wird, ist armselig, was auferweckt wird, herrlich. Was gesät wird, ist schwach, was auferweckt wird, ist stark. 44 Gesät wird ein irdischer Leib, auferweckt ein überirdischer Leib. Wenn es einen irdischen Leib gibt, gibt es auch einen überirdischen. 45 So steht es auch in der Schrift: Adam, der Erste *Mensch, wurde ein irdisches Lebewesen.* Der Letzte Adam wurde lebendigmachender Geist. 46 Aber zuerst kommt nicht das Überirdische; zuerst kommt das Irdische, dann das Überirdische. 47 Der Erste *Mensch* stammt *von der Erd*e und ist *Erde*; der Zweite Mensch stammt vom Himmel. 48 Wie der von der Erde irdisch war, so sind es auch seine Nachfahren. Und wie der vom Himmel himmlisch ist, so sind es auch seine Nachfahren. 49 Wie wir nach dem Bild des Irdischen gestaltet wurden, so werden wir auch nach dem Bild des Himmlischen gestaltet werden. 50 Damit will ich sagen, Brüder: Fleisch und Blut können das Reich Gottes nicht erben; das Vergängliche erbt nicht das Unvergängliche.

51 Seht, ich enthülle euch ein Geheimnis: Wir werden nicht alle entschlafen, aber wir werden alle verwandelt werden – 52 plötzlich, in einem Augenblick, beim letzten Posaunenschall. Die Posaune wird erschallen, die Toten werden zur Unvergänglichkeit auferweckt, wir aber werden verwandelt werden. 53 Denn dieses Vergängliche muss sich mit Unvergänglichkeit bekleiden und dieses Sterbliche mit Unsterblichkeit. 54 Wenn sich aber dieses Vergängliche mit Unvergänglichkeit bekleidet und dieses Sterbliche mit Unsterblichkeit, dann erfüllt sich das Wort der Schrift: Verschlungen *ist der Tod vom Sieg.* 55 *Tod, wo ist dein Sieg?/Tod, wo ist dein Stachel?*

56 Der Stachel des Todes aber ist die Sünde, die Kraft der Sünde ist das Gesetz. 57 Gott aber sei Dank, der uns den Sieg geschenkt hat durch Jesus Christus, unseren Herrn. 58 Daher, geliebte Brüder, seid standhaft und unerschütterlich, nehmt immer eifriger am Werk des Herrn teil und denkt daran, dass im Herrn eure Mühe nicht vergeblich ist.

1 Kor 15,35-58

6. Erklären Sie das Nirvana anhand der Symbolik des Wassertropfens.
7. Erklären Sie die Problematik der Übernahme östlicher Erlösungsvorstellungen im westlichen Kulturkreis. Decken Sie Widersprüche auf.
8. Arbeiten Sie mit einem Partner und notieren Sie jeweils Argumente für das buddhistische und für das christliche Menschenbild. Nutzen Sie Ihre Notizen, um ein Streitgespräch zu inszenieren (vgl. Methode 3, S. 379). Diskutieren Sie auch, was für die andere Religion bereichernd sein könnte. Ziehen Sie die Seiten 59 ff. heran.
9. Nennen Sie zentrale Aspekte des christlichen Auferstehungsglaubens gemäß Text 39.

40 Was heißt leibhaftige Auferstehung?

Noch immer weit verbreitet ist ein Vorstellungsmodell, das zwar anschaulich ist, aber heutigem Denken erhebliche Schwierigkeiten bereitet: Im Tod trennt sich die unsterbliche Seele vom sterblichen Leib und kommt, während dieser im Grabe ruht, unmittelbar vor Gott. Am Ende der Zeit am Jüngsten Tag, werden auch die Leiber aus den Gräbern erweckt und wieder mit ihren Seelen vereint. Gegen diese Vorstellung melden sich heute etliche Einwände:

Die Zerlegung des Menschen in Leib und Seele entspringt nicht dem biblischen, sondern dem dualistisch gefärbten hellenistischen Menschenbild; die starke Betonung einer Unsterblichkeit der Seele scheint das biblisch stark betonte Auferweckungshandeln Gottes überflüssig zu machen; die Vorstellung, dass die Seele eine Zeit lang ohne Leib existieren könne, begünstigt die Tendenz zur Abwertung des Leibes; [...] schließlich fragt sich auch der weniger theologisch Argumentierende, wie er denn die Auferweckung seines Leibes denken soll, wenn dieser doch längst zerfallen und anderen Organismen assimiliert ist, so dass eine Wiederbelebung und erneute Zusammenführung der Moleküle schlecht denkbar erscheint.

Im Gegensatz dazu geht man in der heutigen Theologie vorwiegend von einem personalen Leib-Verständnis aus: Zum Menschsein gehört wesentlich die Kommunikation mit anderen, und der Mensch ist wesentlich ein geschichtliches Wesen. Beides zusammen macht seine Leibhaftigkeit aus. Der Leib des Menschen ist Realsymbol seiner Fähigkeit, mit anderen zu kommunizieren und Geschichte in sich zu sammeln.

Leibhaftige Auferstehung bedeutet, dass nicht nur (wenn es so etwas überhaupt gäbe) das nackte Ich des Menschen durch den Tod hindurch gerettet wird, wobei alle irdische Geschichte endgültig zurückgelassen und alle Beziehungen zu anderen Menschen bedeutungslos würden; leibhaftige Auferstehung bedeutet, dass die Lebensgeschichte und alle in dieser Geschichte gewordenen Beziehungen mit in die Vollendung eingehen und dem auferweckten Menschen endgültig gehören. „Gott liebt mehr als die Moleküle, die sich im Augenblick des Todes im Leib befinden. [...] Auferweckung des Leibes heißt, dass der Mensch bei Gott nicht nur seinen letzten Augenblick wiederfindet, sondern seine Geschichte." [...] Leibhaftige Auferstehung meint die Vollendung des irdischen Lebens, nicht seinen Ersatz durch ein anderes Leben, sondern das Bleiben der einmaligen Lebensgeschichte, aber auch nicht die Festschreibung auf das Maß des Erreichten oder eben nicht Erreichten, sondern die Vollendung des Begonnenen. Es ist nicht ein mirakulöses Endereignis an Knochen, Haut und Sehnen, vielmehr meint sie die Einbeziehung jener Dimension, die als das Materielle unzertrennbar zur Konkretheit des menschlichen Geistes gehört und doch nicht mehr als physikalische Körperlichkeit gedacht werden muss.

Franz-Josef Nocke, 2005

41 Auferstehung des Fleisches

Nach einer alten, in der Kirche weit verbreiteten Vorstellung kommt die Seele eines Menschen unmittelbar nach dem Tode an den ihr bestimmten Jenseitsort, während der Leib erst am Jüngsten Tage auferweckt wird. Nach dieser Vorstellung soll der Glaubenssatz von der ‚Auferstehung des Fleisches' bzw. des Leibes betonen, dass der Mensch mit Leib und Seele, also ganzheitlich und nicht nur geistig, auferweckt wird. Der Satz sei gegen die in der Entstehungszeit des Apostolicums umlaufenden gnostischen und platonischen Lehren formuliert worden, nach denen nur die Seele des Menschen unsterblich ist, während der Leib vergeht. Die Gnostiker und Platoniker hielten den Leib für den Ort des Bösen und wollten ihm deshalb kein Fortleben zugestehen.

Das alles muss nicht bestritten werden. Doch liegt in dem Begriff „Fleisch", biblisch verstanden, noch etwas anderes als der Hinweis auf die Leiblichkeit. Das „Fleisch" scheint eine Art widergöttliche Macht zu sein. Sie setzt sich den Absichten Gottes entgegen. [...] Die Werke des Fleisches, die er (Paulus) im Brief an die Galater aufzählt, sind beileibe nicht nur sexueller Art, vielmehr sind es „Ausschweifung, Götzendienst, Zauberei, Feindschaften, Zank" usw. (Gal 5,19-21). In endzeitlicher Bedeutung kann Paulus deshalb mit Bestimmtheit sagen: „Fleisch und Blut werden das Reich Gottes nicht erben" (1 Kor 15,50).

Es sei an das erinnert, was oben über das „Götzenopferfleisch" gesagt wurde. Fleisch ist Lebensmittel, ist zentrales Mittel der Selbsterhaltung und damit zugleich der gesellschaftlichen Machtverteilung. Die Macht des Fleisches, die sich dem Geist Gottes entgegensetzt, ist keine andere als die Macht der Sünde, also Selbsterhaltung plus Maßlosigkeit. [...] Die Auferstehung des Fleisches ist die letzte Station vor dem ewigen Leben. [...] [H]at Gott alles getan, um die Sünden zu vergeben – da steht ihm noch die Macht des Fleisches entgegen. Wird er sie überwinden können? Wird es zum ewigen Leben kommen? Oder wird die Macht des Fleisches auf ewig wider Gott sein? Wird das Ende ohne Versöhnung sein? Keine Frage ist in der Zeit des entfesselten Kapitalismus, die wie keine andere die Zeit des Fleisches ist, aufregender.

Das Fleisch wird nicht vernichtet werden, es wird eine Auferstehung haben, das heißt ein Leben bei Gott. Wie haben wir uns das vorzustellen? Sicher nicht so, dass Gott sich auf ewig mit der Macht des Fleisches irgendwie versöhnt. Diese Macht ist widergöttlich, sie kann Gott nicht gerecht werden, sie kann nicht bestehen bleiben, wenn Gott alles in allem ist. Also muss sie verwandelt werden, um auferstehen zu können. Jene maßlosen Kräfte der Selbsterhaltung, die z. B. den maßlosen Kapitalismus unserer Zeit treiben, sie wird Gott so in den Dienst seiner Sache nehmen können, dass sie in das ewige Leben eingehen.

Thomas Ruster, 2010

10. Lesen sie die beiden Texte 40 und 41, vergleichen Sie die Ansätze von Nocke und Ruster mit Text 39 und bewerten Sie die jeweilige Auslegung der „leibhaftigen Auferstehung".
11. Vergleichen Sie den christlichen Auferstehungsglauben mit dem Reinkarnationsglauben.
12. Beschreiben Sie die in der Zeichnung (42) dargestellte Sehnsucht des Menschen und formulieren Sie eine Antwort auf die Frage.

Werde ich dann unter all den Toten meine Bekannten wiederfinden?

Michèle Lemieux, 1986

Wenden Sie Ihr Wissen an

- Erinnern Sie sich noch einmal an Ihre eingangs formulierte Haltung zur Unsterblichkeit des Menschen und überprüfen Sie sie. Inwiefern hat sich Ihre Haltung oder Ihre Begründung verändert? Welcher Gedanke oder welches Material war für Sie wichtig?
- Inszenieren Sie ein Rollenspiel:
Ein kleines Kind befragt Sie mit den typischen kindlichen Warum-Fragen zum Leben nach dem Tod. Erklären Sie diesem Kind den christlichen Glaube in Ihrer Alltagssprache, ohne ihn zu verkürzen. Ziehen Sie dazu Methode 3 (s. S. 379) heran.

ZUKUNFT – Zeit und Ewigkeit

4. Hoffnung für die Lebenden und die Toten

Was Sie erwartet

Die bisherigen Auseinandersetzungen haben deutlich gemacht, dass das Diesseits und das Jenseits keine trennbaren Größen sind. Das Leben verdankt seinen Wert der Endgültigkeit des Todes, und das Leben nach dem Tod verdankt sich der Lebensweise vor dem Tod. Das ewige Leben beginnt also im gegenwärtigen Leben und nicht erst im Jenseits. Zwei theologische Ansätze machen Konsequenzen dieses Hoffnungsgedankens deutlich. Die Hoffnung auf die göttliche Vollendung der Geschichte enthält einerseits einen unumgänglichen Handlungsappell, und gleichzeitig befreit sie den Menschen von der Last, alles allein bewerkstelligen zu müssen. Der Mensch steht nicht allein vor der Herausforderung, die Welt zum Guten zu führen, und kann sich von dem unmöglichen Anspruch frei machen, geschehenes Leid wieder gutzumachen.

Ewiges Leben – im Hier und Jetzt

43

René Magritte, Das Jenseits, 1938

44 **Im Prozess**

Der Himmel, den wir als Vollendung unseres Lebens erwarten […], ist nicht einfach schon fertig, wie es das Bild vom „Raum" Himmel suggeriert. Der Himmel hat eine Geschichte. Er ist erst dann ganz vollendet, wenn alle, wenn die ganze Menschheit im Himmel vollendet und der Prozess der „communio-Werdung" abgeschlossen ist.
Gisbert Greshake, 2004

1. Sammeln Sie Assoziationen zu dem Bild von René Magritte.
2. Beschreiben Sie das Bild und deuten Sie seine Aussage über das Jenseits.
3. Stellen Sie Verbindungen zwischen dem Bild und der Aussage des Theologen Gisbert Greshake her.

Im Spannungsverhältnis leben

45 Hoffnung

Wenn die Hoffnung aufhört, ist das Leben tatsächlich oder potenziell zu Ende.
Erich Fromm, deutscher Psychoanalytiker und Soziologe, 1900–1980

Wer von der Hoffnung lebt, stirbt an Enttäuschung.
Spanisches Sprichwort

Hoffnung ist der krankhafte Glaube an das Eintreten des Unmöglichen.
Henry Louis Mencken, amerikanischer Journalist, Essayist, 1880–1956

1. Wählen Sie die Formulierung aus, die Ihnen am plausibelsten erscheint, und begründen Sie ihre Auswahl.
2. Lesen Sie Röm 8,18-25 und stellen Sie die Besonderheit des christlichen Hoffnungsbegriffs heraus.

Der katholische Moraltheologe Eberhard Schockenhoff (* 1953) stellt die Hoffnung als das Proprium christlicher Spiritualität dar und erklärt die Auswirkung dieser Haltung im Leben.

46 Die Gabe der Hoffnung

Die Hoffnung ist [...] alles andere als eine utopische Träumerei oder ein sehnsuchtsvolles Verlangen, das die Hände in den Schoß legt. Sie ist vielmehr ein im Ertragen der Leiden aktives
5 Ausharren, das geduldige und wachsame Vertrauen darauf, dass Gott selbst den Menschen in aller Bedrängnis seines irdischen Lebens als machtvolle Rettung zu Hilfe kommen wird. [...] Solche Hoffnung ist etwas anderes als natür-
10 liche Zuversicht oder angeborene Fröhlichkeit. Die Tradition hat die Hoffnung deshalb als eine theologische Tugend, d.h. als eine Gabe Gottes und als ein Geschenk des Geistes verstanden. [...] Ihre Schwestern sind nicht Empörung und
15 Rebellion, sondern Wachsamkeit und Geduld, Freude und Dankbarkeit. Sie weiß, um die Macht der göttlichen Liebe, der sie sich anvertraut und auf deren Zukunft sie sich ganz verlässt. [...]
20 So wenig die Hoffnung eine Verklärung der bestehenden Welt intendiert, so wenig ist sie die offene oder geheime Absage an sie. [...] Die Hoffnung verrät diese Welt nicht, sie sucht vielmehr die rechte Balance zwischen Weltbejahung und
25 Distanz, zwischen Annahme und Verweigerung, zwischen Losgelöstsein und Verhaftetbleiben. Der hoffende Mensch weiß, dass er sich in seinem Einsatz für die Welt noch mit vielem abfinden muss, ohne jedoch aufzuhören, dem Bösen
30 zu widerstehen; zugleich tritt er den Aufgaben des Lebens in der gelassenen Distanz eines doppelten „als ob" (vgl. 1 Kor 7,29-31) gegenüber: als ob es ganz auf ihn ankäme und als ob nichts von ihm abhinge. Die Hoffnung lehrt die Kunst des Unterscheidens zwischen dem Raum des Vor- 35 letzten, das doch alle Kräfte fordert, und dem Einzig-Notwendigen, das schon jetzt den Platz allein für Gott freihält. [...]
Das Gebet stärkt die Hoffnung und weist den Betenden in ihre Dynamik ein. Vor allem das 40 Vater-Unser-Gebet ist die große Schule der Hoffnung, die den Betenden den Weg zur Vollendung weist. Das Gesetz des Betens, die *lex orandi* wird zur *lex sperandi*, dem Gesetz der Hoffnung, denn im Gebet lernen wir, das Ge- 45 wicht unserer Sorgen und Aufgaben, unserer Nöte und Freuden mit den Augen Gottes zu sehen und so in ihrer wahren Bedeutung zu erfassen. [...] Die Erwartung der großen Vollendung des Lebens verführt nicht zum Verrat an den 50 Sorgen und Nöten, die das irdische Leben des Menschen unausweichlich prägen. Aufgabe der Hoffnung ist es nicht, den Menschen dem Auf und Ab und dem oft quälend langsamen Verlauf seiner irdischen Lebensgeschichte zu entheben, 55 sondern sie lehrt ihn, widrigen Erfahrungen standzuhalten. Weder überspringt die Hoffnung die gegenwärtige Zeit, noch schließt sie den Menschen in diese ein.

Eberhard Schockenhoff, 2007

3. Stellen Sie den Unterschied zwischen naivem Optimismus und christlicher Gelassenheit und das Verhältnis von Aktivität und Ausharren dar.
4. Beschreiben Sie, wie die Gabe der Hoffnung die Lebensperspektive verändert.
5. Führen Sie den Gedankengang Schockenhoffs fort und begründen Sie, warum Hoffnungslosigkeit eine gefährliche Versuchung für den Menschen ist.

Horst Haitzinger, 1982

6. Beschreiben Sie die Karikatur in ihren Details. Interpretieren Sie sie mithilfe von Methode 10 (s. S. 386).
7. Stellen Sie dar, warum die Haltung der Menschen im Boot in mehrfacher Hinsicht der christlichen Haltung widerspricht, und diskutieren Sie die Kritik der Karikatur.
8. Setzen Sie sich kreativ mit der Karikatur auseinander, indem Sie sie verändern, um die Aussage zu verstärken.

Mit dem Synodenbeschluss „Unsere Hoffnung" (1975) betont die Kirche die Bedeutung des noch ausstehenden Heilshandeln Gottes an den Lebenden und an den Toten (= eschatologischer Vorbehalt*) für eine wahrhafte, nicht halbherzige Humanisierung der Welt. Der Fundamentaltheologe Johann Baptist Metz (* 1928), der maßgeblich an der Formulierung beteiligt war, führt den Grundgedanken des Synodenpapiers aus.

Die Solidarität der Menschen mit den Lebenden und den Toten

[Die] Frage nach dem Leben der Toten zu vergessen und zu verdrängen, ist zutiefst inhuman. Denn es bedeutet, die vergangenen Leiden zu vergessen und zu verdrängen und uns der Sinn-
5 losigkeit dieser Leiden widerspruchslos zu ergeben. Schließlich macht auch kein Glück der Enkel das Leid der Väter wieder gut, und kein sozialer Fortschritt versöhnt die Ungerechtigkeit, die den Toten widerfahren ist. Wenn wir uns zu lange der Sinnlosigkeit des Todes und der Gleichgültigkeit gegenüber den Toten unterwerfen, werden wir am Ende auch für die Lebenden nur noch banale Versprechen parat haben. Nicht nur das Wachstum unseres wirt-

schaftlichen Potentials ist begrenzt, wie man uns heute einschärft; auch das Potential an Sinn scheint begrenzt, und es ist, als gingen die Reserven zur Neige und als bestünde die Gefahr, dass den großen Worten, unter denen wir unsere eigene Geschichte betreiben – Freiheit, Emanzipation, Gerechtigkeit, Glück – am Ende nur noch ein ausgelaugter, ausgetrockneter Sinn entspricht. [...] Das Hoffnungswort von der Auferweckung der Toten, das sich auf [das] österliche Geschehen gründet, spricht von einer Zukunft für alle, für die Lebenden und die Toten. Und gerade weil es von einer Zukunft für die Toten spricht, davon, dass sie, die längst Vergessenen, unvergesslich sind im Gedenken des lebendigen Gottes und für immer in ihm leben, spricht dieses Hoffnungswort von einer wahrhaft menschlichen Zukunft, die nicht immer wieder von den Wogen einer anonymen Evolution überrollt, von einem gleichgültigen Naturschicksal verschlungen wird. Gerade weil es von einer Zukunft für die Toten spricht, ist es ein Wort der Gerechtigkeit, ein Wort des Widerstands gegen jeden Versuch, den immer wieder ersehnten und gesuchten Sinn menschlichen Lebens zu halbieren und ihn allenfalls für die jeweils Kommenden, die Durchgekommenen, gewissermaßen für die glücklichen Endsieger und Nutznießer unserer Geschichte zu reservieren. *(Unsere Hoffnung, 1975)*

[...] Unsere Glaubens-„definition" spricht von solidarischer Hoffnung. Sie fasst dabei „Solidarität" in einem strikt universalen Sinn auf: als eine, die sich nicht nur gegenüber den Lebenden und gegenüber den künftigen Geschlechtern zu bewähren hat, sondern auch gegenüber den Toten. In dieser Hoffnung hofft der Christ nicht primär für sich selbst, sondern für die anderen und darin für sich. Die Hoffnung der Christen auf den Gott der Lebenden und der Toten, auf seine Auferweckungsmacht, ist die Hoffnung auf eine Revolution zugunsten aller, der ungerecht Leidenden, der längst Vergessenen, ja auch der Toten. Diese Hoffnung paralysiert nicht die geschichtlichen Initiativen und den Kampf um das Subjektsein aller; sie verbürgt vielmehr die Gewissheit jener Maßstäbe, mit denen sich Menschen angesichts der angehäuften Leiden der Gerechten immer wieder den herrschenden ungerechten Verhältnissen widersetzen.

Johann Baptist Metz, 1977

9. Skizzieren Sie den Grundgedanken des Synodenbeschlusses „Unsere Hoffnung".
10. Erklären Sie, wie der Glaube an die „Auferweckung der Toten" zur universalen Gerechtigkeit führt und wie die Erinnerung an die Toten Auswirkungen auf unser Leben hat.
11. Vergleichen Sie die Ansätze von Metz und Schockenhoff (T 46) und beziehen Sie Stellung.
12. Lesen Sie ggf. das Synodenpapier zur Würzburger Synode „Unsere Hoffnung" und analysieren Sie die mit diesem Beschluss dokumentierte Theologie der Zukunft.

Wenden Sie Ihr Wissen an

- Überlegen Sie im Rückgriff auf das gesamte Kapitel die Bedeutung des Gebets für die Toten. Bedenken Sie dabei die Tragweite des Gebets: die individuelle und die universale, die diesseitige und die jenseitige, die spirituell-transzendentale und die gesellschaftliche, die psychologische, ... Wählen Sie den für Sie bedeutsamsten Aspekt und erarbeiten Sie eine Wandzeitung zu diesem Thema: Mit Schlagzeilen, kurzen Artikeln und Bildern, die Ihr Anliegen veranschaulichen.

ZUKUNFT – Zeit und Ewigkeit

ETHIK –

vernünftig und frei handeln

1. Lassen Sie die Werbeanzeigen auf sich wirken und formulieren Sie, was Ihnen auffällt.
2. Diskutieren Sie folgende Aussagen:
   „Werte unterliegen dem Wandel der Zeit."
   „Wenn Gott nicht existiert, ist alles erlaubt!" (Fjodor Dostojewski)
3. Welche Leitfragen ergeben sich daraus für Ihre Auseinandersetzung mit dem Thema Ethik? Halten Sie Ihre Fragen fest, damit Sie sie am Ende des Kapitels überprüfen können.

Überblick

In seiner Vorlesung über Logik (1800) bestimmt Kant den Zweck der Philosophie mit den berühmten vier Fragen „Was kann ich wissen?, Was soll ich tun?, Was darf ich hoffen?, Was ist der Mensch?"

Mit der zweiten dieser grundlegenden menschlichen Fragen „Was soll ich tun?" wird sich das folgende Kapitel beschäftigen. Die Ethik bezeichnet man auch als „praktische Philosophie". Schon Aristoteles war der Auffassung, dass der Mensch als Vernunftwesen sich auch über sein Handeln vernünftig Rechenschaft zu geben habe. Dabei beschreibt die Ethik zum einen die in einer Gesellschaft vorhandenen Wertvorstellungen und Normen (*deskriptive Ethik:* In Deutschland gilt das Tötungsverbot), zum anderen sucht sie nach Begründungen für Werte und Normen und erarbeitet so auch neue allgemeingültige Werte und Normen (*normative Ethik:* Der Mensch soll nicht töten!). Diese werden sodann auf Einzelbereiche menschlichen Handelns bezogen (*angewandte Ethik,* z. B.: Wie gehen wir mit dem Tötungsverbot um?)

Die Ethik will nicht in der philosophischen Reflexion steckenbleiben, sondern Angebote zur Lebensbewältigung geben, Hilfen für moralische Entscheidungen des Menschen, die zu einer vor der Vernunft verantwortbaren und verantworteten Praxis führen. Sie werden dabei feststellen, wie schwer dies ist: Ist die Ethik zeitbedingt? Muss sie zeitgemäß sein oder kann sie gar nicht unzeitgemäß werden? Was wird aus der Ethik in unserer pluralistischen, globalisierten Welt? Gibt es so etwas wie allgemeingültige ethische Werte und Normen – jenseits aller gesellschaftlich-kulturellen und auch religiösen Grenzen? Welche Rolle spielt Gott bei diesen Fragen? Ist Gott für unser ethisches Denken und Handeln heute überflüssig geworden? Dieses Kapitel beleuchtet auch die Frage nach der *christlichen Ethik,* d. h. nach dem Zusammenhang von Glaube und Vernunft im Bereich des sittlich verantwortlichen Handelns; in der heutigen Ethikdebatte begegnet sie uns auch als Frage nach dem Zusammenhang zwischen der *autonomen* (Gesetzgebung aus Vernunft) und der *theonomen* (göttliche Gesetzgebung) Ethik.

INFO: Begriffsbestimmung

Der Sprachgebrauch im folgenden Kapitel verwendet den Begriff **Ethik** im Sinne einer **Theorie der Moral.** Die Betrachtung der Sprachentwicklung macht dies möglich. Die griechische Philosophie sprach von „ethos" als Gewohnheit und Sitte und daraus folgend von „ethike" als dem sittlichen Verständnis. Cicero übersetzte „ethos" ins Lateinische zu „mos" (Sitte) und „ethike" zu „philosophia moralis", so dass die Begriffe sittlich und moralisch den gleichen Ursprung haben.

Wichtig ist hingegen eine klare Definition der Begriffe, mit denen wir ethische Urteile erklären und Handlungsentscheidungen bewerten.

Zunächst gilt es zwischen **Gütern** und **Werten** als Gegenständen ethischer Urteile zu differenzieren: Güter und Werte stehen in einem unterschiedlichen Verhältnis zur Ethik und sind bei ethischen Entscheidungen nicht gleichrangig (vgl. 3.). Unter Werten versteht man Wertordnungen (= Gerechtigkeit, Treue, Ehrlichkeit, Liebe, ...), die uns zur Beachtung aufgegeben sind. Diese Werte haben sittlichen Charakter und dürfen bei ethischen Entscheidungen nie direkt verletzt werden.

Als Güter bezeichnet man Realitäten unseres Lebens, mit denen wir täglich umgehen (= Gesundheit, Freiheit, Wahrheit, ...). Diese Güter sind unbedingt zu wahren und zu schützen, dennoch haben Güter keinen ethischen Charakter.

Des Weiteren bedarf es der Unterscheidung von **moralisch guten** oder schlechten und **moralisch richtigen** oder falschen Handlungen. Es gibt Handlungen, die zwar gut gemeint, dennoch in ihrer Konkretisierung moralisch falsch sind. Wichtig ist dabei, dass sich die Adjektive „gut"/„schlecht" ausschließlich auf die Gesinnung und die Adjektive „richtig"/„falsch" ausschließlich auf die Tat beziehen.

1. Mut zur Moral? Der Mensch als sittliches Subjekt

Was Sie erwartet

Der Mensch ist in vielem abhängig, instinktgesteuert, sozialisiert und kulturell programmiert. Dennoch ist er zu Akten freier Selbstbestimmung fähig. Er hat einen Willen, mit dem er seiner Gesinnung und seiner Vernunft gemäß entscheiden kann. Wodurch unterscheiden sich moralische von nichtmoralischen Entscheidungen, wodurch moralisch gute und schlechte von moralisch richtigen und falschen? Wovon hängt die Möglichkeit moralischer Entscheidungen und ihre inhaltliche Ausprägung ab? Warum folgt aus der Erkenntnis eines moralischen Wertes und seiner Bejahung nicht konsequent auch die Umsetzung durch die Tat? Und vor allem: Woher kommt überhaupt die moralische Verpflichtung, die wir Menschen spüren? Auf diese Fragen versuchen die folgenden Unterkapitel Antwort zu geben.

Wann ist der Mensch moralisch gut?

In seinem Roman „Der Fall" schildert der französische Schriftsteller Albert Camus (1913–1960) ein etwas ungewöhnliches menschliches Verhalten:

Der Fall

Ich liebte es [...] ungemein, den Blinden beim Überqueren der Straße zu helfen. Sobald ich von weitem den Stock eines Blinden an einem Randstein zögern sah, stürzte ich herbei. [...] Ich liebte es auch, [...] Almosen zu geben. Ein höchst christlich gesinnter Freund gab einmal zu, dass man als erstes Unbehagen empfindet, wenn man einen Bettler auf sein Haus zukommen sieht. Nun, mit mir war es noch schlimmer bestellt: ich frohlockte. [...] Das Höflichsein verschaffte mir nämlich nicht unbeträchtliche Freuden. Wenn ich hin und wieder das Glück hatte, morgens im Omnibus oder in der Untergrundbahn meinen Platz jemand abtreten zu können, einen Gegenstand aufzuheben, den eine alte Dame fallengelassen hatte, [...] so war mein Tag gerettet.

Albert Camus, 1956

1. Beschreiben Sie die Haltung, die der Ich-Erzähler hier einnimmt.
2. Wie wirkt diese Haltung auf Sie? Beschreiben Sie Ihre spontane Reaktion.
3. Analysieren Sie die Motivation dieses Menschen, anderen zu helfen.

Pflicht oder Neigung?

Immanuel Kant beschreibt den Menschen als ein freies Wesen, das sich aufgrund seiner Vernunft über seine instinktiven Neigungen hinwegsetzen kann. Diese Freiheit des Handelns aus moralischer Verpflichtung und nicht aus instinktiver Neigung betrachtet Kant als Glück. Die Sängerin Edith Piaf hingegen stellt fest: „Moral ist, wenn man so lebt, dass es gar keinen Spaß macht, so zu leben."

4. Diskutieren Sie die beiden Sichtweisen von Kant und Piaf.
5. Im Neuen Testament findet der Leser häufig moralische Ermahnungen. Nicht alle moralische Rede im Neuen Testament ist aber „nur" eine Mahnrede (Paränese), die an bereits bekannte Werte und Normen erinnert. Sammeln Sie in einem Brainstorming Werte und Normen, die Sie für spezifisch christlich erachten, und begründen Sie diese.

3 Die Vorüberlaufenden

Wenn man in der Nacht durch eine Gasse spazieren geht, und ein Mann, von weitem schon sichtbar – denn die Gasse vor uns steigt an, und es ist Vollmond –, uns entgegenläuft, so werden wir ihn nicht anpacken, selbst wenn er schwach und zerlumpt ist, selbst wenn jemand hinter ihm läuft und schreit, sondern wir werden ihn weiterlaufen lassen.

Denn es ist Nacht, und wir können nichts dafür, dass die Gasse im Vollmond vor uns aufsteigt, und überdies, vielleicht haben diese zwei die Hetze zu ihrer Unterhaltung veranstaltet, vielleicht verfolgen beide einen dritten, vielleicht wird der erste unschuldig verfolgt, vielleicht will der zweite morden, und wir würden Mitschuldige des Mordes, vielleicht wissen die zwei nichts voneinander, und es läuft nur jeder auf eigene Verantwortung in sein Bett, vielleicht sind es Nachtwandler, vielleicht hat der erste Waffen.

Und endlich, dürfen wir nicht müde sein, haben wir nicht so viel Wein getrunken? Wir sind froh, dass wir auch den zweiten nicht sehen.

Franz Kafka, 1913

6. Skizzieren Sie die Situation. Welche Vorstellung von moralisch richtigem und moralisch falschem Handeln wird bei dem Sprecher deutlich?
7. Erläutern Sie den psychologischen Effekt dieses Selbstgespräches.
8. Was entgegnen Sie dem Sprecher?
9. Lesen Sie im Kapitel „Wirklichkeit" S. 31 nach: Die Erschließungserfahrung als Inanspruchnahme durch den anderen. Weisen Sie Berührungspunkte zur Erzählung von Kafka nach.

Wolfgang Mattheuer:
Erschrecken, 1976

ETHIK – *vernünftig und frei handeln* **317**

Gut und/oder richtig?

Sie fahren auf der Autobahn und werden Zeuge, wie ein Wagen von der Straße abkommt und sich überschlägt. Außer Ihnen ist niemand vor Ort. Sie denken an den Fahrer und eventuelle Mitreisende. Sie haben nun verschiedene Möglichkeiten:

1. Sie fahren weiter; Sie denken, Sie hätten keine Zeit: Dem Autofahrer und eventuellen Beifahrern wird nicht geholfen.
2. Sie halten an, rufen den Notarzt, holen die Insassen aus dem Wagen und legen sie in die stabile Seitenlage, weil Sie diesbezügliche Kenntnisse haben: Der Arzt bestätigt später, dass dies hilfreich war.
3. Sie halten an, rufen den Notarzt, holen die Insassen aus dem Wagen und versuchen sie wieder aufzurichten und in Ihren Wagen zu transportieren: Der Arzt kritisiert später, dass sie die Verletzten der Gefahr eines Kreislaufzusammenbruchs o. Ä. ausgesetzt hätten.
4. Sie kennen die Insassen und sind ihnen nicht wohlgesonnen: Sie halten an, bergen sie aus dem Wagen und legen sie auf den Boden (Sie denken nicht daran, weitere Hilfe zu leisten, wollen aber auch keine Probleme bekommen): Der Arzt sagt später, dies sei in dem bedrohlichen Zustand der Verunglückten das einzig Vernünftige gewesen.

10. Ordnen Sie dem jeweiligen Verhalten die Begriffe „moralisch gut", „moralisch schlecht", „moralisch richtig" und „moralisch falsch" zu.
11. Spielen Sie die Alternativen 1. bis 4. an anderen Beispielen durch (z. B.: Sie werden auf dem Bahnsteig von einem sehr eiligen Reisenden angesprochen, ob der nächste Zug nach ... auf Gleis 4 abführe).

Wovon hängt unsere moralische Gesinnung ab?

Moralische Gesinnung und Erfahrung

Die Ethik fragt nicht nur: Wie soll der Mensch sein? Sie fragt ebenfalls: Was soll der Mensch tun? Die innere Haltung und die konkrete Handlung erscheinen als untrennbar. Hierbei ist aber nicht berücksichtigt, welche Rolle auch die Erfahrung, die Kenntnisse eines Menschen und sein geschichtlich-kulturelles Umfeld bei der moralischen Entscheidung spielen.

„Wer sein Kind liebt, der züchtigt es!" – Diese Aussage enthält eine moralische Einsicht (Jeder Mensch ist als Mensch und Geschöpf liebenswert und bedarf deshalb einer bestimmten Behandlung), jedoch auch Erfahrungswissen (Kinder brauchen Grenzen). Erfahrungswissen kann aber auch nur rudimentär vorhanden sein, und Wissen kann sich wandeln. Die moralische Einsicht, dass man natürlich nur das Beste für das Kind will, wird hier mit einem pädagogisch-psychologischen Wissen verbunden, das wir heute für überholt und falsch erachten: Die Entwicklung eines Kindes wird durch Schläge gefördert. In anderen kulturellen Kontexten gilt aber auch heute noch die körperliche Züchtigung durch den Vater als Familienoberhaupt als legitim und richtig.

1. Suchen Sie andere Beispiele, mit deren Hilfe Sie einen Wert und das damit verbundene Erfahrungswissen einerseits und die Wandelbarkeit sittlicher Überzeugungen andererseits verdeutlichen können.
2. Informieren Sie sich über die Tradition der Beschneidung afrikanischer Mädchen und bewerten Sie diese mithilfe der begrifflichen Instrumente, die Sie in den Texten 1 bis 5 kennengelernt haben. Diskutieren Sie, ob und wenn ja unter welchen Bedingungen man bei einer Beschneidung überhaupt von einer guten Gesinnung sprechen kann.

318 ETHIK – *vernünftig und frei handeln*

6 „Autonom entwickeltes Ethos"

Im Alten Testament enthält der *Dekalog* – es geht hier nur um den weltethischen Gehalt, also um die Gebote der „Zweiten Tafel" [Gebote 7–10, ‚Sozialtafel', die das Verhalten dem Nächsten gegenüber thematisiert] – nicht ein dem Bundesvolk spezifisches Ethos, vielmehr stellt die „Zweite Tafel" ausgesprochen autonom entwickeltes Ethos dar. Dieses reicht in seinen Ursprüngen in vorisraelitische sittliche und rechtliche Traditionen zurück, in uraltes weltlich entstandenes Sippenethos. [...] Die Gebote der „Zweiten Tafel" wurden also nicht vom Bundesvolk selbst aufgrund seines Heilsglaubens schöpferisch hervorgebracht und auch nicht unmittelbar von Gott geoffenbart. Vielmehr hat das Bundesvolk diese Gebote in seiner Geschichte vorgefunden und dann in den Bundesgedanken integriert. [...] Einer weiteren Ausprägung alttestamentlicher Sittlichkeit begegnen wir in der *Weisheitsliteratur*. „Weise ist, wer sein Leben so einrichtet, dass es zu einem guten Ende führt." Unter dem Schema „tun – ergehen" (wenn du dies oder jenes tust, wird es dir so oder so ergehen) wird mit den Einsichten der gesunden Menschenvernunft entwickelt, dass es jeder Einzelne selbst in der Hand hat, wie sein Leben zu einem guten Ende kommt. [...] Auf induktivem Weg kann man erkennen, wie man sein Leben sichern und vor Schaden bewahren kann. Ungezählte Male stellt man in der alltäglichen Erfahrung fest, dass etwa Hochmut vor dem Fall kommt, ehe man aus diesem Befund eine sittliche Gesetzmäßigkeit erhebt (Spr 16,18; 18,12). [...] Dieses Erfahrungsethos, das Israel mit dem assyrisch-babylonischen, edomitischen, kanaanäischen, sumerischen und ägyptischen Weisheitsdenken gemein hat, wird im Volk Gottes religiös interpretiert: Man schreibt seine Begründung dem Gott zu, der die Welt im Innersten zusammenhält, also mehr dem Gott der Schöpfung als, wie im Dekalog, dem Gott des Bundes. Aus dem *Neuen Testament* schienen lange Zeit wenigstens die hochethischen Forderungen spezifisch jesuanisch und damit spezifisch christlich zu sein: die positive Formulierung der „Goldenen Regel", die Verbindung von Gottes- und Nächstenliebe in einem Hauptgebot und die Feindesliebe, um nur die wichtigsten zu nennen. Inzwischen wissen wir, dass alle diese Forderungen sich im Einzelnen mindestens bis auf das 8. Jahrhundert v. Chr. zurück aufweisen lassen, teilweise bei jüdischen, teilweise bei heidnischen Schriftstellern. Jesus greift also auf die ethischen Einsichten früherer Zeiten zurück.

A. Auer/A. Biesinger, 1975

3. Erläutern Sie den Begriff „autonom entwickeltes Ethos" (Z. 7 f.) anhand des Dekalogs, der Weisheitsliteratur und der ethischen Forderungen des Neuen Testaments.
4. Lesen Sie folgende Verse der Bergpredigt Mt 5,38-42 und formulieren Sie die Aussageabsicht Jesu mit eigenen Worten.
5. Vergleichen Sie Jesu Aufforderungen mit den nachfolgenden alttestamentlichen Aussagen und unterstützen Sie die These Auers, dass Jesus auf ethische Einsichten früherer Zeiten zurückgreift: Gen 4,23; Ex 21,22–24; Lev 19,17–18; Sir 18,13 und 27,30–28,7; Spr 24,29 und 25,21; Ex 22,25–26; Ex 22,24.
6. Nehmen Sie Stellung zur Bezeichnung der jesuanischen Imperative als neu und provokant.

Im folgenden Textausschnitt befasst sich der italienische Mathematiker und Journalist
Lucio Lombardo-Radice (1916–1982), der sich selbst als „Rationalist und Atheist" bezeichnet hat,
mit demselben Problem:

7 Das unterscheidend Christliche

Zu Beginn des Jahres 1944 wurde ein junger Chemiker, Gianfranco Mattei [...], verhaftet. Er sah sehr klar voraus, dass die SS-Leute ihn foltern würden, um die Namen seiner Kampfgenossen zu erfahren, und er war nicht sicher, dass er die kommenden schrecklichen Schmerzen ertragen würde. Er traf deshalb mit klarem Geist die Entscheidung, sich zu opfern [...], und erhängte sich daraufhin mit einem Gürtel am Fenstergitter. Gianfranco war ein Rationalist und ein Atheist. Seine [...] Mutter Clara dagegen war und ist eine Christin [...]. Einige Monate nach dem Selbstmord ihres Sohnes nahm sie an einer Messe teil, und im Augenblick der Wandlung überwältigte sie plötzlich die Überzeugung, dass im Heiligen Kelch auch einige Tropfen des Blutes ihres Sohnes enthalten seien. [...] Als Clara mir von ihrer Vorstellung erzählte, hatte ich sogleich den Eindruck mitzuempfinden, was sie damals fühlte, obwohl auch ich, wie Gianfranco, Rationalist, Materialist und Atheist bin. [...]
Der Glaube an Gott ist keine notwendige Bedingung für die menschliche Erfahrung des Sichopferns als Selbstverwirklichung. [...] Dass Christus die Menschen durch sein Opfer vom Sündenfall erlöst hat, ein solcher Glaube entspricht einer Weltanschauung, die mir völlig fremd ist und die ich als primitiv und mythisch bekämpfe. Aber dass jemand die Leiden seiner Mitmenschen auf sich nimmt, halte ich keineswegs für primitiv; es ist, im Gegenteil, eine Eigenschaft des Menschen; sie unterscheidet ihn von allen Wesen, die wir kennen [...].

Das christliche Prinzip der Nächstenliebe ist nicht mit dem ethischen marxistischen Prinzip der Hingabe des Genossen an die Sache der menschenbefreienden Revolution identisch, obwohl beide Prinzipien etwas Gemeinsames haben. Die christliche Nächstenliebe enthält etwas Spezifisches [...]. Christus schrieb der menschlichen Person einen absoluten Wert zu. Der Mythos der Gottvermenschlichung, diese *spezifische* Grundidee des Christentums, ist die mystische Verkleidung der Behauptung, dass *jeder Mensch* einen absoluten Wert besitze [...]. Der Mensch hat eine doppelte Natur, er ist gleichzeitig sterblich und unsterblich, vergänglich und unvergänglich, begrenzt und unbegrenzt; er ist der Zeit unterworfen, aber er kann „ dem Augenblick Dauer verleihen". Und Christus ist *jeder* Mensch. Auch der primitivste, der unvollendeteste, der unglücklichste Mensch besitzt eine solche doppelte Natur; Gott (ein absoluter Wert) wohnt in ihm [...].
Es ist aus christlicher Sicht wichtig, sich einem menschlichen Geschöpf zu widmen, für es zu sorgen und es zu lieben, auch wenn uns aus unserer Hingabe kein Nutzen entspringt. Es ist für den Christen wichtig, dem Todkranken mit Liebe und Freude alle seine Zeit „gratis" zu schenken; die „unnütz" gewordenen Alten auf ihrem Todesweg liebevoll und geduldig zu begleiten; die „letzten", unglücklichsten, unvollendetsten Geschöpfe, auch jene, in denen die Menschenzüge fast unkenntlich sind, gütig zu versorgen.

Lucio Lombardo-Radice, 1974

7. Erläutern Sie die These Lombardo-Radices, dass Barmherzigkeit kein Privileg des Glaubenden sei (Z. 23 ff.).
8. Worin liegt für den Autor das Spezifikum christlicher Ethik?

8 Warum nur?

Und so werde ich euch, auch wenn ihr dessen noch so überdrüssig seid, eine Geschichte erzählen, die ihr mir dann erklärt, wenn ihr es könnt: Lager und Winter und Krankentransport und Viehwaggons und nur eine einzige kalte Verpflegungsration, obwohl die Fahrt wer weiß wie viel Tage dauern wird, und die Rationen in Zehnereinheiten zugemessen, und ich, auf einem zur Tragbahre ernannten Holzgerüst liegend, wende meine Hundeaugen nicht von einem Mann, besser gesagt, einem Gerippe, der, keine Ahnung, warum, nur „Herr Lehrer" genannt wurde, an den meine Ration geraten war, und dann das Verladenwerden in die Waggons. [...] Erstens konnte ich meinem ewigen Peiniger, dem Hunger, diesem mir schon lange fremden, wütend fordernden wilden Tier nichts zu fressen geben, und nun röhrte auch noch das andere wilde Tier, die Hoffnung, los, die bisher nur verhalten und dumpf, aber unausgesetzt geschnurrt hatte: Es gibt immer eine Chance, am Leben zu bleiben. Das schien jetzt, ohne meine Ration, auf einmal überaus fraglich geworden zu sein, andererseits wurden die Überlebenschancen des „Herrn Lehrers", und das klärte ich kühl mit mir, durch meine Ration genau verdoppelt – damit hat sich's mit meiner Ration, dachte ich, wie soll ich sagen, nicht gerade mit allzu großer Freude, dafür aber um so rationaler. Wen aber sehe ich wenige Minuten später? Rufend und mit seinem Blick rastlos suchend, schwankt der „Herr Lehrer" auf mich zu, in seiner Hand hält er meine kalte Verpflegungsration, und als er mich auf der Tragbahre erblickt, legt er sie mir rasch auf den Bauch; ich will etwas sagen, und es scheint, die Überraschung steht mir unverhüllt ins Gesicht geschrieben, weil er, obwohl er bereits dabei ist zurückzujagen – wird er nicht an seinem Platz angetroffen, schlägt man ihn einfach tot –, weil er mit einer auf seinem kleinen, sich schon auf den Tod vorbereitenden Gesicht klar zu erkennenden Entrüstung sagt: „Was hast du denn gedacht?! ..."
Soweit die Geschichte, und wenn es auch wahr ist, dass ich mein Leben nicht nur als eine auf den willkürlichen Zufall meiner Geburt folgende Aneinanderreihung weiterer willkürlicher Zufälle sehen möchte, weil das wirklich eine ziemlich unwürdige Betrachtungsweise des Lebens wäre, so möchte ich es aber noch weniger so sehen, als sei alles nur geschehen, damit ich am Leben bleibe, denn dies wäre eine noch unwürdigere Betrachtungsweise des Lebens, obwohl es völlig richtig ist, dass der „Herr Lehrer" zum Beispiel tat, was er tat, damit ich am Leben bleibe, jedoch ausschließlich aus meinem Blickwinkel betrachtet, denn er wurde offensichtlich von etwas anderem geleitet, er tat es offensichtlich vor allem, um selbst am Leben zu bleiben, was er nebenbei auch für mein Überleben tat. Und das ist hier die Frage, und dafür gebt mir eine Erklärung, wenn ihr könnt, warum er es getan hat.

Imre Kertész, 1990

9. Stellen Sie mithilfe eines Standbildes den zentralen Moment der Geschichte dar. Beziehen Sie bei der Auswertung der Standbilder die Gefühle und Motivationen der beiden Menschen aus dem Text mit ein. Hilfestellung erhalten Sie durch Methode 3 (s.S. 379).

10. Lesen Sie den letzten Textabschnitt noch einmal und skizzieren Sie den Gedankengang. Versuchen Sie abschließend eine Antwort auf die Frage „warum nur?" zu geben.

9 Christliche Überzeugungen in unserer Gesellschaft

Gibt es nicht dennoch einen Zusammenhang zwischen christlichen Überzeugungen und den sich gesellschaftlich konkret entwickelnden Normen und Werten, auch wenn wir nicht von einer materialen christlichen Ethik sprechen können? So haben sich z. B. die uns heute selbstverständlichen Menschenrechte aus genuin christlichen Werten entwickelt.

So verurteilten Kirchenväter die Sklaverei aufgrund des Gedankens der Gottebendbildlichkeit: Kein Mensch dürfe ob seiner Ebenbildlichkeit mit schnödem Geld bezahlt werden. Frühmittelalterliche Bußbücher bestraften Mord, weil der „Mensch nach dem Bild Gottes geschaffen ist". Burkhard von Worms († 1025) deutete das Gottebenbild-Argument universal: Er spricht davon, dass auch wer einen Nichtchristen, einen Juden oder Heiden tötet, ein Abbild Gottes und der Hoffnung auf zukünftige Bekehrung ausgelöscht habe.

11. Lesen Sie die allgemeine Erklärung der Menschenrechte von 1948 und legen Sie dar, wo die Aussage der Gottesebenbildlichkeit grundlegend ist oder sein könnte.
12. Diskutieren Sie die Frage, ob ein zusammenwachsendes Europa auch künftig seiner christlichen Geschichte verpflichtet sein sollte und wie man diese Verpflichtung gegebenenfalls in der EU-Präambel niederlegen sollte.
13. In welchen gesellschaftlich relevanten Bereichen kann/soll das Christentum Ihrer Meinung nach auch heute noch wertebildend oder -stabilisierend wirken?

Wenden Sie Ihr Wissen an

„Schämen Sie sich denn gar nicht?", fragte der Kannibale Herrn Gast, als dieser zauderte, an der angebotenen Mahlzeit teilzunehmen. „Müssen Sie denn immer unsolidarisch sein und immer unkonformistisch und immer eine Extrawurst haben?" Woraufhin Herr Gast, der es sich nicht verhehlen konnte, dass er sich wirklich ein wenig schämte, zugriff und am Ende sogar „gesegnete Mahlzeit" wünschte. (Günther Anders, 1968)

- Formulieren Sie die unterschiedlichen ethischen Standpunkte und skizzieren Sie im Rückgriff auf das Unterkapitel die Problematik der Situation.
- Problematisieren Sie die Aussage „Gesegnete Mahlzeit".

2. Wie kann ich ethisch argumentieren?

Was Sie erwartet

„Person X hat gestohlen" – dies ist eine beschreibende (deskriptive) Aussage, die über einen tatsächlichen Sachverhalt, nämlich das, was der Fall ist, Auskunft gibt.

„Person X sollte nicht stehlen" – diese Aussage ist eine vorschreibende (normative) Aussage, die ein Gebot, etwas, was der Fall sein soll, formuliert.

Um von der deskriptiven zur normativen Ethik, zur Argumentation zu kommen, bedarf es einer zugrunde liegenden Norm, die diesen Tatbestand bewertet und in einem bestimmten gesellschaftlich-sozialen Umfeld anerkannt ist. Die normative Ethik beschäftigt sich mit der Entstehung, Erklärung und Begründung solcher Normen, d.h. moralischer Vorschriften. Sie ist bestimmt durch die Frage „Was sollen wir tun?"

Im Jahr 2000 werden in England die siamesischen Zwillinge Jodie und Mary geboren. Der Gesundheitszustand beider verschlechtert sich sehr schnell, die Ärzte raten den Eltern dringend, die Zwillinge in einer Operation zu trennen, um wenigstens das Leben der stabileren Jodie zu retten. Ohne Operation sind beide – so die Prognose der Ärzte – dem Tode geweiht. Die Eltern haben sich gegen eine Operation ausgesprochen, ein Gerichtsurteil hat später die Operation angeordnet.

Man fragt sich, welche Beweggründe die Eltern für ihre Entscheidung hatten und mit welcher Argumentation das Gericht sein Urteil gefällt hat. Welche Entscheidung würden Sie selbst fällen? Nach welchen Prinzipien sollte man ein solches Urteil fällen? Das folgende Unterkapitel stellt unterschiedliche Argumentationsmodelle vor, vor allem die Deontologie und die Teleologie, und problematisiert sie anhand weiterer Beispiele.

Bei dem teleologischen (griech. telos = Ziel, Sinn) Argumentationstyp wird eine Handlung von ihren Folgen her beurteilt. Ein Tun oder Lassen ist dann moralisch richtig, wenn seine guten Folgen die üblen Folgen überwiegen. Von deontologischer (griech. deon = Pflicht) Urteilsbildung spricht man, wenn man ein sittliches Urteil nicht ausschließlich von seinen Folgen her, sondern aufgrund der Sittlichkeit der Handlung als solcher fällt. Deontologische Normen sind verpflichtend, da sie einige Handlungen ungeachtet des jeweiligen Situationskontextes als „intrinsece malum", d.h. aus sich selbst heraus sittlich falsch, betrachten.

Die deontologische Argumentation

Immanuel Kant (1724–1804) hat deutlich gemacht, dass der gute Wille kein ausreichendes Kriterium für eine moralisch richtige Handlung ist. Nur wer pflichtgemäß, d.h. nach den Maßstäben der Vernunft, handelt, kann moralisch richtig handeln.

Der Kategorische Imperativ

Eine Handlung aus Pflicht hat ihren moralischen Wert nicht in der Absicht, welche dadurch erreicht werden soll, sondern in der Maxime [= Vorsatz für das eigene sittliche Handeln], nach der sie beschlossen wird. [...] Die Pflicht ist die Notwendigkeit einer Handlung aus Achtung fürs Gesetz. [...] Ich soll niemals anders verfahren als so, dass ich auch wollen könne, meine Maxime solle ein allgemeines Gesetz werden. [...] Die Frage sei z.B.: Darf ich, wenn ich im Gedränge bin, nicht ein Versprechen tun, in der Absicht, es nicht zu halten? [...] Würde ich wohl damit zufrieden sein, dass meine Maxime (mich durch ein unwahres Versprechen aus Verlegenheit zu ziehen) als ein allgemeines Gesetz (sowohl für mich als andere) gelten solle, und würde ich wohl zu mir sagen können: Es mag jedermann ein unwahres Versprechen tun, wenn er sich in Verlegenheit befindet, daraus er sich auf andere Art nicht ziehen kann? So werde ich bald inne, dass ich zwar die Lüge, aber ein allgemeines Gesetz zu lügen gar nicht wollen könne; denn nach einem solchen würde es eigentlich gar kein Versprechen geben, weil es vergeblich wäre [...].

Immanuel Kant, 1785

ETHIK – *vernünftig und frei handeln* **323**

1. Formulieren Sie die Frage, die sich der Mensch, der moralisch richtig handeln will, stellen muss.
2. Wenden Sie diese Frage z. B. auf das Schwarzfahren und den Ladendiebstahl an. Zu welcher Einsicht führt Sie Kants Kategorischer Imperativ? Welche kognitiven Fähigkeiten und charakterlichen Dispositionen braucht der Mensch, um im Sinne Kants pflichtgemäß, d. h. sittlich richtig zu handeln.

Der katholische Moralphilosoph Viktor Cathrein (1845–1931) bewertet die Lüge folgendermaßen:

11 Die Lüge

Es ist ein Verstoß gegen das Naturgesetz, dass man eine Sache oder Einrichtung, die durch ihre Natur und den Willen des Schöpfers zur Erreichung eines notwendigen Zweckes bestimmt ist, zu einem Gebrauche verwende, welcher die Erreichung ihres Zweckes unmöglich macht oder wenigstens sehr erschwert. Ob dieser Missbrauch die geziemende Ordnung schwer oder nicht schwer verletze, ist gleichgültig; es genügt, dass man denselben als eine Verletzung der rechten Ordnung anerkenne. Nun aber liegt bei jeder Lüge ein solcher Missbrauch und mithin ein Verstoß gegen das Naturgesetz vor. Denn die Sprache hat ihrer Natur nach die Bestimmung, als Mittel des geistigen Verkehrs und Gedankenaustauschs unter den Menschen zu dienen und so ein vernünftiges Zusammenleben in gegenseitigem Glauben und Vertrauen zu ermöglichen.

Viktor Cathrein, 1890

3. Woran orientiert sich die deontologische Ethik, wenn nicht an den Folgen? Erläutern Sie die zugrunde liegenden ethischen Maßstäbe.
4. Bewerten Sie diese Form ethischen Urteilens. Welche Probleme sehen Sie?

Ethische Fragestellungen werden in Anbetracht gesellschaftlichen Wandels und wissenschaftlichen Fortschritts schwieriger. Ein sehr komplexer Bereich ist der der Reproduktionsmedizin.

12 Baby auf Bestellung

Ein Kind nach Wunsch? In den USA kein Problem: In Kalifornien vermitteln Firmen Leihmütter, Ei- und Samenspenden. [...] Das Huntington Reproductive Center ist eine Befruchtungsklinik in Los Angeles, es gehört zu den größten Kaliforniens. Doktor Susan Sarajari und ihre zehn Kollegen arrangieren etwa 3000 In-vitro-Befruchtungen pro Jahr – ein seit langem erprobtes Standardgeschäft. Doch ihre Praxis ist zugleich auch ein Zukunftslabor, die Ärzte hier schlagen Wege ein, die weltweit entweder eher unbekannt oder höchst umstritten sind.

Zum Beispiel das Einfrieren von Eizellen: Die Technologie hat hier in jüngster Zeit große Fortschritte gemacht. „Dieses Thema ist ganz groß im Kommen", sagt Sarajari. Vor allem junge, ledige Patientinnen interessieren sich dafür, sie sorgen so beizeiten für die Zukunft vor und müssen später nicht in Torschlusspanik geraten. Fruchtbarkeitssicherung heißt das im Klinikjargon.

Oder das Bewerten von Embryos. Fast immer ist es so, dass Sarajari für ihre Patienten eine ganze Reihe von Eizellen befruchtet, um eine größere Auswahl zu haben. Nach der Befruchtung wachsen die Embryos etwa drei bis fünf Tage im Labor. Anschließend werden sie in vier Güteklassen unterteilt, fein sortiert nach A, B, C und D. Embryos, deren Zellen am klarsten sind, erhalten die höchsten Noten. Bevor der Gewinner eingepflanzt wird, sind weitere Tests möglich. Die menschliche Zelle enthält 24 verschiedene Chromosomen. „Auf bislang zwölf davon können wir im Embryo nach Anomalien und Erbkrankheiten suchen", sagt Sarajari. In ihrer Praxis ist das mittlerweile mehr oder weniger ein Standardverfahren, um Embryos auszusortieren. „Ich weiß, dass sich aus ethischer Sicht lange darüber diskutieren lässt", sagt die deutschstämmige Ärztin, „ich glaube aber, dass wir damit viel Leiden und frühen Kindstod verhindern können."

Frank Hornig, 2008

13 In-vitro-Befruchtung und willentliche Beseitigung von Embryonen

Es ist wahr, dass etwa ein Drittel der Frauen, die auf die künstliche Befruchtung zurückgreifen, zu einem Kind gelangen. Wenn man das Zahlenverhältnis zwischen den produzierten und den wirklich geborenen Embryonen in Betracht zieht, muss man allerdings betonen, dass *die Zahl der geopferten Embryonen sehr hoch ist* (gegenwärtig werden 80% der Embryonen geopfert). Diese Verluste werden von den Fachleuten der In-vitro-Befruchtungstechniken als Preis hingenommen, den man zahlen müsse, um zu positiven Ergebnissen zu kommen. In Wirklichkeit ist es sehr besorgniserregend, dass die Forschung auf diesem Gebiet vorwiegend darauf abzielt, bessere Ergebnisse hinsichtlich des prozentualen Verhältnisses zwischen geborenen Kindern und behandelten Frauen zu erreichen, aber nicht wirklich ein Interesse am Lebensrecht jedes einzelnen Embryos zu haben scheint.

Oft wird eingewandt, dass diese Verluste von Embryonen in der Mehrzahl der Fälle nicht beabsichtigt seien oder sogar gegen den Willen der Eltern und der Ärzte erfolgten. Man behauptet, dass es sich um Risiken handle, die sich nicht sehr von jenen unterschieden, die mit dem natürlichen Zeugungsprozess verbunden sind, und dass jene, die das Leben ohne Eingehen eines Risikos weitergeben möchten, praktisch auf die Weitergabe des Lebens verzichten müssten. Es ist wahr, dass nicht alle Verluste von Embryonen im Bereich der *In-vitro-Befruchtung* dieselbe Beziehung zum Willen der Beteiligten haben. Aber es ist auch wahr, dass das Aufgeben, Zerstören und Beseitigen von Embryonen in vielen Fällen vorgesehen und gewollt ist. Die Embryonen, die im Reagenzglas produziert wurden und Defekte aufweisen, werden direkt ausgeschieden. Immer häufiger werden Fälle, in denen nicht sterile Paare auf künstliche Befruchtungstechniken zurückgreifen und dabei bloß eine genetische Selektion ihrer Kinder anstreben. [...]

Gemäß der Kirche ist es darüber hinaus ethisch unannehmbar, *die Fortpflanzung vom ganz personalen Kontext des ehelichen Aktes zu trennen*. Die menschliche Fortpflanzung ist ein personaler Akt des Paares von Mann und Frau, der in keiner Weise delegiert oder ersetzt werden kann. Dass man bei den Techniken der *In-vitro-Befruchtung* die hohe Rate an tödlichen Ausgängen stillschweigend hinnimmt, zeigt in beredter Weise, dass der Ersatz des ehelichen Aktes durch eine technische Prozedur nicht nur unvereinbar ist mit der geschuldeten Achtung vor der Fortpflanzung, die nicht auf die bloß reproduktive Dimension eingeschränkt werden kann, sondern auch dazu beiträgt, das Bewusstsein der gebührenden Achtung vor jedem Menschen zu schwächen. Die Anerkennung dieser Achtung wird hingegen gefördert durch die Intimität der Verheirateten, die von ehelicher Liebe beseelt ist.

2008

Der Philosoph Robert Spaemann (*1927) vertritt eine ähnliche Position.

14 Kinder „machen" oder entstehen lassen?

[Die IVF] verletzt die fundamentale Gleichheit der Menschen, die darin ihren Ausdruck findet, dass jeder Mensch – ebenso wie seine Eltern – sich der Natur verdankt. Die Zeugung ist die natürliche Folge eines Aktes, den wir als Eltern nicht erfunden haben. Wir können sie zwar verhindern, aber wenn wir dies nicht tun und wenn ein Kind wegen seiner vielleicht unglücklichen Existenz eines Tages seine Eltern zur Rechenschaft ziehen würde, dann brauchen Eltern diese Rechenschaft nicht zu geben. Sie haben das Kind eben nicht „gemacht". Es ist von Natur entstanden, als sie etwas anderes taten. Anders das Retortenbaby. Es ist ins Leben gezwungen worden. [...] Die eigentliche Degradierung aber ist die der Eltern selbst. Die Gewinnung des männlichen Samens ist eben nicht eine beiläufige Behandlung, sondern von Natur mit einer bestimmten emotionalen Verfassung der Person verknüpft. Dies zweckrational, durch eine Art Selbstüberlistung nach Analogie des Betrugs eines Bullen, herbeizuführen, heißt den Menschen – in diesem Falle sich selbst – als bloßes Mittel missbrauchen.

Robert Spaemann, 1987

5. Informieren Sie sich über die genannten Verfahren homologer künstlicher Befruchtung und heterologer künstlicher Befruchtung. Formulieren Sie deontologische Normen zu unterschiedlichen Arten künstlicher Befruchtung. Ziehen Sie Methode 1 (s. S. 378) heran.
6. Bewerten Sie die Methoden der kalifornischen Reproduktionsklinik aus deontologischer Perspektive.
7. Zeichnen Sie dann die Argumentation der katholischen Kirche nach.
8. Erklären Sie Spaemanns Begründung der Degradierung der Kinder und Eltern und formulieren Sie Anfragen an seine Argumentation.
9. Analysieren Sie Unterschiede der ethischen Urteilsbildung von Spaemann (Die IVF verletzt die Gleichheit der Menschen und degradiert diese) und der Ärztin (Durch die IVF lässt sich viel Leiden vermeiden). Nehmen Sie Stellung zu diesen beiden Positionen.

Die teleologische Argumentation

15

1. Interpretieren Sie die Karikatur (vgl. Methode 10, S. 386).
2. Erklären Sie die dargestellte gesellschaftliche Haltung und nach welchen Kriterien in dieser Gesellschaft Entscheidungen gefällt werden.
3. Erläutern Sie Probleme einer solchen Werteorientierung. Was vermissen Sie? Welche Probleme entwickeln sich langfristig? Welche Vorteile sehen Sie?
4. Die Karikatur bezieht sich auf eine utilitaristische Haltung. Schlagen Sie den Begriff Utilitarismus im Glossar nach und formulieren Sie eine Bewertung des Utilitarismus.

16 Christliche Teleologie*: das Liebesgebot

Die teleologische Normierungstheorie, wie sie uns vor allem in der englischsprachigen philosophischen Ethik oft begegnet, gründet auf dem Prinzip des Utilitarismus *(lat. utilitas =*
5 *Brauchbarkeit, Nutzen, Vorteil)*, dessen Ziel das „größtmögliche Glück der größtmöglichen Zahl" ist. Diese Theorie erhebt das Glück zum Maßstab ethischen Handelns; sie versucht ohne metaphysische Begründung auszukommen,
10 kommt aber schon bei der näheren Bestimmung dessen, was „Glück" bedeutet, in Schwierigkeiten. Von dieser Art der Urteilsbildung ist die christliche Teleologie strikt abzugrenzen. Christliche Teleologie begreift das „Ziel" *(griechisch =*
15 *telos)* im ursprünglichen Sinne als Strebens- und Vollendungsziel, sie wehrt damit eine Verkürzung des Verständnisses von „Ziel" im Sinne der bloßen Verursachung von Folgen und Ergebnissen ab. Sie begreift das menschliche Han-
20 deln auch viel umfassender als personale Verwirklichung. Christliche Teleologie macht daher das *Doppelgebot der Gottes- und Nächstenliebe* zum Maßstab allen Handelns. Das Liebesgebot ist das höchste aller Gebote, das über allen sitt-
25 lichen Forderungen, wie Treue oder Gerechtigkeit, steht (Gal 5, 14). Das Wohl der anderen ist dabei genauso wichtig wie mein eigenes Wohl, denn Urteile im Sinne der christlichen Teleologie verlangen im Sinne der *Goldenen Regel* eine
30 Unparteilichkeit zwischen Selbst- und Nächstenliebe.

Da die Liebe ohne die Gerechtigkeit kein zureichendes Entscheidungskriterium in konkreten Handlungssituationen ist, muss der Urteilende
35 die Frage nach der sittlich richtigen Handlung in jeder Situation neu stellen und den Blick auf den Gesamtzusammenhang von Intention, Mitteln und Umständen richten. Obwohl damit in jeder Situation neu abzuwägen ist, welche die
40 sittlich richtige Handlung ist, gibt es in der christlichen Teleologie wie in jeder personal orientierten Ethik sehr wohl a priori feststehende Normen, nämlich jenen Kreis von Normen, die den unhintergehbaren Schutzraum der Person und des Miteinanders von Personen darstellen. 45 So ist eine Lüge nach dem Achten Gebot eine „in sich schlechte Handlung"; allerdings gibt es Situationen, in denen jemand aufgrund seiner verwerflichen und bösen Intentionen (vgl. die NS-Schergen) kein moralisches Recht mehr be- 50 sitzt, die Wahrheit zu kennen. Wenn jemand in einer solchen Situation einen Unrechtstäter täuscht, um das Leben eines anderen zu retten, so geht es nicht um die Wahl des „kleineren Übels", sondern um die Wahrung der sittlichen 55 Substanz des Humanen, auf deren Basis allein Menschen vernunftgemäß miteinander kommunizieren können.

Erst unterhalb der personalen Ebene und des unhintergehbaren Schutzraumes der mensch- 60 lichen Person gibt es für die christliche Teleologie einen Raum für Abwägungen, d.h. für Erwägungen, was angemessen und proportioniert auf ein bestimmtes Ziel ist oder wie in einem Konflikt, in dem nicht alle in Frage stehenden 65 Güter gleichzeitig realisiert werden können, zu handeln ist. Gerade diese Erwägungen sind z. B. in der Medizin häufig gefordert, wenn etwa Wirkungen und Nebenwirkungen eines ärztlichen Eingriffs zu bedenken sind; sie machen zu ei- 70 nem großen Teil den Ernst der ethischen Entscheidungssituation aus, sie sind ein Moment menschlicher Verantwortung, in die der Mensch als Ebenbild Gottes hineingestellt ist.

Bei diesen komplexen Handlungsentscheidun- 75 gen verlangt die Teleologie, dass wir zwischen Gütern und Werten* (vgl. Infobox „Begriffsbestimmung", S. 315), d.h. Wertordnungen mit moralischem Charakter, die nicht verletzt werden dürfen, unterscheiden, deshalb der Begriff 80 *„Güter*abwägung", und dass der Mensch als moralisches Subjekt verantwortungsvoll mit den gottgegebenen Gütern und Werten umgeht.

---

5. Fassen Sie die Unterscheidung zwischen dem in der Karikatur dargestellten Utilitarismus und der christlichen Teleologie zusammen.

6. Formulieren Sie abschließend kritische Anfragen an die Teleologie und erörtern Sie folgende Einwände gegen die teleologische Normenfindung, die sich auch in der Enzyklika „Veritatis splendor" von Papst Johannes Paul II. aus dem Jahre 1993 finden:
   1. Die Teleologie relativiert alle Normen und führt zur ethischen Verarmung.
   2. In sich schlechte Handlungen werden als Mittel zum Erreichen eines guten Zwecks legitimiert.

Die hermeneutische Argumentation

Eberhard Schockenhoff (*1953) lehrt katholische Moraltheologie an der Universität Freiburg.

17 Die Komplementarität der Wege

Auf dem Feld der Ethik als praktischer Wissenschaft gibt es nicht nur *ein* einziges Argumentationsverfahren, das in allen sittlichen Urteilen zur Anwendung gelangt. Vielmehr verhalten sich die einzelnen Begründungsformen in der Weise komplementär zueinander, dass jedem Argumentationstypus ein bestimmter Wirklichkeitsbereich zugeordnet werden kann.

Die Methode der Güterabwägung erweist sich überall dort als angemessenes Verfahren der Normbegründung, wo es um die Ermittlung eines sachgerechten Maßes und eines vernünftigen Ausgleichs unterhalb der Personebene geht. Dazu gehören auf dem Feld der angewandten Ethik die meisten Fragen der ökologischen Ethik, der Tierethik, der Wissenschaftsethik, der Wirtschaftsethik und anderer Bereichsethiken. Ebenso müssen im privaten Leben angesichts begrenzter Kräfte Ziele gegeneinander abgewogen werden. Man darf diesen Begründungstypus nicht allein deshalb als zweitrangig ansehen, weil wir einige negative Verbote, die zum Schutz der Personwürde unerlässlich sind, von ihm aussondern müssen. Die Auswahl unter konkurrierenden Zielen und Gütern bleibt angesichts knapper Ressourcen vielmehr die Normalsituation des ethischen Handelns. Verantwortliche Güterabwägung und Folgenbeurteilung stellen deshalb den Ernstfall der Ethik in einer endlichen Welt dar, in der es der Mensch mit einer Vielfalt konkurrierender Güter zu tun hat, die er nicht zugleich verwirklichen kann.

Aus diesem weiten Bereich der sittlichen Urteilsbildung, in dem es um die Ermittlung der dem jeweiligen Wirklichkeitssektor adäquaten Sachgerechtigkeit geht, ist ein engerer Kreis moralischer Normen auszusondern, die dem Schutz der Personwürde des Menschen dienen. Sie legen uns nicht positive Handlungsgebote, deren Verwirklichung an vielerlei Umstände und die unterschiedliche Kraft des Einzelnen gebunden ist, sondern negative Unterlassungspflichten auf, die immer und überall [...] gelten. Solche deontologischen Normen sind durch moralische Prinzipien wie die Goldene Regel oder den Kategorischen Imperativ begründet und erweisen sich in ihrer reflexiven Überprüfung als nicht widerspruchsfrei bestreitbar. Sie gelten deshalb unbedingt und ausnahmslos, auch wenn die exakte Formulierung ihres Geltungsumfangs schwierig bleibt, weil sie nicht jede mögliche Anwendungssituation im Voraus erfassen können. Dafür bedarf es vielmehr ebenso wie bei den teleologischen Abwägungsurteilen [...] einer eigenständigen praktischen Urteilskraft, die den sittlichen Anspruch einer konkreten Situation im Licht moralischer Prinzipien und sittlicher Normen erfasst. Der Bereich der in sich schlechten Handlungen, die an das erinnern, was man niemals tun darf, betrifft vor allem den unhintergehbaren Schutzraum der menschlichen Person, die Achtung vor ihrer sittlichen Selbstbestimmung und die Fragen elementarer Gerechtigkeit unter den Menschen. Zu diesen deontologisch begründeten Normen gehören im Einzelnen das Tötungsverbot (mit der Einschränkung auf die direkte Tötung des Unschuldigen), das Folterverbot, die Verbote der Falschaussage (mit der Absicht, jemanden zu täuschen, der ein Recht hat, die Wahrheit zu kennen), die Pflicht zur Einhaltung von Versprechen (auch wenn der Bruch folgenlos bliebe) sowie ein engerer Kreis sexualethischer Verbotsnormen (Vergewaltigung, Vergehen gegen die sexuelle Selbstbestimmung, Ehebruch), deren Übertretung unmittelbar die Personwürde des Anderen verletzt.

Zu beachten ist [...], dass die Entscheidung für oder gegen ein bestimmtes Begründungsverfahren auf der metaethischen Ebene nicht notwendig die Bejahung oder Ablehnung eines sittlichen Urteils auf der normativen Ebene nach sich zieht. Auch die teleologische Ethik gelangt auf dem Weg der Folgenabschätzung zu Verbotsnormen, die praktisch ausnahmslos gültig sind: die Verbote der direkten Tötung Unschuldiger, des freiwilligen Suizids, der direkten Euthanasie und der gezielten Tötung von Zivilisten im Krieg lassen sich teleologisch begründen, während umgekehrt eine deontologische Formulierung der entsprechenden Verbote nicht ohne Präzisierungen – etwa hinsichtlich der Bedeutung des Zusatzes „schuldig" oder „unschuldig" beim Tötungsverbot – oder genauere Bestimmungen des Geltungsumfangs – etwa beim Verbot der Falschaussage – auskommt. Im Ergebnis unterscheiden sich teleologische und deontologische Normen daher oft so gut wie gar nicht. Wenn teleologische und deontologische Theorien mit Ausnahme weniger Sonderfälle zu den gleichen normativen Schlussfolgerungen führen, dreht sich der Streit vielmehr darum, ob die innerhalb der jeweiligen Theorie beigebrachten Gründe auch tatsächlich stichhaltig sind oder nicht.

Eberhard Schockenhoff, 2007

1. Skizzieren Sie, wie Schockenhoff beide Argumentationsweisen würdigt und ihre Komplementarität herausstellt.
2. Analysieren Sie, worauf es Schockenhoff ankommt, und beziehen Sie sich dabei auf das Beispiel der Falschaussage.
3. Schockenhoff hat eine dritte Argumentationsweise begründet: die hermeneutische. Versuchen Sie auf der Grundlage dieses Textes eine Definition der hermeneutischen Argumentation zu formulieren.
4. Greifen Sie das Thema künstliche Befruchtung wieder auf und argumentieren Sie auf der Grundlage Ihrer jetzigen Kenntnisse. Informieren Sie sich (Methode 1, S. 378) dafür über:
   – den Zusammenhang von hormoneller Empfängnisverhütung und Sterilität,
   – die Erfolgschancen von Fruchtbarkeitsbehandlungen,
   – die psychischen und physischen Begleiterscheinungen von Fruchtbarkeitsbehandlungen.

Wenden Sie Ihr Wissen an

- Blicken Sie zurück und vergewissern Sie sich noch einmal des in „Was Sie erwartet" vorgestellten Falles der siamesischen Zwillinge Jodie und Mary. Wie haben Sie argumentiert? Analysieren Sie Ihre Erstargumentation und ergänzen/erneuern Sie diese in Anbetracht des Gelernten.
- Stellen Sie sich vor, Sie hätten einen Zeitungsartikel zu dem Fall gelesen. Formulieren Sie einen Leserbrief zu diesem Konfliktfall.

3. Du sollst die Würde des Menschen achten! Ethische Entscheidungsfelder

Was Sie erwartet

Alle Überlegungen gehen von der ethischen Grundannahme aus, dass der Mensch eine unveräußerliche unantastbare Würde besitzt, die bei jeder ethischen Überlegung und Entscheidung zu befolgen ist: „Du sollst die Würde des Menschen nicht missachten!" Der Würdebegriff bringt eine Selbstverpflichtung gegenüber einem unbedingten sittlichen Anspruch im Zusammenleben der Menschen zum Ausdruck, die einander „als Zweck an sich selbst" (Kant) begegnen. Dem Grunde nach werden die meisten Menschen diesen Gedanken zustimmen. Erst in der konkreten ethischen Situation wird uns aber bewusst, wie schwer es ist, konkrete Konsequenzen für die Würde des Menschen zu ziehen und seiner Würde angemessene Entscheidungen zu fällen. Das folgende Unterkapitel stellt exemplarisch Handlungs- und Entscheidungssituationen vor, die den modernen Menschen mit der Frage nach seiner Würde konfrontieren.

18 Die Würde des Menschen als Person

Der Philosoph Immanuel Kant (1724–1804) spricht vom Menschen als Person. Er unterscheidet die Personen als vernünftige Wesen, die absolute Würde besitzen und „Zweck an sich
5 selbst" sind, von Sachen, die als Mittel gebraucht werden. Daraus folgt sein Kategorischer Imperativ: „Handle so, dass du die Menschheit sowohl in deiner Person, als in der Person eines jeden anderen, jederzeit sowohl als Zweck, nie-
10 mals bloß als Mittel brauchest."

Die Freiheit von Fremdbestimmung oder die aktualisierte Vernunft – weil die Vernunft den Menschen vom Tier unterscheidet – können nicht entscheidend unterscheidende Kriterien
15 sein. Dann nämlich stünde vielen Menschen diese Würde nicht oder nur in eingeschränktem Maße zu. Auch aus der Qualität menschlichen Handelns lässt sich Würde schwerlich ableiten. Kein Tier quält und erniedrigt ein anderes!
20 Der Begriff Person lässt sich auch nicht durch den Begriff Persönlichkeit ersetzen. Der Begriff Persönlichkeit meint das, was der Mensch in freier Selbstbestimmung aus sich selbst macht, wobei er mitermöglicht und geprägt ist von Mit-
25 menschen, von der geschichtlichen und gesellschaftlichen Situation und Tradition sowie seiner gegenwärtigen Verfassheit. Die Würde der Person aber liegt der Ausbildung der Persönlichkeit voraus.

30 Doch was ist der Grund? Christen erschließt sich die Würde des Menschen aus seiner Beziehung zu Gott als Geschöpf und Ebenbild Gottes. Gott hat den Menschen geschaffen als ein Wesen, das ihm entspricht. Dies gilt für *alle* Men-
35 schen. Auch die Unkenntnis Gottes, ja sogar die Abkehr von Gott negiert diese Ebenbildlichkeit nicht und zerstört nicht die menschliche Würde. Weil sich die Würde aus der Beziehung zu Gott erschließt, bleibt sie unantastbar und unverfüg-
40 bar. Deshalb kann auch ein Mensch nie einem anderen gehören, er gehört sich ja nicht einmal selbst.

Selbst wenn eine Persönlichkeit durch Krankheit zerrüttet ist oder die geistige Potenz eines
45 Menschen zerstört ist, wenn er folglich eines zugehörigen Wesensmerkmals beraubt ist oder dieses bei ihm nur unzureichend entwickelt ist, bleibt er immer die von Gott gewollte und geliebte Person und behält seine Würde, die zu
50 achten ist und deren Schutz in der Gesellschaft zu verankern ist.

1. Was macht im christlichen Sinne die menschliche Person aus? Wovon ist ihre Würde abhängig oder unabhängig? Skizzieren Sie die Grundaussagen in eigenen Worten.
2. Problematisieren Sie die Aussage der Werbeanzeige in einer Frauenzeitschrift „Wenn es uns Müttern gut geht, geht es auch unseren Kindern gut" vor dem Hintergrund des kantischen Postulats der Würde des Menschen.

Würde des Menschen oder Würde der Person?

19 Wann ist der Mensch ein Mensch? Der Lebensbeginn

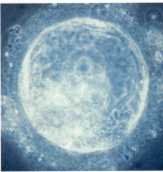 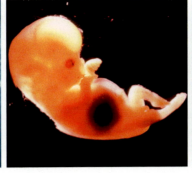 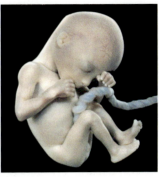

1. Klären Sie die Begriffsdefinitionen Embryo, Fötus, Follikel. Überlegen Sie, welche juristischen, philosophischen und biologischen Definitionen des Lebensbeginns denkbar sind. Entscheiden Sie sich für die plausibelste Definition.
2. Vergleichen Sie diese mit den folgenden Ansätzen des italienischen Kardinals Carlo Maria Martini (* 1927) und des australischen Philosophen und Ethikers Peter Singer (* 1946).

20 Die christliche Auffassung vom Wert des Menschen

[...] versteht man erst, welchen Wert das irdische menschliche Leben nach christlicher Auffassung hat: Es ist das Leben einer Person, die gerufen ist, am Leben Gottes teilzuhaben. Für den
5 Christen ist die Ehrfurcht gegenüber dem menschlichen Leben [...] Verantwortlichkeit gegenüber diesem konkreten Menschen, dessen Würde sich nicht meiner wohlwollenden Bewertung oder einem humanitären Impuls verdankt,
10 sondern einer göttlichen Berufung. Es ist etwas, dass ich nicht nur „bin" oder das „mir gehört" oder „in mir" ist, sondern es liegt mir voraus. Aber wann können wir sagen, ein konkretes Lebewesen sei ein Mensch, auf dem das Wohlwol-
15 len Gottes ruht? [...]
Mit dem Augenblick der Empfängnis entsteht tatsächlich ein neues Wesen. Dieses Wesen setzt einen Entwicklungsprozess in Gang, der dazu führt, dass daraus jenes Kind wird [...]. Es ist dieses Wesen, um das es geht, von Anfang an. Es
20 besteht eine Kontinuität in der Identität. Vor allen wissenschaftlichen und philosophischen Erörterungen steht das Faktum [...], dass dieses Wesen, dem es bestimmt ist, von Gott bei seinem Namen gerufen zu werden, von Anfang an
25 höchster Achtung würdig ist. Ich möchte mich nicht auf ein allgemeines „Recht auf Leben" berufen, das kalt und unpersönlich bleiben kann. Es handelt sich um eine konkrete Verantwortlichkeit gegenüber einem Wesen, das Adressat
30 einer großen und personalen Liebe ist, und deshalb um die Verantwortlichkeit gegenüber einem „Jemand". Insofern dieser Jemand gerufen und geliebt ist, hat er schon ein Antlitz, stehen ihm Zuwendung und Fürsorge zu.
35
Carlo Maria Martini, 1998

3. Stellen Sie dar, inwiefern das christliche Menschenbild auf den Schutz des Lebens zu jedem Zeitpunkt verweist.
4. Erklären Sie mit Psalm 139 den Ursprung des Menschen. Achten Sie besonders auf Vers 16.

21 Die Tötung eines behinderten Säuglings

[...] [D]ie Zugehörigkeit eines menschlichen Wesens zur Spezies Homo sapiens allein [...] hat keine Bedeutung dafür, ob es verwerflich ist, es zu töten; entscheidend sind vielmehr Eigenschaften wie Rationalität, Autonomie und Selbstbewusstsein. Missgebildete Säuglinge haben diese Eigenschaften nicht. Sie zu töten, kann daher nicht gleichgesetzt werden mit dem Töten normaler menschlicher Wesen. Diese Schlussfolgerung beschränkt sich nicht auf Säuglinge, die wegen irreversibler geistiger Zurückgebliebenheit niemals rationale, selbstbewusste Wesen werden sein können. [...]

In der Medizin wurde unlängst eine Technik entwickelt, die als Amniozentese bekannt ist. Sie versetzt uns in die Lage, während der frühen Monate der Schwangerschaft über den Fötus eine ganze Menge in Erfahrung zu bringen. Sie wird zum Beispiel angewendet, um das Geschlecht des Fötus festzustellen. Dies ist wichtig bei genetischen Schäden, die mit dem Geschlecht zusammenhängen. [...] Die Amniozentese kann aber einige andere Schäden mit größerer Sicherheit aufdecken. Das Down-Syndrom, meist unter dem Namen Mongolismus bekannt, gehört dazu. [...]

Amniozentese mit nachfolgender Abtreibung in einzelnen Fällen gehört in Ländern mit liberalen Abtreibungsgesetzen und fortgeschrittenen Behandlungsmethoden zur üblichen Praxis [...]. Betrachtet man neugeborene Kinder als ersetzbar, wie wir jetzt Föten als ersetzbar betrachten, so hätte das gegenüber der Amniozentese mit nachfolgender Abtreibung beträchtliche Vorteile. Die Amniozentese kann nur einige wenige Abnormitäten aufdecken, und nicht unbedingt die schlimmsten. Gegenwärtig können Eltern nur dann darüber entscheiden, ob ihr behinderter Abkömmling erhalten oder vernichtet werden soll, wenn die Behinderung während der Schwangerschaft entdeckt wird. Es gibt keine logische Grundlage dafür, die Entscheidung der Eltern allein auf derartige Behinderungen zu beschränken. Würde man behinderte Neugeborene bis etwa zu einer Woche oder einem Monat nach der Geburt nicht als Wesen betrachten, die ein Recht auf Leben haben, dann könnten wir unsere Entscheidung auf der Grundlage eines weit umfassenderen Wissens über den Zustand des Kindes treffen, als das vor der Geburt möglich ist.

[...] Die Tötung eines behinderten Säuglings ist nicht moralisch gleichbedeutend mit der Tötung einer Person. Sehr oft ist sie überhaupt kein Unrecht.

Peter Singer, 1984

---

5. Skizzieren Sie Singers Position zum Wert menschlichen Lebens.
6. Problematisieren Sie die konkreten Konsequenzen für das menschliche Handeln.
7. Formulieren Sie ein Schreiben an Singer, in dem Sie aus einer bestimmten, individuellen Perspektive kritische Anfragen begründen. Folgende Perspektiven sind denkbar:
   – Eltern eines behinderten Kindes,
   – Person, die infolge eines Unfalls körperbehindert ist,
   – Schulklasse einer Schule für Körperbehinderte,
   – alter Mensch im Pflegeheim
   – ...
8. Analysieren und bewerten Sie nun § 218/218a StGB: Wie wird der Beginn des menschlichen Lebens juristisch definiert? Wie verhält sich diese Festlegung zum Tötungsverbot?
   Stellen Sie Ihre Ergebnisse vor (vgl. Methode 2, S. 378). Diskutieren Sie, ob Anknüpfungspunkte an Singers Menschenbild deutlich werden.
9. Begründen Sie die Problematik des § 218 für alle weiteren medizinischen und technologischen Entscheidungen. Ziehen Sie Konsequenzen für die biomedizinische Forschung.

Der gesunde Mensch – der wahre Mensch?

1. Informieren Sie sich über das Verfahren der Präimplantationsdiagnostik (PID). Greifen Sie dazu auf Methode 1 zurück (s. S. 378). Nennen Sie die Möglichkeiten dieser Technik und erklären Sie die gesetzlichen Bestimmungen zur PID in Deutschland und in Europa.
2. Sammeln Sie Argumente für die Präimplantationsdiagnostik.
3. Erklären Sie das Dilemma, das diesem Verfahren innewohnt.

Der Spiegel-Artikel über die Präimplantationsdiagnostik in Großbritannien erklärt, welche Probleme Fortpflanzungsmedizin und Gentechnologie mit sich bringen und in welche Dilemmata man sich trotz guter Absicht verstricken kann.

22 Verbotene Gene – Haben Gehörlose ein Recht auf gehörlose Designerbabys?

[...] Im Zuge einer In-vitro-Fertilisation (IVF) entstehen oft mehrere Embryonen. Paare und ihre Mediziner müssen dann auswählen, welche davon in die Gebärmutter eingesetzt werden sollen. Und für diesen Prozess sieht ein heftig debattierter Gesetzentwurf vor: Wenn ein – freiwilliger – Gentest ergibt, dass ein Embryo ernsthafte genetische Schäden aufweist, dann muss er ausrangiert werden. Von Staats wegen darf nur erbgesunder Nachwuchs zum Zuge kommen. Großbritannien, in Fragen assistierter Fortpflanzung eines der liberalsten Länder Europas, verheddert sich unversehens in einem Gestrüpp ethischer Fallstricke. Zunächst schien das geplante Gesetz nicht kontrovers. Wer würde sich schon einen Embryo mit Down-Syndrom einsetzen lassen, wenn er auch einen ohne haben kann? Dennoch sind manche Briten über alle Maßen empört – als nämlich eine Mitautorin des Gesetzes präzisierte, was unter ernsthaften Genschäden zu verstehen sei. Ruth Deech, ehemalige Chefin der Aufsichtsbehörde über die künstliche Befruchtung, erklärte vor dem Oberhaus, dass sich das Gesetz vor allem gegen die Gehörlosen wende. Es soll sie davon abhalten, Embryonen mit Anlage zur Gehörlosigkeit anderen vorzuziehen.

Für den Londoner Tomato Lichy und seine Partnerin Paula Garfield war dies ein Schock. Beide sind taub geboren, ebenso ihre Tochter Molly, 3. Er ist Künstler, sie Regisseurin; alle drei verständigen sich eifrig und mühelos über Gebärdensprache. Paula und Tomato halten sich keineswegs für behindert, sondern für Angehörige einer linguistischen Minderheit mit eigener, reicher Kultur, die sogar das Glück hat, gegen Lärm immun zu sein. „Wir leben wie alle anderen auch", gebärdet Paula. „Wir arbeiten, gehen in Restaurants, denken, treffen Freunde, lachen, haben Sex." Die beiden benutzen Handys zum Simsen; wenn sie Spielfilme schauen, lesen sie die Untertitel. „Wir haben ein in jeder Hinsicht erfülltes Leben", gebärdet Tomato, „nur können wir nicht hören." Und deshalb, weil sie nicht hören können, teile ihnen die Regierung jetzt über das geplante Gesetz mit, dass sie ihre Lebensweise für weniger wertvoll und weniger lebenswert erachte – und dass Menschen wie sie nur ein eingeschränktes Anrecht auf Existenz besäßen. „Dieses Gesetz", gebärdet Paula, „ist von Grund auf falsch. Es ist diskriminierend und ein klarer Verstoß gegen Menschenrechte." [...] Gentests zum Aufspüren von Embryonen mit Anlage zur Gehörlosigkeit sind ausdrücklich erlaubt – aber nur, um diese Embryonen zu vernichten. „Das ist der Einstieg in die Eugenik. Es erinnert an deutsche Gesetze vor langer Zeit."

Marco Evers, 2008

4. Skizzieren Sie die unterschiedlichen Positionen und erklären Sie die Kollision der Werte.
5. Informieren Sie sich über die Eugenik und die nationalsozialistische Vernichtung lebensunwerten Lebens (Grafeneck).
6. Erörtern Sie die Aussage: „Das ist der Einstieg in die Eugenik. Es erinnert an deutsche Gesetze vor langer Zeit." (Z. 56 f.)
7. Verfassen Sie einen Leserbrief zu dem Zeitschriftenartikel von Evers.

23 Leid und Behinderung aus christlicher Sicht

[...] Die [Präimplantationsdiagnostik] PID leistet dem vermeintlichen Anspruch auf ein „Kind nach Maß" Vorschub. [...] Blickt man hingegen auf Jesus Christus als den „wahren Menschen", [...] tritt ein kontrastives Bild in Erscheinung, das sich abhebt von jenem „wahren Menschen" im Zustand vollständigen körperlichen, geistigen und sozialen Wohlbefindens und Freiseins von Krankheit und Gebrechen. Es kritisiert die Utopie des perfekten Körpers und der „alterlosen Gesellschaft", jene Ideologie, die sich gegen jede Infragestellung, auch gegen die ethische, immunisiert und der [...] die Biomedizin zu erliegen droht: „Der Körper eines schwer behinderten Kindes, der nicht nur den Gesundheitsvorstellungen, sondern ebenso (oder sogar noch mehr?) den *normalen* Schönheitsvorstellungen widerspricht, stellt eine Bedrohung dar, während der genetisch, hormonell oder biochemisch verbesserte ewig junge, dadurch scheinbar *unsterbliche* Körper als Verlockung erscheint. Der kranke oder gealterte Körper widerspricht dem sozialen Fetisch, das heißt dem Jugendideal einer Körperkultur, die den Körper nicht als Erscheinungsform der Individualität und Geschichte eines Menschen wahrnimmt, sondern als Machtinstrument, *mit dem* gehandelt wird."

Das Bild des Gekreuzigten visualisiert das kritische Potential einer kreuzestheologisch am „neuen Menschen" ausgerichteten Ethik der Geschöpflichkeit gegenüber einem sich verselbständigenden reproduktionsmedizinischen „Fortschritt", der am Idealbild des gesunden, schönen und starken Menschen ausgerichtet ist. Gegenüber einem solchen Menschenbild hat christlich-theologische Anthropologie und Ethik auf Christus als das Ebenbild Gottes verwiesen: „Nicht Vorstellungen von einem Idealmenschen, sondern die Wirklichkeit des Christus bringt zur Erscheinung, was der Mensch ist. [...] Insofern der Reproduktionsmedizin die Ausrichtung am gesunden, starken, schönen Prototypen (,Urbild') des Menschen zugrunde liegt, tritt ihr das Bild des gekreuzigten Jesus kontrastiv entgegen und konfrontiert sie mit der Gestalt des leidenden Menschen: ‚Jesus hat sich gerade derjenigen angenommen, die schwach, krank und mitunter von der Gesellschaft ausgestoßen waren, und ihnen das Reich Gottes verheißen.'"

Marco Hofheinz, 2008

8. Stellen Sie das christliche Menschenbild im Hinblick auf das christologische Verständnis der Gottesebenbildlichkeit dar.
9. Analysieren Sie, wie dieses Menschenbild Missverständnissen der Gottesebenbildlichkeit entgegenwirkt.
10. Diskutieren Sie die These des amerikanischen Philosophen Michael J. Sandel (* 1953): „Eltern werden sich vor ihren Kindern rechtfertigen müssen, wenn sie nicht alles medizinisch Mögliche zur Optimierung ihrer eigenen Persönlichkeit getan haben."

Heilung um jeden Preis?

Durch die Präimplantationsdiagnostik kann das Genmaterial des Embryos untersucht werden, so dass bereits ohne künstliche Veränderung (Klonen) durch die Auswahl eines passenden Embryos ein Mensch geschaffen werden kann, der einem unheilbar kranken Menschen das Leben retten kann.
In dem Textausschnitt aus dem Roman „Beim Leben meiner Schwester" der amerikanischen Schriftstellerin Jodi Picoult (* 1966) erzählt Sara Fitzgerald, Mutter der an Leukämie erkrankten Kate, wie sie und ihr Ehemann Brian bei einem Fernsehinterview rechtfertigen, dass sie Anna als Lebensretterin für ihre Schwester Kate gezeugt haben.

24 Das ganz besondere Leben: Geschaffen, um Leben zu retten

[...] „Mr. und Mrs. Fitzgerald?", fragt der Produzent. „Sie nehmen bitte dort Platz." Wir setzen uns in die uns zugewiesenen Sessel im Fernsehstudio. Man hat uns wegen der unorthodoxen Empfängnis unseres Babys eingeladen. Irgendwie sind wir bei unserem Kampf um Kates Leben unabsichtlich zu Paradebeispielen in der Wissenschaftsdebatte geworden. Brian nimmt meine Hand, als Nadya Carter, die Moderatorin des Nachrichtenmagazins, auf uns zukommt. „Es geht gleich los. Die Anmoderation über Kate haben wir schon im Kasten. Ich stelle Ihnen nur ein paar Fragen, und dann sind wir im Handumdrehen fertig."

Kurz bevor wir auf Sendung gehen, wischt Brian sich noch schnell mit dem Hemdsärmel die Wangen ab. Die Maskenbildnerin, die hinter den Scheinwerfern steht, stöhnt auf. „Und wenn die sich auf den Kopf stellt", flüstert er mir zu. „Ich hab keine Lust, landesweit mit Rouge im Gesicht gesehen zu werden." Die Kamera erwacht wesentlich unspektakulärer zum Leben, als ich gedacht hatte, bloß ein leises Summen, das mir an Armen und Beinen hochkribbelt.

„Mr. Fitzgerald", sagt Nadya, „würden Sie uns bitte erzählen, warum Sie sich an einen Genetiker gewandt haben?" Brian sieht mich an. „Unsere dreijährige Tochter ist an einer sehr aggressiven Form von Leukämie erkrankt. Ihre einzige Chance ist ein Knochenmarksspender – aber unser ältester Sohn kam genetisch nicht in Frage. Es gibt zwar eine landesweite Datenbank, aber bis der richtige Spender für Kate gefunden wird, ist sie vielleicht ... nicht mehr bei uns. Deshalb sind wir auf die Idee gekommen, dass ein anderes Geschwisterkind genetisch mit ihr übereinstimmen könnte." „Ein Geschwister", sagt Nadya, „das es nicht gibt." „Noch nicht", entgegnet Brian. „Warum haben Sie sich an einen Genetiker gewandt?" „Zeitnot", sage ich unverblümt. „Wir könnten nicht ein Kind nach dem anderen bekommen, in der Hoffnung, dass irgendwann eins als Spender in Frage kommt. Der Arzt war in der Lage, mehrere Embryos zu testen, um festzustellen, ob und, wenn ja, welcher Embryo der ideale Spender für Kate wäre. Wir hatten das Glück, dass einer von vieren passte – und er wurde mir implantiert."

Nadya wirft einen Blick auf ihre Unterlagen. „Sie haben Drohbriefe erhalten, nicht wahr?" Brian nickt. „Anscheinend denken die Leute, wir hätten uns ein Designerbaby zurechtgeschnitten." „Stimmt das denn nicht?" „Nein, es geht uns doch nicht darum, ein Baby mit blauen Augen zu haben oder eins mit einem IQ von zweihundert. Zugegeben, wir haben um bestimmte Charakteristika gebeten – aber keineswegs um menschliche Eigenschaften, die gemeinhin als wünschenswert gelten. Es sind einfach nur Kates Eigenschaften. Wir wollen kein Superbaby. Wir wollen nur das Leben unserer Tochter retten."

Ich drücke Brians Hand. Himmel, ich liebe ihn. „Mrs. Fitzgerald, was werden Sie dieser Tochter sagen, wenn sie größer ist?" „Wenn wir Glück haben", erwidere ich, „kann ich ihr sagen, sie soll aufhören, ihre große Schwester zu ärgern." [...]

Jodi Picoult, 2005

1. Beschreiben Sie Brians Einstellung zur Zeugung von Anna und überlegen Sie, warum diese Entscheidung bei Außenstehenden zu Protestreaktionen geführt hat.
2. Erklären Sie, warum der Begriff „Designerbaby" (Z. 52) hier fragwürdig ist, und diskutieren Sie die Berechtigung dieses Begriffs.
3. Kommentieren Sie Brians humorvolle Abschlussbemerkung. Formulieren Sie nun eine ernsthafte Antwort.

ETHIK – *vernünftig und frei handeln* **335**

25 Zufall

Wenn statt mir jemand anderer
auf die Welt gekommen wär'.
Vielleicht meine Schwester
oder mein Bruder
5 oder irgendein fremdes blödes Luder –
wie wär' die Welt dann,
ohne mich?
Und wo wäre denn dann ich?
Und würd' mich irgendwer vermissen?
10 Es tät' ja keiner von mir wissen.
Statt mir wäre hier ein ganz anderes Kind,
würde bei meinen Eltern leben
und hätte mein ganzes Spielzeug im Spind.
Ja, sie hätten ihm sogar
15 meinen Namen gegeben!

Martin Auer

4. Interpretieren Sie das Gedicht in Hinblick auf die Frage nach der Individualität.
5. Sind wir ein genetisches Zufallsprodukt und damit weniger wertvoll? Diskutieren Sie.

26 Anna – kein Zufallsprodukt

[...] Als ich klein war, fragte ich mich nicht, wie Babys gemacht wurden, sondern warum. [...] Ich finde, wenn heute Außerirdische auf der Erde landen und sich ganz genau anschauen würden, warum Babys geboren werden, kämen sie unweigerlich zu dem Schluss, dass die meisten Leute aus Versehen Kinder kriegen oder weil sie an einem bestimmten Abend zu viel getrunken haben oder weil die Verhütungsmethoden nicht hundertprozentig sicher sind oder aus tausenderlei anderen Gründen, die nicht besonders schmeichelhaft sind.

Ich dagegen wurde zu einem ganz bestimmten Zweck geboren. Ich war nicht die Folge einer billigen Flasche Wein oder einer Vollmondnacht oder eines Augenblicks ungezügelter Leidenschaft. Ich wurde geboren, weil es einem Wissenschaftler gelungen ist, ein Ei meiner Mutter mit einer Samenzelle meines Vaters zu vereinen, eine bestimmte Kombination von kostbarem genetischem Material zu schaffen. Tatsache ist, als Jesse mir erzählte, wie Babys gemacht werden, und ich, die große Zweiflerin, zu meinen Eltern marschierte, damit sie mir erzählten, wie es wirklich funktionierte, erfuhr ich mehr, als ich wissen wollte. Natürlich erzählten sie mir den üblichen Kram, aber sie erklärten mir auch, dass sie sich speziell für mein kleines Embryonen-Ich entschieden hatten, weil ich meine Schwester Kate retten konnte. „Wir haben dich sogar noch mehr geliebt", versicherte meine Mutter mir, „weil wir ja genau wussten, was wir bekamen."

Aber daraufhin musste ich mir die Frage stellen, was wohl gewesen wäre, wenn Kate nicht diese Krankheit gehabt hätte. Sehr wahrscheinlich würde ich dann immer noch sonstwo herumschweben und darauf warten, eine Weile auf Erden verbringen zu können. Auf jeden Fall wäre ich nicht Teil dieser Familie. Denn anders als der Rest der freien Welt bin ich kein Zufallsprodukt. Und wenn eure Eltern euch aus einem bestimmten Grund bekommen haben, dann ist zu hoffen, dass es den Grund noch gibt. Denn sobald der sich erledigt hat, seid ihr es auch. [...]

Jodi Picoult, 2005

6. Vergleichen Sie das Gedicht mit den Gedanken Annas zu ihren Existenzbedingungen.

27 Ist Moral *und* Erfolg möglich?

[...] Wissenschaft und Ethik wurden lange Zeit als zwei einander nachfolgende Prozesse betrachtet: Danach bezieht sich die ethische Reflexion immer nur retrospektiv auf das, was zuerst erforscht und entdeckt wurde und sich in weiten Teilen der Wissenschaftspraxis bereits etablieren konnte. Das Modell der sukzessiven Abfolge von Forschung und Ethik erweist sich jedoch aus mehreren Gründen als unzureichend. In ihm kommt die ethische Reflexion wie im Märchen von Hase und Igel immer zu spät; sie befindet sich in dem Dilemma, entweder unwirksame Handlungsverbote auszusprechen oder das nachträglich als gerade noch tolerablen Grenzfall zu rechtfertigen, was in vielen Forschungslabors längst geschieht. [...] Daher ist eine stärkere interdisziplinäre Vernetzung von Wissenschaft und Ethik erstrebenswert. Ein solches Modell der forschungsbegleitenden ethischen Expertise zielt auf eine möglichst frühzeitige Integration von wissenschaftlicher Forschung und ethischer Reflexion. [...]

Die Erfolge der regenerativen Medizin zeigen [...], dass Forscher nicht zwischen Moral oder Erfolg wählen müssen, sondern erfolgreiche Forschung auch auf moralisch vertretbarem Weg möglich ist und zu beachtlichen Ergebnissen führen kann. Je mehr ethisch vertretbare Forschungsansätze miteinander konkurrieren, desto begründeter erscheint die Aussicht, dass sich die erhofften Erkenntnisgewinne der regenerativen Medizin auch ohne moralische Grenzüberschreitungen einlösen lassen.

Eberhard Schockenhoff, 2008

7. Informieren Sie sich über das deutsche Embryonenschutzgesetzes (z. B. www.cloning.ch/cloning/staatlich/brd.html) von 1990, über Veränderungen und aktuelle Debatten um das Gesetz. Nehmen Sie Stellung zu zentralen Gesetzesentscheidungen. Ziehen Sie dazu Methode 1 (S. 378) heran.
8. Bewerten Sie Schockenhoffs Sicht des Verhältnisses von Ethik und Forschung. Halten Sie seinen Ansatz für zukunftsfähig?

Sterben müssen oder sterben dürfen?

1. Führen Sie Interviews zur ethischen Vertretbarkeit der Sterbehilfe durch:
   a) Notieren Sie zunächst gemeinsam Fragen, die Ihnen interessant erscheinen.
   b) Vergleichen Sie Ihre Fragen und die Antworten mit denen von öffentlichen Umfragen, die Sie auf der Homepage der Deutschen Gesellschaft für Humanes Sterben (DGHS) (link: Wissenschaft, DGHS-Umfragen) finden (z. B. Übersicht: www.dghs.de/typo3/fileadmin/pdf/%DCbersicht_fr%FChere_DGHS_Umfragen.pdf).
2. Sammeln Sie Argumente für und gegen die Sterbehilfe und diskutieren Sie diese.
3. Ordnen Sie die Argumente den Wegen der ethischen Urteilsfindung zu und überprüfen Sie ihre Stichhaltigkeit.
4. Recherchieren Sie die Definitionen von aktiver, passiver und indirekter Sterbehilfe und assistiertem Suizid.
5. Erörtern Sie die vorgeschlagene Neudefinition der passiven Sterbehilfe als „Änderung des Therapieziels" (so Gian Domenico Borasio, Palliativmediziner). Kann sie dazu verhelfen, eine andere Haltung zu entwickeln?
6. Informieren Sie sich über den hypokratischen Eid und erörtern Sie, ob dieser angesichts der Diskussion über Sterbehilfe heute noch uneingeschränkte Gültigkeit hat.

Der katholische Theologe Hans Küng (* 1928) hat sich in seinem kontrovers diskutierten Buch „Menschenwürdig sterben" deutlich für die Sterbehilfe, auch die aktive Sterbehilfe ausgesprochen.

28 Ja zur Sterbehilfe

Natürlich sind mir die *traditionellen Argumente der Theologie* sozusagen von Jugend auf vertraut;

– Das menschliche Leben sei „Geschenk der Liebe Gottes", sei Gottes „Gabe", sagt man mir, und deshalb unverfügbar. Das ist richtig und bleibt wahr. Aber das andere ist auch wahr: Das Leben ist nach Gottes Willen zugleich auch des Menschen Aufgabe und so in unsere eigene (nicht fremde!) verantwortliche Verfügung gegeben: eine Autonomie, die in Theonomie gründet.

– Des Menschen Leben sei allein Gottes „Schöpfung", so fügt man hinzu. Aber ist es nach des Schöpfers Willen nicht zunächst freiwillige „Schöpfung" der Eltern, und gerade so von Anfang an – eine neue Erfahrung unserer Zeit – in des Menschen Verantwortung gestellt?

– Der Mensch müsse aber bis zum „verfügten Ende" durchhalten, so wird repliziert. Aber ich frage zurück: Welches Ende ist denn verfügt? Verfügt wirklich Gott die Reduktion des menschlichen Lebens auf rein biologisches Leben?

– Die „vorzeitige" Rückgabe des Lebens sei ein menschliches Nein zum göttlichen Ja, sei eine „Zurückweisung der Oberherrschaft Gottes und seiner liebenden Vorsehung". Solches käme gleich der „Verletzung eines göttlichen Gesetzes", einer „Beleidigung der Würde der menschlichen Person", einem „Verbrechen gegen dass Leben", ja, einem „Anschlag gegen das Menschengeschlecht". Aber [...] was heißen solche hohen Worte angesichts eines definitiv zerstörten Lebens und eines unerträglichen Leidens?

Hinter solchen und ähnlichen Argumenten („Souveränitätsargument") steht ein *schiefes Gottesbild,* das auf einseitig ausgewählten und wörtlich genommenen Bibeltexten beruht: Gott als der einfach über den Menschen, seinen Knecht, souverän verfügende Schöpfer, sein unbeschränkter Herr und Besitzer, absoluter Herrscher, Gesetzgeber, Richter und im Grunde auch Henker. Nicht aber Gott als der Vater der Schwachen, Leidenden, Verlorenen, der dem Menschen Leben spendet und ihn wie eine Mutter umsorgt, der solidarische Bundesgott, der den Menschen, sein Ebenbild, als einen freien, verantwortlichen Partner haben will. Von daher ist für Todkranke nicht Spiritualisierung und Mystifizierung des Leidens oder gar seine pädagogische Verzweckung („Fegfeuer auf Erden") unsere theologische Aufgabe, sondern [...] die Reduzierung und Beseitigung des Leidens. [...] Es soll Theologen geben, die eine „leidfreie Gesellschaft" befürchten – und man fragt sich, in welcher Welt sie leben. Ja, es gibt Theologen, die in diesem Zusammenhang einen „Anteil am Leiden Christi" fordern – als ob Jesus selber die unerträglichen Leiden eines durch die Medizin am Leben erhaltenen Todkranken befürwortet hätte!

Hans Küng, 1995

7. Fassen Sie Küngs Position zusammen.
8. Analysieren Sie seine theologische Argumentation und prüfen Sie ihre Stichhaltigkeit.
9. Erklären Sie Küngs Verhältnisbestimmung von Autonomie* und Theonomie*.
10. Versuchen Sie selbst, das Verhältnis zwischen Gott und Mensch vor dem Hintergrund des Textes von Küng zu bestimmen. Ziehen Sie dazu auch biblische Texte (z. B. Ps 8) heran.

INFO: Patientenverfügung

Seit dem Beschluss des Bundesgerichtshofs aus dem Jahre 2009 steht es Menschen frei, mit einer sogenannten Patientenverfügung zu dokumentieren, dass man im Falle eines irreversiblen Grundleidens mit tödlichem Verlauf auf die Einleitung lebensverlängernder Maßnahmen verzichtet oder den Abbruch lebensverlängernder Maßnahmen beansprucht. Eine Patientenverfügung [...] ist trotz der weiterhin bestehenden Handlungspflicht für Ärzte und Angehörige bindend, wenn sie schriftlich verfasst ist. Der Wille des Patienten gilt, auch wenn er sich nicht mehr selbst äußern kann. Liegt keine Verfügung schriftlich vor oder bezieht sie sich auf eine Situation, die dem vorliegenden Krankheitsbild nicht entspricht, dann ermitteln Betreuer und Arzt den mutmaßlichen Willen des Patienten.

Zur theologischen Begründung:
Nach Thomas von Aquin besteht die Gottebenbildlichkeit des Menschen in moralischer Hinsicht darin, dass der Mensch mit Verstand und Willen begabt und somit Herr seines eigenen Tuns ist. Das christliche Verständnis von Gottebenbildlichkeit begründet daher das Selbstbestimmungsrecht des Menschen. Dies stellt auch die medizinethische Diskussion stark heraus und bezeichnet es mit dem Fachbegriff der „Patientenautonomie". Anders als die Patientenautonomie impliziert die theologisch begründete Autonomie keine verantwortungslose Willkür. Sie entbindet den Menschen nicht von der Verantwortung für seine Handlungen und auch nicht von der Notwendigkeit, für sie Rechenschaft ablegen zu müssen. In gleicher Weise wie das im Grundgesetz Art. 2 gewährte „Recht auf die freie Entfaltung seiner Persönlichkeit" dem „Sittengesetz" untergeordnet ist (vgl. Art. 2 Abs. 1 GG), hat auch das Selbstbestimmungsrecht im christlichen Verständnis seine Orientierung darin zu nehmen, dass der Mensch nicht über den Tod selbst verfügen darf.

11. Nennen Sie die Chancen und Probleme einer Patientenverfügung. Ist die Patientenverfügung ein geeigneter Kompromiss im Hinblick auf die Sterbehilfe?

29 Euthanasie

2276 Menschen, die versehrt oder geschwächt sind, brauchen besondere Beachtung. Kranke oder Behinderte sind zu unterstützen, damit sie ein möglichst normales Leben führen können.

2277 Die direkte Euthanasie besteht darin, dass man aus welchen Gründen und mit welchen Mitteln auch immer dem Leben behinderter, kranker oder sterbender Menschen ein Ende setzt. Sie ist sittlich unannehmbar.

Eine Handlung oder eine Unterlassung, die von sich aus oder der Absicht nach den Tod herbeiführt, um dem Schmerz ein Ende zu machen, ist ein Mord, ein schweres Vergehen gegen die Menschenwürde und gegen die Achtung, die man dem lebendigen Gott, dem Schöpfer, schuldet. Das Fehlurteil, dem man gutgläubig zum Opfer fallen kann, ändert die Natur dieser mörderischen Tat nicht, die stets zu verbieten und auszuschließen ist.

2278 Die Moral verlangt keine Therapie um jeden Preis. Außerordentliche oder zum erhofften Ergebnis in keinem Verhältnis stehende aufwändige und gefährliche medizinische Verfahren einzustellen, kann berechtigt sein. Man will dadurch den Tod nicht herbeiführen, sondern nimmt nur hin, ihn nicht verhindern zu können. Die Entscheidungen sind vom Patienten selbst zu treffen, falls er dazu fähig und imstande ist, andernfalls von den gesetzlich Bevollmächtigten, wobei stets der vernünftige Wille und die berechtigten Interessen des Patienten zu achten sind.

2279 Selbst wenn voraussichtlich der Tod unmittelbar bevorsteht, darf die Pflege, die man für gewöhnlich einem kranken Menschen schuldet, nicht abgebrochen werden. Schmerzlindernde Mittel zu verwenden, um die Leiden des Sterbenden zu erleichtern selbst auf die Gefahr hin, sein Leben abzukürzen, kann sittlich der Menschenwürde entsprechen, falls der Tod weder als Ziel noch als Mittel gewollt, sondern bloß als unvermeidbar vorausgesehen und in Kauf genommen wird.

Die Betreuung des Sterbenden ist eine vorbildliche Form selbstloser Nächstenliebe; sie soll aus diesem Grunde gefördert werden.

Katechismus der Katholischen Kirche, 2003

12. Arbeiten Sie die Position der katholischen Kirche zur Sterbehilfe heraus und vergleichen Sie diese mit der Auffassung Hans Küngs in Text 28.
13. Interpretieren Sie das folgende Bild nach den Arbeitsschritten der Methode 9 (s. S. 385).

ETHIK – *vernünftig und frei handeln* **339**

30 Begleitung beim Sterben statt Hilfe zum Sterben

Edvard Munch: Tod im Krankenzimmer, 1896

14. Entwerfen Sie einen Kontext für die dargestellte Situation und skizzieren Sie, wie der Mensch gerade stirbt und wie Angehörige mit dem Sterben umgehen, indem Sie die Situation aus der Sicht eines Angehörigen beschreiben.
15. Vergleichen Sie diese Darstellung des Sterbens mit Bildern vom Sterben auf der Intensivstation eines Krankenhauses.
16. Stellen Sie einen Forderungskatalog für angemessene Sterbebegleitung in Krankenhäusern oder Altenheimen zusammen. Vergleichen Sie diesen mit dem Ansatz der Hospizbewegung.

INFO: Hospiz

Ein Hospiz (lat. *hospitium* „Herberge") ist eine Einrichtung der Sterbebegleitung. Es ist ähnlich wie ein kleines Pflegeheim oder Krankenhaus organisiert. In den zahlreichen Hospizen, die es mittlerweile überall in Deutschland gibt, arbeiten neben kirchlichen Seelsorgern und Psychologen viele Ehrenamtliche, die es sich zur Aufgabe gemacht haben, dem Tod ins Auge zu sehen, indem sie Menschen in den Tod begleiten. Sie sorgen dafür, dass das Sterben in Würde möglich ist, indem sie versuchen Sterbenden und Angehörigen einen bewussten Abschied zu ermöglichen. Die moderne *Hospizbewegung* entstand Ende der 1960er Jahre in England durch Cicely Saunders, die 1967 mit dem St. Christopher's Hospice das erste Hospiz gründete. Ihre größte Entwicklung nahm die Bewegung in den 1970er Jahren in den USA, wo eine Vielfalt von verschiedensten Versorgungsmodellen entstand. Im Jahre 1994 wurde in Anlehnung an die Haltung der Hospizbewegung die *Deutsche Gesellschaft für Palliativmedizin e. V.* gegründet. Ziel der Palliativmedizin (lat. *palliare* „mit einem Mantel bedecken, verbergen"), die viele Ärzte unterstützen, ist es, durch einen natürlichen Umgang mit dem Tod ein menschenwürdiges Sterben zu ermöglichen. Der Palliativmedizin geht es nicht nur um medizinische Schmerzminderung, sondern auch um die psychosoziale Betreuung von Patienten, um diesen die verbleibende Lebenszeit so angenehm wie möglich zu machen.

31 **Der Wunsch zu sterben: Das Meer in mir (Spanien 2004)**

Die Patientenverfügung geht auf den Wunsch von Menschen ein, dem eigenen Leben ein Ende zu setzen, wenn bei einem Leiden mit tödlichem Ausgang das Leben nur durch künst-
5 liche lebensverlängernde Maßnahme erhalten werden kann. Welche Möglichkeiten aber bleiben schwerstbehinderten Menschen, die ohne künstliche Lebensverlängerung auskommen und dennoch sterben wollen? Wo anderen Men-
10 schen der Suizid freisteht, sind andere von der Hilfe anderer, d. h. der Sterbehilfe abhängig.
Der Film „Das Meer in mir" thematisiert einen authentischen Fall aus dem spanischen Galizien: Der frühere Seemann Ramon ist seit ei-
15 nem Badeunfall vor 27 Jahren querschnittsgelähmt. Er kann nur noch den Kopf und einen Arm bewegen. Ramon lebt bei der Familie seines Bruders, die ihn liebevoll versorgt. Ramon ist sich dennoch unbedingt sicher, sterben zu
20 wollen, und er sucht mit allen rechtlichen und anderen Mitteln nach einer Lösung.

17. Schauen Sie den Film an (vgl. Methode 8, S. 385). Charakterisieren Sie Ramon und erklären Sie die Gründe für seinen Wunsch zu sterben.
18. Analysieren Sie arbeitsteilig andere Positionen zur Sterbehilfe:
    – der spanische Staat,
    – Géné,
    – der katholische Pfarrer.
    Stellen Sie diese Positionen einander vor und formulieren Sie Ramons Gegenargumente. Versuchen Sie weitere Gegenargumente zu finden.
19. Entfalten Sie die Positionen von Ramons Vater, Bruder, Schwägerin und Neffen und vergleichen Sie diese miteinander und dann auch mit denen des Staates und der katholischen Kirche. Entwerfen Sie eine Personenkonstellation anhand eines Schaubildes, welches die Nähe zu Ramon verdeutlicht. Erklären Sie die Beziehung zwischen dem persönlichen Verhältnis zu Ramon und der Haltung zur Sterbehilfe.
20. Formulieren Sie Tagebucheinträge (arbeitsteilig oder wahlweise) der unterschiedlichen Familienmitglieder, die über das Verhältnis zu Ramon Aufschluss geben und ihre Haltungen zur Sterbehilfe verdeutlichen.
21. Analysieren Sie, welche Rolle Ramon für die Familie hat. Nennen Sie zunächst die Schlüsselszenen für diese Fragestellung, bevor Sie eine auswählen und im Hinblick auf die Fragestellung analysieren.
22. Beziehen Sie Stellung zu den unterschiedlichen Haltungen und Verhaltensweisen der Familienmitglieder. Mit welcher Person können Sie sich am stärksten identifizieren?
23. „Das Meer in mir" hat auch die Liebe in ihrer Vielfalt und ihren Wirkungen zum Thema. Entfalten Sie den Zusammenhang von Liebe und Tod und bewerten Sie, welche Rolle Liebe bei der Frage der Sterbehilfe spielt. Arbeiten Sie (arbeitsteilig oder wahlweise) an unterschiedlichen Charakteren (Rosa, Julia, Ramon, Géné, …)
24. Skizzieren Sie das Verhältnis von Ramon zu Frauen und erklären Sie, wie sich seine Erfahrungen im Verhältnis zu Julia und Rosa widerspiegeln.
25. Skizzieren Sie die Haltung von Julia und Rosa.

26. Stellen Sie die Entwicklung ihrer Beziehungen zu Ramon und Ramons Beziehungen zu den beiden Frauen jeweils grafisch dar, z. B. anhand von vier Entwicklungskurven. Erörtern Sie die Gründe für die jeweiligen persönlichen Veränderungen.
27. Interpretieren Sie das Ende des Films im Hinblick auf die Frage von Leben und Leid.
28. Entwerfen Sie eine Filmkritik, in welcher die Stellungnahme des Films zum Thema „Sterbehilfe" und „menschenwürdiges Leben und Sterben" in ihrer Komplexität zum Ausdruck kommt.
29. Knüpfen Sie an das an, was Sie in diesem Unterkapitel erarbeitet haben, und formulieren Sie Ihre eigene Stellungnahme zur Sterbehilfe. Argumentieren Sie theologisch und psychologisch.

Du sollst nicht zum Sklaven deiner Vernetzung werden!

32 Kommunikative Tischgemeinschaft?!

Thomas Plassmann, 2011

1. Interpretieren Sie die Karikatur nach den Arbeitsschritten, die Sie auf S. 386 finden. Um die Auseinandersetzung mit der Karikatur zu vertiefen, könnten Sie:
   a) den beiden Personen kritische Fragen zu ihrem Verhalten stellen und mit ihnen ins Gespräch kommen,
   b) zu dem dargestellten gesellschaftlichen Phänomen eine Kolumne verfassen.

33 Jugendliche und Medien

– Ralf hat sich mit seiner Freundin gestritten. Sie sitzen in demselben Raum, sprechen aber nicht mehr miteinander. Nach quälender Stille schreibt er eine sms: „wieder lieb?" Sie muss lachen ...
– Leonie sieht sich im Fernsehen sehr gern den Mittags-Talk an. Heute erzählt Manfred vor Publikum, warum er nur dicke Frauen mag.
– Leonard sitzt regelmäßig am Computer und spielt ein Fantasy-Spiel, in dem jeder Mitspieler eine eigene Identität annimmt, seinen Charakter und sein Aussehen und seine Fähigkeiten entwirft und er mit einer weltweiten Spiel-Gemeinde schwierige Aufgaben zur Aufrechterhaltung der sozialen Ordnung und zur Rettung der Welt ... in Angriff nimmt ...
– Silvia ist bei Schüler-vz. Dort hat sie Bilder von sich und allen Freunden eingestellt, sie diskutiert mit anderen Teilnehmern über anstehende Aktivitäten, ihre Probleme, veröffentlicht die parteiischen Ein- und Vorwürfe der Freunde und Bekannten zu Beziehungskrisen ...

2. Diskutieren Sie in einer kleinen Gruppe folgende Fragen zu den Beispielen in Text 32:
   – Welche Bedürfnisse erfüllt das Internet?
   – Wo sehen Sie einen Zusammenhang zwischen Medieninhalt und -umgang und Ethik?
   – Inwiefern können Medien unsere Art der Kommunikation und des Zusammenlebens bestimmen oder verändern? Bewerten Sie diese Entwicklung.

Lieblingsplatz eines Schülers

Nam June Paik: TV-Buddha, 1974

34 Medientechnologie als Heilsversprechen?

„Die Erreichbarkeit durch die modernen Kommunikationssysteme erleichtert vieles!"
„Die Erreichbarkeit eröffnet uns neue Zeitfenster!"
„Die schnelle und direkte Kommunikation verhindert kommunikative Missverständnisse!"

3. Nehmen Sie Stellung.
4. Formulieren Sie ethische Richtlinien, die das Gebot „Du sollst dich nicht zum Sklaven deiner Vernetzung machen!" konkretisieren.

35 Die letzte Meditationstechnik der Menschheit

In den Massenmedien geht es um die totale Visualisierung, d.h. Sichtbarmachung. Der Zuschauer vor dem Fernseher oder dem Bildschirm darf und soll alles sehen, er sieht alles. Für seine gottgleiche Position gibt es kein Bilderverbot. Der Bildschirm kennt aber keine Tiefe, alles ist Oberfläche, er zeigt alles ohne Brüche und Verwerfungen. Diese idealen Bilder werden schnell auch zu Leitlinien im alltäglichen Leben.
„Im Fernsehen vollendet sich die Erlösungsgeschichte der Menschheit. Es ist ein Erlöser, der das Publikum angähnt [...], der erste, der uns freilässt [...]. Wir müssen nicht erst langatmig und gebildet zum Buddhismus konvertieren – das Fernsehen hat uns alle zu Buddhisten gemacht, wir sind längst allesamt unfreiwillige Meditierer. Fernsehen ist die letzte Meditationstechnik der Menschheit im Zeitalter nach den Hochreligionen ... die allgegenwärtige Buddha-Maschine."
Peter Sloterdijk, 1996

5. Nennen Sie unterschiedliche Nutzungsweisen des Mediums Fernsehen.
6. Lesen Sie den Text von Sloterdijk und erklären Sie die angesprochenen Probleme. Gehen Sie besonders auf die Aussage ein, dass es für die gottgleiche Position des Zuschauers kein Bilderverbot gibt (Z. 5).
7. Ordnen Sie ihr eigenes Fernsehverhalten hier ein.
8. Nehmen Sie Stellung zu der These, dass Fernsehen die letzte Meditationstechnik der Menschheit sei (Z. 17 f.).

Nackt im Netz

In der virtuellen 3-D-Welt „Second Life" erschaffen wir uns Avatare, grafische oder bildliche Stellvertreter unserer selbst [...]. Sie lassen sich nach Lust und Laune gestalten. Und so entern die Mitspieler gerne als Figur des jeweils anderen Geschlechts die Inseln ihrer Glückseligkeit. [...] Nun kommt jeder Avatar zunächst unschuldig wie Barbies Ken in die virtuelle Welt. Primäre Geschlechtsorgane muss man sich kaufen, oder man kann sie sich schenken lassen.

Das hatte ich noch nicht getan. Und darüber war ich froh, als ich bei einem Kurzbesuch im Second Life feststellen musste: Mein Avatar war nackt. Das war nicht zuletzt deshalb überraschend, als er bei meinem letzten Besuch noch angezogen war [...]. Er war nackt und grau. Ich habe ernsthaft überlegt, ob er vielleicht grau geworden ist, weil ich ihn in den zurückliegenden Wochen so schamlos vernachlässigt hatte. [...] Ich habe mich sehr unwohl gefühlt und schleunigst versucht, meinen Avatar wieder anzuziehen. Doch er verweigerte standhaft jegliche Kleidung [...].

Das alles war vermutlich kein Zufall. Vielleicht will er mit dem ganzen Konsumrausch nichts mehr zu tun haben, der auch das Second Life dominiert. Was soll es bringen, Hunderte von T-Shirt-Varianten aus den Freebie-Stores im SL herunterzuladen, um meinen Avatar ständig neu einzukleiden? Und warum soll er im Netz mithilfe eines überteuerten Geschlechtsteils schlechten virtuellen Sex haben? Mein Avatar bleibt jetzt einfach nackt. Wahrscheinlich ist er nicht mehr als ein Systemfehler. Aber dann ist er immerhin ein Systemfehler, der auf einen Systemfehler hinweist. Und er ist eine echte Ausnahme. Die meisten Avatare sind nicht nur – zwischenzeitlich – angezogen. Sie sind auch ständig auf der Suche nach dem virtuellen erotischen Kick. Dafür bietet das Second Life eine nahezu unerschöpfliche Vielfalt von Erotik und Sex, die genau wie im primären Leben teils offenkundig, teils versteckt angeboten wird. [...] Meine Lust auf Sex bekunde ich wie jede andere Äußerung mit wildem Tippen auf der virtuellen Tastatur, die ich im Second Life vor dem Bauch herumtrage. Begleitet vom Geräusch eines monotonen Tastengeklappers schreibe ich „nimm mich" in den luftleeren Raum, doch niemand reagiert. Zum Glück ist das vibrierende Ich im Netz längst selbstgenügsam. Ein Knopfdruck reicht, und mein Avatar bewegt sich in eindeutigen Positionen. Einen Partner brauche ich dazu nicht. Auch Sex ist hier eben nur ein Programm [...].

Miriam Meckel, 2007

René Magritte:
La tentative de l'impossible, 1928

9. Der Begriff Avatar entstammt dem Sanskrit und bedeutet „Abstieg", den Abstieg einer Gottheit in irdische Sphären. Kommentieren Sie vor diesem Hintergrund die Gestalt des Avatars.
10. Christen glauben an die Würde des Menschen, die ihm von Gott zugeeignet wird und die er unter keinen Umständen verlieren kann. Untersuchen Sie den Avatar hinsichtlich seiner Würde bzw. Entwürdigung.
11. Gibt es Gefühle und Zuwendung künftig nur noch im Netz, wird ihr Austausch nach Regeln organisiert, die auch die Warenströme unserer globalisierten Welt koordinieren: Angebot und Nachfrage? Wird die weltweite Vernetzung erkauft mit der Entzauberung einer unserer zentralen Lebens- und Identitätskonstruktionen, wird aus der romantischen und körperlichen Liebe die W@re Liebe? Nehmen Sie Stellung und formulieren Sie ethische Richtlinien, die dazu beitragen können, die Liebe nicht zur W@re Liebe werden zu lassen.

38 Der Mensch wird zum Schöpfer des Menschen

Die Vision einer menschlichen Freiheit, die von Gegebenem unbeeinträchtigt ist, hat etwas Anziehendes, ja Berauschendes. Es mag sogar sein, dass die Anziehungskraft dieser Vision dazu
5 beigetragen hat, das genetische Zeitalter überhaupt einzuläuten. [...] Aber diese Vision von Freiheit ist brüchig. Sie droht, unsere Wertschätzung des Lebens als Gabe zu verdrängen und uns nichts anzuerkennen und beachten zu lassen als unseren eigenen Willen. 10

Michael J. Sandel, 2008

12. Präzisieren Sie auf der Grundlage der behandelten Themen, was der Verlust der „Wertschätzung des Lebens als Gabe" (Text 38 Z. 7 f.) impliziert.
13. Formulieren Sie ein Plädoyer für die „Offenheit für das Unerbetene" in Form einer Ansprache, eines Artikels, oder eines Werbespots, ...
14. Übersetzen Sie den Titel des Bildes von Magritte und setzen Sie ihn in Beziehung zu den Texten dieses Unterkapitels.

Wenden Sie Ihr Wissen an

- Interpretieren Sie die Karikatur nach den Arbeitsschritten der Methode 10 (s. S. 386).
- Um ihr Verständnis der Karikatur zu vertiefen, könnten Sie
  a) die Ansprache Gottes hinsichtlich seiner Kritik am Selbstverständnis des Menschen formulieren,
  b) die Rechtfertigungsrede des Wissenschaftlers ausarbeiten,
  c) der Karikatur einen Titel geben.
- Gehen Sie über die Karikatur hinaus und erklären Sie die Neigung des Menschen zur Hybris am Beispiel der behandelten Themen.

RELIGION –
in Staat und Gesellschaft

Überblick

Das Thema dieses Kapitels ist die soziale Gestalt von Religion und Kirche. In unserer durch Säkularisierung und Pluralisierung geprägten spätmodernen Gesellschaft verlieren wir schnell aus dem Blick, welchen kulturellen und politischen Beitrag das Christentum zur Entstehung der abendländischen Zivilisation geleistet hat und welche Rolle die christlichen Kirchen auch heute noch bei der Gestaltung von Gesellschaft spielen (können). Außerdem stellt sich inzwischen die Frage, welche politische Rolle der Islam in den europäischen Gesellschaften der näheren Zukunft spielen wird. Zwar hat sich nach langem Ringen in Europa die Trennung von Kirche und Staat durchgesetzt – mit von Land zu Land zugleich durchaus unterschiedlichen Formen der Kooperation, doch bekommt die Frage des Verhältnisses von Religion und Staat gerade hier durch das Erstarken und Wachsen des Islams eine neue Brisanz. Das selbstbewusste Auftreten dieser lebendigen monotheistischen Religion, die eine Trennung von Kultur, Politik und Religion eigentlich nicht kennt, stellt vielfach das gerade gewonnene Gleichgewicht zwischen dem Staat und den Religionsgemeinschaften nicht nur in Deutschland in Frage.

1. Wählen Sie zwei Fotos aus der Collage aus und setzen Sie diese in Beziehung zum Titel des Gesamtkapitels: Was sagen die von Ihnen ausgewählten Bilder über das Verhältnis von Religion, Kirche und Gesellschaft aus?
2. Ordnen Sie die Fotos den verschiedenen Religionen zu und diskutieren Sie, welche Rolle diesen Religionen in unserer Gesellschaft zukommt.

1. Kirche und Gesellschaft – historische Stationen

Was Sie erwartet

Die Rolle der christlichen Glaubensgemeinschaften in der heutigen bundesdeutschen Gesellschaft ist das Ergebnis eines über zwei Jahrtausende andauernden Emanzipationsprozesses, in dem die europäischen Staaten seit der Reformation, vor allem aber nach der Französischen Revolution die politische Macht der Kirche zurückdrängen und eine Trennung der weltlichen von der geistlichen Sphäre durchsetzen konnten.

In der Religionssoziologie bezeichnet man diese Entwicklung auch als „Säkularisierung", also „Verweltlichung" – in dem Sinne nämlich, dass der politische Einfluss des Christentums langsam, aber stetig zurückgedrängt worden ist: Während nach dem Toleranzedikt des Kaisers Konstantin im Jahre 313 und nach der Erhebung zur Staatsreligion unter Kaiser Theodosius (379/380) das Christentum zur entscheidenden politischen Größe geworden war, begann im Mittelalter mit dem Investiturstreit ein erster Versuch staatlicher Herrschaft, die Macht von Papst und Bischöfen zugunsten der eigenen Autorität zurückzudrängen. Investiturstreit heißt dieser Konflikt, weil es hier um eine Auseinandersetzung zwischen Kaiser und Papst um die Frage der Bischofseinsetzung (= von lat. „Investitur") ging. Diese Entwicklung fand ihren Höhepunkt in der Französischen Revolution und der anschließenden napoleonischen Neuordnung weiter Teile Europas: Nun wurden die Kirchen sogar ihrer Güter enteignet und gerieten dadurch in die finanzielle Abhängigkeit des Staates. Auf der anderen Seite wurde in Europa durch diese Entmachtung der geistlichen Herrschaft eine wirkliche Religionsfreiheit erst möglich: Die persönliche Religions- und Konfessionszugehörigkeit war nicht mehr von der Konfessionszugehörigkeit des Herrschers abhängig.

Seit der Französischen Revolution hat es weitere Säkularisierungsschübe gegeben: Die Emanzipation der Wissenschaften im 19. Jahrhundert (die drei großen „Kränkungen" des Christentums: Kopernikus, Darwin, Freud) und die weltanschauliche Pluralisierung der westlichen Gesellschaften hat zu weiteren Bedeutungsverlusten des Christentums geführt, nun ebenso im kulturellen Diskurs wie im Bereich der privaten Lebensführung. Der Verzicht auf den Gottesbezug in der geplanten Verfassung der Europäischen Union ist ein deutliches Zeichen für den Bedeutungsverlust des Christentums in Europa als dem ehemals „christlichen Abendland".

Anders stellt sich die Situation in den USA dar: Die jungen Vereinigten Staaten von Amerika waren von europäischen Flüchtlingen gegründet worden, die in der Neuen Welt vor allem Religionsfreiheit suchten, weil sie in ihren Heimatländern ein anderes Bekenntnis als ihre Herrscher gepflegt hatten. Die USA waren der erste christliche Staat, der eine strikte Trennung von Kirche und Staat einführte. Dabei ging es den „Gründungsvätern" nicht um eine Freiheit *von* der Religion (wie einige Jahre später den französischen Revolutionären), sondern um die Freiheit *für* die Religion im Sinne der individuellen Religionsfreiheit.

„Die Konstantinische Schenkung"

Mit Kaiser Konstantin (306–337) beginnt die Epoche der abendländischen Allianz von Kaiser und Papst, also von Staat und Kirche. Im Mittelalter entwickelte sich dann die Legende von der „Konstantinischen Schenkung", mit der im Nachhinein das Verhältnis von Papst und Kaiser erklärt werden sollte: Angeblich habe Kaiser Konstantin Papst Silvester I. (314–335) den Kirchenstaat geschenkt, um ihm ein eigenes Territorium zur Verfügung zu stellen. Dokumentiert wurde diese Geschichte mit einer umfangreichen Urkunde, die dies bezeugen sollte. Heute wird vermutet, dass es sich bei dem Dokument um eine Fälschung der päpstlichen Kanzlei aus der 2. Hälfte des 8. Jahrhunderts handelt.

„Die Konstantinische Schenkung": Vatikan, Piano Nobile

1. Beschreiben Sie, was auf dem Bild zu sehen ist.
2. Deuten Sie die Mimik und Gestik der Figuren auf dem Bild und stellen Sie Vermutungen über das Verhältnis der beiden Parteien an.
3. Diskutieren Sie, welche Interessen auf Seiten des Kaisers wie auch auf Seiten der Kirche mit der Legende von der „Konstantinischen Schenkung" verbunden gewesen sind.
4. Erörtern Sie, warum wohl ein Papst bei der Ausgestaltung der Vatikanischen Paläste ein solches Motiv für die Wandbemalung wählte.

Wegmarken und Stationen

Der neue Glaube an „Jesus, den Christus" verbreitete sich bis zum Ende des 1. Jahrhunderts im gesamten Römischen Reich. Bis ins 4. Jahrhundert wurden die Christen allerdings immer wieder durch die römischen Herrscher verfolgt. Erst das Toleranzedikt Kaiser Konstantins sicherte 313 dem Christentum die Gleichberechtigung neben dem römischen Kult.

2 Die sogenannte „Konstantinische Wende"

Das Problem Kirche und Staat im engeren, eigentlichen Sinne beginnt – um ein modernes, in einer ausgedehnten Diskussion der letzten Jahre häufig gebrauchtes Schlagwort zu verwenden – mit der „Konstantinischen Wende", d. h. in dem Augenblick, da das Römische Imperium seine exklusive Verbindung mit dem Heidentum aufgab. Kaiser Konstantin der Große (306–337) war nach seinem Sieg über Licinius (324) Alleinherrscher; er war von der Notwendigkeit der engen Zusammenarbeit zwischen der christlichen Religion und dem Staat überzeugt und förderte bewusst das Christentum. Die Kirche sollte als Reichskirche die Klammer für die Einheit des Reiches darstellen. Zugleich verstand sich der Kaiser als Oberhaupt der Kirche und legte damit den Grund zu einem Religionscäsarismus [Kaisertum, das seine Macht auf eine herrschende Religion stützt]. Die von Konstantin gewährte Freiheit des Kultes und der Verkündigung und die politische Förderung als reichserhaltende Staatskirche stellte die Kirche vor die neue und schwere Aufgabe, das richtige Verhältnis zu einem christlich geführten Staat zu finden, ohne dabei der eigenen Aufgabe untreu zu werden. Denn die Übernahme staatlicher Funktionen durch die Kirche, die Angleichung der kirchlichen Bistumsordnung an die Provinzen des Reiches, [...] die Auffassung schließlich, dass der christliche Kaiser unmittelbar im Gebet unter der göttlichen Inspiration stehe und mit gottverliehener Macht als Wahrer der kirchlichen Einheit und Verteidiger der Rechtgläubigkeit auch Bischöfe und Kirche regiere, stellten in gewissem Sinne einen Rückgriff auf Zustände und Funktionen des alten römischen Reichskultes dar [...]. Das von Konstantin begonnene Werk des Umbaus der katholischen Kirche zur Reichs- und Staatskirche vollendete Theodosius I. (379/388–394), als er alle heidnischen Kulte verbot und den nizänischen Glauben [Hauptströmung des christlichen Glaubens, deren Anhänger sich nach dem Konzil von Nizäa (325) zum dort verfassten Glaubensbekenntnis, dem „Symbolum Nicaeum", bekannten; s. S. 218] des römischen Bischofs als die staatsrechtlich erzwingbare Religion des Imperiums festlegte. Damit war vor allem für das byzantinische Restreich die Einheit von Kirche und Staat gesichert und auch für die Nachfolgestaaten einem christianisierten sakralen Absolutismus bis tief in die Neuzeit der Weg gebahnt.

nach Heribert Raab, 1966

1. Erläutern Sie, was der Begriff der „Konstantinischen Wende" (Z. 5) bedeutet.
2. Stellen Sie die religionspolitischen Konsequenzen, die durch die Entscheidungen von Konstantin und Theodosius für Kirche und Reich entstanden, in einer Liste zusammen.
3. „Das Problem Kirche und Staat im engeren eigentlichen Sinne beginnt [...] mit der ‚Konstantinischen Wende'" (Z. 1–5). Diskutieren Sie, warum dieses Ereignis heute in der Regel als problematisch bewertet wird.

Aus der Koalition zwischen Kaiser und Papst wird bald ein Konkurrenzverhältnis. Nach der Trennung der östlich-orthodoxen Kirchen von der römisch-katholischen Kirche 1054 wird dann aus der Konkurrenz ein offener Konflikt. Vor allem Papst Gregor VII. forciert die Auseinandersetzung, indem er in seiner Schrift „Dictatus Papae" (1075) auch die politische Herrschaft über den Kaiser beansprucht. Damit befindet sich der Investiturstreit auf seinem Höhenpunkt.

3 Der Investiturstreit: Trennung auf europäisch

Die als Investiturstreit bekannte Auseinandersetzung zwischen Papst Gregor VII. († 1085) und dem deutschen König Heinrich IV. († 1106) versuchte [...] eine Trennung: Der weltliche Herrscher sollte reine Laienperson sein, keine Sakralität mehr beanspruchen und sich auf das Säkulare beschränken, wie umgekehrt die geistliche Gewalt auf das Kirchliche. Was eigentlich intendiert war, zeigt am deutlichsten ein Trennungsvorschlag, der 1111 im Vertrag von Sutri ausgehandelt wurde und eine strikte Kompetenztrennung vorsah: „Die Kirchen sollen mit den Zehnten und ihren Opfergaben zufrieden sein; der König aber soll alle Güter und Königsrechte, die seit Karl [dem Großen], Ludwig [dem Frommen], Otto [dem Großen], Heinrich [dem Zweiten] und anderen den Kirchen angetragen worden sind, für sich und seine Nachfolger zurücknehmen und behalten." Die Bischöfe sollten ihre Königsrechte zurückgeben und allein von Spenden und Opfergaben, nicht aber von Einkünften ihrer weltlichen Herrschaftsrechte leben. Diese Vorstellung fand durchaus Unterstützung, nicht nur bei Häretikern, sondern auch bei kirchentreuen Reformern. Dabei wurde oft auch die Konstantinische Wende angeführt: Seit Konstantin sei die Kirche ob ihres Besitzes und der dadurch bewirkten Politik verderbt. [...]

Dass das Wormser Konkordat, das den Investiturstreit 1122 beendete, einen nur faulen Kompromiss bot, zeigt sich daran, dass die Bischöfe weiterhin Reichsfürsten blieben, also Stab und zugleich Schwert führen konnten. Eine Trennung hätte jenes Geistliche Reichsfürstentum, wie es seit den Karolingern und besonders den Ottonen praktiziert wurde, abrupt beendet. Konsequenterweise hätte auch der Papst auf seinen „Kirchenstaat" verzichten müssen. Nur, wie hätte das Papsttum in einer staatenlosen Welt seine Unabhängigkeit zu behaupten vermocht? Gleichwohl blieb Kritik. So erhob Pierre Dubois († nach 1321), ein französischer Kronjurist, die Forderung nach einer juristisch präzisen Trennung, dass der Papst, weil immer wieder in militärische und politische Händel hineingezogen, seine weltliche Herrschaft an Fürsten abtreten und sich dafür eine Pension auszahlen lassen sollte. Der große Humanist Erasmus von Rotterdam († 1536) konnte nur höhnen: „Wie [passt] der Hirtenstab zum Schwert? Wie das Evangelium zum Schild?" [...] Trotz aller Proteste steigerte sich die obrigkeitliche Kirchenherrschaft noch, bis dann die geistlichen Fürstentümer 1803 revolutionär beseitigt wurden. Der Kirchenstaat verschwand erst 1870.

Für die Fragestellung nach Gewalt und Toleranz hat die Trennung von Religion und Staat eine kaum zu überschätzende Bedeutung: Erst dadurch verliert der Staat seine Sakralität, so dass Religionsvergehen nicht länger obrigkeitlich verfolgt werden müssen, wie umgekehrt Staatsvergehen nicht sofort auch die Religion berühren. Vielmehr verhält sich der Staat religionsneutral und schützt die jeweilige Religion im Rahmen der allgemeinen Menschen- und Toleranzrechte. Der Staat gibt die Gesinnung frei: „Der Zugriff auf die Gesinnung ist Zeichen nicht seiner Stärke, sondern seiner Schwäche." Angesichts des Islams gewinnt heute die Trennung von Religion und Staat, wie aber auch die rechtliche Einhegung rechtlos gewordener Religion höchste Aktualität.

Arnold Angenendt, 2007

4. Skizzieren Sie den Grundkonflikt des Investiturstreits, wie er z. B. in den Positionen von Kaiser Heinrich IV. und Papst Gregor VII. deutlich wird.
5. Recherchieren Sie den Hintergrund zu den im Text genannten Jahreszahlen 1111, 1122, 1803 und 1870. Inwiefern sind gerade die mit diesen Jahreszahlen verknüpften Ereignisse von so großer Bedeutung für das Verhältnis von Kirche und Staat in Europa?
6. Erörtern Sie, warum gerade angesichts des Islams die „heutige Trennung von Religion und Staat" große Aktualität (Z. 70 f.) besitzt.

Während sich in Europa die Emanzipation des Staates von der Kirche über Jahrhunderte hinzog, gehört die Trennung von Kirche und Staat in den Vereinigten Staaten von Amerika zu den ersten Entscheidungen im Rahmen der Staatgründung. Dabei ging es den Vätern der Verfassung nicht wie den Europäern um eine Freiheit *von* der Religion, sondern um die Freiheit *für* die Religion im Sinne der individuellen Religionsfreiheit. Denn den neuen Kontinent haben vor allem die Menschen erschlossen und besiedelt, die in Europa wegen ihres Glaubens von andersgläubigen Herrschern verfolgt worden und deshalb über den Atlantik geflohen waren.

4 Das Disestablishment: Trennung auf amerikanisch

Die in den USA praktizierte Trennung von Kirche und Staat basiert auf dem ersten Zusatz zur Verfassung und hat folgenden Wortlaut: „Congress shall make no law respecting an establishment of religion, or prohibiting the free exercise thereof, or abridging the freedom of speech, or of the press; of the right of the people peaceably to assemble, and to petition the Government for a redress of grievances."

Einige Dinge fallen sofort auf: Erstens ist nur vom Kongress, nicht von der Exekutive und Judikative, geschweige denn von den Länderparlamenten die Rede (Massachusetts erhob noch bis 1833 eine Kirchensteuer). Zweitens wird diese Nichteinmischung der Legislative in religiöse Angelegenheiten von einer Reihe individueller, bürgerlicher Rechte abgestützt und eingekreist: Dem Recht auf freie Religionsausübung folgt das Recht auf freie Meinungsäußerung. Gerade diese Wahlverwandtschaft im Liberalismus kritisierte Carl Schmitt, als er von der „Religion der Redefreiheit" sprach. Dazu kommen Presse- und Versammlungsfreiheit und das Recht, bei ungerechter Behandlung vom „government" Gehör erwarten zu können. Letzteres erinnerte die Regierenden an ihre Dienstleistungsaufgabe. Der Gesamttenor läuft auf eine Stärkung individueller Freiheiten bis hin zum Dissens und auf eine Schwächung obrigkeitlicher Willkür hinaus. Letzteres urrevolutionäre Motiv spielt in der zeitgenössischen Diskussion der neuen christlichen Rechten eine erhebliche Rolle. Denn der Vorbehalt gegen jede zentrale Gewalt sitzt tief im populistischen Bewusstsein eines Volkes, das sich mittels einer Revolution von der „Tyrannei" der Monarchie und Staatskirche losgesagt hatte [...].

Hier ist auf eine Differenz zwischen der religiösen Praxis in Europa und den USA hinzuweisen, nämlich auf die wesentliche Unterscheidung zwischen staatlich gestützten etablierten Kirchen und freier, individueller Religiosität. Der Prediger Lyman Beecher, Vater von Harriet Beecher Stowe, hatte gefürchtet, dass die vom ersten Zusatz zur Verfassung vorgeschriebene Demontage einer etablierten Staatskirche den Untergang der Religion in Connecticut bedeuten werde. Er musste aber zu seiner eigenen Überraschung feststellen, dass der Wegfall der institutionellen Stützung der Kirchen das Beste gewesen war, was der amerikanischen Religiosität hatte passieren können. Denn durch das sogenannte Disestablishment der Kirchen und durch ihre Zurückstufung vom Rang einer staatstragenden Kirche zur bloßen Denomination wurden jene persönlichen religiösen Energien freigesetzt, die zu den populistischen Erweckungen im Laufe des 19. Jahrhunderts, zur Expansion der amerikanischen religiösen Landschaft und damit erst zur Schaffung eines protestant empire führten.

Berndt Ostendorf, 1999

7. Klären Sie die Begriffe „Legislative", „Judikative" und „Exekutive" und diskutieren Sie, welche Bedeutung nach Ostendorf diese sogenannte „Gewaltenteilung" für die Situation in den USA gehabt hat.
8. Erklären Sie den Zusammenhang von amerikanischer Revolution und dem „disestablishment" der Kirchen durch die Gründungsväter der USA.
9. Erörtern Sie, warum gerade die Demontage der anglikanischen Staatskirche in den USA zu einer großen religiösen Vitalität und zur Entstehung des „protestant empires" (Z. 61) in diesem Land geführt haben kann.

Der Streit um die EU-Verfassung – Ausdruck fortgeschrittener Säkularisierung

In der Diskussion um eine gemeinsame Verfassung für die Staaten der Europäischen Union wurde die Frage heftig diskutiert, ob in die Präambel des EU-Vertrages ein Gottesbezug aufgenommen werden soll. In den Verfassungstexten der Einzelstaaten ist ein solcher Bezug ja durchaus vorhanden, z. B. im Grundgesetz der Bundesrepublik Deutschland: „Im Bewusstsein seiner Verantwortung vor Gott und den Menschen [...] hat sich das Deutsche Volk ..." Es zeigte sich schließlich, dass die Erwähnung Gottes unter den europäischen Regierungen nicht mehr mehrheitsfähig war. Dagegen wendet sich im folgenden Text der katholische Theologe Johann Baptist Metz (* 1928).

5 Präambel des EU-Vetrages

[...] schöpfend aus dem kulturellen, religiösen und humanistischen Erbe Europas, aus dem sich die unverletzlichen und unveräußerlichen Rechte des Menschen sowie Freiheit, Demokratie, Gleichheit und Rechtsstaatlichkeit als universelle Werte entwickelt haben,

in der Überzeugung, dass ein nach schmerzlichen Erfahrungen nunmehr geeintes Europa auf
5 dem Weg der Zivilisation, des Fortschritts und des Wohlstands zum Wohl aller seiner Bewohner, auch der Schwächsten und der Ärmsten, weiter voranschreiten will, dass es ein Kontinent bleiben will, der offen ist für Kultur, Wissen und sozialen Fortschritt, dass es Demokratie und Transparenz als Grundlage seines öffentlichen Lebens stärken und auf Frieden, Gerechtigkeit und Solidarität in der Welt hinwirken will,

10 in der Gewissheit, dass die Völker Europas, stolz auf ihre nationale Identität und Geschichte, entschlossen sind, die alten Gegensätze zu überwinden und immer enger vereint ihr Schicksal gemeinsam zu gestalten, [...] sind nach Austausch ihrer in guter und gehöriger Form befundenen Vollmachten wie folgt übereingekommen [...]

6 Europa und sein religiöses Erbe

Freilich, im Blick auf den inzwischen verabschiedeten Verfassungsvertrag für die EU scheint es, als habe Europa überhaupt sein Gedächtnis verloren, als sei es zum Opfer jener
5 undialektisch fortschreitenden kulturellen Amnesie [= Gedächtnisverlust] geworden, die augenscheinlich viele Europäer ohnehin für den eigentlichen Fortschritt halten. Am Ende dieses „Fortschritts" stünde das biotechnische „Experi-
10 ment Mensch", das sich von keinem Gedächtniseinspruch mehr normativ begrenzen ließe. Im öffentlichen Streit um „Menschenbilder" und „Werte" betont das Christentum, dass der Mensch nicht nur sein eigenes Experiment, son-
15 dern auch – und fundamentaler – sein eigenes Gedächtnis ist. Und die Theologie reklamiert im zeitgenössischen Rationalitätsdiskurs die Unterscheidung zwischen technischer und anamnetischer [= erinnernder] Rationalität, um so gegen
20 eine sich abzeichnende totale Selbstreproduktion des Menschen im biotechnischen Experiment den Einspruch einer Gedächtnispolitik zu stützen, für die der Mensch mehr und anderes war und ist und bleibt als das letzte noch nicht völlig durchexperimentierte Stück Natur. Schließ- 25
lich kann sich ja auch die in diesem öffentlichen Streit heute vorherrschende Diskurspolitik nur dadurch gegen ihre Überwältigung durch eine sich immer mehr entgrenzende Biopolitik wehren, dass sie sich ihrerseits einer gedächtnis- 30
gespeisten Semantik zum Thema „Mensch" bedient.

In der Präambel des EU-Verfassungsvertrags geht es ja um das geistig-moralische Klima Europas, kurzum um das Ethos Europas. Das wird 35
dort ausschließlich mit so geschichtsfernen Allerweltsattributen wie „kulturell, religiös, humanistisch" beschrieben. Es gibt aber, wie gesagt, keine Bestimmung des europäischen Ethos ohne geschichtliches Eingedenken seiner Gene- 40
sis, ohne Vergewisserung und Benennung der geschichtlich-kulturellen Tiefenstrukturen Europas! Gewiss, Demokratie wurzelt im Konsens, das Ethos der Demokratie aber wurzelt vor allem im Gedächtnis. Das gibt einerseits Rechenschaft 45
davon, dass und wie die in der EU-Verfassung

abstrakt zitierten „Erbschaften" [Kultur, Religion, Humanismus] sich keineswegs isoliert entwickelt haben, sondern vielfach – in gegenseitiger Kritik und Inspiration – ineinander greifen und so das Ethos Europas prägen. Schließlich ist es nicht zufällig, dass der die Religionsfreiheit garantierende und schützende neutrale und in diesem Sinne säkulare Staat gerade in jenem geschichtlichen Kulturraum entstanden ist, der vom jüdisch-christlichen Erbe mitgeprägt ist. Im Blick auf das Verständnis und die Praxis von Religionsfreiheit sind nicht alle Religionen gleich! Die Aufmerksamkeit für diese Ungleichheit gehört m. E. zur Verantwortung für die politische Kultur Europas.

Deshalb sollte das „jüdisch-christliche Erbe", das in einem langen historischen Lernprozess für sich selbst diese Vollgestalt der Religionsfreiheit bejaht und (nicht ohne inneren Widerstand) entfaltet hat, ausdrücklich bei den „Erbschaften Europas" genannt werden – und zwar gerade im Interesse der Sicherung der vollen praktischen Religionsfreiheit und des darin wurzelnden Pluralismus. In diesem Sinne hatte ich im November 2003 in einem offenen Brief an den damaligen deutschen Außenminister den Vorschlag gemacht, man möge die für die Präambel der Verfassung vorgesehene schwache und unbestimmte Formulierung „schöpfend aus den kulturellen, religiösen und humanistischen Überlieferungen Europas" wenigstens durch eine geringfügige Präzisierung ergänzen: „Schöpfend aus den kulturellen, aus den religiösen, insbesondere jüdisch-christlichen, und aus den humanistischen Überlieferungen Europas". Dies war, wie mir der Außenminister versicherte, gegen den Widerstand aus Frankreich und Belgien im Verfassungskonvent nicht durchzusetzen.

Johann Baptist Metz, 2006

1. Erklären Sie die Problematik, die sich für den Theologen Johann Baptist Metz aus dem geplanten EU-Verfassungsvertrag ergibt.
2. Skizzieren Sie, welche Gefahren für die europäische Gesellschaft nach Ansicht von Metz aus einer „kulturellen Amnesie" (Z. 5 f.) entstehen.
3. Zeichnen Sie die Argumentation nach, mit der Metz für eine Änderung des Verfassungstextes plädiert.
4. Diskutieren Sie: Soll in den europäischen Verfassungsvertrag das religiöse Erbe und die christliche Tradition Europas deutlicher aufgenommen werden?

Wenden Sie Ihr Wissen an

- Legen Sie grafisch einen Zeitstrahl an, auf dem Sie die wichtigsten Stationen in der Geschichte des Staat-Kirchen-Verhältnisses von der Antike bis zur EU-Verfassung eintragen. Ergänzen Sie die Informationen aus diesem Teilkapitel durch weitere historische Stationen, die Sie in politischer, geschichtswissenschaftlicher und theologischer Literatur finden.

2. Kirche und Staat – religionspolitische Modelle

Was Sie erwartet

Die dargestellten historischen Entwicklungen in Europa und den USA haben schließlich unterschiedliche religionspolitische Systeme hervorgebracht: Während vor allem in Nordeuropa noch die Verbindung von Kirche und Staat im Sinne einer protestantischen „Staatskirche" existiert, hat sich in Frankreich und den USA die strikte Trennung von Kirche und Staat unter dem Begriff der „Laïcité" (= franz., aus dem Griechischen „laios" für „Volk", also Nicht-Priester) des Staates durchgesetzt. Die meisten europäischen Staaten lassen sich allerdings nicht einem dieser beiden Modelle zuordnen, weil sie den Mittelweg einer Kooperation von Kirche und Staat trotz offizieller Trennung gehen. Wie sich diese Kooperation in verschiedenen gesellschaftlichen Feldern konkret auswirkt, soll am Beispiel Deutschlands gezeigt werden.

Verfassungstexte zum Verhältnis von Religion und Staat

7

The Act of Supremacy (1534)

Albeit the King's Majesty justly and rightfully is and ought to be the supreme head of the Church of England, and so is recognized by the clergy of this realm in their convocations, yet nevertheless, for corroboration and confirmation thereof, and for increase of virtue in Christ's religion within this realm of England, and to repress and extirpate all errors, heresies, and other enormi-
5 ties and abuses heretofore used in the same, be it enacted, by authority of this present Parliament, that the king, our sovereign lord, his heirs and successors, kings of this realm, shall be taken, accepted, and reputed the only supreme head in earth of the Church of England, called Anglicans Ecclesia.

The Bill of Rights: First Amendement (1799)

Congress shall make no law respecting an establishment of religion, or prohibiting the free exercise thereof; or abridging the freedom of speech, or of the press; or the right of the people peaceably to assemble, and to petition the government for a redress of grievances.

Die Weimarer Reichsverfassung (1919)

Artikel 137:
Es besteht keine Staatskirche.
Die Freiheit der Vereinigung zu Religionsgesellschaften wird gewährleistet. Der Zusammenschluss von Religionsgesellschaften innerhalb des Reichsgebiets unterliegt keinen Beschrän-
5 kungen.
Jede Religionsgesellschaft ordnet und verwaltet ihre Angelegenheiten selbständig innerhalb der Schranken des für alle geltenden Gesetzes. Sie verleiht ihre Ämter ohne Mitwirkung des Staates oder der bürgerlichen Gemeinde.
Religionsgesellschaften erwerben die Rechtsfähigkeit nach den allgemeinen Vorschriften des
10 bürgerlichen Rechts.
Die Religionsgesellschaften bleiben Körperschaften des öffentlichen Rechtes, soweit sie solche bisher waren. Anderen Religionsgesellschaften sind auf ihren Antrag gleiche Rechte zu gewähren, wenn sie durch ihre Verfassung und die Zahl ihrer Mitglieder die Gewähr der Dauer bieten.

Schließen sich mehrere derartige öffentlich-rechtliche Religionsgesellschaften zu einem Verbande zusammen, so ist auch dieser Verband eine öffentlich-rechtliche Körperschaft.
Die Religionsgesellschaften, welche Körperschaften des öffentlichen Rechtes sind, sind berechtigt, auf Grund der bürgerlichen Steuerlisten nach Maßgabe der landesrechtlichen Bestimmungen Steuern zu erheben.
Den Religionsgesellschaften werden die Vereinigungen gleichgestellt, die sich die gemeinschaftliche Pflege einer Weltanschauung zur Aufgabe machen.
Soweit die Durchführung dieser Bestimmungen eine weitere Regelung erfordert, liegt diese der Landesgesetzgebung ob.
Artikel 138:
Die auf Gesetz, Vertrag oder besonderen Rechtstiteln beruhenden Staatsleistungen an die Religionsgesellschaften werden durch die Landesgesetzgebung abgelöst. Die Grundsätze hierfür stellt das Reich auf.
Das Eigentum und andere Rechte der Religionsgesellschaften und religiösen Vereine an ihren für Kultus-, Unterrichts- und Wohlfahrtszwecke bestimmten Anstalten, Stiftungen und sonstigen Vermögen werden gewährleistet.

Das Grundgesetz der Bundesrepublik Deutschland (1949)

Artikel 4:
(1) Die Freiheit des Glaubens, des Gewissens und die Freiheit des religiösen und weltanschaulichen Bekenntnisses sind unverletzlich.
(2) Die ungestörte Religionsausübung wird gewährleistet.
(3) Niemand darf gegen sein Gewissen zum Kriegsdienst mit der Waffe gezwungen werden. Das Nähere regelt ein Bundesgesetz.
Artikel 7:
(1) Das gesamte Schulwesen steht unter der Aufsicht des Staates.
(2) Die Erziehungsberechtigten haben das Recht, über die Teilnahme des Kindes am Religionsunterricht zu bestimmen.
(3) Der Religionsunterricht ist in den öffentlichen Schulen mit Ausnahme der bekenntnisfreien Schulen ordentliches Lehrfach. Unbeschadet des staatlichen Aufsichtsrechtes wird der Religionsunterricht in Übereinstimmung mit den Grundsätzen der Religionsgemeinschaften erteilt. Kein Lehrer darf gegen seinen Willen verpflichtet werden, Religionsunterricht zu erteilen.

1. Bestimmen Sie den Kontext der abgedruckten Texte und übersetzen Sie die englischsprachigen Quellen.
2. Zeigen Sie mithilfe der Quellen, welche unterschiedlichen Verhältnisbestimmungen von Kirche und Staat möglich sind.

Religionspolitische Modelle und ihre Anwendung

Um das Verhältnis von Staat und Kirche zu beschreiben, wird häufig der Begriff der „Laizität" verwendet. Doch der hat durchaus unterschiedliche Bedeutungen.

8 Zwischen Laizität und Staatskirchentum

Zur Idee der Laizität ist zunächst zu fragen, ob sie heute noch ein spezifisches französisches Modell ist. Wenn man den Begriff anderer europäischer Länder benutzen will, ist festzustellen, dass die europäische Laizitätspraxis von einer großen Verschiedenheit und mit sehr kontrastreichen historischen Traditionen verbunden ist. Die Franzosen sind nicht die einzigen im Europa der Fünfzehn, die die Wörter „Laizität" oder „laizistisch" in ihrem rechtlichen Vokabular benutzen und dabei verändern. Das Englische zum Beispiel scheint es zu verfälschen oder zu verarmen. In Deutschland machte man die Unterscheidung zwischen feindlichen (Frankreich aufgrund des Gesetzes von 1905) und freundlichen (USA) Trennungssystemen von Staat und Kirche. Auch in Italien wird der Begriff „laicità" gebraucht und meint dort wieder etwas anderes. Wenn man will, kann man von einer Pluralität der Laizitäten im Europa der 15 bisherigen und der zukünftigen Mitglieder sprechen: (a) Länder, in denen die Laizität ignoriert wird und ein aufrechterhaltenes konfessionelles System besteht: Dänemark, Finnland, das Vereinigte Königreich und Griechenland. (b) Länder, in denen die Laizität vorhanden ist, aber keine oder nur wenig Tradition hat: Deutschland, Österreich, Niederlande, Belgien und Luxemburg. (c) Schließlich Länder, in denen eine Neueinführung des Prinzips der Laizität mit einer starken katholischen Tradition konkurriert, wie Irland, Portugal, Spanien und Italien.

Richard Puza, 2003

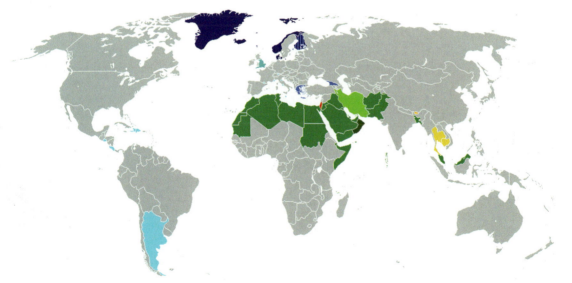

Länder mit Staatsreligionen: hellblau: katholisch; dunkelblau: evangelisch; mittelblau: orthodox; türkis: anglikanisch; dunkelgrün: islamisch-sunnitisch; hellgrün: islamisch-schiitisch; rot: jüdisch; gelb/orange: buddhistisch

1. Leiten Sie aus den verschiedenen, vom Verfasser eingeführten Erklärungen im Text eine übergeordnete Definition ab, mit der sich „Laizität" allgemein erklären lässt.
2. Klären Sie, was der Verfasser unter einem „konfessionellen System" (Z. 23) versteht.
3. Legen Sie eine Tabelle an, in die Sie die verschiedenen religionspolitischen Definitionen eintragen, die Puza für die einzelnen Länder aufstellt.

4. Stellen Sie dar, warum es in Frankreich zu einer „feindlichen", in den USA aber zu einer „freundlichen" Trennung von Kirche und Staat gekommen ist, und beurteilen Sie diese unterschiedlichen Entwicklungen.
5. Recherchieren Sie, wie sich gegenwärtig das Verhältnis zwischen Kirche und Staat in Frankreich gestaltet.

Durch Reformation und Konfessionalisierung haben die vielen deutschen Kleinstaaten ein besonderes Verhältnis von Kirche und Staat entwickelt, das bis heute seine Gültigkeit im Kern bewahrt hat.

Kooperation von Kirche und Staat: der deutsche Weg

In Unterscheidung [zu Staatskirchentümern und laizistischen Staaten] kann das Staat-Kirche-Verhältnis in Deutschland als „verfassungs- und vertragsrechtlich begründetes freiheitliches
5 Kooperationssystem" bezeichnet werden. Das trifft besser zu als die Formel von der „hinkenden Trennung von Staat und Kirche". Das kooperative Modell der Religionsfreiheit und Kirchenfreiheit ist verfassungsrechtlich doppelt
10 verbürgt: einmal durch die Religionsfreiheit des Artikel 4 Grundgesetz (GG) und zum anderen durch das Selbstbestimmungsrecht der Kirchen nach Artikel 137 Abs. 3 Weimarer Reichsverfassung (WRV), der sich in Artikel 140 GG wiederfindet.
15 Auf der Grundlage einer organisatorischen Trennung der Bereiche von Staat und Kirche, der religiös-weltanschaulichen Neutralität des Staates sowie durch die Anerkennung des öffentlich-rechtlichen Status der Kirchen besteht ein Geflecht vielfältiger Formen von staatlicher Förderung der Kirche und einer staatlich- 20 kirchlichen Kooperation. [...]. Sie vollziehen sich im Rahmen vertraglicher, gesetzlicher und verwaltungsbezogener Vorschriften und nötigen zur Rechenschaftspflicht im Umgang mit öffentlichen Geldern sowie unter der Rücksicht, 25 im Sinne des Subsidiaritätsprinzips öffentlich bedeutsame Aufgaben wahrzunehmen.

Valentin Doering, 1999

6. Erklären Sie, warum es für den Verfasser sinnvoll erscheint, das Staat-Kirche-Verhältnis in Deutschland als „verfassungs- und vertragsrechtlich begründetes freiheitliches Kooperationssystem" (Z. 3 ff.) zu bezeichnen.
7. Beschreiben Sie, was Doering unter dem „Subsidiaritätsprinzip" versteht und welche „öffentlich bedeutsame(n) Aufgaben" (Z. 27 f.) die Religionsgemeinschaften im Rahmen eines solchen übernehmen können.
8. Recherchieren Sie, welche vielfältigen Formen „von staatlicher Förderung der Kirche" (Z. 20 f.) und staatlich-kirchlicher Kooperation es in Deutschland gibt, und listen Sie diese auf: Welchen Part übernimmt in einer solchen Kooperation jeweils der Staat, welchen die Kirchen?

Wenden Sie Ihr Wissen an

■ Fassen Sie zusammen, wie das Verhältnis von Religion und Staat für die in Deutschland lebenden Juden und Muslime gestaltet ist. Diskutieren Sie anschließend, wie sich das rasche Wachsen des Islams in Deutschland auf das Staat-Religion-Verhältnis in unserem Land auswirken kann.

3. Kirche und Kultur – Christentum in Geschichte und Gegenwart

Was Sie erwartet

Unabhängig von der Frage, welche Rolle Religionen und Konfessionen in unserer heutigen Gesellschaft spielen können und spielen sollen, hat das Christentum unsere Kultur in den verschiedensten Bereichen nachhaltig geprägt. Raum, Zeit und Ökonomie sind nur drei Bereiche menschlicher Weltgestaltung, in denen immer noch wirksame Strukturen christlicher Herkunft und Tradition zu finden sind. So haben z. B. die Klostergründungen des Zisterzienserordens maßgeblich zur Besiedlung und Zivilisation weiter Teile Europas (England, Skandinavien, Polen, Russland, etc.) während des Hochmittelalters beigetragen. Der an den Feiern und Gedenktagen des Kirchenjahres ausgerichtete christliche Kalender (Weihnachten, Ostern Pfingsten, Allerheiligen, etc.) bestimmt bis heute unser Zeitempfinden und unsere Zeitgestaltung. Und selbst in einer vermeintlich religionsfernen gesellschaftlichen Praxis wie der Wirtschaft lassen sich in aktuellen normativen Modellen wie der Sozialen Marktwirtschaft (Verantwortung des Kapitals, gerechter Lohn, betriebliche Mitbestimmung von Arbeitnehmern, etc.) deutliche Spuren der christlichen Ethik wiederfinden.

Thomas Plaßmann, 2000

1. Beschreiben Sie die Karikatur mithilfe von Methode 10 (s. S. 386).
2. Diskutieren Sie, was der Zeichner in dieser Szene zum Ausdruck bringen will.
3. Suchen Sie Beispiele aus ihrer eigenen Erfahrungswelt, an denen die „Kulturvergessenheit" unserer Gesellschaft zum Ausdruck kommt.

Die Ordnung des Raums – die Leistung der Orden

Der Orden der Zisterzienser wurde 1098 von Robert von Molesme gegründet, der die reiche und einflussreiche Benediktinerabtei von Cluny verlies, um in der Einöde von Citeaux (von lat. Cistercium = Zisterne) in Burgund mit einer handvoll Mitstreiter nach den Idealen des Evangeliums in Armut und Gebet zu leben. Durch den Eintritt charismatischer Männer wie Stephan Harding (1109) und Bernhard von Clairvaux (1113) wuchs der Orden rasch an. Trotzdem versuchten die Mönche, in kleinen Klöstern autark zu leben. So wurde eine Ordenssatzung nach der Benediktiner-Regel festgelegt („Charta Caritatis"), welche die einheitliche Verbreitung neuer Klöster ermöglichte. Diese neugegründeten „Tochterklöster" bildeten mit dem Mutterkloster einen Verband (Filiation), in dem der Abt des Mutterklosters über die Befolgung von Regel und Statuten aller „Töchter" zu wachen hatte.

11 Der Beitrag der Zisterzienser zur Besiedlung Europas

Die erste Ausbreitungsphase

Unter Stephan Harding befolgte der Orden gewissenhaft die Vorschriften der *Charta Caritatis*. Um den großen Mitgliederzuwachs zu bewältigen, entstanden Tochterklöster mit enger Bindung an das Mutterkloster. Die vier ersten Tochterklöster von Cîteaux entstanden zwischen 1113 und 1115. Diese Primarabteien, La Ferté, Pontigny, Morimond und Clairvaux, hatten den Auftrag, den Orden durch neue Niederlassungen zu verbreiten. Innerhalb der fünfzehn Jahre zwischen 1115 und 1130 bewilligte der Vaterabt von Cîteaux jedoch nur etwa dreißig Gründungen.

Nach 1130 war die Bewegung nicht mehr aufzuhalten, und die Primarabteien Clairvaux und Morimond gründeten innerhalb von drei Jahren vierzig weitere Tochterklöster. Diese rasche Ausbreitung mit über zehn neuen Niederlassungen pro Jahr setzte sich während der nächsten zwanzig Jahre fort. Der von Bernhard von Clairvaux und Gautier von Morimond, dem ehemaligen Prior von Clairvaux, ausgehende Wachstumsimpuls wurde von dem zum Vaterabt gewählten Raynard, einem ehemaligen Mönch von Clairvaux, unterstützt. Im Jahr 1150 umfasste der Orden 322 Klöster und die zu diesem Zeitpunkt geknüpften Kontakte ließen die Anzahl in Bernhards Todesjahr 1153 auf 351 ansteigen.

Die zweite Ausbreitungsphase und die Verdoppelung der Niederlassungen

Krank und nach dem Scheitern des zweiten Kreuzzugs innerlich zerstört, nahm Bernhard von Clairvaux im Jahr 1152 nicht am Generalkapitel teil. Ein neuer Abt, Gossuin, übernahm den Vorsitz. [...] Das Kapitel kritisierte die kürzliche Angliederung ganzer Benediktinerkongregationen und sogar sogenannter Reformorden, wie des Ordens von Savigny, der sich Clairvaux 1147 mit 29 seiner Klöster anschloss, und beschloss, die Anzahl der Neugründungen zu beschränken. Aber man ließ damit außer Acht, dass überall in Europa vom Papst, von den Bischöfen, den Königen und Fürsten großer Bedarf angemeldet war. Also wuchs der Orden weiter [...].

Ende des 13. Jahrhunderts umfasste der Orden um die 700 Klöster, womit der Höchststand erreicht war. Denn anschließend kam es längst nicht mehr zu so vielen Neugründungen: um die 40 bis zum Jahr 1500 und weitere 15 bis 1789, die aber nicht ausreichten, die im Laufe der Geschichte zerstörten oder aufgelösten Abteien zu ersetzen. Der Orden gründete insgesamt 754 Männerklöster, von denen aber nur 400 beim Ausbruch der Französischen Revolution noch aktiv waren.

Die Ausbreitung des Ordens innerhalb und außerhalb Europas

Der Orden hatte sich über alle christlichen Länder Europas und sogar bis in den Mittleren Osten ausgebreitet, wohin die Zisterzienser den Templern gefolgt waren.

Dabei blieb Frankreich mit einem dichten Netz von Klosterniederlassungen in den Provinzen Burgund und Champagne zunächst das von den Zisterziensern bevorzugte Land.

Obwohl 1153, im Todesjahr Bernhards von Clairvaux, sich über die Hälfte der Ordensniederlassungen auf französischem Boden befand, beherbergte Frankreich später nur noch ein Drittel aller Abteien. Seit 1180 folgte der Orden dem Aufruf zur „Besiedlung" der Gebiete an den Grenzen des christlichen Europas, so dass es in

75 Polen, Böhmen und auf der von den Mauren im Zuge der Reconquista zurückeroberten iberischen Halbinsel, neben den Prämonstratenser-Niederlassungen, verstärkt zu Neugründungen kam.
80 Damit hatten sich die Zisterzienser in ganz Europa etabliert, und Cîteaux konnte 510 Niederlassungen außerhalb Frankreichs vorweisen. In vier Ländern waren sie besonders zahlreich vertreten: England (65 Niederlassungen), Italien (98 Niederlassungen), Spanien (57 Niederlas- 85 sungen) und Deutschland (71 Niederlassungen), wo Morimond durch den Einsatz seiner vier sehr aktiven und produktiven Tochterklöster Kamp, Altenberg, Lucelle und Ebrach besonders erfolgreich war. Diese Abteien waren die Aus- 90 gangspunkte für den Vorstoß nach Osten.

J.-F. Leroux-Dhuys, 1998

Alle Zisterzienergründungen lassen sich auf die vier Primarabteien zurückführen. Die abgebildete Karte zeigt die Gründungen der Abtei Morimond.

12 Das Netz der Zisterziensergründungen

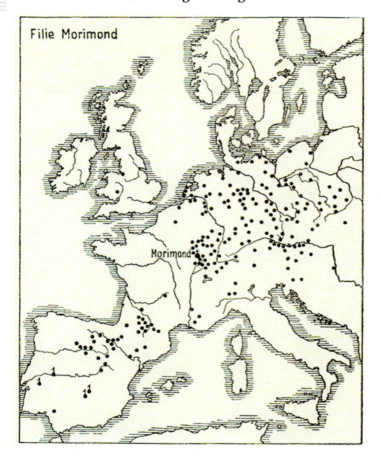

1. Informieren Sie sich über die Hintergründe von Text 11, indem Sie Informationen über die Benediktinische Regel, Cluny und Bernhard von Clairvaux zusammentragen (s. Methode 1, S. 378).
2. Stellen Sie zusammen, was die Zisterzienser von den Benediktinern unterscheidet und warum sich gerade bei den Zisterziensern eine so große Dynamik der Klostergründung entwickeln konnte.
3. Recherchieren Sie, welches Zisterzienserkloster sich in Ihrer Nähe befindet und welche Klöster von diesem aus gegründet worden sind.

13 Welches Kloster hat eine solche Geschichte?

4. Dieses Zisterzienserkloster hat Geschichte geschrieben in Deutschland. Finden Sie heraus, wie es heißt, wo es liegt und zu welcher Klosterfamilie es gehört. Skizzieren Sie dann die Geschichte dieses Ortes.

Die Ordnung der Zeit – der christliche Kalender

Unsere heute noch gültige Zeitrechnung hat ihre Wurzeln im christlichen Kalender: Dies gilt nicht nur für die Jahreszählung, sondern auch für die Gliederung der Woche wie auch für viele unserer Fest- und Feiertage.

14 Der Beginn der christlichen Zeitrechnung

Als sich das Christentum in der jüdischen, römischen und außerrömischen Welt ausbreitete, stieß es auf andere Zeit- und Zählsysteme. Sie waren, wie alle kalendarischen Ordnungen, aus natürlichen und historischen Elementen zusammengesetzt. Die zyklischen Zeitordnungen lehnten sich an die Bewegungen von Sonne und Mond an (Tag, Monat, Jahr) oder entstanden durch religiöse und soziale Vereinbarung (Woche). Daneben entwickelten sich *lineare* Zeitordnungen, die längere Abläufe (Ären, Perioden) umfassten und aus denen im Lauf der Zeit die Vorstellung einer unumkehrbaren Geschehensfolge (Geschichte) erwuchs. Das Christentum drang in beide Zeitsysteme – die in den alten Kalendern eng verwoben waren – ein und veränderte sie; es nahm jedoch auch wichtige Elemente aus ihnen in die eigene Geschichte mit. So sind bis heute im christlichen Kalender natürliche und geschichtliche Ordnung ineinander verschränkt – und das Kirchenjahr bringt religiöse Gedenktage und Naturzeiten miteinander in Verbindung.

Der junge Trieb christlicher Zeitauffassung entfaltete sich zunächst am Spalier der jüdischen Jahresordnung. Christen wie Juden gliederten die Monate nach dem auch in älteren vorderorientalischen Kulturen bezeugten Siebentagezyklus. *Ein* Tag in der Woche galt als Fest- und Ruhetag. Die jüdische Woche war nicht nur in judenchristlichen Gemeinden in Übung, sie fand auch Eingang in die heidenchristlichen Gemeinden Griechenlands und Kleinasiens. Von hier drang sie im Lauf der Zeit nach ganz Europa vor. Es ist erstaunlich, dass gerade eine nichtnaturhafte, auf Konvention beruhende Zeitspanne, die Woche [Siebenergliederung], ein so beständiges Element des abendländischen Kalenders darstellt – sie ist bis in die Neuzeit hinein nicht grundsätzlich angefochten worden. Erst die Französische und später die Russische Revolution experimentierten mit Dekadengliederungen [Zehnergliederung] des Monats – freilich ohne dauerhaften Erfolg, da die „Ruhe am siebten Tag" inzwischen zum Standard des Arbeitslebens in der zivilisierten Welt gehörte.

In der christlichen Woche jüdischer Herkunft lebte freilich auch heidnisches Traditionsgut weiter. Denn diese Woche war im 2. und 3. Jahrhundert durch die griechisch-römische Planetenwoche hindurchgegangen und hatte deren Tagesbezeichnungen übernommen. Die Römer hatten die Tage der Woche nach den fünf mit freiem Auge sichtbaren Planten (Saturn, Jupiter, Mars, Venus, Merkur) sowie nach Sonne und Mond benannt. Den sieben Tagen entsprachen sieben Gottheiten. (Später wurden in der germanischen Welt römische Götter zum Teil durch germanische ersetzt: Donar und Freya gaben dem Donnerstag und Freitag die Namen.) Auch die Monatsnamen des europäischen Kalenders sind von den Römern geprägt worden: Römische Bezeichnungen verdrängten die älteren babylonischen und hebräischen Monatsnamen. In der Zeit der ersten Cäsaren wurden der römischen Monatsreihe die letzten bis heute gültigen Namen eingesetzt, Juli und August – an Caesar und an Octavian Augustus erinnernd. Und endlich gab es seit der auf Julius Cäsar zurückgehenden Kalenderreform (45 v. Chr.) ein *Julianisches Jahr,* das die Grundlage aller modernen Chronologien bildete, ein Sonnenjahr mit 365 ¼ Tagen (alle vier Jahre einen Schalttag), in zwölf Monate gegliedert, mit einer siebentägigen Woche und dem Jahresbeginn am 1. Januar.

Innerhalb der von der jüdischen Woche und vom römischen Monat und Jahr geprägten Zeitverläufe wurde der *Sonntag* zum neuen Zentrum des christlichen Kalenders: der erste Tag nach dem Sabbat, anfangs (vor allem in Jerusalem) noch mit diesem verbunden, später verselbständigt und immer mehr in Konkurrenz zur jüdischen Festordnung tretend. Über seine Ursprünge und sein Alter gibt es verschiedene Theorien; so viel scheint aber festzustehen, dass die Sonntagsfeier im Ostergeschehen verankert war; jedenfalls nahmen die Gemeinden auf die Erscheinungen Jesu am ersten Tag nach dem

RELIGION – *in Staat und Gesellschaft* **363**

Sabbat Bezug. Die frühen Christen nannten diese Versammlung mit Verkündigung und Eucharistie *Herrentag* – ein Begriff, in dem das Gedenken an Tod, Auferstehung und Wiederkunft Christi enthalten war. Entscheidend war die regelmäßige Wiederholung dieses Gedenktags – heutige Liturgiker sprechen vom „Wochenpascha" –, seine Einbeziehung in den Jahresrhythmus, in die stetig wiederkehrenden Versammlungen der jungen Christengemeinden. Der Tag der Verherrlichung Jesu sollte regelmäßig begangen und immer wieder vergegenwärtigt werden. Vergegenwärtigung war das Grundprinzip der älteren Liturgie – die Kirche feierte ja nicht ein historisches Ereignis, sondern der Auferstandene war in ihr ganz unhistorisch gegenwärtig, wenn sie sich in seinem Namen versammelte. Wie es der altchristliche, nach dem Zweiten Vatikanum erneuerte Gebetsruf ausdrückt: „Deinen Tod, o Herr, verkünden wir, und deine Auferstehung preisen wir, bis du kommst in Herrlichkeit."

Mit der konstantinischen Befreiung der Kirche veränderten sich die Akzente. Auf der einen Seite wurde der Sonntag nun als Fest- und Ruhetag offiziell im Kalender verankert (321) und verdrängte den römischen Saturntag und den jüdischen Sabbat vom Wochenanfang; unter Christen entwickelte sich, von Provinzialsynoden ausgehend, allmählich eine Sonntagsmesspflicht. Auf der anderen Seite rückte jetzt das *jährliche* Osterfest – in Ost und West unterschiedlich ausgestaltet und nicht selten zu verschiedenen Zeiten gefeiert – in den Vordergrund: Es erhielt seine zentrale Stellung im Kirchenjahr und zugleich eine Zuordnung zum Naturkalender. Das Konzil von Nikaia (325) traf bezüglich des Osterfestes zwei wichtige Entscheidungen: Einmal bestätigte es den römischen Brauch, Ostern an einem Sonntag zu feiern; sodann legte es den Termin auf den ersten Sonntag nach dem Frühlingsvollmond fest. Damit waren die Eckpunkte des kirchlichen Kalenders gegeben: die jüdische Woche – freilich mit dem Sonntag, nicht mehr dem Sabbat im Mittelpunkt; das auf dem Sonnenkalender beruhende römische Jahr [...]; endlich – auf dem Umweg über das jüdische Pessach – der mondabhängige Ostertermin, von dem her dann andere bewegliche Feste des Kirchenjahres (Aschermittwoch, Palmsonntag, Christi Himmelfahrt, Pfingstsonntag) bestimmt wurden; hinzu kamen die erinnernden Heiligenfeste mit festen Terminen, die im Lauf der Zeit alle Regionen der Christenheit einbezogen und den ganzen Jahreskreis ausfüllten.

Erwartung, Gedenken, Vergegenwärtigung – in solchen Horizonten konstituierten sich Kirchenfest und Kirchenjahr.

Hans Maier, 2008

1. Legen Sie eine Tabelle an, in der Sie die jüdischen, römischen und christlichen Elemente unserer bis heute gültigen Zeitrechnung gegenüberstellen.
2. Diskutieren Sie, ob es angesichts dieser verschiedenen Faktoren überhaupt angemessen ist, von einem „christlichen" Kalender zu sprechen.
3. Erklären Sie, warum Christen vom Sonntag als „Herrentag" sprechen und was Sie damit zum Ausdruck bringen wollen. Ziehen Sie dazu auch Informationen aus dem Jesus-Kapitel dieses Buchs hinzu.

Die Ordnung der Wirtschaft – die katholische Soziallehre

„Rerum novarum" ist die erste Enzyklika gewesen, die ein Papst ausschließlich der sozialen Frage gewidmet hat. Mit ihr wurde eine Tradition begründet, die bis zu Papst Benedikt XVI. fortgeschrieben worden ist. Leo XIII. versuchte im 19. Jahrhundert mit diesem Lehrschreiben eine Antwort aus katholischer Perspektive auf die mit der Industrialisierung verbundenen sozialen Probleme zu geben. Zusammen mit dem Kölner Gesellenvater Adolph Kolping (1813–1865) und dem Mainzer Bischof Wilhelm Emanuel von Ketteler (1811–1877) gilt Leo XIII. damit als Begründer der katholischen Soziallehre.

15 Die Enzyklika „Rerum novarum"

35. Gewinnt der Arbeiter einen genügenden Lohn, um sich mit Frau und Kind anständig zu erhalten, ist er zugleich weise auf Sparsamkeit bedacht, so wird er es, wozu die Natur selbst anzuleiten scheint, auch dahin bringen, dass er einen Sparpfennig zurücklegen und zu einer kleinen Habe gelangen kann. Will man zu irgendeiner wirksamen Lösung der sozialen Frage gelangen, so ist unter allen Umständen davon auszugehen, dass das Recht auf persönlichen Besitz unbedingt hochgehalten werden muss. Der Staat muss dieses Recht in seiner Gesetzgebung begünstigen und nach Kräften dahin wirken, dass möglichst viele aus den Staatsangehörigen eine eigene Habe zu erwerben trachten. Ein solcher Zustand würde von beträchtlichen Vorteilen begleitet sein. Dahin gehört zuerst eine der Billigkeit mehr entsprechende Verteilung der irdischen Güter. Es ist eine Folge der Umgestaltung der bürgerlichen Verhältnisse, dass die Bevölkerung der Städte sich in zwei Klassen geschieden sieht, die eine ungeheure Kluft voneinander trennt. Auf der einen Seite eine überreiche Partei, welche Industrie und Markt völlig beherrscht, und weil sie Träger aller Unternehmungen, Nerv aller gewinnbringenden Tätigkeit ist, nicht bloß sich pekuniär immer stärker bereichert, sondern auch in staatlichen Dingen zu einer einflussreichen Beteiligung mehr und mehr gelangt. Auf der anderen Seite jene Menge, die der Güter dieses Lebens entbehren muss und die mit Erbitterung erfüllt und zu Unruhen geneigt ist. Wenn nun diesen niederen Klassen Antrieb gegeben wird, bei Fleiß und Anstrengung zu einem kleinen Grundbesitze zu gelangen, so müsste allmählich eine Annäherung der Lage beider Stände stattfinden; es würden die Gegensätze von äußerster Armut und aufgehäuftem Reichtum mehr und mehr verschwinden. Es würde dabei zugleich der Reichtum der Bodenerzeugnisse ohne Zweifel gewinnen. Denn bei dem Bewusstsein, auf Eigentum zu arbeiten, arbeitet man ohne Zweifel mit größerer Betriebsamkeit und Hingabe; man schätzt den Boden in demselben Maße, als man ihm Mühe opfert; man gewinnt ihn lieb, wenn man in ihm die versprechende Quelle eines kleinen Wohlstandes für sich und die Familie erblickt. Es liegt also auf der Hand, wie viel der Ertrag, wie viel der Gesamtwohlstand des Volkes gewinnen würde. Als dritter Vorteil ist zu nennen die Stärkung des Heimatgefühles, der Liebe zum Boden, welcher die Stätte des elterlichen Hauses, der Ort der Geburt und Erziehung gewesen. Sicher würden viele Auswanderer, die jetzt in der Ferne eine andere Heimat suchen, die bleibende Ansässigkeit zu Hause vorziehen, wenn die Heimat ihnen

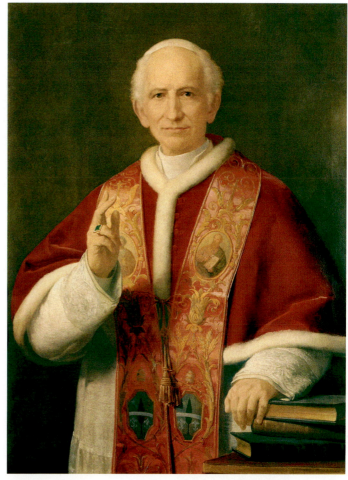

Papst Leo XIII.

RELIGION – *in Staat und Gesellschaft* **365**

eine erträgliche materielle Existenz darböte.
Obige Vorteile werden jedoch offenbar dann nicht gewonnen, wenn der Staat seinen Angehörigen so hohe Steuern auferlegt, dass dadurch das Privateigentum aufgezehrt wird. Denn da das Recht auf Privatbesitz nicht durch ein menschliches Gesetz, sondern durch die Natur gegeben ist, kann es der Staat nicht aufheben, sondern nur seine Handhabung regeln und mit dem allgemeinen Wohl in Einklang bringen. Es ist also gegen Recht und Billigkeit, wenn der Staat vom Vermögen der Untertanen einen übergroßen Anteil als Steuer entzieht.

Leo XIII., 1891

1. Zeigen Sie, welche Fehlentwicklungen der Marktwirtschaft Papst Leo XIII. in seiner Zeit identifiziert und kritisiert.
2. Diskutieren Sie, in welchem Maße sich die gesellschaftlichen Verhältnisse in unserer Zeit verändert haben.
3. Stellen Sie dar, welche beiden Prinzipien der sozialen Marktwirtschaft Papst Leo XIII. in diesem Abschnitt als Grundpfeiler einer gerechten Wirtschaftsordnung skizziert.

Die Ordnung der Gesellschaft – Liebe in der Wahrheit

Papst Benedikt XVI. hat im Juni 2009 eine Sozialenzyklika veröffentlicht, in der er an die großen Enzykliken zur sozialen Frage seiner Vorgänger anknüpft.
Vor dem Hintergrund der Weltwirtschaftskrise und dem drohenden Zusammenbruch des globalen Bankensystems im Herbst 2008 mahnt Benedikt die Rückbesinnung auf die Grundprinzipien der Katholischen Soziallehre an und entwirft die Vision der gerechten Gesellschaft, der „universellen Stadt Gottes".

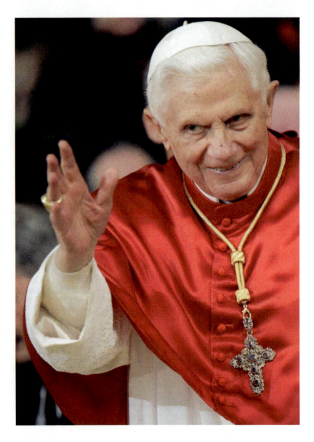

Benedikt XVI.

16 Der Wert des Gemeinwohls

7. Ferner muss besonderer Wert auf das Gemeinwohl gelegt werden. Jemanden lieben heißt sein Wohl im Auge haben und sich wirkungsvoll dafür einsetzen. Neben dem individuellen Wohl gibt es eines, das an das Leben der Menschen in Gesellschaft gebunden ist: das Gemeinwohl. Es ist das Wohl jenes „Wir alle", das aus Einzelnen, Familien und kleineren Gruppen gebildet wird, die sich zu einer sozialen Gemeinschaft zusammenschließen. Es ist nicht ein für sich selbst gesuchtes Wohl, sondern für die Menschen, die zu der sozialen Gemeinschaft gehören und nur in ihr wirklich und wirkungsvoller ihr Wohl erlangen können. Das *Gemeinwohl* wünschen und sich dafür verwenden *ist ein Erfordernis von Gerechtigkeit und Liebe*. Sich für das Gemeinwohl einzusetzen bedeutet, die Gesamtheit der Institutionen, die das soziale Leben rechtlich, zivil, politisch und kulturell strukturieren, einerseits zu schützen und andererseits sich ihrer zu bedienen, so dass auf diese Weise die *Polis*, die Stadt, Gestalt gewinnt. Man liebt den Nächsten umso wirkungsvoller, je mehr man sich für ein gemeinsames Gut einsetzt, das auch seinen realen Bedürfnissen entspricht. Jeder Christ ist zu dieser Nächstenliebe aufgerufen, in der Weise seiner Berufung und entsprechend seinen Einflussmöglichkeiten in der *Polis*. Das ist der institutionelle – wir können auch sagen: politische – Weg der Nächstenliebe, der nicht weniger tauglich und wirksam ist als die Liebe, die dem Nächsten unmittelbar, außerhalb der institutionellen Vermittlungen der *Polis* entgegenkommt. Wenn der Einsatz für das Gemeinwohl von der Liebe beseelt ist, hat er eine höhere Wertigkeit als der nur weltliche, politische. Wie jeder Einsatz für die Gerechtigkeit gehört er zu jenem Zeugnis der göttlichen Liebe, das, während es in der Zeit wirkt, die Ewigkeit vorbereitet. Wenn das Handeln des Menschen auf Erden von der Liebe inspiriert und unterstützt wird, trägt es zum Aufbau jener universellen *Stadt Gottes* bei, auf die sich die Geschichte der Menschheitsfamilie zubewegt. In einer Gesellschaft auf dem Weg zur Globalisierung müssen das Gemeinwohl und der Einsatz dafür unweigerlich die Dimensionen der gesamten Menschheitsfamilie, also der Gemeinschaft der Völker und der Nationen, annehmen, so dass sie der *Stadt des Menschen* die Gestalt der Einheit und des Friedens verleihen und sie gewissermaßen zu einer vorausdeutenden Antizipation der grenzenlosen Stadt Gottes machen.

Benedikt XVI., 2009

1. Fassen Sie zusammen, was Papst Benedikt XVI. unter dem Begriff „Gemeinwohl" versteht.
2. Erläutern Sie, worin der Unterschied zwischen dem „individuellen" und dem „institutionellen" Weg der Nächstenliebe besteht.
3. Setzen Sie die katholische Lehre vom „Gemeinwohl" in Beziehung zur politischen Lehre von der „sozialen Marktwirtschaft" und arbeiten Sie Übereinstimmungen und Unterschiede heraus.
4. „In einer Gesellschaft auf dem Weg zur Globalisierung müssen das Gemeinwohl und der Einsatz dafür unweigerlich die Dimensionen der gesamten Menschheitsfamilie […], annehmen." (Z. 44 ff.) – Diskutieren Sie, welche Schwierigkeiten und Problemstellungen sich bei der Umsetzung dieses Anliegens in einer globalen Weltgesellschaft ergeben, und entwerfen Sie Lösungsvorschläge.

Wenden Sie Ihr Wissen an

- Untersuchen Sie, wie die Ordnung der Zeit und die Ordnung der Gesellschaft im Judentum und im Islam organisiert sind: Sammeln Sie Informationen zu diesen beiden Themenkreisen und entwickeln Sie zwei Poster, auf denen Sie zum einen Kalender der drei Religionen, zum anderen einen Regelkatalog für die Wirtschaft in den drei Religionen festhalten.

Anhang

Begriffserläuterungen

Adoption/adoptianisch/Adoptianismus:
Der König gilt im Alten Orient, auch in Israel (1 Sam 8-10) als Mittler, Repräsentant, Stellvertreter Gottes auf Erden. Entweder wird er als Sohn Gottes gezeugt und geboren (physisch) oder zum Sohn Gottes erwählt (adoptiv). Vor allem durch die Inthronisation wird der König einerseits zum Verwalter der Gerechtigkeit (innenpolitisch), andererseits zum Sieger über die Feinde, auch die kosmischen Mächte (außenpolitisch). Die Verleihung von Herrschaftsinsignien, Salbung und Taufe, auch die Namensverleihung spielen dabei eine Rolle: Der König wird zum Sohn Gottes proklamiert und nimmt auf dem göttlichen Thron Platz. Israel hat im Wesentlichen die altorientalischen Vorstellungen und Gebräuche übernommen (vgl. 2 Sam 7,14; Ps 2,7; 110,3); im Neuen Testament überlagern sich ursprünglich differenzierte Aspekte. In den Erzählungen über die Taufe Jesu begegnen uns sowohl eine an die adoptianische Königsideologie angelehnte (Mk 1,11) als auch die physische (Mt 3,17: vorausgesetzte Geistzeugung und Jungfrauengeburt) Vorstellung der Gottessohnschaft. In den Zusammenhang der Königsideologie gehören auch die Messiaserwartung (idealer König der Endzeit), die Kopplung an die Davidsdynastie („Sohn Davids") und der Gerichtsgedanke (Sohn/König als irdischer und endzeitlicher Richter).

Der spätere Adoptianismus stellt eine Überbetonung des Menschseins Jesu und damit des Auserwählungsgedankens dar (sowohl auf die Taufe als auch auf die Jungfrauengeburt bezogen) und wurde auf dem Konzil von Nizäa als Irrlehre abgelehnt (vgl. Trinität).

Analogie/analog:
Analogie (griech. analogon = in gleichem Verhältnis) bezeichnet ganz allgemein die Vergleichbarkeit von Strukturen und Verhältnissen. Im Kontext von Philosophie und Theologie stellt sich das Problem, wie der Mensch (das endliche Geschöpf) von Gott (dem unendlichen Schöpfer) sprechen und denken kann.

In der Analogielehre geht es um drei Wege („viae") des hinweisenden Sprechens von Gott im Blick auf die Schöpfung:
1. Die „via affirmativa" (Weg der Bejahung) steht für positive Aussagen auf Gott hin.
2. Die „via negativa" (Weg der Verneinung) bestreitet alle Endlichkeit in Gott.
3. Die „via eminentiae" (Weg der Überbietung) hält fest, dass selbst Aussagen, die im Superlativ gefasst sind, immer noch nicht Gott erreichen, sondern lediglich auf ihn hinweisen.

Nach kirchlicher Auffassung schließt jede Aussage über eine Ähnlichkeit zwischen Gott und Mensch eine noch größere Unähnlichkeit ein. Diese Einsicht steht wie ein Vorzeichen vor einer mathematischen Klammer als Vorzeichen vor jeder theologischen Aussage.

Anthropologie:
Anthropologie (griech. ánthropos = Mensch) meint „die Wissenschaft vom Menschen". Der Begriff geht auf den Leipziger Philosophen, Arzt und Theologen Magnus Hundt (1449–1519) zurück. Gegenüber einer naturalistischen Betrachtung des Menschen, die diesen als ein rein natürliches (biologisches) Wesen auffasst, stehen verschiedene nicht-naturalistische Ansätze. Demnach unterscheidet sich der Mensch von anderen Organismen qualitativ durch seine Geist- und Vernunftbegabung, durch seine Personalität, d. h. durch die relative Entscheidungsfreiheit und die Möglichkeit zur Selbstbestimmung. Die theologische Anthropologie als Teilbereich der Systematischen Theologie deutet den Menschen aus christlich-theologischer Sicht. Dabei beschäftigt sie sich besonders mit dem Wesen des Menschen und der Bestimmung des Menschen vor Gott. Die theologische Anthropologie geht davon aus, dass die Bücher der Bibel eine Tradition des Nachdenkens über Gott und den Menschen widerspiegeln. Sie versucht deshalb aus diesen allgemeingültige Aussagen und Folgerungen zu ziehen. Ein Bereich ist die Deutung der alttestamentlichen Begriffe Leib, Seele, Geist und Person.

Apokalyptik:
Apokalyptik (griech. = Enthüllung, Offenbarung) ist ein Begriff, der von Apokalypse (siehe auch das biblische Buch „Offenbarung des Johannes") abgeleitet ist und sich auf Weltuntergangsstimmungen, im christlichen Sinn aber auch auf die Vorstellung einer Endzeit (Reich Gottes) bezieht. Eine eindeutige Definition gibt es nicht.

Apokryph(e):
Apokryphe Texte sind solche, die nicht in den kirchlichen „Kanon" (Richtschnur) aufgenommen wurden;

Abschluss auf dem Konzil von Trient 1546. Im Judentum kann man nicht im gleichen Maß von einer Kanonisierung sprechen, dennoch gibt es auch hier eine Art von Akzeptanz oder Ablehnung. Vor allem original griechische Texte und frühjüdische Apokalypsen gelten als nicht- oder spät-kanonisch (*Septuaginta*: Judit; Weisheit Salomos; Tobit; 1 und 2 Makk). Die Bezeichnung „Sepuaginta" (= „Siebzig" (Gelehrte)) geht auf eine Legende zurück, die die Inspiration der griechischen Übersetzung des AT (3.–2. Jahrhundert v. Chr. in Alexandria) festhalten will. Ein eigener Stellenwert kommt gerade im Lichte neuerer Forschung den *Qumran-Texten* zu.

Grundsätzlich kann man von alttestamentlichen und neutestamentlichen Apokryphen als den Schriften sprechen, die nicht in das Alte oder Neue Testament Eingang gefunden haben (dennoch können nicht-kanonische Schriften als autorisiert gelten und von der Kirche anerkannt sein). Teilweise ist ihre kanonische Geltung an den abstrusen Vorstellungen und Überlieferungsformen gescheitert, teilweise vermitteln sie aber auch einen interessanten Eindruck in volkstümliche Glaubensvorstellungen.

Als Vergleichstexte für die neutestamentlichen Kindheitserzählungen, die Wunder- und Passionsüberlieferungen sind heranzuziehen: Protoevangelium des Jakobus; Pseudo-Matthäus; Nikodemusevangelium; Petrusevangelium. Im Thomasevangelium, einer Spruchsammlung, werden weitgehend echte Jesusworte vermutet. Die protestantische Theologie bezeichnet die Apokryphen als Pseudepigraphen.

Atheist/Atheismus:

Atheistische Überzeugungen sind seit etwa 200 Jahren vornehmlich im christlich geprägten Europa verbreitet. Von einem praktischen Atheismus, für den Gott ohne Lebensbedeutung ist, kann man einen theoretischen Atheismus unterscheiden, der mit Argumenten die Existenz Gottes bestreitet.

Ein wichtiges Motiv des Atheismus ist die Kritik an den vermeintlich negativen Folgen des christlichen Glaubens für das Selbstverständnis und das Zusammenleben der Menschen.

Autonomie:

Autonomie (griech. autonomia = sich selbst Gesetze gebend) bezeichnet den menschlichen Zustand der Selbstbestimmung im Gegensatz zur Heteronomie (von griech. heteronomia = Fremdgesetzlichkeit), bei der der Mensch sein sittliches Handeln an den vorgegebenen Gesetzen anderer ausrichtet.

Barmherzigkeit:

Barmherzigkeit (lat. misericordia) ist eines der zentralen Attribute der christlichen Gotteslehre. Gott erweist sich als barmherzig, indem er sich den Menschen wie ein guter Vater oder wie eine liebende Mutter sorgend zuwendet (vgl. Hos 11,1; Ps 68,6; Ps 27,10; Ps 89,27). Diese vorausgehende, liebende Sorge Gottes für den Menschen nennt man auch Gnade. Im Neuen Testament fordert Jesus sein Jünger auf, barmherzig zu sein, so wie Gott selbst es ist (Lk 6,36). Im gleichen Evangelium findet sich das Gleichnis vom barmherzigen Vater, der seinen heimkehrenden Sohn liebevoll erwartet (Lk 10,25-37). Auf der Basis dieser Vorstellung wurden die sieben leiblichen (und die sieben geistlichen) Werke der Barmherzigkeit (vgl. Mt 25,34-46) formuliert.

Beginen:

Als Beginen bezeichnet man die Mitglieder einer mittelalterlichen christlichen Gemeinschaft von Frauen (Laienorden). Sie lebten allein (Klausen) oder in kleineren Gemeinschaften (Beginenhöfe) und zeichneten sich durch eine Mischung aus Erwerbsarbeit und intensivem religiösen Leben aus. Anfangs gingen Beginen vor allem caritativer Arbeit nach, über die Armen- und Krankenpflege bis zur Versorgung der Toten. Später wurden die Gemeinschaften straffer organisiert und als Pflegepersonal einzelnen Hospitälern zugeordnet.

Biblische Aufklärung:

Unter Aufklärung versteht man den Versuch, überkommene, auf religiöser Tradition und staatlicher Autorität beruhende Anschauungen einer kritischen Überprüfung zu unterziehen und sie ggf. durch vernünftigere zu ersetzen.

In der Philosophie bezeichnet man das 17./18 Jahrhundert als das „Zeitalter der Aufklärung"; der bekannteste deutsche Vertreter ist Immanuel Kant (1724–1804). In einem weiteren Sinn gilt auch die Sophistik (griech. sophoi = die Weisen), griechische Philosophen des 5./6. Jahrhundert v. Chr., als Aufklärung, weil sie überlieferte Überzeugungen wie die Götter der Mythen radikal in Frage stellt.

An diese philosophische Tradition knüpft der Philosoph und Theologe Eckhard Nordhofen (* 1945) an. Der von ihm geprägte Begriff „biblische Aufklärung" bezeichnet einen Traditionsstrang des AT, der scharf zwischen den von Menschen geschaffenen Göttern, den Götzen, und dem sich offenbarenden Gott unterscheidet. „Ein selbst gemachter Gott ist kein Gott" – in dieser Überzeugung treffen sich die drei Aufklärungsbewegungen.

BEGRIFFSERLÄUTERUNGEN

Bilderverbot:
Das biblische Bilderverbot (vgl. Ex 20,1-5; Dtn 4,15-19) ist Bestandteil der Zehn Gebote und zielt auf die Wahrung der Transzendenz Gottes. Jegliche Festlegung einer Gottesvorstellung in Form eines konkreten Abbildes wird mit der Begründung abgelehnt, dass diese die Transzendenz Gottes einschränkt und zugleich die Gefahr befördert, Gott für den Menschen verfügbar zu machen. Die philosophisch-theologische Analogielehre führt diesen Gedanken weiter, indem sie betont, dass jede Aussage über Gott ihm in einem höheren Maße unähnlich als ähnlich ist. Das Bilderverbot bezieht sich also nicht auf die Vorstellungen, die Menschen sich von Gott machen, sondern es will verhindern, dass Gott zu einem handhabbaren Gegenstand (Fetisch) gemacht wird, über den der Mensch verfügen könnte. Entgegen einer radikalen Absage an jegliches Gottesbild verwendet die Bibel zahlreiche Metaphern und andere sprachliche Bilder um das Wesen Gottes zu umschreiben: Gott als Vater, Mutter, Hirte, König, Begleiter, Retter usw.).

Bischof:
Der Bischof (griech. episkopos = Aufseher) ist in zahlreichen christlichen Glaubensgemeinschaften Dienstvorgesetzter der Pfarrer, in der röm.-kath. Kirche Leiter der Diözese und „Hirte" der Gläubigen in seinem Bezirk (Bistum). Die Ausbildung des Bischofsamtes erfolgte schon in neutestamentlicher Zeit, um die kirchlichen Gemeinden institutionell zu sichern und die „Lehre der Apostel" gegen sogenannte Irrlehrer („Häretiker") zu verteidigen.

Deontologie:
Unter Deontologie (griech. deon = das Pflichtgemäße) sind ethische Ansätze zusammengefasst, die die Verbindlichkeit von sittlichen Handlungen unabhängig von Zielsetzungen und möglichen Konsequenzen aus sich selbst heraus ableiten. D. h. eine Handlung, z. B. eine Lüge, ist immer sittlich falsch, egal in welcher Situation, mit welchem Zweck und mit welchen Konsequenzen sie erfolgt. Diesen Ansatz vertritt der Philosoph Immanuel Kant.

Dogma:
Im Sprachgebrauch der katholischen Kirche ist ein Dogma (griech. dokeo; in der Grundbedeutung: „was als richtig erschienen ist") eine verbindliche Lehraussage, die unter Berufung auf göttliche Offenbarung ausdrücklich durch das Lehramt oder durch eine päpstliche oder konziliare Definition verkündet wurde; sie legt mit normierten Sprachmustern eine Offenbarungswahrheit aus, wird in der christlichen Praxis angewandt und behält so ihren bleibenden Sinngehalt (nach W. Beinert). Die Verkündigung eines Dogmas versucht, eine vorangegangene theologische Kontroverse zu entscheiden. Wichtige Beispiele sind die Auseinandersetzungen um die Christologie (Jesus Christus ist wahrer Gott und wahrer Mensch) und die Trinität (ein Gott in drei Personen). Im außerkirchlichen Sprachgebrauch wird Dogma zumeist abwertend gebraucht; Dogma meint dann einen überholten und unzureichend begründeten Lehrsatz.

Empirie/empirisch/Empirismus:
Der Empirismus (griech. = Erfahrung, auf Beobachtung beruhend) ist ein Wissenschaftsverständnis, das sich von der Erfahrung und den erfahrbaren, mit den Sinnen wahrnehmbaren Tatsachen leiten lässt. Diese Auffassung war und ist wesentlicher Bestandteil der naturwissenschaftlichen Denk- und Forschungsweise.

Epiphanie-/Erscheinung(serzählungen):
Die ältesten Schichten der Bibel sprechen noch unbefangen von Begegnungen zwischen Gott und Menschen von Angesicht zu Angesicht. Mit zunehmender Reflexion der Gottesvorstellungen wird die Offenbarung Gottes symbolhaft geschildert oder Gottes Auftreten durch himmlische Erscheinungen, Boten *(maleak Jahwe/angelos kyriou)*, eben Engel, „ersetzt" (deutlich ist das Fortschreiten Gen 18-19 zu beobachten). Schließlich erfolgen Offenbarungen und Berufungen in Visionen oder im Traum (Mt 1,20; 2,12.13.19).
Die literarische Form der Epiphanie- oder Erscheinungserzählung folgt dem Schema: 1. Erscheinung eines himmlischen Wesens charakterisiert durch Licht und Helligkeit, meist die Farbe „weiß"; 2. Zubodenfallen des Erscheinungsempfängers; 3. Berührung des Niedergefallenen und/oder die Aufforderung aufzustehen; 4. Aufrichtung; 5. Trostformel („fürchte dich nicht!"); 6. Auftrag, Sendung, Deutung der vorausgegangenen Vision. Der Kopplung von Vision und Audition begegnet man häufig. Die Verwandtschaft mit den Berufungserzählungen ist evident. Im NT finden sich ausgeführte Erscheinungserzählungen im Zusammenhang der Kindheitserzählungen und im Kontext von „Auferweckung und Himmelfahrt" (dazu gehört auch die „Verklärungserzählung" Mk 9,2-10 parr.).

Erkenntnistheorie:
Die Erkenntnistheorie ist eine Disziplin der Philosophie, die sich mit der menschlichen Erkenntnisfähigkeit beschäftigt und nach den Möglichkeiten

und Grenzen des Menschen fragt, Wissen und Erkenntnis zu erlangen (Ursprung unserer Erkenntnis, Struktur, Umfang, Nutzbarkeit, Bedingungen, etc.)

Eschatologischer Vorbehalt:
Dieser von J. B. Metz (* 1928) geprägte theologische Begriff besagt, dass alle Zukunftsrede nur vorbehaltlich des noch ausstehenden Handelns Gottes erfolgen kann. Die Vollendung kann nicht der Mensch, sondern allein Gott bewirken.

Ethik:
Die Ethik (griech. ethike = das sittliche Verständnis) ist die Theorie der Moral und befasst sich vor allem mit ihrer Begründbarkeit. Es gibt unterschiedliche Theorien, mit denen sittliche Handlungen begründet werden.

Ethos:
Ethos (griech. ethos = Sitte, Brauch) ist der Begriff für die sittliche Gesinnung einer Person oder einer Gemeinschaft. Das Ethos der Ärzte ist z. B. im Eid des Hippokrates (das Handeln des Arztes darf nur zum Wohl des Patienten sein) formuliert.

Eucharistie/Abendmahl:
Die Eucharistie (griech. = Danksagung) ist ein in Erinnerung an das letzte Abendmahl Jesu schon in urchristlicher Zeit gefeierter Gottesdienst, der neben der Schriftlesung (Wortgottesdienst) besonders das gemeinsame Mahl als Zeichen der Verbindung mit Jesus Christus („Kommunion") hervorhebt; nach katholischem Verständnis ist die Eucharistie Zentrum und Wesen des Christentums *(Hingabe)*. Nach katholischem Verständnis stellt die Eucharistie das Opfer Christi am Kreuz dar, das durch sie gegenwärtig wird. Das bedeutet, dass Christus in den Gaben von Brot und Wein real präsent ist.

Evangelikal:
Als evangelikal (v. engl. *evangelical*) bezeichnet man eine theologische Richtung, die sich auf die Bibel als einzige Glaubensgrundlage beruft. Evangelikale können verschiedenen Konfessionen angehören, finden sich zumeist aber innerhalb des Protestantismus. Das im Deutschen relativ neue Wort ist von evangelisch zu unterscheiden.

Gnade:
Gnade (lat. gratia, griech. charis = „Gabe", verwandt mit althochd. „(sich) nähern") meint eine wohlwollende, freiwillige Zuwendung. Theologisch ist Gnade als die Zuwendung Gottes zu den Menschen zu verstehen. Im Gegensatz zu einem materialen Verständnis, das in der Gnade eine Gabe oder ein quantifizierbares Gut sieht, ist Gnade in der zeitgenössischen Theologie auf der Grundlage der biblischen Quellen ein relationaler Begriff. Gnade bezeichnet somit die lebendige, durch Liebe und Güte geprägte Beziehung Gottes zu den Menschen. Dabei ist entscheidend, dass diese Güte und Liebe Gottes voraussetzungslos und ungeschuldet ist. Der Mensch kann sich die Gnade Gottes also nicht erwerben oder verdienen. Gott kommt den Menschen mit seiner Gnade immer zuvor.

Gnadenstuhl:
Der Gnadenstuhl, andere Länder sprechen von Trinität, ist eine Bilderfindung des westlichen Christentums und tritt erstmals im 12. Jahrhundert auf. Dieser kunstgeschichtliche Ausdruck bezeichnet einen Typus von Trinitätsdarstellung, in dem Gottvater seinen Sohn am Kreuz oder als Schmerzensmann in den Armen trägt und der Geist in Gestalt der Taube hinzukommt.

Goldene Regel:
Als „Goldene Regel" bezeichnet man die mit Mt 7,12 formulierte Grundregel rechten Handelns „Alles, was ihr also von anderen erwartet, das tut auch ihnen!". Es handelt sich dabei um eine Grundregel, die man sinngemäß auch in anderen religiösen und kulturellen Traditionen findet (griechische Philosophie, Konfuzius).

Hellenismus:
Hellenismus (griech. hellēnismós = Griechentum) meint die durch Alexander den Großen (336–323 v. Chr.) eingeleitete geistesgeschichtliche Epoche, die durch den Einfluss der antiken Welt auf den Orient gekennzeichnet war. Auf religiösem Gebiet führte der Hellenismus zur Vermischung religiöser Elemente.

Herrschaft Gottes/Reich Gottes:
Die Herrschaft oder das Reich Gottes (hebr. Malkud Jahwe = „Königtum Gottes") meint nicht einen bestimmten Ort, sondern einen eschatologischen Zustand. Im biblischen Kontext meint herrschen (seinen Fuß setzen auf ...) immer auch schützen und bewahren. Dies belegen altorientalische Rollsiegel. Jesus von Nazareth hat bei seinem öffentlichen Auftreten vom nahenden Reich Gottes gesprochen und dadurch an die alttestamentliche (prophetische) Tradition der messianischen Erwartung des umfassenden Heils (Schalom) angeknüpft (vgl. Jes 65). Damit hat Jesus

ein Hoffnungsbild von einer neuen Welt Gottes entfaltet, die nach der Botschaft des Neuen Testaments mit ihm selbst angebrochen ist: Nicht mehr die gottwidrigen Kräfte und Mächte beherrschen die Welt, sondern Gott selbst wird ein für allemal seine Herrschaft aufrichten. In Jesu Gleichnissen, seinen Wundern und auch in den Maßstäben der Bergpredigt bekommt die Rede vom Reich Gottes konkrete Züge. Jesus kündigt den Menschen dieses Reich als Geschenk Gottes an, fordert sie aber zugleich auf, in ihrer Lebenshaltung die Annahme der neuen Gegenwart Gottes vorzubereiten.

Investiturstreit:
Der Begriff bezieht sich auf die Auseinandersetzung zwischen Papst Gregor VII. († 1085) und dem deutschen König Heinrich IV. († 1106) um die Vorherrschaft im Heiligen Römischen Reich. Investiturstreit heißt dieser Konflikt, weil es hier um eine Auseinandersetzung zwischen Kaiser und Papst um die Frage der Bischofseinsetzung (von lat. „Investitur" = Einkleidung) ging. Erst 1122 kam nach langwierigen Verhandlungen das „Wormser Konkordat" zustande, das einen Kompromiss formulierte: Die Einsetzung der Bischöfe wurde in einen weltlichen und einen geistlichen Teil gegliedert, sodass sowohl Kaiser auch als Papst einen Teil der Einsetzung übernehmen konnten.

Kanon:
→ siehe Apokryph(e)

Kirche:
Nach katholischem Verständnis ist Kirche die Bezeichnung für die Versammlung der an Jesus Christus Glaubenden, die in Kontinuität zum Zwölferkreis Jesu steht; das Glaubensbekenntnis weist Kirche mit den Kennzeichen einig, heilig, katholisch und apostolisch aus. Daher erkennt sie die aus der Reformation hervorgegangenen kirchlichen Gemeinschaften auch nicht als „Kirchen im Vollsinn" an. Die Kirche stellt sich sowohl als weltweite vom Papst wie auch als örtliche vom Bischof geleitete Gemeinschaft dar. Der Begriff wird im allgemeinen Sprachgebrauch auch für das Gottesdienstgebäude oder die „Organisationsgestalt" verwendet.

Konfession:
Konfessionen (lat. = Bekenntnis) sind unterschiedliche Glaubensrichtungen, die sich spätestens seit der Reformation herausgebildet haben (z. B. römisch-katholisch, griechisch-/russisch orthodox, evangelisch-lutherisch, reformiert). Der Begriff wird zumeist beschreibend oder juristisch (vgl. z. B. staatliche Formblätter) verwendet, im Gegensatz zum abwertenden Begriff *Sekte*.

Konstruktivismus:
Der Konstruktivismus ist eine philosophische Strömung des 20. Jahrhunderts, die davon ausgeht, dass der Mensch im Vorgang des Erkennens die Wirklichkeit im eigenen Kopf selbst konstruiert, es folglich keine Möglichkeit für ihn gibt, die Wirklichkeit an sich zu erkennen. Radikal konstruktivistische Strömungen stellen zusätzlich in Frage, dass es eine Wirklichkeit gibt, die unabhängig von dem Betrachter und seiner Erkenntnis besteht.

Konstantinische Schenkung:
Im Zuge des mittelalterlichen → Investiturstreits wurde das Machtverhältnis von Kaiser und Papst neu bestimmt. Um den weltlichen Besitz, das weltliche Territorium und den weltlichen Herrschaftsanspruch des Papstes zu begründen, wurde die Legende von der „konstantinischen Schenkung" verbreitet: Angeblich habe Kaiser Konstantin Papst Silvester I. den Kirchenstaat geschenkt, um ihm ein eigenes Territorium zur Verfügung zu stellen. Dokumentiert wurde diese Geschichte mit einer umfangreichen Urkunde, die dies bezeugen sollte. Heute wird vermutet, dass es sich bei dem Dokument um eine Fälschung der päpstlichen Kanzlei aus der 2. Hälfte des 8. Jahrhunderts handelt.

Kontemplation:
Kontemplation (von lat. contemplari = anschauen, betrachten, ein Zusammenschauen der irdischen und himmlischen Bereiche: con-templa) ist eine Geisteshaltung, die von Ruhe und unabgelenkter Konzentration auf einen Gedanken oder ein Objekt bestimmt ist mit dem Ziel der Erweiterung des eigenen Bewusstseins; in der christlichen Tradition bezeichnet Kontemplation eine Bewusstseinshaltung, die besonders das Hören auf Gott, das Sich-Öffnen für Gott verfolgt.

Konzil:
Das Konzil (lat.= Rat, Zusammenkunft) ist Versammlung derjenigen, die in der Kirche Verantwortung tragen (Bischöfe, Äbte, Theologen), zur gemeinsamen Beratung aller den Glauben betreffenden Fragen; im ersten Jahrtausend war es das höchste Entscheidungsgremium, deshalb erkennen sowohl die orthodoxe Kirche wie die kirchlichen Gemeinschaften der Reformation die Beschlüsse dieser Versammlungen

ebenfalls an. Seit dem Trienter Konzil im 16. Jahrhundert muss der Papst die Konzilsbeschlüsse bestätigen *(Approbation)*. Das häufig mitverwendete Adjektiv *ökumenisch* ist nicht im Sinne von verschiedenen Konfessionen zu verstehen, sondern bedeutet, dass die Teilnehmer aus *allen Weltgegenden* zusammenkommen.

Kreationisten:
Kreationismus (von lat. *creatio* = Schöpfung) meint einen Weltentstehungsglauben, in dem Gott durch sein Allmachtswort das Weltall und besonders die Lebewesen und den Menschen direkt aus dem Nichts erschaffen hat und bei dem eine allgemeine Evolution aller Lebewesen ausgeschlossen ist. Auch leichte Abwandlungen dieses Glaubens fallen unter diesen Begriff.

Laizismus/Laïcité:
Beide Begriffe bezeichnen die strikte Trennung von Kirche und Staat, also das Gegenteil der → Staatskirche. Der französische Begriff „Laïcité" stammt ursprünglich aus dem Griechischen („laios" = „Volk", also Nicht-Priester). Frankreich gilt heute als das einzige Land in Europa mit einer solchen strengen Trennung von Kirche und Staat: Hier wird jede Form der religiösen Betätigung in den Bereich des Privaten verlegt, der Staat und alle seine Organe und Behörden sind zu strikter religiöser Neutralität verpflichtet.

Leidenswerkzeuge:
Damit sind die bildlichen Darstellungen der „Leidenswerkzeuge" Christi gemeint, die in der Regel in Verbindung mit dem Kreuz auf einzelne Szenen der Passionsgeschichte anspielen. Zunächst ist dabei an die Folterwerkzeuge der Passion zu denken, in der Umdeutung sind damit aber auch die „Waffen" des Siegers über Tod und Hölle gemeint. So stehen am Tympanon der Kathedrale von Burgos (13. Jh.) je zwei Engel mit Leidenssymbolen an der Seite des triumphierenden Weltenrichters auf dem Himmelsthron (ähnlich am Freiburger Münster). Arma-Christi-Kreuze lassen sich meist an Außenwänden von Kirchen, als Flurkreuze oder auf Friedhöfen in Süddeutschland und den Alpenländern finden. Seit dem 14. Jh. wandelt sich die Darstellungsform mehr in Richtung des „Andachtsbildes", vor dem der Gläubige kniend die Leidensnachfolge Christi im Gebet nachvollzieht (vgl. Bild S. 209).

Logos:
Der griechische Begriff „logos" hat eine Fülle von Bedeutungen. Die wichtigsten lauten „Wort", „Begriff", „Prinzip", „Rede" und „Geist". Da alle diese Phänomene mit dem Geistvermögen des Menschen zusammenhängen (Vernunft = griech. „logistikon"), hat sich der Begriff des Logos auch als Oberbegriff für die Epoche der griechischen Philosophie durchgesetzt, in der das an Sagen und Göttergeschichten orientierte Denken (→ Mythos) von einem wissenschaftlichen und vernunftorientierten Zugang zur Wirklichkeit abgelöst worden ist. In der Regel wird diese Epochenwende mit den griechischen Naturphilosophen (den sog. „Vorsokratikern") und hier vor allem mit Thales von Milet (624–546 v. Chr.) in Zusammenhang gebracht.

Menschensohn:
Der Menschensohn ist nach jüdischer Vorstellung eine präexistente Figur, die schon immer bei Gott sitzt und auf ihren endzeitlichen Einsatz zum Gericht wartet. Nach der Danielapokalypse wird der Menschensohn „mit den Wolken des Himmels" kommen in Macht und Herrlichkeit (Dan 7,13).
Auf Jesus werden drei Gruppen von Menschensohnworten übertragen. Die älteste ist die vom erhöhten, zum Gericht wiederkommenden (Mk 13,26; 14,62), Matthäus spricht meist von „Parusie" (24,27 u.ö.) [vgl. das „Credo"]. Der apokalyptische Kontext ist deutlich bei Lk 17,22-37.
Davon inspiriert sind Menschensohnworte, die vom Leiden, Sterben und Auferstehen des Menschensohns (Mk 8,31; 9,12.31; 10,33f.45; 14,21.41) sprechen (die Brücke ist die Deutung von Jesu Tod und Auferweckung als Anbruch der Endzeit): Tod und Auferweckung Jesu werden in den Heilsplan Gottes eingestellt. Schließlich wird die Menschensohnvorstellung auch auf den irdischen Jesus übertragen: Er ist nicht gerade ein Asket (Mt 11,18f./Lk 7,33f.), kann Wunder wirken (Mk 2,9f.), Sünden vergeben (Mk 2,10), über den Sabbat herrschen (Mk 2,28). Besonders in der (vormarkinischen) Passionsgeschichte spielt die Menschensohnchristologie eine wichtige Rolle: Leiden und Rechtfertigung des Gerechten als Menschensohn. Jesus selbst hat sich offenbar nur indirekt mit dem Menschensohn identifiziert, aber damit Einsicht in den Plan Gottes beansprucht (Lk 12,8; Mk 8,38). So korrigiert er auch die Gottessohnfrage des Hohenpriesters durch die Menschensohnvorstellung (Mk 14,61f.; vgl. die redaktionelle Veränderung Mt 16,13 gegenüber Mk 8,27). Die johanneische Tradition vertritt eine Zweistufenchristologie des Menschsohnes.

Messias (Christos, Christus, Gesalbter):
Aus der israelitischen Königideologie heraus hat sich die Messiaserwartung entwickelt. Aus Enttäuschung über die Realität hat sich in der späten Königs- und Exilszeit die Hoffnung immer mehr in Richtung der

Erwartung eines idealen Königs der Endzeit verlagert (Jes 11). „Der Gesalbte" kann königlicher Herkunft sein und aus dem „Haus Davids" kommen (2 Sam 7,16), diese Verbindung ist aber nicht zwangsläufig. Die Gemeinde von Qumran erwartet einen königlichen und einen priesterlichen Messias. In jedem Fall ist der Messias ein Mensch und keine göttliche Figur (vgl. Apg 5,36f.; die messianische Einschätzung Bar Kochbas 132–135, des Sabatai Zwi im 17. Jahrhundert, des Baal Schem Tow im 18. Jahrhundert). Bis heute ist man im Judentum gespalten, ob Gott sich überhaupt eines Mittlers zur Errichtung seiner Herrschaft bedienen müsse, auch über die Zeit und Art und Weise der Ankunft des Messias gehen die Meinungen auseinander. Das Christentum sieht in Jesus von Nazareth den Messias als gekommen an. Die Evangelien stehen einer politischen Deutung des Messiasbildes (Mk 8,29-33) zugunsten des „friedfertigen Messias" (Mt 21,5) eher fern.

Monotheismus/Polytheismus:

Der erstmals im 17. Jahrhundert belegte Begriff Monotheismus (griech. monos = einzig und theos = Gott) bezeichnet den Glauben an einen einzigen universalen Gott, der als Kehrseite die Existenz anderer Götter ausschließt. Polytheismus (polys = viel und theos = Gott) bezeichnet den Glauben an eine Vielzahl von Gottheiten, die in Form eines Pantheons, einem allen Göttern geweihten Heiligtum, organisiert sind. Judentum, Christum und Islam gelten als die klassischen monotheistischen Religionen. Eine Zwischenform bildet die Monolatrie (griech. monos = einzig und latreia = Verehrung): Das Bekenntnis zu dem einen Gott ist nicht mit der Bestreitung der Existenz anderer Götter verbunden.
Religionsgeschichtliche Untersuchungen kommen zu dem Befund, dass die Religion Israels anfangs polytheistisch war und erst über viele Stufen im babylonischen Exil (598/587–539 v. Chr.) der Durchbruch zum Monotheismus erfolgte. Dabei spielte ein anonymer, mit dem Hilfsnamen Deuterojesaja bezeichneter Heilsprophet eine wichtige Rolle (vgl. Jesaja 44-55).
Das aus dem Judentum hervorgegangene Christentum versteht Gott als eine in sich differenzierte Einheit (Trinität). Im trinitarischen Gottesbekenntnis des Christentums sehen Judentum und Islam eine Aufweichung der Einheit Gottes.

Mythos:

Der Mythos ist eine oft mündlich weitergebene Geschichte oder ein ganzer Kosmos von Erzählungen, die den Ursprung von Wirklichkeit erklären wollen. Jede Stammeskultur hat ihren tradierten und immer wieder vorgetragenen Grundbestand an Mythen. Bis heute bekannt sind aber vor allem die Mythen der ägyptischen, griechischen und römischen Hochkulturen: In diesen Göttergeschichten wird erklärt, wie die Welt, wie Natur und Kultur zu ihrer heutigen Gestalt gefunden haben. Erst mit den naturwissenschaftlichen Bemühungen der vor allem in Kleinasien wirkenden Vorsokratiker geht das Zeitalter des Mythos allmählich zu Ende (→ Logos). Heute bezeichnen wir eine Erzählung als Mythos, die einen Anspruch auf Geltung erhebt, der aber strittig ist und – im Gegensatz zu wissenschaftlichen Aussagen – nicht überprüfbar und verifizierbar ist (z. B. der Mythos: „Die Marktwirtschaft reguliert sich selbst").

Nächstenliebe:

Nächstenliebe ist die Haltung oder Bereitschaft einer Person, ihren Mitmenschen zu helfen und sich für sie einzusetzen. Sie meint jede dem Wohl des Mitmenschen zugewandte aktive, uneigennützige Gefühls-, Willens- und Tathandlung. Als soziale Grundeigenschaft des Menschen verstanden, ist sie nicht genau von Altruismus oder Empathie (vgl. Barmherzigkeit) abgrenzbar. Diese Begriffe bezeichnen Selbstlosigkeit und Mitgefühl ohne spezifisch religiösen Begründungszusammenhang. Der Begriff entstammt einem Gebot des Alten Testaments (Lev 19,18). Jesus von Nazareth verknüpft ihn mit dem Gebot zur Gottesliebe (Mk 12,28-34). Zudem hat er die Nächstenliebe wie vor ihm einige andere Rabbiner auch auf Nichtjuden bezogen und bekräftigt, dass sie die Feindesliebe in akuter Verfolgungssituation einschließt (Mt 5,38-48). Nächstenliebe wurde ein Zentralbegriff der christlichen Ethik. Durch den Einfluss des Christentums trat Nächstenliebe in der Ethik der Antike neben den Grundwert Gerechtigkeit.

Naherwartung:

Naherwartung (Parusie) ist die Erwartung der Wiederkunft Jesu Christi, des „Tages des Herrn", mit dem die Gottesherrschaft, das Reich Gottes, anbricht.

ontologisch/Ontologie:

Die Ontologie (griech.: on = seiend) ist eine philosophische Grunddisziplin und beschäftigt sich mit der Frage nach dem Sein und der Metaphysik allgemein. Sie fragt vor allem danach, wie wir die Realität verstehen, und setzt sich etwa mit der Frage auseinander, inwieweit das Sein vom erkennenden Subjekt abhängig ist (Kant), es also Sein a priori geben kann.

Perikope:
Dieser Begriff bezeichnet die für die gottesdienstliche Lesung vorgesehenen Bibelstellen.

Polytheismus:
→ Monotheismus

Priesterschrift:
Als Priesterschrift bezeichnet man die erste der beiden Schöpfungsgeschichten im Buch Genesis (1,1-2,4a). Die Bibelwissenschaft nimmt heute an, dass die Priesterschrift frühestens während des Babylonischen Exils (586–538 v. Chr.) des Volkes Israel, eher sogar erst später entstand und wahrscheinlich von Priestern verfasst wurde. Die folgende Schöpfungsgeschichte, Genesis 2,4b-25, wird üblicherweise dem Jahwisten zugeschrieben; sie ist älter und stammt vermutlich aus der israelitischen Königszeit. Hier steht das Paradies, die ideale Welt Gottes (Jahwes), im Mittelpunkt.

Projektionsthese:
Die Projektionsthese ist eine der ältesten und wichtigsten Denkfiguren der Religionskritik. Sie lässt sich auf die allgemeine Formel bringen: „Nicht Gott hat den Menschen, sondern der Mensch hat Gott erschaffen." Die Geschichte der Philosophie kennt unterschiedliche Herleitungen dieser Formel. Zumeist kritisiert sie den Glauben an Gott als eine schädliche Illusion.

Sakrament:
Das Sakrament (lat.-griech. = heiliges Zeichen/Geheimnis) ist ein kirchlicher Ritus/eine Handlung, in der Gottes Handeln an den Menschen wirksam werden soll. Es ist ein sichtbares Zeichen für eine unsichtbare Wirklichkeit; die sieben Einzelsakramente (Taufe, Buße/Beichte, Firmung, Eucharistie, Ehe, Krankensalbung, Priesterweihe) der katholischen Kirche (evang. nur: Taufe, Abendmahl) finden ihre Begründung im Handeln Jesu von Nazareth, der – theologisch gesprochen – den Menschen Gottes Rettung anbietet. Im weiteren Sinn kann man jede den Mitmenschen helfende und heilende Handlung als sakramental bezeichnen.

Sakrileg:
Das Sakrileg (von lat. sacrilegium = Tempelraub; aus *sacer* = heilig + *legere* = stehlen) bezeichnet ein Vergehen gegen das, was als heilig gilt. Darunter fällt z. B. die Entweihung heiliger Räume oder heiliger Gegenstände durch Diebstahl oder Missbrauch, aber auch ein Angriff auf geweihte Personen. Als Sakrileg gilt auch Blasphemie oder Gotteslästerung.

Säkularisierung:
Säkularisierung (lat. saeculum = Welt) bezeichnet die Verdrängung der kirchlichen Autorität aus den Bereichen der weltlichen Herrschaft, wie sie zu Beginn des europäischen Hochmittelalters im → Investiturstreit zum ersten Mal erkennbar wird. Im weiteren Verlauf der europäischen Geschichte zeigt sich Säkularisierung dann als fortschreitender Relevanzverlust von Religion durch die europäischen Religionskriege des 16. und 17. Jahrhunderts. Säkularisierung meint aber auch die Enteignung der Kirchen im Kontext der Französischen Revolution und im Reichsdeputationshauptschluss von 1803. Im späten 19. Jahrhundert bezeichnet Säkularisierung schließlich die Entmythologisierung des Glaubens, wie sie maßgeblich durch die Emanzipation der Wissenschaften stattgefunden hat. Alle Phänomene zusammen führen zur Entchristlichung und Entkirchlichung der Bevölkerung als Endstufe der neuzeitlichen Entwicklung.

Schöpfungsbericht/Schöpfungserzählung:
Für die in Gen 1-3 überlieferten Erzählungen findet man oft die irreführende Bezeichnung „Berichte". Die Ergebnisse der biblischen Exegese zeigen jedoch, dass diese Geschichten keine Sachberichte im eigentlichen Sinne, sondern vielmehr Glaubensbekenntnisse sind. Dies gilt vor allem für das Schöpfungslied in Gen 1, das vermutlich in einem liturgischen Kontext im babylonischen Exil (598–539 v. Chr.) als Glaubenslied entstanden ist. Die zweite Erzählung in Gen 2,4b-3,24 ist deutlich älter (um 950 v. Chr.). Sie stellt eine Erzählung dar, deren Ziel es ist zu erklären, warum die Welt so ist, wie sie ist. Sie bedient sich dabei zahlreicher mythologische Bilder. Daher ist für beide Texte die Bezeichnung Erzählung zutreffender.

Staatskirche:
Als Staatskirche bezeichnet man eine christliche Religionsgemeinschaft, deren religiöse Überzeugung in einem Staat aufgrund geltenden Rechts zur offiziellen Religion bestimmt wurde und deren geistliches Oberhaupt zugleich der höchste weltliche Herrscher dieses Staats ist. Bekanntestes Beispiel für eine Staatskirche ist die High Church of England, als deren Oberhaupt heute die englische Königin Elisabeth II. fungiert, die zugleich höchste weltliche Herrscherin im United Kingdom ist. Staatskirchen sind in der Regel im Kontext der frühneuzeitlichen Konfessionalisierung entstanden, als vornehmlich katholische Regionen mit ihrer Monarchie zugleich eine katholische Staatskirche erhielten, so z. B. Spanien, Portugal und Polen,

evangelische Gebiete dagegen eine protestantische Staatskirche, wie z. B. Norwegen, Schweden und Finnland.

Sünde/Sünder:
Der Begriff der Sünde bezieht sich theologisch primär auf die Existenz des Menschen und ist weniger moralisch zu verstehen. Sünder ist der Mensch, der sich von Gott und seinem Nächsten abwendet und ganz auf sich selbst bezogen bleibt. Entsprechend beschreiben Augustinus und Martin Luther den sündigen Menschen als den „homo incurvatus in se", den „in sich selbst verkrümmten Menschen", der sich der Liebe (Gnade) Gottes verweigert. Wie Gnade ist daher auch Sünde ein relationaler Begriff, der die „Qualität" der Beziehung zwischen Gott und Mensch meint.

Taufe:
Die Taufe ist ein schon im Neuen Testament belegter Ritus, der den öffentlichen Eintritt in die Gemeinde/Kirche und gleichzeitig die Abkehr von der Sünde besiegelt; neben der Eucharistie das wichtigste Sakrament in allen kirchlichen Gemeinschaften.

Teleologie:
Die Teleologie (griech. telos = Ziel) bezeichnet ethische Ansätze, die Handlungen nach ihren Zielen und Folgen beurteilt. Im Gegensatz zur Deontologie ist eine Handlung nicht an sich sittlich richtig oder falsch, sondern muss situationsbedingt individuell sittlich beurteilt werden. Sie ist dann sittlich richtig, wenn die guten Folgen überwiegen.

Testament:
Die konventionellen Bezeichnungen der beiden Teile der Bibel (Altes und Neues Testament) werden seit einiger Zeit in Frage gestellt. Beim Attribut „alt" klingt nicht selten „überholt", „abgelöst", „aufgehoben" und „nicht mehr gültig" mit. Dies lässt sich als Abwertung der jüdischen Bibel, der Tora, verstehen. Um deren Eigenständigkeit zu achten, nennen manche christliche Theologen und Kirchen das AT heute auch „Erstes Testament" oder „Hebräische Bibel". Das NT heißt entsprechend Zweites Testament.

Theismus/Theist:
Ein Theist (griech. theos = Gott) glaubt, dass Gott existiert. Eine argumentative Weise, den Glauben an die Existenz Gottes vernünftig, also intersubjektiv nachvollziehbar zu begründen, sind die so genannten Gottesbeweise. Der Ausdruck Theist lässt offen, wie Gott genauer verstanden wird (z. B. als ein abstraktes Prinzip oder ein personales Gegenüber). Vom Theismus ist der Deismus unterschieden. Ein Deist glaubt zwar auch, dass Gott der Urgrund der Welt ist. Danach aber hat Gott in seine Schöpfung nicht mehr eingegriffen, weder durch Wunder und Offenbarungen noch durch die Menschwerdung in Jesus Christus.

Theodizee:
Der Ausdruck Theodizee bezeichnet die philosophische und theologische Fragestellung, wie sich die Güte und Allmacht Gottes mit den Übeln und dem Bösen in der von Gott geschaffenen Welt vereinbaren lässt. Das Theodizee-Problem taucht zuerst in der griechischen Antike (z. B. bei Epikur) auf und findet im Werk des Philosophen Gottfried Wilhelm Leibniz (1646–1716) in der Neuzeit seinen Höhepunkt. Es gilt bis heute als nicht gelöst. Das Theodizee-Problem stellt sich in ganzer Schärfe nur in den beiden Offenbarungsreligionen Judentum und Christentum.

Theologie der Religionen/Religionstheologie:
Teilgebiet der Theologie, das sich mit der Frage nach dem Verhältnis der verschiedenen Religionen und ihrem Wahrheitsanspruch beschäftigt. Hier unterscheidet man in der Regel drei Grundmodelle: 1. der *Exklusivismus:* Die eigene Religion ist der einzig wahre Heilsweg – „Außerhalb der Kirche gibt es kein Heil" (Cyprian); 2. der *Inklusivismus:* Auch andere Religionen enthalten „Strahlen der Wahrheit", die Menschen in diesen Religionen ‚erleuchten' und auf den rechten Weg führen. Die Fülle der Wahrheit liegt aber in der eigenen Religion; 3. der *Pluralismus:* Hier gelten alle Religionen als gleichberechtigte Heilswege. Dabei reicht das Spektrum von einem theozentrischen Pluralismus, der die verschiedenen Religionen in ihrem Glauben an ein göttliches Wesen legitimiert sieht, bis hin zu einem soteriozentrischen Pluralismus, der Erlösungsvorstellungen wie den buddhistischen Weg ebenfalls als Heilsweg anerkennt.

Theonomie:
Die Theonomie (von griech.: theonomia = Gesetzgebung Gottes) ist eine Form der Heteronomie (→ Autonomie), bei der der Mensch sein sittliches Handeln an dem Willen und den Geboten Gottes ausrichtet.
Da aus christlicher Perspektive das dem Menschen von Gott geschenkte Leben nach Gottes Willen zugleich auch des Menschen Aufgabe und so in seine eigene (nicht fremde!) verantwortliche Verfügung gegeben ist, verstehen Christen unter Autonomie (s. oben) eine Autonomie, die in Theonomie gründet.

Transzendenz:

Transzendenz (lat. transcendere = hinüberschreiten, überschreiten) bezeichnet den Bereich jenseits der natürlichen Welt der Vernunft, der Erfahrung, des Bewusstseins, der bestehenden Verhältnisse. Theologisch ist Gott transzendent, d.h., dass Gott jenseits menschlich-weltlicher Zeit-, Raum-, Anschauungs- und Vernunftgrenzen zu denken und gegenüber den herrschenden Normen oder Verhaltensweisen der/das kritisch Andere ist.

Trinität/heilsökonomische und immanente Trinität:

Die theologischen Begriffe „heilsökonomische" und „immanente" Trinität haben ihren logischen Ort in der kirchlichen Trinitätslehre. Die heilsökonomische (heilsgeschichtliche) Trinität hält mit Bezug auf das Neue Testament fest, dass der Schöpfer-Gott sich selbst in Jesus Christus und im Heiligen Geist zum Heil der Menschen offenbart hat.

Die immanente (innergöttliche) Trinität basiert auf einem theologischen Rückschluss: Wenn Gott sich auf die genannte Weise in der Geschichte offenbart hat, dann muss er auch in sich selbst trinitarisch, d.h. eine Gemeinschaft von Vater, Sohn und Geist sein.

Zwischen heilsökonomischer und immanenter Trinität besteht folgender Zusammenhang: Die heilsgeschichtliche Trinität ist die erkenntnistheoretische Grundlage der innergöttlichen Trinität, aber die immanente Trinität ist die sachliche Voraussetzung der heilsgeschichtlichen Trinität. In den Worten Karl Rahners: Gott ist in sich so, wie er sich uns mitgeteilt hat, und umgekehrt.

Utilitarismus:

Der Utilitarismus (lat. utilitas = Brauchbarkeit, Nutzen, Vorteil) ist ein ethischer Ansatz, der das größtmögliche Glück der größtmöglichen Zahl (von Menschen) zum Maßstab ethischen Handelns macht. Sein Begründer Jeremy Bentham (1748–1832) hat versucht, Glück quantitativ zu bestimmen.

Wahrheit:

Der griechische Begriff für Wahrheit lautet „aleitheia", also „Unverborgenheit". Etwas, das Wahrheit hat, ist unverborgen und für alle erkennbar. Die klassische Definition von Wahrheit ist deshalb die sog. Korrespondenztheorie: Eine Aussage ist wahr, wenn das Ausgesagte mit der beschriebenen Wirklichkeit offensichtlich übereinstimmt („Das Religionsbuch hat 10. Kapitel"). In der Moderne wird Wahrheit dagegen in der Regel relational verstanden: Was wahr ist, hängt von der Perspektive und Beziehung des Betrachters zum Gegenstand ab („Das Religionsbuch ist gut lesbar." – „Nein, das Buch ist viel zu kompliziert geschrieben!"). Übereinstimmung kann es hier nur durch Konsens geben: Wahr ist, worauf wir uns mit unseren Perspektiven einigen können („Ok, das Religionsbuch ist besser lesbar als das, was wir vorher verwendet haben!"). Da Religionen aber einen klassischen Wahrheitsanspruch haben, der sich aus der Korrespondenz der spezifischen Glaubenslehre mit der jeweiligen Offenbarung ergibt, sind Konflikte um die Wahrheit vorprogrammiert.

Werte, Güter und Normen:

Allgemein versteht man unter Werten Haltungen und Vorstellungen, auf deren Einhaltung eine Gesellschaft sich geeinigt hat. In der Theologie bezeichnen Werte Haltungen wie Gerechtigkeit, Treue, Ehrlichkeit, Liebe, die dem Menschen von Gott zur Beachtung aufgegeben sind. Diese Werte haben sittlichen Charakter, sie bilden die Grundlage für Normen (d.h. verbindlich geltende Handlungsanweisungen) und dürfen bei ethischen Entscheidungen nicht verletzt werden. Anders verhält es sich mit Gütern wie Gesundheit, Wohlergehen, Eigentum (das höchste Gut ist das Leben), die nicht-sittlichen Charakter haben.

Zweiquellentheorie:

Die Zweiquellentheorie ist seit dem 19. Jahrhundert die allgemein anerkannte literarkritische Hypothese als Antwort auf die Frage nach der wechselseitigen Abhängigkeit der synoptischen Evangelien (Mt, Mk, Lk). Sie besagt, dass die Evangelisten Matthäus und Lukas zwei gleiche Quellen verwendet haben. Dies ist zum einen das Markusevangelium und zum anderen eine heute nicht mehr erhaltene, sondern erschlossene Quelle, die sogenannte Logienquelle „Q". Daneben haben Mt und Lk jeweils eigene mündliche und schriftliche Quellen als Sondergut verwendet. Dieses wechselseitige Abhängigkeitsverhältnis lässt sich wie folgt darstellen:

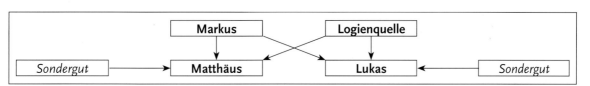

Methoden für den Unterricht

1. Informationen recherchieren

Im digitalen Zeitalter sind wir mit einer Überfülle an Informationen konfrontiert. Einen umfassenden Überblick gibt es schon lange nicht mehr. Während früher das Problem darin bestand, an Informationen überhaupt heranzukommen, ist es heute primär schwierig, aus dem uferlosen Angebot eine geeignete Auswahl zu treffen: Welche Information ist bedeutsam, welche hat Bestand, welche ist zentral; und nicht zuletzt: Welcher Information kann ich trauen? Die gängigen Internetressourcen haben inzwischen einen relativ hohen Grad an Zuverlässigkeit erreicht. Das Zitieren gedruckter Quellen ist jedoch unverzichtbar. Grundsätzlich gilt: Ein breites Spektrum an Quellen unterschiedlicher Art ist immer die beste Informationsbasis.

1. Vorbereitungen treffen
Sichten Sie den Kontext Ihres Themas. Assoziieren und notieren Sie möglichst viele Aspekte, Stichworte und Schlüsselbegriffe. Entwickeln Sie dazu z. B. eine Mindmap oder ein Brainstorming. Clustern Sie Begriffe und erarbeiten Sie eine Reihenfolge. Grenzen Sie Ihr Thema gegen andere Themenfelder ab: Was gehört nicht dazu?

2. Thema eingrenzen
Grenzen Sie Ihr Thema ein, indem Sie die Fragestellung Ihrer Arbeit möglichst präzise formulieren. Je genauer Sie wissen, was Sie wollen, umso erfolgreicher wird Ihre Recherche sein. Legen Sie eine erste Grobgliederung fest, die Sie später im Laufe Ihrer Arbeit immer wieder verändern und verfeinern.

3. Kriterien formulieren
Formulieren Sie Leitfragen zu Ihrem Thema und benennen Sie Kriterien, was die Informationen leisten sollen. Gängige allgemeine Kriterien sind z. B. Relevanz und Bedeutsamkeit für das Thema, die Zuverlässigkeit der Information und deren Nachprüfbarkeit (Zugang zu Quellen).

4. Zeitplan entwerfen
Erarbeiten Sie einen Aktionsplan, in dem Sie den zeitlichen Rahmen ihrer Recherche abstecken. Legen Sie fest, wo und wie Sie Informationen beschaffen wollen. Seien Sie dabei realistisch und planen Sie großzügig. Beachten Sie verbindliche Vorgaben oder von Ihnen nicht beeinflussbare Gegebenheiten. Benennen Sie ggf. Experten, die Sie befragen können. Vereinbaren Sie Termine.

5. Struktur anlegen
Wählen Sie ein Ordnungsprinzip für Ihre Informationen, das der Logik Ihrer Gliederung entspricht. Legen Sie die Daten entsprechend Ihrer Grobgliederung ab. Besonders gut geeignet sind Karteikarten, die Sie den jeweiligen Aspekten des Themas zuordnen können. Inzwischen gibt es auch Software zur Informationsverwaltung (z. B.: EndNote, Citavi oder Zotero). Wenn Sie digital arbeiten, entwerfen Sie ein System passender Über- und Unterordner in Ihrem Dateimanager. Verwenden Sie für die Bezeichnung der Datei eine plausible und einheitliche Syntax, die Sie (und eventl. andere) leicht identifizieren können.

6. Recherche durchführen
Sammeln Sie nicht alles. Suchen Sie gezielt anhand der von Ihnen formulierten Kriterien und Leitfragen. Prüfen Sie möglichst genau, ob die jeweilige Information diesen entspricht. Notieren Sie immer und sofort die exakte Quelle der Information (Zitat), damit Sie (und andere!) jederzeit Zugriff darauf haben. Bei Internetadressen geben Sie stets die ganze URL an und versehen diese mit dem Datum des Aufrufs.

7. Bewertung vornehmen und Auswahl treffen
Wenn Sie Ihren Aktionsplan durchgearbeitet haben, sollten Sie alle Informationen noch einmal genau sichten und erneut prüfen. Diesem zweiten Blick werden im Laufe Ihrer Arbeit weitere folgen. Je länger Sie sich mit dem Thema befassen und je tiefer Sie in die Materie eindringen, desto sachkundiger werden Sie die Bewertung und Auswahl der Informationen vornehmen können.

2. Inhalte präsentieren

Eine Präsentation ist eine präzise und gründlich vorbereitete Vorstellung von Inhalten oder Informationen jedweder Art. Sie ist themen- und zielgruppenbezogen. Die vorzustellenden Inhalte sind das Ergebnis einer gründlichen thematischen Vorarbeit. Mit der Präsentation verfolgt man die Absicht, die angesprochene Zielgruppe entweder umfassend oder punktgenau zu informieren, sie zu überzeugen oder sie zu motivieren. Präsentationen kombinieren visuelle und auditive Elemente, sie sind z. T. auch interaktiv gestaltet.

1. Vorbereitung
Zur Vorbereitung von Präsentationen empfiehlt sich die Klärung der folgenden Fragestellungen:
- Welche Absicht verfolgen Sie mit der Präsentation?
- Wer ist der Adressatenkreis und wie sind die räumlichen und zeitlichen Bedingungen?
- Welcher Art sind die Informationen, die Sie vermitteln wollen, was genau ist der Inhalt?
- Wie wollen Sie die Präsentation gestalten (Verhältnis visueller und auditiver Elemente); wie wollen Sie auftreten?
- Welche Hilfsmittel und Medien benötigen Sie (Beamer, Overhead-Projektor, Folien)?

2. Das Redekonzept
Eine Präsentation gliedert sich meist in drei Teile (Einleitung, Hauptteil, Schluss). Der Umfang sollte knapp bemessen sein. Hier gilt tatsächlich: weniger ist mehr. Legen Sie fest, wie viel Zeit Sie benötigen. Überlegen Sie genau, welche Inhalte wirklich wichtig und bedeutsam sind. Nebensächlichkeiten lassen Sie weg (oder Sie verweisen auf externe Quellen). Formulieren Sie kurze, klare und präzise Fragestellungen, auf die Sie mit genauen Ergebnissen oder prägnanten Thesen Antworten geben. Ihr Detailwissen steht nicht im Vordergrund. Es sei denn, Sie wählen ein ganz eng begrenztes Gebiet aus. Wählen Sie einen Einstieg, mit dem Sie die Adressaten für sich und Ihr Thema gewinnen. Bisweilen noch wichtiger ist der akzentuiert gesetzte Schluss.

3. Verhältnis von Form und Inhalt
Bedenken Sie, dass die Adressaten Ihnen am besten folgen können, wenn Sie Ihre Inhalte auf verschiedenen Wahrnehmungswegen transportieren: hören, sehen, spüren, beteiligen; variieren Sie diese Wege. Entscheidend für die Qualität der Präsentation ist der Inhalt. Eine blendende Verpackung wird nur auf den ersten Blick Eindruck machen. Inhaltliche Lücken wird man Ihnen nicht nachsehen. Sie sollten zu den Hintergründen und Kontexten Ihrer Ausführungen stets auskunftsfähig sein. Entsprechende Ergänzungen können Sie auf Moderationskarten notieren. Eine klare Gliederung und gute Strukturierung ist unerlässlich.

4. Präsenz – Sprache – Mimik – Gestik
Eine Präsentation lebt von Ihrem persönlichen Auftritt. Sie haben etwas zu sagen, dazu steht Ihnen Zeit und Raum zur Verfügung. Füllen Sie beides durch Ihre Persönlichkeit (Präsenz). Die freie Rede (unterstützt durch Karten) ist dabei ebenso wichtig wie die persönliche Anrede. Nehmen Sie stets Blickkontakt mit den Adressaten auf. Sprechen Sie natürlich und offen. Trainieren Sie Ihre körperliche und mentale Präsenz. Lassen Sie sich von Personen Ihres Vertrauens ein Feedback geben.

5. Organisatorische Planung
Achten Sie bei der Foliengestaltung auf Klarheit und Struktur; vermeiden Sie „Firlefanz". Machen Sie sich mit den lokalen Gegebenheiten (Lichtverhältnisse, Akustik, Mikrofon) vertraut. Wenn Sie technische Geräte verwenden, sollten Sie diese gut beherrschen.

3. Szenisches Darstellen
Es gibt unterschiedliche Methoden szenischer Darstellung, die ermöglichen, sich interaktiv, vertiefend mit einem Thema auseinanderzusetzen und dabei unterschiedliche Kompetenzen zu erweitern. Die Methoden variieren hinsichtlich ihres Schwerpunktes, ihrer Komplexität und ihres zeitlichen Umfangs, bedürfen jedoch alle einer klaren Organisation und auswertenden Reflexion. Die Methoden lassen sich in zwei Kategorien unterteilen:

1. Kommunikative Methoden
kontroverser Diskussion (Streitgespräch, Rollenspiel, Planspiel)
Diese Methoden führen in das „konstruktive Streiten" ein und verfolgen drei Ziele:
a) Förderung von Handlungskompetenz (Kommunikations-, Argumentations- und Interaktionskompetenz),
b) Kennenlernen modellhafter, gesellschaftsrelevanter Kommunikationsszenarien,
c) vertiefendes Begreifen und Bewerten von Sachverhalten.

Streitgespräch:
Bei einem Streitgespräch diskutieren zwei Kontrahenten mit vorgegebenen Rollen in einer konkreten Situation zu einem Thema.
Durchführung: Jeder der Teilnehmer bereitet sich jeweils auf seine Rolle vor, informiert sich und macht sich Notizen. Anschließend führen beide Partner das Streitgespräch durch.
Das Streitgespräch lässt sich in Partnerarbeit mithilfe eines Beobachter-Teams (Vierergruppe) oder auf einer „Bühne" im Plenum durchführen. Die Beobachter (Kleingruppe oder Plenum) haben jeweils die Aufgabe, eine Rückmeldung zu geben und das Streitgespräch gemeinsam mit den Spielern auszuwerten.

Reflexion: Die Auswertung erfolgt in drei Schritten:
1. Die Akteure beschreiben das subjektive Erleben ihres Handelns.
2. Die zuschauenden Schüler geben eine Rückmeldung zur Darstellung, besonders zu Argumenten und Argumentationsweisen.
3. Probleme und inhaltliche Ergänzungen werden besprochen.

Rollenspiel:
Ein Rollenspiel erfolgt zu einem bestimmten Thema in einer vorgegebenen Situation (Familiengespräch, Talkshow, Ethikkommission, ...). Zur Situationsbeschreibung erhalten die Gesprächsteilnehmer (zwischen zwei und fünf Personen) Rollenkarten mit klaren Vorgaben für ihr Kommunikationsverhalten und ggf. zusätzliche Sachinformationen.
Durchführung: Die Lerngruppe wird in mehrere Teams eingeteilt, die je eine Rolle vorbereiten. Sie machen sich Gesprächsnotizen, vergewissern sich ihrer Argumente, entwickeln Argumentationsstrategien und erproben sie.
Nach dieser Vorbereitungsphase nimmt einer aus der Vorbereitungsgruppe (evtl. Bestimmung per Zufallsverfahren) am Rollenspiel teil, das im Plenum vorgeführt wird.
Anschließend erfolgt eine inhaltliche und methodische *Reflexion* (s. o.).

Planspiel:
Ein Planspiel inszeniert einen komplexen, mehrstufigen Verhandlungsprozess auf dem Weg zu einer konkreten Entscheidung. Ziel ist es, eigene Positionen überzeugend vorzubringen, neue Lösungsansätze zu entwickeln und Kompromisse zu finden.
Durchführung: Nach der Einführung in den konkreten Verhandlungskontext und die Darstellung der anstehenden Entscheidung teilt sich die Lerngruppe in Teams zur Vorbereitung konkreter Standpunkte oder der Gesprächsleitung. In der Vorbereitungsphase dieser Teams geht es um eine klare Zielsetzung und eine geschickte Strategiebildung (ca. 15 min). Danach schließt die Konferenzphase an, in der die Beteiligten zunächst ihre Positionen, dann ihre Problemlösungen und Kompromisse diskutieren, bevor am Ende anhand eines Votums eine Entscheidung gefällt wird.
Reflexion: (s. o.)

2. Methoden non-verbaler, performativer Darstellung (Pantomime, Standbild)

Diese Methoden ermöglichen einen non-verbalen, ganzheitlichen Zugang zu einem Thema. Sie verfolgen zwei Ziele:
a) Förderung von personaler Kompetenz (Präsentationskompetenz, Selbstbewusstseinsstärkung, Körperbewusstsein),
b) vertiefendes Erfassen eines Themas durch persönliche Identifikation mit Personen oder Medien.

Diese Methoden erfordern in besonderem Maße die Transparenz der Zielsetzung. Eine motivierende Hinführung und eine zielorientierte Auswertung sind auch für diese Methoden unerlässlich.

Pantomime:
Die Pantomime ist ein szenisches Spiel ohne verbale Kommunikation. Die Akteure kommunizieren und handeln mit betonter Mimik und Gestik.
Durchführung: Die Gruppe erhält eine Spielszene oder ein Thema, zu dem sie eine Situation pantomimisch darstellen soll. Sie bereitet die Situation in der Gruppe vor und präsentiert sie dann im Plenum.
Reflexion: Folgende Fragen können die Reflexion leiten: Wie haben sich die Akteure gefühlt? Wie haben sie sich und die anderen in der Rolle erlebt? Was haben die Zuschauenden wahrgenommen: Gefühlsausdruck, Beziehungen, Konflikte, ...? Welche Assoziationen, Gedanken und Ideen wurden geweckt? Welche Fragen haben die Zuschauer an die Akteure? Wie lässt sich die Darstellung fortsetzen/modifizieren/vertiefen?

Standbild:
Ein Standbild ist eine szenische Darstellung ohne Kommunikation und ohne Bewegung. Je nach Thema oder Motiv kann ein Standbild aus einer Einzelperson oder mehreren Personen bestehen.
Durchführung: Der oder die Darsteller überlegen sich eine ausdrucksstarke Haltung zu dem vorgegebenen Thema, Konflikt, Bild oder Text. Ein Schüler könnte jeweils die Rolle des Bildhauers übernehmen, da die Außenperspektive des Bildhauers für die Darsteller hilfreich ist. Auf ein Zeichen hin wird die eingeübte Haltung mit besonders ausgeprägter Mimik und Gestik präsentiert und möglichst lange (ca. 1 min) gehalten. Die Lerngruppe beschreibt und interpretiert das Standbild, während der/die Darsteller in seiner/ihrer Position verharren. Zur *Reflexion* bieten sich ähnliche Fragen an wie zur Pantomime.

4. Texte visualisieren

Die schulische Textarbeit ist überwiegend auf ein strukturiertes kognitives Textverstehen hin ausgerichtet. Daneben eröffnet Ihnen die Visualisierung gerade literarischer und auch biblischer Texte noch andere, individuelle und auch kreative Zugänge. Die folgenden Beispiele zeigen Ihnen verschiedene kreative Ansätze. Sie werden selbst sehen, wie ein solcher Umgang mit Texten sich mit herkömmlichen Analysemethoden verbinden lässt. Drei Beispiele:

1. Kreatives Schreiben, welches in ein Wörterbild (konkrete Poesie) mündet:
Gleichnis vom unfruchtbaren Feigenbaum Lk 13, 6-9:

- Lesen Sie das Gleichnis und schreiben Sie die Wörter heraus, die ihnen besonders bedeutsam erscheinen.
- Entwickeln Sie die Wortbedeutungen für sich.
- Tauschen Sie sich in der Gruppe über die Wörter und ihre Bedeutungen aus, die Sie gefunden haben.
- Entwerfen Sie ein Wörterbild (gut geeignet: Pastellölkreide auf Papier).
- Stellen Sie sich gegenseitig ihre Wörterbilder vor und sprechen Sie über Eindrücke/ Interpretationen.

2. Visualisierung von Psalmtexten
Suchen Sie sich ein Psalmwort aus und schreiben/ malen Sie es auf ein Blatt Papier. Ergänzen oder steigern Sie durch Farbe und Form den Ausdruck und die Bedeutung des Textes für Sie.

3. Schreibmeditation (z. B. zum Vaterunser)
Verbringen Sie ungefähr 20 Minuten damit, das Vaterunser zu schreiben, fortlaufend, möglichst ohne Unterbrechung.
Schreiben Sie das Vaterunser dazu auf Ihr Papier. Schreiben Sie es anschließend erneut, immer und immer wieder auf die gleiche Seite, übereinander oder nebeneinander oder teilweise überlappend. Sie können beim Schreiben anfangen, Worte besonders hervorzuheben, dazu können Sie auch die Stifte (Farbe) wechseln. Wichtig ist, bei jedem neuen Durchgang den Text innerlich immer wieder ganz von vorn zu sprechen.

5. Biblische Texte erschließen

Für Christen ist die Bibel „Gotteswort in Menschenwort": In den Texten dieses Buchs haben Menschen über Jahrhunderte lang ihre Erfahrungen mit Gott festgehalten und weitergegeben. Dies gilt in besonderer Weise für die Schriften des Neuen Testaments, in denen Menschen von ihrer Begegnung mit Jesus Christus, „Gottes Wort" an die Menschen, berichten. In diesem Sinn ist die Bibel eine Heilige Schrift und eine Offenbarungsquelle (aber nicht die Offenbarung selbst wie etwa der Koran für Muslime: Die Offenbarung ist für Christen Jesus Christus selbst).

Die Texte der Bibel sind zwischen dem 7. Jahrhundert vor Christus und dem 2. Jahrhundert nach Christus entstanden. Sie sind also zwischen 2600 Jahren und 1800 Jahren alt. Zudem sind diese Texte während der vielen Jahrhunderte ihrer Überlieferung und Weitergabe immer wieder redaktionell bearbeitet und verändert worden. Wollen wir diese Texte heute noch theologisch angemessen verstehen, so müssen wir diesen Hintergrund im Blick behalten und bei der Interpretation berücksichtigen. Unabhängig von der Frage, was ein Psalmwort oder ein Gleichnis Jesu mir heute sagt und bedeutet (die Dimension der spirituellen Lektüre), ist bei der wissenschaftlichen Untersuchung eines solchen Textes (die Dimensionen der theologischen Lektüre) der historische Entstehungskontext des Dokuments zu berücksichtigen. Außerdem ist kritisch zu fragen, wie der ursprüngliche Text lautete und wie er im Laufe der Zeit verändert worden ist. Dieses Verfahren nennt man deshalb Historisch-Kritische Exegese (= Auslegung). Es bedarf der gründlichen Kenntnisse der biblischen Sprachen, der antiken Text- wie Literaturwissenschaft und der Altertumskunde, um eine solche Analyse zu leisten. In Schule und Studium wird man deshalb für diese Schritte Kommentarbände und andere Fachliteratur heranziehen.

Schritt 1: Erste Annäherung
- Was am Text spricht mich an?
- Was ist mir fremd?
- Was verstehe ich nicht?
- Was assoziiere ich mit dem Text?

Schritte 2: Erfassen der Strukturen
- Welche Form hat der Text?
- In welchem Kontext steht der Text? Was geht ihm voraus, was folgt?
- Wie lässt sich der Text gliedern?
- An welche anderen Texttypen erinnert er mich?

Schritt 3: Wissenschaftliche Analyse (vgl. wiss. Bibelkommentare)
- Textkritik: Wie lautete wohl der ursprüngliche Text? Lässt er sich aus den überlieferten Varianten rekonstruieren [hierzu ist eine textkritische Bibelausgabe nötig]?
- Formkritik: Welcher Gattung (Brief? Gebet? Biografie?) gehört der Text an? Wozu ist er wohl ursprünglich verwendet worden („Sitz im Leben")?
- Literarkritik: Wer hat den Text wirklich verfasst? Was waren seine Quellen?
- Redaktionskritik: Wer hat diesen ursprünglichen Text verändert? Welche Absicht hat er dabei gehabt?

Schritt 4: Persönliche Aneignung
- Was ist die wichtigste Aussage des Textes?
- Was sagt mir dieser Text für mein eigenes Leben?
- Zu welchem Handeln will mich der Text motivieren?
- Was erfahre ich aus diesem Text über Gott und Mensch?

6. Lektüre und Interpretation lehramtlicher Texte

Unter dem Begriff „lehramtliche Texte" fasst man alle Dokumente zusammen, die das Lehramt der katholischen Kirche (Papst und Bischöfe) mit höchster Autorität herausgibt und verkündet. Gemäß der Lehre der Kirche haben das Kollegium aller Bischöfe und der Papst als Haupt dieses Kollegiums die Aufgabe und die Pflicht, den Glauben der Kirche durch Lehre und Verkündigung zu bewahren und weiterzugeben.

Vier Merkmale weisen lehramtliche Texte in der Regel auf: Diese Dokumente haben normativen Charakter, d. h. sie geben eine Lehrauffassung vor und qualifizieren diese als den offiziellen Glauben oder als wichtigen Grundsatz der Sittenlehre der katholischen Kirche (1.). Um die Autorität der Aussage zu betonen, steht am Anfang oder am Ende eines lehramtlichen Texts immer die Instanz, die spricht: ein Bischof, eine Synode (eine Bischofsversammlung), das Konzil (die Versammlung des gesamten Bischofskollegiums der Kirche), eine päpstliche Behörde oder der Papst selbst (2.). Lehramtliche Texte nehmen häufig Bezug auf die Bibel als Urkunde von Jesus Christus und auf andere, ältere lehramtliche Texte. Dies bewahrt die Kontinuität der katholischen Glaubenslehre durch die Jahrhunderte hindurch (3.). Die Dokumente enthalten außerdem Begründungen und Appelle, denn den Gläubigen soll die aufgeführte Glaubens- oder Sittenlehre plausibel erscheinen und als Perspektive für ihren Glauben und ihr Leben einsichtig sein (4.). Folgende Textgattungen finden sich besonders häufig unter den in diesem Buch zitierten lehramtlichen Texten:

Konzilsbeschluss – Die wichtigsten Glaubenssätze der Kirche sind in der Geschichte des Christentums nicht von Päpsten allein, sondern von sogenannten Ökumenischen Konzilien beschlossen worden („ökumenisch" meint hier im ursprünglichen Sinn des griechischen Wortes „weltweit", also eine Versammlung aller Bischöfe der Kirche). Konzilien markieren oft wichtige Ereignisse der Kirchengeschichte, so z. B. 325 n. Chr. das Konzil von Nizäa (Konstantinische Wende), von 1545 bis 1563 das Konzil von Trient (Reformation und Gegenreformation) und von 1962 bis 1965 das II. Vatikanische Konzil (Auseinandersetzung mit der Moderne des 20. Jahrhunderts). Die Beschlüsse des II. Vatikanums bestehen aus Konstitutionen (z. B. über die Kirche in der Welt von heute) und Erklärungen (z. B. über das Verhältnis zu den nichtchristlichen Religionen).

Enzyklika – Das griechische Wort heißt ursprünglich „Rundschreiben" und bezeichnet ein Lehrschreiben des Papstes an die Weltkirche, das sich in der Regel einem aktuellen Thema oder Problem zuwendet. So hat Papst Benedikt XVI. bisher drei Enzykliken verfasst: „Deus caritas est" (Über die Liebe, 2005), „Spes nostra" (Über die Hoffnung, 2007) und die Sozialenzyklika „Caritas in veritate" (Die Liebe in der Wahrheit, 2009).

Konzilsbeschlüsse, Enzykliken und andere Erklärungen vatikanischer Behörden (z. B. die Erklärung der Kongregation für die Glaubenslehre „Dominus Jesus" aus dem Jahr 2000) werden immer in Latein verfasst und dann in die verschiedenen Landessprachen der Ortskirchen übersetzt. Zitiert werden diese Dokumente immer nach den ersten beiden Hauptworten im lateinischen Original, in diesem Beispiel „Dominus Jesus" („1. Bevor der Herr Jesus in den Himmel aufgefahren ist ...").

Hirtenbrief – Mit diesem Schreiben wendet sich ein Bischof an die Katholiken in seinem Bistum. So verfassen z. B. in Deutschland viele Bischöfe in der Vorbereitungszeit auf Ostern sogenannte „Fastenhirtenbriefe". Auch anlässlich seiner Einführung oder Emeritierung wird ein Bischof diese Gattung nutzen, um sich an die Gläubigen zuwenden.

Erklärungen – Die ökumenische Zusammenarbeit zwischen den Evangelischen Landeskirchen und der Katholischen Kirche in Deutschland hat dazu geführt, dass vom Sekretariat der Deutschen Bischofskonferenz und vom Kirchenamt der Evangelischen Kirche in Deutschland Gemeinsame Erklärungen zu aktuellen religions- und gesellschaftspolitischen Themen herausgegeben worden sind, so z. B. die vielbeachtete Erklärungen „Für eine Zukunft in Solidarität und Gerechtigkeit. Wort zur wirtschaftlichen und sozialen Lage in Deutschland" im Jahr 1997.

Synodenbeschluss – Eine Synode ist ein aus Laien und Priestern zusammengesetztes Gremium, das den Bischof einer Diözese (Diözesansynode) oder Bischöfe einer Kirchenprovinz (Provinzialsynode) beraten soll. Die wohl am häufigsten zitierten Synodentexte sind die Dokumente der „Gemeinsamen Synode der Bistümer in der Bundesrepublik Deutschland", die nach ihrem Tagungsort auch „Würzburger Synode" genannt wird. Diese Synode hatte die Aufgabe, in ihrem Bereich die Verwirklichung der Beschlüsse des Zweiten Vatikanischen Konzils zu fördern, sie kam zwischen Januar 1971 und November 1975 zu acht Sitzungsperioden zusammen. Ihr Ergebnis bestand in 18 Beschlüssen und sechs Arbeitspapieren. Für den Religionsunterricht ist besonders der Beschluss „Der Religionsunterricht in der Schule" bedeutsam.

Anwendungsbeispiel
Lesen Sie den folgenden Text und analysieren Sie ihn mithilfe der aufgeführten Arbeitsanweisungen:

Das II. Vatikanische Konzil: Aus der Dogmatischen Konstitution über die Kirche „Lumen Gentium"

16. Diejenigen endlich, die das Evangelium noch nicht empfangen haben, sind auf das Gottesvolk auf verschiedene Weise hingeordnet. In erster Linie jenes Volk, dem der Bund und die Verheißungen gegeben worden sind und aus dem Christus dem Fleische nach geboren ist (vgl. Röm 9,4-5), dieses seiner Erwählung nach um der Väter willen so teure Volk: Die Gaben und Berufung Gottes nämlich sind ohne Reue (vgl. Röm 11,28-29). Der Heilswille umfasst aber auch die, welche den Schöpfer anerkennen, unter ihnen besonders die Muslime, die sich zum Glauben Abrahams bekennen und mit uns den einen Gott anbeten, den barmherzigen, der die Menschen am Jüngsten Tag richten wird. Aber auch den anderen, die in Schatten und Bildern den unbekannten Gott suchen, auch solchen ist Gott nicht ferne, da er allen Leben und Atem und alles gibt (vgl. Apg 17,25-28) und als Erlöser will, dass alle Menschen gerettet werden (vgl. 1 Tim 2,4). Wer nämlich das Evangelium Christi und seine Kirche ohne Schuld nicht kennt, Gott aber aus ehrlichem Herzen sucht, seinen im Anruf des Gewissens erkannten Willen unter dem Einfluss der Gnade in der Tat zu erfüllen trachtet, kann das ewige Heil erlangen. Die göttliche Vorsehung verweigert auch denen das zum Heil Notwendige nicht, die ohne Schuld noch nicht zur ausdrücklichen Anerkennung Gottes gekommen sind, jedoch, nicht ohne die göttliche Gnade, ein rechtes Leben zu führen sich bemühen. Was sich nämlich an Gutem und Wahrem bei ihnen findet, wird von der Kirche als Vorbereitung für die Frohbotschaft und als Gabe dessen geschätzt, der jeden Menschen erleuchtet, damit er schließlich das Leben habe. Vom Bösen getäuscht, wurden freilich die Menschen oft eitel in ihren Gedanken, vertauschten die Wahrheit Gottes mit der Lüge und dienten der Schöpfung mehr als dem Schöpfer (vgl. Röm 1,21.25) oder sind, ohne Gott in dieser Welt lebend und sterbend, der äußersten Verzweiflung ausgesetzt. Daher ist die Kirche eifrig bestrebt, zur Ehre Gottes und zum Nutzen des Heils all dieser Menschen die Missionen zu fördern, eingedenk des Befehls des Herrn, der gesagt hat: „Predigt das Evangelium der ganzen Schöpfung" (Mk 16,15).

(Dogmatische Konstitution über die Kirche des II. Vatikanischen Konzils „Lumen Gentium", Abschnitt 16.)

---

1. Bestimmen Sie die Gattung dieses lehramtlichen Textes und ordnen Sie ihn historisch ein.
2. Erklären Sie die Autorität, mit der in diesem Text gesprochen wird: Wer spricht in diesem Text und mit welcher Vollmacht?
3. Arbeiten Sie heraus, welche zentrale Lehrauffassung der katholischen Glaubenslehre in diesem Text formuliert wird.
4. Zeigen Sie, wie dieser Text Bezug auf die Offenbarung nimmt.
5. Entfalten Sie die argumentative Struktur des Textes.

7. Musik hören und erschließen

Musik ist eine universale Sprache. Überall auf der Welt machen Menschen Musik oder sie lassen sich von Musik ansprechen. Nicht zuletzt in den Riten, kultischen Feiern oder Gottesdiensten der Religionen spielt Musik eine zentrale Rolle. Vor allem in der modernen Zivilisation ist sie inzwischen zu einem allgegenwärtigen Phänomen geworden. Wer geht schon ohne iPod aus dem Haus? Bisweilen drängt sich der Eindruck auf, Menschen könnten heutzutage gar nicht mehr ohne Musik auskommen. Hier tun sich spannende Fragen auf: Hören wir wirklich, was wir hören? Behält das einzelne Musikstück noch seinen Wert? Lassen wir noch Stille zu? Vielleicht wäre hin und wieder eine musikfreie Zeit angebracht! Der Religionsunterricht kann ein Ort sein, beim Umgang mit Musik neu hinzuhören.

1. Ausgangspunkt des Umgangs mit Musik ist zunächst einmal das Einüben der Fähigkeit zu hören. Der Glaube kommt vom Hören (vgl. Röm 10,17). Lassen Sie sich auf eine Hörschule ein. Gehen Sie in die Stille. Sorgen Sie zusammen mit Ihrer Religionslehrerin oder Ihrem Religionslehrer für einen passenden Rahmen, in dem Sie ungestört lauschen können. Schließen Sie die Augen. Achten Sie auf Geräusche jedweder Art. Prüfen Sie dabei Ihre Fähigkeit der Unterscheidung: Welche Geräusche können Sie identifizieren, welche nicht? Führen Sie diese Übung unter verschiedenen Bedingungen (z. B. an verschiedenen Plätzen oder zu verschiedenen Tageszeiten) aus. Verfassen Sie ein Hörprotokoll. Geben Sie den einzelnen Geräuschen Namen oder ordnen Sie ihnen Farben oder Gefühle zu. Beschreiben, gestalten oder malen Sie eine Klangkulisse.

2. Musik ist in erster Linie ein ästhetisches Phänomen, ein Phänomen der Wahrnehmung also. Daher bietet es sich an, Musik zunächst einmal ganz bewusst zu hören, nicht nur nebenbei oder zusätzlich zu etwas anderem. Lassen Sie sich dafür Zeit. Wählen Sie in Ihrer Lerngruppe einige wenige unterschiedliche Musikstücke aus. Das Spektrum darf durchaus sehr breit sein. Sorgen Sie auch hier zusammen mit Ihrer Lehrerin oder Ihrem Lehrer für einen passenden Rahmen, in dem Sie ungestört und konzentriert die ausgewählte Musik hören können. Tauschen Sie sich nach dem Hören über Ihre Eindrücke aus, indem Sie möglichst präzise beschreiben, welche Wirkung die einzelnen Musikstücke auf Sie gehabt haben. Vielleicht können Sie Ihre Eindrücke auch in ein Bild übertragen. Hören Sie dann die Musik noch einmal. Prüfen Sie, ob sich ggf. Unterschiede in der Wahrnehmung eingestellt haben, und benennen Sie sie.

3. Musik ist lebendig und lebt davon, dass sie aktiv und kreativ „gemacht" wird. Tragen Sie geeignete „Instrumente" (Gläser, Schachteln, Flaschen, Gummibänder, Blechdosen etc.) zusammen, die angeschlagen, geblasen, gestrichen, gezupft oder geschüttelt werden können. Wählen Sie in Ihrer Lerngruppe ein Thema, ein Gedicht oder vielleicht auch ein Bild, das Sie musikalisch umsetzen können. Experimentieren Sie mit unterschiedlichen Besetzungen und Arrangements. Lassen Sie Ihrer Phantasie freien Lauf. Zeichnen Sie Ihre Produktion auf und analysieren Sie das Ergebnis. Prüfen Sie, inwiefern Ihr Musikstück oder Teile davon den Vorgaben entsprechen. Optimieren Sie Ihre musikalischen Versuche.

4. Auch das Nachdenken über Musik ist eine Weise des Umgangs mit ihr. Wählen Sie aus den unterschiedlichen Epochen der Musikgeschichte je ein kleineres religiöses Werk aus. Am besten eignen sich Anthologien bestimmter Gattungen (z. B. Vertonungen des Magnifikat, des Kyrie, Gloria oder Credo der Messe, auch Psalmenvertonungen kommen in Frage). Lesen Sie zunächst die den jeweiligen Musikstücken zugrunde liegenden Texte. Suchen Sie die biblischen Bezugsstellen heraus und achten Sie auf den größeren Kontext. Analysieren Sie Texte hinsichtlich ihrer Glaubensaussagen. Erarbeiten Sie für jeden Text (und die dazu gehörigen Musikstücke) einen Beobachtungskatalog, der Ihnen beim anschließenden Hören des Musikstücks als Leitfaden dienen kann. Tragen Sie Ihre Beobachtungen zusammen.

5. Schließlich bieten sich für den Umgang mit Musik die Planung und Durchführung konkreter Projekte an. Hier empfiehlt sich die Kooperation mit den Musiklehrern an Ihrer Schule.

6. Stellen Sie eine Hitliste (einen Sampler) religiöser Lieder oder Musik zusammen, von der Sie den Eindruck haben, dass diese heutigen Menschen etwas sagen könnten.

7. Wenn Sie selbst ein Instrument spielen oder wenn es an Ihrer Schule ein Orchester gibt, planen Sie ein geistliches Konzert mit Musikstücken unterschiedlicher Kulturen und Religionen.

8. Gestalten Sie den Weihnachts- oder Schuljahresschlussgottesdienst musikalisch mit.

9. Studieren Sie ein religiöses Musical (z. B. zu Franz von Assisi, Maria von Nazareth, Hildegard von Bingen) ein und führen Sie es in Ihrer Schule auf.

8. Filmanalyse

Grundsätzlich dienen audiovisuelle Medien der Veranschaulichung, Auflockerung und Motivation. Vom Thema hängt es oft ab, ob ein stehendes Bild wie Foto (Information, stärkere Betroffenheit, Genauigkeit, aber auch Manipulationsmöglichkeit), Kunstbild (Mehrwert, Symbolträchtigkeit, Farb- und Formencode, Simultandarstellung), Karikatur (Satire, Kritik, Verfremdung) oder bewegte Bilder wie Spielfilm, Kurzfilm, Filmsequenz, Filmausschnitt geeigneter erscheinen. Das Zusammenspiel von Bild und Ton kann dabei eine wichtige Rolle spielen.

Schauen Sie sich eine Szene aus dem Spielfilm „Jesus von Montreal" (Kanada 1989, Regie: Denis Arcand) an. (Einzelheiten s. S. 207)
Mireille (Darstellerin der Maria Magdalena) stellt sich aus finanziellen Gründen einem Casting für Werbeaufnahmen für eine neue Biersorte, Daniel (Regisseur und Hauptdarsteller des Passionsspiels) begleitet sie zu den Probeaufnahmen. Regisseur ist ausgerechnet Mireilles arroganter Exliebhaber Jerzy. Die Hauptdarstellerin soll mit einem Partner einen fetzigen Tanz mit sexy Outfit hinlegen. Mireille hat ihren Bikini vergessen und wird genötigt, sich mit nacktem Oberkörper zu produzieren. Daniel bittet sie inständig, sich nicht zu prostituieren. Es kommt zur Auseinandersetzung mit Aufnahmeleiterin und Regisseur. Daniel stößt Tisch, Kamera und weiteres Equipment um und treibt sogar Regisseur und Auftraggeber mit der Peitsche aus dem Gebäude. Mireille folgt Daniel und erklärt ihm ihre Liebe.

– Wie wirkt die Szene auf Sie?
– An welche biblische Szene ist sie angelehnt?
– Welche Art von Requisiten zerstört Daniel?
– In welcher Rolle werden Darsteller, Regisseur und Aufnahmeleiterin, die Auftraggeber und Daniel gezeigt?
– Wie werden die Adressaten der Werbesendung, die Bierkunden, charakterisiert?
– Wie sprechen Werberegisseur und Aufnahmeleiter die Darsteller an?
– Achten Sie auf den Wechsel der Kameraeinstellung beim Dialog Daniel-Mireille und Daniel-Aufnahmeleiterin („Schuss-Gegenschuss-Verfahren").
– Beschreiben Sie die Kameraführung und -einstellung in der abschließenden Kussszene.
– Beschreiben Sie, wie Daniel (und Mireille) sich nach und nach mit den Rollen der Passionsgeschichte identifizieren oder in sie hineingedrängt werden.
– Mit welchem Mittel leitet die Handlung von der Werbeszene zum Passionsspielausschnitt über?

9. Bilder erschließen

Bilder sind keine verschlüsselten Worte. Bilderschließung heißt nicht Rückübersetzung der Bildersprache in Worte. Gestalt und Gehalt eines Bildes hätten nicht ebenso gut in Worten ausgedrückt werden können.
Bilder geben nicht das Sichtbare wieder, sondern machen sichtbar, sagte der Maler Paul Klee. Bilder können die Tiefendimension von Wirklichkeit erschließen, sie lassen entdecken, was für uns existenziell wahr ist, können zu Symbolen werden. Bilder sind geronnene Erfahrungen (P. Biehl).
Bilder verhelfen dazu, sich kein Bild zu machen: Jedes Bild ist mehrdimensional und mehrdeutig; es wirft Fragen auf, verstellt vorschnelle Antworten, lässt sich vielfältig verknüpfen, durchbricht herkömmliche Sichtweisen, stellt neue Perspektiven vor, lenkt den Blick neu auf längst Vertrautes, setzt dem Betrachter Widerstände entgegen, ...

- Seien Sie geduldige Seher. Entdecken Sie die Langsamkeit. Nehmen Sie sich sehr viel Zeit für Ihr Bild: Gehen Sie im Bild spazieren, erfahren Sie das Bild, tasten Sie es ab, „probieren Sie ihr Bild an".
- Unterscheiden Sie zwischen Ihrem Sehen und der sich daraus ergebenden Interpretation. Vermeiden Sie vorschnelles Interpretieren, beschreiben Sie stattdessen das Bild, erzählen Sie vom Bild.
- Jeder Zugang ist auf eine sorgfältige Betrachtung und Beschreibung der Formensprache und des Bildaufbaus angewiesen: So sollten Sie immer die Formen und Farben, die Struktur des Bildes, die Dynamik (bewegt oder ruhend), die Perspektive, Hinter- und Vordergrund, die Größenverhältnisse, die Ansichten des Menschen etc. erarbeiten.

1. Der subjektive Zugang, die bildimmanente Interpretation:
In diesem Fall ist der Dialog zwischen dem Bild und Ihnen als Betrachter von ausschließlichem Interesse:
– Welche Gefühle und Assoziationen ruft das Bild bei Ihnen hervor?

- Woran erinnert Sie das Bild?
- Gefällt Ihnen das Bild? Zieht es Sie in den Bann?
- Lehnen Sie das Bild ab, sträuben Sie sich, fehlt Ihnen die Lust, das Interesse, sich mit dem Bild auseinanderzusetzen?
- Empfinden Sie innere Widerstände während der Bildbetrachtung?
- Womit haben Sie Schwierigkeiten?
- Finden Sie sich im Bild wieder? Wo möchten Sie Ihren Standort im Bild haben?
- Können Sie sich mit einer Figur im Bild identifizieren?

2. Der objektive Zugang, die rationale kontextuelle Interpretation:
In diesem Fall benötigen Sie Informationen, die dem Bild selbst meist nicht entnommen werden können:

2. 1. Die historische Perspektive (sozialgeschichtlich-politische und motivgeschichtliche Interpretation)
- Welche politisch-soziale Situation finden wir während der Entstehungszeit des Bildes vor?
- Für welchen Lebens- (und Glaubens-)stil einer Epoche legt es Zeugnis ab?
- Welche Funktion erfüllt das Bild (z. B. Kultbild, Andachtsbild)?
- Welche vor-neuzeitliche Bildsprache erschwert uns die Interpretation?

Einige Beispiele:
- Die Bedeutung der verwendeten Farben (z. B. Goldgrund, blauer Mantel der Maria),
- die Bedeutung der verschiedenen Größen der dargestellten Figuren,
- die Bedeutung der Gebärden (z. B. Sprech-, Segens- und Gebetsgesten, Demutsgebärden der Maria, Arm- und Handhaltungen des Gekreuzigten),
- die Bedeutung der Kleidung der Figuren (z. B. Christus in Herrschertracht),
- die Bedeutung der Linienführung (z. B. die von links nach rechts aufsteigende Diagonale in Auferstehungsbildern),
- die Bedeutung der Landschaft und Architektur (z. B. Idylle im Hintergrund),
- die Bedeutung einzelner Symbole (z. B. der Nimbus, die Lilie in Marienbildern, das Kirchenmodell in der Hand eines Kirchenstifters, die Evangelistensymbole, die „Hörner" des Mose ...).

Für die Entschlüsselung der Bildsprache stehen viele Lexika christlicher Ikonographie zur Verfügung. Interessant ist oft auch die Verfolgung des Bedeutungswandels eines Motivs durch die Geschichte hindurch.

2. 2. Die Perspektive des Künstlers (biografisch-psychologische Interpretation):
- Wer ist der Künstler, wann, wo und wie hat er gelebt?
- Was war der Grund und der Anlass zur Entstehung des Kunstwerks?
- Welche gesellschaftliche Rolle hat der Künstler ausgefüllt?
- Welche Haltung zur Kirche und zur Religion kommt in seinem Bild zum Ausdruck?
- Was war ihm wichtig? Welchen persönlichen Gefühlen gibt er Ausdruck?

Wo Sie nach bestimmten Bildern suchen können:
In der Regel werden Sie in der Bildersuchmaschine von www.google.de (Bilder) fündig.
Die Universität Köln hat eine Diathek entwickelt, die nach biblisch-religiösen Themen sortiert ist und einen Überblick über entsprechende Kunstwerke gibt: www.uni-koeln.de/ew-fak/Bildtheologie/diathek. Weitere Adressen: www.kunst.zum.de und www.uni-leipzig.de/ru/index.

10. Karikaturen analysieren und interpretieren

Begriffsbestimmung
„Die Karikatur ist eine *visuelle Form der Satire* und als solche einer Komik verpflichtet, die auf einem ideell oder materiell bedingten gesellschaftlichen Konflikt beruht. Sie ist eine *parteiliche Kritik*, deren Bedeutung von der aktuellen Betroffenheit des Betrachters abhängt. Ziel [...] ist, wesentliche Fehler und Mängel des dargestellten Objektes aufzudecken und es so und durch die Art und Weise der Präsentation der Lächerlichkeit preiszugeben." (*Grünewald, Dietrich*: Die Karikatur im Unterricht. In: Kunst und Unterricht, 43/1977. S. 16)

Als konstitutives Stilmerkmal der Karikatur gilt die *Verfremdung*. Alle übrigen Stilmittel haben nur additiven Charakter (Paradoxie; Ironie; Situations- und Charakterkomik; Parodie; Witz; Humor; Sarkasmus). „Die Bereiche, die ‚zeitlose' Wahrheiten repräsentieren und die in der Karikatur der Verfremdung politischen Geschehens dienen, sind vielgestaltig, dem Prinzip nach fast unerschöpflich."

Anleihen:
a) vertrauter Alltag, Arbeits- und Berufswelt (Familie, Schule, Wirtschaft, Geld, Lebensalter),
b) Kunst, Musik, Literatur,
c) Sage und Märchen (Faust, Erlkönig, Hänsel und Gretel, Rotkäppchen, Hans im Glück),
d) Geflügelte Worte (Wer andern eine Grube gräbt ...; Müßiggang ist aller Laster Anfang),
e) Mythologie (Herkules, Sisyphos, Ikarus, Troja, Rom, Gallier),
f) Religiöse und kirchliche Welt (Paradies, Schöpfung, Sintflut, Sündenfall, Kirche, Papst),
g) Historische Parallelen (Antike, Völkerwanderung, Kreuzzüge, Reformation, Ludwig XIV., Napoleon, Hitler),
h) Tierreich (Fuchs, Lamm, Taube, Wolf, Schnecke, Kamel, Hase und Igel).

Interpretation
1. Erkennen und Erfassen der bildlichen Darstellung der Karikatur (beschreiben).
2. Erkennen und Entschlüsseln der in der Karikatur verwendeten Symbole (verstehen).
3. Übertragung des Dargestellten auf die historisch-politisch-soziale Situation, auf die sich die Karikatur bezieht (anwenden).
4. Erfassen der Aussage der Karikatur und Erkennen der gezeigten Widersprüche, der Kritik und der Intention des Autors (erklären).
5. Beurteilen der Qualität der Karikatur (urteilen).

Typologie

	Formale Struktur	I. apersonale Sachkarikatur	II. personale Typenkarikatur	III. personale Individualkarikatur
Inhaltliche Struktur				
A. Ereigniskarikatur				
B. Prozesskarikatur				
C. Zustandskarikatur				

11. Sich in einem Kirchenraum orientieren

Kirchenräume sind erst in jüngerer Zeit als Orte des Lehrens und Lernens wiederentdeckt worden. Während bis in das zwanzigste Jahrhundert hinein der Besuch der Kirche im Religionsunterricht seinen selbstverständlichen Platz hatte wie das Gebet oder die Teilnahme an religiösen Feiern, beschränkte sich der Unterricht seit den siebziger Jahren weitgehend auf den Klassenraum und das Medium Buch. Damit versuchte man dem Schutz des Jugendlichen vor religiöser Vereinnahmung Rechnung zu tragen, gleichzeitig gingen allerdings auch wesentliche Dimensionen des religiösen Erlebens und Kenntnisse über Riten und Verhaltensweisen verloren. Heute begegnen Jugendliche und junge Erwachsene Kirchenräumen unbefangen, manchmal – besonders zu kirchlichen Anlässen – allerdings auch verhaltensunsicher. Kirchenraumführungen durch Schülerinnen und Schüler tragen dazu bei, solche Unsicherheiten abzubauen und mit den *architektonischen Zeugen des Glaubens* bekannt zu werden. Dabei geht es weder darum, religiöse Gefühle zu wecken, noch Kunst- oder Baustilkunde für Touristen zu bieten, sondern um religiös sachkundiges Präsentieren von Elementen des Kirchenraumes und ihrer Bedeutungen.

Die nachstehende Schrittfolge versteht sich als Hilfe zur eigenständigen Erschließung und Präsentation von Kirchenräumen:

Schritt 1
Wählen Sie ein Kirchengebäude aus, das Ihnen besonders zusagt oder zu welchem Sie eine persönliche Verbindung haben. Begehen Sie es zunächst allein; lassen Sie den Raum auf sich wirken; notieren Sie Gefühle und Gedanken sowie Ihnen unbekannte Elemente und Darstellungen. Nehmen Sie am Sonntagsgottesdienst teil und beobachten Sie die Ingebrauchnahme des Raumes. Notieren Sie anschließend Unterschiede zur Wahrnehmung während der Einzelbegehung. Fassen Sie Ihre Eindrücke stichwortartig als Zielkatalog zusammen („Was möchte ich anderen vermitteln?").

Schritt 2
Bestimmen Sie die Form Ihrer Präsentation (Flyer, bebilderter Führer am Kircheneingang, Internetseite, persönliche Führung etc). Besorgen Sie sich ähnliche Vorlagen, an denen Sie Aufmachung und Ansprache studieren können. Setzen Sie sich das Ziel, dass Ihre Präsentation „besser" als die Vorlage wird.

Schritt 3
Bestimmen Sie die Adressaten (z. B. Firmlinge, evangelische Mitschülerinnen, Muslime, an „offenen Kirchen" Interessierte) und überlegen Sie, inwiefern die inhaltliche Ausrichtung sowie die Einleitung und der Schluss Ihrer Präsentation auf die verschiedenen Zielgruppen auszurichten sind.

Schritt 4
Listen Sie Elemente des Kirchenbaus auf, die in jeder katholischen Kirche vorhanden sind (z. B. Tabernakel, Altar, Taufbecken) und solche, die sich darüber hinaus in Ihrem Gotteshaus (z. B. Gemälde, Heiligenfiguren, Seitenaltäre) finden lassen. Recherchieren Sie die Bedeutungen der Elemente. Bauen Sie dabei Brücken zu Ihren Adressaten, indem Sie etwa auf Eigenheiten anderer Konfessionen/Religionen hinweisen (z. B. Fehlen des Tabernakels in protestantischen Kirchengebäuden – mit Begründung).

Schritt 5
Recherchieren Sie einige für Sie selbst wichtige Daten zur Geschichte des Kirchenbaus. Legen Sie weniger Wert auf Jahreszahlen als vielmehr auf die Bedürfnisse und den ästhetischen Geschmack der Gläubigen „damals". Erkundigen Sie sich in diesem Zusammenhang auch nach An- und Umbauten und der Intensität der aktuellen Nutzung der Kirche.

Schritt 6
Entwickeln Sie Ihr Präsentationsformat. Illustrieren Sie Flyer und Broschüren mit aussagekräftigen Bildern oder Skizzen und vermeiden Sie überflüssige und langweilige Informationen. Streuen Sie bei persönlichen Kirchenführungen mindestens eine Begebenheit/Anekdote ein, die sich mit der Kirche oder einem Element der Kirche verbindet.

Zu den Arbeitsanregungen

In diesem Band finden Sie Arbeitsanregungen, die nicht nur eine Frage formulieren, auf die Sie eine Antwort finden sollen, sondern die Sie zu einem Tun und auch zu „Denkleistungen" auffordern. Diese Arbeitsanregungen orientieren sich an den „Einheitlichen Prüfungsanforderungen" (EPA) für katholische Religionslehre, die die Kultusministerkonferenz (KMK) verabschiedet hat. Dafür sind die drei Anforderungsbereiche Reproduktion, Reorganisation und Beurteilung maßgebend. Sie sind in der folgenden Übersicht erläutert, die Ihnen deutlich macht, was mit den entsprechenden Formulierungen im Einzelnen gemeint ist. Auf diese Weise helfen Ihnen die Arbeitsanregungen, sich auf die Prüfungsanforderungen im Abitur vorzubereiten.

REPRODUKTION	
Tätigkeit	Erläuterung
Nennen, Benennen	Ausgewählte Elemente, Aspekte, Merkmale, Begriffe, Personen etc. unkommentiert angeben
Skizzieren	Einen bekannten oder erkannten Sachverhalt oder Gedankengang in seinen Grundzügen ausdrücken
Formulieren, Darstellen, Zeigen	Den Gedankengang oder die Hauptaussage eines Textes oder einer Position mit eigenen Worten darlegen
Wiedergeben	Einen bekannten oder erkannten Sachverhalt oder den Inhalt eines Textes unter Verwendung der Fachsprache mit eigenen Worten ausdrücken
Beschreiben	Die Merkmale eines Bildes oder eines anderen Materials mit Worten in Einzelheiten schildern
Zusammenfassen	Die Kernaussagen eines Textes komprimiert und strukturiert darlegen

REORGANISATION	
Tätigkeit	Erläuterung
Einordnen, Zuordnen	Einen bekannten oder erkannten Sachverhalt in einen neuen oder anderen Zusammenhang stellen oder die Position eines Verfassers bezüglich einer bestimmten Religion, Konfession, Denkrichtung etc. unter Verweis auf Textstellen und in Verbindung mit Vorwissen bestimmen
Anwenden	Einen bekannten Sachverhalt oder eine bekannte Methode auf etwas Neues beziehen
Belegen, Nachweisen	Aussagen durch Textstellen oder bekannte Sachverhalte stützen
Begründen	Aussagen durch Argumente stützen
Erläutern, Erklären, Entfalten	Einen Sachverhalt, eine These etc. ggf. mit zusätzlichen Informationen und Beispielen nachvollziehbar veranschaulichen
Herausarbeiten	Aus Aussagen eines Textes einen Sachverhalt oder eine Position erkennen und darstellen
Vergleichen	Nach vorgegebenen oder selbst gewählten Gesichtspunkten Gemeinsamkeiten, Ähnlichkeiten und Unterschiede ermitteln und darstellen
Analysieren, Untersuchen	Unter gezielter Fragestellung Elemente, Strukturmerkmale und Zusammenhänge systematisch erschließen und darstellen
In Beziehung setzen	Zusammenhänge unter vorgegebenen oder selbst gewählten Gesichtspunkten begründet herstellen

BEURTEILUNG	
Tätigkeit	Erläuterung
Sich auseinandersetzen mit	Ein begründetes eigenes Urteil zu einer Position oder einem dargestellten Sachverhalt entwickeln
Beurteilen Bewerten Stellung nehmen Einen begründeten Standpunkt einnehmen	Zu einem Sachverhalt unter Verwendung von Fachwissen und Fachmethoden sich begründet positionieren (Sach- oder Werturteil)
Erörtern	Die Vielschichtigkeit eines Beurteilungsproblems erkennen und darstellen, dazu Thesen erfassen oder aufstellen, Argumente formulieren, nachvollziehbare Zusammenhänge herstellen und dabei eine begründete Schlussfolgerung erarbeiten (dialektische Erörterung)
Prüfen Überprüfen	Eine Meinung, Aussage, These, Argumentation nachvollziehen, kritisch befragen und auf der Grundlage erworbener Fachkenntnisse begründet beurteilen
Interpretieren	Einen Text oder ein anderes Material (Bild, Karikatur, Tondokument, Film etc.) sachgemäß analysieren und auf der Basis methodisch reflektierten Deutens zu einer schlüssigen Gesamtauslegung gelangen
Gestalten Entwerfen	Sich textbezogen kreativ mit einer Fragestellung auseinandersetzen
Stellung aus der Sicht von ... nehmen Eine Erwiderung aus der Sicht von ... formulieren	Eine unbekannte Position, Argumentation oder Theorie aus der Perspektive einer bekannten Position beleuchten oder in Frage stellen und ein begründetes Urteil abgeben
Konsequenzen zeigen Perspektiven entwickeln	Schlussfolgerungen ziehen; Perspektiven, Modelle, Handlungsmöglichkeiten, Konzepte u. A. entfalten

Text- und Bildquellen

Texte ohne Namensnennung stammen von den Verfassern dieses Buches. Bibeltexte sind, wenn nicht anders angegeben, nach der Einheitsübersetzung zitiert: © 1980 Katholische Bibelanstalt, Stuttgart.

Umschlagfotos:
Kölner Domfenster: Christopher Clem Franken/VISUM; Weltjugendtag: picture-alliance/dpa/dpaweb;

Wirklichkeit – die eine oder unendlich viele?
S. 8 Salvador Dalí (1904–1989): Slave Market with the Disappearing Bust of Voltaire, 1940. Öl auf Leinwand, 46,5 x 65,5 cm. St. Petersburg/USA, Salvador Dalí Museum © Fundació Gala-Salvador Dalí/2011 VG Bild-Kunst, Bonn – Foto Bildarchiv Steffens/Bridgeman Art Library;
1 *Anders, Günther*: Der Blick vom Turm. Mit Ill. v. *A. Paul Weber*. München: Beck 1968. S. 32f.;
2 *Pascal, Blaise*: Pensées. Über die Religion und über einige andere Gegenstände. Hrsg. u. Übertragung v. *Ewald Wasmuth*. Heidelberg: Schneider [8]1978. S. 167, Nr. 347;
3 Aus: *Arntz, W./Chasse, B./Vicente. M.*: Bleep – An der Schnittstelle von Spiritualität und Wissenschaft. Übers. v. *Isolde Seidel*. Kirchzarten: VAK 2006. S. 5;
4 Antwerpener Meister (?): Die Versuchung des Heiligen Antonius, um 1525. Öl auf Holz, 28,6 x 38,9 cm. Kansas City/USA, Nelson-Atkins Museum; Salvator Rosa (1615–1673): Die Versuchung des Heiligen Antonius; um 1645. Öl auf Leinwand, 125 x 93 cm. Coldirodi/San Remo, Museo di Villa Luca, Pinacoteca Rambaldi; Max Ernst (1891–1976): Die Versuchung des Heiligen Antonius, 1945. Öl auf Leinwand, 108 x 128 cm. Duisburg, Wilhelm-Lehmbruck-Museum © 2011 VG Bild-Kunst, Bonn;
5 *Görres, Ida Friederike*: Zu unserem Christusbild. In: *Dies.*: Im Winter wächst das Brot. Einsiedeln: Benziger [2]1970. S. 9ff.;
6 *Musil, Robert*: Der Mann ohne Eigenschaften [1930–43]. Reinbek: Rowohlt 1979. S. 10f.;
7 *Spaemann, Robert*: Das unsterbliche Gerücht. Stuttgart: Klett-Cotta 2007. S. 8f.;
8 *Dalí, Salvador*: Das geheime Leben des Salvador Dalí [1942]. Übers. v. *Ralf Schiebler*. München: Schirmer/Mosel 1984. S. 63f.;
10 *Rosendorfer, Herbert*: Briefe in die chinesische Vergangenheit. München: Nymphenburger [5]1991. S. 32ff.;
11 René Magritte (1898–1967): Die schöne Gefangene, 1950. Öl auf Leinwand, 30 x 40 cm. Schweiz, Privatsammlung © 2011 VG Bild-Kunst, Bonn – Foto akg, Berlin;
12 *Steiner, George*: Warum Denken traurig macht. Zehn (mögliche) Gründe. Frankfurt/M.: Suhrkamp 2006. S. 53–56;
13 *Glasersfeld, Ernst von*: Einführung in den radikalen Konstruktivismus. In: *Watzlawick, Paul* (Hrsg.): Die erfundene Wirklichkeit. München: Piper [3]2007. S. 24ff., 37, 19ff.;
14 William Hogarth (1697–1764): Falsche Perspektive. Kupferstich – Foto akg, Berlin;
16 *Watzlawick, Paul*: Epilog. In: A. a. O. (s. 13) S. 310ff.;
17 *Küng, Hans*: Der Anfang aller Dinge. München: Piper 2005. S. 48–50;
18 *Berger, Peter*: Auf den Spuren der Engel. Frankfurt/M.: S. Fischer 1970. S. 79ff.;
19 *Boff, Leonardo*: Kleine Sakramentenlehre. Übers. v. *Horst Goldstein*. Düsseldorf: Patmos [5]1982. S. 19–21;
20 *Shaw, George Bernard*: Die heilige Johanna. Zit. n.: *Popper, Karl*: Die offene Gesellschaft und ihre Feinde, Bd. 2. In: Ges. Werke in deutscher Sprache, Bd. 6. Tübingen: Mohr Siebeck 2003. S. 272;
21 *Schillebeeckx, Edward*: Jesus. Die Geschichte von einem Lebenden. Übers. v. *Hugo Zulauf*. Freiburg/Brsg.: Herder [3]1975. S. 647;
22 *Küng, Hans*: Christsein [1973]. München: Piper [6]1975. S. 78f.;
23 *Remarque, Erich Maria*: Im Westen nichts Neues. Köln: Kiepenheuer & Witsch 1987. S. 189–208; Abb. Plakat der Verfilmung von Lewis Milestone, 1931;
25 Rembrandt Harmenz. v. Rijn (1606–1669): Jakobs Kampf mit dem Engel, um 1660. Öl auf Leinwand, 137 x 116 cm. Berlin, Staatliche Museen Gemäldegalerie – Foto Erich Lessing/akg, Berlin; Gustave Doré (1832–1883): Jakobs Kampf mit dem Engel, 1865. Holzstich, n. e. Zeichnung v. G. Doré – Foto akg, Berlin; Eva Hülsberg (* 1929): Jakobs Kampf mit dem Engel, 1995/1996. Öl auf Leinwand, 100 x 80 cm. Im Besitz der Künstlerin;
26 Theologie für jedermann. Eine Textsammlung für den Religionsunterricht in der Oberstufe, zusammengestellt v. Referendaren im Fachseminar Katholische Religion am Studienseminar S II in Essen, 2002. Unveröffentlicht;
28 *Johannes Paul II.*: Fides et ratio, I/7, II/16. www.vatican.va;
29 *Suzuki, Daisetz Taitaro*: Der westliche und der östliche Weg. Übers. v. *Liselotte u. Walter Hilsbecher*. Frankfurt/M.: Ullstein 1988. S. 41ff.;
31 *Rinpoche, Yongey Mingyur* (mit *Swanson, Eric*): Buddha und die Wissenschaft vom Glück. Übers. v. *Susanne Kahn-Ackermann*. München: Goldmann [3]2007. S. 36–40;
32 *Neuhaus, Gerd*: Wenn der Himmel die Erde berührt. Originaltext, mit freundl. Gen. d. Autors; Abb.: Standbild a. d. Film „Die Verurteilten", Regie: Frank Darabont. München/Ismaning: VCL/Eurovideo1999;
34 *Eltrop, Bettina*: Wunder – Geschichten von der Kraft Gottes. Aus: Bibel und Kirche, 2/2006. S. 62f.

Mensch – auf dem Weg zu Gott
S. 44 Hjalmar Leander Weiss (* 1958): Großes Herz, 1995. Pigment auf Leinwand, 250 x 220 cm. Im Besitz des Künstlers;
1 *von Düffel, John*: Ego. Köln: Dumont 2001. S. 9, 12;
2 l: Michelangelo Buonarroti (1475–1564): David,

1501–1504. Marmor, Höhe 434 cm. Florenz, Galleria dell' Accademia; **r**: Sandro Botticelli (1445–1510): Die Geburt der Venus, um 1482. Tempera auf Leinwand, 172,5 x 278,5 cm. Florenz, Uffizien; Foto Rabatti-Domingie/akg, Berlin; **3** *Bette, Karl-Heinrich*: Körperspuren. Zur Semantik und Paradoxie moderner Körperlichkeit. Bielefeld: transcript 2005. S. 115f.;

S. 49 *Rohr, Richard/Ebert, Andreas*: Das Enneagramm. Die neun Gesichter der Seele. München: Claudius [14]1992. S. 21;

5 *Bonhoeffer, Dietrich*: Brief vom 16. 7. 1944. Aus: *Ders*.: Widerstand und Ergebung. Hrsg. v. *Eberhard Bethge*. Gütersloh: Gütersloher Verlagshaus Mohn [11]1980. S. 179;

6 *Buber, Martin*: Ich und Du. In: Das dialogische Prinzip. Gerlingen: Schneider [6]1992. S. 15;

7 *Ausländer, Rose*: Gedichte. Hrsg. v. *H. Braun*. Frankfurt/M.: Fischer 2001. S. 293;

8 l: s. S. 44; **r**: Henri Matisse (1869–1954): Jazz – Icare, 1943. Scherenschnitt © Succession H. Matisse/2011 VG Bild-Kunst, Bonn;

9 *Augustinus, Aurelius*: Confessiones, 1. Buch, 1 Kapitel. Übers. v. *Otto F. Lachmann*. Leipzig: Reclam 1888;

10 *Gruber, Franz*: Das entzauberte Geschöpf. Kevelaer: Butzon & Bercker 2003. S. 32f.;

11 l: Hildegard von Bingen (um 1098–1179): Der Kosmosmensch, um 1165. Buchmalerei – Foto W. Forman/akg, Berlin; **r**: Giovanni Lorenzo Bernini (1598–1680): Die Versuchung der Heiligen Teresa, 1645–1652. Marmor, lebensgroß. Rom, Santa Maria della Vittoria;

12 *Böhme, Wolfgang*: Da geschieht eine selige Stille. Annäherungen an Mystik. Düsseldorf: Patmos 2000. S. 108;

13 *Angelus Silesius*: Cherubinischer Wandersmann. Hrsg. v. *Louise Gnädinger* nach der Ausgabe Glatz 1675. Zürich: Manesse 1986. S. 52, 277, 203, 108, 461;

14 *Mechthild von Magdeburg*: Das fließende Licht der Gottheit. Hrsg. v. *Margot Schmidt* u. *Helmut Riedlinger*, übers. v. *Margot Schmidt*. Stuttgart-Bad Cannstatt: frommann-holzboog 1995. S. 19, 62, 88f.;

S. 56 © kna-Bild, Bonn;

15 *Teresa von Ávila* (zugeschrieben): Gedanken zum Hohenlied. In: Ges. Werke, Bd. 3: Gedichte und kleinere Schriften. Hrsg., übers. u. eingel. v. *Ulrich Dobhan OCD* u. *Elisabeth Peeters OCD*. Freiburg/Brsg.: Herder 2004. S. 344;

16 *Dirscherl, Erwin*: Grundriss Theologischer Anthropologie. Regensburg: Pustet 2006. S. 71;

17 *Zink, Jörg*: Wie wir beten können. Stuttgart: Kreuz 2002. S. 15;

18 *Tersteegen, Gerhard*: Evang. Gesangbuch. Hannover/Göttingen: Luther. Verlagshaus/Schlüter/Vandenhoeck & Ruprecht 1994. Nr. 165;

19 *Sr. Ursula Hopfensitz*, Amman/Jordanien. In: Christ in der Gegenwart, 28/2008. S. 314;

S. 60 Sitzender Buddha, 18. Jahrhundert. Kupfer feuervergoldet, Höhe 46 cm. Kloster Timphu Dzong, Bhutan – Foto E. Lessing/akg, Berlin;

20 *Graf Dürckheim, Karlfried*: Zen und wir. Frankfurt/M.: S. Fischer 1974. S. 50f.;

21 *von Brück, Michael*: Wie wir leben können. München: dtv 2002. S. 86;

22 Michelangelo Buonarroti (1475–1564): Die Erschaffung Adams, 1509–1512. Deckenfresko, 280 x 570 cm. Rom/Vatikan, Sixtinische Kapelle – Foto J. S. Martin/Artothek, Weilheim;

23 René Magritte (1898–1967): Die Liebenden, 1928. Öl auf Leinwand, 54 x 73 cm. New York, Richard S. Zeisler Collection © 2011 VG Bild-Kunst, Bonn – Foto Bildarchiv Steffens, Mainz/Bridgeman Art Library;

25 *Schneider, Theodor*: Was wir glauben. Düsseldorf: Patmos [3]1988. S.130f.;

26 *Barth, Hans-Martin*: Dogmatik. Gütersloh: Gütersloher Verlagshaus [3]2008. S. 485f.;

27 Internationale Theologenkommission: Gemeinschaft und Dienstleistung. Die menschliche Person – geschaffen nach dem Bilde Gottes (2004). Hrsg. v. Sekretariat d. Deutschen Bischofskonferenz (Arbeitshilfen, 223). Bonn 2008. S. 23f.;

28 *Körner, Reinhard*: Das Vaterunser. Lebenshilfe aus dem Gebet Jesu. Leipzig: St. Benno [3]2008. 199f.;

S. 66 Lucas Cranach d. Ä. (1472–1553): Adam und Eva, 1526. Holz, 49,5 x 35 cm. Wien, Kunsthistorisches Museum – Foto E. Lessing/akg, Berlin;

29 *Thielicke, Helmuth*: Mensch sein – Mensch werden. Entwurf einer christlichen Anthropologie. München: Piper [3]1981. S. 86f.;

30 *Gide, André*: Die Heimkehr des verlorenen Sohnes. Aus: Die Bibel, erschlossen u. komm. v. *Hubertus Halbfas*. Düsseldorf: Patmos 2001. S. 485;

S. 68 Rembrandt Harmensz v. Rijn (1606–1669): Die Heimkehr des verlorenen Sohnes, 1662. Öl auf Leinwand, 262 x 206 cm. St. Petersburg, Ermitage – Foto A. Held/akg, Berlin;

32 *Fried, Erich*: Warngedichte. München: Hanser 1964;

33 *Malkowski, Rainer*: Hunger und Durst. Frankfurt/M.: Suhrkamp 1997;

34 *Freud, Sigmund*: Vorlesungen zur Einführung in die Psychoanalyse. Frankfurt/M.: S. Fischer [13]1997. S. 283f.;

35 *Beckermann, Ansgar*: http://www.philosophieverstaendlich.de/freiheit/aktuell/libet.html

36 *Bieri, Peter*: http://www.spiegel.de/wissenschaft/mensch/0,1518,336325,00.html

37 *Bopp, Karl*: Zwischen Größe und Scheitern: Überlegungen zum christlichen Menschenbild angesichts der Herausforderungen der entfalteten Moderne. Referat beim 1. Hochschulgipfel des Humanwissenschaftlichen Zentrums der Ludwig-Maximilians-Universität am 14. 11. 2003 in Benediktbeuern (Manuskript);

38 Edward Hopper (1882–1967): Nighthawks, 1942. Öl auf Leinwand, 84,1 x 152,4 cm. Chicago, Friends of the American Art Collection, 1942.51, The Art Institute – Foto © The Art Institute;

39 *van Breemen, Piet*: Was zählt, ist Liebe. Freiburg/Brsg.: Herder 1999. S. 118;

40 *Rahner, Karl*: Der Mensch – die unbeantwortbare Frage. In: *Stammler, Eberhard* (Hrsg.): Wer ist das eigentlich – der Mensch? München: Kösel 1973. S. 116–126.

Religion – was den Menschen unbedingt angeht
S. 78 Fotos Nadina Loesaus, Alexander Brüggemann, Wolfgang Radtke, Harald Oppitz/kna-Bild, Bonn;
1 Mark Rothko (1903–1970): Rot, Weiß und Braun, 1957. Öl auf Leinwand, 252,5 x 207,5 cm. Basel, Öffentliche Kunstsammlung © Kate Rothko-Prizel & Christopher Rothko/2011 VG Bild-Kunst, Bonn;
2 *Ebertz, Michael N.*: Das religiöse Gesicht in der modernen Gesellschaft. Chancen, ihm zu begegnen. Vortrag zur Begegnung der ref. und kath. Synoden am 12. Mai 2005 in Zürich. Manuskript-S. 8ff.;
S. 82 Foto G. Degeorges/akg, Berlin;
3 *Mildenberger, Michael*: Der Mensch – unheilbar religiös. Aus: Zeitschrift „17", 12/1978. S. 10f.;
4 *Schäffer, Wilhelm*: Was uns unbedingt angeht. In: *Ders.*: Glauben in dieser Zeit. Christsein verstehen und leben. Freiburg/Brsg.: Herder 1989. S. 17ff.;
5 *Tillich, Paul*: Wesen und Wandel des Glaubens. Frankfurt/M.: Ullstein 1961. S. 9, 12;
S. 85 Foto Guido Schiefer/epd-Bild;
6 *Polak, Regina*: Megatrend Religion? Neue Religiositäten in Europa. Ostfildern: Schwaben 2002. S. 70f.;
7 *Pemsel-Maier, Sabine*: Grundbegriffe der Dogmatik. München: Don Bosco 2003. S. 103ff.;
S. 87 Fotos Wolfgang Radtke, Katharina Ebel, Harald Oppitz/kna-Bild, Bonn;
9 *Graf Dürckheim, Karlfried*: Vom doppelten Ursprung des Menschen. Freiburg/Brsg.: Herder 1973. S. 30f.;
S. 89 Paul Klee: Engel, noch tastend, 1939. Fettkreide, Kleisterfarbe, Aquarell auf Papier, 29,4 x 20,8 cm. Privatbesitz;
10 *Berger, Peter L.*: Auf den Spuren der Engel. Die moderne Gesellschaft und die Wiederentdeckung der Transzendenz. Übers. v. *Monika Plessner*. Frankfurt/M.: S. Fischer ²1979. S. 132–136 (zusammengefasst);
11 *Weischedel, Wilhelm*: Der Gott der Philosophen. Darmstadt: WBG 1971. S. 213f.;
S. 91 Fotos Florian Kopp u. Uwe Birnstein/epd-Bild;
13 *Dahm, Karl Wilhelm*: Aus: informationen zum ru. Hannover: Schroedel 1971. S. 2f.;
14 *Wolfram von Eschenbach*: Willehalm. Hrsg. v. *Werner Schröder*, übers. v. *Dieter Kartschoke*. Berlin/New York: de Gruyter ²1989. S. 197–200;
15 *Lessing, Gotthold Ephraim*: Nathan der Weise. In: Werke, Bd. I. Hrsg. v. *Kurt Wölfel*. Frankfurt/M.: Insel 1967. S. 531–534; **S. 96** Theateraufführung „Nathan der Weise", Theater Pforzheim (www.theater-pforzheim.de), Foto: Hans-Jürgen Brehm-Seufert;
16 *Gerwing, Manfred*: Nach Assisi und New York. Zum Dialog der Weltreligionen. In: Wissenschaft und Weisheit, 65/2004. S. 198–229;
17 Moritz Daniel Oppenheim (1800–1882): Die Betrachtung der Ringe, 1845. Öl auf Leinwand, 56,5 x 44,5 cm. Hanau, Schloß Philippsruh – Foto akg, Berlin;
18 *Denzinger/Hünermann* (Hrsg.): Kompendium der Glaubensbekenntnisse und kirchlichen Lehrentscheidungen. Freiburg/Brsg.: Herder ³⁷1991. S. 468;
19 Das II. Vatikanische Konzil: Erklärung über das Verhältnis der Kirche zu den nichtchristlichen Religionen „Nostra aetate". Aus: *Rahner, Karl/Vorgrimler, Herbert* (Hrsg.): Kleines Konzilskompendium. Freiburg/Brsg.: Herder 1986. S. 355–359;
20 *Knitter, Paul F.*: Gründe für eine pluralistische Theologie der Religionen. Aus: *Kuschel, Karl-Josef* (Hrsg.): Christentum und nichtchristliche Religionen. Darmstadt: WBG 1994. S. 87–92;
21 © Jan Tomaschoff/Baeske Cartoons, München;
22 Kongregation für die Glaubenslehre: Christus ist die Fülle der Wahrheit. Aus: Erklärung „Dominus Jesus". Über die Einzigkeit und Heilsuniversalität der Kirche. Abschnitt 4–5. Bonn 2000. S. 5–8;
S. 101 *Schmidt-Leukel, Perry*: Grundkurs Fundamentaltheologie. Eine Einführung in die Grundfragen des christlichen Glaubens. München: Don Bosco 1999. S. 185;
23 Mit freundlicher Genehmigung d. Zeichners;
24 Psalm 137. Übers. v. Th. Menges; Abb. Albani-Psalter © Hildesheim, Dombibliothek (HS St. God. 1, Eigentum der Basilika St. Godehard, Hildesheim);
25 *Buggle, Franz*: Denn sie wissen nicht, was sie glauben, oder warum man redlicherweise nicht mehr Christ sein kann. Eine Streitschrift. Reinbek: Rowohlt 1992. S. 32f., 49, 52;
26 *Zenger, Erich*. Aus: *Hossfeld, Frank-Lothar/Ders.*: Psalmen 101–150. In: Handbuch für Theologie und Kirche, AT. Freiburg/Basel/Wien: Herder 2008. S. 700f.;
28 Nicolas Poussin (1594–1665): Der Tanz um das Goldene Kalb, 1635. Öl auf Leinwand, 154 x 214 cm. London, National Gallery – Foto akg, Berlin;
29 *Assmann, Jan*: Vortragsmanuskript, Graz, 8. 10. 2007. http://www.minoritenkulturgraz.at/Zeitanalyse/2007/Assmann_Monotheismus_Gewalt.pdf;
30 *Schieder, Rolf*: Sind Religionen gefährlich? Berlin: University Press 2009. S. 76–80;
31 *Zenger, Erich*: Eine freie Entscheidung des Herzens. In: SALZkörner, 25. 02. 2007. S. 8f.;
32 *Benedikt XVI.*: Regensburger Rede http://www.vatican.va/holy_father/benedict_xvi/speeches/2006/september/documents/hf_ben-xvi_spe_20060912_university-regensburg_ge.html;
33 Offener Brief http://www.al-sakina.de/inhalt/artikel/vernunft_glaube/offener_brief/offener_brief.html
S. 112 Heftumschlag © 2000 Stiftung Weltethos, Tübingen;
34 Erklärung zum Weltethos. Die Deklaration des Parlamentes der Weltreligionen. Hrsg. v. *Hans Küng* u. *Karl-Josef Kuschel*. München: Piper 1993. S. 21–42;
35 *Gerl-Falkovitz, Hanna-Barbara*: Vom Nutzen und Nachteil des Weltethos. Wider eine Entkernung der Religion. In: Die politische Meinung, 395/2002. S. 48–50;
36 Einladung zum Weltgebetstag http://www.vatican.va/holy_father/john_paul_ii/messages/peace/documents/hf_jpii_mes_20011211_xxxv-world-day-for-peace_ge.html;
S. 115 © kna-Bild;

37 *Kardinal Lehmann, Karl*: Das Christentum – eine Religion unter anderen? In: Pressemitteilung des Sekretariats der Deutschen Bischofskonferenz, 27. 9. 2002. S. 2–3;
38 *Benedikt XVI.*: Glaube, Vernunft und Universität. Erinnerungen und Reflexionen. In: *Fürlinger, E.* (Hrsg.): Der Dialog muss weitergehen. Ausgewählte vatikanische Dokumente zum interreligiösen Dialog. Freiburg/Brsg.: Herder 2009. S. 380–398.

Gott – offenbarte Verborgenheit
S. 118/119 Michelangelo Buonarroti (1475–1564): Die Erschaffung Adams, 1509–1512. Deckenfresko, 280 x 570 cm. Rom/Vatikan, Sixtinische Kapelle – Foto J. S. Martin/Artothek, Weilheim;
1 nach Leo Tolstoj. Aus: *Hoffsümmer, Willi*: Kurzgeschichten, 1. Mainz: Grünewald 1981. S. 52;
2 l: Mose löst seine Sandalen, 6. Jahrhundert. Mosaik. Ravenna, San Vitale – Foto E. Lessing/akg, Berlin; **r:** Marc Chagall (1887–1985): Der brennende Dornbusch, 1966. Gouache, 30 x 22,9 cm. Paris, Musée nationale d'art moderne Georges Pompidou © 2011 VG Bild-Kunst, Bonn – Foto akg, Berlin;
4: *Denzinger, Heinrich*: Kompendium der Glaubensbekenntnisse und kirchlichen Lehrentscheidungen. Verbessert, erweitert, ins Deutsche übertr. u. u. Mitarbeit v. *Helmut Hoping* hrsg. v. *Peter Hünermann*. Freiburg/Brsg.: Herder [40]2005. DH 806;
5 *Rahner, Karl*: Erfahrungen eines katholischen Theologen. In: Vor dem Geheimnis Gottes den Menschen verstehen. Karl Rahner zum 80. Geburtstag. München/Zürich: Schriftenreihe der Katholischen Akademie der Erzdiözese Freiburg und Verlag Schnell & Steiner 1984. S. 106f.;
6 *Angelus Silesius (Johann Scheffler)*: Cherubinischer Wandersmann. Kritische Ausgabe, nach der 2., erw. Auflage von 1675. Hrsg. v. *Louise Gnädinger*. Stuttgart: Reclam 1984;
S. 124 *Bonhoeffer, Dietrich*: Akt und Sein (1931). Hrsg. v. *Eberhard Bethge*. München: Kaiser 1956. S. 94;
7 Nicoletto Semitecolo (ca. 1325–1370): Trinität/Gnadenstuhl, 1367. Padua, Diözesanmuseum – Foto Bildarchiv Steffens/Alinari/Bridgeman Art Library;
11 *Knauer, Peter*: Unseren Glauben verstehen. Würzburg: Echter [5]1995. S. 42ff.;
12 Roland Peter Litzenburger (1917–1988): Trinität, 1952. Feder und Tusche, 42 x 29,8 cm. Aus: *Biemer, G./Kochanek, H.* (Hrsg.): Menschenbild und Gottesbild in der Bibel. Stuttgart: kbw 1981. S. 51 © Gretel Kunze, Markdorf;
13 Walter Zacharias (1919–2000): Gnadenstuhl, 1985. Skulptur, 98 x 68 cm. Schloss Moyland © 2011 VG Bild-Kunst, Bonn;
14 *Marti, Kurt*: zoé zebra. neue gedichte. München/Wien: Nagel & Kimche 2004. S. 82f.;
15 *Ben-Chorin, Schalom*: Jüdische Fragen um Jesus Christus. In: *Schulz, Hans-Jürgen* (Hrsg.): Juden – Deutsche – Christen. Stuttgart: Kreuz 1961. S. 145f.

16 Koran. Übers. v. *Adel Khoury* unter Mitarbeit v. *Muhammad Salim Abdullah*. Gütersloh: Gütersloher Verlagshaus [3]2001;
18 *Cicero, Marcus Tullius*: Gespräche in Tusculum, I, 13, 30. Lat./Dt. Mit ausf. Anm. neu hrsg. v. *Olof Gigon*. München: Artemis [6]1992. S. 34;
19 *Anselm von Canterbury*: Proslogion. Übers., Anm. u. Nachw. v. *Robert Theis*. Stuttgart: Reclam 2005. S. 21–25;
S. 136 Universitätsdisputation, um 1500. Aus: Statutenbuch des Collegium Sapientiae Johannes Kerers. Freiburg/Brsg.: Universitätsarchiv (A 105/8141 fol. 41r);
20 siehe 19. S. 85–87;
21 *Spaemann, Robert*: Die Vernünftigkeit des Glaubens an Gott. In: *Ders.*: Der letzte Gottesbeweis. Mit e. Einf. i. d. großen Gottesbeweise u. e. Kommentar z. Gottesbeweis Robert Spaemanns v. *Rolf Schönberger*. München: Pattloch 2007. S. 31f.;
22 Matt Groening: Leben in der Hölle. Frankfurt/M.: Krüger 1990;
23 *Epikur*: Von der Überwindung der Furcht. Eingel. u. übertr. v. *Olof Gigon*. Zürich/München: Artemis [3]1983. S. 136;
26 *Jonas, Hans*: Gedanken über Gott. Drei Versuche. Frankfurt/M.: Suhrkamp 1994. S. 42–45;
27 *Swinburne, Richard*: Das Problem des Übels. In: *Schmidt-Leukel, Perry*: Berechtigte Hoffnung. Übers. v. *P. Schmidt-Leukel*. Paderborn: Bonifatius 1995. S. 112; 113f.; 117;
28 *Hoerster, Norbert*: Die Frage nach Gott. München: C. H. Beck 2005. S. 105;
29 Ivan Steiger: Vollkasko. Aus: *Ders.*: Gottes Auge ist überall. Augsburg: Pattloch 1998. S. 89;
30 (1): *Knauer, Peter*: Unseren Glauben verstehen. Würzburg: Echter [5]1995. S. 157f. – (2): *Ders.*: In: ZKTh, 132/2010. S. 176;
31 *Metz, Johann Baptist* (Hrsg.): Landschaft aus Schreien. Zur Dramatik der Theodizeefrage. Mainz: Grünewald 1995. S. 82, 84, 96ff.;
32 *Sadeh, Pinchas*: König Salomos Honigurteil. Aus d. Hebr. v. *Wolfgang Lotz*. München/Wien: Hanser 1989. S. 448f.;
33 © gott.net;
35, 36 Aus: *Diels, Hermann*: Die Fragmente der Vorsokratiker. Hrsg. v. *Walther Kranz*. Hamburg: Rowohlt 1957. S. 19f., 143f;
37 Mit frdl. Genehmigung d. Zeichners;
38 *Feuerbach, Ludwig*: Das Wesen der Religion. Ausgew. Texte z. Religionsphilosophie. Hrsg. u. eingel. v. *Albert Esser*. Heidelberg: Schneider [3]1983 S. 67, 96f., 213f., 220;
39 Aus: *Marx, Karl*: Zur Kritik der Hegelschen Rechtsphilosophie. Einleitung (1843/44). In: *Ders./Engels, Friedrich*: Über Religion. Berlin: Dietz 1976. S. 98f. (MEW, Bd. 1. 378f.);
40 Aus: *Dalferth, Ingolf U.*: Sprachlogik des Glaubens. München: Kaiser 1974. S. 84;
41 Papan: Cartoon. Aus: Katechetische Blätter, 5/2008. S. 348.

Die Bibel – glauben und verstehen

S. 154 Seite aus dem Codex Henrici, westfälische Bilderhandschrift, 14. Jahrhundert. Münster, Universitäts- und Landesbibliothek;

S. 155 o: Ivan Steiger sieht die Bibel. Stuttgart: Deutsche Bibelgesellschaft/Verlag Katholisches Bibelwerk 1989. S. 230 © Ivan Steiger, München; **u**: © Thomas Plassmann, Essen;

1 Toni Zenz (* 1915): Der Hörende, 1952. Bronze, Höhe 70 cm. Essen, Pax Christi-Kirche – Foto Reinhard Lehnert;

3 Rembrandt Harmensz. v. Rijn (1606–1669): Der Evangelist Matthäus, 1661. Öl auf Leinwand, 96 x 81 cm. Paris, Musée de Louvre – Foto E. Lessing/akg, Berlin;

4 René Magritte (1898–1967): Der falsche Spiegel, 1928. Öl auf Leinwand, 54 x 81 cm. New York, Museum of Modern Art © 2011 VG Bild-Kunst, Bonn;

5 *Lamp, Ida/Meurer, Thomas*: Bibel. Gütersloher TB, 673. Basiswissen. Gütersloh: Gütersloher Verlagshaus 2002. S. 36–39;

6 Ebd. S. 54–56, 61;

S. 161 Roland Peter Litzenburger (1917–1988): „Herr hilf, ich ertrinke", 1952. Tinte und Tusche © Gretel Kunze, Markdorf;

7 *Schwienhorst-Schönberger, Ludger*: Was heißt heute, die Bibel sei inspiriertes Wort Gottes? In: *Söding, Th.* (Hrsg.): Geist im Buchstaben? Neue Ansätze in der Exegese. Freiburg/Brsg.: Herder 2007. S. 38f.;

S. 163 *Marti, Kurt*: Die gesellige Gottheit. Ein Diskurs. Stuttgart: Radius 1989;

8 *Ruster, Thomas*: Die Welt verstehen „gemäß den Schriften". Religionsunterricht als Einführung in das biblische Wirklichkeitsverständnis. In: rhs, 2000. S. 189–203;

9 *Junker, Reinhard*: www.genesisnet.info, 28. 01. 2008 (6. 5. 2009);

10 *Joffe, Josef*: Schöne Bescherung. In: Die Zeit, 12. 7. 2007;

S. 167 © 2011 Sidney Harris, ScienceCartoonsPlus.com;

11 Aus: Es steht geschrieben, also ist es Gottes Wille. In: publik-forum, 2/2002;

12 Woher stammen wir? Interview zwischen Lothar Schröder (RP) und Karl Kardinal Lehmann. In: Rheinische Post, 23. 8. 2007;

13 *Peynet, Raymond*: Aus lauter Liebe. Hamburg: Rowohlt 1953. o. S. © 2011 VG Bild-Kunst, Bonn;

S. 170 Vincent van Gogh (1853–1890): Stillleben mit Bibel, 1885. Öl auf Leinwand, 65,5 x 79 cm. Amsterdam, Rijksmuseum Vincent van Gogh;

14 nach *Breitmaier, Isa/Strack, Helmut* (Hrsg.): „Weißt du auch, was du liest?" Die Vielfalt biblischer Zugangsweisen. Eine Arbeitshilfe. Karlsruhe: Evang. Erwachsenenbildung 2002. S. 3f. (überarbeitet);

16 *Ratzinger, Joseph (Benedikt XVI.)*: Jesus von Nazareth. Erster Teil. Von der Taufe im Jordan bis zur Verklärung. Freiburg/Brsg.: Herder 2007. S. 14–16, 18–20;

S. 175 Lovis Corinth (1858–1925): Kain und Abel, 1917. Öl auf Leinwand, 140 × 115 cm. Düsseldorf, Kunstmuseum;

S. 176 (Schritt 4:) *bin Gorion, Emmanuel*: Kain und Abel. Erz. v. *Franz W. Niehl*. In: Katechetische Blätter, 117/1992. S. 538;

18 Marc Chagall (1887–1985): (1:) Ruths Treffen mit Boas, 1960. Gouache, 52,5 x 38 cm. Nizza, MBMC; (2:) Ruth sammelt Ähren ein, 1960. Lithographie, 52,5 x 38 cm. Nizza, Musée National Marc Chagall Foto akg, Berlin; (3:) Boas erwacht und erblickt Ruth zu seinen Füßen, 1960. Lithographie zu „Dessins pour la Bible", 52,5 x 38 cm. Nizza, Musée Biblique Marc Chagall – Foto Th. Maier/Kath. Bibelwerk, Stuttgart © 2011 VG Bild-Kunst, Bonn;

19 Hans Traxler: Chancengleichheit, 1975. Aus: *Klant, Michael*: Schulspott. Hannover: Fackelträger [3]1985. S. 25;

S. 181 Die Arbeiter im Weinberg. Aus: *Kahsnitz, R./Mende, U./Rücker, E.* (Hrsg.): Das Goldene Evangelienbuch von Echternach. Frankfurt/M.: S. Fischer 1982. Tafel 26;

20 nach *Berg, Horst K.*: Ein Wort wie Feuer. Wege lebendiger Bibelauslegung. München: Kösel 1991. S. 139ff., 165ff.;

S. 183 *Kermani, Navid*: Der Schrecken Gottes. Attar, Hiob und die metaphysische Revolte. München: C. H. Beck 2005. S. 166;

Jesus Christus – kennen und bekennen

S. 184 Lamm Gottes mit Kreuzstab und Kreuznimbus, um 1250. Miniatur aus einem Codex des Klosters Zwiefalten. Stuttgart, Württembergische Staatsbibliothek. Text: *Baumann, Rolf*: „Du bist die sichre Leiter ...". Aus: Bibel heute, 132/1997. S. 109;

1 (1:) „Pilatus-Inschrift". Jerusalem, Israel Museum – Foto E. Lessing/akg, Berlin; (2, 3:) Des Flavius Josephus Jüdische Altertümer, Bd. I (20,9,1 u.18,3,3). Übers. v. *Heinrich Clementz*. Wiesbaden: Fourier [8]1989. S. 667, 515f. (überarbeitet); (4:) *Tacitus*: Annalen 15,44. Übers. v. *Carl Hoffmann*. München: Goldmann TB 1978. S. 406; (5:) Talmud bSanh 43a. Aus: *Theissen, Gerd/Merz, Annette*: Der historische Jesus. Göttingen: Vandenhoeck & Ruprecht 1996. S. 83;

3 Book of Kells: Beginn des Johannes-Evangeliums, 9. Jahrhundert. Buchmalerei, Fol. 292r. Dublin, Trinity College © Bildarchiv Steffens/Bridgeman Art Library/The Board of Trinity College, Dublin, Ireland;

6 Die Taufe Jesu, Ende 14. Jahrhundert. Ikone, Tempera auf Holz, 50,5 x 37 cm. Meteora/Griechenland – Foto akg, Berlin;

7 *Rice, Tim*: Jesus I am overjoyed (King Herod's Song) © Leeds Music Corp./Universal Music Publ. GmbH/MCA Music GmbH, Hamburg;

10 *Schillebeeckx, Edward*: Das Evangelium erzählen. Übers. v. *Hugo Zulauf*. Düsseldorf: Patmos 1983. S. 228–231;

13 Synoptisches Arbeitsbuch zu den Evangelien. Bearb. u. konkordant übers. v. *Rudolf Pesch* in Zusammenarb. m. *Ulrich Wilckens* u. *Reinhard Kratz*. Zürich/Einsiedeln/Köln/Gütersloh: Benziger/Gütersloher 1980;

15 *Löning, Karl*: Krankheit und Heilung im Verständnis der Wundertradition der Evangelien. In: *Nacke, Bernhard*

QUELLEN 395

(Hrsg.): Dimensionen der Glaubensvermittlung. München: Pfeiffer 1987. S. 215–239;
16 *Melters, Karl-Heinz/Goertz, Toni/Haepp, Ingeborg*: Danke Mutter Teresa. Augsburg: Pattloch 1995. S. 15, 76, 93, 119, 109;
17 Thomas Zacharias (* 1931): Blindenheilung, 1967. Farbholzschnitt © 2011 VG Bild-Kunst, Bonn. Aus: *Lange, Günter*: Bilder des Glaubens. 24 Farbholzschnitte zur Bibel. München: Kösel 1978. Nr. 13;
18 *Nocke, Franz-Josef*: Artikel „Eschatologie". In: *Schneider, Theodor* (Hrsg.): Handbuch der Dogmatik, Bd. 2. Ostfildern: Patmos/Schwaben 1992. S. 384f.;
20 s. 13;
21 *Pesch, Rudolf*: Wie Jesus das Abendmahl hielt. Der Grund der Eucharistie. Freiburg/Brsg.: Herder 1977. S. 71–78;
22 Leonardo da Vinci (1452–1519): Das Abendmahl, 1495/1496. Wandmalerei in Öltempera, 460 x 880 cm. Mailand, Santa Maria delle Grazie; Ben Willikens (* 1939): Abendmahl, 1979. Acryl auf Leinwand, 3 Tafeln, je 300 x 200 cm. Frankfurt/M., Deutsches Architekturmuseum © VG Bild-Kunst, Bonn – Foto akg, Berlin;
23 *Nocke, Franz-Josef*: Was heißt „Erlösung durch Jesus Christus"? In: ru, 1/1990. S. 4ff.;
25 Passionsbild aus Umbrien, letztes Viertel d. 15. Jahrhunderts. Köln, Wallraf-Richartz-Museum;
26 *Kessler, Hans*: Das Leid in der Welt – ein Schrei nach Gott. Kevelaer/Würzburg: topos-plus/Echter 2007. S. 101f.;
27 Lovis Corinth (1858–1925): Der rote Christus, 1922. Öl auf Holz, 129 x 108 cm. München, Staatsgalerie moderner Kunst – Foto Blauel, Gnamm/artothek, Weilheim;
28 s. 13;
31 (a:) Reichenauer Perikopenbuch: Der Engel der Auferstehung, um 1000. Buchmalerei. Wolfenbüttel, Herzog-August-Bibliothek; (b:) Auferstehung (Anastasis), um 1315. Fresko. Istanbul, Chora-Kirche (Kariye Museum); (c:) Meister Francke (um 1380–nach 1430): Auferstehung Christi, um 1424. Holz, 99 x 89 cm. Hamburg, Kunsthalle; (d:) Albrecht Dürer (1471-1528): Die Auferstehung, 1510. Holzschnitt, 39,1 x 27,7 cm; (e:) Matthias Grünewald (um 1470-1528): Auferstehung, um 1513/15. Isenheimer Altar, Holz 260 x 143 cm. Colmar, Musée Unterlinden; (f:) Alfred Manessier (1911–1993): Auferstehung, 1948. Aus dem graphischen Zyklus „Ostern" © 2011 VG Bild-Kunst, Bonn; Fotos b–e akg, Berlin;
32 *Kaschnitz, Marie-Luise*: Seid nicht so sicher. Geschichten, Gedichte, Gedanken. Gütersloh: Gütersloher Verlagsanstalt 1979. S. 73f.;
33 *Langenhorst, Georg*: Gedichte zur Bibel. München: Kösel ²2004. S. 239f.;
34 *König, Klaus*: Auferstehung im Religionsunterricht: Gottes Aufstand gegen den Tod im Leben. In: Religionsunterricht heute, 3–4/1997. S. 17;
36 (Nizäa:) Aus: *Schneider, Theodor*: Was wir glauben. Eine Auslegung des Apostolischen Glaubensbekenntnisses. Ostfildern: Patmos/Schwaben 1985. S. 231; (Chalcedon:) Aus: *Wohlmuth, Josef* (Hrsg.): Concilium Oecumenicorum Decreta. Die Dekrete der ökumenischen Konzilien, Bd. 1. Paderborn: Schöningh 1998. S. 86;
37 *Wiederkehr, Dietrich*: Warum der Dialog mit den Religionen für das Christentum so wichtig ist. In: Katechetische Blätter, 2/2006. S. 141f.;
S. 220 *Hofrichter, Claudia*: Allzu bekannt und dennoch fremd. Annäherungen an das Apostolische Glaubensbekenntnis mit Jugendlichen. In: Katechetische Blätter, 134/2009. S. 108;
39 Georg Baselitz (* 1938): Verspottung Christi, 1983. Öl auf Leinwand, 300 x 250 cm. Budapest, Museum zeitgenössischer Kunst, Ludwig Museum, © Georg Baselitz – Foto Frank Oleski, Köln;

Die Kirche – Einheit in Vielfalt
S. 222 o: Herz-Jesu-Kirche in München – Foto Nadine Loesauer/kna-Bild; u: Adolph von Menzel (1815–1905): Prozession in Hofgastein, 1880. Öl auf Leinwand, 51,3 x 70,2 cm. München, Neue Pinakothek – Foto akg, Berlin;
1 Diagramme Katholische Kirche in Deutschland: Statistische Daten 2006. Hrsg. v. Sekretariat der Deutschen Bischofskonferenz. Arbeitshilfen 221. Bonn 2008;
2 *Eicher, Peter*: Wie kannst du noch katholisch sein? München: Kösel 1993. S. 24–26;
S. 226 Foto Axel J. Scherer/epd-Bild;
3 Saarlouis: http://cms.bistum-trier.de/bistum-trier/Integrale?SID=CRAWLER&MODULE=Frontend&ACTION=ViewPage&Page. PK=2562
S. 227 © Werner Tiki Küstenmacher, Gröbenzell;
4 Sinus-Institut, Heidelberg 2006;
5 *Ebertz, Michael N.*: Hinaus in alle Milieus? Zentrale Ergebnisse der Sinus-Milieu-Kirchenstudie. In: *Ders./Hunstig, H.-G.* (Hrsg.): Hinaus ins Weite. Gehversuche einer milieusensiblen Kirche. Würzburg: Echter 2008. S. 29ff.;
S. 229 Ebd. S. 21;
S. 230 Zeichnung v. Steffen Butz © catprint media, Langenhagen;
6 *Steffensky, Fulbert*: Das Haus, das die Träume verwaltet. Würzburg: Echter ⁶2000. S. 18–20;
S. 231 „Ein jegliches hat seine Zeit ..." © Gerhard Mester, 1996;
7 *Pesch, Otto Hermann*: Katholische Dogmatik aus ökumenischer Erfahrung, Bd. 2. Die Geschichte Gottes mit den Menschen. Ostfildern: Mathias-Grünewald 2010. S. 36f.;
8 *Lohfink, Gerhard*: Braucht Gott die Kirche? Zur Theologie des Volkes Gottes. Freiburg/Brsg.: Herder ²1998. S. 205;
9 *Clevenot, Michel*: Von Jerusalem nach Rom. Geschichte des Christentums im 1. Jahrhundert. Fribourg: Edition Exodus 1987. S. 82f.;
10 *Fendrich, Herbert*: Weht, wo er will. In: Katechetische Blätter, 4/1998. S. 255–257;
S. 235 Tizian (um 1476–1576): Die Ausgießung des Heiligen Geistes, 1455. Öl auf Leinwand, 570 x 260 cm. (Aus-

schnitt) Venedig, S. Maria della Salute – Foto camerafoto/akg, Berlin;
11 *Klauck, Hans-Josef*: Gemeinde-Amt-Sakrament. Neutestamentliche Perspektiven. Würzburg: Echter 1989. S. 26f., 37–39;
12 Deutsche Bischofskonferenz (Hrsg.): Katholischer Erwachsenenkatechismus. Das Glaubensbekenntnis der Kirche. Bonn 1985. S. 296–298;
S. 239 M, u: © kna-Bild;
13 *Haustein, Jörg*: Kirche und Amt. In: *Meyer-Blanck, Michael/Fürst, W.* (Hrsg.): Typisch katholisch – typisch evangelisch. Ein Leitfaden für die Ökumene im Alltag. Rheinbach: CMD ³2006. S. 172–174;
S. 240 © Gerhard Mester, Wiesbaden;
14 l: Foto Lateinische Messe; **r:** Kirchenraum in Karlsruhe-Neureut;
15 *Trummer, Peter*: „... das alle eins sind!" Neue Zugänge zu Eucharistie und Abendmahl. Ostfildern: Patmos/Schwaben 2001. S. 11f.;
16 *Schneider, Theodor*: Was wir glauben. Eine Auslegung des Apostolischen Glaubensbekenntnisses. Düsseldorf: Patmos 1985. S. 410–412;
17 Harald Duwe (1926–1984): Abendmahl, 1978. Öl auf Leinwand, 160 x 200 cm. München, Privatbesitz © 2011 VG Bild-Kunst, Bonn;
18 *Nocke, Franz-Josef*: Sakramententheologie. Ein Handbuch. Düsseldorf: Patmos 1997. S. 141ff.;
19 © Thomas Plassmann, 2006;
20 s. 8. S. 340–343;
21 *Peters, Veronika*: Was in zwei Koffer passt. München: Goldmann ²2007. S. 34ff.;
S. 247 Foto Jens Schulze/epd-Bild;
S. 248 Foto Sascha Rösner, Marburg/fotouristen;
22 *Bours, J./Kamphaus, F.*: Leidenschaft für Gott. Ehelosigkeit, Armut, Gehorsam. Freiburg/Brsg.: Herder 1981. S.186–188;
23 Johannes Paul II.: Enzyklika „Evangelium Vitae" über den Wert und die Unantastbarkeit des menschlichen Lebens. Vatikan 1995. S. 59–62;
S. 252 Emil Nolde (1867–1956): Heilige Nacht, 1912. Aus dem Zyklus „Das leben Christi". Öl auf Leinwand, 100 x 86 cm © Nolde-Stiftung, Seebüll;
24 http://www.welt.de/politik/article1572882/Stell-dir-vor-du-treibst-ab-und-keiner-fragt-warum.html (20. 1. 2008);
25 s. 7. S. 149f.;
27 *Zirker, Hans*: Ekklesiologie. Düsseldorf: Patmos 1984. S. 198–201;
S. 256 o: Theodore de Bry (1528–1598): Landung des Kolumbus auf Guanahani am 12. 10. 1492, 1594. Kupferstich – Foto akg, Berlin; **u:** Zeichnung v. F. K. Waechter. Aus: *Berg, Horst-Klaus*: Biblische Texte verfremdet, Bd. 1. München/Stuttgart: Kösel/Calwer 1986. S. 94 © F. K. Waechter;
S. 257 Himmelstempel, Halle der Erntegebete – Foto E. Lessing/akg, Berlin;

28 *Halbfas, Hubertus*: Das Christentum. Düsseldorf: Patmos 2004. S. 262;
S. 258 Der China-Missionar und Astronom Johann Adam Schall von Bell, 1660. Kupferstich – Foto akg, Berlin;
29 s. 28. S. 263f.;
S. 260 kna-Bild, Bonn;
30 *Erling, Johnny*: Schauplatz China. Aufbruch zur Supermacht. Freiburg/Brsg.: Herder Spektrum 2006. S. 214f.;
31 http://www.vatican.va/holy_father/benedict_xvi/letters/2007/documents/hf_ben-xvi_let_20070527_china_ge.html
S. 261 Foto: Kinder bei einer Christmette in der Südkathedrale in Peking, 2008 © Spiegel.de;
32 http://www.zenit.org/article-17893?l=german;
33 Titusbogen, 81 n. Chr. Ausschnitt aus dem linken Innenrelief. Rom, Forum Romanum – Foto Erich Lessing/akg, Berlin;
34 *Endres, Elisabeth*: Die gelbe Farbe. Die Entwicklung der Judenfeindschaft aus dem Christentum. München: Piper 1989. S. 85f.;
S. 263 l: Plastik Synagoge, Straßburger Münster, **r:** Plastik Ecclesia, Freiburger Münster; beide wikipedia;
35 *Henrix, H. H./Kraus, W.* (Hrsg): Die Kirchen und das Judentum. Dokumente von 1956–2000. Paderborn: Bonifatuis 2001. S. 207–209;
S. 264 © kna-Bild;
36 Dabru emet © Tikva Frymer-Kensky, University of Chicago; David Novak, University of Toronto; Peter Ochs, University of Virginia; Michael Signer, University of Notre Dame;
37 *Ratzinger, Joseph*: Das neue Volk Gottes. Düsseldorf: Patmos 1972. S. 141f.;
S. 267 Foto Jonathan Carlile/imagebroker/epd-Bild;
S. 268 Foto BILD-Zeitung, 20. 4. 2005;
38 Konstitution Pastor aeternus. Aus: Das Religionsbuch der Kirche Catechismus Romanus. Zwei Bände. Hsrg. v. *Michael Gatterer SJ*. Ergänzungen. Innsbruck/Leipzig: Felizian Rauch ²1938. S. 23–36;
39 *Werbick, Jürgen*: Kirche. Ein ekklesiologischer Entwurf für Studium und Praxis. Freiburg/Brsg.: Herder 1994. S. 378f.;
40 *Kock, Manfred*: http://www.ekd.de/vortraege/kock/6213.html;
41 *Sölle, Dorothee*: Gottes starke Töchter. Große Frauen in der Bibel. Luzern: Schwabenverlag 2003. S. 6f.;
42 *Raming, Ida*: Priestertum der Frau. In: Wörterbuch der feministischen Theologie. Gütersloh: Gütersloher Verlagshaus ²2002. S. 455–457;
S. 273 Foto Falk Orth/epd-Bild;
43 Johannes Paul II.: Apostolisches Schreiben „Ordinatio Sacerdotalis", 22. 5. 1994. © Libreria Editrice Vaticana;
S. 274 St.-Martin-Kiche in Giesen b. Hildesheim, **l:** um 1960, **r:** 2011 – Fotos privat;

45 Dokumentation von Bernd Seidl, http://www.phoenix.de/wenn_der_glaube_beton_versetzt/300960.htm;
S. 275 Freiburg-Rieselfeld, Pfarrei St. Maria Magdalena. Fotos H. Hoppe;
46 http://www.kcg-net.de;
S. 277 Foto Barbara Beyer/kna-Bild;

Zukunft – Zeit und Ewigkeit

S. 278 Klaus Rinke (* 1939): Zeitfeld, 1986. Düsseldorf, Volkspark – Foto Mathias Baumann, Düsseldorf; *Zeh, Juli*: Schilf. Frankfurt/M.: Schöffling 2007. S. 115f.;
2 © Ivan Steiger, München;
4 *Picht, Georg*: Prognose-Utopie-Planung – Die Situation des Menschen in der Zukunft der technischen Welt. Stuttgart: Klett 1967. S. 13ff.;
5 *Popper, Karl R.*: Utopie und Gewalt. Übers. v. *A. Neusüss* u. *R. F. Schorling*. In: *Neusüss, Arnhelm* (Hrsg.): Utopie – Begriff und Phänomen des Utopischen. Neuwied/Berlin: Luchterhand 1968. S. 323, 325;
6 Aus: Ivan Steiger sieht die Bibel. Stuttgart: Deutsche Bibelgesellschaft/Verlag Katholisches Bibelwerk 1989. S. 206 © Ivan Steiger, München;
7 Lesser Ury (1861–1931): Moses sieht das Gelobte Land vor seinem Tode, 1928. Pastell, 50,5 x 35,5 x cm. Berlin, Jüd. Museum – Foto Jens Ziehe, Berlin;
9 *Nocke, Franz-Josef*: Eschatologie. Düsseldorf: Patmos 2005. S. 30ff.;
11 *Ders.*: Was können wir hoffen? Zukunftsperspektiven im Wandel. Würzburg: Echter 2007. S. 26;
12 *Metz, Johann Baptist*: Glaube in Geschichte und Gesellschaft. Studien zu einer praktischen Fundamentaltheologie. Mainz: Grünewald 1977. S. 155f.;
13 Pieter Claesz (um 1597–1661): Vanitas-Stillleben, 1630. Öl auf Leinwand, 39,5 x 56 cm. Den Haag, Mauritshuis;
14 (1:) *Epikur*: Von der Überwindung der Furcht. Übertr. u. eingel. v. *Olof Gigon*. Zürich: Artemis 1949. S. 45f.; (2:) *Pascal, Blaise*: Pensées. Hrsg. v. *E. Wasmuth*. Heidelberg: Lambert Schneider 1979. S. 113; (3:) *Schopenhauer, Arthur*: Die Welt als Wille und Vorstellung. Darmstadt: WBG 1961. Kap. 41. (4:) *Feuerbach, Ludwig*: Gedanken über Tod und Unsterblichkeit. In: Sämtl. Werke, Bd. 1. Hrsg. v. *W. Bolin* u. *F. Jodl*. Stuttgart-Bad Cannstatt: fromman-holzboog [2]1960. S. 77, 20; (5:) *Heidegger, Martin*: Sein und Zeit. Tübingen: Niemeyer 1957. S. 258f.; (6:) *Sartre, Jean-Paul*: Der Idiot der Familie. Die Konstitution. In: Ges. Werke, Bd. 5. Hrsg. v. *Traugott König*. Reinbek: Rowohlt 1986;
15 *Ratzinger, Josef*: Eschatologie – Tod und ewiges Leben. Regensburg: Pustet [6]1990. S. 85f.;
16 Ivan Steiger: Live. Aus: *Ders.*: Gottes Auge ist überall. Augsburg: Pattloch 1998. S. 153; © Ivan Steiger, München;
17 Aus: *Sternberger, Dolf*: Über den Tod. Schriften I. Frankfurt/M.: Insel 1977. S. 50-53;
18 *Marti, Kurt*: Leichenreden. Neuwied/Berlin: Luchterhand 1969. S. 23;
19 *König, Klaus*: Auferstehung im Religionsunterricht: Gottes Aufstand gegen den Tod im Leben. In: Religionsunterricht heute, 3–4/1997. S. 16f.;

20 (2:) Aus: Gotteslob, Nr. 662;
21 Edvard Munch (1863–1944): Das Mädchen und der Tod, 1894. Radierung, 50,5 x 22 cm. © The Munch Museet/The Munch-Ellingsen Group/2011 VG Bild-Kunst, Bonn;
22 Hieronymus Bosch (um 1450–1516): Aufstieg in das himmlische Paradies, 1500. Ausschnitt. Öl auf Holz, 86,5 x 39,5 cm. Venedig, Dogenpalast – Foto akg, Berlin;
23 s. 9. S. 114;
24 Timm-Ulrichs (* 1940): Denken Sie immer daran, mich zu vergessen, 1969. Kalkstein, 80 x 42,5 x 14,4 cm. Hagen, Karl-Ernst-Osthaus Museum © 2011 VG Bild-Kunst, Bonn – Foto Dirk Reinartz, Buxtehude;
25 *Bode, Sabine/Roth, Fritz*: Der Trauer eine Heimat geben. Für einen lebendigen Umgang mit dem Tod. Bergisch Gladbach: Lübbe 1998. S. 62–69;
28 *Fuchs, Ottmar*: Das Jüngste Gericht. Hoffnung auf Gerechtigkeit. Regensburg: Pustet 2007. S. 112f.;
29 © Vladimir Rencin;
30 Werner Krallen: IN DER GEWISSHEIT SEINER GEGEGENWART: Dietrich Bonhoeffer und die Spur des vermißten Gottes [Promotionsschrift mit vier eingefügten, eigenen Gedichten], Mainz 1997 (Matthias-Grünewald-Verlag), S. 197;
S. 301 Ivan Steiger: Live. Aus: *Ders.*: Gottes Auge ist überall. Augsburg: Pattloch 1998 © Ivan Steiger, München;
31 *Greshake, Gisbert*: Leben – stärker als der Tod. Freiburg/Brsg.: Herder 2008. S. 174, 213ff.;
32 © F. K. Waechter;
33 *Benedikt XVI.*: Enzyklika Spe Salvi (Verlautbarungen des Apostolischen Stuhls, 179). Bonn: Deutsche Bischofskonferenz 2007. S. 51ff.;
34 *Beinert, Wolfgang*: Vom Fegefeuer und anderen dunklen Jenseitsorten. Über das Schicksal der Halbguten. In: Stimmen der Zeit, 5/2008. S. 320f.;
35 *Kehl, Medard*: Und was kommt am Ende? Von Weltuntergang und Vollendung, Wiedergeburt und Auferstehung. Kevelaer: Topos 2005. S. 165f.;
36 Duane Michals (* 1932): The Spirit Leaves the Body, 1968. Aus: Werkübersicht. Hrsg. v. *Marco Livingstone*. München: Schirmer/Mosel 1997. S. 126f. © Duane Michals;
37 s. 35. S. 74, 139;
S. 306 Foto Marc Bornschein/F1 online;
40 *Nocke, F. J.*: Liebe, Tod und Auferstehung – Die Mitte christlichen Glaubens. München: Kösel 2005. S. 176f.; und: *Ders.*: Eschatologie. Düsseldorf: Patmos 2005. S. 122–124;
41 *Ruster, Thomas*: Glauben macht den Unterschied. Das Credo. München: Kösel 2010. S. 199–202;
42 *Lemieux, Michèle*: Gewitternacht. Weinheim/Basel: Beltz & Gelberg in der Verlagsgruppe Beltz 1996. O. S.;
43 René Magritte (1898–1967): Das Jenseits, 1938. Öl auf Leinwand, 73 x50 cm. Privatsammlung © 2011 VG Bild-Kunst, Bonn – Foto akg, Berlin;
44 s. 31. S. 15f.;
46 *Schockenhoff, Eberhard*: Grundlegung der Ethik. Ein theologischer Entwurf. Freiburg/Brsg.: Herder 2007. S. 192–202;

47 © Horst Haitzinger;
48 *Metz, Johann Baptist*: A. a. O. (s. 12) S. 73f.;

Ethik – vernünftig und frei handeln
S. 314 Werbeanzeigen © Yves Rocher, Stuttgart; © Diesel Germany;
1 *Camus, Albert*: Der Fall. Übers. v. *G. G. Meister*. Hamburg: Rowohlt 1957. S. 20f.;
3 *Kafka, Franz*: Erzählungen. Hrsg. v. *M. Brod*. Frankfurt/M.: Fischer 1986. S. 31;
S. 317 Wolfgang Mattheuer (1927–2004): Erschrecken, 1976. Sepia, Bleistift auf Papier, 49,3 x 38,7 cm. Privatbesitz © 2011 VG Bild-Kunst, Bonn;
6 *Auer, Alfons/Biesinger, Albert* (Hrsg.): Moralerziehung im Religionsunterricht. Freiburg/Brsg.: Herder 1975. S. 43ff.;
7 *Lombardo-Radice, Lucio*: Sohn des Menschen. In: *Fetscher, Iring* (Hrsg): Marxisten und die Sache Jesu. München/Mainz: Kaiser/Grünewald 1974. S. 17–21;
8 *Kertész, Imre*: Kaddisch für ein nicht geborenes Kind. Übers. v. *György Buda*. Berlin: Rowohlt 1992;
S. 322 *Anders, Günther*: Der Blick vom Turm. München: Beck 1968. S. 47;
10 *Kant, Immanuel*: Grundlegung zur Metaphysik der Sitten. Stuttgart: Reclam 1961. S. 37–42;
11 *Cathrein, Viktor*: Moralphilosophie, Bd. II. Leipzig: Vier Quellen [6]1924. S. 93;
12 *Hornig, Frank* in: Der Spiegel, 22/2008. S. 52–57;
13 Kongregation für die Glaubenslehre: Instruktion Dignitas Personae. Hrsg. v. Sekretariat der Deutschen Bischofskonferenz. Bonn 2008. S. 20–22;
14 Die Unantastbarkeit des menschlichen Lebens. Zu ethischen Fragen der Biomedizin. Instruktion der Kongregation für die Glaubenslehre. Mit e. Kommentar v. *Robert Spaemann*. Freiburg/Brsg.: Herder 1987. S. 93f.;
15 Illustration v. Barbara Schumann, Berlin. Aus: *Brüning, Barbara* (Hrsg.): Philosophische Ethik. Berlin: Cornelsen 2003. S. 59;
17 *Schockenhoff, Eberhard*: Grundlegung der Ethik. Ein theologischer Entwurf. Freiburg/Brsg.: Herder 2007. S. 444f.;
19 **l**: Andy Walker, Midland Fertility Services/SPL/Focus, Hamburg; **M**: Focus, Hamburg; **r**: Ralph Hutchings/Visuals Unlimited;
20 *Martini, Carlo Maria*: In: *Ders./Eco, Umberto*: Woran glaubt, wer nicht glaubt? Wien: Zsolnay 1998. S. 46–49;
21 *Singer, Peter*: Praktische Ethik. Übers. v. *Jean-Claude Wolf*. Stuttgart: Reclam 1984. S. 179, 184–188;
22 *Evers, Marco* in: Der Spiegel, 18/2008. S. 154;
23 *Hofheinz, Marco*: Gezeugt, nicht gemacht. Wien: Lit 2008. S. 449f.;
24 *Picoult, Jodi*: Beim Leben meiner Schwester. Übers. v. *Ulrike Wasel* u. *Klaus Timmermann*. München: Piper 2005. S. 120–122;
S. 335 Cartoon. Aus: *Ernst, Stephan/Engel, Ägidius*: Christliche Ethik konkret. München: Kösel 2001. S. 80;
25 *Auer, Martin*: Was niemand wissen kann. Seltsame Verse und sonderbare Geschichten. Weinheim: Beltz & Gelberg 1986;
26 s. 24. S. 11f.;
27 *Schockenhoff, Eberhard*: Ethische Probleme der Stammzellforschung. In: Stimmen der Zeit, 5/2008. S. 323–334;
28 *Küng, Hans* in: *Ders./Jens, Walter*: Menschenwürdig sterben. Ein Plädoyer für Selbstverantwortung. München: Piper 1995. S. 53ff.;
29 Katechismus der Katholischen Kirche. Neu übers. aufgr. d. Editio typica Latina. München u. a.: Oldenbourg u. a. 2003;
30 Edvard Munch (1863–1944): Tod im Krankenzimmer, 1896. Lithographie, 30,3 x 55,8 cm. Oslo, Munch Museet © The Munch-Ellingsen Group/2011 VG Bild-Kunst, Bonn – Foto akg, Berlin;
S. 341 Plakat zu: Das Meer in mir. © cinetext, Frankfurt/M.;
32 © Thomas Plassmann, Essen;
S. 343 **l**: Foto U. Simon, Bamberg. Aus: K & U, 246/247/2000; **r**: Nam June Paik (1932–2006): TV-Buddha, 1974. Buddha-Statue, Monitor, Kamera. Amsterdam, Stedelijk Museum © 2011 VG Bild-Kunst, Bonn;
35 *Sloterdijk, Peter*: Selbstversuch. Ein Gespräch mit *C. Oliveira*. München: Hanser [2]1996. S. 142f.;
36 *Meckel, Miriam*: Das Glück der Unerreichbarkeit. Wege aus der Kommunikationsfalle. Hamburg: Murmann 2007. S. 215ff;
37 René Magritte (1898–1967): La tentative de l'impossible, 1928. Öl auf Leinwand, 105,6 x 81 cm. Brüssel, Galerie Isy Brachot © 2011 VG Bild-Kunst, Bonn;
38 *Sandel, Michael J.*: Plädoyer gegen die Perfektion. Berlin: University Press 2008. S. 119f.;
S. 345 © Gerhard Mester, Wiesbaden;

Religion – in Staat und Gesellschaft
S. 346 **l**: akg, Berlin; **or**: Fröhlich/kna-Bild; **uM**: Foto ddp; **ur**: Wolfgang Radtke/kna-Bild;
S. 347 **ol**: Katharina Ebel; **ul**: Stefan Buchholz; **r**: Monika Prüser/ alle kna-Bild;
1 Konstantinische Schenkung. Vatikan, Archivio segreto;
2 nach *Raab, Heribert* (Hrsg.): Kirche und Staat. Von der Mitte des 15. Jahrhunderts bis zur Gegenwart. München: dtv 1966. S. 10;
3 *Angenendt, Arnold*: Toleranz und Gewalt. Das Christentum zwischen Bibel und Schwert. Münster: Aschendorff [2]2007. S. 43ff.;
4 *Ostendorf, Berndt*: Das Religiöse in der amerikanischen Demokratie. In: Merkur, 9/10, 1999. S. 893f.;
6 *Metz, Johann Baptist*: Memoria passionis. Ein provozierendes Gedächtnis in pluralistischer Gesellschaft. Freiburg/Basel/Wien: Herder [3]2006. S. 201f.;
8 *Puza, Richard*: Zivilreligion. Einführung und Zusammenfassung. In: Theologische Quartalsschrift, 183/2003. S. 91;
S. 357 Länder mit Staatsreligionen. Wikipedia;
9 *Doering, Valentin*: Staat und Kirche. Anmerkungen zu einer dynamischen Verhältnisbestimmung. In: Kirche und Gesellschaft, 260/1999. S. 9–11;

10 © Thomas Plassmann, Essen;
11 Aus: *Leroux-Dhuys, J.-F.*: Die Zisterzienser. Geschichte und Architektur. Köln: Könemann 1998. S. 95ff.;
12 Zeichnung v. Valérie Miele. Ebd. S. 96;
13 Hermann Hesse, 1952 – Foto akg, Berlin; **u**: Foto M. Schneiders, Lindau;
14 *Maier, Hans*: Die christliche Zeitrechnung. Ihre Geschichte – ihre Bedeutung. Freiburg/Brsg.: Herder 2008. S. 23–28;
S. 365 Leo XIII. – Foto akg, Berlin;
15 Rerum novarum. http://www.vatican.va/holy_father/leo_xiii/encyclicals/documents/hf_l-xiii_enc_15051891_rerum-novarum_en.html;

S. 366 © kna-Bild, Bonn;
16 Sozialenzyklika. http://www.vatican.va/holy_father/benedict_xvi/encyclicals/documents/hf_ben-xvi_enc_20090629_caritas-in-veritate_ge.html

Trotz vielfältiger Bemühungen ist es nicht in allen Fällen gelungen, die Inhaber der Rechte an Texten oder Bildern ausfindig zu machen. Der Verlag wird berechtigte Ansprüche im Rahmen der üblichen Vereinbarungen abgelten.